114 BANK STREET, OTTAWA 4, ONTARIO   TELEPHONE 236-737:

June 15,1968

<u>TO WHOM IT MAY CONCERN</u>

This letter will introduce Mr. Wolfgang SHORAT, who
was employed with the above firm for the past three months as
a kitchen helper.

During his tenure with our firm, we found him to
be honest, dependable and reliable.

The undersigned feels that this person should go far
in life and future work as he has the right temperment.

Should any necessary informationbe needed, please
feel free to contact the writer.

Yours truly,

MANAGER.

OTTAWA'S PREMIER BAR-B-Q

2

Inhaltsverzeichnis

Mittwoch, 24. Juni 2015

Vorworte und Vorgedanken und Vorfantasien und Vorvoreingenommenheiten

Ich habe ja diesen Schrieb hauptsächlich wegen meiner Erfahrung des kollektiven Bewusstseins in Ottawa gemacht damals 1968. Aber in den folgenden Jahren bin ich dann sowohl über die Medien als auch Schriften mit anderen Themen und Ansichten in Kontakt gekommen, die doch auch Zweifel in mir zum Vorschein brachten. Ich kann zwar und bin nach wie vor derjenige der diese Nazibrut die braune Brut der damaligen deutschen Nazideutschen als Gigafehler bezeichne als Gigafalsches-und Krieg und Töten und Morden und Ausbeuten der Menschen global ist mir ein Greul und zeigt für mich die innere Armseligkeit und Angsthölle dieser Menschen die aus meiner Sicht innerlich noch Raub Säugetiere geblieben sind-da sie noch rauben und stehlen und betrügen und täuschen und tricksen und ausbeuten und alles andere was dazu geführt hat das es auf der Erde heute so ist-ausgebeutet und ein GIGA, Giga, schein-schein-Delirium der Abzocke nicht nur dem Menschen gegenüber sondern der ganzen Erde und seiner anderes Lebewesen gegenüber ja gegen das Leben selber. Und das wird unweigerlich in die Total Zerstörung führen-mit den Bankster Gangster und den Politikern und den Wissenschaftler und den Professoren und Doktoren und den Industriellen-die ja sooooooo immmmmmens wichtig für diese Menschheit sein soll und sich als OHNE GELD KEIN LEBEN darstellt. Was eine Total Verblödung ist.

Was als Nazi oder Faschist bezeichnet wird von mir das sind Menschen, die in ihrer inneren Ent-wicklung noch eine starke Ver-wicklung als Raubsäugetier haben. Also vom Rauben, Raub, auf der Erde noch leben, und auch denken, dass so was als Mensch noch notwendig ist und damit richtig ist. Das sind also Menschen die noch mit dem töten anderer Lebewesen ihr Leben meinen Verlängern zu können, also Fleisch fressen von anderen Lebewesen-das ist auf einen einfachen Nenner gebracht ein Nazi ein Faschist. Denn all diese Begriffe wie Nazis oder Faschisten-das sind ja bloß intellektuelle Bezeichnungen für Menschen die diese und jenes Verhalten und damit verbundene Handlungen und Gedanken und Fantasien auf der Erde haben.
Mit anderen Worten, es gibt noch sehr, sehr, sehr, sehr, viele Faschisten auf der Erde die vom töten anderer Lebewesen leben und andere Lebewesen ausbeuten wollen und beherrschen wollen und Macht über sie ausüben wollen. Heute haben sie andere Bezeichnungen für sich und ihre Gruppen aber innerlich sind sie unverändert geblieben. Wenn sie könnte die wirtschaftlichen, politischen Verhältnisse sich dementsprechend geändert hätten, dann würde die Wildsau die braune Brut der Faschist die Ignoranz also das dumme die Unwissenheit wieder zur Geltung kommen. Denn das Morden geht ja weiter global.

Also Menschen an Geld versklaven oder von Lebensmittel abhängig machen oder Mieten zahlen oder Steuern, oder andere auf Geld aufgebaute Verpflichtungen, und von Land abhängig gemachte Verpflichtungen, und vieles mehr, all das ist Faschisssmuuus Demokratie Faschisssmuuus oder das Raubtier Mensch, und anders formuliert der Nazi. Also Menschen die noch einen langen inneren Weg vor sich haben vom Raubtier zum Tier zum Raubmenschen zum Menschen und zum göttlichen Menschen zu werden.

Als ich damals meine spirituelle Erfahrung als junger Mensch in Kanada Ottawa machte, wohl auch weil ich dort hin ging um nicht als Killer ausgebildet zu werden als Soldat 1966, da wurde mir gezeigt , dass ich obwohl nicht kriegsbeteiligt da ich nach dem zweiten Weltkrieg geboren wurde-obwohl ich selber niemals geboren werde, sondern bloß meine dreidimensionale Form mein Körper, dass ich also als Mensch an das kollektive Bewusstsein eingewebt bin und trotzdem also einiges zu verarbeiten hatte. Obwohl ich niemals daran beteiligt war an der brauen Nazibrut also dem total ausleben des inneren Raubtieres Mensch. Und damit erkannte ich aber auch: Alle Menschen auf der Erde, sind an den Taten ihrer jeweiligen Gruppen Zugehörigkeit gebunden und tragen das was die falschen Eliten die Mörderbanden die Betrüger Ausbeuter Unterdrücker und Lügner machen, die unfähigen Politiker die Vasallen der Industriellen und Banker Syndikate das ganze Greul der Geld und Machtgier der Nazibrut des 21. Jahrhundert in einer demokratischen Verkleidung. Denn: **In der Industrie und im Handel und Im Geldwesen, kann sich heute das Raubtier am besten ausleben.** All seine Täuschungen Lügen Ausbeuten Abzockereien all das Üble bis hin zum Mord und Kriegsführung wird heute am vollkommensten im Bank und Handelswesen und in der Industrie ausgelebt, weil es sich dort sehr gut versteckt hat, hinter all den Fassaden der Begriff Bekleidungen.

Und bei mir ging es ja um die Juden die in Hitlerdeutschland getötet wurden. Aber die Menschen denken, dass die Juden auf narzisstische weise, das auserwählte Volk sind, aber das stimmt gar nicht. Denn das göttliche machte sein Angebot ja an alle Stämme, und das waren damals ja 12 Stämme-und alle Stämme wiesen das göttliche aber ab. Der Stamm der Juden akzeptierte ihn Gott, der ja kein geschlechtliches Wesen ist, weil sich das so männlich anhört, liest. Später musste Gott sogar sein Angebot an die Juden verändern, weil die Juden sich auf die Gebote nicht einlassen wollten denn sie waren damals viel zu barbarisch, und Gott machte ihnen ein neues Angebot: *„Das ist der Bund, den ich mit ihnen schließen will nach diesen Tagen . . . Ich will mein Gesetz in ihr Herz geben und in ihren Sinn will ich es schreiben."* *(Aber davon ist bis heute zwar schon mehr im Menschen angekommen, Aber diejenigen die noch den MordsGott Jahwe folgen, die sind noch viel zu viele, denn das Morden geht ja weiter, das betrügen ausbeuten lügen das Auge um Auge Zahn um Zahn Dilemma der Blödheit und Ignoranz. W.Schorat 29.6.15)*

Es war nichts Besonderes an den alten hebräischen Stämmen, sie waren genauso barbarisch wie alle anderen. Sie haben sich nur dafür entschieden, diesen Deal mit dem Gott namens JHWH einzugehen und mit ihm zusammen zu arbeiten.

Es ist nicht so, als seien sie besser als die anderen, es ist vielmehr so, dass niemand anders es machen wollte. Und in der Bibel kehren sie immer wieder dahin zurück, dem Moloch zu opfern. Aber sie wurden für diese Mission erwählt. Als die Juden sich entwickelten, waren sie aus einigen Gründen bahnbrechend. Sie waren die erste Kultur, die ihre Frauen als gleichwertige Menschen anerkannte und ihre Kinder als wertvolle Wesen behandelte. Im Großen und Ganzen behandelten sowohl die griechischen als auch die ägyptischen Kulturen ihre Kinder und Frauen schrecklich. Damals wurden die Juden dafür verspottet, aber weil sie am menschlichste zu ihren Frauen und Kindern waren. ermöglichte es ihnen eine schnelle psychologische Evolution. Dies mag der Grund dafür sein, dass sie eine der ersten Kulturen waren, die den Einen Gott entdeckten und so eine ganzheitlichere und einheitlichere Erfahrung des Göttlichen hatten. *(Aber das gab's in Indien und anderen Ländern auch schon längst. W.Schorat 29.6.15)* Während der ganzen Geschichte haben die Juden ungewöhnliche Menschen hervorgebracht. Und manche Menschen denken, meinen, oder haben dann systematische Berechnungen gemacht, dass die Juden bei den hervorragenden Leistungen im Laufe der Geschichte einfach überrepräsentiert sind-und mache denken das sei ein Vorteil, den sie wegen ihres kulturellen Erbes haben, und auch weiterhin haben werden. Es war der Aspekt ihrer Kultur, der jüdischen, der den Weg für die Bedeutung bereitete, die Jesus in der Geschichte erlangte. Es gab aber zuvor schon viele Meister wie Jesus, Buddha oder Sidharta der Königssohn, es gab die Zen Meister-es gab schon immer seit es Lebewesen auf der Erde gibt-Meister, erwachte. Auch Platon oder Sokrates und andere gehören dazu. Es sind immer Einzelwesen-und nie eine Gruppe-die Gruppe das Kollektiv das wird von diesen Einzelwesen beeinflusst in ihrer Evolution. Und damals war es bei den 12 Stämmen Jesus der erschien.

Jedes Volk erreicht irgendwann die Total Erleuchtung also die Liebe und dessen Urgrund aus dem dann ein lebensfördernder Untotem Leben geführt werden kann ohne zu morden und Menschenopfer zu gestalten wie damals die 12 Stämme das waren aus heutiger Sicht Barbaren. Die Römer hätten einen Jesus gar nicht zum Vorschein bringen können mit ihrer Vielgötterei Anbetung. Und Jesus hat ja in seinem Bibel-Lebenslauf-einige viele Jahre die nicht nachvollziehbar sind-wo war er da und so weiter-und einige denken er wäre in Indien gewesen und hatte sich dort mit den Meistern getroffen. Und dann sagte er diese fabelhaft verrückten aber richtigen Sachen über das göttliche im Menschen. Das kannst du aber nur wenn du selber diese Erfahrung von dir gemacht hast. Bingo. *(Aber in Indien gab's das schon lange bevor Jesus das erwähnte. W.Schorat 29.6.15)*

Alle Kulturen machen aber die gleiche Entwicklung durch. Alle waren barbarisch und haben Menschenopfer fabriziert die Germane die Juden die Arier und so weiter auf allen Kontinenten-wenn es zu einer Vergrößerung der Macht kam. Die Azteken die anderen südamerikanischen Gruppen . Es gab natürlich auch Gruppen die keine Menschenopfer machten. Aber die aggressivsten die ignorantesten die auf jeden Fall. Und dazu gehörten die 12 Stämme mit den Levis und den Juden. Die Zwölf Stämme Israels bilden nach dem Tanach, der hebräischen Bibel, zusammen das von JHWH erwählte Volk Israel. Zwölf Jakobsöhne sind also die 12 Stämme geworden.

Zitat Anfang aus Wikipedia.

Die in der Bibel überlieferten Ahnentafeln und Stammlisten unterscheiden Anordnung, Zahl und Namen der Stämme, halten aber die übergeordnete Zwölfzahl fest. Eine Liste der zwölf Jakobsöhne erscheint im 1. Buch Mose dreimal:

- Gen 29,31-30,24:

Leas Söhne: Ruben, Simeon, Levi, Juda.

Bilhas Söhne: Dan, Naftali.

Silpas Söhne: Gad, Ascher.

Leas Söhne: Issachar, Sebulon (Tochter Dina).

Rahels Sohn: Josef. Ihre Bitte um einen weiteren Sohn wird etwas später mit der Geburt Benjamins erhört (Gen 35,18).

- Gen 35,23-26:

Leas Söhne: Ruben, Simeon, Levi, Juda, Issachar, Sebulon.

Rahels Söhne: Josef, Benjamin.

Bilhas Söhne: Dan, Naftali.

Silpas Söhne: Gad, Ascher (=1. Chron 2,1f).

Die Namen der Stämme sind hier nach Stammesmüttern gruppiert, chronologisch bzw. nach Status ihrer Mutter (Jakobs erster Frau, zweiter Frau, deren Mägden als „Leihmüttern"). Ruben, Simeon, Levi und Juda stehen in beiden Auflistungen an erster Stelle und bildeten offenbar mit den übrigen Söhnen der Lea eine Einheit.

- Gen 49,1-27: Jakob segnet vor seinem Tod jeden seiner Söhne: Ruben, Simeon, Levi, Juda, Sebulon, Issachar, Dan, Gad, Ascher, Naftali, Josef und Benjamin.

Man erfährt einiges über ihre Besonderheiten, ihr Stammesgebiet und ihr künftiges Schicksal. Simeon und Levi wird eine Zerstreuung angekündet, was auf späteres Fehlen eines eigenen Stammesgebietes hinweist. Juda erhält bereits die Ankündigung eines Herrschers: ein Hinweis auf das Königreich Juda und die dort aufgekommene Messiaserwartung. Dort ist dieser Text vermutlich entstanden.

- Num 26,4-51: Zum Abschluss der Wüstenwanderung werden die direkten Nachkommen jedes der zwölf Söhne aufgelistet: Ruben, Simeon, Gad, Juda, Issachar, Sebulon, Josef – aufgeteilt auf seine beiden Söhne Manasse und Efraim – Benjamin, Dan, Ascher, Naftali.

Die Leviten sind hier zwar ebenfalls genannt, aber getrennt von den eigentlichen „Kindern Israels". Dies wird damit begründet, dass sie kein eigenes Land erhielten und daher nicht zu den festen Bewohnern Israels zählten. Sie erhielten den Auftrag, als Priestergeschlecht für alle übrigen Stämme da zu sein. Nach der Landverteilung, die das Buch Josua in Jos 14-19 EU beschreibt, erhielt der Stamm Levi daher Wohnstädte innerhalb der übrigen Stammesgebiete (Jos 21).

Offenbar wurde in dieser späteren Version die Notwendigkeit empfunden, die Zwölfzahl nach dem Wegfall Levis aufrechtzuerhalten: Darum wurde der Stamm Josef in die Stämme Manasse und Efraim aufgeteilt. Zugleich rückte Gad an Levis Stelle, so dass auch die Anzahl der Söhne Leas sechs blieb. Daher hielt Martin Noth die Versionen, die Levi als eigenen Stamm an dritter Stelle nennen, für älter als die, in denen er fehlt. Die feste Reihung der sechs Söhne Leas erklärte er aus einer frühen Stammeseinheit, noch bevor die übrigen Stämme in das Siedlungsgebiet Israels einrückten.

Keine der Stammlisten bildete demnach einen bestimmten, aus den Überlieferungen der Stämme bekannten historischen Siedlungszustand ab. Die drei erstgenannten Stammesgebiete waren laut Noth schon zu der Zeit, als spätere Stämme wie Josef und Benjamin hinzukamen, in größeren Einheiten aufgegangen; ihre Namen wurden gleichwohl festgehalten.

Die Zwölfzahl war vermutlich jedoch nicht ursprünglich. Das Deborah Lied (Ri 5), das als einer der ältesten Bestandteile des Pentateuch gilt, nennt nur zehn Stammesgebiete: Efraim, Benjamin, Machir (= Manasse), Sebulon, Issachar, Ruben, Gelead (=Gad?), Dan, Ascher und Naftali. Es fehlen Juda und Simeon, deren Siedlungsgebiet später das Südreich Juda bildete, sowie Levi, von dem sich die Priester Israels herleiten. Es handelt sich also vermutlich um eine Tradition des Nordreichs Israel. **Ende Zitat**

Also wenn ich mir das hier als der Schreiber Wolfgang Schorat so anschaue-wie weitreichend die Verbindung zu mir nun gegeben ist-durch den Nazi Holocaust der brauen Pest des Räuber des Raub Säugetiers-dann ist das doch erstaunlich-denn das was der Van Helsing in seinen Büchern nun herauskristallisiert hatte das nämlich-vor alttestamentarisch ist-also in Überlieferungen vor den 12 Stämmen-das ist dann doch mit dem Babylon Talmud und so weiter ein Hammerding-das bis zu mir nach Ottawa Kanada führt wo mir dann das kollektive Bewusstsein geöffnet wurde und ich in mir diese Schandtaten der brauen Nazibrut sah und miterlebte und mitschmerzte obwohl, wie gesagt ich nach den zweiten Weltkrieg geboren wurde.

Also die Juden sind diejenigen die zuvor aus den Überlieferungen im vor-alt-testamentarischen zeiten-den MordGott Jahwe übernommen haben. Und das ist für einige von ihnen zum Verhängnis geworden-und leider sind dann alle Juden damit gleichgesetzt worden-was ja falsch ist ein Fehler ist. Aber die kulturelle Evolution geht ja weiter und die Israelis die Juden die Deutschen die Russen die Chinesen und Amerikaner machen zurzeit keine Menschenopfer mehr. Aber dafür opfern sie im Namen des Gelds des Profites doch die Erde das Land die Menschheit-so es kann gesehen werden das Banker Syndikate und Industrie Syndikate und politische Mitspieler-irgendwie doch noch das" MordGen" auf subtile Art und Weise weiterleben und weiterführen eben bloß in einem anderen Kostüm-Demokratie oder gelenkte Demokratie oder Saudische hack den Kopf ab Könige oder andere durchgeknallte innere Subkultur Überbleibsel die ohne kulturelle Evolution dahinvegetieren in ihrem ReligionsSaucenBrei oder GeldMordsGewinn Orgien.

Also Ich Wolfgang Schorat habe überhaupt garnix mit diesen Mord Praktiken meiner menschlichen Vorfahren mehr zu tun. Ich distanziere mich aber auch total davon. Auch gegen das verfolgen der Juden und sage auch nicht das die Juden dieses Jawevolk sind-es sind bloß wenige die das heute noch leben-die konservativ Talmudisten die wie später gezeigt wird dieses auserwählte Brimborium ernst nehmen. Und damit aber auch eine Uriunspur auf der Erde hinterlassen haben die als Grenze zu bezeichnen ist, so wie alle Völker bis zum Umfallen sich gegenseitig ermordet haben-bis sie nicht mehr konnten und dann dort die Grenzen gezogen wurden.

Aber Jesus war kein Talmudie kein Jehova Anbeter. Und die Juden die konnten ja das im Alten Testament Angebot die Gesetze Gottes nicht akzeptieren-das war denen zu unbarbarisch und so machte Gott ja nochmals ein zweites Angebot. Ein zweiter Bund wurde ja mit ihnen gemacht.

Zitat Anfang aus GuteNachrichten.org
Gottes neuester und wichtigster Bund gründet sich auf seine Verheißung bzw. seine unveränderliche Verpflichtung, in denen, die sich ihm bedingungslos zuwenden, ein neues Herz zu schaffen. Warum ist das Eingreifen Gottes notwendig, damit unser Herz verändert wird? Ganz einfach deshalb, weil der Mensch bei seiner Erschaffung unvollständig war. (*Das stimmt so aber nicht, jedes Lebewesen, ist vollständig, und perfekt, es geht bloß um Evolution des jeweiligen Lebewesen in seiner dreidimensionalen Form-über die Mineralien die Pflanzen, die Raubpflanzen die Raubtiere die Tiere, die Raubtiermenschen zum Menschen zum göttlichen Menschen, und in jeder Phase seiner Evolution ist das Lebewesen inklusive der mörderische Mensch perfekt und vollständig-das göttliche erschafft keine Unvollständigkeit. W.Schorat 29.6.15*)

Gott schuf uns mit einer erstaunlichen Fähigkeit zum kreativen Denken, mit intellektuellen Fähigkeiten, die die Kreativität aller anderen Kreaturen weitaus übersteigen. Dieses einzigartige Talent zum Schaffen dessen, was wir uns vorstellen, folgt dem Muster des Schöpfers selbst bzw. seiner schöpferischen Fähigkeit (1. Mose 1,27). Trotzdem fehlt uns eine geistige Dimension, die wir brauchen, um unsere Gedanken in richtiger Weise zu lenken und damit auch die daraus resultierenden Taten kontrollieren zu können. Die Bibel offenbart die Absicht Gottes, diese zusätzliche Fähigkeit in uns zu schaffen. (*Die Software „Zehn Gebote" für die menschliche Festplatte zbs. W. Schorat 29.6.15*)

Er verspricht uns das Wissen, Verständnis und die Kraft zu geben, um unserer Gedanken, Gefühle und unseres Verhaltens Herr zu werden, wenn wir uns für die Zusammenarbeit mit ihm entscheiden. Wir brauchen seine Hilfe dringend! Die traurige Bilanz der Geschichte offenbart das beständige Unvermögen des Menschen, ohne Gottes Hilfe richtige Entscheidungen zu treffen oder eine richtige innere Haltung zu haben.

Anstatt uns von Gott führen zu lassen, webt ein jeder von uns sein eigenes Netz an Gedanken und Verhaltensmustern, woraus eine widersprüchliche Mischung von Gut und Böse entsteht. Nicht alles, was wir denken und tun, ist falsch. Noch ist es immer richtig. Wie Adam und Eva ernten auch wir die Frucht vom Baum der Erkenntnis von Gut und Böse.

Ob unser Leben nur materiell und zeitlich begrenzt sein oder ewig andauern wird, hängt davon ab, ob wir es unserem Schöpfer erlauben, unser Herz und unsere Gesinnung zu verändern.

Diesbezüglich sagte Gott dem alten Israel: „Ich nehme Himmel und Erde heute über euch zu Zeugen: Ich habe euch Leben und Tod, Segen und Fluch vorgelegt, damit du das Leben erwählst und am Leben bleibst, du und deine Nachkommen" (5. Mose 30,19; alle Hervorhebungen durch uns).

Von Anfang an wollte Gott, dass alle Menschen den Weg gehen, der zu ewigem Leben führt. Bis jetzt hat jedoch nur ein einziger Mensch der Stimme Gottes gehorcht und ist diesem Weg ohne Abweichung gefolgt – Jesus Christus. Alle anderen haben das Ziel verfehlt (Römer 3,23). *(Das stimmt so nicht mehr, denn es gibt viele Erleuchtete, Meister, Gurus, Yogis, Meditierer, und auch Jene die einfach so das Göttliche erkennen oder ihnen gezeigt wurde, und es gibt ja noch Jene die alleine durch Denken wissen dass das Göttliche nicht tot ist wie Nietzsche mal formuliert haben soll, aber nun Nietzsche tot ist, und Gott weiterlebt, hohoho, es gibt also sehr viele die den Weg folgen, und was hat Jesus in der Zeit gemacht wo es keine Berichterstattung über ihn gibt. W.Schorat 29.5.15)*

Mit seinem Tod am Kreuz machte Jesus die Einführung des Neuen Bundes möglich. Deshalb sagte er am Abend vor seinem Tode: „Ebenso nahm er nach dem Essen den Becher mit Wein und sagte: Dieser Becher ist [symbolisch gesehen] Gottes neuer Bund, der in Kraft gesetzt wird durch mein Blut, das für euch vergossen wird" (Lukas 22,20; Gute Nachricht Bibel).

Im Neuen Bund fasst Gott alle mit größter Sorgfalt geplanten Details zur Errettung der Menschen zusammen. Damit wir an dieser Errettung teilhaben können, ist es unerlässlich, dass wir die Bedeutung und den Zweck des von Jesus eingeführten Neuen Bundes verstehen. Viel zu viele bekennende Christen verdrehen die Aussagen der Bibel zum Neuen Bund. Legen wir nun diese Fehler und Missverständnisse offen.

Hebt der Neue Bund das Gesetz Gottes auf? Ist es im Neuen Bund nicht länger notwendig, die Zehn Gebote zu halten? Im traditionellen Christentum stößt man auf diese Sichtweisen, mit denen wir uns in diesem Themenpapier näher befassen werden. In Hebräer 10, Vers 16 lesen wir: „Das ist der Bund, den ich mit ihnen schließen will nach diesen Tagen. . . Ich will mein Gesetz in ihr Herz geben und in ihren Sinn will ich es schreiben." Noch wichtiger ist der wahre Zweck der Bünde Gottes – es gab bzw. gibt mehr als einen Bund – und ihre Bedeutung im übergeordneten Plan unseres Schöpfers für die Menschheit. Es ist wichtig, dass wir ihre wahre Bedeutung verstehen.

Wie viele bekennende Christen wissen überhaupt, dass sich die Struktur der Bibel an einer Reihe göttlicher Bünde orientiert? Diese Bünde können wir Verträge bzw. Vereinbarungen nennen. Sie offenbaren und beschreiben die Art Beziehung, die Gott zu jedem Menschen haben will. Sie offenbaren auch Gottes Verheißungen, und sie definieren die Bedingungen, die jeder erfüllen muss, um diese Verheißungen zu erhalten.

Gottes Bünde sind die Grundlage seines göttlichen Vorhabens, das Denken und Handeln aller Menschen zu formen. Gott hat ein genaues Ziel vor Augen. Das letztendliche Ziel seines Vorhabens ist eine göttliche Familie – Söhne und Töchter, die denselben gerechten Charakter haben, den auch Jesus Christus in der Zeit seiner menschlichen Existenz unter den Menschen hatte.

Dieser Charakter kann nur mittels eines wechselseitigen Prozesses zwischen dem einzelnen Menschen und Gott entstehen. Es ist daher ein sehr persönlicher Prozess.

Warum Entscheidungsfreiheit?

Damit wir diesen göttlichen, heiligen und gerechten Charakter bilden können, gibt Gott uns Entscheidungsfreiheit. Diese von Gott gegebene Entscheidungsfreiheit bedeutet die Möglichkeit, durch unsere eigenen Erfahrungen zu lernen, dass wir nicht alle negativen Resultate unserer schlechten Entscheidungen voraussehen können. Nur wenn wir uns auf Gottes Führung verlassen, können wir die Konsequenzen schlechter Entscheidungen vermeiden.

Die erste falsche Wahl in der Geschichte des Menschen wurde von unseren Ureltern Adam und Eva getroffen. Sie mussten unter zwei grundlegenden Optionen eine Entscheidung treffen. Auf der einen Seite stand ihnen die Möglichkeit zur Auswahl, sich in ihrem Denken und ihrer Lebensführung ganz von Gott führen zu lassen, oder sie konnten experimentieren und aufgrund eigener Erfahrungen die scheinbar beste Lebensweise selbst bestimmen. *(Adam und Eva sind nicht "UNSERE" Ureltern. W.Schorat 29.6.15)*

Sie entschieden sich für den Weg eigener Erfahrungen, anstatt sich ganz auf Gottes Unterweisung, Führung und Hilfe zu verlassen. Alle ihre Nachkommen folgten in ihren Fußstapfen und ernteten das gleiche traurige Resultat.

Gottes Bünde offenbaren seinen Plan, das gefährliche Muster unserer Entscheidungen, die uns Schaden zufügen, umzukehren. In diesen Bünden verspricht Gott seine göttliche Hilfe und seinen Segen denen zu erteilen, die sich von ganzem Herzen an ihn wenden, um die notwendige Führung für ihr Leben zu erhalten. Ein Teil des Segens ist geistlich und wird uns in aller Ewigkeit zugutekommen, doch ein Teil „greift" bereits in diesem zeitlich befristeten physischen Leben.
Ende Zitat aus Gute Nachrichten.org

Also dieses Thema dass ich damals als junger Mensch in mir trug, war ja Krieg und Faschismus. Wegen meiner deutschen Vergangenheit. Also in meinem sogenannten Seelen Bild als erste Generation nach dem zweiten Weltkrieg sind die „Sünden" also die „Fehler" der Väter und Mütter aus dem dunklen der Vergangenheit in mir zum Vorschein gekommen. Es gibt hier also keine Gnade der späten Geburt sondern es gibt bloß Versöhnung. Aber alle anderen Völker die ihre eigene Fehler religiös Sünden, nicht bearbeiten politisch wie gesellschaftlich, werden immer wieder im Kreislauf des Langlauf des Lebens an die gleichen Stellen kommen wo sie wieder mit dem gleichen Thema konfrontiert werde-zum Beispiel heute Russland-der Putin wiederbelebt Stalin und seine Fehler und die Bevölkerung wird weiterhin vernebelt-weil die Russen keine öffentlichen Diskussionen über die Greultaten ihrer Menschen die sich Russen nennen gemacht haben und das gleiche gilt für alle Völker auf der Erde-USA-China-England Fronkreich - und so weiter und so weiter. Und es gibt keine Entschuldigung für die

Taten-es ist so wie es ist-ohne Bewertung-zuerst zumindest-und ein jüdischer Rabbi soll das hier mal gesagt haben: Das Schicksal das zwischen Deutschen und Juden (warum hat der nicht gesagt Israelis) sich aufgehäuft hat, kann nur gewendet werden und beendet werden, wenn noch der letzte Jude den Kaddish das Totengebet für Adolf Hitler gesprochen hat.

Aber diese Morderei die hat ja Tradition das ist das menschliche Erbe seiner Evolution vom Lebewesen zum Tier zum Raubtier zum Raubmenschen zum Menschen zum göttlichen Menschen. Und zum Thema nationale Identität-Deutschsein-lasst euch nicht von der engen Perspektive zum falschen Denken verleiten zur falschen Selbst Einschränkung!

Wenn die Perspektive historisch zurück gebeamt wird, ist sichtbar das England als Empire massenhaft abschlachtete. Was haben die alleine in Südafrika gemacht. Von 1899 bis 1902 während des Süd-Afrika-Krieges gegen ca. 60.000 Buren oder Bauern sowie einer Anzahl indigener Afrikaner verschiedener Bantu-Stämme nahmen etwa 470.000

Soldaten für die englische Krone (Bankersyndikate) Land in Besitz. Dies sind etwa das Doppelte der britischen und US-Truppen, die im Jahr 2012, im Golfkrieg involviert waren. Die Briten mussten für die Krone (Bankster) um jeden Preis die Kontrolle über die Gold Felder sichern. Und das taten sie. Um dies zu erreichen, mussten die Briten zu drastischen Mittel greifen und wandten die Politik der verbrannten Erde an, indem sie Häuser, Dörfer, und Farmen niederbrannten, Nutzvieh töteten oder beschlagnahmten und tausende von Frauen und Kinder von den Buren Familien und Bantu-Stämmen in Konzentrationslager steckten, die über ganz Südafrika verteilt waren. Man schätzt das in diesen Lagern mindestens 34.000 Menschen starben, ein Klacks im Vergleich zu Hitler oder Stalin oder Mao oder Tamerlan - aber die Zahl ist mit großer Wahrscheinlichkeit viel höher, da man ja weiß wie verlogen und betrügerisch Mörderbanden in diesem Falle die Briten sind und waren. Dies war das Modell was, welches von Adolfonso Hitlerie mit seiner eigenen Version der Konzentrationslager etwa 40 Jahre später noch übertroffen wurde. Oder was die Briten in China oder Indien alles ermordet hatten.

Wenn auf Frankreich geschaut wird, sackte Napoleon die Köpfe von vielen ab. Blick auf Russland-massenhaftes abschlachten andersdenkender und anderen Volksgruppen. Auch die Juden wurden in Russland oft verfolgt und ermordet und viele flüchteten über die chinesische Grenze und hatten ganze Dörfer in China die jüdisch waren.

Blick auf Japan das gleiche. Abmorden abschlachten in Asien und China. Blick nach China, Kopf ab gehörte da zum Frühstück. Perspektive auf die USA. Massenhaftes abschlachten von Volksstämmen-kriegerische Aktionen-Atombombenabwurf-Spionage Sattelitensysteme NSA-SNOWDEN – Lügenkriege in den Ölländern Iraklügen-oder der Iran der wegen des Öls von den Briten und den USA schon bombardiert wurde-und alles wegen der Gangster Banker die das Geld wollen-und Wirtschaftsspionage was ja alle Nationalitäten machen-weil sie ja nun alles FIRMEN UNTERNEHMEN sind-und damit gar keine Verantwortung mehr gegenüber den Bevölkerungen haben sondern ausschließlich der Firma BRD oder der Firma USA –England und so weiter. Die USA ist in vielen Kriegen meisterlich und abgrundtief in Lügen verwickelt-Folter, Guantanamo, und da sitzen auch die khasarischen Juden mit ihrer vor alttestamentarischen denk und Glaubensweise das alle außer ihnen Schrott sind und Konkurrenz sind-was ja eine Total Verblödung ist-eine sowie sich die Menschheit global immer mehr präsentiert-nach dessen Irrgartenwahnsinn, dem Wahnsinn des Profits des Gelds und der damit verbundenen Kontrolle über die Erde und Menschheit-die nun bekannten 1%.

Wie sieht es in Spanien aus. Wunderbar. Prima. Berge von Leichen in Südamerika. Hollands Königs plattmach Trip auch wunderbar gemordet ermordet. Portugal genauso. Auch Belgien dieser König Leopold 2 mein Gott hat der ermorden lassen in Afrika man schätzt etwa 30 Millionen Ermordungen und Verstümmelungen einer der größten Massenmordereien die jemals von Menschen verübt wurden. Österreich Ungarn platt-

mach Kriege. Polen Kriege. Schweden Dänemark Kriege 3o jährige Kriege Religionskriege. Oder die Supersau Vatikan-katastrophal verbrennen foltern Kopf ab foltern-Zunge rausreißen Augen verglühen und so weiter im Namen Gottes natürlich. Wohl des gleichen Gottes Jahwe wie ihn die khasarischen Juden anbeteten und anbeten. Ach ja im Namen Gottes die Islam-Heiden bis nach Europa alles platt schlachten schlagen.
Italien- Äthiopien oder das römische Reich- Plattkopfskierepublik par Exzellenz. Wie viele Morde abschlachten.

Mir ist nicht bekannt dass es eine Nation ein Volk eine Rasse eine Gruppe von Anfang an gegeben hat, die nicht das Morden und töten und abschlachten aus dem Tierreich, nicht mitgemacht hat. Das geht auch gar nicht anders denn wie kannst du Liebe leben wenn du noch ein Raubtier bist und denkst und glaubst töten zu müssen und das sogar so was dich ins Walhalla bringt.

Erst langsam wächst das Bewusstsein, das es ohne Liebe keine Wahrheitsmenschen geben wird. So, lasst euch von Tabus und Uhus und Tabu Politiker nicht verblöden. Diese Halbaffen kennen doch nur Politik und keine Wahrheit. Und heute sind das doch alles Manager Geschäftsleute die für die goldumrandete Flagge in der EU oder Deutschland oder USA und anderen Ländern - Geld Manager sind-die von den internationalen Banksterfamilien abhängig gemacht wurden und Konkurrenz und Macht anstreben in der Scheinheiligkeit der Demokratie, die bloß eine weiter Form der Täuschung ist.
Lebet eure Kraft und den Mut das Denken ist frei und sprechen auch. Nur damit und der „Reibung" wird Wissen-gemacht zum Weiterwachsen.
Trotz all der historischen Völkermorde und Minderheiten, Abschlachtungen, oder der gegenwärtigen-ist das friedliche Zusammenleben der Menschheit nicht aufzuhalten. Auch wenn das Heidentum der Religionen und Geldgötzenanbetereien und die Selbstsucht der Politiker den Verwaltern für die Bankster Banker- weiterhin verblödendes projiziert. Auch wenn wirtschaftlich Raubtiergehacke auf der Erde brodelt und die Unwissenheit kocht-das gute und schöne die Wahrheit wird siegen und macht frei.
Und die Wahrheit braucht gar nicht zu siegen und man braucht gar nicht erst frei zu werden-das ist man als Mensch schon immer –denn Freiheit ist ja kein Recht sondern unsere göttliche Natur oder das göttliche Geschenk. Den Schwachsinn wollen dir die Manipulatoren die Täuscher und Halbaffen weismachen die einen Rechtsstaat simulieren. Frei sein hat mit Recht Nix und doppelt Nixi zu tun. Frei sein ist ein Seinszustand. In Freiheit kreist die Erde und fällt nicht.
Ich empfehle euch nicht die deutsche Geschichtsforschung zu verfolgen in Bezug zum „Sündending" .Sondern geht nach Amerika und den Journalisten und Schreibern. Da findet ihr viel von den Juden Problematiken und kein „Sau" kräht wie ein Hahn danach.
Die Juden im Juden Staat sind ein Tätervolk: Aber es gibt kein Volk das kein Tätervolk ist.
Also hört auf mit dem Mist.
Fangt an Liebe zu leben!

Ihr Arschlöcher!

Ihr müsst so viel Einsicht haben, dass es Menschen sind, global, egal welcher Völker, die andere platt gemacht haben. Das Raub Säugetier kann noch nicht anders!

Und wenn es Antisemitismus ist, na und, das ist bloß blah, blah, blah!

Viele große Gift Kartelle sind jüdisch. Viele große Gift Kartelle sind nichtjüdisch. Viele große Intelligenz Bunker sind jüdisch, na und. ***Mir ist das Kotzegal.***

Mir geht es um die Wachheit nicht um die Ignoranz. Diese blöde Antisemitismus-Gläubigkeit. Die ist sowieso falsch! Die Weimarer Republik war von Massen-spreu des jüdischen Glaubens geimpft. Ebenso in Russland! Und ganz fett in den USA. Es sind-und das ist ganz wichtig-Einzeljuden-nicht das jüdische Volk. Und jüdisch ist ja Religion. Denn die Juden waren ja bloß einer von 12 Brüdern. So wie die Bayern einer von mehreren Stämme in der BRD ist. Aber alle sprechen oder singen und tanzen-halodriohhhh.

Viele sind ja keine echten Juden sondern von anderen Rassen-Völkern. Da ist kein kollektives Judentum damals gewesen, als Tätervolk. Natürlich als Volk haben die Juden im Alten Testament und heute auch Bluthunde. So wie die deutschen ihre Bluthunde hatten. Oder die USA in ihren Lügenkriegen ihre BlutHunde haben. Und heute die im Namen Gottes mordenden Bluthunde des Satans die Islamisten-mein Gott haben die ein an der Birne, die verfault und vergammelt und eine Mordsspur im Blut getränkt heute hinter sich lässt-mein Gott sind die blöde und primitiv! *Aber, was durch morden erreicht wird, wird auch durch morden wieder entwendet-das berühmte Schwert Gespräch von Jesus.*

Der Judenkoller, das intolerante, das sich als Recht darstellt. Natürlich ist die „Masse" immer Masse, mehr nicht! Politiker sind der Abschaum jedes Volkes! Die sind so unwahrhaftig so Geld dumm so politisch geknebelt, das sie nur eine Last für die Menschheit sind! Es wird Zeit das die Menschen im deutschsprachigen Raum, sich von der Verzerrung der Wahrheit befreien. Denn die Juden sind eben auch, Banditen, Betrüger, Mörder, und Arschlöcher-oder liebevolle Menschen- und der Antisemitismusbegriff ist bloß eine Keule um Menschen platt zu machen, die nicht die Wahrheit wollen. Genauso wie heute sofort mit „Verschwörungstheorien" gekeult wird, sobald jemand die politisch korrekte also das Banken System der WallStreet und London City und den anderen mitmache Bank Anbetern der Schweiz und anderer Länder wie Deutschland China und so weiter, mitmachen will.

Wer sich mit Begriffen wie „Welt" oder „Global" kleidet, muss auch Fähigkeiten zum Weltlieben, Globallieben, der Natur, der Erde, und Menschheit haben! Deswegen sind alle Gruppen, wie WTO, IWF, UNO, und andere Organisationen dieser Richtung, bloße Scheinorganisationen, die betrügen, und diesem Betrugsverein gehören die Staaten ergo Politiker an. So blöde sind die. Die haben ja auch bloß 25% von 30% erreicht. Aber noch viel übler, saumäßiger, ist die WTO, da ist Nix gewählt. Das ist die totale Geldmacht-also Betrug der Wahrheit!

Das was ich hörte, als ich hier in Bad Zwesten den Talmud kaufen wollte im Jahr 2002,das war vom Buchhändler, damals so formuliert-***Im Talmud gibt es nur Gutes***.

Ich zögerte!

Konnte das falsch sein was ich gelesen hatte in vielen Büchern und auch den Van Helsing Büchern. Ich überlegte! Was waren aber die Tatsachen?

Anti-League in den USA. Gigantische Summe um andersdenkende mundtot zu machen und mehr zu machen.

Was war Wahrheit, wohin würde ich mich entscheiden. Es ging nicht mehr darum Jude zu sein-Amerikaner-Deutscher-Russe-Christ-Moslem-,es geht darum Mensch und mehr zu sein!

Ich entschied mich dafür, dass das Judentum eine Betrugs Religion ist-das Religion letztendlich Betrug ist-und das der Vorwurf des Antisemitismus als Knüppel benutzt wird-wenn man die israelische Raub Politik mit ihren Vergewaltigern und Betrüger Politikern bloßstellt. Zur Hölle mit diesen dummen groben Israeliten die Macht leben wollen in ihrem winzigen Fleckchen Erde da am Mittelmeer.

Es wurden Tabus durch mächtige ignorante ergo böse Lobby der Juden in den USA aufgebaut.

Zitat Anfang aus Wikipedia https://de.wikipedia.org/wiki/American-Israel-Public-Affairs-Committee

Das American Israel Public Affairs Committee (AIPAC, dt.: „Amerikanisch-israelischer Ausschuss für öffentliche Angelegenheiten") ist eine proisraelische Lobby in den USA mit über 100.000 Mitgliedern. Es wurde 1953 durch Isaiah L. Kenen als American Zionist Committee for Public Affairs gegründet und später in American Israel Public Affairs Committee umbenannt. In den USA gilt es als die bedeutendste unter den proisraelischen Lobbys und als eine der bedeutendsten Lobbys der USA überhaupt.[1] Der Hauptsitz der Organisation ist Washington, D.C. Abhängig von der Höhe des gespendeten Geldbetrages werden Mitglieder zu exklusiven Veranstaltungen eingeladen.[2]

AIPAC ist auch von jüdischer Seite, darunter vom damaligen israelischen Ministerpräsidenten Jitzchak Rabin, wegen einseitiger Unterstützung des konservativen Parteienbündnisses Likud kritisiert worden.[3] Liberale Juden, denen die Position von AIPAC als zu konservativ erschien, gründeten 2008 die Lobbyorganisation J Street als Gegenstimme zu AIPAC.

Mitglieder

Mitglieder sind oder waren unter anderem die folgenden amerikanischen Politiker:

- George W. Bush, ehemaliger Präsident der USA, Republikanische Partei
- George H. W. Bush, ehemaliger Präsident der USA, Republikanische Partei
- Dick Cheney, ehemaliger Vizepräsident der USA, Republikanische Partei
- Nancy Pelosi, ehemalige Sprecherin des US-Repräsentantenhauses, Demokratische Partei
- Bill Clinton, ehemaliger Präsident der USA, Demokratische Partei
- Hillary Clinton, ehemalige US-Außenministerin, Demokratische Partei
- Condoleezza Rice, ehemalige US-Außenministerin, Republikanische Partei
- John Kerry, Senator, war Kandidat der Demokratischen Partei für die

US-Präsidentschaftswahl 2004
- John McCain, Senator, war Kandidat der Republikanischen Partei für die US-Präsidentschaftswahl 2008

Israelische Politiker:
- Ehud Olmert, Kadima, früher Likud
- Jitzchak Rabin, Awoda
- Schimon Peres, parteilos, ehemaliges Mitglied der Awoda
- Benjamin Netanjahu, Likud
- Ehud Barak, ehemaliges Mitglied der Awoda

Mitglied können auch Organisationen sein, wie z.B. die Anti-Defamation League.

Zitat Ende

Aber unter http://medien-luegen.blogspot.de/2012/02/aipac-israel-schreibt-den-usa-die.html, fand ich folgendes:

AIPAC: Israel schreibt den USA die Außenpolitik vor - per Gesetz!

Das American Israel Public Affairs Committee (AIPAC, dt.: „Amerikanisch-israelischer Ausschuss für öffentliche Angelegenheiten") ist eine pro-israelische Lobby in den USA mit über 100.000 Mitgliedern. Es wurde 1953 durch Isaiah L. Kenen als American Zionist Committee for Public Affairs gegründet und später in American Israel Public Affairs Committee umbenannt. In den USA gilt es als die mächtigste unter den pro-israelischen Lobbys und als eine der mächtigsten Lobbys der USA überhaupt.

Mitglied der AIPAC ist unter anderem Hillary Clinton. Sie bekleidet nun das Amt des US-Außenministers - ein Schelm wer Böses dabei denkt. Doch noch viel furchterregender ist der Einfluss der Israel-Lobbyisten auf den Kongress der USA sowie dessen Ausschüsse.

Der Schlüssel zum Erfolg ist Geld. „Die Israel-Lobby ist eine ethnische Spendenmaschine", schreibt Michael Lind in einer Analyse für das renommierte, britische Prospect-Magazin. Die Lobby setzt im ganzen Land auf höchst effiziente Weise Kampagnengelder ein, „um auch dort gezielt Kongressmitglieder zu beeinflussen, wo wenig jüdische Wähler wohnen".

Ein typisches Beispiel von exzellentem Lobbying ist der Senatsvorsitzende Tom Daschle. Als der Demokrat 1986 erstmals für den Senat kandidierte, war seine Einstellung gegenüber Israel indifferent. AIPAC finanzierte ein Viertel von Daschles Wahlkampagne, die rund zwei Millionen Dollar kostete. In den folgenden Wahlkämpfen erhielt Daschle von AIPAC wiederum ähnliche Summen. Die hohen Investitionen zahlten sich aus. Während Daschle die Leiter im Senat emporstieg, wurde er zu einem zuverlässigen Vorkämpfer für die Interessen Israels. Auf diese Weise wurden in den letzten Jahrzehnten Hunderte von Abgeordneten beider großen Parteien mit Spenden und intensivem Lobbying für die Interessen Israels gewonnen. Zwecks Kontrolle führt AIPAC eine detaillierte Liste über das Abstimmungsverhalten jedes einzelnen Kongressmitglieds. Zögernde Parlamentarier erhalten vor den Abstimmungen eine spezielle Behandlung", meist ein direktes Gespräch, bei dem mit Nachdruck an die Interessen Israels erinnert wird. Wie effizient die hartnäckige Arbeit der Israel-Lobby ist, weiß William Quandt, Mitglied des Nationalen

Sicherheitsrates unter den Präsidenten Nixon und Carter: „70 bis 80 Prozent aller Kongressabgeordneten stimmen in den für Israel relevanten Fragen nach den Anweisungen von AIPAC."

Kürzlich ist AIPAC ein großer Wurf gelungen, den nicht einmal die wildesten Verschwörungstheoretiker vorausgeahnt hätten: Sie schreiben jedem Offiziellem der USA (auch Obama!) ein Diplomatie-Verbot mit dem Iran vor.

The House Foreign Affairs Committee (Ausschuss des Senats der Vereinigten Staaten zur Außenpolitik) versammelte sich hurtig um neue Sanktionsgesetze bezüglich des Irans auszuarbeiten. Der Marschbefehl kam von Benjamin Netanjahu und wurde direkt von AIPAC weitergeleitet.

Der entscheidende Gesetzestext verbirgt sich unter Paragraph 601:

(c) RESTRICTION ON CONTACT.—No person employed with the United States Government may contact in an official or unofficial capacity any person that- (1) is an agent, instrumentality, or official of, is affiliated with, or is serving as a representative of the Government of Iran; and   (2) presents a threat to the United States or is affiliated with terrorist organizations.

(d) WAIVER.—The Präsident may waive the requirements of subsection (c) if the Präsident determines and so reports to the appropriate congressional committees 15 days prior to the exercise of waiver authority that failure to exercise such waiver authority would pose an unusual and extraordinary threat to the vital national security interests of the United States.

Was bedeutet das?

Es bedeutet, dass weder der US-Präsident noch der US-Außenminister oder sonst irgendeinem Offiziellen der USA (inkl. allen Diplomaten) der Kontakt zu iranischen Offiziellen erlaubt ist. Diese Erlaubnis müssten sie sich erst über die Ausschüsse des Kongresses holen. Der wichtigste dabei ist der Ausschuss des Senats der Vereinigten Staaten zur Außenpolitik, dessen Vorsitzinder John F. Kerry ist. Kerry ist „zufällig" ebenfalls Mitglied der AIPAC, sowie viele andere führende Mitglieder des Ausschusses. Er steht daher komplett unter der Fuchtel der AIPAC. Nimmt jedoch einer der US-Diplomaten ohne Zustimmung der Ausschüsse Kontakt zu den Iranern auf, so stellt dies „eine außerordentliche Bedrohung für die Nationale Sicherheit der USA dar" - so der Gesetzestext.

So ein Gesetz ist in der Geschichte der USA einmalig. Noch nie wurden die führenden Politiker in ihrer Handlungsweise so beschränkt. Nicht einmal in Kriegszeiten. Es wäre beispielsweise ohne weiteres möglich gewesen, dass Präsident Roosevelt sich mit Hitler trifft. Jeder Präsident hätte sich auch mit den Führern des Sowjetimperiums treffen können, ohne Zustimmung von Ausschüssen. Dies war in der Vergangenheit für die USA auch immens wichtig.

Denkt mal an die Kuba-Krise. Die Mächtigen der Welt hatten ihre Finger schon auf den Knöpfen zum Start eines atomaren Krieges. Erst als sich der Korrespondent John Scali mit einigen sowjetischen Beamten traf, was wiederum zu einem Treffen von Justizminister Robert Kennedy mit noch ranghöheren Beamten führte, wurde ein Plan ausgearbeitet der die Kuba-Krise entschärfte. Die Welt war gerettet. Diese Form der Diplomatie ist heute laut Paragraph 601 verboten. Eine Gefährdung der Nationalen Sicherheit der USA - Landesverrat.

Dies ist immens gefährlich. So schrieb die Washington Post eine Woche zuvor, wie wichtig die Intensivierung der Diplomatie mit dem Iran für den Frieden wäre.

Im Umkehrschluss heißt das: Ein Abbrechen der Diplomatie fördert die Kriegsgefahr. Dies entspricht ganz den Wünschen Israels. Sie wollen den Krieg mit dem Iran um jeden Preis und haben mit den USA einen mächtigen Wirt für ihre abstrusen Fantasien gefunden.

Quellen, Dokumente sowie weiterführende Artikel Dokument: Gesetze Iran-Sanktionen (inkl. §601) politicalcorrection.org zeitenschrift.com

Liste: die wichtigsten Mitglieder von AIPAC

Mitglieder der United States Senate Committee an Foreign Relations

Die Israel-Lobby und die US-Außenpolitik von John Mearsheimer

Washington Post: Artikel über die Wichtigkeit der Diplomatie mit dem Iran

Propaganda-Seite von AIPAC

AIPAC - die geheime Macht des Kapitols: US-Politiker berichtet über seine Erfahrungen mit AIPAC

Obama´s Kniefall vor AIPAC nach der Wahl

Artikel über AIPAC in der New York Times

Video: AIPAC - Amerika Lobby, Lügen & Erpressung - Der zionistische Traum

Ende Zitat

Ich fragte mich, wie es kommt das sowohl in England als die das Empire globalisierte und mordeten und ausbeuteten, als auch heute in den USA, wo ja auch Kriege geführt werden und das Land die Bevölkerung mehr oder weniger totalverblödet aber sehr intelligent kapitalisiert und Traumatisiert wird-in vielen Bereichen. Die Amis können einem leidtun-die werden ausgeblutet und verblödet mit ihrem Geldwahnsinn der WallStreet Besitzer und dem Kriegswahnsinn. Aber wie kommt das fragte ich-woher kommt das alles. Denn es ist eine Tatsache das viele Bereiche der USA Wirtschaft und der Banken und der Industrien sei es Energie oder Filme die ja immer brutaler und obszöner und hirnrissiger werden-wie kommt es das so eine moderne hochintelligente Verwahrlosung von denen ausgeht. Natürlich demokratisch, was denn sonst!

Ich fand diesen Artikel Aus Gute Nachrichten ORG: *Zitat Anfang:*

Einleitung: Zwei Nationen, die die Welt dominierten

„Ein Schnäppchen machte Amerika zur Supermacht. Die Geschichte hat es gut gemeint mit den Vereinigten Staaten." – Frankfurter Allgemeine Zeitung am 30. April 2003 zum 200. Jahrestag des Louisiana-Landkaufs von 1803

Es ist eine erstaunliche Geschichte, wenn wir den beispiellosen Aufstieg der angloamerikanischen Völker zu ihrer beherrschenden Stellung in der modernen Welt betrachten.

Die Geschichte zeigt, dass der Siegeszug zu dieser Größe in den Wirren der Reformationszeit begann. Nach dem Bruch mit der römischen Kirche sah sich England von dem katholischen Spanien bedroht, damals die mächtigste Nation der Erde. England begann, auf der Suche nach Handelspartnern und politischen Verbündeten, seine „Fühler" in alle Welt auszustrecken.

So führten Bemühungen in der Regierungszeit von Königin Elisabeth I. (1558-1603) zur Errichtung von zahlreichen überseeischen Kolonien, aus denen später die Vereinigten Staaten von Amerika sowie das Britische Commonwealth hervorgingen. Es handelte sich dabei um die schrittweise Bildung eines großen Staatenverbundes, nämlich das Vereinigte Königreich von Großbritannien mit seinem Commonwealth und die mächtigste Republik dieser Welt, die Vereinigten Staaten von Amerika.

So unglaublich es klingen mag: Beide Nationen waren dazu bestimmt, zu Supermächten aufzusteigen, wobei die eine vor der anderen den Status einer Weltmacht erlangen sollte. In internationalen Angelegenheiten sollten sie eine herausragende Rolle spielen, jede zu ihrer Zeit.

Im Zweiten Weltkrieg waren es die Vereinigten Staaten von Amerika, die dank ihrer natürlichen Ressourcen als „Zeughaus der Demokratie" (Winston Churchill) ihre Verbündeten mit Kriegsmaterial versorgten. Mit ihrem Widerstand verhinderten sie die Eroberung eines Großteils der zivilisierten Welt durch totalitäre Kräfte, die die Weltherrschaft anstrebten. Nach 1945 waren es die USA, die aufgrund ihrer wirtschaftlichen Vormachtstellung und ihres in der Menschheitsgeschichte ungewöhnlichen Großmutes den besiegten Feinden Deutschland bzw. Japan und auch ganz Westeuropa wieder „auf die Beine halfen".

Dagegen hinterließ der Niedergang Großbritanniens in den Jahren seit 1945 rund um den Erdball ein einziges Vakuum. Die Auflösung des britischen Weltreiches brachte viele ethnische Konflikte an die Oberfläche, die lange Zeit durch den Kolonialismus unter Kontrolle gehalten wurden. Dadurch entstand eine Welt, die komplizierter und instabiler ist!

Die USA werden aufgrund ihrer Macht mit diesen Problemen nur scheinbar besser fertig. Beide Staaten, die sich lange Zeit an der Spitze des Fortschrittes wähnten, werden zunehmend mit Problemen sowohl im innen- als auch im außenpolitischen Bereich konfrontiert. Mittlerweile entstehen im Osten und Westen andere Kräfte, die schon „ihre Muskeln spielen lassen" und sich darauf vorbereiten, den Supermacht-Status von Amerika zu brechen.

Über 400 Jahre lang hatten England und die mit ihm verbündeten Nationen eine Führungsrolle in der Welt. Die USA und Großbritannien dominierte das Weltgeschehen über 200 Jahre lang, ein Zeitraum, in dem sich entscheidende biblische Prophezeiungen der Endzeit vor unseren Augen erfüllten.

Warum war das Schicksal so wohlwollend und großzügig mit Großbritannien und den Vereinigten Staaten? Wer sind die britischen und amerikanischen Völker? Wie passen die USA und viele der englischsprachigen Nationen, die einst das Britische Reich bildeten, in die Prophezeiungen der Bibel?

Oder werden diese Völker in der Bibel völlig ignoriert, während andere, weniger bedeutende und kleinere Nationen beim Namen genannt werden? Ist es möglich, dass fast alle bekennenden Christen ein fehlendes Verständnis von den Prophezeiungen haben, die präzise den Aufstieg dieser Nationen und deren Zukunft vorhersagen? Dies sind lebenswichtige Fragen –für einen jeden von uns!

Beim Lesen der folgenden Ausführungen werden Sie eine fesselnde Reise durch die Geschichte des Altertums und der Neuzeit unternehmen. Sie werden auf Völker stoßen, von denen Sie wahrscheinlich noch nie gehört haben, und von Ländern erfahren, die Ihnen bis heute möglicherweise unbekannt waren. Damit werden Sie einen lebenswichtigen Schlüssel zum Verständnis unserer Welt und der Zukunft erhalten!

Diese Reise wird Ihnen auch zeigen, dass der große Gott, für den „die Völker wie ein Tropfen am Eimer sind" und „ein Sandkorn auf der Waage" (Jesaja 40,15), immer seine Versprechen hält.

Amerika und Großbritannien: Was sagt die Bibel über ihre Zukunft?

Gottes Versprechen an Abraham und seine Kinder

Erstes Kapitel:

Gottes Versprechen an Abraham und seine Kinder

„Siehe, die Völker sind geachtet wie ein Tropfen am Eimer und wie ein Sandkorn auf der Waage. Siehe, die Inseln sind wie ein Stäublein ... Mit wem wollt ihr denn Gott vergleichen?" (Jesaja 40,15. 18).

Zum Verständnis einiger der erstaunlichsten und inspirierendsten Prophezeiungen der Bibel müssen wir uns auf eine Studienreise begeben, in eine Zeit vor ungefähr 4000 Jahren, als Gott mit einem Menschen namens Abraham zu arbeiten begann. Dieser Mann lebte in Mesopotamien, der Wiege der Zivilisation, in der Stadt Ur. Es ist eine der ältesten Städte, deren Überreste jemals von Archäologen entdeckt wurden.

Abraham war ein sehr bemerkenswerter Mensch: Gott machte ihm erstaunliche Zusagen, die in der Folge nicht nur seine Nachkommen betreffen sollten, sondern auch alle Menschen auf der ganzen Welt. Genauso bemerkenswert ist die Geschichte seiner Herkunft. Sie berührt einen wesentlichen Teil dessen, was wir das „Alte Testament" nennen. Es ist eine Geschichte großer Themen, die nicht nur den Aufstieg und den Fall bedeutender historischer Persönlichkeiten einschließt, sondern genauso den von Kaiser- und Königreichen.

Die Bücher des Alten Testaments beschreiben die Herkunft Abrahams bis zur Entstehung einer mächtigen Nation, des Königtums Israel, sowie Abrahams Eintritt in einen ganz besonderen Bund mit dem allmächtigen Schöpfergott. Die Nation Israel mit ihren zwölf Stämmen war für einen bestimmten Zeitraum von weltgeschichtlicher Bedeutung.

Doch bald zerfiel diese Nation in zwei miteinander konkurrierende Königreiche. Und als das größere der beiden, das den Namen Israel beibehalten hatte (in ihm lebten zehn der zwölf Stämme), seine Partnerschaft mit Gott aufgab, setzte es damit eine Entwicklung in Gang, die zu einem der größten historischen Geheimnisse führte. Diese Entwicklung begann mit dem Zeitpunkt, als diese Stämme aus ihrer angestammten Heimat deportiert wurden.

Das kleinere, südlich gelegene Königreich Juda, das die zwei übrigen Stämme sowie kleinere Teile anderer Stämme einschloss, zog leider keine Lehren aus dem Schicksal seiner nördlich gelegenen blutsverwandten Nachbarn. So wiesen auch die Einwohner des Reiches Juda Gott zurück und gerieten ebenfalls in Gefangenschaft.

Dieses Volk behielt jedoch, im Gegensatz zum nördlichen Israel, zum großen Teil seine Identität und blieb somit im Laufe seiner Geschichte sichtbar als ein kleines und oft verfolgtes Volk, das uns heute als die Juden bekannt ist.

Was wurde aber aus den zehn Stämmen Israels? Als sie im 8. Jahrhundert v. Chr. von ihren Feinden, den Assyrern, erobert und in die Gefangenschaft verschleppt wurden, verschwanden sie damit aus dem Blickfeld der allgemeinen Geschichtsschreibung. Diese erinnert sich ihrer nur unter dem Begriff der „zehn verlorenen Stämme Israels".

Gott hatte jedoch in einem Bund ein absolut bindendes Versprechen mit allen zwölf Stämmen geschlossen. Er hatte versprochen, dass sie immer sein Volk sein sollten und er immer ihr Gott. Können wir darauf vertrauen, dass Gott sein Wort hält?

Wie sollte dies möglich sein, wenn die verlorenen zehn Stämme untergegangen sind, wie viele annehmen?

Zur Ergänzung des Puzzles gehört noch, dass in den Prophezeiungen der Bibel wiederholt von den scheinbar verlorenen Israeliten gesprochen wird. Sie sollen in der Zeit nach der Wiederkunft Jesu Christi wieder eine wichtige Aufgabe übernehmen, aber erst nachdem Jesus sie aus „Not und Tod" befreit hat – eine Zeit, die ihr Leiden in der Vergangenheit als unbedeutend erscheinen lassen wird. Die Propheten des Altertums sprechen von einer Wiederansiedlung der Israeliten nach dieser Leidenszeit in ihrer angestammten Heimat unter der Herrschaft des Messias.

Beachten Sie die Worte Jesu an seine Apostel: „Ihr, die ihr mir nachgefolgt seid, werdet bei der Wiedergeburt, wenn der Menschensohn sitzen wird auf dem Thron seiner Herrlichkeit, auch sitzen auf zwölf Thronen und richten die zwölf Stämme Israels" (Matthäus 19,28; alle Hervorhebungen durch uns). Meinte Jesus, was er sagte? Wenn diese Nachkommen des alten Israel in der neuen Welt eine Zukunftsrolle haben sollen, so wie Gott es prophezeit hat, wo sind sie dann heute? Wie können wir sie unter den modernen Völkern dieser Erde finden?

Warum ist dieses Wissen für uns überhaupt von so großer Bedeutung?

In dieser Broschüre werden Sie sehen, wie stark Gott bei entscheidenden Vorgängen auf der Welt beteiligt ist. Können Sie es sich wirklich leisten, dieses unglaubliche Wissen zu ignorieren?

Wenn dieses Wissen über die verlorenen Stämme Israels nur von historischem bzw. archäologischem Wert wäre, so wäre es in der Tat nur für den historisch interessierten Leser von Interesse. Aber es ist von weitaus größerer Tragweite als vermutet. Es ist ein Generalschlüssel zum Verständnis aller Prophezeiungen der Bibel!

Dieses Wissen erklärt, warum so viele Prophezeiungen von einer kommenden Wiederherstellung eines vereinigten Königreiches aller zwölf Stämme Israels sprechen und warum diese Prophezeiungen in der Bibel so ausführlich dargestellt werden. Mit dem Verständnis dieser unglaublichen Geschichte können Sie eine Menge darüber lernen, was Gott von allen erwartet, die ihm dienen wollen.

Eine Geschichte von Beziehungen und Vereinbarungen

Unsere Geschichte beginnt mit einer Serie von bemerkenswerten Versprechen, die Gott vor einigen tausend Jahren einem Mann namens Abram gab. „Geh aus deinem Vaterland und von deiner Verwandtschaft und aus deines Vaters Hause in ein Land, das ich dir zeigen will", sagte Gott zu Abram. „Ich will dich zum großen Volk machen und will dich segnen und dir einen großen Namen machen, und du sollst ein Segen sein. Ich will segnen, die dich segnen, und verfluchen, die dich verfluchen; und in dir sollen gesegnet werden alle Geschlechter auf Erden"(1. Mose 12,1-3).

Wie Sie sehen werden, ist Gott seinen Versprechen immer treu. Die Vorbereitung einer besonderen Beziehung zum alten Israel begann Jahrhunderte vor Israels Entstehung als Nation. Er berief Abram und legte damit den Grundstein für seine Beziehung zu Israel als Gemeinschaft von Stämmen bzw. von Großfamilien. Später änderte Gott den Namen von Abram, dessen Bedeutung „erhabener Vater" ist, in Abraham, was „Vater einer Menge" bedeutet (1. Mose 17,5).

Beachten Sie nochmals Gottes Versprechen an Abraham: „Ich will dich zum großen Volk machen ... und in dir sollen alle Geschlechter auf Erden gesegnet werden" (1. Mose 12,1-3). Was für ein phantastisches Versprechen! Mit dieser Zusage gab Gott einen ehrfurchtgebietenden Plan zur Kenntnis, dessen Verwirklichung zum Vorteil für „alle Völker auf Erden" dienen sollte.

Später, wiederholte Gott diese Zusagen gegenüber Isaak und Jakob, Abrahams Sohn bzw. Enkel, und danach auch gegenüber Jakobs zwölf Söhnen, den Patriarchen der zwölf Stämme Israels. Ihnen gegenüber gab Gott weitere Details seines Vorhabens mit Israel und seines großen Plans für alle Menschen bekannt.

Diese durch den Schöpfer des Universums ausgesprochene Verpflichtung zieht sich wie ein roter Faden durch viele Teile der Heiligen Schrift bzw. stellt ein übergeordnetes Thema dar und schafft damit einen Bezug zu allen Menschen. Sogar das Wirken von Jesus Christus ist eine Fortsetzung dieses Versprechens.

Fast 800 Jahre nachdem die Nation Israel von der „Bildfläche" verschwunden war, beschrieb der Apostel Paulus die Heiden (Nichtisraeliten) als Menschen, die „ohne Christus" gewesen sind und die „ausgeschlossen vom Bürgerrecht Israels und Fremde außerhalb des Bundes der Verheißung" waren und als solche „keine Hoffnung" hatten und „ohne Gott in der Welt" waren (Epheser 2,12).

Das sind starke Worte, aber sie unterstreichen die Bedeutung von Gottes Zusagen an Abraham. Der Apostel Paulus erkannte, dass Israel einschließlich der zehn verlorenen Stämme weiterhin existent war. Wenn Paulus allein von den Juden gesprochen hätte, d.

h. denjenigen Stämmen, die einst das südliche Königreich gebildet hatten, dann hätte er „Juda" sagen müssen statt „Israel". (Lesen Sie dazu den Rahmenartikel „Sind alle Israeliten Juden? „auf Seite 33.)

Paulus erklärt seine Ausführungen einige Verse später: „Dies war in früheren Zeiten den Menschenkindern nicht kundgemacht, wie es jetzt offenbart ist seinen heiligen Aposteln und Propheten durch den Geist, nämlich dass die Heiden Miterben sind und mit zu seinem Leib gehören und Mitgenossen der Verheißung in Christus Jesus sind durch das Evangelium" (Epheser 3,5-6).

Wie können alle Menschen durch Jesus an den Verheißungen teilhaben, die Gott Abraham gegeben hat? Paulus sagt dazu: „Gehört ihr aber Christus an, so seid ihr ja Abrahams Kinder und nach der Verheißung Erben" (Galater 3,29). Das bedeutet, dass Gott alle, die er als seine Kinder zu berufen gedenkt, in die Familie Abrahams „verpflanzen" oder „einpfropfen" muss. Durch eine Reihe von Bünden verpflichtete sich Gott zur Erfüllung dieses Vorhabens (Römer 11,13-27).

Gottes Versprechen an Abraham war nicht auf ein kleines Volk des Altertums in Nahost begrenzt. Seine Zusagen reichen weit in die Zukunft hinein und sind nicht durch nationale Grenzen limitiert. Von Anfang an war es Gottes Absicht, mit diesem Plan alle Nationen zu segnen.

Was ist ein biblischer Bund?

Das im Alten Testament verwendete Wort „Bund" wurde aus dem Hebräischen berit übersetzt und hat die Bedeutungen Bund, Vertrag, Bündnis. Dieses Wort hat seine Wurzeln höchstwahrscheinlich im Akkidischen, wo es „fesseln" bedeutet. Es hat Parallelen im Ägyptischen, Aramäischen, Assyrischen und auch im Hethitischen. Das Wort berit wird über 280 mal in allen Teilen des Alten Testaments verwendet (siehe auch Vine's Complete Expository Dictionary of Old and New Testament Words, 1985, Stichwort „Covenant").

Die Bünde Gottes bestehen aus zwei wichtigen Komponenten: ihren Bedingungen und ihrer Vertragsdauer. Obwohl Menschen untereinander Verträge oder andere Übereinkommen mit gegenseitig zu erfüllenden Bedingungen schließen, sind Gottes Verträge mit Menschen hingegen gewöhnlich allein von ihm vorgegeben. Er bestimmt die Bedingungen und die Laufzeit. Die Menschen haben dann die Wahl, Gottes Vorgaben zu akzeptieren oder abzulehnen.

Ein Beispiel ist der Bund zwischen Gott und Israel: Nachdem Gott den Israeliten alle Aspekte des beabsichtigten Bundes klar erläutert hatte, einschließlich der zu erwartenden Segnungen bei Einhaltung des Bundes sowie der Folgen bei einem Bruch des Bundes (3. Mose 26; 5. Mose 28 – 30), akzeptierten beide Vertragspartner die Bedingungen. Damit gingen sie das Verhältnis eines Bundes ein, d. h. eine bindende Verpflichtung, die ihnen jeweils zugedachte Rolle zu respektieren und zu erfüllen.

Ein weiterer für uns sehr wichtiger Aspekt zum Verständnis des Bundes Gottes mit Abraham ist der, dass er bis in die heutige Zeit fortbesteht. Bei der Wiederholung des Alten Bundes gegenüber der Generation der Israeliten, die kurz vor der Einnahme des Gelobten Landes stand, schärfte Mose seinen Landsleuten folgendes ein: „... dass er [Gott] dich heute zum Volk für sich erhebe und er dein Gott sei, wie er dir zugesagt hat und wie er deinen Vätern Abraham, Isaak und Jakob geschworen hat" (5. Mose 29,12).

König David verstand die zeitlich unbegrenzte Dauer des Bundes mit Abraham. Bei der Ankunft der Bundeslade in Jerusalem schrieb er folgendes: „Gedenket ewig seines Bundes, des Wortes, das er verheißen hat für tausend Geschlechter, den er gemacht hat mit Abraham, und seines Eides, den er Isaak geschworen hat, den er Jakob gesetzt hat zur Satzung, und Israel zum ewigen Bund" (1. Chronik 16,15-17).

Verträge und Bünde sind Vereinbarungen zwischen zwei oder mehreren Parteien. Der Bund, den Gott mit Abraham und seinen Nachkommen schloss, wurde von ihm selbst festgelegt. Wenn Gott einen Bund schließt, dann wird er immer seine Versprechen erfüllen, zu denen er sich beim Bundesschluss selbst verpflichtet hat.

Warum wählte Gott Abraham aus?

Warum machte Gott Abraham zu seinem Diener, um durch ihn das alte Israel als Volk ins Leben zu rufen? Was war Gottes Absicht und warum fing er ausgerechnet in diesem Abschnitt der Menschheitsgeschichte an, mit Abraham zu arbeiten?

Nach der Sintflut begann sich die Menschheit erneut von Gott abzuwenden. Unmoral und sittliche Perversion waren zur Zeit Abrahams unter allen Völkern weit verbreitet.

Gott setzte gerade zu diesem Zeitpunkt einen Meilenstein seines Planes zur Errettung der Menschheit, indem er Abraham in seine Dienste berief. Mit diesem Langzeitplan ist die Versöhnung aller Völker mit Gott beabsichtigt, wie uns die Bibel immer wieder zeigt.

Sie werden sich erinnern, dass Gott kurz vor der Sintflut sah, „dass die Erde ganz verderbt war,—denn alles Fleisch hatte sich in seinem ganzen Tun zum Bösen gewandt –, da sagte Gott zu Noah: Das Ende alles Fleisches ist bei mir beschlossen; denn die Erde ist durch ihre Schuld voll von Gewalttaten; darum will ich sie mitsamt der Erde vertilgen" (1. Mose 6,12-13;Menge-Übersetzung). Nur Noah mit seiner Frau, seinen Söhnen und Schwiegertöchtern überlebte diese Flut.

Schon kurz nach der Sintflut wandten sich die Menschen wieder von Gott ab und errichteten als Symbol ihrer Rebellion den Turm zu Babel (1. Mose 11,1-9). Vor diesem Hintergrund und mit der Entstehung autoritärer Stadtstaaten leitete Gott eine neue Phase in seinem Plan ein, dessen Ziel die Umkehr aller Völker zum Weg Gottes ist. Und so entschied er, einen treuen Menschen auszuwählen, durch dessen Nachkommen eine Gruppe einflussreicher Nationen entstehen sollte, die allein für den Zweck ausgewählt wurden, der Menschheit Gottes Lebensweg und seine Werte vorzuleben und zu lehren.

Ein Teil dieses Planes ist von Gott dazu bestimmt, alle Nationen den Unterschied zwischen zwei entgegengesetzten Lebenswegen erkennen zu lassen. Er möchte, dass jeder Mensch lernt, dass allein Gottes Lebensweise wahren und dauerhaften Segen für die gesamte Menschheit bringt.

Erwählt für eine Aufgabe

Die Geschichte der Israeliten ist die Geschichte einer einzigen Familie, die der große Schöpfergott aus allen Völkern für einen großen Dienst auswählte. Obwohl Israel ein auserwähltes Volk war, so ist es in keiner Weise ein „Herrenvolk", weder in der Vergangenheit noch in der Gegenwart. Der Apostel Petrus erklärte eindeutig, „in jedem Volk, wer ihn (Gott) fürchtet und recht tut, der ist ihm angenehm" (Apostelgeschichte 10,35). Das ist eine ewig gültige Wahrheit!

Auf den ersten Blick mag es so scheinen, dass Gott Abraham und seine Nachkommen auswählte, weil sie etwas Größeres oder von Geburt her besser waren als andere Menschen. Dies ist aber nicht der Fall. Gott wählte absichtlich eine kleine Gruppe von Menschen aus, die weltpolitisch völlig ohne Bedeutung war. Beachten Sie, was Gott zum alten Israel sagte: „Nicht hat euch der HERR angenommen und euch erwählt, weil ihr größer wäret als alle Völker –denn du bist das kleinste unter allen Völkern –, sondern weil er euch geliebt hat und damit er seinen Eid hielte, den er euren Vätern geschworen hat ... So sollst du nun wissen, dass der HERR dein Gott allein Gott ist, der treue Gott, der den Bund und die Barmherzigkeit bis ins tausendste Glied hält denen, die ihn lieben und seine Gebote halten" (5. Mose 7,7-9; vgl. auch 1. Korinther1,26-29).

Gott erwählte Abraham für eine ganz besondere Aufgabe. Doch vorher prüfte er ihn, um zu sehen, ob Abraham treu bleiben würde. Weil Abraham seinem Schöpfer vertraute, bestand er all diese Prüfungen. Erst danach begann Gott mit ihm zu arbeiten. „Denn was sagt die Schrift? Abraham hat Gott geglaubt, und das ist ihm zur Gerechtigkeit gerechnet worden" (Römer 4,3; vgl. dazu 1. Mose 15,6).

Gott „schmiedete" das alte Israel mit seiner väterlichen Hand, das aus zwölf verwandten Stämmen bzw. Großfamilien bestand, deren Vorväter Abraham sowie sein Sohn Isaak und Isaaks Sohn Jakob waren. Abrahams ausgedehnte Familie wuchs zu einem großen Volk heran – es waren die Nachkommen der zwölf Söhne Jakobs.

Gott machte sie zu einer Nation und trat in einen Bund mit ihnen ein. Sie erhielten die gemeinsamen Namen „Israel", „die Söhne Israels" oder „die Kinder Israels". Israel war ein zusätzlicher Name Jakobs. Als Gott anfing, mit Jakob zu arbeiten, nannte er ihn Israel, das bedeutet „der mit Gott wandelt" oder „ein Prinz mit Gott" (1. Mose 32,24-30).

Israels Nachkommen sind auch bekannt unter den Namen „der Samen Abrahams", „das Haus Jakob" oder auch kurz „Jakob" und die einzelnen Stämme unter ihren jeweiligen Namen: Ruben, Simeon, Levi, Juda, Sebulon, Issachar, Dan, Gad, Asser, Naftali, Josef und Benjamin.

Später adoptierte der Patriarch Jakob bezüglich des Erbrechts seine von Josef stammenden Enkelsöhne Ephraim und Manasse als seine eigenen Söhne. Im Ergebnis bestand die Nation Israel aus historischer Sicht entweder aus zwölf oder aus dreizehn Stämmen, abhängig davon, ob man die Nachkommen Josefs als einen Stamm (Josef) zählt oder als zwei Stämme (Ephraim und Manasse).

Versprechen von weltgeschichtlicher Bedeutung

In der Zeit, in der Gott mit Abraham arbeitete, wurden die Versprechen an Abraham ständig erweitert. Diese Zusagen Gottes gründen sich auf eine Reihe von Prophezeiungen mit solch weitreichenden Verheißungen, wie sie kein anderer Mensch auf Erden jemals erhalten hat. So bezogen sich neben den nach Abraham lebenden Propheten Israels auch Jesus Christus und seine Apostel auf diese Verheißungen als Grundlage ihrer Botschaft und ihres Wirkens (Apostelgeschichte 3,13. 25).

Lassen wir nochmals Gott zu Wort kommen, als er mit dem Patriarchen Abraham redete: „Und ich will dich zum großen Volk machen und will dich segnen und will dir einen großen Namen machen, und du sollst ein Segen sein. Und ich will segnen, die dich segnen, und verfluchen, die dich verfluchen; und in dir sollen gesegnet werden alle Geschlechter auf Erden" (1. Mose 12,2-3; siehe auch 1. Mose 18,18; 22,18; 26,4; 28,14).

Durch die Apostel lernen wir später aus der Bibel, dass der größte Segen, der durch Abrahams „Samen" der ganzen Menschheit zuteilwurde, das Geschenk des ewigen Lebens durch Jesus Christus darstellt (Galater 3,7-8. 16. 19; Apostelgeschichte 3,25-26). Durch seine Mutter Maria war Jesus ein gebürtiger Jude aus dem Stamm Juda, ein Nachkomme Abrahams (Hebräer 7,14). Sein Opfer machte es möglich, dass Menschen aus allen Völkern zu dem Gott Abrahams eine Beziehung haben können.

Mit dem Eintritt eines Menschen in einen Bund mit Christus wird dieser Mensch – unabhängig von seiner Geburt oder Rasse – zum „Samen" Abrahams gerechnet.

Dies machte der Apostel Paulus ganz deutlich, als er in Galater 3, Verse 28-29 schrieb: „Hier ist nicht Jude noch Grieche, hier ist nicht Sklave noch Freier, hier ist nicht Mann noch Frau; denn ihr seid alle- samt einer in Christus Jesus. Gehört ihr aber Christus an, so seid ihr ja Abrahams Kinder und nach der Verheißung Erben." Damit wird zunehmend klar, dass Gott von Anfang an, als er mit Abraham Kontakt aufnahm, die Absicht hatte, allen Menschen das Heil zugänglich zu machen. Die Bibel offenbart viele weitere Details, wie Gott diesen Plan in der Folgezeit in die Tat umzusetzen begann. Doch die Grundlage zu allem finden wir im ersten Buch Mose in den Verheißungen, die Abraham von Gott erhielt.

In der Bibel finden wir diverse Aspekte von Gottes Erlösungsplan für die Menschheit. Die geistliche Dimension ist nur ein Teil der Geschichte. Als physische Wesen leben wir in einer materiellen Welt. Deshalb verwendet Gott oft materielle Mittel zum Erreichen seiner geistlichen Ziele, wie z. B. die Gabe oder den Entzug von materiellen Segnungen als Prinzip der Belohnung bzw. der Bestrafung für gottgefälliges bzw. sündhaftes Verhalten.

Betrachten wir z. B. das Versprechen Gottes, Abraham „zum großen Volk" zu machen (1.

Mose 12,2). Viele Kenner der Bibel verstehen die Tragweite dieses materiellen Versprechens überhaupt nicht. Die Gegner der Bibel spotten einhellig darüber, weil sie davon ausgehen, dass das Volk Israel niemals über die Größe von zwei unbedeutenden Königreichen östlich des Mittelmeers hinauswuchs. Aber hier gehen alle fehl! Gott lügt nicht (Titus 1,2). Er hält seine Versprechen! Wir werden in Kürze sehen, warum und wie Gott seine Zusagen an Abraham bezüglich nationaler Größe erfüllt hat.

Versprechen von nationaler und materieller Größe

Im 1. Buch Mose, in den Kapiteln 12 bis 22, sind Gottes Versprechen an Abraham und deren wiederholte Bestätigung aufgezeichnet. Die Geschichte beginnt mit Gottes Aufforderung an Abraham, seine Heimat und seine Familie zu verlassen (1. Mose 12,1-3). Das war die erste von Abraham zu erfüllende Bedingung, um Gottes Versprechen zu erhalten.

Als Abraham gläubig gehorchte, versprach Gott, ihn zu segnen und seinen Namen groß zu machen. Darüber hinaus sollten seine Nachkommen genauso gesegnet werden. Wie wir später sehen werden, führten die Auswirkungen dieses Versprechens zu den größten geopolitischen Entwicklungen der jüngsten Geschichte. Einige Verse weiter erschien Gott wiederum Abraham und versprach seinen Nachkommen das Land Kanaan (Vers 7). Gottes Zusage enthält eindeutig materielle Aspekte: Besitz von Grund und Boden. Weitere Details zu Gottes Versprechen liefern 1. Mose 13. Nach dem Bericht über Abrahams Großzügigkeit bei der Vergabe der fruchtbaren Gebiete am Jordan an seinen Neffen Lot (Verse 5-13) bestätigt Gott seine Zusage an Abraham damit, dass er ihm das Land Kanaan für immer geben würde (Verse 14-17), um zu zeigen, dass seine Worte für die nahe und ferne Zukunft Gültigkeit haben.

Obwohl Abraham noch kinderlos war, hatte Gott ihm versprochen, seine Nach- kommen zahlreich zu machen „wie den Staub auf Erden. Kann ein Mensch den Staub auf Erden zählen, der wird auch deine Nachkommen zählen" (Vers 16). Das ungeheure Ausmaß dieses Versprechens, die nahezu grenzenlose Expansion der Nachkommen Abrahams, sollte wirklich nicht unterschätzt werden. Wir werden bald sehen, welche große Bedeutung diese Worte haben.

Ungefähr ein Jahrzehnt später erschien Gott Abraham wieder in einer Vision. Ungeachtet der Tatsache, dass Abraham noch keinen Nachkommen hatte, versprach Gott ihm einen Erben, der – wie Gott es formulierte –„von seinem Leibe kommen soll"(1. Mose 15,4). Diese unmöglich erscheinende Nachkommenschaft sollte von diesem Erben, von Isaak kommen: „Und er [Gott] hieß ihn [Abraham] hinausgehen und sprach: Sieh' gen Himmel und zähle die Sterne; kannst du sie zählen?

Und [er] sprach zu ihm: So zahlreich sollen deine Nachkommen sein" (Vers 5). Und wie reagierte Abraham darauf? „Abram glaubte dem HERRN, und das rechnete er ihm zur Gerechtigkeit" (Vers 6). Abrahams Vertrauen darauf, dass Gott sein Wort auch in ferner Zukunft hält, war einer der Gründe, warum Gott Abraham liebte. Gott erwählte ihn nicht nur zum Stammvater einiger mächtiger Nationen, sondern auch zum „Vater ... aller, die glauben" (Römer 4,11).

Wenige Verse später versprach Gott ihm nicht nur eine zahllose Nachkommenschaft, sondern auch ein Gebiet, das „von dem Strom Ägyptens an bis an den Strom Euphrat" reichen sollte (1. Mose 15,18). Dieses große Gebiet umfasst wesentlich mehr Land, als das von Gott in seinem ersten Versprechen zugesagte Land Kanaan (1. Mose 12,6-7; 17,8; 24,7

Wie Gott die Zukunft Israels beeinflusste

Viele Menschen sind mit der Geschichte vertraut, wie Gott durch viele Wunder das Volk Israel aus der ägyptischen Sklaverei befreite und zu einer Nation machte. Weit weniger bekannt sind jedoch solche Wunder, die Gott wirkte, um die Verheißungen an Abraham zu erfüllen. Die durch Gottes Eingreifen bewirkten Geburten von Isaak, Abrahams Sohn, und von Jakob, seinem Enkelsohn, sind dabei bedeutende Meilensteine, denn über diese Söhne gab Gott den zwölf Stämmen Israels die an Abraham gegebenen Zusagen weiter. Durch diese Wunder zeigte Gott, dass das Volk Israel ohne Gottes Eingreifen niemals als Nation zustande gekommen wäre. Betrachten wir z. B. die Geburt von Isaak: Über Jahrzehnte war Sara, Abrahams Frau, in ihrer Ehe kinderlos. Doch Gott griff ein und gab Abraham und Sara einen Sohn, als sie weit über das Alter der Gebärfähigkeit hinaus war. Genauso später bei Isaak: 20 Jahre nach ihrer Hochzeit, als Rebekka noch kein Kind geboren hatte, flehte Isaak im Alter von fast 60 Jahren im Gebet zu Gott für seine Frau. Durch Gottes Eingreifen wurde sie doch schwanger und gebar Zwillinge, Esau und Jakob (1. Mose 25,21. 26).

Welche wichtigen Lektionen sollen wir daraus lernen? Gott zeigte den Nach- kommen Abrahams, dass sie bei der Erfüllung ihrer Berufung und der damit verbundenen Aufgabe nur erfolgreich sein konnten, wenn sie auf göttliche Hilfe vertrauten. Es ist nicht immer leicht, dies zu begreifen, was sich auch in den Erfolgen und Tragödien Israels deutlich widerspiegelt.

Die Autoren der Bibel haben deshalb vieles von der Geschichte Israels aufgezeichnet, damit alle Völker daraus ihre Lehren ziehen können. Ausgehend von Abraham und der Bildung der Nation Israel zeigt Gott allen Völkern, welche Vor-und Nachteile sich ergeben, wenn man Gott gehorsam bzw. ungehorsam ist. Israel ist uns ein Vorbild für beide Fälle. Seine Bedeutung im großen Plan Gottes ist noch lange nicht erfüllt. Die besten Zeiten, die die Israeliten je erlebt haben werden, liegen noch vor ihnen.

Gott erweitert seine Versprechen

Aufgrund Abrahams beständiger Treue erweiterte Gott seine Versprechen nochmals beträchtlich gegenüber den Zusagen, die er Abraham ursprünglich gegeben hatte. Die detaillierteste Darstellung von Gottes erstaunlichen Verheißungen finden wir in 1. Mose

17: „Als nun Abram 99 Jahre alt war, erschien ihm der HERR und sagte zu ihm: Ich bin Gott, der Gewaltige. Führe dein Leben in enger Verbindung mit mir und halte dich ganz an mich! Ich schließe mit dir einen Bund und mache dir die feste Zusage: Ich will dir unermesslich viele Nachkommen geben...

Ich verbürge mich dafür: Du wirst zum Vater vieler Völker werden. Deshalb sollst du nicht mehr Abram heißen, sondern Abraham; denn ich habe dich zum Vater vieler Völker bestimmt... Du wirst so viele Nachkommen haben, dass sie zu ganzen Völkern werden, und sogar Könige sollen von dir abstammen. Meine Zusage gilt dir und deinen Nachkommen in jeder Generation; sie ist unumstößlich für alle Zeiten: Ich bin euer Gott und werde euch das ganze Land Kanaan geben, indem du jetzt als Fremder lebst. Für immer soll es deinen Nachkommen gehören, und ich werde ihr Gott sein" (Verse 1-8; Gute Nachricht Bibel).

Genauso wie bei den vorher gemachten Zusagen Gottes an Abraham, waren die versprochenen Segnungen auch diesmal noch an die Bedingung geknüpft, dass Abraham gehorsam und treu weiter zur geistlichen Reife wachsen musste. Gott erinnerte ihn nochmals daran, indem er sagte: „Führe dein Leben in enger Verbindung mit mir und halte dich ganz an mich!" (Vers 1; vgl. auch mit Matthäus 5,48).

Die Erweiterung von der „großen Nation" zu „vielen Völkern"

Ein wichtiger Teil der Verheißung Gottes war die große Anzahl von Abrahams Nachkommen. Gott unterstrich dieses Versprechen, indem er dem Patriarchen einen neuen Namen gab. Denn bis zu diesem Zeitpunkt war er als Abram bekannt. Doch jetzt sagt Gott zu ihm: „Darum sollst du nicht mehr Abram heißen, sondern Abraham soll dein Name sein; denn ich habe dich gemacht zum Vater vieler Völker" (1. Mose 17,5). Wie schon erwähnt, bedeutet Abram „erhabener Vater" und Abraham „Vater einer Menge".

Gott bezieht sich damit auf diesen Aspekt seiner Zusage: „Und ich will dich sehr fruchtbar machen und will aus dir Völker machen, und auch Könige sollen von dir kommen" (Vers 6; siehe auch Verse 15-16). Gott fährt fort: „Und ich will dir und deinem Geschlecht nach dir das Land geben, darin du ein Fremdling bist, das ganze Land Kanaan, zu ewigem Besitz, und will ihr Gott sein ... So haltet nun meinen Bund, du und deine Nachkommen von Geschlecht zu Geschlecht" (Verse 8-9).

Der Bericht in 1. Mose 17 bezeichnet Gottes Versprechen an Abraham als „ewigen Bund" (Vers 7, 13, 19), d. h. er stellt ein für Gott bindendes Versprechen dar, den Nachkommen des Patriarchen das Land Kanaan als ewigen Besitz zu geben (Vers 8). Gottes Versprechen an Abraham war von großer Bedeutung und Tragweite. Zum sechsten Mal wird Gottes Versprechen an Abraham in 1. Mose, Kapitel 18 im Rahmen der unmittelbar bevorstehenden Zerstörung der Städte Sodom und Gomorra erwähnt. Die Engel, die Abraham als Gäste aufnahm, brachten ihm die Nachricht der bevorstehenden Vernichtung der beiden Städte und bestätigten ihm und seiner Frau die bevorstehende Geburt eines Sohnes (Verse 10-14).

Ungefähr ein Jahr nach dieser Begegnung erfüllte sich in dramatischer Weise ein Teil der Zusage Gottes an Abraham, als Sara ihren gemeinsamen Sohn Isaak zur Welt brachte (1. Mose 21,1-3). Nachdem Abraham seine Treue gegenüber Gott bewiesen hatte, erfüllte Gott auch treu sein Versprechen an Abraham.

Abrahams größte Prüfung

Den Höhepunkt innerhalb der sieben Aufzählungen der Versprechen Gottes an Abraham finden wir in 1. Mose 22. Hier finden wir eine der herausragendsten Geschichten der Bibel. Ihre Schilderung enthält auch Gottes letztmalige Wiederholung seiner Zusagen an Abraham.

Der in dieser Geschichte gezeigte Wille Abrahams, seinen Sohn Isaak zu opfern, stellt eine Vorausschau eines grundlegenden Ereignisses in Gottes Plan zur Errettung der Menschheit dar, nämlich der Hingabe seines einzigen Sohnes, Jesus Christus, als Opfer für uns (Johannes 3,16-17).

Bisher waren alle Verheißungen Gottes vom anhaltenden Gehorsam Abrahams abhängig (1. Mose 12,1; 17,9). Nach den Ereignissen in 1. Mose 22 jedoch hob Gott seinen Bund mit Abraham auf ein neues Niveau. Warum?

Gott gebot Abraham, den Sohn der Verheißung Isaak (Römer 9,9) auf dem Berg Morija als Opfer darzubringen (1. Mose 22,2). Damit begann Abrahams schwerste Prüfung hinsichtlich seiner Treue zu Gott. Abraham hatte gelernt, Gott uneingeschränkt zu vertrauen. Er führte Gottes Anweisungen Schritt für Schritt bis zu dem Punkt aus, an dem er durch das wunderbare Eingreifen Gottes an der Tötung seines Sohnes gehindert wurde (Verse 9-11).

Es war eigentlich nicht Gottes Absicht, Abraham seinen Sohn töten zu lassen, obwohl Abraham im Voraus nicht wusste, was Gott vorhatte. Stattdessen zeigt uns die Geschichte, was Gott wirklich über Abraham herausfinden wollte: „Jetzt weiß ich, dass du Gott gehorchst. Du warst bereit, mir sogar deinen einzigen Sohn zu opfern" (Vers 12, Gute Nachricht Bibel).

In seinem Willen, dem lebendigen Gott zu gehorchen, war Abraham bereit, auf das für ihn Kostbarste zu verzichten – seinen einzigen Erben (Vers 16). Gott wollte Abrahams Sohn zwar nicht als Opfer haben, aber er wollte wissen, ob Abraham auch bei der für ihn härtesten Prüfung seines Lebens auf Gott bauen würde. Abraham bestand diese Prüfung!

Abrahams absolutes Vertrauen in Gott ist der Grund, warum die Bibel ihn den „Vater aller Gläubigen" nennt (Römer 4,11-22; vgl. dazu auch Galater 3,9 bzw. Hebräer 11,17-19). Er ist der geeignete Gründer einer Familie mit unzähligen Nachkommen, die das geistliche Volk Gottes sein werden (1. Mose 18,19).

Gottes Versprechen werden bedingungslos

Ab diesem Zeitpunkt ist das Versprechen Gottes an Abraham sowohl in physischer als auch geistlicher Hinsicht an keine Bedingungen geknüpft. Gottes Worte „Ich habe bei mir selbst geschworen" (1. Mose 22,16) zeigen, dass die Erfüllung der Versprechen in Zukunft nicht mehr von Abraham abhängen würde, sondern allein von Gott. Gott selbst verpflichtete sich bedingungslos, seine Zusagen an Abraham und seinen Nachkommen zu erfüllen.

Gottes Wahrheitsliebe und Rechtschaffenheit sind die Garantie für seine Verheißungen. Er legt sich hier bedingungslos fest, alle seine Versprechen in allen Details zu erfüllen. (Lesen Sie dazu den Rahmenartikel auf Seite 10 „Ist Gottes Wort vertrauenswürdig?".) Wenn wir die bedingungslose Natur der Verheißungen Gottes verstehen, dann haben wir auch ein besseres Bild, nach welchem wir bei unseren geschichtlichen Nachforschungen hinsichtlich der Nach-kommen des alten Israel Ausschau halten können. Da Gott niemals sein Wort bricht, kann er seine Zusagen an Abraham nicht annullieren (4. Mose 23,19). Alle Details in seinem Versprechen sind deshalb auch Hinweise bei unserer Suche nach der Identität der verlorenen zehn Stämme Israels nach der Zeit ihres Exils.

Das 22. Kapitel im ersten Buch Mose schließt mit der Wiederholung der zentralen Elemente der Zusagen Gottes an Abraham, indem er sagt: „Ich will dein Geschlecht segnen und mehren wie die Sterne am Himmel und wie den Sand am Ufer des Meeres, und deine Nachkommen sollen die Tore ihrer Feinde besitzen" (Vers17). Diese physischen, materiellen und nationalen Segnungen sind die Schlüssel zur Identifizierung der Nachkommen Abrahams in der heutigen Welt.

Gott fährt in seinem Wort fort: „In deinem Samen sollen alle Völker auf Erden gesegnet werden, weil du meiner Stimme gehorcht hast!" (Vers 18, Schlachter- Übersetzung). Dieser Segen hat eine zweifache Bedeutung: Zum einen machte Gott durch Christus, einen Nachkommen Abrahams, die Errettung der ganzen Menschheit möglich (Galater 3,16; Johannes 3,16)– eine geistliche Segnung. Zum anderen sollte die ganze Welt an dem Beispiel Abrahams erkennen, dass materieller Segen letztendlich an Gehorsam gegenüber Gott geknüpft ist (5. Mose 4,2. 6). Gottes Versprechen haben daher sowohl geistliche als auch materielle bzw. physische Inhalte.

Gott bestätigt seine Verheißungen gegenüber Abrahams Sohn Isaak

Gott bestätigte auch gegenüber den Nachkommen Abrahams wiederholt seine Zusagen. So wurde sein Bund mit Isaak, dem verheißenen Sohn des Patriarchen, bestätigt (1. Mose 26,1-5). Dass die Bibel in detaillierten Aufzeichnungen zeigt, wie die Verheißungen der Segnungen von Generation zu Generation bestätigt wurden, ist ein zusätzlicher Beweis dafür, dass Gottes Bund mit Abraham – abgesehen von den herausragenden messianischen Prophezeiungen – auch immer materielle und nationale Aspekte beinhaltete. Gottes Zusagen an Isaak schließen große materielle Segnungen ein, wenn er spricht: „Dir und deinen Nachkommen will ich alle diese Länder geben" (1. Mose 26,3-4). Genauso versprach Gott ihm unzählige Nachkommen, wie vorher schon Abraham, mit den

Worten: „[Ich] will deine Nachkommen mehren wie die Sterne am Himmel" (Vers 4). Diese Verheißungen wurden vorerst damit erfüllt, als die Millionen Israeliten unter der Führung Mose den Berg Sinai erreichten und später noch einmal zur Zeit Salomos (5. Mose 1,10; 1. Könige 4,20). Doch in beiden Fällen hing der materielle Segen Israels von seinem eigenen Gehorsam Gott gegenüber ab (2. Mose 19,5).

Jakob empfängt das Erstgeburtsrecht und den Segen

Der auf Isaak gekommene Segen stand eigentlich seinem erstgeborenen Sohn Esau zu (1. Mose 25,21-26). Esaus jüngerer Zwillingsbruder Jakob jedoch überredete Esau dazu, sein Erstgeburtsrecht für ein Linsengericht an ihn abzutreten (Verse 29-34).

Was stellte das Erstgeburtsrecht dar, und warum war es von solcher Bedeutung? Die International Standard Bible Encyclopedia erklärt, dass das „Erstgeburtsrecht naturgemäß dem erstgeborenen Sohn zustand ... Diese Person wurde grundsätzlich zum Oberhaupt der Familie, durch das der Name der Familie weitergegeben wurde. Als Erstgeborener stand ihm ein doppelter Anteil des väterlichen Erbes zu ... Der Erstgeborene trug die Verantwortung für die Ausübung der Autorität über den gesamten Haushalt" (Ausgabe 1979, Band 1, Stichwort „Birthright", Seite 515-516).

Um den Segen des Erstgeburtsrechts von seinem Vater zu erhalten, griff Jakob zu einem Trick, um den blinden und alten Isaak glauben zu machen, dass er Esau sei (1. Mose 27,18-27). Jakob wusste nicht, dass dieser Betrug nicht nötig gewesen wäre. Gott hatte schon vor der Geburt von Jakob und Esau offenbart, dass Jakob der Stärkere der beiden und dass Esau ihm untergeordnet sein würde (1. Mose 25,23).

Doch Gott ließ zu, dass Jakob den Segen des Erstgeburtsrechts durch Betrug empfing und so zum Patriarchen und überragenden Erben der Familie wurde. Erst später brachte Gott Jakob bei, nicht mehr auf seine frühere betrügerische Vorgehensweise zu bauen.

Beachten Sie jetzt, welchen Segen Jakob von Isaak empfing: „Gott gebe dir vom Tau des Himmels und von der Fettigkeit der Erde und Korn und Wein die Fülle.

Völker sollen dir dienen und Stämme sollen dir zu Füßen fallen. Sei ein Herr über deine Brüder, und deiner Mutter Söhne sollen dir zu Füßen fallen. Verflucht sei, wer dir flucht; gesegnet sei, wer dich segnet" (1. Mose 27,28-29). Das sind keine leeren Worte! Isaak gab hier offiziell die erstaunlichen Zusagen weiter, die Gott seinem Vater Abraham gegeben hatte.

In einem späteren Traum bestätigte Gott Jakob, dass er wirklich die Segnungen des Erstgeburtsrechts erhalten sollte. Gott offenbarte ihm, dass seine Nachkommen zahlreich „wie der Staub auf Erden" werden sollten und er sich „gegen Westen und Osten, Norden und Süden" ausbreiten würde, d. h. in alle Richtungen von seiner Heimat aus, dem Nahen Osten (1. Mose 28,12-14).

Wenn man sich die Tragweite eines solchen Versprechens vor Augen hält, dann ist es nicht verwunderlich, dass der Apostel Paulus später Jakobs Großvater, Abraham, als „Erben der Welt" bezeichnet (Römer 4,13). Gott beabsichtigte ganz offensichtlich, dass die

Nachkommen Abrahams große Teile der Welt beherrschen sollten.

Diese Broschüre erklärt, wie diese Verheißung in Erfüllung ging und wie sie sich in Zukunft in noch viel größerer Weise erfüllen wird.

Josefs zwei nationale Identitäten

In 1. Mose 35 entdecken wir einen weiteren Aspekt der Zusagen zum Erstgeburtsrecht. Hier verspricht Gott, dass „ein Volk und eine Menge Völker" von Jakob kommen sollen (Vers 11). Dieser Aspekt von Jakobs Erbe ist für das Verständnis von Schlüsselprophezeiungen sehr wichtig! Die Segnungen des Erstgeburtsrechts sollten sich in zwei unterschiedlichen eigenständigen Völkerschaften erfüllen.

In 1. Mose 48 gab Jakob diesen Teil der Abraham gegebenen Verheißungen an die Söhne Josefs weiter, an Ephraim und Manasse. Zum gleichen Zeitpunkt gab Jakob ihnen, seinen Enkelsöhnen, auch seinen Namen (Vers 16). Die Folge davon ist, dass viele Aussagen in den prophetischen Büchern der Bibel, die sich auf „Jakob" oder „Israel" beziehen, primär diesen beiden Nachkommen Jakobs gelten.

Jakobs Segen schloss Landbesitz ein, d. h. ein nationales Hoheitsgebiet, das die Nachkommen seiner beiden Enkel „für alle Zeit" mit „einer Menge von Völkern" (Vers 4) besitzen sollten. Hier sehen wir zum zweiten Mal die bemerkenswerten Versprechen an Jakobs Nachkommen, insbesondere an Ephraim und Manasse, dass sie „ein Volk" und „eine Menge von Völkern" werden sollten (Vers 19).

Nicht alle Verheißungen Gottes gingen jedoch an Josef und seine Nachkommen. So erhielt Juda eine Zusage von außerordentlicher geistlicher Bedeutung. Durch Jakob prophezeite Gott, dass „das Zepter (die Regierungsgewalt) nicht von Juda weichen" würde (1. Mose 49,10). Diese Prophezeiung wies sowohl auf die Herkunft der zukünftigen israelitischen Königsdynastie von David hin als auch auf die Rolle von Jesus, dem Messias, der von Juda abstammte und auch aus Davids Hause kam (Lukas 1,32; Hebräer 7,14; Offenbarung 5,5). Jesu Aufgabe wird es sein, die Erde als König aller Könige zu regieren (Offenbarung 11,15; 17,14; 19,16).

Die materiellen und nationalen Segnungen des Erstgeburtsrechts gingen dagegen nicht an Juda, sondern an Josef unter Ausschluss von Ruben, dem Erstgeborenen. Welche Umstände führten zur Bevorzugung von Josef? Sein Bruder Ruben „war zwar der Erstgeborene, aber weil er seines Vaters Bett entweihte, wurde sein Erstgeburtsrecht gegeben den Söhnen Josefs, des Sohnes Israels ... [so] wurde er nicht in das Geschlechtsregister Israels als Erstgeborener aufgezeichnet; denn Juda war mächtig unter seinen Brüdern, und einem aus seinem Stamm wurde das Fürstentum gegeben, Josef aber erhielt das Erstgeburtsrecht" (1. Chronik 5,1-2).

Durch die Zusagen des Erstgeburtsrechts erhielten Josefs Söhne, Ephraim und Manasse, die Segnungen von Wohlstand, Macht und nationalem Ansehen.

Ist Gottes Wort vertrauenswürdig?

Hält Gott seine Versprechen und Verpflichtungen, selbst wenn die Menschen versäumen, ihre Zusagen einzuhalten? Gottes Charakter ändert sich nie. Deshalb sind für ihn seine Zusagen an das alte Israel auf ewig bindend. Durch den Mund eines seiner Propheten sprach er zum alten Israel: „Denn ich, der HERR, verändere mich nicht, darum seid ihr, Kinder Jakobs, nicht aufgerieben worden. Seit den Tagen eurer Väter seid ihr von meinen Geboten abgewichen und habt sie nicht befolgt. Kehret um zu mir, so will ich mich zu euch kehren" (Maleachi 3,6-7; Schlachter-Übersetzung). Durch den Propheten Jeremia versprach Gott, dass Israel als Nation so lange existent sein sollte, wie es Sonne, Mond und Sterne geben würde (Jeremia 31,35-36). Er versprach, das Geschehen so zu lenken, dass die Nachkommen des alten Israel, die heute aus den uns bekannten Juden wie auch aus den verlorenen zehn Stämmen bestehen, als ein vereinigtes Volk bei der Wiederkehr Jesu Christi zusammengeführt werden.

Wenn Gott jemals sein an Abraham, Isaak und Jakob sowie deren Nachkommen, den Israeliten, zugesagtes Wort gebrochen hat, wie können wir dann überhaupt darauf vertrauen, dass er seine Versprechen an uns halten wird?

Unser Glaube beruht auf der Prämisse, dass Gott meint, was er sagt. Er steht allezeit treu zu seinen Zusagen, so dass wir eine unerschütterliche Basis haben, ihm diesbezüglich vorbehaltlos zu glauben. Somit sehen wir, dass die Zusagen an das alte Israel auch für uns persönlich äußerst wichtig sind.

Dies ist ein weiterer Grund, dieses Thema zu studieren! Entweder es existieren diese sogenannten verlorenen Stämme noch, oder Gott hat seine Versprechen nicht gehalten. Durch die Bestätigung, dass Gott kontinuierlich die Geschicke der Kinder Israels leitet, sei es in der Vergangenheit, der Gegenwart oder in der Zukunft, erfahren wir, dass er unerschütterlich zu seinem Wort steht. Dies wiederum gibt uns eine sichere Grundlage für unseren Glauben, dass Gott seine Versprechen auch an uns erfüllen wird. Durch die Erfüllung seiner Zusagen an alle Stämme Israels wird Gott auch den Spöttern und Zweiflern zeigen, dass er vertrauenswürdig ist.

Er wird allen Völkern klarmachen, dass er hinter jedem einzelnen Wort steht, das er jemals durch seine Propheten verkünden ließ. Er wird zeigen, dass er die Macht hat, das Weltgeschehen so zu lenken, wie er es wünscht. So sagte auch Jesus: „Dein Wort ist die Wahrheit" (Johannes 17,17)

Die Segnungen der Nachkommen Josefs

Die wahrscheinlich deutlichste Offenbarung über das Erstgeburtsrecht in der Bibel finden wir in 1. Mose 49. Hier finden wir Jakobs Segnungen und Prophezeiungen über jeden seiner Söhne und deren Nachkommen für das „Ende der Tage" (Vers 1, Zürcher Bibel). Beachten Sie, dass die von Jakob vorausgesagten Segnungen für die Nachkommen Josefs „am Ende der Tage" wirklich gewaltig sind: „Du, Josef, bist dem Weinstock gleich, der an der Quelle üppig treibt und seine Mauer überwuchert. Die Feinde fordern dich zum Kampf, beschießen dich mit ihren Pfeilen; doch du bleibst unerschüttert stehen und schießt mit rascher Hand zurück. Bei dir ist Jakobs starker Gott; deswegen führst du Israel und bist des Volkes Schutz und Stärke. Der Gott, der Gewaltige, ist es, der dir hilft; dich segnet deines Vaters Gott. Er gibt dir Regen aus dem Himmel, gibt Quellen aus der Erdentiefe.

Das Leben mehrt und segnet er mit Fruchtbarkeit des Mutterleibes, mit Überfluss aus Mutterbrüsten. Du siehst die Berge [Völker und Nationen], fest und ewig, die hoch bis in die Wolken ragen; dein Reichtum überragt sie alle. Dies alles ist dir vorbehalten, weil du den Segen erben sollst, den ich, dein Vater, einst empfing. Du, Josef, bist der Auserwählte inmitten aller deiner Brüder" (1. Mose 49,22-26; Gute Nachricht Bibel).

Ganz klar zeigt uns diese prophetische Aussage, dass Josefs Nachkommen „am Ende der Tage" in einem Land mit hoher Produktivität und einer leistungsfähigen Landwirtschaft leben werden. Sie werden ein Volk sein mit einem ausgedehnten territorialen Bereich, mit einer unübersehbaren politischen, militärischen, wirtschaftlichen und kulturellen Einfluss Sphäre, ein Volk, dessen „Weinstock ... seine Mauer überwuchert". Sie werden bei einem feindlichen Angriff siegreich zurückschlagen. Manchmal werden ihre Siege wie ein „Wunder" oder „schicksalhaft" erscheinen, da der allmächtige Gott, aufgrund seiner Verheißungen an Abraham, ihr Helfer und die Quelle ihrer Segnungen ist. Sie werden ein Volk sein, das in einem ungewöhnlich günstigen Klima leben wird, welches ein beständiges Bevölkerungswachstum fördert. Sie werden sich der Segnungen guter Ernten, gesunder großer Tierherden und ausgedehnter Naturschätze erfreuen. Mit anderen Worten, wir können erwarten, dass sie vor allen anderen Völkern die besten Ressourcen dieser Erde besitzen werden, und dies alles „am Ende der Tage" (1. Mose 49,1).

Wo können wir die Nachkommen Josefs finden, die verlorenen Stämme von Ephraim und Manasse? Die Liste der aufgezählten Segnungen lässt viele Nationen dieser Erde ausscheiden. Um die Richtigen zu finden, müssen wir uns fragen, wer „am Ende der Tage" die Segnungen der heutigen Welt besitzt. Gott versprach alle diese Segnungen den Nachkommen Josefs – nicht aber deshalb, weil sie sie selbst verdient hätten, sondern weil Abraham Gott gehorchte und Gott sein Wort hält.

Was nutzt uns dieser Nachweis? Er ist eine überwältigende Bestätigung der Existenz Gottes und seines Wirkens. Wenn wir seinen Versprechen glauben und sehen, wie Gott sie in Erfüllung bringt, dann wird unser Blick auf die heutige Weltlage ein völlig anderer sein als der solcher Menschen, die dieses Wissen ignorieren bzw. überhaupt nicht kennen.

In den nahezu 3700 Jahren seitdem Gott diese Versprechen gab, können nur sehr wenige Nationen beanspruchen, diese Segnungen jemals nur ansatzweise erhalten zu haben. Und noch weniger sind es, die „am Ende der Tage" von sich behaupten können, dass sie aufgrund ihrer wirtschaftlichen und politischen Stärke den Status einer internationalen Supermacht besitzen, so wie es den beiden Stämmen, die den Namen „Israel" tragen sollen – Josefs Söhne, Ephraim und Manasse – vorausgesagt wurde. Es gibt jedoch zwei Kandidaten, auf die die zitierten Prophezeiungen genau zutreffen. Welche Länder sind es? Es sind die USA und das Britische Commonwealth.

Wie gut passt ihr Auftreten in das Netz der Anhaltspunkte, das wir finden können?
Um diese Frage zu beantworten, begeben wir uns jetzt auf eine Reise in die Weltgeschichte, angefangen von der Zeit der Vereinigung der Stämme Israels zu einer Nation bis in unsere Tage hinein

Wie Jakob zum Erben Abrahams wurde

Gott wollte, dass Jakob, der Zweitgeborene einer Zwillingsgeburt, das Erstgeburtsrecht erhielt, das normalerweise dem Erstgeborenen zusteht. Dieses Recht beinhaltete die Übertragung des Patriarchats der Familie nach dem Tode seines Vaters Isaak (1. Mose 25,29-34). Die Erstgeburtsrechtssegnungen machten Jakob zum direkten Erben Abrahams und zum Empfänger der göttlichen Verheißungen, die Abraham und seinen Nachkommen galten.

Zu dem Zeitpunkt, als Jakob den Anspruch auf diese Segnungen erhielt, indem er ihn bei seinem Bruder Esau gegen eine Schüssel Suppe tauschte, lebte er noch nicht im Glauben an Gottes Zusagen. Obwohl Gott Jakob kurz vor seiner Geburt zum Erben der Segnungen Abrahams bestimmt hatte (Vers 23), wandelten Jakob und seine Mutter Rebekka offensichtlich nicht mit Gott. Sie bedienten sich daher einer Täuschung, um die Erteilung des Segens von Isaak zu ermöglichen (1. Mose 27). Von Rebekka als Esau verkleidet, ließ Jakob seinen betagten, sehbehinderten Vater Isaak denken, er würde Esau den Segen des Erstgeburtsrechts erteilen.

Das Resultat dieses betrügerischen Vorgehens war, dass Esau seinen Bruder Jakob hasste und ihn sogar töten wollte (Vers 41). Als Rebekka von diesem Plan erfuhr, bat sie Isaak darum, Jakob in die Ferne zu ihren Verwandten zu senden, damit er in Sicherheit wäre (Verse 42-46). So sandten Isaak und Rebekka ihren Sohn Jakob zur Familie Rebekkas nach Nordmesopotamien. Gegenüber anderen schob Rebekka als Erklärung für die Reise den Grund vor, Jakob unter ihren Verwandten eine Ehefrau finden zu lassen.

Es ist jedoch völlig klar, dass sie mit dem Entsenden ihres Sohnes in die Ferne seinen Tod durch die Hände seines Bruders Esau verhindern wollte. Bevor Isaak Jakob fortschickte, segnete er seinen überaus ehrgeizigen und listigen Sohn abermals. Isaak hatte offenbar das vorhergegangene Täuschungsmanöver seines Sohnes verziehen und wiederholte diesmal bereitwillig die erste Segnung. Wahrscheinlich hatte sich Isaak daran erinnert, dass Gott Jakob schon vor der Geburt zum Erbe bestimmt hatte, so dass Isaak dies bestätigen musste. Dann zählte Isaak einige der Schlüsselzusagen nochmals auf, die Gott ihm und Abraham gegeben hatte: „Gott, der Gewaltige, wird dich segnen. Er wird dich fruchtbar machen und dir viele Nachkommen schenken, so dass aus dir eine ganze Schar von Völkern wird. Auf dich und deine Nachkommen wird der Segen übergehen, den Abraham empfangen hat: Sie werden das Land in Besitz nehmen, indem du noch als Fremder lebst und das Gott einst Abraham zugesprochen hat" (1. Mose 28,3-4; Gute Nachricht Bibel).

Mit der Wiederholung des Segens stellte Isaak für die gesamte Familie klar, dass Jakob

die Hauptverantwortung für die immerwährende Beziehung der Familie zu Gott zu tragen hatte (1. Mose 17,19). Sollte Jakob irgendwelche Zweifel gehabt haben, dass Gott das Gebet Isaaks gehört hatte, wurden diese auf seiner Reise nach Mesopotamien ausgeräumt. Jakob „kam an eine Stätte, da blieb er über Nacht, denn die Sonne war untergegangen. Und er nahm einen Stein von der Stätte und legte ihn zu seinen Häupten und legte sich an der Stätte schlafen. Und ihm träumte, und siehe, eine Leiter stand auf Erden, die rührte mit der Spitze an den Himmel, und siehe, die Engel Gottes stiegen daran auf und nieder. Und der HERR stand oben darauf und sprach: Ich bin der HERR, der Gott deines Vaters Abraham, und Isaaks Gott; das Land, darauf du liegst, will ich dir und deinen Nachkommen geben. Und dein Geschlecht soll werden wie der Staub auf Erden, und du sollst ausgebreitet werden gegen Westen und Osten, Norden und Süden, und durch dich und deine Nachkommen sollen alle Geschlechter auf Erden gesegnet werden. Und siehe, ich bin mit dir und will dich behüten, wo du hinziehst, und will dich wieder herbringen in dies Land ... Als nun Jakob von seinem Schlaf aufwachte, sprach er: Fürwahr, der HERR ist an dieser Stätte, und ich wusste es nicht! Und er fürchtete sich und sprach: Wie heilig ist diese Stätte!
Hier ist nichts anderes als Gottes Haus, und hier ist die Pforte des Himmels. Und Jakob stand früh am Morgen auf und nahm den Stein, den er zu seinen Häupten gelegt hatte, und richtete ihn auf zu einem Steinmal und goss Öl oben darauf und nannte die Stätte Bethel" (1. Mose 28,11-19).
So ließ Gott formell die Verheißungen an Abraham von einer Generation an die andere weitergeben. Durch die Bestätigung der Übertragung der Verheißungen auf Jakob verhinderte er, dass diese Verheißungen in Vergessenheit gerieten

Zweites Kapitel Israels goldenes Zeitalter

„So war Salomo Herr über alle Königreiche, vom Euphrat Strom bis zum Philister Land und bis an die Grenze Ägyptens" (1. Könige 5,1
Der Bundesschluss, durch den das alte Israel zum „Volke Gottes" wurde (Richter 20,2), erfolgte nur kurze Zeit später am Berg Sinai, nachdem die Israeliten aus der ägyptischen Sklaverei befreit worden waren. Israels Bund mit Gott basierte auf Gottes Verheißungen und dem Bund mit Abraham (2. Mose 2,23-24; 33,1). Darin hatte Gott seine Vorstellungen einer Beziehung definiert, wie er sie sich zu Jakobs Nachkommen wünschte, die sich jetzt als Nation Israel auf dem Weg in das „Gelobte Land" befanden. Gott bot Israel diesen Bund mit der Erklärung von Verheißungen an, indem er Israel ganz deutlich auf die daraus erwachsenden Verpflichtungen hinwies. Die Israeliten brauchten lediglich zu wählen, ob sie den Bund annehmen wollten oder nicht, wobei sie bei Annahme ihre Zusagen zu erfüllen hatten.
Gott bot ihnen die gleiche Chance zu einem Bund bzw. zu einer gerechten Lebensweise an, wie sie schon Abraham erhalten hatte. Er erinnerte sie deshalb wiederholt daran: „Denn ich bin der HERR, der euch aus Ägyptenland geführt hat, dass ich euer Gott sei.

Darum sollt ihr heilig sein, denn ich bin heilig" (3. Mose 11,45). Die Wirksamkeit der eingegangenen Beziehung hing allein von der kontinuierlichen Bereitschaft der Israeliten ab, als heiliges Volk zu leben, d. h. als aus- bzw. abgesondertes Volk.

Als die Kinder Israels die Bedingungen des Bundes vernahmen, den Gott mit ihnen eingehen wollte, hatten sie die Wahl zwischen zwei gegensätzlichen Möglichkeiten: Sie konnten die Lebensweise als heiliges Volk Gottes annehmen und als seine Repräsentanten oder Botschafter gegenüber anderen Völkern dienen (5. Mose 4,6), oder sie konnten sein Angebot mit allen daraus erwachsenden Konsequenzen zurückweisen. Ihre Überlebenschance ohne die Hilfe Gottes war zu diesem Zeitpunkt sehr gering. Gott hatte sie gerade aus der grausamen ägyptischen Knechtschaft befreit. Sie waren ohne Heimat, und kein anderes Volk war bereit, sie als Mitbewohner aufzunehmen. Sie fanden sich gefangen in einem äußerst unwirtlichen Niemandsland. Gott hatte es mit Absicht so vorgesehen, dass die Zurückweisung seines angebotenen Bundes für die Israeliten wenig attraktiv war. Doch er bedrängte sie nicht einzuwilligen, ohne ihr ausdrückliches Einverständnis. Sie mussten eine Wahl treffen!

Gott sprach zu ihnen vom Berg Sinai und offenbarte ihnen seine Zehn Gebote –sein Grundgesetz der Heiligkeit. Die Gebote wurden zusammen mit den Satzungen und Rechtsverordnungen, die Gott Mose offenbarte, zum „Buch des Bundes". Mose „nahm darauf das Buch des Bundes und las es vor den Ohren des Volkes. Und sie sprachen: Alles, was der HERR gesagt hat, wollen wir tun und darauf hören" (2. Mose 24,7; vgl. Vers 3).

Ein neuer Bund ist notwendig

Gott kannte natürlich ihre Herzen besser, als sie sie kannten. Er wusste von Anfang an, dass der Bund, den er mit den Israeliten schloss, eine grundsätzliche Schwäche besaß: Er konnte die Veränderung des menschlichen Herzens nicht garantieren. Beachten Sie die Reaktion Gottes auf die Erklärung der Israeliten, dass sie ihm gehorsam folgen würden: „Ich habe gehört die Worte dieses Volks, die sie mit dir geredet haben; es ist alles gut, was sie geredet haben. Ach dass sie ein solches Herz hätten, mich zu fürchten und zu halten alle meine Gebote ihr Leben lang, auf dass es ihnen und ihren Kindern wohlginge ewiglich!" (5. Mose 5,28-29).

Doch die Israeliten hatten nicht dieses Herz! Ein solches neues Herz wird erst durch den heiligen Geist möglich. Beachten Sie, was Petrus Jahrhunderte später sagte, als Gott schließlich den heiligen Geist zu Pfingsten allen von ihm Berufenen gab: „Kehrt jetzt um und lasst euch taufen auf Jesus Christus; lasst seinen Namen über euch ausrufen und bekennt euch zu ihm – jeder und jede im Volk! Dann wird Gott euch eure Schuld vergeben und euch seinen heiligen Geist schenken. Denn was Gott versprochen hat, ist für euch und eure Kinder bestimmt und für alle, die jetzt noch fern sind und die der Herr, unser Gott, hinzurufen wird" (Apostelgeschichte 2,38-39; Gute Nachricht Bibel).

Weil Gott den Menschen des alten Israel den heiligen Geist nicht zugänglich gemacht hatte, waren sie nie in der Lage, vollkommen nach dem geistlichen Inhalt des Gesetzes Gottes zu leben und so ein wahrhaft heiliges Volk zu werden. Ihre menschliche Natur und der Einfluss ihrer Nachbarn brachten sie immer wieder vom Weg Gottes ab. Sogar die Generation, die Gott durch beeindruckende und große Wunder aus Ägypten geführt hatte, starb aufgrund ihres anhaltenden Unglaubens und Ungehorsams, ihrer Starrköpfigkeit und ihres ständigen Klagens in der unwirtlichen Wüste des Nahen Ostens. Gott erlaubte es dieser Generation nicht, das Land in Besitz zu nehmen, das er Abrahams Nachkommen versprochen hatte. Diese Menschen waren völlig unwillig, die von Gott geforderte Heiligkeit widerzuspiegeln. Gott hielt sein Versprechen gegenüber Abraham trotzdem und gab das Land der Verheißung dann der nachfolgenden Generation unter der Führung von Josua. So „diente [Israel] dem HERRN, solange Josua lebte und die Ältesten, die noch lange Zeit nach Josua lebten und alle Werke des HERRN kannten, die er an Israel getan hatte" (Josua 24,31).

Hierin liegt eine wichtige Lektion: Auch wenn eine Generation seines Volkes sich ungehorsam verhält, dann bedeutet das nicht, dass Gott seine Verheißungen der folgenden Generation vorenthält. Sie ist genauso Erbe der Versprechen Gottes an Abraham. Gott mag für eine gewisse Zeit seine zugesagten Segnungen vorenthalten oder verzögern, aber er gibt sie dennoch. Er hält immer sein Wort! Aus diesem Grund können wir sicher sein, dass Gott auch die biblischen Prophezeiungen über die Kinder Israel für die Endzeit erfüllen wird. Israel wird ein Königreich Für einige hundert Jahre der Folgezeit sandte Gott Propheten und Richter zur Führung und Unterrichtung des Volkes in seinem Weg sowie zur Schlichtung von Streitigkeiten, die unter den Israeliten auftraten. Aber sehr oft wandten sie sich von Gott ab (Psalm 78,56-58). Es mangelte ihnen völlig an einer Lebensweise gemäß ihrem Versprechen, ein heiliges Volk zu sein. Die Bibel beurteilt die Ära der Richterzeit mit folgenden Worten: „Zu der Zeit war kein König in Israel; jeder tat, was ihn recht dünkte" (Richter 21,25).

Doch auch in dieser und der späteren Zeit erhörte Gott ihre Gebete in Krisenzeiten, als sie inbrünstig seine Hilfe und Gnade erflehten (Psalm 106,39-45). Er „gab ihnen Gnade und erbarmte sich ihrer und wandte sich ihnen wieder zu um seines Bundes willen mit Abraham, Isaak und Jakob und wollte sie nicht verderben, verwarf sie auch nicht von seinem Angesicht" (2. Könige 13,23). Schließlich wollte Israel einen König haben und bat den Propheten Samuel darum: „Da versammelten sich alle Ältesten Israels und kamen nach Rama zu Samuel und sprachen zu ihm: Siehe, du bist alt geworden, und deine Söhne wandeln nicht in deinen Wegen. So setze nun einen König über uns, der uns richte, wie ihn alle Heiden haben. Das missfiel Samuel, dass sie sagten: Gib uns einen König, der uns richte. Und Samuel betete zum HERRN. Der HERR aber sprach zu Samuel: Gehorche der Stimme des Volks in allem, was sie zu dir gesagt haben; denn sie haben nicht dich, sondern mich verworfen, dass ich nicht mehr König über sie sein soll ... So gehorche nun ihrer Stimme. Doch warne sie und verkünde ihnen das Recht des Königs, der über sie herrschen wird" (1. Samuel 8,4-9).

Gott gewährte ihnen ihren Wunsch und beauftragte Samuel, Saul zum König zu salben

(1. Samuel 10,17-24). Gott war bereit, mit dem König Israels zu arbeiten und ihn zu unterstützen, wenn er Gerechtigkeit walten lassen würde. Doch Saul wurde arrogant, eigensinnig und selbstgerecht. So entschied sich Gott für einen neuen König.

Mehr als 1000 Jahre später sagt Paulus dazu: „Und als er diesen [Saul] verstoßen hatte, erhob er David zu ihrem König, von dem er bezeugte: Ich habe David gefunden, den Sohn Isais, einen Mann nach meinem Herzen, der soll meinen ganzen Willen tun. Aus dessen Geschlecht hat Gott, wie er verheißen hat, Jesus kommen lassen als Heiland für das Volk Israel" (Apostelgeschichte 13,22-23).

Israels goldenes Zeitalter beginnt

Israels Aufstieg in ein goldenes Zeitalter während der Regierungszeit des Königs David und seines Sohnes Salomo mit der nachfolgenden Teilung der Nation in zwei Königreiche ist eine Geschichte von Siegen und Niederlagen. Als Ganzes gesehen unterstreichen diese Ereignisse Gottes Treue zu seinen Verheißungen und die Tragödie der menschlichen Schwächen. Sie zeigen darüber hinaus sehr deutlich die Notwendigkeit eines grundlegenden Sinneswandels des Menschen und der Rückkehr des einzig perfekten Königs dieser Welt, Jesus Christus.

Zur Zeit Davids und Salomos herrschte Israel über ein großes Gebiet im Nahen Osten. Gott segnete Israel für seinen Gehorsam in dieser Ära. Dieser Segen war ein Vorgeschmack dessen, was den Nachkommen Abrahams bedingungslos verheißen wurde. Aufgrund der Sünden Salomos und seiner Nachfolger und der des ganzen Volkes in den Jahrzehnten nach dem Tode Salomos verlor Israel jedoch seine nationale Identität. Hier in Kürze die Geschichte: David wurde in zwei Stufen König über Israel. Zuerst wurde er vom Stamm Juda in Hebron zum König gesalbt (2. Samuel 2, 3-4). Von dort aus regierte er ungefähr sieben Jahre. Als danach auch die anderen Stämme Israels sich mit ihm verbündeten und ihn als König akzeptierten, begann in Israel eine Periode der nationalen Einheit (2. Samuel 5,1-5; 1. Chronik 11,3).

David besaß als König eine große und schlagkräftige Armee. So besuchten ungefähr 350 000 bewaffnete Krieger aus allen Stämmen Israels die Krönungszeremonie (1. Chronik 12,23-40). Bald danach begann er auch die Nachbarvölker, die die Israeliten seit Jahren immer wieder bedrängt hatten, zu unterwerfen. Von seinen 40 Jahren Regierungszeit regierte David 33 Jahre von Jerusalem aus, das er von den Jebusitern erobert und zur Hauptstadt auserkoren hatte. Seine Herrschaft brachte Israel eine militärische und ökonomische Vorrangstellung im Nahen Osten. Die moderne Geschichtsschreibung versucht die biblischen Aufzeichnungen zu ignorieren und die Größe und den Einflussbereich der Reiche von David und Salomo herunterzuspielen.

So stellt das New Unger's Bible Dictionary fest, dass „die Wissenschaftler in der Vergangenheit dazu tendierten, den Aufzeichnungen in der Bibel über die Macht und Herrlichkeit Salomos wenig Glauben zu schenken ... Die Archäologie hat jedoch das Ausmaß des Davidisch-Salomonischen Reiches genauso bestätigt, wie es im Buch der Könige geschildert wird, als auch den allgemeinen historischen Hintergrund dieser Zeit als authentisch anerkannt. Salomos Pracht und Herrlichkeit wurde allgemein als, semitische Übertreibung 'oder, romantisches Märchen' mit der Behauptung abgetan, dass ein solch expandierender Staat zwischen den großen Reichen des Altertums, wie den Ägyptern, den Hethitern, den Assyrern und den Babyloniern nicht lebensfähig gewesen wäre. Die Funde zeigen jedoch, dass im Zeitraum von 1100 bis 900 v. Chr. die großen Israel umgebenden Reiche entweder im Niedergang begriffen oder völlig inaktiv waren, so dass Salomo mit der Pracht regieren konnte, wie sie in der Bibel beschrieben ist" (Ausgabe von 1988, Stichwort „Solomon").

Der Schlüssel zum Erfolg Davids

Was war der Schlüssel zu Davids militärischen und politischen Erfolgen? Er wird offenbart im Zusammenhang mit der ersten militärischen Auseinandersetzung, nachdem sich die geeinten Stämme unter seiner Führung konsolidiert hatten. „Als die Philister erfuhren, dass David zum König von Israel gesalbt worden war, kamen sie mit ihrem ganzen Heer, um ihn in ihre Gewalt zu bringen. Doch David konnte sich rechtzeitig in seiner Bergfestung in Sicherheit bringen.
Die Philister besetzten die Ebene Rafaïm. Da fragte David den HERRN: Soll ich sie angreifen? Wirst du sie in meine Hand geben? Der HERR antwortete: Greif sie an! Ganz gewiss gebe ich sie in deine Hand! David zog aus und besiegte die Philister bei Baal-Perazim. Er sagte: Wie Wasser einen Damm durchbricht, hat der HERR die Reihen meiner Feinde durchbrochen" (2. Samuel 5,17-20; Gute Nachricht Bibel).
David suchte nicht den Kampf und Streit. Sie kamen zu ihm. Aber wenn er auszog, dann gab Gott den Sieg. Davids Feinde bildeten später Allianzen, um sein Reich zu besiegen, ein Reich, das – was diese nicht erkennen konnten – von Gott errichtet wurde. So war David auch gegen eine übermächtige Allianz feindlicher Nachbarn siegreich: „Davids Macht wuchs nun immer mehr, weil der HERR der Heerscharen mit ihm war" (1. Chronik 11,9; Menge-Übersetzung).
Davids Erfolg war Gottes Werk. Doch er baute sich keine Denkmäler zur Selbstverherrlichung, wie es offensichtlicher Brauch bei allen anderen Königen des Altertums war. Deshalb erkennen die meisten Historiker die Bedeutung Israels unter den Königen David und Salomo nicht an, da ihre Heldentaten nur in der Bibel aufgezeichnet sind. In späteren Jahrhunderten wurde Israel wiederholt angegriffen. Allein Jerusalem wurde mehr als 20 mal erobert, und dabei einige Male völlig zerstört. Aufzeichnungen auf Pergament und Papyrus aus diesen Zeiten Israels haben sich schon lange in Staub aufgelöst. So sind echte Beweise für die Mitteilungen der Bibel sehr spärlich, aber es existieren doch einige. Zieht man die absolute Sorgfalt der Bibelaufzeichnungen auf anderen Gebieten in Betracht, so gibt es keinen Grund, die Aussagen der Bibel über Israel unter David und Salomo in Frage zu stellen. (Nähere Informationen über den Wahrheitsgehalt der Bibel finden Sie in unserer kostenlosen Broschüre Die Bibel – Wahrheit oder Legende?)

Gerechtigkeit für alle

Während des goldenen Zeitalters unter David und Salomo lassen sich Israels Anstrengungen, um Fairness und Gerechtigkeit für alle Bürger zu gewährleisten, durchaus mit heutigen Bestrebungen dieser Art vergleichen. Beide Könige waren dafür bekannt, allen Bürgern Israels Gerechtigkeit widerfahren zu lassen (2. Samuel 8,15; 1. Chronik 18,14; 1. Könige 3,3). Als Vorzeigenation zog Israel internationale Führer an, die Israels Wohlstand und Kultur persönlich kennenlernen wollten. Unter ihnen war auch die Königin von Saba. Nachdem sie Salomo mit zahlreichen Fragen geprüft, seine Bauprojekte besichtigt und die Kultur Israels gesehen hatte, stellte sie fest: „Es ist wahr, was ich in meinem Lande von deinen Taten und von deiner Weisheit gehört habe. Und ich hab's nicht glauben wollen, bis ich gekommen bin und es mit eigenen Augen gesehen habe. Und siehe, nicht die Hälfte hat man mir gesagt. Du hast mehr Weisheit und Güter, als die Kunde sagte, die ich vernommen habe. Glücklich sind deine Männer und deine Großen, die alle-zeit vor dir stehen und deine Weisheit hören. Gelobt sei der HERR dein Gott, der an dir Wohlgefallen hat, so dass er dich auf den Thron Israels gesetzt hat! Weil der HERR Israel lieb hat ewiglich, hat er dich zum König gesetzt, dass du Recht und Gerechtigkeit übst" (1. Könige 10,6-9; vgl. mit 2. Chronik 9,1-8).

Unter den Bestimmungen des Alten Bundes war auch Gottes Anweisung, alle Menschen gleich zu behandeln, die in Israel wohnten: „Ein und dasselbe Gesetz gelte für den Einheimischen und den Fremdling, der unter euch wohnt" (2. Mose 12,49). Später fügte Gott hinzu: „Die Fremdlinge sollst du nicht bedrängen und unterdrücken; denn ihr seid auch Fremdlinge in Ägyptenland gewesen" (2. Mose 22,20).

Fremde sollten dieselben Rechte wie Einheimische haben. Sie sollten auch die Möglichkeit haben, Gott an seinen heiligen Festtagen zu verehren (2. Mose 12,48; 3. Mose 16,29). Fremde sollten wie Israeliten am Sabbat, dem 7. Tag der Woche, ruhen (2. Mose 20,10). Fremde hatten wie Israeliten das Recht, Gott Opfer darzubringen (4. Mose 15,14). Die Gesundheitsgesetze wurden auf Israeliten und Nichtisraeliten gleich angewendet (3. Mose 17,15). Gott gebot den Israeliten zudem, Arme und Fremde im Volk besonders zu unterstützen (3. Mose 19,10; 23,22; 25,35). Kurz gesagt, Gott gebot Israel, allen Fremden Liebe entgegenzubringen und sie wie Einheimische zu behandeln (3. Mose 19,34).

Von Anfang an war es Gottes Vorhaben, allen Menschen die Gelegenheit zu geben, ihn zu verehren und in seiner Vorzeigenation zu leben. Israels Gesetz macht offensichtlich, dass „Gerechtigkeit für alle" ein göttliches Prinzip ist.

Salomo erbt ein Empire

König Salomo erbte von seinem Vater David im Nahen Osten ein großes, mächtiges und prosperierendes Reich. „Denn er [Salomo] herrschte im ganzen Lande diesseits des Euphrats, von Tifsach [wahrscheinlich das moderne Dibseh an der nordsyrischen Grenze zur Türkei] bis nach Gaza [der Philister Stadt an der Mittelmeerküste], über alle Könige diesseits des Euphrat, und hatte Frieden mit allen seinen Nachbarn ringsum" (1. Könige 5,4).

Zu dieser Zeit war Israel mit Juda „zahlreich wie der Sand am Meer, und sie aßen und tranken und waren fröhlich. So war Salomo Herr über alle Königreiche, vom Euphrat Strom bis zum Philister Land und bis an die Grenze Ägyptens; die brachten ihm Geschenke [= zahlten ihm Tribut] und dienten ihm ein Leben lang" (1. Könige 4,20 bis Kapitel 5, Vers 1).

Zwei andere Mächte des Nahen Ostens– Ägypten und Tyrus (nördlich von Israel an der Küste des heutigen Libanon gelegen) – zogen die Allianz mit David und Salomo einer Auseinandersetzung vor, um nicht ihre Eroberung zu riskieren. Diese beiden trugen wesentlich zur Vergrößerung des wirtschaftlichen und politischen Einflusses von Israel bei, obwohl während der Regierungszeit von Salomo ihr kultureller und religiöser Einfluss auf Israel zur späteren Teilung des Reiches und schließlich zum Zusammenbruch beitrugen. Salomos Bund mit Hiram von Tyrus ist wahrscheinlich die Hauptursache dafür, dass von der westlichen Geschichtsschreibung die historische Bedeutung des Einflusses und der Macht Israels übersehen wurde. Die moderne Geschichtsforschung tendiert nämlich bei der Beschreibung des Einflusses des Phönizier-Reiches, das damals Tyrus zum Zentrum hatte, stark dazu, die wirkliche Macht des östlichen Mittelmeers zu übersehen – Salomo und das Reich Israel.

Israel und das Reich der Phönizier

Die Bibel zeigt, dass die Geschichte Israels und der Phönizier miteinander viel verflochtener ist, als es die meisten Historiker erkannt haben. Allgemein ausgedrückt: Sie gediehen zusammen in guten Zeiten und litten zusammen in schlechten. Sie hatten gemeinsame Feinde. Sie stiegen zusammen als internationale Mächte auf und wurden später etwa zur gleichen Zeit vom assyrischen Reich erobert.

Die Bevölkerung an der Küste im Gebiet von Tyrus und Sidon besaß das gleiche Alphabet und mehr oder weniger die gleiche semitische Sprache wie Israel. Es scheint so, dass – abgesehen von geringfügigen kulturellen und regionalen Nuancen– die beiden Sprachen identisch waren.

Israels besondere Beziehungen mit König Hiram von Tyrus begannen während der Regierungszeit Davids (1. Chronik 14,1). Sie wurden auch unter der Regierung Salomos fortgesetzt. Historiker bezeichnen Tyrus als Hauptstadt der mächtigen Phönizier.

In Fritz Rieneckers Lexikon zur Bibel lesen wir unter dem Stichwort „Phönizier": „Das Land Phönizien ist die schmale Küstenebene Syriens zwischen Libanon und Mittelmeer nördlich von Karmel. Sie ist gekennzeichnet durch die Reihe ihrer Küstenstädte ... In der Frühzeit spielte Sidon die Hauptrolle, später trat Tyrus an seine Stelle ... Die Küstenlage ihrer Städte wies die Phönizier aufs Meer ... Auf der Suche nach billigen Rohstoffen und neuen Absatzmärkten für ihre Fertigwaren erstreckten sich die Handelsbeziehungen der

Phönizier und ihre Städtegründungen über das ganze Mittelmeer bis an die spanische Atlantikküste und zeitweise bis zu den britischen Inseln ... Für Pharao Necho umfuhr eine phönizische Flotte Afrika" (Brockhaus Verlag, Wuppertal, 1983).

Salomo weitete die Partnerschaft mit Hiram bedeutend aus. Es scheint, dass zwischen den beiden Königen ein enger verwandtschaftlicher Bund feierlich geschlossen wurde, buchstäblich ein „Bruderbund" (Amos 1,9). Wie wir bald sehen werden, erwies sich diese Beziehung als ein tragischer Fehler Salomos. Eine gewisse Zeit lang trug die Partnerschaft jedoch zur Steigerung des Wohlstands in Israel und Phönizien bei. Gerade diese Partnerschaft bewirkte, dass das phönizische Reich internationalen Ruhm erreichte.

Bei der Erforschung der Macht und des Ansehens der einflussreichen Phönizier tendieren die Historiker zur isolierten Betrachtung der Küstenstädte, die auf dem Gebiet des heutigen Libanon liegen. Sie vernachlässigen die Partnerschaft, die zwischen Hiram von Tyrus und David bzw. Salomo von Israel bestand. So kommen sie zu völlig falschen Schlussfolgerungen, da sie nicht erkennen, dass die dominierende Kraft dieser Handelsbeziehungen David und Salomo waren und nicht Hiram. Diese Verbindung wurde nur unter dem Begriff „Phönizien" bekannt.

Internationaler Handel: Eine Quelle von Salomos Wohlstand

Salomo baute viele Handelsschiffe, zu deren Besatzung sowohl israelitische als auch phönizische Seeleute gehörten. Die Menge der aus diesem Seehandel angesammelten Schätze verblüfft sogar noch heute, wenn man dabei moderne Maßstäbe zugrunde legt. Wie weit reisten jene Flotten, um einen derartigen Wohlstand zusammenzutragen?

Die Bibel sagt uns jedenfalls, dass Salomos Seeleute manchmal drei Jahre unterwegs waren, ehe sie von ihren Seereisen zurückkehrten. Fast 2500 Jahre später umsegelte Ferdinand Magellan die Welt auf einer Reise, die auch drei Jahre dauerte. Die Flotten Salomos kehrten mit wertvollen Erzeugnissen wie Gold, Silber und Elfenbein sowie exotischen Kuriositäten wie Affen und Pfauen zurück (1. Könige 10,22).

Eine hochseetaugliche Flotte und die Kontrolle über die wichtigsten Landrouten des nahöstlichen Handels waren die Eckpfeiler von Salomos Außenhandel. Die Bibel berichtet: „Und man brachte Salomo Pferde aus Ägypten und aus Koe [Zilizien], und die Kaufleute des Königs kauften sie aus Koe zu ihrem Preis. Und sie brachten aus Ägypten den Wagen für sechshundert Silberstücke und das Pferd für einhundertfünfzig. Dann führten sie diese wieder aus an alle Könige der Hetiter und an die Könige von Aram" (1. Könige 10,28-29).

Die Bibel bemerkt auch, dass Salomos jährliche Grundeinnahmen umgerechnet 666 Zentner Gold betrugen, wobei das Gold nicht gezählt wurde, das er an Abgaben und Tributen erhielt (2. Chronik 9,13-14). Gestützt durch diese gewaltige Fülle baute Salomo in Jerusalem einen großartigen Tempel für Gott und einen eigenen Palast. Er bedeckte die Innenwände und sogar die Böden des Tempels mit reinem Gold. Standbilder von zwei Cherubim, jeder mit zwei weit ausgestreckten Flügeln von 2,5 m Länge, wurden neben die Bundeslade gestellt und mit reinem Gold überzogen. Außerdem fertigten Kunsthandwerker den siebenarmigen Leuchter, die Tische für die Schaubrote, Becken und Schalen, Lampen und Dochtscheren, Messer und Löffel–alles war aus purem Gold (2. Chronik 3 bis 4).

Salomo ließ einen großen Thron aus Elfenbein mit Gold belegen. Er rüstete seine Wachen mit Hunderten von goldenen zeremoniellen Schilden aus, wobei die großen mit je sieben Kilo gehämmertem Gold überzogen waren. Sein Speiseservice im Palast enthielt massivgoldene Tassen und Platten.

Die Bibel berichtet, dass während der Zeit Salomos nichts aus Silber gemacht wurde, weil es als wertlos galt (1. Könige 10,16-21). Dies war buchstäblich Israels goldene Ära

Gottes Bund mit Israels König David

Das Leben Davids enthält alle Elemente einer aufregenden Abenteuergeschichte. Davids ca. 70 Lebensjahre waren voller Kontraste: vom armen, in Lumpen gehüllten Vagabunden bis zum gewandten und mächtigen König in edlen Kleidern. David erlebte diverse Abenteuer: Er kämpfte gegen wilde Tiere, um die ihm anvertrauten Schafe zu schützen, stritt gegen Goliath, rannte vor Saul um sein Leben und führte Krieger in den Kampf gegen Israels Feinde.

David hatte aber auch eine kreative, künstlerische Seite: Er war Dichter, Musiker und Komponist. Viele seiner Arbeiten sind im Buch der Psalmen enthalten. Er standardisierte Israels formale Anbetung durch dessen Priester und Musiker.

So aufregend das Leben Davids uns auch erscheinen mag, Gott erwählte ihn aus einem anderen Grund. Nachdem Saul als König versagt hatte, suchte Gott „einen Mann nach seinem Herzen" aus (1. Samuel 13,14). David erfüllte diese Erwartung Gottes. David beging zwar schwere Fehler, am Ende bereute er aber immer seine Sünden und bat Gott um Vergebung (Psalm 51).

Ein erstaunliches Versprechen

David war ein Mann „nach Gottes Herzen". Deshalb schloss Gott einen Bund mit ihm zusätzlich zu dem Bund, den er mit Israel geschlossen hatte. Als er ein Haus für Gott bauen wollte, erhielt David folgende Nachricht Gottes durch den Propheten Nathan: „Wenn deine Zeit abgelaufen ist und du stirbst, werde ich dafür sorgen, dass einer deiner Söhne dir auf dem Königsthron folgt. Der wird dann ein Haus für mich bauen und ich werde seine Herrschaft und die seiner Nachkommen für alle Zeiten fest begründen ... Wenn er sich verfehlt, werde ich ihn nach Menschenmaß bestrafen wie ein irdischer Vater seinen Sohn; aber meine Liebe will ich ihm nicht entziehen, wie ich sie Saul entzogen habe. Ihn habe ich verstoßen und dich an seiner Stelle zum König gemacht. Dein Königshaus und deine Königsherrschaft werden vor mir für immer Bestand haben; dein Thron wird für alle Zeiten feststehen" (2. Samuel 7,12-16; Gute Nachricht Bibel).

Verstehen Sie die Tragweite dieses Versprechens? Gott sagte zu, dass Davids Thron immer Bestand haben würde – eine herausfordernde Zusage für Bibelgläubige! Als Sohn der Jungfrau Maria ist Jesus ein leiblicher Nachkomme Davids, der als Herrscher im Reich Gottes den Thron Davids besteigen wird. Diesen Thron gibt es heute immer noch! In einer Prophezeiung sagte Jeremia diese Zeit voraus: „Siehe, es kommt die Zeit ..., dass ich dem David einen gerechten Spross erwecken will. Der soll ein König sein, der wohl regieren und Recht und Gerechtigkeit im Lande üben wird. Zu seiner Zeit soll Juda geholfen werden und Israel sicher wohnen. Und dies wird sein Name sein, mit dem man ihn nennen wird: Der HERR, unsere Gerechtigkeit" (Jeremia 23,5-6).

Bevor Maria Jesus empfing, sprach ein Engel zu ihr: „Siehe, du wirst schwanger werden und einen Sohn gebären, und du sollst ihm den Namen Jesus geben. Der wird groß sein und Sohn des Höchsten genannt werden; und Gott der HERR wird ihm den Thron seines Vaters David geben, und er wird König sein über das Haus Jakob in Ewigkeit, und sein Reich wird kein Ende haben" (Lukas 1,31-32).

Diese Abschnitte zeigen die Bestimmung Jesu, auf dem Thron Davids zu sitzen. Obwohl sich ein Teil dieser Vorhersagen bereits erfüllt hat, glauben viele irrtümlich, dass sie alle mit Jesu erstem Erscheinen vollkommen erfüllt wurden. Dieses stimmt nicht! Erst bei seiner Wiederkunft wird diese Prophezeiung endgültig erfüllt.

Regenten auf dem Thron Davids

Ein anderer Teil des Versprechens Gottes gegenüber David war, dass seine Nachkommen kontinuierlich über das Volk Israel herrschen würden, bis Gott sein Reich auf dieser Erde etabliert. Da viele die Einführung dieses Reiches als bereits geschehen sehen, sind sie der irrtümlichen Annahme verfallen, dass dieses Versprechen heute keine Bedeutung mehr hat.

Im Gegensatz zur allgemein verbreiteten Ansicht, wonach das Reich Gottes bereits in der Kirche oder in den Herzen der Menschen existiere, sagt die Bibel eindeutig, dass Gott sein Reich erst dann errichten wird, wenn Christus zum zweiten Mal auf diese Erde kommt (Daniel 2,44; Offenbarung 11,15.17; 19,6. 15). Jesus ist noch nicht wiedergekehrt, und das Reich Gottes existiert noch nicht auf der Erde. Wenn es erscheint, wird es alle menschlichen Regierungen ablösen.

Gottes Sabbat am siebten Tag der Woche und seine sieben heiligen Festtage im Verlauf des Jahres offenbaren, wenn diese Zeit kommt, wie die Nationen Gott verehren werden. Mit dem Verständnis, dass Gott sein Reich noch nicht auf der Erde etabliert hat, lassen Sie uns einige der Versprechen der Bibel über Israels Nachkommen betrachten, und zwar insbesondere jenes, dass ein Nachkomme Davids in ununterbrochener Reihenfolge über Nachkommen der Israeliten regieren soll. In 2. Chronik 13, Vers 5 lesen wir: „Der HERR, der Gott Israels [hat] das Königtum über Israel David gegeben ewiglich, ihm und seinen Söhnen durch einen Salzbund."

Wie die konservierenden Eigenschaften von Salz, so war ein Salzbund ein Vertrag, der für immer galt. Gott garantierte, dass das „Haus David" – seine Nachkommen – für immer existieren sollte (2. Chronik 21,7). Weil Davids Nachkommen aufhörten, Gott zu gehorchen, haben manche irrtümlich geglaubt, dass Gott seinen Vertrag mit David annulliert hat. Doch dies ist nicht der Fall. Gott spricht von David: „Jederzeit umgibt ihn meine Güte, mein Bund mit ihm ist unverbrüchlich. Ich bestätige sein Königshaus für immer, sein Thron bleibt fest, solange der Himmel besteht. Wenn seine Nachkommen mein Gesetz verlassen und meinen Weisungen nicht gehorchen, wenn sie meine Vorschriften übertreten und meine Anordnungen nicht befolgen, dann werde ich ihren Ungehorsam bestrafen, für ihre Verfehlung werde ich sie schlagen. Aber David werde ich die Treue halten, ihm niemals meine Güte entziehen. Mein Bund mit ihm wird nicht gebrochen, meine Zusagen ändere ich nicht ab. Ein für alle Mal habe ich es geschworen und bürge dafür mit meiner Heiligkeit: Ich werde David niemals täuschen! Sein Königshaus soll für immer bestehen. Seinen Thron werde ich stets vor Augen haben, ebenso lange wie die Sonne; für alle Zeiten bleibt er stehen wie der Mond, dieser treue Zeuge in den Wolken" (Psalm 89,29-38; Gute Nachricht Bibel; vgl. dazu Jeremia 33,15-21).

Durch den Vertrag Gottes mit David finden wir einen weiteren biblischen Beweis, dass Abrahams Nachkommen weiterhin existieren. Sie sind nicht ausgestorben bzw. von der Erdoberfläche verschwunden. Hier geht es um die Glaubwürdigkeit Gottes! Die Bibel sagt uns, dass die Nachkommen Davids und seine Volksgenossen – die Israeliten – noch heute existieren und auch in Zukunft existieren werden

Israels Beitrag zur Macht der Phönizier

Die Region, die die Historiker als das alte Phönizien bezeichnen, wird von John Christopher in seinem Buch Lebanon Yesterday and Today (1966, Seite 43) treffend umrissen: „Als Phönizien um 1000 v. Chr. [während der Regierungszeit von David und Salomo] den Gipfel seiner Macht erreicht hatte, waren die bedeutendsten Stadtstaaten von Süd nach Nord: Tyrus, Sidon, Byblos und Arvad [das auf einer Insel vor der syrischen Küste liegt, nördlich der Grenze zum Libanon]."

Aber historisch gesehen schließt das Wort „Phönizien" manchmal ein viel größeres Gebiet als diese wenigen Küstenstädte ein. Es beinhaltet sogar einen Großteil der Fläche des „Landes Kanaan", da den Siedlungsraum des alten Israel darstellte. Diese wichtige Tatsache wird in den geschichtlichen Aufzeichnungen zum alten Phönizien oft übersehen.

Christopher erklärt: „Im 3. Jahrtausend [v. Chr.] wurden Byblos und die Küste des Libanon oft als das Land Kanaan bezeichnet und seine Einwohner als Kanaaniter. Irgendwann später tauchten die vertrauteren Begriffe ‚Phönizien' und ‚Phönizier' auf. Manchmal wird ‚Phönizien' speziell auf den Küstenbereich des weitaus größeren Landes Kanaan beschränkt, das tief ins Landesinnere hineinreichte" (Seite 41; Hervorhebungen durch uns).

Aus Sicht der phönizischen Küstenstädte war die Zusammenarbeit mit Israel eine geopolitische Notwendigkeit. Militärisch war Israel der überlegene Nachbar, zu übermächtig, um von Hiram von Tyrus ignoriert zu werden. Davids Eroberungen von Edom, Moab und Ammon (dem heutigen Jordanien) brachten Israel die Kontrolle über die meisten lebenswichtigen Handelsrouten im Binnenland. Tyrus und Sidon kontrollierten im Mittelmeerbereich den Handel zur See. Der Schwachpunkt der phönizischen Hafenstädte für ihr Überleben war ihre fast völlige Abhängigkeit vom Handel.

Israel dagegen war hinsichtlich seiner Versorgung überwiegend autonom. Es produzierte für den Export Agrarprodukte wie Wein, Olivenöl und Weizen. Aber die Gegend um die phönizischen Küstenstädte Tyrus und Sidon war gebirgig, mit wenig urbarem Land. Es ist somit nicht verwunderlich, dass die Phönizier beträchtliche Mengen an Nahrungsgütern aus Israel bezogen. So entwickelten sich schnell politische und wirtschaftliche Bindungen zwischen den beiden Königreichen, wobei Israel aber der weitaus stärkere Partner von beiden war.

Die Hafenstädte Tyrus und Sidon arbeiteten eng mit Israel bei der Beschaffung von Baumaterial für den Tempel zusammen (1. Könige 5,16-25). Salomo zog sogar 30 000 Fronarbeiter aus Israel zum Dienst bei der Gewinnung von Zedernholz für den Tempelbau ein (Verse 27-28). Die phönizischen Hafenstädte, die den gesamten Seehandel des Mittelmeergebietes beherrschten, ermöglichten auch Israel den direkten Zugang zu den großen internationalen Märkten. Es gibt geschichtliche Aufzeichnungen über Unternehmungen der Phönizier, die sie bis in den Atlantik, wenigstens bis zu den Britischen Inseln führten (siehe z. B. Fritz Rieneckers Lexikon zur Bibel, Stichwort „Phönizien"). Manche Historiker glauben sogar, dass sie noch viel weiter reisten. Das bedeutet wiederum, dass Israel Zugang zu den gleichen Gebieten hatte.

Die Bibel berichtet zusätzlich von zwei israelitischen Stämmen, Asser und Dan, die lange vor der Zeit von David, Salomo und König Hiram von Tyrus ihre eigenen Erfahrungen als Seeleute sammelten (Richter 5,17). Salomo baute zudem eine eigene Flotte auf und stationierte diese in der israelitischen Hafenstadt Ezjon-Geber am Golf von Akaba (1. Könige 9,26). So sicherte er sich über das Rote und das Arabische Meer den direkten Handelszugang nach Ostafrika und Asien.

Obwohl die Israeliten ihre eigenen zuverlässigen Navigatoren besaßen, stellten sie auch phönizische Männer in ihren Dienst, die „erfahrene Seeleute" waren und Salomos Männer bei ihren gemeinsamen Überseereisen „auf der Fahrt begleiteten" (Verse 27-28, Gute Nachricht Bibel). Weitere Informationen darüber finden Sie im Rahmenartikel „Internationaler Handel: Eine Quelle von Salomos Wohlstand" auf Seite 15.

Israel war unter David und Salomo ein starker Partner beim Erlangen der internationalen Bedeutung und Berühmtheit der Phönizier. Der weltweite ökonomische und politische Einfluss von Salomo war weitaus größer, als es die meisten Historiker erkannt haben.

Warum Gott Israel ein Reich gab

Als Israel in den Tagen Moses zu einer Nation wurde, erklärte Gott, warum er Israel zu einem mächtigen und einflussreichen Volk machen wollte: „Werdet ihr nun meiner Stimme gehorchen und meinen Bund halten, so sollt ihr mein Eigentum sein vor allen Völkern; denn die ganze Erde ist mein. Und ihr sollt mir ein Königreich von Priestern und ein heiliges Volk sein"(2. Mose 19,5-6).

Gott beabsichtigte mit Israel ein Beispiel zu setzen, das anderen Völkern die Vorteile zeigen sollte, die sich aus der gehorsamen Befolgung seiner Gesetze ergeben (5. Mose 4,2. 6). Er wollte, dass andere Völker durch das Beispiel Israels die göttliche Lebensweise und seine gerechten Gesetze kennenlernen. Gott gab Israel eine herausragende Gelegenheit, zum geistlichen Reichtum und Segen für „alle Familien der Erde" beizutragen, wie er es einst Abraham versprochen hatte.

In den ersten Jahren, nachdem Salomo König über Israel geworden war, diente er Gott treu. Gott schenkte Salomo Weisheit, die weit über die der Herrscher der anderen Völker hinausging. Salomo wurde für seine Weisheit weltberühmt (1. Könige 5,9-14). Unter seiner Führung genossen seine Untertanen in ihrem Land Frieden und Wohlstand. Doch weder Salomo noch das von ihm geführte Volk orientierten sich dauerhaft an diesem Ziel. Die materiellen Vorteile von Wohlstand, Wachstum und Ruhm wurden zu ihrem Hauptziel. Sie verloren den Blick dafür, wer und was die Ursache ihrer Existenz als Nation war. Wiederum war das Problem in der menschlichen Natur begründet. Salomo ergab sich zunehmend seinen eigenen Schwächen, bis er am Ende seines Lebens den großen Gott vergaß, der ihm ein prosperierendes Reich gegeben hatte. Im nächsten Kapitel sehen wir, wie es dazu kam und welche Folgen sich daraus ergaben.

Drittes Kapitel:
Vom Reich ins Exil

„Wenn ihr aber nicht auf den HERRN, euren Gott, hört und seine Gebote und Weisungen, die ich euch heute verkündige, nicht befolgt, wird ... sein Fluch über euch kommen" (5. Mose 28,15; Gute Nachricht Bibel).

Die Entscheidung Gottes, die Israeliten zu einer Musternation zu machen, bedeutete für diese eine ernsthafte Verantwortung. Gott hatte nämlich nicht vor, Israel vor den Folgen zu bewahren, die ein Verlassen seiner Wege und ein Herabsinken auf das Niveau der Nachbarvölker mit sich brachten.

Vor dem Einzug der Israeliten ins Gelobte Land hatte Gott sie eindringlich gewarnt, keine Bündnisse mit irgendeinem Volk einzugehen, das falschen Göttern diente: „Schließt keine Abkommen mit ihnen und lasst euch nicht mit ihren Göttern ein ... sonst werden sie euch dazu verleiten, mir untreu zu werden und ihre Götter zu verehren. Und das würde euch den Untergang bringen" (2. Mose 23,32-33; Gute Nachricht Bibel).

Aus dem gleichen Grund verbot Gott den Israeliten, eheliche Beziehungen mit Angehörigen der Nachbarvölker einzugehen: „Ihr dürft euch auf keinen Fall mit ihnen verschwägern. Eure Töchter dürft ihr keinem Mann aus diesen Völkern geben und für eure Söhne dürft ihr keine Frau aus diesen Völkern nehmen. Sonst könnten sie von ihnen dazu verleitet werden, sich vom HERRN abzuwenden und andere Götter zu verehren. Dann würde der HERR über euch zornig werden und euch in kürzester Zeit vernichten" (5. Mose 7,3-4; Gute Nachricht Bibel).

Salomo ignorierte beides! Zuerst schloss er einen Vertrag mit dem ägyptischen Pharao, den er durch seine Ehe mit einer Tochter des Pharao besiegelte (1. Könige 3,1). Dann schloss er einen Vertrag mit Hiram, dem König von Tyrus (1. Könige 5,26). Zu Beginn seiner Regierungszeit liebte Salomo Gott und folgte in den Fußtapfen seines gerechten Vaters David. Zu dieser Zeit erschien Gott Salomo in einem Traum und bat ihn: „Bitte, was ich dir geben soll" (1. Könige 3,5).

Hier traf Salomo eine weise Wahl. Er bat Gott um ein verständiges Herz, damit er seine königliche Verantwortung zum Wohle seines Volkes wahrnehmen könne. Gott versprach darauf nicht nur das von Salomo Gewünschte, sondern auch Reichtum, Ehre und ein langes Leben, aber alles unter der Voraussetzung, dass Salomo fortgesetzt nach den Bedingungen des Bundes leben würde, den Gott mit Israel geschlossen hatte.

Kurz nach der Vollendung und Einweihung des Tempels erschien Gott Salomo zum zweiten Mal in einem Traum: „Ich habe dein Gebet und Flehen gehört, das du vor mich gebracht hast, und habe dies Haus geheiligt, das du gebaut hast, dass ich meinen Namen dort wohnen lasse ewiglich, und meine Augen und mein Herz sollen da sein allezeit" (1. Könige 9,13).

Danach bestätigte Gott den Thron Salomos und den Fortbestand seiner Dynastie über Israel. Außerdem sollten Salomos Nachkommen für immer in ihrem verheißenen Land bleiben können. All dies war aber an Bedingungen geknüpft. Sollte Salomo vom Wege Gottes abweichen, würden folgende Konsequenzen eintreten: „Werdet ihr euch aber von mir abwenden, ihr und eure Kinder, und nicht halten meine Gebote und Rechte, die ich euch vorgelegt habe, und hingehen und anderen Göttern dienen und sie anbeten, so werde ich Israel ausrotten aus dem Lande, das ich ihnen gegeben habe, und das Haus, das ich meinem Namen geheiligt habe, will ich verwerfen von meinem Angesicht; und Israel wird ein Spott und Hohn sein unter allen Völkern" (Verse 6-7).

Salomos Beispiel verdirbt das Volk Gott verbot einem israelitischen König nicht nur die Heirat mit einer Nichtisraelitin. Er gebot auch, dass der König „nicht viele Frauen nehmen [soll]" (5. Mose 17,17), so wie es bei den heidnischen Königen Brauch war. Salomo beging jedoch diesen verhängnisvollen Fehler: „Aber der König Salomo liebte viele ausländische Frauen: die Tochter des Pharao und moabitische, ammonitische, edomitische, sidonische und hethitische – aus solchen Völkern, von denen der HERR den Israeliten gesagt hatte: Geht nicht zu ihnen und lasst sie nicht zu euch kommen; sie werden gewiss eure Herzen ihren Göttern zuneigen. An diesen hing Salomo mit Liebe" (1. Könige 11,1-2). „Und als er nun alt war, neigten seine Frauen sein Herz fremden Göttern zu... So diente Salomo der Astarte, der Göttin derer von Sidon, und dem Milkom, dem greulichen Götzen der Ammoniter ... Damals baute Salomo eine Höhe dem Kemosch, dem greulichen Götzen der Moabiter... und dem Moloch, dem greulichen Götzen der Ammoniter. Ebenso tat Salomo für alle seine ausländischen Frauen, die ihren Göttern räucherten und opferten.

Der HERR aber wurde zornig über Salomo, dass er sein Herz von dem HERRN, dem Gott Israels abgewandt hatte, der ihm zweimal erschienen war ... Darum sprach der HERR zu Salomo: Weil das bei dir geschehen ist und du meinen Bund und meine Gebote nicht gehalten hast, die ich dir geboten habe, so will ich das Königtum von dir reißen und einem deiner Großen geben. Doch zu deiner Zeit will ich das noch nicht tun um deines Vaters David willen, sondern aus der Hand deines Sohnes will ich's reißen. Doch will ich nicht das ganze Reich losreißen; einen Stamm will ich deinem Sohn lassen um Davids willen, meines Knechts, und um Jerusalem willen, das ich erwählt habe" (Verse 4-13).

Israel zerfällt in zwei Reiche

Gottes Ankündigung wurde wahr: Nach dem Tode Salomos (ca. 928 v. Chr.) beklagten sich die nördlichen Stämme des Reiches über Salomos hohe Steuern und die Fronarbeit (1. Könige 4,7; 5,2. 6-8. 27. 29). Als sein Sohn Rehabeam König wurde, baten die Nordstämme um entsprechende Erleichterungen. Rehabeam beriet sich mit seinen Ratgebern. Die älteren rieten dazu, auf die Anliegen der Bevölkerung einzugehen, um das Leben der einfachen Menschen zu erleichtern. Die jüngeren Ratgeber rieten Rehabeam jedoch, seine totalitäre Stellung in seinem Reich mit der Durchsetzung noch höherer Abgaben zu untermauern. Rehabeam folgte unklugerweise dem Rat der jüngeren.

Das Ergebnis war absehbar. Die nördlichen zehn Stämme fielen ab und krönten Jerobeam, der unter Salomo ein hohes Amt bekleidet hatte, zum König. So wurde wahr, was der Prophet Ahija vor vielen Jahren vorhergesagt hatte (1. Könige 11, 28-40; 12,20). Nur die Stämme Juda und Benjamin blieben dem Haus David treu. Rehabeams erste Reaktion war, mit einer Armee von 180 000 Mann in den Krieg gegen die nördlichen Stämme zu ziehen, um ihnen eine Lektion zu erteilen (1. Könige 12,21). Doch Gott sandte den Führern Judas folgende Botschaft: „Ihr sollt nicht hinaufziehen und gegen eure Brüder, die von Israel, kämpfen. Jedermann gehe wieder heim, denn das alles ist von mir geschehen. Und sie gehorchten dem Wort des HERRN, kehrten um und gingen heim, wie der HERR gesagt hatte" (Vers 24). Sie brachen die Invasion ab. Somit begann die Ära der geteilten Reiche Israel und Juda.

Von Anbeginn der Trennung, nämlich mehr als 200 Jahre vor der assyrischen Eroberung, sind diese zehn nördlichen Stämme bekannt geworden als das Reich oder Haus Israel. Die südlichen Stämme Juda, Benjamin und ein Teil von Levi werden seitdem als Reich oder Haus Juda bezeichnet. Die Verheißung eines göttlichen Königs blieb aber beim Stamm Juda. Die nördlichen Stämme behielten den Namen Jakobs bzw. den von Israel. Sie besaßen weiterhin die Zusage auf nationale Größe. Sie erhielten aufgrund von Abrahams Gehorsam das Erstgeburtsrecht, das Gott Josef versprochen hatte – materielle Segnungen und nationales Ansehen. Über das nördliche Reich regierten in den folgenden 200 Jahren zehn Dynastien mit nicht weniger als 19 Königen.

Gott macht Jerobeam ein Angebot

Vor dem Abfall der Nordstämme hatte Gott den Propheten Ahija zu Jerobeam gesandt. Gott ließ Jerobeam mitteilen, dass er der König der nördlichen Stämme werden sollte, und versprach ihm Segnungen und eine ewige Dynastie. „... dass du regierst über alles, was dein Herz begehrt, und König sein sollst über Israel. Wirst du nun gehorchen allem, was ich dir gebieten werde, und in meinen Wegen wandeln und tun, was mir gefällt, und meine Rechte und Gebote halten, wie mein Knecht David getan hat, so will ich mit dir sein und dir ein beständiges Haus bauen, wie ich es David gebaut habe, und will dir Israel geben" (1. Könige 11,37-38).

Jerobeam hatte die Chance, den Teil des Reiches dauerhaft zu erhalten, den Gott ihm gegeben hatte. Doch leider vertraute er auf seine eigene Weisheit. Zur Sicherung seiner Macht über die zehn Stämme des Nordens baute Jerobeam umgehend zwei Hauptstädte an traditionell bedeutsamen Treffpunkten der Stämme. Die eine war Sichem in der Nähe des heutigen Nablus auf der Westbank. Die andere war Pnuel, auf der Ostseite des Jordan gelegen, heute jordanisches Hoheitsgebiet.

Danach gab er zu verstehen, was er als Hauptproblem für seine mögliche Entmachtung ansah: „Wenn ich nichts unternehme", sagte er sich, „werde ich mein Königtum wieder an die Nachkommen Davids verlieren. Denn wenn das Volk regelmäßig nach Jerusalem geht und im Tempel des HERRN Opferfeste feiert, werden die Leute sich wieder ihrem früheren Herrn, dem König von Juda, zuwenden und Rehabeam als König anerkennen. Sie werden mich umbringen" (1. Könige 12, 26-27; Gute Nachricht Bibel).

Jerobeam ändert Israels Religion

Um diese Entwicklung zu verhindern, führte Jerobeam eine eigene Religion ein. Allein aus politischen Gründen, zu seiner Machtsicherung über die Nordstämme, änderte Jerobeam für seine Untertanen die Art ihrer Anbetung Gottes. In den letzten Jahren Salomos war Götzendienst in Israel populär geworden. Jerobeam konnte mit seinen Götzen hier anknüpfen: „Und der König hielt einen Rat und machte zwei goldene Kälber und sprach zum Volk: Es ist zu viel für euch, dass ihr hinauf nach Jerusalem geht; siehe, da ist dein Gott, Israel, der dich aus Ägyptenland geführt hat. Und er stellte eins in Bethel auf, und das andere tat er nach Dan" (1. Könige 12,28-29).

Dan, war weit im Norden des Reiches. Bethel lag im Süden nahe der Grenze zu Juda, an einer Hauptroute nach Jerusalem. Diesen Weg nahmen viele Pilger, um zum Laubhüttenfest nach Jerusalem zu reisen. Jerobeam glaubte, die jährlichen Feste Gottes (3. Mose 23) könnten zu einer Erweckungsbewegung für die nationale Wiedervereinigung führen. Daher verlegte er die Herbstfesttage (3. Mose 23,23-24) vom siebten in den achten Monat des Jahres (1. Könige 12,32-33). Zudem entfernte Jerobeam alle Priester aus ihren Ämtern (Vers 31 und 1. Könige 13,33), jene Männer, die Gottes Anordnung dafür bestimmt hatte, die nationale Integrität des religiösen Lebens aufrechtzuerhalten

(2. Mose 40,15). Da die levitischen Priester ihr Amt nicht von Jerobeam erhielten und somit von ihm unabhängig waren und sich seiner Kontrolle weitgehend entzogen, sah er in ihnen eine massive Bedrohung seiner Machtposition.

Durch die Amtsenthebung der Leviten gelang es Jerobeam, das religiöse Leben des Volkes unter seine Kontrolle zu bringen. Daraufhin wanderten viele Leviten nach Juda aus, um dort den ihnen von Gott erteilten Auftrag weiter ausführen zu können (2. Chronik 11,13-15). An die Stelle der Leviten setzte Jerobeam eine neue, ihm ergebene Priesterschaft aus „allerlei Leuten" und wenig erfahrenen willfährigen Menschen (1. Könige 12,31 bzw. 13,33), die ihr Amt allein „von Königs Gnaden" hatten und somit alles taten, um ihre Stellung zu behalten.

Jerobeam führte in Israel den Synkretismus ein, die Verschmelzung verschiedener Religionssysteme. Er kombinierte bestimmte Aspekte von Gottes wahrer Lehre mit heidnischen Glaubensvorstellungen und menschlichem Rationalismus. Dabei hat er sicher viele Aspekte seiner religiösen Praktiken aus den Bräuchen der Ägypter und Tyrer, den damaligen Verbündeten Israels, übernommen. Damit wollte er seine Verbindungen mit diesen beiden ökonomischen und militärischen Alliierten stärken. Von diesem Zeitpunkt an erscheint das nördliche Königreich für die Außenwelt praktisch als Anhängsel der mächtigen Küstenstädte der Phönizier. Sie waren Handelspartner, hatten dieselbe Sprache und wahrscheinlich ähnliche religiöse Praktiken.

Die klare, von Gott ursprünglich beabsichtigte Unterscheidung Israels von seinen Nachbarn wurde nach und nach verwischt. So ist es nicht verwunderlich, dass viele Historiker Schwierigkeiten haben, die Rolle Israels in der Region zu erkennen. Sie sehen die Israeliten lediglich als Händler in der phönizischen Küstenregion. Damit war Israel auf das gleiche Niveau wie die anderen Reiche gesunken. Es hatte seine Rolle als geistliches Licht und Vorbild gegenüber den anderen Völkern eingebüßt.

Gottes Antwort auf die Sünden Israels und Judas

Nur kurze Zeit nach der Einführung der neuen religiösen Rituale und Praktiken in Bethel und Dan erhielt der Prophet Ahija, der schon Jerobeams Königtum angekündigt hatte, eine weitere Botschaft von Gott: „Geh heim und richte Jerobeam aus: So spricht der HERR, der Gott Israels: Ich habe dich aus dem ganzen Volk ausgewählt und dir die Herrschaft über mein Volk übertragen. Ich habe das Königtum über Israel den Nachkommen Davids weggenommen und habe es dir gegeben. Aber du bist nicht dem Beispiel meines Dieners David gefolgt, der mir unverbrüchlich die Treue hielt, der alle meine Gebote beachtet und nur getan hat, was mir gefällt. Nein, du hast es schlimmer getrieben als irgendeiner vor dir: Mich hast du verworfen und hast dir eigene Götter gemacht, Bilder aus Bronzeguss! Beleidigt hast du mich damit! Deshalb werde ich Unglück über deine Familie bringen. Alle deine männlichen Nachkommen werde ich ausrotten, die mündigen wie die unmündigen. Ich werde keinen von ihnen übrig lassen, so wie man Kot bis zum letzten Rest wegfegt" (1. Könige 14,7-10; Gute Nachricht Bibel).

Jerobeam steuerte sehr schnell in die absolut falsche Richtung. Bedauerlicherweise tat Juda, das südliche Nachbarland, dasselbe. König Rehabeam, dessen Mutter eine Ammoniterin war, setzte den von Salomo in seinen letzten Tagen eingeführten Götzendienst fort. So trieben auch in Juda viele Menschen Götzendienst, was sie von der Anbetung des wahren Gottes abhielt (1. Könige 14,22-24).

Es dauerte nicht lange, bis Juda und Israel von ihren Sünden eingeholt wurden. Im fünften Jahr der Regierungszeit von Rehabeam überfiel Pharao Schischak das judäische Reich mit einer überwältigenden Streitmacht. Nach so vielen Jahren Bündnis mit Ägypten wurde Rehabeam von diesem Schlag völlig überrascht und geriet in Panik. Der Prophet Schemaja brachte Rehabeam folgende Botschaft Gottes über ihn und seine Ratgeber in Jerusalem: „Weil ihr euch von mir abgewandt habt, wende ich mich auch von euch ab und gebe euch in die Hand Schischaks" (2. Chronik 12,5; Gute Nachricht Bibel). Die Bibel berichtet, dass die Ägypter als Tribut den größten Teil des Schatzes forderten, den Salomo für den Tempel und seinen Königspalast hatte machen lassen.

Schischaks eigene Beschreibung dieser Invasion wurde an den Wänden des Tempels gefunden, den er mit der Beute aus seinem Feldzug zu Ehren seines Gottes Amun-Re in Karnak errichten ließ. Er prahlt hier mit der Einnahme von 150 Orten, von denen die meisten in der Negev-Wüste und im Norden des Landes lagen. Damit war Israels goldenes Zeitalter unter einem gemeinsamen König, der unglaubliche Schätze aus Gold für den Tempel und seinen Palast anhäufen konnte, endgültig zu Ende.

Die Bibel berichtet jedoch davon, dass Judas Führung ihre Schuld eingestand und sich vor Gott demütigte. Solches kann von den Regierenden der nördlichen zehn Stämme nicht berichtet werden, deshalb ging das Nordreich als erstes in die Gefangenschaft.

Die Herzensänderung von Rehabeam ließ Gott die Auswirkungen von Judas Desaster mindern: „Sie haben ihre Schuld eingestanden; darum will ich sie nicht umbringen. Mein Zorn soll nicht so weit gehen, dass Schischak Jerusalem vernichtet; ich werde sie bald aus dieser Gefahr erretten. Aber sie werden sich ihm unterwerfen müssen, damit sie erkennen, was für ein Unterschied es ist, mir zu gehorchen oder den Königen anderer Länder" (2. Chronik 12,7-8; Gute Nachricht Bibel).

Hier können wir eine weitere wichtige Lektion darüber lernen, wie Gott mit seinem Volk Israel umgegangen ist. Bei Reue beseitigte Gott nicht automatisch alle Folgen seiner Sünden. Gott ist immer gnädig, und bei aufrichtiger, tiefer Selbstdemütigung der Menschen wägt er Bestrafung und Begnadigung gegeneinander ab. Ihm geht es nicht um die Bestrafung allein um der Bestrafung willen. Gott ist schließlich kein blindwütiger Tyrann. Seine Taten haben immer Sinn und Zweck und sollen helfen, dass der Mensch eine Lektion lernt und sein Leben entsprechend ändert (Hesekiel 33,11).Viele Beispiele aus der Geschichte Israels und Judas zeigen das. Gott hat immer ein langfristiges, positives Ergebnis für diejenigen im Sinn, mit denen er arbeitet (Hebräer 12,5-12). Sein Endziel ist natürlich, dass jeder Mensch zur Reue kommt (2. Timotheus 2,24-26; 2. Petrus 3,9), dass jeder sich zu ihm bekennt und von ganzem Herzen nach seinen Geboten lebt.

Die Katastrophe naht

Da die Bewohner des Nordreiches der Führung Jerobeams willig in den Götzendienst folgten, warnte Gott die Israeliten vor den Folgen ihrer Rebellion: „Ja, der HERR wird Israel einen Schlag versetzen, dass es schwankt wie ein Schilfrohr im Wasser. Er wird die Leute von Israel aus diesem guten Land, in das er ihre Vorfahren eingepflanzt hat, ausreißen und wird sie wegschleudern in das Land jenseits des Euphrat Stromes. So werden sie dafür bestraft, dass sie sich geweihte Pfähle aufgestellt [diese symbolisierten die Gegenwart der im phönizisch-kanaanitischen Bereich angebeteten Fruchtbarkeits- und Vegetationsgöttin Aschera – siehe Gute Nachricht Bibel, Sacherklärungen, Stichwort ‚Aschera'] und den HERRN damit beleidigt haben. Er wird die Leute von Israel ihren Feinden preisgeben, weil Jerobeam sich gegen ihn vergangen hat und sie sich von ihm zum Götzendienst verführen ließen" (1. Könige 14,15-16; Gute Nachricht Bibel).

Gott war sehr geduldig mit Israel, er gab seinem Volk viele Möglichkeiten zur Reue und Umkehr. Doch in den folgenden zwei Jahrhunderten verstrickten sich die Israeliten und ihre Könige immer tiefer in ihren Sünden. Sie drifteten immer weiter von ihrem Bund mit dem Schöpfergott ab, den sie einst in den Tagen Moses geschlossen hatten. So zog Gott seine Segnungen und seinen Schutz schrittweise von ihnen ab. „Während der Regierungszeit Jehus fing der HERR an, das Gebiet Israels zu beschneiden: König Hasael von Syrien eroberte das ganze Gebiet östlich des Jordans, von der Stadt Aroer, die am Arnon liegt, bis hinauf zum Bergland Gilead und der Landschaft Baschan, das sind die Stammesgebiete von Gad, Ruben und Ost-Manasse" (2. Könige 10,32).

Im 8. Jahrhundert v. Chr. warnten Gottes Propheten die Israeliten immer wieder, sie würden – genauso wie die anderen Reiche in der Region – einer neuen schlagkräftigen Militärmacht zum Opfer fallen. Bald darauf begann die Expansion von Assyrien Richtung Westen. Die Existenz des Königreiches Israel war bedroht. In dieser Zeit des herannahenden Unheils entstanden viele prophetische Bücher des Alten Testaments. Gott sandte einen Propheten nach dem anderen, um die Völker Israel und Juda zu warnen und zur Reue zu bewegen. In wenigen Fällen wurden die Führer von Juda zur Einsicht bewegt. Sie führten Reformen ein, die eine Weile anhielten. Die Herrscher des Nordreiches dagegen bereuten niemals ihre heidnischen Praktiken, die Jerobeam eingeführt hatte.

Deshalb hörten die Bürger der zehn Stämme überhaupt nicht auf die Warnungen Gottes. Ständig wiederholten seine Propheten dieselben Grundthemen: Sie riefen zur umgehenden Reue auf; sie warnten vor einer mit Sicherheit erfolgenden Gefangenschaft Israels bei Nichtbeachtung der Warnungen. Darüber hinaus sprachen sie beständig von der Zukunft des Volkes Israel, insbesondere von einer Zeit, in der ihre Nachkommen durch den prophezeiten Messias errettet und als Volk wiedervereinigt werden sollten. (Zum Verständnis des grundlegenden Konzeptes biblischer Prophetie bestellen Sie bitte unsere kostenlose Broschüre Biblische Prophezeiung: Ein Blick in Ihre Zukunft?)

Wurde das gesamte Volk des nördlichen Königreichs deportiert?

Viele Gelehrte haben die Feststellung der Bibel abgelehnt, dass die ganze Bevölkerung des nördlichen Königreichs in assyrische Gefangenschaft ging. Manche denken, dass die meisten Israeliten südwärts flüchteten und in der Bevölkerung des Königreichs Juda aufgingen. Was geschah wirklich? Lassen Sie uns die Aufzeichnungen prüfen.

Die Kette von Ereignissen, die zu Israels Fall und umfassen- der Deportation führte, begann mit drei Feldzügen des assyrischen Monarchen Tiglath-Pileser III. Historiker bezeichnen diese Zeit als die galiläische Gefangenschaft (etwa 734-732 v. Chr.). Tiglath-Pileser eroberte Damaskus und führte die militärische Sicherung an der Grenze zu Ägypten ein. Er deportierte in das obere Flusstal Mesopotamiens große Teile der Rubeniter, der Gaditer und der transjordanischen Bevölkerung der Stämme Manasse (1. Chronik 5,26) und Naphtali zusammen mit der Bevölkerung aus Städten, die in den Gebieten von Issachar, Sebulon und Asser gelegen waren (2. Könige 15,29).

Der assyrische König Salmanasser V. initiierte und realisierte den alles entscheidenden Angriff in den Jahren 724-722 v. Chr., in dessen Folge er den Rest des nördlichen Königreichs deportierte. Salmanasser wurde jedoch, „danach von einem anderen König, Sargon II., entthront. Sein Name, ‚wahrer König‘, scheint die verdächtige Natur von Sargons Anspruch auf den Thron preiszugeben ... Sargon II. verlegte die assyrische Hauptstadt nach Chorsabad, die von ihm gegründet wurde, und mit der er Nimrod nacheiferte, während die ältere Stadt vernachlässigt wurde ... Salmanasser V. ... hatte keine Zeit, seine Erfolge zum Andenken in Stein meißeln zu lassen. So erhob sein Nachfolger Sargon II. Anspruch auf den Sieg" (Julian Reade, Assyrian Sculpture, Seiten 48 und 65).

Einen Meilenstein der Entdeckungen des 19. Jahrhunderts setzte der britische Archäologe Austen Henry Layard, welcher keinen Zweifel daran lässt, dass das assyrische Königreich ein ungeheures Gewaltsystem war, das vom 9. bis zum Ende des 7. Jahrhunderts v. Chr. die Menschen des Altertums im gesamten Nahen und Mittleren Osten gnadenlos beherrschte. Es ist völlig unstrittig, dass die Assyrer das Nordreich als Teil dieser Vorherrschaft angriffen, eroberten und die Bevölkerung deportierten.

Die weltliche Geschichtsschreibung bietet derzeit keine verlässlichen Zahlen. Einige Gelehrte behaupten jedoch, dass nur die Führungsschicht des Nordreiches von den Assyrern gefangengenommen wurde. Der Rest, so sagen sie, wurde zu Flüchtlingen oder ging in der in das nördliche Könlgreich neu angesiedelten fremden Bevölkerung vollständig auf (2. Könige 17,24).

Andere glauben, dass die Versklavung und die Deportation der Israeliten fast die ganze nördliche Bevölkerung betrafen. Wie sollen wir wissen, wer Recht hat? Wie viele Israeliten deportierten die Assyrer?

Archäologen haben eine Serie von Aufzeichnungen des assyrischen Hofes gefunden, die einige konkrete Angaben liefern. König Sargon II. behauptet, 27 290 Gefangene aus Samaria deportiert zu haben. Diese Zahlenangabe ist im Vergleich zur ganzen Bevölkerung des nördlichen Königreichs sehr klein. Aber es gibt einen logischen Grund für eine derart geringe Zahl. Der konservative Bibelgelehrte Eugene Merrill bemerkt, dass Salmanasser V. „Samaria in seinem letzten Jahr einnahm ...[damit] war Sargon wahrscheinlich nicht der Sohn von Tiglath-Pileser, wie einige behaupten, aber er war ein Thronräuber, der über das gewaltige assyrische Imperium von 722 bis 705 v. Chr. herrschte.

Einer der militantesten Herrscher Assyriens – Sargon – behauptet, in jedem seiner siebzehn Regierungsjahre herausragende Kriege geführt zu haben. In den Annalen seines ersten Herrschaftsjahres hält er sich den Fall Samarias zugute. Doch Tatsache ist die biblische Behauptung, dass Salmanasser V. dafür verantwortlich war. Mehrere Gelehrte haben nämlich gezeigt, dass Sargon die Einnahme Samarias seiner eigenen Herrschaft zuschrieb, damit die Aufzeichnungen seines ersten Jahres nicht ohne eine Erfolgsmeldung blieben" (King-dom of Priests, 1996, Seite 408).

Mit anderen Worten, Sargon nutzte die Tatsache aus, dass Salmanasser V. abgesetzt wurde, bevor seine militärischen Heldentaten vollständig aufgezeichnet waren. Obwohl Sargon die Ergebnisse seiner eigenen Invasion und Deportation von Israels nördlichem Königreich während seines ersten Jahres genau aufgenommen haben mag, ließ er die viel größere israelitische Deportationswelle von seinem Vorgänger nicht erfassen, um den Eindruck zu hinterlassen, dass seine eigenen Meisterleistungen viel größer als in Wahrheit waren

Eugene Merrills logische Erklärung bezüglich der äußerst geringen Zahl der durch Sargon Deportierten ist von großer Bedeutung aufgrund des Einklangs, den sie zwischen den Aufzeichnungen der assyrischen Geschichte und der biblischen Darstellung herstellt. Bei den relativ wenigen von Sargon erwähnten Deportierten werden die schon von seinen Vorgängern Tiglath-Pileser III. und Salmanasser V. durchgeführten massiven Deportationen nicht berücksichtigt.

Für denjenigen, der von der Genauigkeit der Heiligen Schrift überzeugt ist, liefert die biblische Aufzeichnung die zuverlässigste geschichtliche Darstellung. In Bezug auf die Deportation des nördlichen Königreichs ist der Bericht in 2. Könige wahrscheinlich die wesentlichste biblische Aussage: „Da wurde der HERR sehr zornig über Israel und tat es von seinem Angesicht weg, so dass nichts übrigblieb, als der Stamm Juda allein... Darum verwarf der HERR das ganze Geschlecht Israel und

bedrängte sie und gab sie in die Hände der Räuber, bis er sie von seinem Angesicht wegstieß...

So wandelte Israel in allen Sünden Jerobeams, die er getan hatte, und sie ließen nicht davon ab, bis der HERR Israel von seinem Angesicht wegtat, wie er geredet hatte durch alle seine Knechte, die Propheten. So wurde Israel aus seinem Lande weggeführt nach Assyrien bis auf diesen Tag" (2. Könige 17,18-23).

Obwohl die Bibel hier klar ausdrückt, dass die Assyrer die Bevölkerung des nördlichen Königreichs als Gefangene deportierten, zeigen andere biblische Abschnitte und indirekte archäologische Beweise, dass einige Flüchtlinge von den Nordstämmen nach Israels Fall unter den Juden lebten.

Wahrscheinlich emigrierten einige aus den nördlichen Gebieten nach der Trennung Israels von Juda südwärts im Protest gegen die verachtenswerten religiösen Praktiken Jerobeams I. (1. Könige 12,25-33; 13,33; 2. Chronik 11,13-16), die von seinen Nachfol-

gern, insbesondere wären hier Ahab und Isebel zu nennen (1. Könige 16,29-33; 18,3-4.
18), fortgesetzt wurden. Diese erste Welle von Immigranten in Juda bestand aus Männern und Frauen, die ein weniger verunreinigtes religiöses Umfeld suchten, in dem sie
Gott verehren konnten.

Aber gerade vor dem Exil des nördlichen Königreichs strebte eine viel größere Anzahl
von Bewohnern des Nordens wahrscheinlich südwärts nach Juda, um den heftigen assyrischen Angriffen vom 8. Jahrhundert v. Chr. zu entkommen. Niemand bestreitet heute,
dass die Bevölkerung von Jerusalem während dieser Zeit gewaltig zunahm.

Der israelische Archäologe Magen Broshi schätzt, dass die Bevölkerung von Jerusalem
am Ende des 8. Jahrhunderts v. Chr. von etwa 7500 auf 24 000 anwuchs. Diese Zunahme ist wohl nicht allein einer ausgedehnten Geburtenrate zuzuschreiben. Einige gottes-
fürchtige Bürger des Nordreichs mögen auf Hiskias religiöse Reform reagiert haben (2.
Chronik 30,1-18; 31,1), aber am wahrscheinlichsten war es einfach eine Reaktion der
Furcht vor der bevorstehenden assyrischen Invasion.

Zeigen diese Ereignisse, dass Gott einfach eine größere Anzahl von Angehörigen der
nördlichen Stämme in Juda integrierte und dass die Juden, die später aus der babylonischen Gefangenschaft unter Esra und Nehemia in ihr Heimatland Juda zurückkehrten, all
diejenigen umfasste, die Gott zu erhalten gedachte? Einige Gelehrte befürworten diese
Theorie, aber sie übersehen eine Tatsache.

Die Babylonier verbannten die Einwohner des Königreichs Juda im Jahre 587 v. Chr. Dieses Exil schloss jene ein, die in Juda vom früheren nördlichen Königreich eingewandert
waren. 70 Jahre später kehrte nur ein kleiner Teil von denen zurück, die nach Babylon
verbannt worden waren, um den Tempel und die Stadt Jerusalem wieder aufzubau-
en. Die Heilige Schrift zeigt, dass diejenigen, die freiwillig zurückkehrten, um Palästina
wieder aufzubauen und eine jüdische Präsenz herzustellen, fast ausschließlich von den
Stämmen Juda, Benjamin und Levi kamen (Nehemia 11,3-36). Wir finden keine Hinweise
in der Bibel oder andere historische Beweise, dass von den anderen zehn Stämmen wesentliche Teile bei der Rückkehr Judas in ihr Vaterland mit einbezogen waren.

Deshalb können die Prophezeiungen, die sich auf eine zukünftige Wiederherstellung der
verlorenen zehn Stämme beziehen, nicht mit der Zeit als erfüllt betrachtet werden, in
der unter Esra und Nehemia nur ein Teil der Juden nach Jerusalem zurückkehrte. Alle
anderen Juden und die zehn Stämme Israels wurden unter die Nationen verstreut. Doch
die Prophezeiung sagt uns, dass Christus bei seiner Wiederkunft die Juden und die verlorenen zehn Stämme sammeln und vereinigen wird.

Das Ende des Nordreichs

Kurz nach dem Tod von König Jerobeam II. (ca. 751 v. Chr.) stürzte das Nordreich in
ein politisches Chaos. „Bürgerkrieg, Morde und interne Kämpfe zwischen den Gruppen,
die für und wider die assyrische Politik stritten, beutelten das Nordreich ... der Tod von
Jerobeam und Usia (Asarja) ... erfolgte gerade in dem Moment, als Assyrien wieder zur

Weltmacht aufstieg und seinen Druck nach Westen verstärkte" (Lawrence Boadt, Reading the Old Testament, 1984, Seite 312).

Inmitten ihrer hausgemachten internen Schwierigkeiten sahen sich die israelitischen Führer mit dem gewaltsamen Eindringen der Assyrer auf ihr Territorium konfrontiert. Während der Zeit des assyrischen Königs Tiglath-Pileser II. musste der israelitische König Menahem einen enorm hohen Tribut zahlen – sozusagen ein nationales Schutzgeld –, damit der assyrische König Menahem und sein Volk unbehelligt ließ (2. Könige 15,19-20).

Wenige Jahre später rebellierte König Pekach (ca. 736-730 v. Chr.) gegen Assyrien. Kapitulation und Zahlung eines riesigen Lösegeldes zur Erhaltung seines Thrones waren die Folge (2. Könige 15,29). Pekachs Verhalten führte bei den Assyrern dazu, dass sie sein Königreich in einen Vasallenstaat verwandelten. Länder, die ein zweites Mal gegen Assyrien rebellierten, verloren ihre politische Führung. Die Assyrer setzten einen Vasallenkönig ein, auf dessen Loyalität sie zählen konnten. Außerdem reduzierten sie das Territorium des Vasallenstaates, indem sie die annektierten Gebiete der Herrschaft des assyrischen Königs direkt unterstellten.

Im Falle einer zweiten Rebellion wurden auch bedeutende Teile der rebellierenden Bevölkerung in Gebiete verschleppt, wo sie Fremde unter Fremden waren, deren Sprache sie nicht verstanden (Jeremia 5,15) und deren Land und Kultur ihnen nicht vertraut waren. So hatten die Gefangenen nur noch geringe Chancen, sich gegen ihre assyrischen Herren aufzulehnen.

Tiglath-Pileser initiierte diese Schritte gegen das israelitische Nordreich als Antwort auf König Pekachs Allianz mit Damaskus, sein zweiter Versuch gegen Assyrien aufzubegehren (ca. 734 v. Chr.). So wurden bei der ersten Deportation von Israeliten (ca. 734-732 v. Chr.), die manchmal als die galiläische Gefangennahme bezeichnet wird, Teile der Stämme Naftali, Ruben, Gad und Manasse (von dem Teil der östlich des Jordans wohnte) in Gebiete Nordsyriens und Nord- sowie Nordwest- Mesopotamiens weggeführt (2. Könige 15,27-29; 1. Chronik 5,26).

Darüber hinaus besetzte Tiglath-Pileser auch den größten Teil von Galiläa und Gilead und teilte das Gebiet Israels in vier neue Provinzen auf: in Magidu, Duru, Gilead und Samaria.

Der letzte Schlag

Sollte ein Volk ein drittes Mal der assyrischen Herrschaft trotzen, dann war die offizielle assyrische Antwort unmissverständlich: Auslöschung der rebellierenden Nation. Die assyrische Armee war bereit, die gesamte Bevölkerung gewaltsam in die Gefangenschaft zu führen, die Deportierten über das ganze Reich zu verteilen und die entvölkerten Gebiete mit Menschen aus weit entfernten Regionen neu zu besiedeln. So hatten die einmal aus ihrer Heimat vertriebenen und weit verstreuten Aufrührer mit einem von Fremden besiedelten Vaterland wenig Möglichkeiten und eine geringe Motivation, jemals wieder gegen die assyrische Vorherrschaft zu rebellieren.

Diesen vorgegebenen Ablauf setzte ein proassyrischer, jedoch unzuverlässiger israelitischer Vasallenkönig, König Hoschea (ca. 731-722 v. Chr.) in Gang. Er führte damit die Vernichtung des nördlichen Königreiches herbei. Bei seinem Verrat gegen Assyrien um 724 v. Chr. baute er auf die unabdingbare Hilfe Ägyptens (2. Könige 18,9-10). Salmanassers Antwort ließ nicht lange auf sich warten. Zahlreiche Angriffe (ca. 724-722 v. Chr.) endeten mit dem Fall Samarias, der Hauptstadt von Israel. Zu diesem Zeitpunkt hörte das Nordreich als politische Einheit auf zu existieren.

Zehn Jahre nach ihrem Sieg über das Haus Israel kehrten die Assyrier ins Gelobte Land zurück, um das Südreich Juda anzugreifen. Die assyrische Armee eroberte dabei praktisch alle befestigten Städte bis auf Jerusalem (2. Könige 18,9.13-14). Das Land erholte sich ausreichend von diesem Schlag und existierte weitere 135 Jahre, bevor Jerusalem von babylonischen Armeen im Jahre 587 v. Chr. eingenommen und zerstört wurde.

Die Deportierten verschwinden aus dem Gesichtsfeld

Mit der Auslöschung des Nordreiches als politische Einheit wurde Israel zerstreut und dezimiert jenseits des Euphrat in den assyrischen Ostgebieten angesiedelt. Gott erfüllte seine Vorhersage, das „Haus Israel unter allen Heiden schütteln zu lassen" (Amos 9,9). Jetzt sollten die Israeliten erfahren, wie es war, unter der Autorität jener Menschen zu leben, denen sie so oft gleich sein wollten.

Gott hatte sie gewarnt: „[Der HERR wird] euch unter alle Völker zerstreuen, von einem Ende der Erde bis zum andern. Dort werdet ihr Götter verehren müssen, die euch und euren Vorfahren bis dahin fremd waren, Bilder aus Stein und Holz. Aber selbst dort werdet ihr keine Bleibe finden, sondern ruhelos umherirren; denn der HERR wird euch in Angst, Finsternis und Verzweiflung hineintreiben. Ihr werdet ständig um euer Leben zittern müssen und euch keinen Augenblick sicher fühlen, weder bei Nacht noch bei Tag" (5. Mose 28,64-66; Gute Nachricht Bibel).

In jener Zeit verschwand Israel als Volk aus der Geschichtsschreibung. Die Israeliten hatten die religiösen Praktiken aufgegeben, die sie von anderen Völkern unterschieden, und damit begonnen, andere „Götter" zu verehren. Unter anderem hatten sie den Sabbat aufgegeben, die Heilighaltung des siebten Tages der Woche. Gott hatte den Sabbat als „ein Zeichen zwischen mir und euch von Geschlecht zu Geschlecht" bestimmt (Hesekiel 20,12. 20; vgl. 2. Mose 31,13. 16-17).

Einmal von ihren Eroberern aus ihrer Heimat vertrieben, waren sie ganz gewöhnliche Flüchtlinge, Teil der großen Anzahl entwurzelter Völker, die die Assyrer deportiert hatten. Die Israeliten besaßen nicht mehr die äußerlich sichtbaren Charakteristiken, durch die sie leicht von den anderen Völkern unterschieden werden konnten. Ihre sichtbaren Identifikationsmerkmale verschwanden sehr schnell.

Doch innerhalb der Stämme Israels bewahrten sie über lange Zeit hinweg Fragmente ihrer Identität und Kultur. Wie können wir die Israeliten wiederfinden? Dazu müssen wir einen Blick auf das Gebiet werfen, in das sie deportiert wurden. Trat dort ein Volk plötzlich in Erscheinung mit Eigenschaften, die eine Verbindung zu den Flüchtlingen aus dem israelitischen Nordreich ergeben könnte?

Was wir dabei entdecken, ist fast unglaublich. Von Gott geführt, gelangten die entwurzelten Israeliten in ein weit von ihrer Heimat gelegenes Gebiet, das die Propheten den Israeliten vorausgesagt hatten.

Viertes Kapitel:
Die geheimnisumwitterten Skythen treten auf den Plan

„Siehe, die Augen Gottes, des HERRN sehen auf das sündige Königreich, dass ich's vom Erdboden vertilge, wiewohl ich das Haus Jakob nicht ganz vertilgen will, spricht der HERR " (Amos 9,8)

Mit der Zerstörung des israelitischen Nordreiches durch die Assyrer geriet Israel in die Verbannung. Gott hatte jedoch versprochen, dass sie nicht vollständig untergehen, sondern letztendlich zu Weltmächten aufsteigen sollten. Wohin gelangten die Israeliten nach ihrem Exil und wo können wir sie heute finden?

Die Erforschung der Abstammung alter Völker ist eine extrem schwierige Aufgabe. Bei der Interpretation der historischen Bruchstücke und Dokumente gehen die Meinungen der Geschichtswissenschaftler, Archäologen und anerkannten Universitätsprofessoren oft weit auseinander.

Die Herkunft alter Völker liegt häufig völlig im dunklen. Aufzeichnungen über sie gingen verloren oder wurden zerstört. Wir müssen deshalb das verfügbare historische und archäologische Beweismaterial sorgfältig mit den Prophezeiungen der Bibel vergleichen.

Die geschichtliche und archäologische Forschung haben eine Reihe substantieller Informationen gesammelt, die sich wie Teile eines Puzzles zusammensetzen lassen. Je mehr davon vorhanden sind, um so einfacher ist es, ein genaues Bild der Geschichte zu erhalten.

Spuren der Geschichte

Historiker sind einer Meinung darüber, dass die meisten Vorfahren der Menschen der westlichen Welt früher als Nomaden die riesigen Weideland-Ebenen der Antike besiedelt hatten, die auch als die eurasischen Steppen bekannt sind. Eines dieser Wandervölker, von den Griechen als Skythen bezeichnet, erschien plötzlich auf der Bildfläche der eurasischen Steppen. Dies geschah genau zu der Zeit, als sich die Spur der zehn israelitischen Stämme verlor. Gibt es vielleicht eine Verbindung zwischen beiden?

Die eurasischen Steppen erstrecken sich über etwa 6500 km hinweg, vom Fuße der Karpaten in Europa bis hinein in die Mongolei in Ostasien. Sie bilden eine einzigartige geographische Einheit natürlichen Weidelandes, das in jedem Frühjahr in ein wogendes, faszinierendes Meer von Wildblumen verwandelt wird. Diese fast unermessliche Ebene war für eine Gesellschaft, die von Ackerbau und Viehzucht lebte, hervorragend geeignet.

Archäologen haben umfassende Beweise dafür entdeckt, dass in der Antike Nomadenstämme dieses Gebiet regelmäßig mit ihren grasenden Herden in großen zyklischen Routen zwischen Frühjahr und Herbst durchzogen.

Vor ca. 2000 Jahren jedoch bewirkten klimatische Veränderungen die Verwandlung großer Teile der zentralasiatischen Steppen in Wüstengebiete. Die Trockenheit erreichte ein solches Ausmaß, dass die früheren Weiderouten, wie sie vor 2700 bis 2100 Jahren genutzt wurden, nicht mehr zur Verfügung standen (Tamara Talbot- Rice, The Scythiens, 1961, Seite 33).

Das plötzliche Auftauchen der Skythen

Heutige Gelehrte halten drei Theorien bereit, welche das plötzliche und mysteriöse Auftreten der Skythen in den Steppenregionen nahe des Schwarzen Meeres erklären sollen. Die einen vermuten eine Einwanderung von Norden, die anderen eine von Süden und die dritte Gruppe eine von Osten her.

Obwohl der geographische Ursprung der Skythen heiß umstritten ist, gibt es über den Zeitpunkt ihres ersten Auftretens keine Meinungsverschiedenheiten. Sie tauchten zum selben Zeitpunkt und urplötzlich in der Nähe der Gebiete auf, als die Israeliten daraus augenscheinlich verschwanden.

Die Encyclopaedia Britannica sagt dazu: „Die Skythen waren ein Volk, das in der Zeit vom 8. bis zum 7. Jahrhundert v. Chr. von Zentralasien nach Südrussland einwanderte" (15. Ausgabe, Band 16, Oberbegriff „Scythians", Seite 438). Die Encyclopedia Americana erklärt, dass die Skythen um 700 v. Chr. zuerst das Gebiet um das Schwarze Meer besetzten und dass sich daraus eine „geschlossene politische Einheit" entwickelte (Ausgabe 2000, Band 24, Stichwort „Scythians", Seite 471).

Die Historikerin Talbot-Rice bestätigt, dass „die Skythen vor dem 8. Jahrhundert v. Chr. keine erkennbare politische Einheit darstellten ... Um das 7. Jahrhundert v. Chr. hatten sie sich im südlichen Russland stabil etabliert ... Ähnliche Stämme, möglicherweise sogar verwandte Sippen ,die politisch sicher unabhängig und unterschiedlich waren, siedelten auch im Altaigebiet [im Grenzbereich Russland, China, Mongolei] ...

Assyrische Dokumente datieren Ihr Erscheinen [zwischen dem Schwarzen und dem Kaspischen Meer] in die Zeit von König Sargon (722-705 v. Chr.), eine Zeit, die derjenigen sehr nahe kommt, in der die erste Gruppe von Skythen in Südrussland auftaucht" (Talbot-Rice, Seite 19-20, 44).

Diese Zeitangabe stimmt auch genau mit dem bereits erwähnten Zeitpunkt für die Gefangennahme der Israeliten überein. Historische Aufzeichnungen vom späten 8. Jahrhundert v. Chr. aus dem kaukasischen Königreich Urartu, das die nördlich vom Euphrat gelegenen Territorien kontrollierte, berichten auch vom Auftreten einer Gruppe, die als Kimmerier bezeichnet werden.

Im Buch From the Lands of the Scythians ist zu lesen: „Es scheint, dass zwei Gruppen, nämlich die Kimmerier und die Skythen in den assyrischen und Urartu-Texten erwähnt werden. Es ist jedoch nicht immer klar, ob die Begriffe auf zwei unterschiedliche Völker oder auf eng verbundene Nomadenstämme hinweisen ...Ab der zweiten Hälfte des 8. Jahrhunderts v. Chr. beziehen sich die assyrischen Quellen auf Nomaden, die als die Kimmerier identifiziert wurden. Andere assyrische Quellen berichten zum einen über den Aufenthalt dieser Menschen im Gebiet der Mannai [oder auch Mannea, südlich des Sees Urmia] und in Kappadokien [ca. 750-650 v. Chr.] und zum anderen über ihre Versuche, in Kleinasien und in Ägypten einzudringen...

Die Assyrer setzten in ihrer Armee die Kimmerier als Söldner ein; so berichtet ein Gesetzestext von 679 v. Chr. über einen Assyrer, der als ‚Kommandeur des Regimentes der Kimmerier‘ bezeichnet wird. In anderen assyrischen Dokumenten werden sie als ‚Nachkommen der Flüchtlinge bezeichnet, die keine Götter fürchten‘ “ (Boris Piotrowski, 1975, Seite 15, 18).

Der Historiker Samuel Lysons war der Meinung, dass die Bezeichnung „Kimmerier nur ein anderer Name für die Gallier oder Kelten ist“ (John Henry und James Parker, Our British Ancestors: Who and What Were They?, 1865, Seite 23 und 27).

Die angesehene dänische Sprachforscherin Anne Kristensen kam zu dem Schluss, dass die Kimmerier (die später als Kelten bekannt wurden) eindeutig als die deportierten Israeliten identifiziert werden können. Am Anfang ihrer Forschungen war sie sehr skeptisch und vertrat auch die traditionelle Ansicht, dass die Kimmerier „arische“ Stämme seien, die die Skythen aus dem Norden verjagt hatten, wie es die Theorie Herodots war. Doch je mehr Einblick sie in die assyrischen Quellen gewann, um so deutlicher wurde, dass die Kimmerier wenigstens einen Teil der verlorenen zehn Stämme Israels repräsentieren. Dabei stellte sie fest, dass die Kimmerier erstmals um 714 v. Chr. im Gebiet des heutigen Iran erwähnt werden, das südlich von Armenien liegt, dort, wo die assyrischen Herrscher viele der deportierten Israeliten angesiedelt hatten.

Dr. Kristensen schreibt: „Es gibt fortan kaum noch Gründe, die zweifellos aufregende und überraschende Behauptung der Fachleute anzuzweifeln, wonach die unter der Bezeichnung ‚Bit Humria‘ oder ‚Haus Omri‘ bekannt gewordenen deportierten Israeliten identisch sind mit den in den assyrischen Quellen genannten ‚Gimmirra-ja‘. Alles deutet darauf hin, dass die Israeliten im Exil nicht einfach von der Bildfläche verschwunden sind. In der Fremde können wir ihre Spuren durch die Geschichte hindurch weiterverfolgen“ (Who Were the Cimmerians, and Where Did They Come From?: Sargon II, the Cimmerians, and Rusa I., übersetzt aus dem Dänischen von Jorgen Laessøe, The Royal Danish Academia of Sciences and Letters, Nr. 57, 1988, Seite 126-127).

Bemerkenswert ist außerdem ein Geheimbericht des assyrischen Kronprinzen Sennacherib. Archäologen fanden diesen bei Ausgrabungen in den königlichen Archiven von Ninive. Gemäß diesem Bericht haben die Kimmerier-Nomaden Urartu siegreich angegriffen. Umgehend trafen die Assyrer Vorkehrungen für eine Invasion Urartus, die 714 v. Chr. auch stattfand.

Eine Allianz der Skythenstämme

Am meisten profitierten die Skythen von den Konflikten, die um das Urartu- Reich entstanden. Etwa um 700 v. Chr. erlangten sie die Kontrolle über das Gebiet des alten Reiches Urartu, wobei ihre Stämme sich zu einem Bund zusammenschlossen. Die Griechen bezeichneten ihn als das Königreich der Skythen.

Die Skythen besaßen eine bemerkenswerte Fähigkeit, größere Truppenkontingente über den Kaukasus zu führen. Dabei standen ihnen die Kaukasus-Pässe wie der Kreuzass (der auch als Tor des Kaukasus bezeichnet wird) zur Verfügung. Obwohl höher als manche Alpenpässe, bleibt er relativ lange eisfrei. Dieser Pass war im Altertum auch als „Weg der Skythen" bekannt. Professor Burenhult von der Universität Stockholm schreibt: „Es heißt, die Skythen seien die erste leichte Kavallerie der Welt gewesen" (Die Kulturen der Alten Welt, herausgegeben von Göran Burenhult, Augsburg, 2000, Seite 191).

Bereits vor ihrer Vertreibung hatten die zehn nördlichen Stämme Israels wichtige Informationen über Urartu und dessen strategische Bedeutung gewinnen können. Verantwortlich dafür waren Handelsbeziehungen in der ersten Hälfte des 8. Jahrhunderts v. Chr. Seinerzeit war Urartu verschiedene Bündnisse mit den an Israel grenzenden Kleinstaaten Syriens eingegangen.

Der König eines dieser Kleinstaaten, Rezin, unterstützte den israelitischen König Pekah bei dessen Angriff auf das Südreich Juda etwa um das Jahr 735 v. Chr. (2. Könige 16,5-6). Zu dieser Zeit kontrollierte Urartu das ganze Gebiet zwischen dem Mittelmeer und dem südlichen Kaukasus. Davon zeugen archäologische Funde aus Ägypten, Assyrien, Persien und dem Mittelmeerraum

Die Geographie des keltisch-skythischen Handels

Die Handelsstrukturen der im bewaldeten nordwestlichen Europa lebenden Kelten mit den in den östlichen Ebenen wohnenden Skythen sind sehr aufschlussreich. Die „Autobahnen" für Handel und Reisen des Altertums waren die Flüsse und Meere. Die Kelten und Skythen waren darin geschickt, die Wasserstraßen zu bereisen. Die Nachbarstämme hielten die Saka-Skythen, die am Kaspischen Meer lebten, für erfolgreiche Fischer. Sie hatten einen ungeheuren Verbrauch an Fisch. Als Folge davon wurden einige von ihnen als „Apa-Saca" bezeichnet, was Wasser-Saca bedeutete.

Im Westen war der keltische Veneti-Stamm eine Seemacht mit mehr als 220 großen Eichenschiffen geworden, deren Kielbalken bzw. -planken ca. 30 cm breit und durch Eisendornen gesichert waren, so stark wie der Daumen eines Mannes. Ihre Hochburg lag auf der westlichen französischen Halbinsel der Bretagne in der Bucht von Quiberon.

Gemäß römischer Quellen handelten die Veneti nicht nur entlang der Küsten von Gallien, sondern belieferten auch Irland und Großbritannien mit Zinn. Sowohl die Kelten als auch die Skythen besaßen in der Fluss- und Seenavigation außergewöhnliche Fertigkeiten, die zeitlich bis in die letzten 500 Jahre des Millenniums vor Jesu Geburt nachweisbar sind. Beide Gruppen betrieben seit Beginn ihres Auftretens in den eurasischen

Steppen intensiven Handel auf Wasserwegen.

Die Archäologie und die Geschichtsforschung zeigen viel über die ethnische Identität der Kelten und Skythen, welche sich in ihren Handelsaktivitäten und Beziehungen widerspiegelt. Um die Natur ihrer Beziehungen zu begreifen, müssen wir bestimmte geographische Merkmale der Steppenregion verstehen. Europa ist wie eine riesige Halbinsel geformt. Diese Landfeste an der Nordseite des Mittelmeeres stellt einen Mittelpunkt bzw. einen Knotenpunkt dar, wo die Quellen bedeutender Hauptflüsse wie Rhein, Donau, Seine und Rhône nicht weit auseinander liegen.

Dieser Mittelpunkt war wie eine Schlüsselverbindung für die Kommunikation und den Güteraustausch zwischen den Handelsgebieten des Atlantiks, der nördlichen Ostsee, dem östlichen Schwarzen Meer und dem Mittelmeer. Es war ein großes Tor zu allen Bewohnern Europas.

Vom Rhein zweigten zusätzliche „Arterien" nach Osten in das zentrale Europa ab, um in die Flusstäler von Lippe, Ruhr und Main oder nach Norden entlang der Weser und der Elbe weiterzuführen. Eine andere für den Handel mit kostbarem Bernstein wichtige Route begann im Ursprungsgebiet des Bernsteins an der Ostseeküste auf der Halbinsel Jütland und den benachbarten Bereichen.

Dieser Handelsweg erstreckte sich südwärts über die zentrale deutsche Ebene durch Böhmen hindurch, wo er sich mit der Donau in der Nähe des heutigen Wien schnitt. Von dort ging es die Donau flussabwärts bis zu den griechischen Handelsposten an den Küsten des Schwarzen Meeres. Das Schwarze Meer war Mittelpunkt des Handels am östlichen Ende dieser langen Strecke.

Tief ins Land reichende Flüsse wie der Dnestr und der Dnepr, die weit nach Osteuropa führten, waren der kürzeste Weg für einen Reisen- den oder Auswanderer, da sie mit der Dwina und der Weichsel Verbindung hatten. Diese Wasserstraßen gewährleisteten einen direkten Zugang zu den meisten Regionen Ost-europas und der Ostsee.

Der östliche Zweig der Skythen, der sich im Umfeld des Kaspischen Meeres niederließ, hatte über die Wolga auch direkten Zugang zur Ostsee. Die Wolga war über das heutige Moskau hinaus schiffbar. Der für seine Nachforschungen über andere urgeschichtliche Völkerwanderungen berühmte Ethnograph Thor Heyerdahl hat darauf hingewiesen, dass die Quellflüsse der Wolga verlockend nahe bei den Quellflüssen der Dwina liegen, die wiederum in die Ostsee bei Riga mündet.

Mit anderen Worten standen sowohl den östlichen Skythen als auch den westlichen Kelten die Wasserstraßen des Kontinents, die „Autobahnen" jener Tage, für den Handel zur Verfügung. Und sie verwendeten sie effektiv! Sie waren weit davon entfernt, zurückgebliebene Menschen zu sein, die sich auf ein einfaches nomadisches Leben beschränkten. Weitere Informationen finden Sie in dem Rahmenartikel auf Seite 29, „Die Archäologie beweist die Verbindung von Kelten und Skythen"

Die Herkunft der Skythen

Der Begriff „Skythe" sei, so der Historiker George Rawlison, ursprünglich eher für die Beschreibung einer Lebensweise verwendet worden denn als Beschreibung von Verwandtschaftsbeziehungen. Dieser Begriff sei „von den Griechen und Römern ohne Unterscheidung für die indoeuropäischen und turanischen Rassen [Türkvölker]" verwendet worden. Damit habe man zum Ausdruck bringen wollen, dass es sich dabei um Menschen mit einer nomadischen Lebensweise gehandelt hat (Rawlison, Seven Great Monarchies, Band 3, 1884, Seite 11).

Der Begriff „Skythe" findet heute hauptsächlich in Verbindung mit den Bezeichnungen „Saka" oder „Sacae" Verwendung. Die so Bezeichneten stiegen zu führenden Stämmen der Skythen Kultur auf. Angetrieben von einem dynamischen Lebensstil entwickelten sie politische, künstlerische, ökonomische und soziale Führungsqualitäten. Es waren die Stämme der „Saka" oder „Sacae", deren Lebensweise bestimmte, was in den weiten Ebenen zwischen Schwarzem Meer und den Bergen der Mongolen unter dem Begriff „Skythe" schon seit dem 7. Jahrhundert v. Chr. zu verstehen war.

Noch zu Beginn des 20. Jahrhunderts waren die Historiker der Ansicht, die Skythen stammten von den mongolischen Völkern Asiens ab. Neuere anthropologische Forschungen haben jedoch gezeigt, dass diese Annahmen falsch sind. So gelangten die Fachleute zur Überzeugung, dass es zwischen den Saka-Skythen einerseits und den Mongolen oder den slawischen Völkern andererseits keine Verbindungen gibt.

Die Griechen hatten vor dem 8. Jahrhundert v. Chr. alle in den eurasischen Steppengebieten lebenden Stämme einheitlich als „Skythen" bezeichnet. Zwischen 700-500 v. Chr. traten Saka-Skythen als die herausragenden Bevölkerungsgruppen aus diesen Stammesverbänden hervor. Zusammen mit anderen Stämmen des Nahen Ostens, wie z. B. den auswandernden Medern, Elamitern und Assyrern
wurden sie in dieser Zeit zu Herrschern über die eurasischen Ebenen.

In der Tat waren die vorherrschenden Bewohner Westsibiriens bis ins 5. und 4. Jahrhundert v. Chr. hinein „blondhaarige Menschen europäischer Herkunft, aus denen erst nach dieser Zeit durch Verbindungen mit Mongolenstämmen ein sehr gemischter Bevölkerungstyp entstand" (Rice, Seite 77). Archäologische Recherchen im 20. Jahrhundert ergaben, dass die Saka-Skythen den heutigen Europäern physisch sehr ähnlich waren.

Verbindungen zur biblischen Prophetie

Was hat Gott über die Israeliten in deren Exil prophezeit? Er bezeichnet sie als „Haus Isaak" (Amos 7,16). Er versprach auch, dass sie in der Zeit ihrer Gefangenschaft als Volk nicht untergehen würden (Amos 9,8 u. 14; vgl. mit Hosea 11,9; 14,4-7). Ihre Zahl sollte wegen des Bundes mit Gott und wegen dessen großer Gnade und Barmherzigkeit nach dem Exil „wie der Sand am Meer „werden (Hosea 2,1)

Nach ihrer Verschleppung durch die Assyrer wurden die Israeliten „in Halach und am Habor, dem Fluss von Gosan [in Nordassyrien], und in den Städten der Meder" angesiedelt (2. Könige 18,11). Dieses Gebiet liegt nicht weit von Urartu, das sich zwischen dem

Schwarzen und dem Kaspischen Meer befand, dort, wo die Skythen zeitweilig ein Reich errichtet hatten. Hosea prophezeite, dass die Israeliten „unter den Heiden umherirren" sollten (Hosea 9,17). Hier haben wir die Erklärung dafür, weshalb die verbannten Israeliten als Volk scheinbar vollständig aus dem Blickfeld verschwanden. In der Geschichte erschienen sie wieder als voneinander unabhängige Sippenverbände, welche die eurasischen Steppen durchzogen.

Sie hatten eine neue Identität angenommen und konnten nicht mehr als Israeliten identifiziert werden. Erhalten blieben nur noch ihre alten Namen, jene der Großfamilien. Diese Tatsache sollte sich als überaus wichtig für die Identifizierung der verlorenen zehn Stämme erweisen.

Die Archäologie beweist die Verbindung von Kelten und Skythen

Die keltische Hallstadt-Kultur und die skythische „Vekerzug"-Kultur (bzw. trakische Kultur) sind ausgezeichnete Fallbeispiele dafür, wie eng diese beiden Völkerschaften miteinander interagierten. Historiker und Archäologen bezeichnen die Menschen, die die Hallstadt-Kultur begründeten (700-450 v. Chr.), entweder als Ur-Kelten oder einfach als Kelten. Die Kultur, wie sie sich aus den Grabbeigaben der Hallstadt-Aristokratie darstellt, ist bemerkenswert universell und unverwechselbar.

Die Hallstadt-Kelten waren innovative Metallarbeiter. Ihre Eisenwaffen gewährten ihnen einen deutlichen militärischen Vorteil. Genau wie die Skythen besaßen sie neue, ausgezeichnete Pferderassen, die schneller und ausdauernder waren als diejenigen, die man bislang im nördlichen Zentraleuropa besaß, womit sie eine größere Mobilität besaßen. Viele der reichsten Hallstadt-Grabstätten enthalten solide gebaute vierrädrige Wagen, die ein bedeutendes technisches Können beweisen. Ihre Speichenräder waren mit Eisenreifen umringt, die mit Nägeln um die hölzernen Felgen befestigt waren. Ihre hölzernen Joche wurden mit verschiedenen Mustern von bronzenen Nagelköpfen dekoriert. Die an Artefakten reichen Orte scheinen sich anfangs vom Bereich der oberen Donau bis nach Böhmen konzentriert zu haben. Später zwischen 600-500 v. Chr. jedoch dehnte sich die von den Hallstadt-Kelten kontrollierte Kulturzone Richtung Westen aus. Bemerkenswert ist, dass Wagen und Karren als Grabbeigaben auch ein markantes Merkmal der skythischen Kultur sind. Das späte 8. und das 7. Jahrhundert v. Chr. Waren eine Zeit des Umbruches und der Veränderungen nicht nur an den Quellflüssen der Donau, sondern auch in den Regionen des Schwarzen Meeres und des Kaukasus, wo sich die wandernden Stämme der Skythen bewegten.

Die Lebensweise der Hallstadt-Kelten hatte viele Ähnlichkeiten mit der der Skythen. Die verzierte Schwertscheide aus Bronze des berühmten im Naturhistorischen Museum von Wien befindlichen Hallstadt-Schwertes zeigt Kelten, die üppig dekorierte Hosen tragen. Diese Bekleidung ist der skythischen sehr ähnlich, wie sie auf der Chertomlyk-Vase (Gegend nördlich vom Schwarzen Meer) dargestellt ist.

Die Schwertscheide in Wien zeigt auch eine frackähnliche Bekleidung, die dem von russischen Archäologen in Katanda im Süd Altai (Sibirien) in einem „gefrorenen Grab" gefundenen ost-skythischen Gewand verblüffend ähnlich ist. Ein anderes keltisches, in der schweizerischen Ortschaft Port (Kanton Bern) gefundenes Schwert enthält eine geprägte Dekoration von zwei stehenden gehörnten Tieren, die einen Baum des Lebens flankieren, ein klassisches Thema der Skythen des Nahen Ostens.

Auf die Funde aus dieser bedeutsamen Epoche sei neben dem Naturhistorischen Museum in Wien (Abteilung: Urgeschichtliche Sammlung) auch auf das Prähistorische Museum in Hallstadt und das dortige älteste Salzbergwerk der Welt hingewiesen, sowie auf das Keltenmuseum in Hallein, das auch im Internet unter der Adresse www.keltenmuseum.at ausführliche Informationen über die Kelten bietet.

Die archäologischen Zeugnisse beweisen, dass die Kelten und Skythen in einem regen Austausch miteinander verbunden gewesen sind und in enger Beziehung zueinander standen. Russische und osteuropäische Ausgrabungen zeigen klar, dass beide Gruppen direkt miteinander verschmolzen sind. Die meisten Gelehrten stimmen auch darin überein, dass die Skythen Osteuropas nicht nur enge Beziehungen zu den Skythen pflegten, die noch in den Steppen des weiteren Ostens lebten, sondern auch mit den Kelten der Hallstadt- und La-Tène-Kulturen im Westen in Verbindung standen.

Die Bedeutung von Namen bei der Erforschung der Herkunft

Was können wir von Namen lernen? Wie wir uns nennen, definiert für andere, wer wir sind. Wir werden auch dadurch charakterisiert, wie andere uns bezeichnen. (Ob die Bezeichnung nun stimmt oder erfunden ist, sei dahingestellt.) So kennzeichnet uns z. B. der Name des Landes, worin wir leben oder geboren wurden oder der Name des Landes unserer Vorväter. Genauso müssen wir bei unserem Versuch, das Volk Israel durch die Geschichte zu verfolgen, die Namen und Kennzeichnungen dieses Volkes betrachten. Unsere deutschsprachige Bibel bezeichnet das Volk Israel auch als die Söhne Isaaks. Gott versprach, dass der Name Isaak erhalten bleiben würde, um Israel im Verlauf der Geschichte zu identifizieren (1. Mose 21,12). In biblischen Zeiten wurde die hebräische Sprache nicht mit Vokalen geschrieben. Auf diese Art wäre Isaak gemäß den hebräischen Schriftzeichen einfach in den deutschen Äquivalenten Sk oder Sc buchstabiert worden. So sollte es uns nicht erstaunen, dass bald nach der Deportation der zehn Stämme der Ausdruck „Sacae" (die Buchstaben für den Namen Isaak verbunden mit der lateinischen Pluralendung „ae") die neuen Siedler in der Schwarzmeerregion von Skythien identifizierte. Die Assyrer sprachen ebenso vom Auftreten der „Ishkuza" und die Medo-Perser von den „Saka", was beides Ableitungen vom Namen Isaak sind (das s, c und k in diesen Beispielen wurde fett gedruckt, um den Ursprung der Wörter leichter zu erkennen). Der Behistun-Stein, ein in der Nähe des heutigen im Iran gelegenen Bisitun gefundener Felsblock, enthält ein eingemeißeltes Wandgemälde, das den sprachwissenschaftlichen Schlüssel zum Verständnis mehrerer alter Sprachen liefert. Das Relief des Steines wird datiert in die Zeit der Herrschaft von Darius I. von Persien (etwa 522-486 v. Chr.). Seine

Darstellung von besiegten ausländischen Königen, die Tribut an ihn abführen, enthält den gleichen Text in Alt-Persisch, Elamitisch (Susian) und in babylonischer Sprache. Unter anderem wird hier auch Skuka genannt, ein König des vorübergehend unterjochten asiatischen Zweiges der Skythen.

Der Behistun-Stein beschreibt ihn als den König der Skythen, Sakas oder Kimmerier (in babylonischer Aussprache: „Gimiri" gesprochen).

Der griechische Historiker Herodot (484-420 v. Chr.) schrieb, dass die Perser die Skythen „Sacae" nannten. Später bezeichnete der griechische Schriftsteller Ptolemäus (2. Jahrhundert n. Chr.) die „Sacae" als „Saxones". Beide Ausdrücke wurden oft synonym verwendet.

Der britische Historiker Sharon Turner berichtet: „Die Sachsen [die auf die Britischen Inseln wanderten] waren ein... Stamm der Skythen; und von den verschiedenen Völkerschaften der Skythen waren die, Sakai 'oder die, Sacae 'diejenigen, von denen die Herkunft der Sachsen mit der geringsten Wahrscheinlichkeit eines Irrtums bestimmt werden kann. , Sakai-Suna', was die Söhne des Sakai bedeutet, und das in, Saksun 'verkürzt wurde, hat den gleichen Klang wie das englische Wort, Saxon '[Deutsch: Sachse], was einer vernünftigen Etymologie des Wortes, Saxon 'entspricht" (The History of the Anglo-Saxons, Band 1, 1840, Seite 59).

Wo liegt der Ursprung des Namens „Kimmerier"? Die assyrischen Eroberer der nördlichen zehn Stämme nannten diese „Bit Khumri" (oder Ghomri), womit sie das „Haus Omri" meinten. Omri war einer der militärisch erfolgreichsten Könige des Reiches Israel; er gründete seine eigene Dynastie von Königen. Inschriften aus dieser Zeit, die sich auf das Reich Israel beziehen, bezeichnen dieses als das Land oder Haus von Omri. Im Griechischen finden wir die Formen „Kimmerii", „Kimmeroi" und „Cymry" und im Lateinischen „Kimbri", „Kymbrians" und „Cimbres" als Äquivalente zum assyrischen „Khumri".

In späteren Aufzeichnungen über die Wanderung von keltischen Stämmen nach Europa finden wir diese Namen wieder: einige in Jütland und andere in Gallien (etwa das Gebiet des heutigen Frankreichs mit Teilen von Belgien, Westdeutschland und Norditalien). Die Gallier nannten sich „Kymris", aber die Römer kennzeichneten sie als „Kelten", „Galli", „Gallus" und „Galates" (Galater). Die hellenistischen und römischen Eroberer (300 v. Chr. bis 200 n. Chr.) gaben dem Gebiet von Gilead, das zur Heimat der verbannten israelitischen Stämme von Gad, Ruben und des halben Stammes von Manasse wurde, den neuen Namen „Gaulanitis".

Kurioserweise scheint der Ausdruck „Gaul" (Gallien) , ob Gallo oder Gallus im Lateinischen, Galler oder Waller im Keltischen, Waller oder Walah im Deutschen oder Gaullois auf Französisch dieselbe Bedeutung zu tragen: „Fremder, Reisender oder Exil". Für die Kelten bedeuteten die Wörter „Gael" und „Skythe" beide „Fremder" oder „Wanderer". Gott hatte den zehn Stämmen von Israel gesagt, dass sie Wanderer sein würden (Hosea 9,17). Wenn man weiß, dass das hebräische Wort für „in Gefangenschaft kommen" (wie es verwendet wurde zur Beschreibung der assyrischen Deportation der Israeliten aus Gilead ins Exil) das Wort „galah" ist, und seine modernen Ableitungen „galut", „galo" oder „gallo" sind, dann ist man in der Lage zu erkennen, wie sich der Kreis schließt. Diese kurze sprachwissenschaftliche Untersuchung verbindet einige der vielen Kennzeichen und Merkmale der verlorenen zehn Stämme in ihrer Bezeichnung als das „Haus von Omri" und die „Söhne von Isaak"

Die skytisch-keltischen Verwandtschaftsverhältnisse

Zur gleichen Zeit, zu der am Schwarzen Meer die Skythen erschienen, tauchte im westlichen Europa eine andere Zivilisation auf. Der Historiker Peter Ellis schreibt in seinem Buch The Ancient World of the Celts: „Mit Beginn des 5. Jahrhunderts v. Chr. bewegte sich plötzlich eine Zivilisation in alle Richtungen durch Europa. Sie war aus indoeuropäischen Wurzeln hervorgegangen und kam aus den Ursprungsgebieten von Rhein, Rhône und Donau.

Metallwerkzeuge, insbesondere Waffen aus Eisen, ermöglichten den Siedlern, sich ungehindert nach allen Seiten auszubreiten. Griechische Kaufleute, die ihnen erstmalig im 6. Jahrhundert v. Chr. Begegneten, nannten sie Keltoi und Galatai ...Wir bezeichnen sie heute generell als Kelten" (1999, Seite 9).

Die Kimmerier waren zur Zeit der babylonischen Eroberung Assyriens aus dem Nahen Osten nach Kleinasien geflohen. Dass zwischen ihnen und den europäischen Kelten eine Verbindung bestanden hat, dafür gibt es Beweise. Die Kimmerier wanderten in Europa entlang der Donau und wurden dort als Kelten bekannt. Manche Historiker sind zu dem Ergebnis gekommen, dass die Kelten und die Skythen eine gemeinsame Herkunft haben.

Die Griechen und Römer bezeichneten alle Völker nördlich der Grenzen des alten Römischen Reiches bzw. der griechischen Stadtstaaten als Barbaren. Ausländer, die ihre politische und kulturelle Führerschaft nicht anerkannten, wurden so genannt und zwar unabhängig davon, wie fortschrittlich deren Kultur und Bildungsstand waren.

Diese Völker waren groß gewordene Familienclans, welche unter vielen unterschiedlichen Namen bekannt wurden. Zweifellos waren darunter einzelne Großfamilien unterschiedlicher ethnischer Herkunft, die alle etwa zur gleichen Zeit aus den östlichen Gebieten des zerfallenden assyrischen Reiches geflohen waren.

Viele dieser sogenannten Barbarenstämme waren jedoch nach Rasse und Kultur miteinander verwandt. Wir sollten uns deshalb nicht wundern, wenn sich auch die Sprachen dieser Stämme auf eine gemeinsame Ursprache zurückführen las sen. Genau dies hat man festgestellt!

Die Sprachenverbindung Sprachen werden in Familien eingeteilt. Die Sprachfamilie der nordwest-europäischen Völker wird als germanischer Zweig der indoeuropäischen Sprachen bezeichnet. Die Geschichte dieser Sprachfamilie liefert wichtige Anhaltspunkte für Verwandtschaftsverhältnisse jener Barbarenstämme, aus denen sich letztendlich die demokratischen Staaten Nordwesteuropas entwickelt haben.

Heute sind die in diesem Raum lebenden Völker durch Landesgrenzen voneinander getrennt. Sie sprechen unterschiedliche Sprachen wie Dänisch, Deutsch, Englisch, Französisch und Schwedisch. Ebenso gibt es verschiedene Dialekte wie beispielsweise Hoch- und Niederdeutsch. Solche Unterschiede gab es offenbar noch nicht, als die sogenannten Barbaren in diese Gebiete einwanderten. Die in jener Zeit in Nordwesteuropa lebenden Völker sprachen verschiedene Dialekte der gemeinsamen Sprache ihrer Vorfahren.

Deutsch gehört zur indoeuropäischen Sprachfamilie, die man gewöhnlich als die teutonische bzw. germanische bezeichnet. Man kann aus solchen Bezeichnungen nicht darauf schließen, dass die heutige deutsche Sprache die Ausgangssprache ist oder dass die Deutschen dieselben ethnischen Wurzeln haben wie die Skythen. Das moderne Deutsch ist nur ein Zweig der gemeinsamen Ursprache, was auch für Englisch, Holländisch und die skandinavischen Sprachen gilt. Sie können alle auf eine gemeinsame Ursprache zurückgeführt werden.

H. Munro Chadwick, Professor an der Universität Cambridge, erklärt dies so: „Bis ins 15. Jahrhundert hinein unterschieden sich das Deutsche, Englische und die skandinavischen Sprachen nur leicht voneinander ... Im 15. und den darauffolgenden Jahrhunderten fand eine sehr schnelle Differenzierung innerhalb der nordwestlichen Gruppe statt. Englisch entwickelte sich im Allgemeinen auf einer Linie ungefähr zwischen dem Deutschen und dem Skandinavischen, aber mit vielen eigenen Merkmalen. Es scheint, dass sich das Friesische (Holländische) lange Zeit wenig vom Englischen unterschied ... Die Unterschiedlichkeit der Sprachen wurde offensichtlich von der jeweiligen geographischen Lage bestimmt" (The Nationalities of Europe and the Growth of National Ideologies, 1966, Seite 145).

Gehen wir jedoch 500 Jahre zurück von dem Zeitpunkt, als sich die teutonischen Sprachen zu differenzieren begannen, dann entdecken wir, dass große Teile der Europäer in den östlichen, westlichen und nördlichen Gebieten verwandte Dialekte sprachen, die ihren Ursprung in einer gemeinsamen indoeuropäischen Sprache hatten. Versuchen die Gelehrten, einem bestimmten europäischen Barbarenstamm eine germanische, keltische oder skythische Herkunft zuzuordnen, sind sie oft in einem Dilemma. Die Unterschiede sind häufig nicht klar erkennbar, und eine Zuordnung muss deshalb meist willkürlich vorgenommen werden.

Die alten Römer machten sich selten die Mühe, Sprachen der Barbaren zu lernen. Stattdessen bevorzugten sie Dolmetscher. Aus diesem Grund konnten sie keine Unterschiede erkennen zwischen der Sprache, die die Gallier sprachen, und der Sprache der Menschen, die östlich des Rheins lebten. So wurden alle Barbarenstämme östlich des Rheines von römischen Autoren gewöhnlich als „Germani" bezeichnet. Manche Archäologen trennen jedoch deutlich die vorherrschenden Völker Nordeuropas in der Zeit um ca. 500 v. Chr. in die Kelten und die Skyto-Teutonen, wobei diese Unterscheidung mehr geographisch zu sehen ist als kulturell und ethnisch. Je weiter wir die Geschichte zurückverfolgen, um so geringere Unterschiede finden wir zwischen den keltischen und teutonischen Völkern, die in West- und Nordwesteuropa siedelten.

Professor Chadwick schreibt dazu: „Bei jeder Diskussion über den Ursprung der teutonischen [oder germanischen] Sprachen darf man natürlich nie vergessen, dass diese Sprachen nur ein Zweig der indoeuropäischen Sprachen sind ... Diese indoeuropäischen Sprachen waren in dem ganzen Gebiet dieser Sprachen beheimatet, im Gegensatz zu der Region, in der die einzelnen Dialekte ihre eigenen Charakteristiken annahmen. Das gleiche trifft auf die keltischen Sprachen zu ... Keiner zweifelt daran, dass diese Sprachen oder vielmehr die Ursprache, von der sie abstammen, einmal auf ein viel kleineres Gebiet beschränkt war, als es heute der Fall ist" (Chadwick, Seite 157).

In der letzten Hälfte des 8. Jahrhunderts v. Chr. tauchte eine Völkerschaft plötzlich am Rand des alten assyrischen Reiches auf, genau zu der Zeit und in dem Gebiet, als die zehn Stämme Israels verschwanden. Bis ungefähr ins 4. Jahrhundert v. Chr. blieben die unterschiedlichen Dialekte ihrer gemeinsamen Ursprache ähnlich genug, um sich untereinander leicht verständigen zu können. Die Skythen und Kelten sind durch ihre jeweiligen Sprachen miteinander verwandt. Sind beide Völker auch in anderer Hinsicht verwandt? Gibt es Anzeichen einer starken Beziehung zwischen beiden?

Die Bezeichnung „Kelte" und die keltische Verschwiegenheit

Gelehrte finden eine logische Erklärung dafür, wie das Wort Kelte in Bezug auf den westlichen Zweig der Steppenvölker entstand. Manche schließen, dass die ethnische Bezeichnung Kelte eine andere Form des goidelic-irischen (altirischen) Wortes „ceilt" ist, das die Bedeutung „Verheimlichung" oder „sich verstecken" hat. Das schottische Wort Kilt (der Schottenrock) hat eine ähnliche Ableitung.

Dies passt zu dem streng eingehaltenen religiösen Verbot der Kelten, ihre Volkstraditionen, ihr Wissen und Verständnis schriftlich festzuhalten. Ihre Traditionen sollten nur mündlich weitergegeben werden, und wir können sicher sein, dass der Zweck des Verbots kein Analphabetentum verdecken sollte. Viele Kelten sprachen und schrieben Griechisch und verwendeten es privat und geschäftlich. Aber sie weigerten sich treu, Außenstehenden Einblick in ihre tief verwurzelten Überzeugungen und Traditionen zu geben. Sogar Julius Cäsar konnte während seiner Invasion in Gallien nur über dieses starke religiöse Verbot der Kelten staunen. Einige Gelehrte schließen, dass das Wort Keltoi oder Kelte ein entsprechendes Kennzeichen für Menschen ist, die vieles über ihre Vergangenheit und ihre Traditionen im Verborgenen behalten.

Trotz der charakteristischen Verschwiegenheit der Kelten gibt es genügend geschichtliche Aufzeichnungen, die den Schluss zulassen, dass die Kelten und die Skythen gemeinsame israelitische Vorfahren haben. Ihre Wanderungen hatten sie in unterschiedliche Richtungen geführt. Am Ende jedoch fanden sich ihre Nachkommen in Europa wieder zusammen.

Prophezeiungen über Israels Ansiedlung im Nordwesten Europas

Viele biblische Gelehrte betrachten Amos, einen Propheten aus Tekoa im nördlichen

Juda, als den ersten, der „den Überrest Josefs" vor dem drohenden Exil warnte (Amos 5,15; Schlachter-Übersetzung). Aber Amos sagte Israel auch voraus, dass es nicht ganz von Gottes Angesicht vertilgt werden würde. „Ich, der HERR, der mächtige Gott, sehe genau, was man in Israel, diesem verdorbenen Königreich, treibt. Deshalb lasse ich es spurlos von der Erde verschwinden. Aber ich werde die Nachkommen Jakobs nicht völlig ausrotten, das verspreche ich, der HERR. Ich werde den Befehl geben, sie zu sichten..., so wie man verunreinigtes Korn im Sieb schüttelt, bis nur noch die Steine zurückbleiben" (Amos 9,8-9; Gute Nachricht Bibel).

Die Israeliten wurden wirklich unter andere Nationen „gesiebt". Sie wurden zuerst mit Dutzenden von anderen ethnischen Gruppen gezwungen, in einem grausamen Exodus ihr Vaterland zu verlassen. Wohin sollten sie deportiert werden?

„Und der HERR wird Israel schlagen, dass es schwankt, wie das Rohr im Wasser bewegt wird, und wird Israel ausreißen aus diesem guten Lande, das er ihren Vätern gegeben hat, und wird sie zerstreuen jenseits des Euphrat" (1. Könige 14,15). Der Euphrat liegt nördlich ihres Herkunftsgebietes.

Diese Prophezeiungen zeigen, dass die verbannten Israeliten außerstande sein sollten, in einer zusammenhängenden Gruppe zu bleiben. Sie würden verstreut werden, d. h. in kleinere Einheiten aufgelöst, und sie mussten sich das Land ihres Exils mit anderen fremden Menschen teilen. In anderen Abschnitten offenbaren die Propheten, dass diese Israeliten sich schließlich in einem neuen Gebiet finden würden, das nördlich und westlich ihrer ursprünglichen Heimat liegen sollte, aus der sie vertrieben wurden. Aus dieser Richtung werden sie nach der Wiederkehr von Jesus Christus in ihr Vaterland im Nahen Osten zurückkehren.

Den offensichtlichsten Vers, der dieses zeigt, finden wir beim Propheten Jesaja: „Seht doch, mein Volk kommt von weit her: aus dem Norden, aus dem Westen und aus dem südlichsten Ägypten" (Jesaja 49,12; Gute Nachricht Bibel; siehe auch die Verse 13-23). Da das Hebräische keinen Ausdruck für das Wort hat, das im Deutschen dem Begriff „Nordwesten" entspricht, so kann dieser Vers auch so zu verstehen sein, dass Israel in Gebieten nordwestlich seines verheißenen Heimatlandes siedeln würde.

Aber es gibt auch andere biblische Anhaltspunkte. Einen finden wir in Hosea 12,2: „Ephraim weidet Wind und läuft dem Ostwind nach." Dieser Ausdruck impliziert, dass Ephraim in Richtung Westen gewandert ist (vergleiche dazu auch Hosea 11,9-10).

Andere Abschnitte lassen darauf schließen, dass Israel letztlich verstreut und auf einer Inselgruppe gefunden werden würde. Nach Jesu Rückkehr werden sie „weinend kommen, aber ich will sie trösten und leiten. Ich will sie zu Wasserbächen führen auf ebenem Wege, dass sie nicht zu Fall kommen; denn ich bin Israels Vater, und Ephraim ist mein erstgeborener Sohn. Höret, Ihr Völker des HERRN Wort und verkündet's fern auf den Inseln und sprecht: Der Israel zerstreut hat, der wird's auch wieder sammeln und wird es hüten wie ein Hirte seine Herde" (Jeremia 31,9-10).

Andere Verweise auf eine Insel oder einen Standort am Meer finden sich in Jesaja 24,15; 41,1 und 5; 51,5; 66,19 und Psalm 89,26. Gemeinsam weisen alle diese Textstellen darauf hin, dass die gefangenen Israeliten schließlich aus dem Land ihres Exils, das im nördlichen Mesopotamien gelegen war, in das nordwestliche Europa in die große See-, Insel- und Küstenregion, die sich nördlich und westlich ihres vormals im Nahen Osten befindlichen Vaterlandes befindet, weiterwandern würden

Beziehungen zwischen Skythen und Kelten

Historiker und Archäologen berichten über ein Nordeuropa in den 500 Jahren vor Jesu Geburt, das von zwei verwandten Kulturen beherrscht wurde. Von den Britischen Inseln bis zum Oberlauf der Donau und dem östlichen Rand der Alpen existierte die keltische Hallstatt- und später die La Tène-Kultur (benannt nach bedeutenden archäologischen Fundstätten in Österreich und der Schweiz), während weiter östlich die traditionelle Kultur der Skythen vorherrschte.

Diese östlich gelegene Kultur der Skythen dehnte sich über ein riesiges Gebiet Osteuropas aus und legt Zeugnis für ein Reitervolk ab, dessen Lebensweise für die Steppengebiete, im Gegensatz zu den Bergen und Wäldern Westeuropas, geradezu prädestiniert war.

Die beiden Kulturen ergänzten sich gegenseitig. Beide hatten sich ihrem jeweiligen Lebensraum ideal angepasst. Vergleichbar mit den Beziehungen zwischen dem modernen Großbritannien und den USA waren auch die der räumlich getrennten Kulturen der Skythen und der Kelten.

Die Beziehungen der Menschen untereinander waren so, als hätten sie beide dieselben Vorfahren. Archäologen haben einige bemerkenswerte Stätten keltischer und skythischer Kulturen ausgegraben, die zeigen, wie eng die beiden Völkerschaften miteinander zusammenarbeiteten. Der Unterschied zwischen beiden Kulturen lässt sich am besten an zwei herausragenden Einflüssen erklären: Das geographische Umfeld war für die Entwicklung jeder Kultur sehr unterschiedlich, ebenso die Struktur der Familienclans in den zehn israelitischen Exilstämmen. Im Rahmen der Gesamtkultur des israelitischen Nordreiches besaß jeder Stamm seine eigene Kultur, der sich wiederum aus einzelnen Sippen zusammensetzte (1. Samuel 10,19; vgl. auch mit 2. Mose 6,14-25; Gute Nachricht Bibel).

Man kann deshalb davon ausgehen, dass die einzelnen Stämme der israelitischen Deportierten auch im Exil ihre kulturellen Eigenarten beibehalten haben. Diese Unterschiede erklären auch die größeren und kleineren Familienverbände, die man unter Skythen und Kelten identifiziert hat.

Der israelische Talmud-Gelehrte Yair Davidy liefert in seinem Buch The Tribes: The Israelite Origins of Western Peoples überzeugendes Beweismaterial, wonach die entwurzelten Israeliten während und auch nach ihrer Gefangenschaft innerhalb des Stammesverbandes ihre Sippennamen bewahrt haben. Nach seinen Recherchen „können überzeugende Beweise sowohl in biblischen, talmudischen, historischen, archäologischen und linguistischen Quellen als auch in der Folklore, der Mythologie und aus nationalen Symbolen und Charakteristiken gefunden werden" (1993, Seite XIV). Für seine Nachforschungen standen Davidy, der in Jerusalem wohnt, die historischen und biblischen Quellen der Jerusalemer Nationalbibliothek zur Verfügung.

Er stellt fest, dass für die Wege der Israeliten bei ihren Wanderungen die Stammes- und Sippennamen ein Schlüssel sind. In seiner Einleitung fasst er seine Forschungsergebnisse folgendermaßen zusammen: „[Mein Buch] liefert Beweise dafür, dass die meisten der alten Israeliten ihre Herkunft vergaßen und sich fremden Kulturen anpassten. Im Laufe der Jahrhunderte erreichten sie die Britischen Inseln und Nordwesteuropa, woraus verwandte Nationen [wie z. B. die USA] entstanden."

Zur umfassenden Information über diesen Aspekt der historischen Wanderungen Israels weisen wir den englischkundigen Leser auf die beiden Bücher von Yair Davidy hin: The Tribes: The Israelite Origins of Western Peoples (1993) und Lost Israelite Identity (1996).

In der Zeit zwischen 200 v. Chr. Und 500 n. Chr. lösten feindliche Angriffe und drastische klimatische Veränderungen eine Wanderung der skythischen Sippen von den eurasischen Steppen in die nördlichen und westlichen Gebiete Europas aus.

Weitere 1000 Jahre lang tauchten die früheren Skythen im feudalen Europa unter einer Vielzahl von Sippen-Namen abwechselnd als Verbündete bzw. Feinde auf. Dies änderte sich erst, als sich in Europa die einzelnen Nationen, die uns heute bekannt sind, herauszubilden begannen.

Im nächsten Kapitel verfolgen wir die unglaubliche Geschichte der verstreuten Nachkommen des alten Israel weiter: wie sie zu internationalem Ansehen gelangten, so wie Gott es viele Jahrhunderte vorher den Nachfahren Josefs versprochen hatte

Sind alle Israeliten Juden?

Heute identifiziert fast jeder den Namen Israel mit den Juden. Dabei drängt sich die namentliche Verbindung mit dem Staat Israel im Nahen Osten auf, dessen Gründung im Zusammenhang mit Bemühungen um die Schaffung eines jüdischen Staates bzw. des Judenstaates (frei nach Theodor Herzl) zu sehen ist.

Viele Menschen nehmen an, dass die heutigen Juden die einzigen noch vorhandenen Nachkommen der alten Nation Israel sind. Diese Annahme ist jedoch völlig falsch. Ihrer Abstammung nach sind die Juden die Nachkommen von zwei israelitischen Stämmen: Juda und Benjamin, zuzüglich eines beträchtlichen Teils von etwa einem Drittel des priesterlichen Stammes Levi.

Den meisten Menschen ist unbekannt, dass die zehn anderen Stämme des alten Israel nie Juden genannt wurden. Diese nördlichen Stämme waren historisch und politisch deutlich getrennt von den Juden, ihren südlichen Brüdern, die das Königreich Juda bildeten, woraus der Name „Jude" abgeleitet wurde.

Die nördliche Koalition von Stämmen, das Königreich oder Haus Israel, war schon eine vom Haus Juda getrennte unabhängige Nation geworden, noch bevor das Wort Jude erstmalig in der biblischen Schilderung erscheint. So ist es eine Tatsache, dass dieser Begriff in der Bibel das erste Mal zu finden ist, als sich Israel mit den Juden im Krieg befand (2. Könige16, 5-6; Elberfelder Bibel und Schlachter-Übersetzung; Luther übersetze den Namen mit „Judäer").

Sind alle Israeliten Juden?

Nein! Die Juden – die Bürger und Nachkommen des Königreichs Juda – gehören zwar zu den Israeliten, aber nicht alle Israeliten sind Juden. Da alle zwölf Stämme, einschließlich der Juden, Nachkommen ihres Vaters Israel (Jakob) sind, können wir den Ausdruck „Israelit" auf alle Stämme anwenden. Der Ausdruck „Jude" ist jedoch nur für die Stämme zutreffend, die das Königreich Juda und ihre Nachkommen umfassten.

Fünftes Kapitel:
Großbritannien und die USA erben Josefs Erstgeburtsrecht

„Und der HERR hat ... sagen lassen, ... dass er dich zum höchsten über alle Völker machen werde, die er geschaffen hat, und du gerühmt, gepriesen und geehrt werdest, ... wie er zugesagt hat" (5. Mose 26,18-19

Auf die Zerstörung des israelitischen Nordreiches folgte etwa 500 Jahre lang ein Leben in den eurasischen Steppen. Jetzt als Skythen bezeichnet, wurde den nomadisch lebenden Nachkommen der Israeliten eine weitere Wanderung aufgezwungen.

Diesmal wurden die Israeliten von Feinden aus Asien und dem Nahen Osten aus den eurasischen Steppen in Richtung Westen gedrängt. Auch eine dramatische Klimaveränderung trieb sie in diese Richtung. Die Propheten der Bibel hatten eine große westwärts gerichtete Völkerwanderung der Israeliten vorausgesagt (Jesaja 49,12; Hosea 12,2). Sie begann ungefähr 200 v. Chr. und dauerte bis in das 5. Jahrhundert n. Chr. hinein.

Der jüdische Historiker Josephus bestätigt, dass „die zehn Stämme bis heute [im 1. Jahrhundert n. Chr.] noch jenseits des Euphrats leben und zahlenmäßig so groß sind, dass sie nicht gezählt werden können" (Jüdische Altertümer, Buch XI, Kapitel V, Abschnitt 2).

Auch der Apostel Jakobus bestätigt ganz klar durch seine Formulierung, dass sich die verlorenen Stämme der Israeliten nicht mit den Stämmen Juda und Benjamin in Palästina wiedervereinigt hatten, denn er schreibt „an die zwölf Stämme in der Zerstreuung" (Jakobus 1,1).

Obwohl Gott den Fortbestand der verlorenen zehn Stämme Israels auf ewig versprochen hatte, kündigte er auch an, „das Haus Israel unter allen Heiden schütteln zu lassen" (Amos 9,9). Das geschah auch, bis die Israeliten in das Land nördlich und westlich ihrer alten Heimat kamen, wohin Gott sie gemäß seiner Ankündigung geführt hatte.

Es schien so, als ob eine unsichtbare Hand die Israeliten mit all ihren Sippen und Stämmen über die eurasischen Steppen – das Land der Skythen – nach Nordwesteuropa trieb. Dort war eine andere Gruppe verwandter Stämme, nämlich die Kelten, bereits angesiedelt.

Diese Völkerwanderung ist zwar nicht so bekannt wie die große europäische Völkerwanderung des 16. Jahrhunderts, als Kolonien in Nordamerika, Australien, Neuseeland und Südafrika gegründet wurden, aber sie war dennoch in vielen Aspekten der späteren sehr ähnlich.

Unter den Clans vieler Stämme in Europa, die zur gleichen Zeit zusammentrafen, waren diejenigen, die sich schließlich in Nordwesteuropa ansiedelten, ethnisch und kulturell eng verwandt. Historiker sehen in den angelsächsischen Völkern die ethnischen Wurzeln für einen Großteil unserer heutigen westlichen Nationen, einschließlich Großbritanniens und der USA.

Diese Tatsache ist Teil der Geschichte und in entsprechenden historischen Nachschlagewerken aufgezeichnet. Was hingegen weitgehend unerkannt bleibt, ist die keltisch-skythische Verbindung mit dem alten Israel der Bibel. Im vorangegangenen Kapitel haben wir diese Verbindung kurz aufgezeigt. Jetzt jedoch wollen wir unsere Aufmerksamkeit dem Zeitpunkt zuwenden, in dem Gott beginnt, seine Verheißungen an den mutmaßlich verlorenen Nachkommen Israels zu erfüllen. Es ist die Zeit, nachdem sie nach Nordwesteuropa und den Britischen Inseln gezogen waren und sich von dort aus nach Amerika und in die britischen Kolonien weltweit ausbreiteten.

Die Verheißungen der Größe für die Nachkommen Josefs

Von Gott inspiriert, prophezeite der Patriarch Jakob kurz vor seinem Tode, was den Nachkommen seiner zwölf Söhne „am Ende der Tage" (1. Mose 49,1; Zürcher Bibel) begegnen sollte. In diesem Kapitel gilt unsere besondere Aufmerksamkeit der Prophezeiung Jakobs in Bezug auf Josef.

Aufgrund der einzigartigen Verheißungen, die sich gegenüber den restlichen Stämmen Israels so deutlich herausheben, sind die modernen Nachkommen Josefs unter allen sogenannten verlorenen Nachkommen Israels am leichtesten zu identifizieren. Aufgrund von Abrahams Gehorsam versprach Gott Josefs Söhnen Ephraim und Manasse bzw. deren Nachkommen alle Segnungen des Erstgeburtsrechts. Dazu gehörten nationale Größe und überwältigender materieller Wohlstand.

Beachten Sie die Vorhersage Jakobs über Josef für das „Ende der Tage": „Du, Josef, bist dem Weinstock gleich, der an der Quelle üppig treibt und seine Mauer überwuchert. Die Feinde fordern dich zum Kampf, beschießen dich mit ihren Pfeilen; doch du bleibst unerschüttert stehen und schießt mit rascher Hand zurück.

Bei dir ist Jakobs starker Gott ...Gott, der Gewaltige, ist es, der dir hilft; dich segnet deines Vaters Gott. Er gibt dir Regen aus dem Himmel, gibt Quellen aus der Erdentiefe. Das Leben mehrt und segnet er mit Fruchtbarkeit des Mutterleibes, mit Überfluss aus Mutterbrüsten. Du siehst die Berge, fest und ewig, die hoch bis in die Wolken ragen; dein Reichtum überragt sie alle. Dies alles ist dir vorbehalten, weil du den Segen erben sollst, den ich, dein Vater, einst empfing. Du, Josef, bist der Auserwählte inmitten aller deiner Brüder!" (1. Mose 49,22-26; Gute Nachricht Bibel).

Josefs Nachkommen sollten materiell gesegnet werden, wie Jakob sagte, wie ein frucht-bringender Weinstock mit einer nie versiegenden Wasserversorgung, die ein ständiges Wachstum garantiert. Sie sollten eine rapide Zunahme ihrer Bevölkerung erleben, die sich über ihr ursprüngliches Territorium hinaus ausbreiten würde. Militärische Stärke verbunden mit den wünschenswertesten materiellen Segnungen, die die Erde zu bieten hat, sollten Josefs Nachkommen zufallen. Sie sollten wachsen und gedeihen. Das waren die Segnungen des Erstgeburtsrechtes, die Gott Josefs Nachkommen versprochen hatte (1. Chronik 5,1-2). Aufgrund dieser göttlichen Segnungen würden sich die Nachfahren Josefs von den anderen Stämmen Israels abheben (1. Mose 49,22-26).

Vor seinem Tode wiederholte Mose diese besonderen Segnungen für Josef und seine Nachkommen: „Der Segen Gottes komme über ihn! Ja, reich gesegnet sei sein Land vom HERRN mit Regen, der vom Himmel niederrinnt, mit Wasser aus den Speichern in der Tiefe, mit allem, was die Sonne wachsen lässt und was im Lauf der Monde reif wird! Das Beste nur vom Besten soll er haben, es werde ihm in reichstem Maß zuteil! Die Erde bringe es für ihn hervor, die Berge sollen es ihm tragen!

Der Gott, der in dem Dornbusch wohnte, er wende Josef seine Liebe zu, ihm, dem Er-wählten unter seinen Brüdern! Er gleicht dem Erstgeborenen des Stiers, in Josef wohnt die Stärke seines Gottes. Er hat die Hörner eines Büffels: die vielen tausend Männer von Manasse, Zehntausende von Kriegern Ephraims, mit denen er die Feinde niederwirft bis zu den Grenzen dieser Erde" (5. Mose 33,13-17; Gute Nachricht Bibel).

Gott versprach, selbst dafür zu sorgen, dass Josefs Nachkommen große materielle Seg-nungen erhalten würden. Welche Völker haben in den letzten zwei bis drei Jahrhunder-ten solch einen Segen genossen? Wer hat die physischen Segnungen des Erstgeburts-rechtes, das Josefs Söhnen Ephraim und Manasse verheißen worden ist, erhalten?

Diesen Segen durften Josefs Nachkommen nur deshalb erben, weil Abraham Gott treu gehorcht hatte. Es stellt sich daher die Frage: Galt Gottes Verheißung materiellen Wohl-stands und nationaler Größe auf ewig oder war ihr Fortbestand an die Gerechtigkeit ihrer Empfänger geknüpft?

Im Alten Testament hing der fortgesetzte Segen Gottes von der Treue Israels ab, und nach der Bibel ändert sich Gott nicht. In der Tat finden wir keinen biblischen Hinweis, dass der Segen des Erstgeburtsrechts auch bei der Ungerechtigkeit der heutigen Nach-kommen Josefs andauern wird.

Gott gab Josefs Nachkommen eine Aufgabe

Gottes alles überragende Absicht für die Nachkommen Abrahams – ob in der Vergan-genheit, heute oder in der Zukunft – hat sich nie geändert: Er wählte sie aus, dass sie ein Segen für „alle Völker der Erde" sein sollten (1. Mose 12,3; Gute Nachricht Bibel).

Gottes transzendentale Absicht war schon immer, allen Menschen eine dauerhafte Be-ziehung zu ihm zu ermöglichen (Apostelgeschichte 17,30; 1. Timotheus 2,4; 2. Petrus 3,9). Nur dann haben wir die Möglichkeit, die Kraft Gottes in Anspruch zu nehmen, um unsere menschliche Natur zu ändern und den allerwichtigsten Segen des ewigen Lebens zu erhalten (Apostelgeschichte 4,12).

Gott hat Abrahams Nachkommen dafür vorgesehen, eine wichtige Aufgabe in seinem Plan für die Erlösung der Menschheit zu erfüllen. Der Kern von Gottes Verhältnis mit dem alten Israel war sein Bund mit ihnen und ihren Nachkommen. Diese Vereinbarung beinhaltete die Verpflichtungen, die Gott sich selbst auferlegte, und die Erwartungen, die Gott in Bezug auf Israel hatte. Als sein heiliges Volk sollte Israel eine Vorbildnation für alle Völker sein (3. Mose 20,26; 5. Mose 4,5-8; 7,6).

Zusätzlich zum zugesagten Erstgeburtssegen machte Gott den Nachkommen Israels und damit auch der ganzen Welt das Wissen darüber verfügbar, was er in geistlicher Hinsicht von uns erwartet. Dieses Wissen hat Gott in der Bibel sorgfältig erhalten. Es ist heute jedem verfügbar, der willens ist, es zu studieren, unabhängig davon, ob er von der Abstammung her Israelit ist oder nicht.

Die Bibel wird der Welt zugängig

Welche Völker trugen maßgeblich zur weltweiten Verbreitung des Wortes Gottes bei? Obwohl wir heute den Zugang zur Bibel als etwas Selbstverständliches betrachten und fast jeder Haushalt in Europa und Nordamerika eines oder mehrere Exemplare der Bibel besitzt, ist dies in der Vergangenheit nicht immer so gewesen.

Viele Jahrhunderte lang gab es die Bibel nur in der Originalsprache und in der lateinischen Übersetzung der römisch-katholischen Kirche, deren Mitglieder im Allgemeinen keinen Zugang zu dieser Übersetzung hatten. Mit der protestantischen Reformation Luthers auf dem europäischen Festland und dem Ausscheiden Englands aus der römischen Kirche gab es neue Übersetzungen der Bibel, die sich mit Hilfe des Buchdruckes von Gutenberg rasch unter den westeuropäischen Völkern verbreiteten.

Unter den ersten Übersetzungen der Bibel war auch die von Martin Luther, die 1534 erstmalig vollständig erschien. Mit seiner Übersetzung trug Luther gleichzeitig zur Entstehung einer einheitlichen deutschen Schriftsprache bei. Die Luther- Übersetzung der Bibel gehört damit seit über 450 Jahren zur deutschen Nationalliteratur. „Viele Sätze sind in der melodischen, kraftvollen, sprachgewaltigen Gestaltung, die ihr der Reformator gegeben hat, in den Sprachschatz, ins Gedächtnis und in das Glaubensleben von Generationen eingegangen" (Vorwort zur Lutherbibel, 1984).

Es war jedoch in England, das als Teil der römischen Kirche so lange das Wort Gottes entbehren musste, wo die Bibel auf Geheiß des Königs mit der Absicht übersetzt wurde, sie dem Volk zugänglich zu machen. Nach mehreren Versuchen, eine englischsprachige Version im 16. Jahrhundert zu erstellen, bestätigte der König von England im Jahr 1611 offiziell die Herausgabe der Bibel, die heute als „King-James-Version" bekannt ist. Die Übersetzer dieser Bibel arbeiteten auf Weisung von König James, indem die Bibel aus den Originalsprachen von einer großen Arbeitsgemeinschaft hebräischer und griechischer Sprachgelehrter übersetzt wurde.

Seit nahezu 400 Jahren hat sich diese Übersetzung in der englischsprachigen Welt als eine der bisher besten und genauesten erwiesen. Sie diente als Vorbild für Bibelübersetzungen in viele andere Sprachen. Kein anderes Buch hat die Sprache und Geschichte der englischsprachigen Völker so geprägt wie die King-James-Übersetzung der Bibel.

Durch die allgemeine Verbreitung der Bibel hatten die englischsprachigen Völker die Gelegenheit, grundlegendes Wissen darüber zu erhalten, welche Erwartungen Gott an die Menschen stellt. Zusätzlich bekamen manche von ihnen Informationen über ihre wahre Herkunft als Nachkommen Jakobs.

So erschienen ab 1840 verschiedene Publikationen über den israelitischen Ursprung der angloamerikanischen Völker. Eine der bedeutendsten dazu war das in mehreren Auflagen bis 1986 veröffentlichte Buch von Herbert W. Armstrong. Die USA und das Britische Commonwealth in

der Prophezeiung (Ambassador College, Bonn, 1967, 1972, 1975, 1980).

Wie beim alten Israel gewährt Gott den Nachkommen Josefs die Möglichkeit, eine Wahl zwischen Gerechtigkeit und Ungerechtigkeit zu treffen (5. Mose 30,15.19). Nur sehr wenige von ihnen haben demütigen Herzens die richtige Entscheidung getroffen.

Um noch einmal den Bogen zu spannen zu den Segnungen, die Gott dem alten Israel versprochen hat, wollen wir einige der wesentlichen materiellen Merkmale der Briten und Amerikaner untersuchen. Stellen wir dabei fest, dass diese Völker die in der Bibel prophezeiten Segnungen wirklich erhielten, dann haben wir weitere Beweise dafür, dass sie in der Tat die modernen Nachkommen Josefs sind.

Das britische Jahrhundert

Nicht immer war Großbritannien groß. Der wirklich sichtbare Aufstieg sowohl von Großbritannien als auch der USA begann nach 1800. Nur wenige Jahrzehnte bevor England zur führenden Weltmacht aufstieg, war sein Rang mit dem der anderen Länder Europas vergleichbar.

Von dem Habsburger Karl V., dem Kaiser des Heiligen Römischen Reiches, wurde die Rolle Englands unter den europäischen Völkern am Ende des 16. Jahrhunderts herabwürdigend charakterisiert. Er soll gesagt haben, dass er „lateinisch zu Gott spricht, italienisch zu den Musikern, spanisch zu den Hofdamen, französisch im Gericht, deutsch zu den Dienstboten und englisch zu seinen Pferden".

Wie kam es trotzdem innerhalb der nächsten 200 Jahre zu einem derartigen Aufstieg Englands in Bezug auf seine Geltung als Weltmacht?

Das rapide industrielle und ökonomische Wachstum der angloamerikanischen Welt begann Mitte bis Ende des 18. Jahrhunderts. Wirtschaftswissenschaftler diskutieren in diesem Zusammenhang über den Zeitpunkt, an dem der Industrialisierungsprozess die „kritische Masse" erreicht hatte. Doch allgemein kommt man immer auf ein frühestes Datum ab 1750 und auf ein spätestes um 1800.

In der gleichen Zeit verzeichnete man in Britannien eine Bevölkerungsexplosion. Der

Historiker Colin Cross bemerkte: „Eines der unerklärlichen Geheimnisse der Sozialgeschichte ist die Bevölkerungsexplosion in Großbritannien zwischen 1750 und 1850. Seit Generationen war die britische Bevölkerungszahl konstant bzw. nur sehr geringfügig ansteigend.

Doch dann verdreifachte sie sich nahezu im Laufe eines Jahrhunderts, sie wuchs von 7,7 Millionen im Jahr 1750 auf 20,7 Millionen Einwohner im Jahre 1850 ... Britannien war ein dynamisches Land und ein Kennzeichen seiner Dynamik war die Bevölkerungsexplosion" (Fall of the British Empire, 1969, Seite 155).

Innerhalb dieses Zeitfensters schien es, dass die Nachkommen der Deportierten der Stämme Josefs die versprochenen Segnungen des Geburtsrechts erhielten. Historiker sind darüber verwundert, dass die industrielle Revolution nicht früher im Verlauf der Geschichte begann. Eine mögliche Erklärung kann sein, dass erst der göttliche Segen so einen gigantischen Anstieg der Industriekapazitäten ermöglichte– genau zu dem Zeitpunkt, den Gott gewählt hatte.

Die Bibel offenbart uns, dass Gott alles unter Kontrolle hat und gemäß seinem Plan Zeitpunkt und Ablauf der Dinge bestimmt (Jesaja 46,9-10; Daniel 2,21). Er gab vor langer Zeit durch den Patriarchen Jakob bekannt, dass Josefs Nachkommen den Segen des Erstgeburtsrechts erhalten sollten, und zwar „am Ende der Tage" (1. Mose 49,1. 22-26; Zürcher Bibel).

In den Prophezeiungen der Bibel über weltweite Konflikte wird unsere heutige Zeit als „das Ende der Weltzeit" bezeichnet (Matthäus 24,3; Schlachter-Übersetzung). Die Erfüllung von Gottes Vorhersagen und Verheißungen an Abraham findet „am Ende der Tage" statt.

Das Jahr 1776 kennzeichnet einen Meilenstein in der englischen Geschichte: Die Dampfmaschine wurde in der Praxis vorgestellt und innerhalb eines Jahrzehnts zum kommerziellen Erfolg geführt. Ungefähr zur selben Zeit geschah ein anderes bedeutendes Ereignis: Adam Smith, Professor der Moralphilosophie der Schottischen Universität von Glasgow, publizierte das Werk „Wohlstand der Nationen", das zur philosophischen und intellektuellen Grundlage der Entwicklung Englands wurde und in der Folgezeit zum Kapitalismus führte. Bald darauf dominierte das kapitalistische System in der gesamten westlichen Welt. Insbesondere die britische Wirtschaft wurde zu beispiellosen Leistungen befähigt.

Obwohl die britischen Diplomaten und Politiker augenscheinlich kein Generalkonzept für die Struktur ihres Empires besaßen, wurde es das größte und wohlhabendste Reich in der Geschichte der Menschheit. So ist es nicht verwunderlich, dass das 19. Jahrhundert als das britische bezeichnet wird.

Haben die Briten die Hand Gottes erkannt?

Der Ausdruck „Gott ist ein Engländer" spiegelte im 19. Jahrhundert die Sichtweise vieler Menschen inner- und außerhalb der Britischen Inseln wider. Woher kam diese Vorstellung?

Der Rang, den Großbritannien heute in der Welt einnimmt, ist nur noch ein Schatten desjenigen, den es vor einem Jahrhundert besaß. Im 19. und 20. Jahrhundert meinten einige Menschen, dass Gott auf wundersame Weise die Politiker, Diplomaten, Staatsmänner und Militärs, die Architekten, Ingenieure und Wissenschaftler, die Banker, Unternehmer, Geschäftsleute und kleinen Händler auf den Britischen Inseln segnete.

Viele Beobachter im In- und Ausland erkannten, dass dieser Erfolg den Briten zufiel, unabhängig davon, ob sie ihn anstrebten oder nicht, bzw. ob sie Entscheidungen trafen, die weise oder töricht waren. Es war so, als ob die Segnungen sie schicksalhaft ereilten.

Es war die erkannte Unvermeidbarkeit des Erfolges, die John Robert Seeley (1834-1895), Professor für moderne Geschichte an der Universität Cambridge und Autor des Buches The Expansion of England (1884), zu der saloppen Bemerkung veranlasste, dass England sein weltumspannendes Reich „in einem Anfall von geistiger Abwesenheit" bekam.

Das 19. Jahrhundert war mit Sicherheit das britische Jahrhundert. Zu ihrer eigenen Verwunderung fanden sich die Menschen der relativ kleinen Britischen Inseln plötzlich im Besitz eines mächtigen Weltreiches. Am Ende des 19. Jahrhunderts war das Britische Imperium „das größte Reich in der Geschichte der Menschheit, mit einem Territorium von nahezu einem Viertel der Landmassen der Erdoberfläche und einem Viertel der Erdbevölkerung" (James Morris, Pax Britannica: The Climax of an Empire, 1968, Seite 21). Doch dieses Weltreich wurde noch größer: „Bis zum Jahr 1933 wuchs es auf ein Gebiet von 36 Millionen Quadratkilometern an mit einer Bevölkerung von 493 Millionen Einwohnern ... Das Römische Reich hatte zu seinen besten Zeiten wahrscheinlich etwa 120 Millionen Untertanen auf einer Fläche von 6,48 Millionen Quadratkilometern" (ebenda, Seite 27 und 42).

Damit erreichte das Britische Imperium eine Fläche, die 5,5mal größer war als die des Römischen Reiches mit einer über 4mal höheren Bevölkerungszahl. Außerdem gehörten die britischen Gebiete zu den bevorzugtesten und fruchtbarsten Territorien der Erde.

So ist es nicht verwunderlich, dass damals aufmerksame Zeitgenossen die Hand Gottes in diesem Prozess erkannten. Ihnen erschien dies alles zu offensichtlich, um es einfach zu ignorieren. So sprach z. B. Lord Rosebery, der britischer Außenminister (1886, 1892-1894) und danach Premierminister war (1894-1895), im Jahre 1900 vor den Studenten der Universität von Glasgow über das Britische Reich: „Wie unvorstellbar großartig ist dies alles! Es wurde nicht von Heiligen oder Engeln erschaffen, sondern durch die Arbeit von Menschenhänden ... Es ist jedoch nicht ein rein menschliches Werk, denn selbst die gleichgültigsten und größten Zyniker müssen hier den Finger des Göttlichen erkennen... Sollten wir dabei nicht die überragende Leitung des Allmächtigen mehr bejubeln als den Einsatz und das Glück eines Menschengeschlechtes?" (Hervorhebung durch uns).

In diesen stärker von der Bibel geprägten Zeiten erkannten Menschen wie Lord Rosebery die bemerkenswerten Umstände, in denen sich seine Landsleute befanden. Gott schien sie genauso zu segnen, wie er einst versprochen hatte, die alten Israeliten zu segnen. Die Briten betrachteten es deshalb nicht als unverschämte Anmaßung, sich als von Gott auserwählt zu betrachten.

Diese Ansicht gründete sich jedoch hauptsächlich auf die schnelle bzw. offenbar providenzielle Ausdehnung des britischen Weltreichs und den materiellen Segen, den dieses Reich den Briten bescherte. Es waren aber nur ganz wenige Briten, die den überaus wichtigen Zusammenhang zwischen diesem Segen und dem Gehorsam Abrahams verstanden.

Folglich waren die allermeisten Briten nicht in der Lage – auch wenn sie die günstigen Umstände ihres nationalen Erfolgs einräumen mussten –, ihre Verantwortung Gott gegenüber zu erkennen, der Welt ein Beispiel der göttlichen Lebensführung zu geben.

Der Aufstieg Amerikas

Der Patriarch Jakob hatte vorausgesagt, dass der jüngere der beiden Kinder Josefs, Ephraim, größer als sein älterer Bruder Manasse werden sollte (1. Mose 48,19). Dennoch sollte Manasses materieller Segen zur Entstehung der mächtigsten Republik dieser Welt beitragen. 1776 riefen die amerikanischen Siedler ihre Unabhängigkeit von England aus. Damit wurde der Weg für die Erfüllung dieser Prophezeiung freigemacht, nach der Manasse und Ephraim getrennte Völker sein sollten.

Die Kriege zwischen Frankreich und England hatten auf die Entwicklung Amerikas zu einer Großmacht einen entscheidenden Einfluss. Napoleons dringender Finanzbedarf aufgrund der kriegerischen Auseinandersetzungen mit England veranlasste ihn, die riesigen französischen Gebiete in Amerika den damals noch wesentlich kleineren Vereinigten Staaten mit dem sogenannten „Louisiana Landverkauf" zu überlassen. Die Übernahme des Gebietes von Louisiana im Jahre 1803 führte schlagartig dazu, dass die amerikanische Republik zur Weltmacht aufstieg.

Der junge Staat kaufte 2,15 Millionen Quadratkilometer des fruchtbarsten landwirtschaftlich nutzbaren Gebietes der Welt – des amerikanischen Mittleren Westens – für weniger als 8 Cent je Hektar. Damit verdoppelte sich die Größe der Vereinigten Staaten praktisch über Nacht, verbunden mit einem nicht messbaren ökonomischen und strategischen Zugewinn.

Nach dieser Transaktion von 1803 breitete sich das amerikanische Staatsgebiet in weniger als einer Generation über den ganzen nordamerikanischen Kontinent aus. Im Jahre 1867 konnten die Amerikaner ihrer Republik weitere fast 1,55 Millionen Quadratkilometer durch den Kauf von Alaska hinzufügen, dass sie von Russland für 7,2 Millionen Dollar erwarben – das entsprach etwa 5 Cent pro Hektar.

Niemand erkannte zu dieser Zeit, dass diese Segnungen, die den Amerikanern praktisch ohne ihr Dazutun in den Schoß fielen, die amerikanische Nation im folgenden Jahrhundert international an die Spitze der Nationen im Pro-Kopf-Einkommen gelangen ließen. Damals spotteten Gegner des Alaska-Kaufes öffentlich, doch heute beträgt der Gewinn aus diesem Gebiet, das Holz, Erze, Erdöl und andere Naturschätze liefert, mehrere 10 Milliarden US-Dollar jährlich.

Eine Nationengemeinschaft

Eine weitere Erfüllung der Vorhersage Jakobs, dass Ephraim eine „Menge von Völkern" (1. Mose 48,19) werden sollte, ging innerhalb weniger Jahre zunehmend in Erfüllung. Es begann mit dem britischen Sieg über Frankreich im Jahre 1815, als am Ende der napoleonischen Kriege die königliche Marine zum Beherrscher der Weltmeere wurde.

Die britische Wirtschaft, durch diesen Konflikt stimuliert, stieg zu beispielloser Größe auf. Der französische Traum, die Weltherrschaft zu übernehmen, der mehr oder weniger konsequent seit den Tagen von Louis XIV. (1643-1715) verfolgt wurde und in den Niederlagen des zweiten Hundertjährigen Krieges endete, war nicht mehr realisierbar.

Britannien fühlte sich frei und im Besitz der notwendigen politischen, ökonomischen und militärischen Macht, um ein Imperium zu errichten, das bald weltumspannend sein sollte. Genauso wie das moderne Manasse (die USA) zu einer Nation heranwuchs, die ein Gebiet von einem Weltmeer zum anderen beherrschte, wurde Ephraim (Britannien) zum Erbe über Territorien und Länder in aller Welt.

Die Briten errichteten ein Reich, über dem die Sonne niemals unterging. Die Struktur des Reiches war in seiner Vielfalt nahezu unbegrenzt. Es umfasste Menschen von augenscheinlich jeder ethnischen Herkunft und wurde entweder mit den Mitteln des Zentralismus wie dem Raj (britische Gesetzgebung) in Indien oder dem britischen Büro des Generalbevollmächtigten in Ägypten regiert, oder es wurde den Ländern der unabhängige Dominion-Status gewährt, wie z. B. Kanada, Australien, Neuseeland und Südafrika.

Bei rein physischer Betrachtung erkennt man, dass die angloamerikanische Vorherrschaft während der vergangenen zwei Jahrhunderte nicht auf der Überlegenheit ihrer Bürger gegenüber der übrigen Welt basierte, sondern allein aus den Segnungen resultierte, die sich aus der geographischen und klimatischen Lage und den sich scheinbar endlos ergießenden Naturschätzen dieser Länder ergaben.

Die weltumspannende Völkergemeinschaft – auch als das Britische Commonwealth bekannt – konzentrierte sich auf die produktivsten Gebiete der gemäßigten Klimazonen. Eine reichhaltige und verlässliche Lebensmittelversorgung war die Grundlage für ein stetiges Bevölkerungswachstum vom 18. bis hinein in das 20. Jahrhundert. Mit Sicherheit sind die modernen Nachkommen Josefs „ein Baum an der Quelle" gewesen (1. Mose 49,22-25; siehe auch 3. Mose 26,9; 5. Mose 6,3 bzw. 7,13-14 und 28,4-6).

Die britischen und amerikanischen Völker verfügten über ein in der Geschichte beispielloses Ausmaß an Schätzen bzw. natürlichen Ressourcen. Den Bedarf, den die Briten aus ihren Beständen zu Hause nicht decken konnten, beschafften sie sich aus ihrem weltumspannenden Reich.

Die Amerikaner fanden auf ihrem eigenen Territorium alles Nötige für nationale ökonomische Größe: riesige Gebiete fruchtbarsten Bodens, scheinbar endlose Wälder, Gold, Silber und andere Edelmetalle, riesige Eisenerz- und Kohlevorkommen, Erdöl und andere Ressourcen.

Alles war in ihrem Land verfügbar, einschließlich der unermesslichen Bodenschätze des Bundesstaates Alaska. Beide Völker waren gesegnet „mit dem Besten uralter Berge" und

„mit dem Köstlichsten der ewigen Hügel" in den Gebieten, die allein sie kontrollierten (5. Mose 8,9; 28,1. 6. 8; 33,3-17).

Die Tore der Welt

Gottes Zusage an Abraham enthielt noch eine andere Verheißung: „Deine Nachkommen sollen die Tore ihrer Feinde besitzen" (1. Mose 22,17). In diesem Zusammenhang bedeutet „Tor" einen strategisch bedeutsamen Durchfahrtsweg oder Stützpunkt, mit dem der Zugang zu einem Gebiet sowohl in wirtschaftlicher als auch militärischer Hinsicht kontrolliert wird.

Beispiele für solche strategischen Tore sind die Straße von Gibraltar, der Suez- und der Panama-Kanal. Es ist eine geschichtliche Tatsache, dass Großbritannien und die USA die Kontrolle über die Mehrzahl der wichtigsten Land- und See-Tore der Welt erlangten (siehe auch die Karte auf Seite 35). Diese waren höchst entscheidend für ihre ökonomische und militärische Vormachtstellung im 19. und 20. Jahrhundert. Lassen Sie uns den Werdegang verfolgen, wie die Nachkommen Josefs die oben erwähnten äußerst wichtigen See Tore in ihren Besitz brachten.

Der erste Fall entwickelte sich als Ergebnis aus dem Spanischen Erbfolgekrieg von 1701-1714. Der spanische König Karl II. hatte keine Kinder, so dass das Fehlen eines Thronfolgers zu einem Streit über die Nachfolge auf dem spanischen Thron führte. Es hatte eine Zeitlang den Eindruck, dass die Angelegenheit friedlich beigelegt werden könnte. Als Karl II. jedoch den Enkel des französischen Königs Louis XIV., Philipp d'Anjou, zu seinem Nachfolger bestimmte, destabilisierte er damit das Gleichgewicht der Macht in Europa. Karls Entscheidung bestätigte die schlimmsten Befürchtungen der anderen europäischen Fürsten bezüglich der Absichten Frankreichs. Als der spanische Botschafter in Versailles vor dem neuen König Philipp V. von Spanien kniete, hörte er, wie dieser murmelte, „Il n'y pas de Pyrenees"– es gibt keine Pyrenäen mehr! Er schloss daraus, dass der König eine Vereinigung von Frankreich und Spanien beabsichtigte. Doch der wachsende Einfluss von England verhinderte, dass dieser Plan Realität wurde.

Im Jahr 1701 befand sich England im Krieg mit Frankreich und erreichte die Wiederherstellung einer vorteilhaften Machtbalance in Europa durch seinen Sieg über Frankreich, womit dessen Absicht zur Erlangung der Vorherrschaft über das kontinentale Europa fehlschlug. England ging aus diesem Konflikt mit seinen Seestreitkräften, die die größten Europas waren, gestärkt hervor und bestätigte damit seinen Status als Großmacht.

Als Ergebnis des Krieges besetzte England Neufundland, Neuschottland, das Gebiet der Hudson Bay, Menorca und – von ganz wesentlicher Bedeutung – Gibraltar, diesen international unverzichtbaren Stützpunkt. Damit war die Kontrolle über alle in das Mittelmeer ein- und aus-laufenden Schiffe gewährleistet. Diese besetzten Gebiete wurden Gegenstand des Friedensvertrages von Utrecht, der am 11. April 1713 unterzeichnet wurde.

Mehr als 150 Jahre später erhielten die Briten die direkte Kontrolle über ein weiteres bedeutsames SeeTor am anderen Ende des Mittelmeeres, den Suezkanal. Die Briten blieben in Suez nahezu ein dreiviertel Jahrhundert und kontrollierten damit diese 150 km lange von Menschenhand geschaffene Passage zwischen dem Mittelmeer und dem Roten Meer. Diese war für viele Jahre eine der am häufigsten befahrenen Schiffsrouten, weil damit der lange und mühsame Weg um die Südspitze Afrikas vermieden werden konnte. In Übereinstimmung mit den Prophezeiungen der Bibel gab Gott dieses SeeTor dem britischen Volk, den modernen Nachkommen Ephraims, dem Sohn Josefs.

Das dritte äußerst wichtige See Tor, das die Nachkommen Josefs erhielten, war der Panamakanal. Genauso wie der Kauf des Louisiana-Gebietes unter Thomas Jefferson oder die Besitznahme des Suezkanals durch die Suezkanalgesellschaft, so gelang es dem amerikanischen Präsidenten Theodore Roosevelt, den Panamakanal für die USA mit unerschrockener Entschlossenheit und fragwürdiger Legalität zu sichern.

Über diese Vermessenheit bemerkte Roosevelt: „Ich nahm die Landenge, begann den Kanal zu bauen und ließ dann den Kongress debattieren, aber nicht über den Kanal, sondern über mich" (Roger Butterfield, The American Past, 1966, Seite 323).

Ein Segen für andere Völker?

Der Aufstieg Britanniens und der USA war keine kurzzeitige Seifenblase. Der Historiker James Morris berichtet: „Während der Regierungszeit von Königin Viktoria (1837-1901) wuchs das Empire um mehr als das Zehnfache aus einem Konglomerat von unbeachteten Überseegebieten auf ein Viertel der Landfläche der Erde ... Das Reich veränderte das Angesicht ganzer Kontinente mit seinen Städten, Verkehrswegen und seinen Kirchen ... Es veränderte zudem die Lebensweise ganzer Völker, indem es seine Werte den Kulturen aufprägte, angefangen vom Cree-Indianer bis zum Burmesen, abgesehen von der völligen Neuschöpfung selbständiger Staaten. In der ganzen Menschheitsgeschichte gab es niemals ein solches Reich" (Heaven's Command: An Imperial Progress, 1973, Seite 539; Hervorhebung durch uns).

Nach vielen Jahren einer selbstauferlegten Isolation wurden die Vereinigten Staaten durch Ereignisse, die außerhalb ihres Einflussbereiches lagen, in eine zunehmend internationale Rolle gedrängt und hierdurch zwangsläufig zur Modellnation für Freiheit und Demokratie. Durch den japanischen Angriff 1941 fanden sich die ungenügend vorbereiteten USA plötzlich im Krieg mit den Achsenmächten. Durch die enorme Leistungsfähigkeit ihrer Industrie konnte diese jedoch in kürzester Zeit auf Hochtouren gebracht werden und trug damit bereits in den frühen Kriegsjahren zur Unterstützung für Großbritannien bei.

Die USA gingen aus dem Zweiten Weltkrieg als die führende Weltmacht hervor. Ihre vorherrschende Position veranlasste die USA jedoch nicht, die in Trümmern liegenden Staaten zu unterdrücken, sondern ihren geschlagenen Feinden Unterstützung beim Wiederaufbau zu leisten. Damit bewiesen sie eine Großherzigkeit, die in den Annalen der Weltgeschichte beispielhaft ist.

In den Jahren 1945 bis 1952 unterstützten die Amerikaner die Länder Europas, einschließlich des ehemaligen Gegners Deutschland, mit einem Betrag von umgerechnet 150 Milliarden Euro zur Linderung der Not und für den Wiederaufbau.

Auf der anderen Seite der Welt wurde der einstige Gegner Japan von den USA für einige Jahre regiert, wieder aufgebaut und auf eigene Füße gestellt. Die beiden früheren Feindstaaten, Deutschland bzw. Japan, sind in den letzten Jahren selbst zu Weltmächten aufgestiegen.

Trotz des Einflusses, der den USA als Großmacht in den Jahren seit 1945 zufiel, waren die Amerikaner nicht der Segen für andere Völker, den Gott für sein Volk Israel beabsichtigt hatte. Israels Treue zu Gott und gerechte Lebensführung sollten andere Völker beeindrucken und sie zur Nachahmung animieren: „Denn dadurch [Gehorsam] werdet ihr [Israel] als weise und verständig gelten bei allen Völkern, dass, wenn sie alle diese Gebote hören, sie sagen müssen: Ei, was für weise und verständige Leute sind das, ein herrliches Volk!" (5. Mose 4,6). Heute ist genau das Gegenteil eingetreten. Die USA werden weltweit zunehmend verachtet.

Wird die angloamerikanische Vorherrschaft andauern?

Das 19. und das 20. Jahrhundert sahen die angloamerikanischen Völker als Beherrscher der Weltangelegenheiten. Wird sich diese Vorherrschaft auch im 21. Jahrhundert fortsetzen?

Die internationale Bedeutung von Britannien ist schon lange sehr tief gesunken. Die beiden Weltkriege forderten einen schrecklichen Zoll für Großbritannien und sein Volk. Jeder Krieg raubte dem Land eine Generation junger Menschen und schwächte seine Wirtschaft.

Mit der Entlassung Indiens 1947 in die Unabhängigkeit begann sich das Britische Empire mit einer schwindelerregenden Geschwindigkeit aufzulösen. In der zweiten Hälfte des 20. Jahrhunderts musste Britannien seine Vormachtstellung an die USA abtreten.

Obwohl die amerikanische Stärke in militärischer, ökonomischer, industrieller und technologischer Hinsicht noch unbestritten ist, so zeigt doch die Spirale des moralischen Verfalls in den USA, in Verbindung mit den Vorhersagen der Bibel, den unausweichlichen Niedergang der Amerikaner. Die Bibel, die den amerikanischen Gründervätern und ihrem Volk allgemein wichtig war, wird heute in der Gesetzgebung und Rechtsprechung ignoriert. Es hat in Amerika der gleiche gottfremde Materialismus Einzug gehalten, der zum Zusammenbruch der alten Königreiche von Israel und Juda führte.

Kann das Ergebnis für die USA, wenn die Amerikaner keinen nachhaltigen Kurswechsel vornehmen, ein anderes als das Schicksal der alten Israeliten sein?

Die allermeisten Amerikaner und Briten weisen es zurück, Gott und seine Segnungen anzuerkennen. In ihrer intellektuellen und geistlichen Überheblichkeit verneinen viele die Existenz eines Schöpfergottes und folgen der heimlichen Religion der Evolution und ihrer weltlich-humanistischen Theologie.

Sie bevorzugen den Glauben, dass die überragenden Segnungen von nationalem Wohlstand und nationaler Macht auf Glücksumstände zurückzuführen bzw. das Ergebnis der eigenen Anstrengungen sind. Genau wie das alte Israel sind sie in die Falle getappt, die sie selbst aufgestellt haben. Sie haben dabei Gottes warnende Worte ignoriert, die er an Israel richtete: „Und wenn du gegessen hast und satt bist, sollst du den HERRN, deinen Gott, loben für das gute Land, das er dir gegeben hat. So hüte dich nun davor, den HERRN, deinen Gott, zu vergessen, so dass du seine Gebote und seine Gesetze und Rechte, die ich dir heute gebiete, nicht hältst.

Wenn du nun gegessen hast und satt bist und schöne Häuser erbaust und darin wohnst und deine Rinder und Schafe und Silber und Gold und alles, was du hast, sich mehrt, dann hüte dich, dass dein Herz sich nicht überhebt und du den HERRN, deinen Gott vergisst , der dich aus Ägyptenland geführt hat" (5. Mose 8,10-14).

Im nächsten Kapitel werden wir sehen, was den USA und Großbritannien bevorsteht. Ob Sie es glauben oder nicht, das, was ihnen zustoßen wird, wird die gesamte menschliche Zivilisation in Mitleidenschaft ziehen.

Sechstes Kapitel:
Von der Bestrafung zu einer neuen Bestimmung

„Ja, das wird ein furchtbarer Tag sein, keinem anderen gleich, eine Zeit der Not für die Nachkommen Jakobs –doch sie werden aus dieser Not gerettet werden" (Jeremia 30,7; Gute Nachricht Bibel)

Obwohl die USA und Großbritannien in den Endzeitprophezeiungen der Bibel nicht mit ihren uns bekannten Namen zu finden sind, ist ihre Identität Gott bekannt. Er kennzeichnet sie in den Prophezeiungen mit den Namen ihrer Vorväter – Namen, die den meisten Menschen einfach nicht bekannt sind.

Gott hat in der langen Geschichte der verlorenen zehn Stämme Israels immer gewusst, wo und wer sie waren. So wie er es den Stammvätern Israels versprochen hatte, gab er den heutigen Nachkommen Josefs, insbesondere Britannien und den USA, das Erstgeburtsrecht der Familie und damit viele der herausragendsten Segnungen dieser Erde.

Beide Nationen erhielten eine einmalige Möglichkeit, eine Führungsrolle in der Welt zu übernehmen. Doch was sagt die Bibel über ihre Zukunft? Die Antwort ist ernüchternd! Viele Bibelprophezeiungen schildern für die Zeit der Wiederkunft Jesu Christi ein reumütiges Israel. Seine Nachkommen werden sich Gott zuwenden und seine Gebote halten. Diese Nachkommen des alten Israel werden in den Prophezeiungen als übriggebliebener „Rest" ihrer vormaligen Einwohnerzahl bezeichnet (Jesaja 11,11 und 16; Jeremia 23,3; Hesekiel 6,8). Doch dies wird erst geschehen, nachdem sie durch Krisen gegangen sind, die um vieles schrecklicher sein werden als die Katastrophen, die die alten Königreiche Israel und Juda ereilten.

So wie Mose das alte Volk Israel aus der ägyptischen Sklaverei führte, so wird Jesus Christus bei seinem Kommen das heutige Britannien und Amerika sowie die anderen von Israel abstammenden Völker aus einer endzeitlichen Unterjochung befreien. Diese wird ihnen durch die Wiederbelebung eines religiösen und politischen Systems auferlegt werden, das die Bibel „das große Babylon" nennt (Offenbarung 17,5). Sein Machtzentrum wird in Europa liegen.

Erst nach ihrer Befreiung von diesem System werden die Israeliten in der Lage sein, ihre von Gott gegebene Bestimmung zu erfüllen, allen Nationen dieser Erde ein Segen zu sein. Diese letzte und endgültige Befreiung wird eine der erstaunlichsten Prophezeiungen der Bibel erfüllen: „Darum siehe, es kommt die Zeit, spricht der HERR , dass man nicht mehr sagen wird: So wahr der HERR lebt, der die Israeliten aus Ägyptenland geführt hat, sondern: So wahr der HERR lebt, der die Israeliten geführt hat aus dem Lande des Nordens und aus allen Ländern, wohin er sie verstoßen hatte. Denn ich will sie zurückbringen in das Land, das ich ihren Vätern gegeben habe" (Jeremia 16,14-15).

Aber warum steht diese Katastrophe den Vereinigten Staaten und Britannien bevor?

Gottes Erwartung an Israel

In Erfüllung seiner Zusagen an Abraham, Isaak und Jakob rief Gott Israel als Nation ins Leben, um sie als Segen für andere Völker einzusetzen (1. Mose 12,3; 5. Mose 9,5). Von Anfang an erwartete Gott von den Israeliten, dass sie aufgrund der göttlichen Segnungen, die allen Menschen gelten, die Gott anbeten und ihm gehorchen, den benachbarten Völkern ein Vorbild sein sollten (5. Mose 4,6; 14,2).

Für ihre Bundestreue Gott gegenüber versprach er ihnen, sie zur führenden Weltmacht dieser Erde zu machen (5. Mose 26,19; 28,1. 12-13). Sollten sie hingegen Gott missachten, dann wären sie auch für alle Folgen verantwortlich (5. Mose 28, 15-68). Gott sagte ihnen unmissverständlich, dass sie zu Gefangenen anderer Völker werden würden (Verse 25, 32-33, 36).

Sogar ihre Bestrafung sollte für die anderen Völker eine Warnung darstellen: „Unter den Völkern, zu denen euch der HERR verstoßen wird, werdet ihr zum abschreckenden Beispiel, und sie werden ihren Spott mit euch treiben" (Vers 37; Gute Nachricht Bibel).

Die Israeliten sollten für die anderen Völker dahingehend ein Vorbild sein, welche Segnungen aus dem Gehorsam gegenüber Gott resultieren bzw. welche Nachteile sich aus der Untreue gegenüber Gott ergeben. Diese von Gott gestellte Aufgabe galt dem alten Volk Israel nicht nur in der Vergangenheit, sondern auch heute noch. Die Nachkommen Jakobs sind auch heute weiterhin voll verantwortlich für die Erfüllung dieser Aufgabe.

Vor nahezu 3500 Jahren sprach Gott zu Israel: „Seht euch vor, dass ihr nicht den Bund vergesst, den der HERR, euer Gott, mit euch geschlossen hat! Macht euch niemals ein Gottesbild, ganz gleich von welcher Gestalt, weil der HERR, euer Gott, euch das verboten hat. Euer Gott ist wie ein verzehrendes Feuer, er duldet nicht, dass ihr irgendetwas anderes außer ihm verehrt. Wenn ihr schon viele Generationen in eurem Land lebt, könntet ihr versucht sein, euch gegen den HERRN zu vergehen und irgendwelche Gottesbilder zu machen. Damit fordert ihr den Zorn des HERRN heraus. Ich rufe Himmel und Erde als

Zeugen an: Wenn ihr so etwas tut, werdet ihr euch nicht in dem Land halten können, das ihr jetzt in Besitz nehmt! ... Der HERR wird euch unter die Völker zerstreuen; nur ein kleines Häuflein von euch wird dort überleben" (5. Mose 4,23-27).

Israel vernachlässigt seine Verantwortung immer mehr

Mit der Erfüllung der Erstgeburtsrechtsverheißungen Josefs an seinen Nachkommen, den Völkern Britanniens und der Vereinigten Staaten, erfreuten sich diese Völker eines beispiellosen Wohlstandes. Genau wie ihre Vorväter hatten auch sie die Möglichkeit, ein „heiliges" Volk zu sein, ein Beispiel der Gerechtigkeit gegenüber den anderen Völkern. Großbritannien nutzte die Gelegenheit nicht, in vielen Teilen der Welt eine göttliche, ethische Zivilisation zu verbreiten. Stattdessen verbreitete England eine Religion mit biblischen und heidnischen Inhalten, wie es Israels König Jerobeam auch getan hatte. Im heutigen Großbritannien wird Religion in der nationalen Berichterstattung und in den Unterhaltungsmedien routinemäßig lächerlich gemacht. Die große Mehrheit der Bevölkerung Britanniens zeigt an den Lehren der Bibel wenig oder überhaupt kein Interesse.
Ähnlich ist es in den USA, deren Gründerväter überwiegend großen Respekt vor der Bibel hatten, jedoch unerkannterweise – wie die Briten – eine Mischreligion nach dem Stil Jerobeams praktizieren. In der jüngsten Vergangenheit ignoriert sogar ein großer Teil der Amerikaner die Bibel genauso wie die Briten. Es ist paradox, dass die USA eine der wohlhabendsten Nationen der Erde sind und gleichzeitig eine der moralisch verkommensten. Sie gehören bekanntlich zu den Ländern mit der höchsten Kriminalität der Welt.
Genauso wie im alten Israel (Jeremia 5,7-9) nimmt die Unmoral in den USA und in den Ländern des früheren Britischen Reiches rapide zu. Zerbrochene Familien und vaterlose Haushalte sind in dem Maße zum amerikanischen Alltag geworden, wie der nationale Wohlstand wuchs. Uneheliche Kinder, die Abtreibung von Millionen ungeborener Kinder sowie Epidemien von Geschlechtskrankheiten sind nur einige der Zeichen einer verkommenen, den eigenen Lüsten verfallenen Moral.
Millionen suchen Trost im Alkohol und Rauschgift. Sex und Gewalt beherrschen die Unterhaltungsindustrie. Geistiger Müll wird als Kultur verkauft. Millionen Menschen leben in der Furcht, Opfer krimineller Gewalt zu werden. Viele Städte sind Kloaken der Kriminalität, der Bandenkriege, der Armut, des Analphabetentums so wie der sexuellen Zügellosigkeit.
Habgier und Materialismus sind zur nationalen Religion der Länder geworden, die sich lange Zeit selbst stolz als „christliche" Nationen bezeichneten. Zu den größten Sünden des alten Israel gehörten der Götzendienst und der Bruch des Sabbats, wodurch Israel den Weg der ständigen Unterweisung im Wort Gottes verließ.
Beachten Sie, was Gott durch den Propheten Hesekiel sprach, nachdem Israel in Gefangenschaft geraten war: „Ich gab ihnen auch meine Sabbate zum Zeichen zwischen mir und ihnen, damit sie erkannten, dass ich der HERR bin, der sie heiligt. Aber das Haus Israel war mir ungehorsam auch in der Wüste, und sie lebten nicht nach meinen Geboten

und verachteten meine Gesetze, durch die der Mensch lebt, der sie hält, und sie entheiligten meine Sabbate sehr ... weil sie meine Gesetze verachtet und nicht nach meinen Geboten gelebt und meine Sabbate entheiligt hatten; denn sie folgten den Götzen ihres Herzens nach" (Hesekiel 20,12-13. 16).

Als Resultat glaubte man, dass bei den vielen Formen der Gottesverehrung keine Religion mit ihren Lehren und Praktiken besser oder schlechter als die anderen sei und dass man nach eigenem Gutdünken die persönliche Ethik und Moral verändern kann. Aufgrund solcher Vorstellungen und der damit verbundenen Sünden ließ Gott es zu, dass Israel in die kollektive Gefangenschaft geriet.

Dieser Sachverhalt hat auch heute noch seine Gültigkeit. Obwohl manchen Menschen kirchliche Feiertage wichtig sind, haben diese Feiern oft mit der biblisch verordneten Anbetung des wahren Schöpfergottes nichts zu tun. Ihre Wurzeln liegen eigentlich im uralten heidnischen Götzendienst. In vielerlei Hinsicht sind die Sünden der Menschen heute die gleichen wie die der alten Israeliten. (Zum besseren Verständnis der Festtage, die Gott seinem Volk gab, lesen Sie unsere kostenlose Broschüre Gottes Festtage – der Plan Gottes für die Menschen.)

Die Worte des Propheten Hosea sind eine passende Beschreibung der Vereinigten Staaten und Großbritanniens: „Hört das Wort des HERRN, ihr Leute von Israel! Der HERR erhebt Anklage gegen die Bewohner des Landes, denn nirgends gibt es noch Treue und Liebe, niemand kennt Gott und seinen Willen. Sie missbrauchen den Gottesnamen, um andere zu verfluchen; sie verdrehen die Wahrheit, sie morden, stehlen, brechen die Ehe; ein Verbrechen reiht sich ans andere. Deshalb vertrocknet das Land ... Denn mein Volk rennt in den Untergang, weil es den rechten Weg nicht kennt. Ihr habt euch geweigert, meine Weisungen weiterzugeben; darum weigere auch ich mich, euch noch länger als meine Priester gelten zu lassen ... Je zahlreicher sie wurden ..., desto mehr haben sie gegen mich gesündigt ... Ich bestrafe sie für ihren Ungehorsam und lasse ihre Taten auf sie selbst zurückfallen" (Hosea 4,1-3. 6-9; Gute Nachricht Bibel).

Genauso wie Gott das alte Israel für seine Sünden bestrafte, so wird er auch die heutigen Nachkommen Israels für ihren anhaltenden Ungehorsam zur Rechenschaft ziehen.

Gott ändert sich nicht

Gott bleibt immer derselbe (Maleachi3, 6). Er reagiert konsequent und gerecht auf menschliches Verhalten. Er segnet die Gehorsamen und bestraft die Ungehorsamen. Die heutigen Nachkommen Israels sollten die für alle Generationen gültigen Warnungen Gottes nicht ignorieren.

Er inspirierte Mose am Anfang der nationalen Geschichte Israels folgendes niederzuschreiben: „Siehe, ich lege euch heute vor den Segen und den Fluch: den Segen, wenn ihr gehorcht den Geboten des HERRN, eures Gottes, die ich euch heute gebiete; den Fluch aber, wenn ihr nicht gehorchen werdet den Geboten des HERRN ,eures Gottes, und abweicht von dem Wege, den ich euch heute gebiete, dass ihr anderen Göttern nachwandelt, die ihr nicht kennt" (5. Mose 11,26-28).

Ebenso erläuterte Gott seinen Plan und seine Absicht, die er mit der Nation Israel hatte: „Und ihr habt vor ihm die feierliche Erklärung abgegeben ..., dass ihr sein Volk sein ... wollt, das ausschließlich dem HERRN , seinem Gott, gehört, ein Volk, mit dem der HERR Ehre einlegen und das er hoch über alle anderen Völker erheben will" (5. Mose 26,18-19; Gute Nachricht Bibel). Genau diese Segnungen und Chancen gab er Britannien und Amerika, den heutigen Nachkommen Josefs.

Was bringt die Zukunft für diese Völker? Welche Strafen haben sie aufgrund ihres selbstgewählten Weges der Sünde zu erwarten, mit dem sie die Lebensweise Gottes abgelehnt haben?

Die Zeit der Trübsal für Jakob Im 6. Jahrhundert v. Chr., als Juda die Züchtigung Gottes durch die Hand der Babylonier bevorstand, sandte Gott seinen Propheten Jeremia zum Haus Juda. Jeremia prophezeite jedoch auch dem Haus Israels eine zukünftige Bestrafung, obwohl Israel bereits mehr als 100 Jahre vor Jeremias Geburt in Gefangenschaft geraten war. Daraus lässt sich schließen, dass den heutigen Nachkommen der verlorenen zehn Stämme Israels eine Zeit des Leidens noch bevorsteht.

Beachten Sie die Lage, in der sie sich befinden, wenn Jesus Christus zurückkehrt: „Denn siehe, es kommen Tage, spricht der HERR, da ich das Gefängnis meines Volkes Israel und Juda wenden und sie wieder in das Land zurückbringen werde, das ich ihren Vätern gegeben habe, und sie sollen es besitzen" (Jeremia 30,3; Schlachter-Übersetzung).

Danach beschreibt Jeremia, warum Gott eingreifen und das heutige Israel befreien wird: „Ja, das wird ein furchtbarer Tag sein, keinem anderen gleich, eine Zeit der Not für die Nachkommen Jakobs–doch sie werden aus dieser Not gerettet werden! Denn es wird zugleich auch der Tag sein, sagt der HERR, der Herrscher der Welt, an dem ich das Joch von den Schultern der Nachkommen Jakobs nehmen und zerbrechen werde, ihre Fesseln werde ich zerreißen. Sie sollen nicht mehr Sklaven fremder Herren sein" (Verse 7-8; Gute Nachricht Bibel).

Beachten Sie, dass die Israeliten „Sklaven fremder Herren" sein werden, was ganz klar bedeutet, dass sie von feindlichen Nationen beherrscht werden. Erst Christi Wiederkunft auf diese Erde wird ihre Befreiung bringen. Dann wird die Zeit anbrechen, in der alle auferstandenen Heiligen wie König David und die zwölf Apostel mit Jesus Christus beginnen werden, durch die Wiederherstellung Israels das Reich Gottes zu errichten (Hesekiel 37,24; Matthäus 19,28).

Die Endzeitereignisse werden in Jeremia weiterhin so beschrieben: „Sondern sie werden dem HERRN, ihrem Gott dienen und ihrem König David, den ich ihnen erwecken will. Darum fürchte dich nicht, mein Knecht Jakob, spricht der HERR, und du Israel, erschrick nicht; denn siehe, ich will dich aus fernem Lande erretten und deinen Samen aus dem Lande ihrer Gefangenschaft, und Jakob soll wiederkehren, ruhig und sicher und ungestört sein!" (Jeremia 30,9-11; Schlachter-Übersetzung).

Auf diese Zeit der Trübsal wird in zahlreichen biblischen Prophezeiungen Bezug genommen, in denen der Zusammenhang zwischen Gottes Bestrafung und der letztendlichen

Befreiung hieraus aufgezeigt wird. Bei der Wiederkehr Jesu Christi, in Apostelgeschichte 3, Vers 21 (Schlachter- Übersetzung) als die Zeit „der Wiederherstellung alles dessen, wovon Gott durch den Mund seiner heiligen Propheten von alters her geredet hat", werden die heutigen Nachkommen Jakobs wieder Gefangene bzw. Sklaven sein. Das bedeutet, dass die Zeit „der Not für Jakob" tatsächlich großes Leid bringen wird, dem Jesus ein Ende setzen wird.

Beispielloses Leiden und Befreiung

Der Prophet Daniel schreibt: „Zu jener Zeit wird Michael, der große Engelfürst, der für dein Volk eintritt, sich aufmachen. Denn es wird eine Zeit so großer Trübsal sein, wie sie nie gewesen ist, seitdem es Menschen gibt, bis zu jener Zeit. Aber zu jener Zeit wird dein Volk errettet werden" (Daniel 12,1).
Warum wird Gott diese Zeit des Leidens zulassen? Durch den Propheten Zephanja teilt uns Gott mit, dass er sehr zornig ist mit den hartherzigen Völkern der Endzeit. Er spricht: „Darum wartet nur … bis zu dem Tag, da ich als Zeuge auftrete; denn mein Ratschluss ist es, Nationen zu versammeln, Königreiche zusammenzubringen, um über sie meinen Grimm auszugießen, die ganze Glut meines Zorns; denn durch das Feuer meines Eifers soll die ganze Erde verzehrt werden" (Zephanja 3,8; Schlachter-Übersetzung).
Obwohl alle Völker Gottes Zorn zu spüren bekommen werden, erklärt Gott klar und eindeutig, warum die Israeliten in dieser Zeit leiden werden: Während dieser nationalen Katastrophe werden diejenigen ihr Leben verlieren, die Gottes Warnungen und Aufforderungen zur Reue zurückweisen. Nur die Menschen werden Gnade finden, die sich vor und während dieser Zeit der weltweiten Vergeltung warnen lassen und sich zu Gott bekehren.
Beachten sie Zephanjas Worte: „An jenem Tage … werde [ich] die Prahler und Angeber aus eurer Mitte entfernen, so dass es keine Überheblichkeit mehr gibt auf meinem heiligen Berg. Nur ein Volk aus armen und demütigen Leuten lasse ich dort als Überrest Israels wohnen, Menschen, die auf mich ihre ganze Hoffnung setzen. Sie werden kein Unrecht tun und weder lügen noch betrügen. Sie werden in Glück und Frieden leben, kein Feind wird sie aufschrecken. Freu dich, Israel! Jubelt, ihr Leute auf dem Zionsberg! Singt und jauchzt aus vollem Herzen, ihr Bewohner Jerusalems!
Der HERR straft euch nichtlänger, eure Feinde hat er weggejagt. Er selbst ist als Israels König mitten unter euch, deshalb braucht ihr nichts mehr zu fürchten" (Zephanja 3,11-15; Gute Nachricht Bibel).
Wenn die heutigen Nachkommen Israels ihre Sünden nicht bereuen und ihre göttliche Aufgabe nicht ernsthaft in Angriff nehmen, werden sie eine schreckliche Zeit der Bestrafung und Sklaverei durchmachen müssen. Auch die Juden in Jerusalem, im heutigen Staat Israel, werden einer Gefangenschaft und Demütigung kurz vor der Wiederkunft Jesu Christi nicht entgehen können
Der Prophet Sacharja schreibt: „Siehe es kommt ein Tag des HERRN… Da werde ich alle

Nationen bei Jerusalem zum Kriege versammeln ... die Hälfte der Stadt muss in die Gefangenschaft wandern, der Rest aber soll nicht aus der Stadt ausgerottet werden. Aber der HERR wird ausziehen und streiten wider jene Nationen, wie der- einst am Tage seines Kampfes, am Tage der Schlacht" (Sacharja 14,1-3; Schlachter-Übersetzung). Die nächsten Verse beschreiben die Wiederkehr Jesu Christi und bestätigen somit, dass diese Gefangenschaft in der Endzeit stattfinden wird.

Hesekiels Warnung an uns alle

Genau wie bei Jeremia entstanden die Prophezeiungen des Priesters Hesekiel viele Jahre nachdem das alte Königreich Israel ausgelöscht worden war und seine Bürger in die assyrische Gefangenschaft geraten waren. Die babylonischen Armeen von König Nebukadnezar fielen erst etwa 130 Jahre später in Juda ein und deportierten Tausende von Juden aus ihrer Heimat. Darunter war auch der junge Hesekiel. Seine Mission und Botschaft konnten niemals dem früheren Haus Israel gelten, denn dieses Reich hatte lange vorher auf- gehört zu existieren.

Gott hatte die israelitische Bevölkerung verbannen lassen in die Weiten des assyrischen Reiches, Hunderte von Kilometern entfernt vom Ort Babylon, dem Exil des Propheten Hesekiel. Wenn Gott wirklich beabsichtigte, das alte Königreich Israel durch Hesekiel warnen zu lassen, dann kam er damit mehr als ein Jahrhundert zu spät!

Zweifellos war ein Teil von Hesekiels Botschaft an die Nation Juda gerichtet, die zu diesem Zeitpunkt in Gefangenschaft geriet. Doch andererseits sind auch Teile seiner Schriften unmissverständlich an das „ganze Haus Israel" – an alle zwölf Stämme – gerichtet und somit für die Endzeit gedacht (Hesekiel 39,25; 45,6). Was war Gottes Botschaft an das „ganze Haus Israel" durch den Propheten Hesekiel? „Du Mensch, höre, was ich, der HERR, den Bewohnern des Landes Israel zu sagen habe: Das Ende ist da! Über das ganze Land bricht das Ende herein! Ich lasse jetzt meinen Zorn gegen euch wüten und es ist mit euch zu Ende. Ich bestrafe euch für eure Vergehen; die Folgen eures schändlichen Treibens sollen euch ereilen. Ich werde weder Nachsicht noch Erbarmen mit euch haben. Euer Tun soll auf euch selbst zurückfallen; das Verderben soll sich auswirken, das ihr mit eurem Götzendienst heraufbeschworen habt. Ihr sollt erkennen, dass ich der HERR bin! ... Angst und Panik erfasst sie; jeder sucht sich zu retten, aber es gibt keine Rettung ... Ich ziehe sie alle zur Rechenschaft für ihr schlimmes Treiben; ich verurteile sie so unbarmherzig, wie sie andere verurteilt haben. Sie sollen erkennen, dass ich der HERR bin!" (Hesekiel 7,2-4. 25. 27; Gute Nachricht Bibel).

Der Prophet Hesekiel sprach viele ähnliche Warnungen für alle heutigen Nachfahren Israels aus, also sowohl für das Haus Israel als auch für Juda. Gott verdammt bei den Nachkommen der zwölf Stämme Israels den grassierenden Verfall der Moral, die Korruption und die Habsucht, die Gewalt und die Unterdrückung der Wehrlosen. Er verabscheut, dass sie sich mit falschen Göttern befleckt haben und seine Sabbate entweihen (Hesekiel 22,7-13).

Wegen der zunehmenden moralischen Degeneration spricht Gott folgendes zu ihnen: „Ich zerstreue deine Bewohner weit und breit in fremde Länder und setze deinen Verbrechen ein Ende. Mag auch mein Ansehen unter den Völkern deswegen leiden: Ihr sollt erkennen, dass ich der HERR bin!" (Verse 15-16, Gute Nachricht Bibel).

Gott sieht auf die Reaktion aller Menschen. Er hat versprochen, jeden nach seiner Einstellung und seinen Taten entweder zu bestrafen oder zu bewahren. So spricht er durch Hesekiel: „Wenn der Gerechte sich abkehrt von seiner Gerechtigkeit und Unrecht tut, so muss er deshalb sterben. Und wenn sich der Gottlose von seiner Gottlosigkeit bekehrt und tut, was recht und gut ist, so soll er deshalb am Leben bleiben ... ich [richte] einen jeden von euch nach seinem Handeln" (Kapitel 33,18-20).

Niedergang und Gefangenschaft

Die vernichtende Demütigung für die USA und die anderen britisch stämmigen Völker wird, wie wir es aus den Prophezeiungen der Bibel entnehmen können, mit dem nationalen Untergang und einer Gefangenschaft der heutigen Nachkommen Israels ihren Höhepunkt erreichen. Doch lassen Sie uns untersuchen, welche Krisen und Debakel im Einzelnen diesen Völkern noch bevorstehen.

Beachten Sie hierzu die Strafen, die Gott in seinem Bund mit dem alten Israel ankündigte: „Wenn du aber nicht gehorchen wirst der Stimme des HERRN, deines Gottes ..., so werden alle diese Flüche über dich kommen und dich treffen: Verflucht wirst du sein ..." (5. Mose 28,15-16).

Diese für alle Zeit geltenden Flüche für Ungehorsam gegenüber Gott schließen verheerende Krankheiten und Seuchen ein (Verse 21-22, 27, 35, 59-62), Geisteskrankheiten (Vers 28), anomale Wetterlagen, die zu vernichtender Dürre (Verse 23-24) und zur schlagartigen Vermehrung von Schädlingen führen, die alle Ernten vernichten (Verse 38-40, 42) und damit zu einer katastrophalen Hungersnot beitragen (Verse 53-57). Schließlich wird es zu einer feindlichen Invasion kommen, in deren Folge der nationale Zusammenbruch mit der Deportation der Übriggebliebenen eintreten wird (Verse 32-33, 36, 41, 47-52, 64-68).

In 3. Mose 26, Verse 14-39 werden ähnliche Konsequenzen für Israel aufgeführt. Beachten Sie hier insbesondere die Formulierungen, dass Gott ihren „Stolz und ihre Halsstarrigkeit" brechen will, so dass sie sogar fliehen werden, „ohne dass euch einer jagt" (Verse 19 und 17). Wir scheinen heute schon Zeugen dieser Entwicklung zu werden, denn der dramatisch schnelle Niedergang des Britischen Reiches ist noch deutlicher wahrnehmbar, als der vorherige Aufstieg Großbritanniens zur Weltmacht. Britannien verlor das Weltreich, über dem die Sonne niemals unterging, Stück für Stück. Die meisten der damals zum Britischen Commonwealth gehörenden Staaten sind heute völlig unabhängig von Britannien.

Die Vereinigten Staaten, die aus dem Zweiten Weltkrieg als die weltstärkste Militärmacht hervorgingen, wurden bald danach in Kriege verwickelt, die ihnen keinen Ruhm brachten: In Korea zahlten sie einen hohen Blutzoll; in Vietnam erlebten sie eine demütigende Niederlage. Auch in den Kriegen und Kämpfen der letzten Jahre, wie in Kuwait und im Irak, in Bosnien und Serbien sowie in Afghanistan, in denen die Amerikaner zwar ihre militärischen Ziele erreichten, übernahmen die US-Streitkräfte undankbare und kostenintensive Verpflichtungen zur Friedenserhaltung, deren Ausgang zum Teil völlig ungewiss ist.

Aufgrund ihrer ökonomischen Stärke sind die USA weiterhin die bedeutendste Militärmacht der Welt. Seit dem unentschiedenen Ausgang des Koreakrieges gingen die USA jedoch lediglich in solchen Konflikten als klare Sieger hervor, in denen sie mit ihrer militärischen Stärke absolut überlegen waren, wie bei den Einsätzen in Grenada und in Panama.

Ein weiteres Zeichen des Niederganges Britanniens und der USA ist der Verlust von vielen überseeischen Militärbasen und strategischen Stützpunkten, die sich unter ihrer Kontrolle befanden und die sie mit großem Aufwand unterhielten. In den letzten Jahren verloren sie solche bedeutenden strategischen Gebiete wie den Panamakanal, Hong Kong und die Stützpunkte Clarke und Subic Bay auf den Philippinen. Ohne Zweifel wird sich dieser Trend fortsetzen.

Eine Zeit „großer Trübsal"

Andere Prophezeiungen weisen darauf hin, dass niederschmetternde Ereignisse, die den USA, Britannien, Australien, Kanada, Neuseeland und Südafrika bevorstehen, erst das Vorspiel sind für eine Zeit der Katastrophen und des Chaos, wie sie die Welt in ihrer Geschichte bisher nicht gesehen hat. Diese Zeit wird so gefährlich und bedrohlich sein, dass Jesus vor den möglichen Konsequenzen warnte: „Wenn diese Zeit der Not nicht abgekürzt würde, würde die gesamte Menschheit umkommen. Doch wegen der Auserwählten Gottes wird sie abgekürzt werden" (Matthäus 24,22; „Neues Leben"-Übersetzung).

Erst seit den letzten Jahrzehnten wird die Menschheit mit der schrecklichen Perspektive der totalen Vernichtung konfrontiert. Es gibt genügend Nuklearwaffen, um das Leben aller Menschen auf der Erde mehrfach auszulöschen. Einige Länder haben die Mittel, um riesige Gebiete der Erde mit biologischen oder chemischen Waffen zu verwüsten. Viele Bibelprophezeiungen beschreiben mit schreckenerregenden Worten die Auswirkungen dieser Waffen. Wie verheerend wird diese Zeit tatsächlich sein? Das biblische Buch der Offenbarung beschreibt eine Kombination von übernatürlichen und von Menschen hervorgerufenen Katastrophen, die am Ende des gegenwärtigen Zeitalters die Erde heimsuchen werden. Durch eine einzige große Katastrophe wird allein ein ganzes Drittel der Weltbevölkerung sterben; man stelle sich vor – Milliarden von Menschen (Offenbarung 9,15. 18)!

Die Verhältnisse in dieser Zeit werden so schrecklich sein, dass „die Menschen den Tod suchen und nicht finden [werden], sie werden begehren zu sterben, und der Tod wird von ihnen fliehen" (Vers 6).

Gott hat keine Freude an der Bestrafung der Menschen. Er spricht durch Hesekiel: „So sprich zu ihnen: So wahr ich lebe, spricht Gott der HERR: ich habe keinen Gefallen am Tode des Gottlosen, sondern dass der Gottlose umkehre von seinem Wege und lebe. So kehrt nun um von euren bösen Wegen. Warum wollt ihr sterben, ihr vom Hause Israel?" (Hesekiel 33,11).

Doch bedauernswerterweise ist Bestrafung der einzige Weg, um viele Menschen überhaupt aufzurütteln und auf den Weg der Reue zu führen

Zweifache Erfüllung von Bibelprophezeiungen

Viele Prophezeiungen in der Bibel sind zweifach. In solchen Fällen macht ein Prophet unter der Inspiration Gottes eine Vorhersage, die danach in einer ersten Erfüllung eintritt. Eine letzte, endgültige Erfüllung erfolgt erst später, oft am Ende des gegenwärtigen Zeitalters vor der Rückkehr Jesu.

Ein ausgezeichnetes Beispiel für diese Dualität ist die Voraussage, die Joel über den heiligen Geist machte: „Es kommt die Zeit, da werde ich meinen Geist ausgießen über alle Menschen. Eure Männer und Frauen werden dann zu Propheten; Alte und Junge haben Träume und Visionen. Sogar über die Knechte und Mägde werde ich zu jener Zeit meinen Geist ausgießen.

Dann ist der große und schreckliche Tag nahe, an dem ich Gericht halte. Am Himmel und auf der Erde werden seine Vorzeichen zu sehen sein: Menschen liegen erschlagen in ihrem Blut, Flammen und Rauchwolken steigen auf; die Sonne verfinstert sich und der Mond wird blutrot ... [ich] werde alle Völker zusammenrufen und sie in das Tal führen, das den Namen trägt ‚Der HERR richtet'. Dort ziehe ich sie zur Rechenschaft" (Joel 3,1 bis 4,2; Gute Nachricht Bibel).

Durch Gottes Inspiration zitierte der Apostel Petrus zu Pfingsten aus diesem Text, damit seine Zuhörer die für sie unverständlichen Geschehnisse an diesem Gründungstag der Kirche Gottes einordnen konnten (Apostelgeschichte 2,14-21). Die für die Zuhörer äußerst wundersam anmutende Manifestation der Kraft Gottes durch den heiligen Geist hatte sie zunächst verwirrt (Verse 1-13).

Dies war jedoch nur die erste Erfüllung von Joels Prophezeiung – und auch nur ein Teil davon. Die endgültige Erfüllung wird erst zum Ende dieses Zeitalters eintreten, wenn auch das geschieht, was zum Pfingstfest nicht eingetreten ist: Der Aufmarsch der Nationen im Tal von Joschafat (Kidrontal), um Gottes Urteil zu empfangen (Joel 3,3-5; Offenbarung 19,17-21; Sacharja 14,2-7. 12). Somit sehen wir, dass Prophezeiungen eine „doppelte" Erfüllung haben können.

Gott inspirierte viele andere Prophezeiungen, die eine zweifache Bedeutung haben. Sie waren an die Israeliten früherer Epochen gerichtet, sind aber auch eine Warnung für die modernen Nachkommen jener Menschen. Die Bevölkerung von Großbritannien, den Vereinigten Staaten, Kanada, Australien und Neuseeland, die die heutigen Nachkommen

Josefs sind, sind gut beraten, diese Warnungen zu beachten (Zu Prophezeiungen kann ich selber folgendes schreiben. Als ich von 1974 bis 1981 in Berlin lebte, fand ich auf dem Flohmarkt ein altes Rotes Buch von 1923-„ Das Buch der Prophezeiungen". Dort las ich folgendes: In Polen wird jemand aus dem Volk kommen der mit der Hilfe des Papstes den russischen Bären zerstören wird." Und heute weiß man ja das war Lech Walesa. W. Schorat 2.7.15)

Die Wiederherstellung Israels zur großen Nation

Trotz dieses unvorstellbaren Desasters sprechen die Propheten davon, dass der übriggebliebene Rest der Stämme Israels wieder zu einem Ansehen gelangen wird, das das vorherige weit übertreffen wird. Dies wird nach der Wiederkunft Jesu Christi und der Errichtung des Reiches Gottes auf dieser Erde geschehen.
Wie einst in Ägypten wird Gott eingreifen, um Israel zu retten: „Und der HERR wird zu der Zeit zum zweiten Mal seine Hand ausstrecken, dass er den Rest seines Volks loskaufe, der übriggeblieben ist ...Und er wird ein Zeichen aufrichten unter den Völkern und zusammenbringen die Verjagten Israels und die Zerstreuten Judas sammeln von den vier Enden der Erde" (Jesaja 11,11-12).
Die Zurückkehrenden werden ein verwandeltes, demütiges Volk sein. Gott sprach vor ihrer Gefangenschaft zu Israel: „Daselbst werdet ihr den Göttern dienen, die der Menschen Hände Werk sind, Holz und Stein, die weder sehen noch hören noch essen noch riechen. Wenn du aber daselbst den HERRN, deinen Gott suchen wirst, so wirst du ihn finden, ja wenn du ihn von ganzem Herzen und von ganzer Seele suchen wirst.
Wenn du in der Not bist und dich alle diese Dinge treffen, so wirst du in den letzten Tagen zu dem HERRN, deinem Gott, umkehren und seiner Stimme gehorsam sein; denn der HERR , dein Gott, ist ein barmherziger Gott; er wird dich nicht verlassen, noch verderben; er wird auch des Bundes, den er deinen Vätern geschworen hat, nicht vergessen" (5. Mose 4,28-31; Schlachter-Übersetzung).
Beachten Sie, dass der zeitliche Ablauf für diesen Text „in den letzten Tagen" angesiedelt ist (Vers 30). Gott wusste, dass Menschen, die sich von ihm abwenden, ihre Lektion gewöhnlich durch die harte Schule des Leidens lernen. Er ist immer bereit, diejenigen zu segnen, die sich von ihrem gottlosen Weg abwenden. Von der genannten Zeit spricht Gott durch den Propheten Hesekiel: „Als die Leute von Israel noch in ihrem Land wohnten, haben sie es durch ihr Tun und Treiben unrein gemacht ... Deshalb ... zerstreute ich sie unter fremde Völker ... Ich bestrafte sie, weil sie es mit ihrem Tun und Treiben verdient hatten ... Ich hole euch heraus aus den Völkern, ich sammle euch aus allen Ländern und bringe euch wieder in euer Land zurück. Dort besprenge ich euch mit reinem Wasser und wasche den ganzen Schmutz ab, der durch den Umgang mit euren Götzen an euch haftet. Ich gebe euch ein neues Herz und einen neuen Geist. Ich nehme das versteinerte Herz aus eurer Brust und schenke euch ein Herz, das lebt. Ich erfülle euch mit meinem Geist und mache aus euch Menschen, die nach meinen Ordnungen leben, die auf meine

Gebote achten und sie befolgen. Dann dürft ihr für immer in dem Land wohnen, das ich euren Vorfahren gegeben habe. Ihr werdet mein Volk sein und ich werde euer Gott sein" (Hesekiel 36,17-28; Gute Nachricht Bibel).

Diese Prophezeiung ist bis heute durch Gott nicht erfüllt worden, weder zur Zeit des alten Israel und Juda, als der Heilige Geist nur einigen wenigen Auserwählten zugänglich war, noch seit der Gründung der neutestamentlichen Kirche durch Ausgießung des Heiligen Geistes im Jahre 31 n. Chr., wie es in Apostelgeschichte 2 berichtet wird. Diese Ereignisse liegen noch in der Zukunft!

Gott hat für die Endzeit zugesagt, nachdem furchtbare Ereignisse die Menschheit drastisch dezimiert haben und die verbliebenen Menschen sich vor Gott demütigen, den heiligen Geist allgemein zur Verfügung zu stellen. So werden alle Menschen die Gesetze Gottes befolgen können und wollen.

Das vereinigte Reich Israel

Wie die Endzeitprophezeiungen über Israel zeigen, werden die modernen Israeliten Verständnis über Gott und seine Erwartungen an ihr Verhalten in einer Art und Weise erlangen, wie sie es sich vorher niemals hätten vorstellen können. Die Nachfahren der verlorenen zehn Stämme des israelitischen Nordreiches werden erfahren, dass sie keine Heiden sind, wie so viele von ihnen fälschlicherweise angenommen haben. Als demütiges Volk werden sie sich von ihren sündigen Wegen abkehren und den wahren Gott suchen. Die Häuser Israel und Juda werden sich unter Jesus Christus wieder zu einer Nation vereinigen.

Die Prophezeiungen Hesekiels beschreiben diese dramatische Wiedervereinigung der Bürger des Hauses Israel mit ihren Brüdern aus dem Stamm Juda: „Du Menschenkind nimm dir ein Holz und schreibe darauf: Für Juda und Israel, die sich zu ihm halten. Und nimm noch ein Holz und schreibe darauf: Holz Ephraims, für Josef und das ganze Haus Israel, das sich zu ihm hält. Und füge eins an das andere, dass es ein Holz werde in deiner Hand... Und [du] sollst zu ihnen sagen: So spricht Gott der HERR : Siehe, ich will die Israeliten herausholen aus den Heiden, wohin sie gezogen sind, und will sie von überall her sammeln und wieder in ihr Land bringen und will ein einziges Volk aus ihnen machen im Land ... und [sie] sollen nicht mehr zwei Völker sein und nicht mehr geteilt in zwei Königreiche" (Hesekiel 37,16-17. 21-22).

Diese vereinte Nation wird sowohl aus jüdischen Menschen bestehen, den Nachkommen des damaligen Königreiches Juda, als auch aus den Nachkommen der anderen zehn Stämme.

Nach den endzeitlichen Ereignissen der „Trübsal für Jakob", die Gottes gerechte und erforderliche Züchtigung des modernen Israel darstellt, wird ein demütiger Rest von ihnen übrigbleiben. Diese Nachkommen der sogenannten verlorenen Stämme des Nordreiches werden ihre Missachtung göttlicher Gesetze einschließlich des Sabbats und der anderen heiligen Tage bereuen. Die Juden des ehemaligen Südreiches werden Jesus als den wahren Messias erkennen und annehmen.

Endlich, nach vermutlich 3000 Jahren, werden die modernen Nachkommen beider Reiche wieder als eine Nation vereinigt sein. Dazu macht Gott eine weitere erstaunliche Prophezeiung: „Und mein Knecht David soll ihr König sein und der einzige Hirte für alle. Und sie sollen wandeln in meinen Rechten und meine Gebote halten und danach tun. Und sie sollen wieder in dem Lande wohnen, das ich meinem Knecht Jakob gegeben habe, in dem eure Väter gewohnt haben. Sie und ihre Kinder und Kindeskinder sollen darin wohnen für immer, und mein Knecht David soll für immer ihr Fürst sein. Und ich will mit ihnen einen Bund des Friedens schließen, der soll ein ewiger Bund mit ihnen sein. Und ich will sie erhalten und mehren, und mein Heiligtum soll unter ihnen sein für immer" (Hesekiel 37,24-26).

Mit der Wiederkehr Jesu Christi wird Gott König David, den er vormals als einen „Mann nach meinem Herzen" bezeichnet hatte (Apostelgeschichte 13,22), und viele andere treue Diener auferstehen lassen (1. Thessalonicher 4,16-17; 1. Korinther 15,52). Nach seiner Auferstehung zum ewigen Leben wird David über das vereinigte Königreich Israel regieren. Darüber hinaus werden, wie Jesus es vorhergesagt hat, die zwölf Apostel als Regenten jeweils über je einen der Stämme Israels eingesetzt (Matthäus 9,28; Lukas 22,30). Die anderen auferstandenen Heiligen, die ehemals physischen Menschen, die bis zum Lebensende Gott treu geblieben waren, werden als Lehrer den Bürgern der wiederhergestellten Nation Israel dienen (vgl. dazu Jesaja 30,19-21 mit Offenbarung 1,6; 5,10; 20,4.6).

Lassen Sie uns jetzt die internationale Aufgabe betrachten, die für das vereinigte Israel in der Zukunft vorgesehen ist. Wir werden sehen, wie die Nachkommen Jakobs zu einem Segen „für alle Geschlechter auf Erden" werden (1. Mose 12,3).

Israels glorreiche Zukunft

Über die Entstehung des vereinten Israels spricht Gott: „Und ich will die Übriggebliebenen meiner Herde sammeln aus allen Ländern, wohin ich sie verstoßen habe, und will sie wiederbringen zu ihren Weideplätzen, dass sie sollen wachsen und viel werden. Und ich will Hirten über sie setzen, die sie weiden sollen, dass sie sich nicht mehr fürchten noch erschrecken noch heimgesucht werden ... Siehe, es kommt die Zeit ..., dass ich dem David einen gerechten Spross erwecken will. Der soll ein König sein, der wohl regieren und Recht und Gerechtigkeit im Lande üben wird. Zu seiner Zeit soll Juda geholfen werden und Israel sicher wohnen. Und dies wird sein Name sein, mit dem man ihn nennen wird: Der HERR unsere Gerechtigkeit" (Jeremia 23, 3-6). Dieser allmächtige Herrscher ist Jesus Christus.

Israels Reue und Gehorsam führen zu reichen materiellen Segnungen. Der Prophet Amos beschreibt diesen zukünftigen Wohlstand mit folgenden Worten: „Siehe, es kommt die Zeit, spricht der HERR, dass man zugleich ackern und ernten, zugleich keltern und säen wird. Und die Berge werden von süßem Wein triefen, und alle Hügel werden fruchtbar sein. Denn ich will die Gefangenschaft meines Volkes Israel wenden, dass sie die verwüsteten Städte wieder aufbauen und bewohnen sollen, dass sie Weinberge pflanzen und Wein davon trinken, Gärten anlegen und Früchte daraus essen. Denn ich will sie in ihr Land pflanzen, dass sie nicht mehr aus ihrem Land ausgerottet werden, das ich ihnen gegeben habe, spricht der HERR, dein Gott" (Amos 9,13-15).

Diese Zeit wird der Beginn eines beispiellosen weltweiten Friedens sein: „Er [Jesus, der Messias] wird unter großen Völkern richten und viele Heiden zurechtweisen in fernen Landen. Sie werden ihre Schwerter zu Pflugscharen und ihre Spieße zu Sicheln machen. Es wird kein Volk wider das andere das Schwert erheben, und sie werden hinfort nicht mehr lernen, Krieg zu führen. Ein jeder wird unter seinem Weinstock und Feigenbaum wohnen, und niemand wird sie schrecken. Denn der Mund des HERRN Zebaoth hat's geredet" (Micha 4,3-4).

Wenn die anderen Völker den Wohlstand Israels und seinen Wandel mit Gott sehen, werden auch sie sich fragen, wie es zu diesen Segnungen gekommen ist. Bald werden auch sie erkennen, dass Israels Segnungen allein aus dem Gehorsam gegenüber Gott resultieren. Alle Völker werden dann den Gott Israels kennenlernen wollen: „Zu der Zeit werden zehn Männer aus allen Sprachen der Heiden einen jüdischen Mann beim Zipfel seines Gewandes ergreifen und sagen: Wir wollen mit euch gehen, denn wir hören, dass Gott mit euch ist" (Sacharja 8,23).

Mit der Unterstützung des wiederhergestellten und dann treuen Israel werden alle Völker Gottes Wege kennenlernen und dadurch Gottes Segen erfahren. Jerusalem wird das Weltzentrum der religiösen Erziehung sein, wie es uns der Prophet Micha voraussagt: „In den letzten Tagen aber wird der Berg, darauf des HERRN Haus ist, fest stehen, höher als alle Berge und über die Hügel erhaben. Und die Völker werden herzulaufen, und viele Heiden werden hingehen und sagen: Kommt, lasst uns hinauf zum Berge des HERRN gehen und zum Hause des Gottes Jakobs, dass er uns lehre seine Wege und wir in seinen Pfaden wandeln! Denn von Zion wird Weisung ausgehen und des HERRN Wort von Jerusalem" (Micha 4,1-2).

Schließlich wird Israel wirklich das von Gott beabsichtigte Mustervolk für die ganze Welt sein, ein Beispiel der Lebensweise, der die anderen Völker nacheifern werden, und für die Segnungen, die daraus resultieren. Die Völker der Welt werden dann bereit sein, die Wahrheit über Gottes Sabbat zu erfahren, dessen Einhaltung sie dem allmächtigen Gott näher bringen wird (Jesaja 66,23).

Gottes jährlich wiederkehrende Feste, durch die er uns seinen Erlösungsplan offenbart, werden neben dem Sabbat in diesem zukünftigen Zeitalter eine überaus wichtige Rolle spielen. Darum spricht Gott davon, dass die Abgesandten aller Völker jährlich nach Jerusalem kommen werden, um dort das Laubhüttenfest zu halten und ihn anzubeten: „Und alle, die übriggeblieben sind von allen Heiden, die gegen Jerusalem zogen, werden jährlich heraufkommen, um anzubeten den König, den HERRN Zebaoth, und um das Laubhüttenfest zu halten. Aber über das Geschlecht auf Erden, das nicht heraufziehen wird nach Jerusalem, um anzubeten den König, den HERRN Zebaoth, über das wird's nicht regnen" (Sacharja 14,16-17).

Die Herrlichkeit des wiederhergestellten Israel wird um vieles größer sein als sie es während des goldenen Zeitalters unter Salomo gewesen ist. Alles wird darauf zurückzuführen sein, dass Jesus Christus Herr Israels und Herrscher über die Nationen sein wird. Unser Schöpfer wird Israel „zu Lob und Ehren bringen unter allen Völkern auf Erden" (Zephanja 3,20). Dann wird Israel endlich das Beispiel für alle Völker sein, das Gott von Anfang an vorgesehen hatte.

Gott hat seine Verheißungen an Abraham, Isaak und Jakob weder in der Vergangenheit vergessen, noch wird er sie in der Zukunft vergessen. Die Geschichtsschreibung zeigt, dass Gott sein Wort detailgetreu gehalten hat. Daran wird sich auch in Zukunft nichts ändern!

Gottes Plan für Sie!

Zum Schluss dieser Broschüre kommen wir zur wichtigsten Frage für Sie persönlich: Wie wird es Ihnen ergehen, wenn sich die geschilderten Prophezeiungen zu erfüllen beginnen?

Wir haben in dieser Broschüre gesehen, wie sich die Israeliten in zwei Nationen teilten, wie sie sich von ihrem Gott abwandten und wie sie schließlich in Gefangenschaft gerieten. Wir haben die biblischen Prophezeiungen untersucht und die Anhaltspunkte der Geschichtsforschung dargelegt, die implizieren, dass Großbritannien, die Vereinigten Staaten und die anderen britisch stämmigen Völker die heutigen Nachkommen Josefs sind – Josef, Vater der beiden Stämme Israels, Ephraim und Manasse.

Wir haben die Prophezeiungen behandelt, die uns zeigen, was mit diesen Völkern vor und nach der Wiederkehr Jesu Christi geschehen wird. Jedes einzelne Volk auf dieser Erde wird durch deren Fall und Wiederherstellung einschneidend betroffen werden.

Als Leser dieser Broschüre haben Sie jetzt die Wahl. Wir können niemanden zwingen, das alles zu glauben! Die Geschichte und die Zukunft Israels sind – menschlich gesehen – so unglaublich, dass viele Menschen sie einfach zurückweisen werden. Sie werden weiterhin einfach ihren Weg gehen, wie ihn alle anderen in unserer heutigen Gesellschaft beschreiten.

In diesem Fall schließen Sie sozusagen eine Wette mit hohem Einsatz ab: Entweder hält sich Gott an seine Zusagen, oder er ist ein Lügner! Wenn er sich an seine Verheißungen hält, dann wird alles Vorhergesagte eintreten – sowohl das Gute als auch das Schlechte.

Gott lässt uns nicht im dunklen! Er offenbart uns, was den USA, Britannien und den von ihnen abstammenden Völkern so- wie dem Rest der Welt in der Zukunft bevorsteht. Er hält sich daran, was in der Bibel steht: „Gott der HERR tut nichts, er offenbare denn seinen Ratschluss den Propheten, seinen Knechten" (Amos 3,7).

Mit der Veröffentlichung dieser Broschüre handeln die Autoren und Herausgeber in der Weise, wie Gott es durch den Propheten Amos fordert: „Der Löwe brüllt, wer sollte sich nicht fürchten? Gott der HERR redet, wer sollte nicht Prophet werden?" (Vers 8).

Bei Ihrer Entscheidung, welchen Kurs Sie einzuschlagen gedenken, sollten Sie die Mahnung Gottes beachten, die er dem alten Volk Israel nahelegte, nachdem er ihm die Bedingungen seines Bundes erläutert hatte: „Ich nehme Himmel und Erde heute über euch zu Zeugen: Ich habe euch Leben und Tod, Segen und Fluch vorgelegt, damit du das Leben erwählst und am Leben bleibst, du und deine Nachkommen, indem ihr den HERRN , euren Gott, liebt und seiner Stimme gehorcht und ihm anhanget. Denn das bedeutet für dich, dass du lebst" (5. Mose 30,19-20).

Darüber hinaus sagt uns Gott: „Jetzt aber fordert er alle Menschen überall auf, umzudenken und einen neuen Anfang zu machen. Denn er hat einen Tag festgesetzt, an dem er über die ganze Menschheit ein gerechtes Gericht halten will" (Apostelgeschichte 17,30-31; Gute Nachricht Bibel).

Seine Ermahnungen sind sowohl an Israeliten als auch an Nichtisraeliten gerichtet, denn Gott hat denjenigen Menschen Schutz vor dem kommenden Sturm versprochen, die sich ihm in wahrer Hingabe zuwenden (Offenbarung 3,10; 12,13-17).

Ähnlich lauten die Worte Jesu an seine Jünger: „So seid allezeit wach und betet, dass ihr stark werdet, zu entfliehen diesem allen, was geschehen soll, und zu stehen vor dem Menschensohn" (Lukas 21,36).

Als Christus das Evangelium den Menschen seiner Heimatstadt eindringlich vortrug, lehnten sie es ab. Er hat sie dann auf eine schändliche Tatsache hingewiesen: Obwohl im Besitz des Wortes Gottes, weigerten sie sich, daran zu glauben und danach zu handeln. Deswegen wandte sich Gott an andere: „Aber wahrhaftig, ich sage euch: Es waren viele Witwen in Israel zur Zeit des Elia, als der Himmel verschlossen war drei Jahre und sechs Monate und eine große Hungersnot herrschte im ganzen Lande, und zu keiner von ihnen wurde Elia gesandt als allein zu einer Witwe nach Sarepta im Gebiet von Sidon. Und viele Aussätzige waren in Israel zur Zeit des Propheten Elisa, und keiner von ihnen wurde rein als allein Naaman aus Syrien" (Lukas 4,25-27).

Jesus stellte eine traurige Tatsache fest, die im Laufe der Geschichte immer wieder bestätigt wird: Von den vielen, die Gelegenheit bekommen, die Wahrheit Gottes zu erfahren, sind es nur wenige, die darauf eingehen und sich davon bekehren lassen (Matthäus 22,14).

Durch die Lektüre dieser Broschüre und die Aussagen der Propheten sind Sie dem Wort Gottes begegnet. Sie haben die Aufforderung zur Umkehr vernommen. Wird das Ergebnis in Ihrem Leben dasselbe sein wie bei den allermeisten Menschen? Nur die wenigsten reagieren darauf. Wie werden Sie sich entscheiden?

Ende Zitat aus Gute Nachrichten Internet: www.gutenachrichten.org

2.7.15 Und das fand ich dann zum Thema Skythen. **Zitat Anfang aus Wikipedia.**

Skythen

Als Skythen werden einige der Reiternomadenvölker bezeichnet, die ab etwa dem 8./7. Jahrhundert v. Chr. die eurasischen Steppen nördlich des Schwarzen Meeres im heutigen Südrussland und der Ukraine von der unteren Wolga und dem Kuban bis zum Dnister besiedelten. Sie wurden im 4./3. Jahrhundert v. Chr. von den kulturell nahestehenden Sarmaten, die sich als Stammesverband zuvor zwischen der unteren Wolga und der Südspitze des Ural gebildet hatten, unterworfen und assimiliert, ein Teil flüchtete auf die Krim, wo noch bis ins 3. Jahrhundert n. Chr. skythische Stammesverbände lebten.

Sie hinterließen keine bekannten schriftlichen Aufzeichnungen, und alles, was man über sie weiß, beruht auf Bodenfunden und antiken Quellen anderer Kulturen.[1] Nach dem antiken griechischen Geschichtsschreiber Herodot nannte sich der herrschende Klan Skoloten; die Bezeichnung Skythen stammt aus griechischen Quellen, ist jedoch nicht griechisch. Ihre Sprache wird dem (alt-)nordost-iranischen Zweig der indogermanischen Sprachen zugerechnet. [1][2]

Griechische und römische Quellen bezeichnen manchmal pauschal das gesamte Gebiet der kulturell und wohl auch sprachlich nahe verwandten Reiternomaden Osteuropas und Mittelasiens im 1. Jahrtausend v. Chr. als Skythien. Dort lebten u. a. auch die Stammesverbände der Saken (vgl. auch die griechische Bezeichnung der nach Indien ausgewanderten Saken als „Indo-Skythen"), Sarmaten und Massageten. In der Archäologie wird dieser Kulturraum Skythiens im weiteren Sinne als „skythisch-sakischer Kulturraum" oder „Skythisch-sakischer Horizont" bezeichnet. Zu ihm zählen als älteste Kulturen (seit dem 9. Jahrhundert v. Chr.) auch einige archäologische Kulturen Südsibiriens wie die Tagar-Kultur (Minussinsker Becken), Pasyryk-Kultur (Altai), Aldy-Bel-Kultur (Tuwa) und die Tes-Stufe (Tuwa). Diese sind nicht aus Schriftquellen bekannt, die sprachliche und ethnische Zugehörigkeit ihrer Träger ist unbekannt, aber ihre materielle Kultur ähnelt derjenigen der Skythen am Schwarzen Meer. Aufgrund des Alters dieser südsibirischen Kulturen, der archäologisch erforschten Ausbreitung dieser Kultur vom Osten in den Westen und Südwesten und Herodots Angaben, dass die Skythen aus dem Osten kamen, gehen Archäologen von einer Herkunft der Skythen, Saken u.a. aus dieser Region aus.[3] Eine nach Osten abgewanderte Splittergruppe bildete die Ordos-Kultur.

Nach bisherigen archäologischen Erkenntnissen waren die Stammesverbände des skythisch-sakischen Kulturraums die ersten in der Geschichte der Steppen Asiens und Europas, die (bis auf wenige Ausnahmen) auf jahreszeitlich genutzte feste Ansiedlungen mit bescheidenem Ackerbau verzichteten und zum ganzjährig nomadisierenden Leben als Reitervolk übergingen.

Historische Verwendung des Namens

Ab dem 3. Jahrhundert v. Chr. teilten die Griechen die Völker im Norden in zwei Gruppen ein: Kelten westlich des Rheins und Skythen östlich des Rheins, insbesondere nördlich des Schwarzen Meeres. Der Begriff Skythen diente später also meist nur als grober Oberbegriff für eine große Anzahl verschiedener barbarischer Völker.

Die Verwendung des Begriffs Germanen für die östlich des Rheins siedelnden Stämme ist erstmals vom griechischen Geschichtsschreiber Poseidonios um das Jahr 80 v. Chr. überliefert. Als Kelten wurden pauschal die westlich des Rheins lebenden Stämme bezeichnet. Endgültig eingeführt wurde dieses Schema von Gaius Julius Caesar. Als Tacitus seine Germania schrieb, war dies eine als neu bekannte, aber bereits übliche Bezeichnung. Damit war nun eine Dreiteilung der Völker des Nordens und Ostens in Kelten, Germanen und Skythen üblich. Die obigen Einteilungen sind nach heutigem Kenntnisstand und modernen Anforderungen „falsch" oder zumindest ungenau.

Im 3. Jahrhundert n. Chr. (etwa von Dexippos) sowie zur Zeit der Völkerwanderung (spätes 4. bis spätes 6. Jahrhundert) wurden alle Völker am Nordrand des Schwarzen Meeres von den klassizistisch orientierten Geschichtsschreibern als Skythen bezeichnet, etwa die Goten und später die Hunnen. Beispiele sind unter anderem Ammianus Marcellinus (20, 8,1) oder die Berichte des Geschichtsschreibers Jordanes. Wie später Hunnen war das Wort zu einer allgemeinen Bezeichnung steppennomadischer Völker geworden. Für Jordanes grenzt Skythien an Germanien, es erstreckt sich vom Ister (der unteren Donau) bis an den Tyras (Dnister), Danaster (Donez) und Vagosola und bis zum Kaukasus und zum Araxes, einem Nebenfluss der Kura in der südlichen Kaukasusregion. Im Osten grenzte es an das Land der Seren (Kaspisches Meer), im Norden an der Weichsel an jenes der Germanen. Im Skythenland lägen die Riphäischen Berge (Ural), die Asien und Europa trennen, und die Städte Borysthenes, Olbia, Kallipodia, Chesona, Theodosia, Kareon, Myrmikon und Trapezunt, welche die wilden Skythenvölker von den Griechen gründen ließen, damit sie Handel mit ihnen treiben konnten (Gotengeschichte, 5). Auch in vielen byzantinischen Geschichtswerken, die in der klassizistischen Tradition standen, wurden fremde Völker an der Donau als Skythen bezeichnet.

Herodot berichtet, dass die Skythen von den Persern Saken genannt wurden. Wie im spätantiken und im mittelalterlichen Europa war bei den Persern Skythe/Sake oft einfach eine allgemeine Bezeichnung für jeden barbarischen Steppenbewohner (siehe dazu Ethnogenese, Reitervölker). Altpersische Inschriften aus dem 6. Jh. nennen drei Gruppen der Saka: Paradraya, Tigraxauda und Haumawarga. Zumindest die Haumawarga sind als Hauma bzw. soma-trinkende Indoarier auch in Indien bekannt, sodass hier wohl nur von den östlich des Tigris lebenden Skythen die Rede ist, die in dieser Zeit stark östlich des Kaspischen Meeres und in Nordindien präsent waren, was durch Tausende von Kurgane dieser Epoche auch sehr gut belegt ist. Im engeren Sinn bezeichnet dieser Name Stämme der Saken, deren Siedlungsgebiete hauptsächlich in der Kasachensteppe lagen.

Schriftliche Zeugnisse
Assyrische Quellen
Die Skythen tauchen in den assyrischen Quellen erstmals unter Sargon II. auf. Zur Zeit Assurhaddons (680–669 v. Chr.) verbündeten sie sich unter Išpakai mit dem Mannäer-Reich am Urmia-See und griffen die Assyrer an. Unter einem gewissen Bartatua/Partatua, vielleicht dem Nachfolger Išpakais, treten die Skythen als Verbündete der Assyrer auf, vielleicht wegen einer Heirat mit einer Tochter Assurhaddons.

Kimmerer und Skythen werden in den assyrischen Quellen oft als umnan-manda zusammengefasst, was jedoch ebenfalls eine recht ungenaue Bezeichnung darstellt, die sich generell auf Bergvölker bezieht. Ähnliche Bezeichnungen sind bereits von Akkadern in Zusammenhang mit älteren erwähnten Bergvölkern unbekannter Herkunft genannt worden.

Bibel

Das Königreich Aschkenas, das von Jeremia (51, 27) zusammen mit Ararat (Urartu), Minni (Mannäer) zu einem Angriff auf Babylon aufgefordert wird, wird meist als skythisch identifiziert. Der entsprechende Text dürfte nach 594 formuliert worden sein. Die Form Aschkenas beruht auf einer Verwechslung, die auf die Ähnlichkeit der hebräischen Zeichen Waw (für „u") und Nun zurückgeht. Die ursprünglich assyrische Form war (A)sch-ku-zaa oder (I)sch-ku-zaa, soll (aufgrund von skythischen Gräbern) dem griechischen Skythai entsprechen. [4]
In der Völkertafel der Genesis (Gen 10,3) taucht Aschkenas als Kind Gomers, des Sohn Japhets auf. Gomer wird mit den Kimmerern gleichgesetzt, wobei sich die Völkertafel weitestgehend auf das 1. bis 3. Jhd. v. Chr. bezieht. Ältere Vorstellungen entstammen wohl aus Babylonisch-assyrischen Bibliotheken während des Babylonischen Exils. Paulus erwähnt die Skythen (Σκύθης) um das Jahr 60 n. Chr. in seinem Brief an die Kolosser (3,11) und unterscheidet sie von anderen nichtgriechischen Völkern (βάρβαροι).

Griechische und römische Quellen

Die Skythen wurden von dem griechischen Historiker Herodot detailliert beschrieben. Danach gab es vier Hauptabteilungen der Skythen: die Aucheten, Nachkommen von Leipoxais, dem ältesten Sohn des Gründerheros Targitaus; die Katairen und Traspier, Nachkommen des mittleren Sohnes Arpoxais; und die Paralaten oder königlichen Skythen, Nachkommen des jüngsten Sohnes Kolaxais (Herodot 4,6). Dieser Name taucht auch bei Alkman von Lesbos und Valerius Balba (70–96 v. Chr.) auf. Alle diese Abkömmlinge zusammen würden sich Skoloten nennen, die Griechen nannten sie Skythen.
Wenige Seiten weiter beschreibt Herodot eine weitere Aufteilung der Skythen nach der Wirtschaftsweise. Ackerbau treibende Skythen wohnten danach im Lande Hyläa (von griech. ὕλη, hýlē, ‚Wald', vermutlich ‚Berghochwald') zwischen Borysthenes (Dnepr) und Hypanis (Südlicher Bug), bis zum Fluss Pantikapes und elf Tagesreisen nach Norden. Sie nannten sich selbst Olbiopoliten (Olbia Polis). Östlich der Olbiopoliten beginnt die Steppe, hier lebten nomadische Skythen am Gerrhus (das Flüsschen Molotschna sowie dem größeren Tokmak, die heutige Bezeichnung des Oberlaufes der Molotschna). Wiederum östlich davon (gemeint ist östlich des Asowschen Meeres) lebten die königlichen Skythen, „die alle anderen Skythen für ihre Sklaven halten" und am zahlreichsten waren.[5]
Ihr Siedlungsgebiet reichte bis an die Krim und den Tanais (Don). Östlich von ihnen siedeln die Sauromaten, nördlich davon die Melanchlänen, so benannt nach ihren schwarzen Mänteln, beides nach Herodot keine skythischen Stämme, obwohl die Melanchlä-

nen skythische Sitten angenommen hatten (4,107).

Herodot gibt zahlreiche Berichte über die Entstehung der Skythen wieder. In einem davon (4,11), der vermutlich auf Hekataios von Milet und Aristeas von Prokonnesos zurückgeht, heißt es, die Skythen seien von den Massageten bedrängt worden und daraufhin über den Araxes (Aras) in das Land der Kimmerer eingefallen, die vor ihnen nach Asien flohen. Als Beleg führt Herodot zahlreiche Ortsnamen im Skythenland an, die auf die Kimmerer hinweisen.

Ob die „trefflichen Hippomolgen, dürftig, von Milch genährt" (Ilias, 13. Gesang, 5–6) Kimmerer, Skythen oder einen anderen Stamm der nördlichen Schwarzmeerküste bezeichnen sollen, ist umstritten. Diese Stelle gilt manchen Forschern als die erste schriftliche Erwähnung der Skythen. Vermutlich sind damit pauschal geschickte Reitervölker gemeint.

Skythische Krieger; Abzeichnung eines Reliefs auf einem Elektrum-Becher aus dem Kurgan von Kul-Oba (Krim), 400–350 v. Chr. (Eremitage, St. Petersburg)

Nach Diodor wurde Skythes, der eponyme Heros der Skythen und König von Hylaia (am Borysthenes), ein Sohn des Zeus und einer schlangenfüßigen Göttin namens Echidna, am Tanais geboren. Seine Brüder sind Agathyrsos (vermutlich der sarmatische Stamm der Agathyrsen) und Gelonos (eventuell die Geten).

Das Werk des Hellanikos von Lesbos über die Skythen ist nur in wenigen Fragmenten überliefert. Auch Hippokrates von Kos, Aischylos (gefesselter Prometheus), Sophokles, Euripides (Iphigenie bei den Taurern, Rhesos), Pindar, Thukydides, Theopompos und Aristophanes überliefern einige Details über die Lebensweise und die Wohnsitze der Skythen und Sauromaten.

In den griechischen Quellen der klassischen Zeit werden die Skythen als typische Barbaren beschrieben, die gebrochenes Attisch sprachen und seltsame Beinkleider (Hosen) trugen. Wein unverdünnt zu trinken wurde geradezu als Trinken auf skythische Art bezeichnet und auch den Germanen nachgesagt. Der Spartanerkönig Kleomenes übernahm diese Unsitte von den Skythen und starb daraufhin im Delirium.

Arrian unterschied asiatische (Abier) und europäische Skythen, letztere nannte er das zahlreichste aller europäischen Völker.[6] Die Abier bzw. Abioi kommen bereits in der Ilias vor (13,6), wo sie als gerechteste aller Erdenbewohner gerühmt wurden. Fraglich ist jedoch, ob Homer damit auch wirklich Skythen gemeint hat.[7]

Quintus Curtius Rufus (7,7,1) nannte den Tanais als Grenzfluss zwischen den europäischen Skythen und Baktrien wie auch zwischen Europa und Asien. Dies erklärt sich daraus, dass einige antike Geographen den Amudarja für den Oberlauf des Tanais (Don) hielten und Asien in ihrer Vorstellung relativ kurz war. Von der wahren Ausdehnung Asiens hatten sie keinerlei Vorstellung. Diese Vorstellung der Welt hielt sich bis ins späte Mittelalter. Rufus sah daher die Skythen als Teil der Sarmaten an. Ihre Siedlungsgebiete lägen „unweit von Thrakien", von der Waldgegend jenseits der Ister (Donau) bis nach Baktrien. Die damalige Vorstellungswelt kannte schlichtweg keine weiteren Völker Asiens. Rufus lobte die Skythen als nicht so roh und ungebildet wie die übrigen Barbaren, einige von ihnen seien „sogar für die Lehren der Weisheit empfänglich, soweit diese für ein immer unter den Waffen befindliches Volk fassbar sind". (7,8,10).

Strabo unterschied Skythen und Sauromaten nicht, gilt aber ansonsten als wichtige Quelle. Unter den griechischen und römischen Autoren finden sich auch bei Plinius d. Ä., Orosius, Lukian, Horaz und Chrysostomos Angaben über die Skythen.

In Athen dienten skythische Söldner zwischen der Mitte des 5. Jh. und dem 4. Jh. als Polizei (Toxotai/Speusinoi), wie aus einer Rede von Andokides Über den Frieden mit den Lakedaimonern (391 v. Chr.) bekannt ist. Die Truppe bestand aus 300, später 1000 Bogenschützen und war erst auf der Agora, später auf dem Areopag stationiert. Sie tauchen auch in den Komödien des Aristophanes auf (Acharner) (425), Die Ritter (424), Thesmophoriazusen (411) und schließlich Lysistrata (411) aus dem gleichen Jahr. Wie Frolov (2000) ausführt, gab es in Athen neben den Staatssklaven der Polizeitruppe auch skythische Sklaven in Privatbesitz.

Mittelalterliche Quellen

In den mittelalterlichen mappae mundi (Weltkarten) des 10. bis 13. Jhs. (beispielsweise Hereford-Karte, Ebstorfer Weltkarte) wurden die Skythen auf dem Gebiet der Kiewer Rus, westlich des Tanais (Don) eingezeichnet, wobei die Sarmaten zwischen Germanien und Skythien liegen. Dieses Skythien liegt nördlich des Schwarzen Meeres zwischen der unteren Donau und reicht bis zum Don. Eingezeichnet wurden dabei auch drei Bezeichnungen; Scitotauri (Königsskythen) in der Region Kiev, Scirhans (Skiren) südwestlich davon sowie in Chesona. Östlich des Don zeichnete man gewöhnlich Gog und Magog in ihrem Gefängnis, der Alexanderburg, ein. Dahinter liegt das Land der Greife, das gemäß dieser Vorstellung nicht größer als Thrakien war. Über die Völker jenseits des Tanais (Don) hatten die Kartenzeichner keine genaue Vorstellung; auch ist zu beachten, dass die Darstellung dieser Karten mehr von der Theologie als von geographischen Erkenntnissen geprägt war. Unmittelbar danach schließen Baktrien, China und Indien an. Mit Asien wird der Orient von Anatolien bis Indien bezeichnet. Die in Asien tatsächlich im Mittelalter ansässigen Völker (Chasaren, Petschenegen, Kumanen und Wolgabulgaren) waren zumindest im östlichen Europa bereits wohlbekannt. Die mittelalterlichen Karten orientieren sich in ihrem Aufbau an Karten oder Beschreibungen des antiken Geographen, Mathematikers und Philosophen Ptolemaios im 2. Jh., wobei Jerusalem nun in das Zentrum der Welt rückte. Weiter ergänzt wurden die Karten durch die mittelalterlichen Alexanderromane. Dies widerspricht der heute gängigen Sicht auf die Skythen, entspricht jedoch der Wortwahl des Mittelalters, in der auch Wikinger, Germanen, Slawen und Sarmaten als Skythen definiert wurden. In den ersten Mappa Mundi wurde die Welt des Ptolomaios einfach mit dem Wissen des Mittelalters erweitert.

Archäologische Funde
Gebiet der Skythen im weiteren, allgemeinen Sinne 100 v. Chr.

Einige skythische Fundplätze (braune Symbole) mit Grabhügeln (Dreiecke), Dörfern (Haussymbole), größeren befestigten Siedlungen (Haussymbole mit Plattform) und anderen Hügeln (flachrunde Hügelsymbole) im Gebiet der heutigen Ukraine 7.–3. Jahrhundert v.Chr. Die Funde gehen nach Osten etwas weiter. Nach archäologischen Forschungen siedelten sich ursprünglich nomadische Skythen in nördlicheren Waldgebieten an. Funde von der ersten Hälfte des 7. Jahrhunderts und dem späten 4. Jahrhundert v. Chr. aus dem nördlichen Schwarzmeergebiet werden wegen der Angaben Herodots in der Archäologie als skythisch bezeichnet. Diese spezielle materielle Kultur mit Verzierungen im skythischen Tierstil, eisernen Kurzschwertern, Lamellenpanzern, Bronzekesseln mit hohem Standfuß, speziellen Formen der Trensenknebel, Katakombengräbern unter Grabhügeln und anthropomorphen Großplastiken ist jedoch über ein wesentlich weiteres Gebiet verbreitet.

Während die meisten russischen und ukrainischen Archäologen den Begriff Skythen auf Funde zwischen dem Bug und dem Kuban und an der Küste des Asowschen Meeres beschränken, also dem Gebiet, in dem nach Herodot Stämme lebten, die sich selbst als Skythen bezeichneten, wird der Begriff im Westen meist auf die gesamte nordpontische (nördlich des Schwarzen Meeres) und westsibirische reiternomadische Kultur der frühen Eisenzeit übertragen und umfasst damit mit Sicherheit auch Stämme, die sich selbst nicht als Skythen bezeichneten.

Die materielle Kultur, die traditionell den Kimmerern zugeschrieben wird (Funde bei Tschernogorowka – heute Siwersk bei Artemiwsk – und Nowotscherkassk), endet im 7. Jh. abrupt und wird durch skythische Funde abgelöst. Dies stützt die Angaben Herodots über den Einfall der Skythen, die nach Meinung einiger Forscher aus dem Altai-Gebiet gekommen sein sollen. Seit dem 7. Jh. finden sich auch in der Koban-Kultur des nördlichen Kaukasus deutliche skythische Einflüsse.

Darstellung eines Reiters aus Pazyryk, ca. 300 v. Chr.
Teppichfragment aus Pazyryk

Die archäologischen Funde stammen vor allem aus Ausgrabungen von Grabhügeln (Kurgane), die unter anderem Gold, Seide, Waffen, Pferde und Bestattungen enthielten. Ein unversehrter Kurgan wurde im Juli 2001 im Tal der Zaren bei Aržan in der südsibirischen Republik Tuwa entdeckt.[8] Der Sensationsfund mit Tausenden von Goldobjekten gelang dem deutschen Archäologen Hermann Parzinger, die er aufgrund von Reiseberichten über Kurgane von Reisenden des 18. Jhd. machen konnte.[9][10] Der teilweise sehr gute Erhaltungszustand der Überreste, wie in den Kurganen von Pazyryk, ist Mumifizierungstechniken und dem sibirischen Permafrost zu verdanken.

Im Sommer 2006 wurde im Permafrostboden des Altaigebirges in Tuwa von Hermann Parzinger und Mitarbeitern des Deutschen Archäologischen Instituts in Kooperation mit russischen Archäologen aus einer Grabkammer die Eismumie eines skythischen Reiterkriegers geborgen.[11][12] Ihr Alter wurde auf 2500 Jahre geschätzt. Außerdem liegen Dendro-Daten der Kammer vor. Die Mumie trug einen prächtigen Pelzmantel und einen kunstvoll verzierten und vergoldeten Kopfschmuck. Auch ein Kompositbogen ist erhalten.[13][14]

Archäologische Belege für eine skythische Präsenz in Anatolien, von der sowohl griechische als auch assyrische Quellen berichten, sind, abgesehen von dreiflügligen Pfeilspitzen (siehe unten), spärlich.

Ein Grab aus İrminler, Provinz Amasya am Südrand des Pontus enthielt neben 21 zweiflügligen Bronzepfeilspitzen ein eisernes Langschwert mit herzförmigem Heft, einen Streitpickel, wie er für das Altai-Gebiet typisch ist, einen goldenen Armreif und eine Trensenstange. Die Grabkammer war mit einer Trockenmauer eingefasst und 2,8 m lang. Die Bestattung war modern gestört, enthielt aber Knochen von Menschen und Pferden.

Ein weiterer Fund aus dem Schwarzmeergebiet (Provinz Amasya) geht auf Raubgrabungen zurück und ist ohne genauen Fundort. Hier lagen 250 zweiflüglige Pfeilspitzen in einem Grab. Die Gräber werden in das 7. und frühe 6. Jahrhundert datiert. Auch hier ist aber nicht sicher zu sagen, ob es sich um kimmerische, skythische oder sarmatische Krieger handelt; das Langschwert spricht vielleicht eher für letztere. Der Goldschatz von Ziwiye (Iran) aus einem Grab aus der zweiten Hälfte des 7. Jahrhunderts enthält sowohl skythische als auch rein vorderasiatische Gegenstände, die vermutlich Kriegsbeute darstellen. Auch die Nekropole von Sé Girdan im Uschnu-Tal scheint skythische Elemente zu enthalten.

Manche Archäologen wie Hans Albert Potratz nehmen einen skythischen Einfluss auf die assyrische Bewaffnung an, so im Falle der mondsichelförmigen Trensenknebel und der Bogenfutterale.

Ab dem 6. Jahrhundert finden sich griechische Importe im Gebiet der Skythen, besonders rhodische Weinkrüge (Oinochen).

Schwarz- und besonders rotfigurige Vasen aus Athen zeigen skythische Bogenschützen, die an ihrer enganliegenden Kleidung mit Hosen und den spitzen skythischen Mützen zu erkennen sind. Oft benutzten sie einen Reflexbogen, der jedoch auch zur Bewaffnung der Griechen gehörte (zum Beispiel Äginetenfries). Diese Darstellungen wurden als Beleg dafür gesehen, dass die Skythen athenischen Vasenmalern aus eigener Anschauung vertraut waren. Man nahm an, dass diese als Leibwache des Tyrannen Peisistratos und seiner Söhne in Athen weilten. Die Schriftquellen kennen jedoch nur thrakische Söldner und sogenannte „wolfsbeinige" Sklaven.

Inschriften aus Olbia und dem Bosporanischen Reich überliefern Details zu Feldzügen gegen die Skythen.

König Kanita (3. Jahrhundert) prägte in Istros, Skiluros (2. Jahrhundert) in Olbia Münzen.

Seit dem 2. Jahrhundert wird es immer schwieriger, die skythische und sarmatische materielle Kultur zu trennen. Vermutlich kam es zu einer allmählichen Assimilation. Eine genaue archäologische Abgrenzung zu den für Mittelasien überlieferten, aber aufgrund erhaltener Inschriften iranischsprachigen Saken ist ab dieser Zeit ebenfalls schwierig.

Relief tanzender Indo-Saken aus Swat (heute Pakistan), Gandhara-Kultur

Der Name der iranisch-afghanischen Region Sistan leitet sich von Sakistan ab, nach den Saken, die sich dort vor 120 v. Chr. ansiedelten.

Eine sakische Stammesföderation wanderte im 1. Jahrhundert v. Chr. aus dem östlichen Mittelasien nach Indien ein und begründete dort die kurzlebige Indo-Skythische Dynastie. Eine Anmerkung auf einer alten Stele der Edikte des Ashoka anlässlich einer Staudammreparatur im Jahr 150 v. Chr. schrieb Rudradamana, ein Reichsleiter der Saken. Sie gilt als erstes schriftliches Zeugnis des Sanskrit.[15]

Die Indo-Saken, von griechischen Geografen ihrer Zeit „Indo-Skythen" genannt, wurden in Nordwestindien in die Adels- und Krieger-Kaste der Kshatriya integriert und allmählich sprachlich assimiliert, behielten aber länger eigene Bräuche und religiöse Kulte. Nach Zerstörung des indo-skythischen Reiches durch die indoarischen Kuschana gründeten Indo-Saken in Westindien das unabhängige Reich der Westlichen Satrapen (ca. 35–405 n. Chr.; ihre aus dem Persischen stammende Bezeichnung Kshatrapa/Satrap bezeichnete ursprünglich einen Provinzgouverneur, entwickelte sich hier aber zu einem Herrschertitel.)

Geschichte

Im 8. Jahrhundert v. Chr. fielen die Skythen in die Gebiete nördlich und östlich des Schwarzen Meeres ein und verdrängten die Kimmerer. Zwischen 630 und 625 v. Chr. unternahmen die Skythen einen Vorstoß nach Vorderasien, und Raubzüge bis nach Palästina. Herodot berichtet, wie sie durch Psammetich I. (670–626) gegen Lösegeld zum Abzug bewogen wurden. Auf dem Rückweg sollen sie Askalon geplündert und zerstört haben.[16] 609 berichten babylonische Quellen, dass die Skythen in das Gebiet von Urartu eingedrungen seien, 608 wird von skythischen Ansiedlungen am Oberlauf des Tigris berichtet. Der Fall von Urartu im letzten Drittel des 7. Jahrhunderts v. Chr. wird daher auch auf Skythen zurückgeführt, wahrscheinlich aber als Verbündete des Medischen Reiches. Angaben Herodots über die Zerstörung Urartus durch Meder und Überlegungen zur Chronologie des Mächteverhältnisses in der Region lässt Forscher die Zerstörung Urartus aber hauptsächlich dem Medischen Reich zuschreiben.[17] In den Brandschichten von Bastam, das allerdings schon Mitte des 7. Jh. zerstört wurde, und von Tušpa (Van), Toprakkale, Teischebani (Kamir Blur) bei Jerewan und Argištiḫinili fanden sich dreiflügelige Bronzepfeilspitzen und „skythisches" Pferdegeschirr. Manche Forscher nehmen allerdings an, dass die Pfeilspitzen in Teischebani, die nicht in den Mauern, sondern in Vorratsräumen gefunden wurden, auf die Anwesenheit skythischer Söldner hinweisen. Vermutlich waren an der Eroberung von Urartu also auch Meder und transkaukasische Stämme beteiligt. Diese Feldzüge wurden vermutlich aus dem Kuban-Gebiet und dem nördlichen Kaukasus unternommen. Im Gebiet um Krasnodar und Stawropol wurden zahlreiche reich ausgestattete skythische Kurgane gefunden (zum Beispiel Ul'skij Aul mit über 400 Pferdebestattungen). Hier lokalisieren manche russische Forscher, wie zum Beispiel V. Murzin, das aus assyrischen Quellen belegte Reich Iškuza.

612 v. Chr. eroberten die Meder zusammen mit den Babyloniern und den Skythen Niniveh. Nach der Babylonischen Chronik eroberten die Skythen 609 Ägypten. Mit dem Beginn der Mederherrschaft (612 und 605 v. Chr.) ging der skythische Einfluss im vorderen Orient zurück. Herodot berichtet, die Skythen hätten 28 Jahre lang ganz Asien regiert, von dem Sieg des Madyas über den Medier Phraortes bis zur Niederlage gegen die Medier unter Kyaxares II. (624–585) im Jahr 594 v. Chr., der bei einem Gastmahl ihre Abgesandten umbringen konnte. Grakow erwägt allerdings, diesen Vorfall in die Regierungszeit von Astyages zu verlegen. Zu dieser Zeit war Madyas, Sohn des Protothyas Führer der Skythen. Danach zogen sich die Skythen nach Norden zurück. Manche Forscher setzen die verstärkte Besiedlung des nördlichen Schwarzmeerraumes erst in diese Zeit. 515/514 v. Chr. unternahm der Perserkönig Darius I. der Große mit einer mehrere hunderttausend Mann starken Armee einen erfolglosen Feldzug gegen die Skythen, deren Ostgrenze zu dieser Zeit am Don lag. Im ausgehenden 6. und 5. Jahrhundert steigt die Zahl der reichen Bestattungen im Dneprgebiet stark an.

Einer der bekanntesten Könige der Skythen war Atheas, der im Westen bis an die Donau vordrang und 339 v. Chr. hochbetagt gegen Philipp II. von Makedonien zu Felde zog und fiel.

331 führten die Makedonen unter Zopyrion einen weiteren Krieg gegen die Skythen. Sie stießen bis Olbia vor, konnten die Stadt aber nicht einnehmen und wurden auf dem Rückzug vernichtend geschlagen. In der Folge siedelten sich die Skythen in der Dobrudscha an. Alexander begann 330 Freundschaftsverhandlungen mit den Skythen, plante aber Arrian (Anabasis, 4,1) zufolge einen Feldzug zur Eroberung des nördlichen Schwarzmeergebietes und die Gründung einer Stadt am Tanais. Die Skythen boten ihm eine Heirat mit einer skythischen Prinzessin an, die er jedoch ablehnte. Im Jahre 329 kam es zu einem Zusammenstoß mit den Massageten in Baktrien, bei dem die makedonischen Truppen unter Krateros siegreich blieben. 323 wurde eine skythische Delegation in Babylon erwähnt.

Skiluros

(2. Jh. v. Chr.), Relief aus Neapolis, dem heutigen Simferopol

Einige sarmatische Fundstätten (gelbe Symbole), skythische Restbesiedlung (gelbe Flächen) und skythisches Reich (roter Schriftzug auf der Krim) innerhalb der Ukraine 3. Jahrhundert v.Chr.–1. Jahrhundert n.Chr. Auch in der Dobrudscha existierten skythische Restverbände.

Ab dem 4. Jahrhundert v. Chr. wurden die Skythen zunehmend von den Sarmaten verdrängt. Auch Klimaveränderungen werden jedoch für den Niedergang der Skythen verantwortlich gemacht. Auf der Krim, um die von König Skiluros gegründete neue Hauptstadt Neapolis bei Simferopol konnten sie sich noch bis ins 3. Jahrhundert n. Chr. halten. Skiluros und sein Sohn Palakos konnten ihrem Reich Teile des chersonesischen Reiches angliedern. In dem daraus entstehenden Konflikt mit Mithridates VI. (122–63 v. Chr.) verbündeten sich die Skythen mit dem roxolanischen König Tasius. Diophantes unterwarf die Krim jedoch zwischen 110 und 107 dem Pontischen Reich. Es kam zu einem Aufstand unter Saumakos, den Diophantes jedoch niederwerfen konnte. Ein erneuter Aufstand zwischen 89 und 84 war zunächst erfolgreich. 80 schlug Neoptolemos jedoch die skythische Flotte und besetzte Olbia und Tyras. Augustus erwähnt in seiner Autobiographie eine Gesandtschaft der Skythen. Sie kämpften zu dieser Zeit gegen Chersones und das Bosporanische Reich.

Die letzten, stark sarmatisierten Skythen wurden schließlich von den Goten in der zweiten Hälfte des 3. Jahrhunderts nach Christus vernichtet.

Sozialstruktur

Nach Herodot waren die Skythen von Königen beherrscht und hielten Sklaven, die sie blendeten und zur Milchverarbeitung einsetzten. Die Diener der Könige stammten aus den weniger angesehenen Stämmen und wurden mit ihnen bestattet.

Nach Lukian wurde die soziale Stellung durch den Viehbestand bestimmt. Sogenannte „Achtfüßige" – das sind Leute, die nur zwei Ochsen besaßen – standen an unterster Stelle. Pindar erwähnt sogar Skythen, die weder Vieh noch Wagen besaßen und denen deshalb die Bürgerrechte fehlten. Er kennt auch eine Aristokratie, die pilophorioi, also die Träger von Filzmützen.

Laut Herodot kannten die Skythen eine Form des Schwitzrituals, ähnlich dem der nordamerikanischen Lakota-Indianer.

Im Weiteren berichtet Herodot über den Brauch der Skythen, sich bei Trauerfeierlichkeiten das Gesicht zu zerschneiden. Dieser Brauch ist auch später bei den Mongolen und Türken feststellbar.[18]

Sprache

Die Sprache der Skythen wird gemeinhin zur alt-nordost-iranischen Gruppe des Indogermanischen gerechnet.[19][20] Die Sprache ist aber nur sehr bruchstückhaft überliefert. Herodot überliefert einige Wörter der skythischen Sprache in seinen Etymologien der Völkernamen Arimaspoi ‚Einäugige' (4.27) und Oiorpata ‚Männertöterinnen' (4.110). Die Bestandteile dieser Namen lassen sich jedoch nur schwer identifizieren. Die meisten Forscher deuten OIOP (Oior) als iranisch vīra- ‚Mann, Held', während ΠΑΤΑ (Pata) vielleicht eine Verschreibung für MATA darstellt, d.h. iranisch mar, ‚töten'. Herodot führt zusätzlich eine Reihe von Personen-, Götter- und Völkernamen an: beispielsweise die mythischen Vorfahren Lipoxais, Arpoxais und Kolaxais, deren Namen wahrscheinlich das iranische Wort xšāy- ‚herrschen' enthalten; die Vorderglieder sind dagegen dunkler. Askold Ivančik[21] vermutet *ripa- ‚(mythischer) Berg', āfra- (Nordostiran. *ārfa-) ‚Wasser' und xvarya- (Nordostiran. *xola-) ‚Sonne'. Laut Herodot sind diese drei Männer die Vorfahren von vier skythischen Stämmen: Auchatai, Katiaroi + Traspies und Paralatai, deren Namen Ivančik von wahu- ‚gut, heilig‘, hu-čahr-ya- ‚mit guten Weiden‘, drv-asp- ‚mit festen Pferden‘ und para-dāta- ‚vorgesetzt‘ herleitet und im Rahmen des Dumézil'schen Systems der drei Funktionen erklärt.

Dass die Skythen tatsächlich eine Sprache des nordöstlichen Zweiges der iranischen Sprachgruppe hatten, wird auch dadurch indiziert, dass die Sauromaten laut Herodot eine korrupte Form (d.h. einen Dialekt) der skythischen Sprache verwendeten. Die Sauromaten wiederum werden mit den später auftauchenden Sarmaten gleichgesetzt, die als Sprecher einer iranischen Sprache gelten. In den späten griechischen Inschriften der Kolonien der nördlichen Schwarzmeerküste sind rund 300 iranische Namen überliefert, die sich nur durch sarmatischen Einfluss erklären lassen[22]. Diese Namen zeigen gewisse geografische Unterschiede in der Lautentwicklung, was mutmaßlich auf die Existenz eines östlichen (= skythischen?) und eines westlichen (= sarmatischen?) Dialekts deutet[23].

Mit anderen Worten bildeten das Skythische, das Sarmatische und das Sakische im Altertum ein sprachliches Kontinuum, aus dem später auch das Sogdische†, das Alanische† und das Ossetische erwuchsen.

Einfluss auf Mitteleuropa

Ob bzw. inwieweit die Skythen nach Mitteleuropa vordrangen, ist äußerst umstritten. Archäologisch lassen sich diese Einfälle nicht sicher belegen. In den hallstattzeitlichen Siedlungen von Smolenice, Molpir und Witzen Wiscina (Slowakei und in Ungarn) wurden Brandhorizonte nachgewiesen, die dreiflügelige Pfeilspitzen enthielten. Diese dreiflügeligen Pfeilspitzen werden gerne als Beleg für die Anwesenheit der Skythen herangezogen. Solche Pfeilspitzen wurden jedoch auch von anderen Reiternomaden verwendet, auch solchen, die in römischen Diensten standen.

Der Goldschatz von Vettersfelde mit Artefakten im skythischen Stil könnte von der Anwesenheit eines skythischen Fürsten zeugen, aber auch Beutegut darstellen.

Literatur

 Johann Georg Gmelin: Expedition ins unbekannte Sibirien. Jan Thorbecke Verlag, Stuttgart 1999. (Johann Georg Gmelin war Teilnehmer an der Großen Nordischen Expedition 1733–1743 mit Ausgrabungen skythenzeitlicher Grabhügel.)

Archäologie und Geschichte

 C. Burney, D. M. Lang: Die Bergvölker Vorderasiens. Kindler, München 1973; Magnus, Essen 1975. ISBN 3-463-13690-2

 E. V. Cernenko, M. V. Gorelik: The Scythians 700–300 BC. Osprey, London 1983. ISBN 0-85045-478-6

 D. Chélov: Les Skythes. In: V. Yanine unter anderem: Fouilles et recherches archéologiques en URSS. Progres, Moskau 1985, 123–152.

 Christo Danoff: Skythai 1. In: Der Kleine Pauly (KlP). Band 5, Stuttgart 1975, Sp. 241 f.

A. Godard: Le trésor de Ziwiyè. Haarlem 1950.

Boris N. Grakow: Die Skythen. Deutscher Verlag der Wissenschaften, Berlin 1978, 1980.

Boris Nikolaevic Grakov: Skify. Izd. Univ., Moskau 1971 (russ. Originalausg.).

Iaroslav Lebedynsky: Les Scythes. La civilisation nomade des steppes, VII.-III. siéc av. J.-C. Errance, Paris 2003. ISBN 2-87772-215-5

François Cornillot: L'aube scythique du monde slave. in: Slovo. Revue du Centre d'Études Russes, Eurasiennes et Sibériennes (CERES), 14, 1994, 77–259 ISSN 0183-6080

François Cornillot: Le feu des Scythes et le prince des Slaves. in: Slovo. Revue du CERES. 20/21, 1998, 27–127. ISSN 0183-6080

Askold I. Ivantchik: Kimmerier und Skythen. Kulturhistorische und chronologische Probleme der Archäologie der osteuropäischen Steppen und Kaukasiens in vor- und frühskythischer Zeit. Steppenvölker Eurasiens. Bd 2. Paleograph Press, Moskau 2000, Zabern, Mainz 2001. ISBN 5-89526-009-8.

Georg Kossack: Tli Grab 85. Bemerkungen zum Beginn das skythenzeitlichen Formenkreises im Kaukasus. Beiträge zur allgemeinen und vergleichenden Archäologie 89 (Bonn 1983).

Georg Kossack: Von den Anfängen des skytho-iranischen Tierstils. Abhandlungen der Bayerischen Akademie der Wissenschaften, Phil.-Hist. Klasse NF 98 (München 1987)

Hermann Parzinger: Die Skythen. Beck, München 2004. ISBN 3-406-50842-1 (neuer, hervorragender Gesamtüberblick)

Hermann Parzinger, Wilfried Menghin, Manfred Nawroth (Hrsg.): Im Zeichen des Goldenen Greifen. Königsgräber der Skythen. Prestel Verlag, München 2007

Renate Rolle: Die Welt der Skythen. Stutenmelker und Pferdebogner, ein antikes Reitervolk in neuer Sicht. C. J. Bucher, München 1991. ISBN 3-7658-0327-8

Renate Rolle unter anderem (Hrsg.): Gold der Steppe, Archäologie der Ukraine. Wachholtz, Schleswig 1991, 1996. ISBN 3-529-01841-4

Hermann Sauter: Studien zum Kimmerierproblem. Habelt, Bonn 2000. ISBN 3-7749-3005-8

Veronique Schiltz: Die Skythen und andere Steppenvölker. Universum der Kunst. Bd. 39. Beck, München 1994. ISBN 3-406-37137-X (Umfassende, ausführliche Darstellung der skythischen Kunst)

M. F. Vos: Scythian archers in archaic Attic vase-painting. Groningen 1963.

Vuslat Ünal: Zwei Gräber eurasischer Reiternomaden im nördlichen Zentralanatolien. in: Beiträge zur allgemeinen und vergleichenden Archäologie. 3, 1982, S. 65–81. ISSN 0170-9518

E.D. Frolov: Die Skythen in Athen. in: Hyperboreus. Studia classica 6, 2000, 1, S. 3–30. ISSN 0949-2615

Gold der Skythen. Schätze aus der Staatlichen Eremitage St. Petersburg. Staatliche Antikensammlung und Glyptothek, München 1984. ISBN 3-529-01845-7

Konstantin V. Tschugunov, Hermann Parzinger, Anatoli Nagler: Der Goldschatz von

Arschan. Schirmer/Mosel, München 2006.

Sprache

Askold Ivancik: Une légende sur l'origine des Scythes. in: Revue des études grecques. 112, 1999, S. 141–192. ISSN 0035-2039

János Harmatta: Studies in the History and Language of the Sarmatians. Szeged 1970.

Ladislav Zgusta: Die griechischen Personennamen griechischer Städte der nördlichen Schwarzmeerküste. Prag 1955.

Soziologie

Elçin Kürsat-Ahlers: Zur frühen Staatenbildung von Steppenvölkern – Über die Sozio- und Psychogenese der eurasischen Nomadenreiche am Beispiel der Xiongnu und Göktürken mit einem Exkurs über die Skythen. Sozialwissenschaftliche Schriften. Bd. 28. Duncker & Humblot, Berlin 1994. ISBN 3-428-07761-X.

Mythen und Sagen

André Sikojev: Die Narten. Söhne der Sonne. Mythen und Heldensagen der Skythen, Sarmaten und Osseten. Diederichs, Köln 1985. ISBN 3-424-00849-4

Weblinks

Commons: Skythen – Sammlung von Bildern, Videos und Audiodateien

George Hinge: Herodot zur skythischen Sprache. Arimaspen, Amazonen und die Entdeckung des Schwarzen Meeres. In: Glotta. 81, 2005, S. 86–115.

Sonderausstellung „Königsgräber der Skythen – Im Zeichen des Goldenen Greifen" in Berlin, Hauptinternetseite

Sonderausstellung „Im Zeichen des Goldenen Greifen. Königsgräber der Skythen" in Berlin, Martin-Gropius-Bau, bis zum 1. Oktober 2007

Die Sonderausstellung „Das Gold der Steppe" zeigt die Fürstenschätze jenseits des Alexanderreiches

Informationen zu Skythen

im BAM-Portal

Marcus Sigismund: Skythen

. In: Michaela Bauks, Klaus Koenen, Stefan Alkier (Hrsg.): Das wissenschaftliche Bibellexikon im Internet (WiBiLex), Stuttgart 2006 ff.

Birge Tetzner: MP3-Podcast zur Skythenausstellung mit Hermann Parzinger

Festvortrag von Professor Dr. Hermann Parzinger: Archäologische Forschung in der sibirischen Steppe: das skythische Fürstengrab von Aržan

(Memento vom 29. September 2007 im Internet Archive) (PDF-Datei; 70 kB)

Archäologie und Kunst Mittelasiens – Hilfe zum Studium

Forschungen zu skythenzeitlichen Eliten in der südsibirischen Steppe

dainst.org

Vollständige Freilegung des Kurgans Arzhan 2 mit einem unberaubten Fürstengrab (spätes 7. Jh. v. Chr.)

dainst.org

Forschungen zu skythenzeitlichen Eiskurganen in den Hochgebirgstälern des mongolischen Altaj
dainst.org
Jona Lendering: Scythians / Sacae
. In: Livius.org (englisch)

Einzelnachweise

H. Wagner, Die Skythen , Eurasisches Magazin, 2004
Scythian – ancient people , in Encyclopædia Britannica, online edition 2009
Vgl. Herrmann Parzinger: Die Skythen, S. 25–29
Rüdiger Schmitt: Das Skythische – eine altiranische Trümmersprache. In: Hermann Par-
zinger (Hrsg.): Im Zeichen des goldenen Greifen – Königsgräber der Skythen, Seite 300.
München 2007
Herodot 4, 20 Anabasis, 4,1
Die Abier der Ilias
Vollständige Freilegung des Kurgans Arzhan 2 mit einem unberaubten Fürstengrab (spä-
tes 7. Jahrhundert v. Chr.)
Das Gold von Tuva. Interaktiver Themenkomplex der ZDF-Produktion Schliemanns Er-
ben, 2006
Im Zeichen des Goldenen Greifen. Königsgräber der Skythen, Ausstellung im Martin-
Gropius-Bau zu Berlin (Memento vom 4. März 2009 im Internet Archive)
Eismumienfund bei Dreharbeiten zur ZDF-Reihe „Schliemanns Erben"
ZDF Expedition: Das Geheimnis der Eismumie
Der Krieger aus dem mongolischen Eisgrab
Video Mongolei: Die Rückkehr der Eismumie (ZDF-Produktion, Schliemanns Erben Spe-
zial, 2008, 16. November 2009, 2:40 Uhr, 43:42 Min.) in der ZDFmediathek, abgerufen
am 9. Februar 2014
The Week Herodot: I, 105.
Artikel der Encyclopaedia Iranica über Medien
(siehe Kapitel „The Rise and Fall of the Media Empire" erster Absatz und vorheriges Ka-
pitel „The Median Dynasty", dritter Absatz).
Wolfgang-Ekkehard Scharlipp Die frühen Türken in Zentralasien, S. 5
O. Szemerényi, Four old Iranian ethnic names: Scythian – Skudra – Sogdian – Saka. Sit-
zungsberichte der Österreichischen Akademie der Wissenschaften 371, Wien, 1980,
Scripta minora, Vol. 4, S. 2051–2093.
T. Sulimirski, The Scyths. Cambridge History of Iran, Vol. 2, S. 149–199 (LINK
); R. Grousset, The empire of the Steppes, Rutgers University Press, 1989, S. 19 ff.; E. Jac-
bonson, The Art of Scythians, Brill Academic Publishers, 1995, S. 63, ISBN 90-04-09856-9;
J. P. Mallory, In Search of the Indo-Europeans: Language Archeology and Myth, Thames
and Hudson, 1998, Kap. 2, S. 51–53; C. Renfrew, Archeology and Language: The Puzzle of
Indo-European origins, Cambridge University Press, 1988; V. Abaev/H. W. Bailey, ALANS

, Encyclopaedia Iranica, online ed., 2009; D. Sinor, Inner Asia: History — Civilization — Languages, Routledge, 1997, S. 82, ISBN 0-7007-0896-0
Askold Ivančik, Une légende sur l'origine des Scythes. in: Revue des études grecques. Paris 112.1999, 141–192. (ISSN 0035-2039)
Vgl. Ladislav Zgusta: Die griechischen Personennamen griechischer Städte der nördlichen Schwarzmeerküste. Prag 1955
 János Harmatta: Studies in the History and Language of the Sarmatians. Szeged 1970

Ende Zitat

Ich füge hier auch noch etwas zu den Skythen von dem Bibellexikon **Zitat Anfang:**
Skythen Das Bibellexikon
1. Grundsätzliche Einordnung
Bei den Skythen (lat. Scythae; gr. Σκύθαι) handelt es sich um ein Reitervolk, das aufgrund seiner kriegerischen Fähigkeiten in der gesamten Antike bekannt war. Mit Ausnahme des sog. Skythensturmes, in dessen Verlauf die Skythen bis an die Grenze Ägyptens gelangten (s.u. 3.1 und 3.2), lassen sich keine direkten Beziehungen zwischen diesem ursprünglich nordöstlich des Schwarzen Meeres beheimateten Nomadenvolk und dem antiken Israel aufweisen. Jedoch gelten die Skythen in den biblischen und anderen antiken Schriften bis in die hellenistische Zeit hinein (und teilweise darüber hinaus) als der Inbegriff des grausamen Barbarentums (vgl. 2Makk 4,47; 3Makk 7,5; 4Makk 10,7; Kol 3,11 Josephus, Contra Apionem II 269 Text gr. und lat. Autoren; Tertullian, Apologie IX 9 Bibliothek der Kirchenväter).
2. Kultur und Geschichte
2.1. Kultur
Die genaue Herkunft des skythischen Volkes ist bis heute Gegenstand umfangreicher Diskussionen (Murzin 1990; Feld 1999, 381ff; Sauter 2000), jedoch darf man als Ausgangspunkt dieser Kultur die Entwicklung einer stark nomadisch geprägten Wirtschaftsform ansehen, welche sich im 1. Jt. v. Chr. im geographischen Raum von der Mongolei bis zu den Karpaten entwickelte (R. Rolle / I.v. Bredow, Der Neue Pauly XI, 645; Busch 1993, 15). Die Kultur selbst findet ihren Ursprung in bewaffneten Reiterkriegern, welche sich bereits für Mitte des 2. Jt.s in Osteuropa nachweisen lassen, und in dem Aufkommen mobiler Viehzüchterpopulationen, welche sich auf die Pferdezucht spezialisierten und im Nordpontos-Raum an der Wende vom 10. zum 9. Jh. lebten. Diese Kultur entwickelte in der Bronzezeit den vierrädrigen Planwagen und schuf so die Voraussetzung für den späteren Wohnwagennomadismus der frühen Eisenzeit. Parallel hierzu scheint es den archäologischen Befunden zufolge um die Wende vom 2. zum 1. Jt. zu einer Nord-Süd-Wanderung gekommen zu sein, die bis in das Nordschwarzmeergebiet reichte (Busch 1993, 15). Die skythische Sprache zählt zur iranischen Sprachfamilie.
Die klassische skythische Kultur, wie sie uns etwa bei Herodot (Text Herodot) oder Diodor, aber auch in den Reflexen der biblischen Autoren begegnet, beruht auf den Vor-

derasienzügen der Skythen seit dem 8./7. Jh. v. Chr. (s.u.). Der aus diesen Raubzügen resultierende Kontakt mit den vorderorientalischen Stadtkulturen (Assyrien, Medien, Urartu etc.) führte zu einer Aufnahme mesopotamisch-vorderasiatischer Elemente in die skythische Kultur, die schon zuvor im Laufe der skythischen Expansion verschiedene kimmerische und eurasische Elemente assimiliert hatte (Bouzek 1997, 503; Ivantchik 2001).

Seit dem 8. Jh. scheint das Kerngebiet der skythischen Stämme im Kubangebiet und in größeren Teilen des Nordkaukasus gelegen zu haben. Von hier aus unternahmen sie auch ihre militärischen Aktionen. In der Mitte des 6. Jh.s v. Chr. verlagerte sich das skythische Herrschaftsgebiet westwärts in die Steppen- und Waldsteppenzone am unteren Dnjepr. Die Gründe hierfür dürften zum einen in den besseren Weidemöglichkeiten zu suchen sein, zum anderen ermöglichte dies auch Kontakte mit den griechischen Kolonien an der Nordschwarzmeerküste und vereinfachte die Kontrolle wichtiger Handelsrouten.

Als problematisch erweist sich für die historische Forschung, dass die skythische Kultur keine literarischen Zeugnisse hinterlassen hat, so dass wir auf Fremdaussagen vorwiegend griechischer Autoren und auf archäologische Funde angewiesen sind. Als Leitfunde gelten:

1) Grabhügel (sog. Kurgane), welche einen Durchmesser von bis zu 100 m sowie eine Gesamthöhe von 15 m erreichen konnten und durch ihre steilwandige Silhouette auffallen. Diese Hügel, die oftmals große Nekropolen bilden, bestanden aus Rasensoden und besaßen eine Erd- oder Holzplattform für Opferhandlungen. Ihre Spitze wurden von menschengestaltigen Skulpturen geschmückt. Die Innenanlage variiert je nach geographischer Zone (R. Rolle / I.v. Bredow, Der Neue Pauly XI, 646).

2) Grabbeigaben, welche die soziale Stellung des Verstorbenen spiegeln, und neben Schmuck, Wirtschaftsausrüstung und Waffen auch getötetes Dienstpersonal und Pferde umfassen können. Zwar sind die meisten Gräber durch Grabräuber ausgeplündert, die erhaltenen Funde bezeugen aber einen großen Facettenreichtum der skythischen Kunsterzeugnisse (vgl. Busch 1993).

Die Grabfunde belegen zudem die dominierende Rolle des schweren Panzerreiters im skythischen Heer. Ebenso wird der Wagen als Lebensbereich der Frauen und Kinder klar fassbar. Jedoch hat die archäologische Forschung auch Gräber von Kriegerinnen mit Angriffs- und Verteidigungswaffen sowie weiteren Grabbeigaben freilegen können, die verschiedene Aspekte des sog. Amazonenlebens aufzeigen konnten (vgl. Rolle 1980, 94-99).

Neben dem Wohnwagennomadismus lassen sich auch proto-urbane Strukturen nachweisen. Hierbei kann es sich um Winterquartiere, Herrschafts-Residenzen oder aber auch um Handwerks- und Handelsplätze gehandelt haben. So sind in der Ukraine und in Südrußland zahlreiche Burgwälle (gorodišče) aus skythischer Zeit nachweisbar (Busch 1993, 25f). Bei dem in Bel'sk nachweisbaren Burgwallsystem, das 4000 ha Innenfläche umfasst, handelt es sich möglicherweise um die aus Herodot (IV 108) bekannte Stadt Gelonos, in der eine griechisch-skythische Mischbevölkerung gelebt haben soll und wo man das Herrschaftszentrum der Skythenkönige des 7. und 6. Jh.s vermutet (R. Rolle / I.v. Bredow, Der Neue Pauly XI, 652).

Die Verkürzung der skythischen Kultur auf ein kriegerisches Reitervolk ist sicherlich nicht statthaft. So trieben die Skythen mit den griechischen Kolonien schwunghaften Handel, der sowohl über Faktoreien (empória) als auch durch fahrende griechische Händler im Hinterland abgewickelt wurde (Herodot IV 17-20.107). Die Skythen verkauften vor allem Getreide, Wolle, Spinnfaserpflanzen, Trockenfisch sowie Edelmetalle aus dem Ural (Busch 1993, 20.25). Von den Erlösen erwarben sie hauptsächlich griechische Luxusware wie etwa Wein (vgl. Ailianos, Varia historia II 41) und Feinkeramik (Banri 2003).

Klimatisch-ökologische Gründe, vor allem aber das militärisch erfolgreiche Vorrücken des iranischen Volks der Sarmaten, ließen die klassische skythische Kultur um 300 v. Chr. zusammenbrechen. In die südlichen Küstengebiete und auf die Halbinsel Krim zurückgedrängt, kam es im 3./2. Jh. v. Chr. auf der Krim zur Gründung eines spätskythischen Reiches mit Neapolis Scythia als Hauptstadt, das sich trotz vielfacher Schwächung bis in das 3. Jh. n. Chr. zu halten vermochte.

2.2. Geschichte

Historisch fassbar werden die Skythen durch ihre Bewegung nach Südosten in die Nähe des im Norden des heutigen Irans gelegenen Urmia-Sees im 8. Jh. Seit Sargon II. (vor 713 v. Chr.) werden sie in assyrischen Quellen erwähnt (zur Problematik der Unterscheidung von Skythen und Kimmerier in den assyrischen Quellen vgl. Ivantchik 2001). Nachdem die Skythen zunächst zu Beginn des 7. Jh.s eine ständige Bedrohung für die assyrischen Gebiete (SAA 4, Nr. 23; 35) und insbesondere für das Reich von Urartu darstellten (SAA 4, Nr. 66 und 71; vgl. auch Busch 1993, 16), scheint es später zu Verhandlungen gekommen zu sein. So sah sich etwa der Assyrerkönig Asarhaddon im Jahre 673 v. Chr. genötigt, aufgrund der politischen Rahmenbedingungen ein Bündnis mit den Skythen einzugehen, indem er dem Skythenkönig Bartatua (gr. Protothýēs; vgl. Herodot I 103; Text Herodot) eine seiner Töchter zur Frau gab (vgl. SAA 4, Nr. 20). In der Folgezeit lässt sich aufgrund archäologischer Funde in zerstörten Festungen und Städten belegen, dass die Skythen – auf Seiten der Assyrer oder aus eigenem politischen Kalkül – an der Zerstörung Urartus aktiv beteiligt waren (Wartke 1993, 171-175). 630/620 v. Chr. schlug der skythische Herrscher Madyes, ein Sohn des Bartatua, die Kimmerier (Strabon I 3,21) und kämpfte mit den Assyrern gegen die → Meder, als diese → Ninive attackierten (vgl. Herodot I 103; Abydenus apud Eusebios, Chronik, ed. Schoene I, 35.37). Wohl durch diese erfolgreichen Unternehmungen, aber auch durch den Machtverlust des assyrischen Reiches ermutigt, begannen die Skythen jenen Eroberungszug nach Syrien, der sie bis zur ägyptischen Grenze führte und Rezeption in den biblischen Schriften gefunden haben könnte (s.u. 3.1 und 3.2). Der Höhepunkt dieser militärischen Unternehmungen dürfte in die Zeit zwischen 630 und 625 v. Chr. gefallen sein (Bouzek 1997, 503). Erst Psammetich I. (664-610 v. Chr.) gelang es, die Skythen durch Geschenke aufzuhalten (Herodot I 105; vgl. dazu W. Helck, Lexikon der Ägyptologie V, 990). Die Skythen beherrschten daraufhin 28 Jahre Kleinasien, bis sie von den Medern vertrieben wurden (Herodot I 106; IV 1).

Das skythische Herrschaftsgebiet zog sich daraufhin in den folgenden Jahrhunderten in das Kuban-Gebiet und in die nördlichen pontischen Steppen zurück (Bouzek 1997, 504; Busch 1993,17).

Trotz dieses Rückzuges finden die Skythen weiterhin Erwähnung in den antiken Quellen. So berichtet etwa Herodot (IV 118-142), dass Darius im Jahre 512 v. Chr. eine Kampagne gegen die Skythen abbrechen ließ, weil seine Truppen von der Verfolgung der Skythen über die Steppe zu erschöpft waren. Die antiken Quellen verraten auch, dass verschiedene antike Staaten bereit waren, skythische Truppen anzuwerben oder skythischen Angriffen durch Tributzahlungen zuvorzukommen (Polyainos, Strategemata VI 9,4; Diodor XX 22,4; Lukianos, Toxaris 44). Auch scheint es oftmals zur Vermischung von skythischen und indigenen Bevölkerungsteilen von Städten gekommen zu sein, was insgesamt ab dem 5. Jh. zum einen zur Hellenisierung der skythischen Oberschicht geführt hat (vgl. Herodot IV 77-80; vgl. auch Busch 1993, 25; dagegen Bouzek 1997, 504), zum anderen offenkundig aber auch einigen Skythen neue politische Möglichkeiten bot, da seit dieser Zeit viele Könige des Regnum Bosporanum skythische Namen trugen (R. Rolle / I.v. Bredow, Der Neue Pauly XI, 655).

Zu den bekanntesten skythischen Königen zählt Atheas, der in der Mitte des 4. Jh.s v. Chr. ein Reich südlich der Donau beherrschte, das Scythia minor genannt wird (Bouzek 1997, 505). In seine Regierungszeit sind die bekanntesten skythischen Grabanlagen zu datieren, außerdem wird diesem König die Einführung des skythischen Geldes zugeschrieben (U. Peter, Der Neue Pauly II, 149; Busch 1993, 26; Jordanov 1991, insb. 47). Philipp II. von Makedonien konnte Atheas aber 339 v. Chr. vernichtend schlagen (Iustinus, Epitoma historiarum Philippicarum IX 2; Orosius III 13,5-7; Plutarch, moralia [Regnum et imperatorum apophthegmata] 174EF) und das Reich zerstören. Jedoch gelang den Skythen im Jahre 331 v. Chr. nochmals ein Achtungserfolg, als die Stadt Olbia General Zopyrion, welcher von Alexander dem Großen mit der Eroberung betraut war, abwehren konnte (Curtius Rufus X 1,43-44; Iustinus, Epitoma historiarum Philippicarum II 3,4; XII 1,4; XII 2,16f; XXXVII 3,2; Macrobius Saturnalia I 11,33; vgl. dazu Busch 1993, 26; Jordanov 1991, 57; vgl. auch mit abweichender Datierung auf 325 v. Chr. Zahrut 2002).

Durch den bereits erwähnten Einbruch der Sarmaten wurden die Skythen auf die Krim zurückgedrängt (vgl. Diodor II 43), wo König Skilurus und seine Söhne mehrere Festungen errichten ließen (Strabon VII 4,7; vgl. R. Rolle / I.v. Bredow, Der Neue Pauly XI, 655). Als sich das Regnum Bosporanum mit den Sarmaten verbündete, verschlechterte sich die politische Lage des skythischen Reiches zusehends. Die Eroberung Olbias im Jahre 150 v. Chr. durch Skilurus gilt als letzter großer Erfolg. In den Jahren 110-107 v. Chr. mussten die Skythen unter ihrem König Palakos mehrere vernichtende Niederlagen gegen Diophantos, einem General des Mithradates VI. Eupator von Pontos, hinnehmen (Busch 1993, 26; vgl. Strabon VII 3,17).

Um die Mitte des 1. Jh.s gelang es den Skythen nochmals, die Unabhängigkeit zu erlangen und kurzzeitig Olbia zu erobern. Der römische Legat Plautius konnte die Stadt 61 n. Chr. zwar wieder einnehmen, die Auseinandersetzungen um die Krim, in dem sich römische Stützpunkte und das skythische Königreich gegenüberstanden, dauerten aber bis ins 2. Jh. n. Chr. an (R. Rolle / I.v. Brenow, Der Neue Pauly XI, 655). Nach einer vernichtenden Niederlage des skythischen Königreiches gegen den bosporanischen König Sauromates II. am Ende des 2. Jh.s n. Chr. endete die spätskythische Kultur im 3. Jh. n. Chr. mit der Zerstörung von Neapolis, möglicherweise durch die Ostgoten (R. Rolle / I.v. Brenow, Der Neue Pauly XI, 652; Rolle 1980, 150). Die Skythen gingen in anderen Bevölkerungspopulationen, insbesondere in den Sarmaten auf.

3. Die Skythen und die Bibel

3.1. Die Feinde aus dem Norden

Nicht zuletzt unter Einfluss der Skythen-Beschreibung Herodots hat die ältere Forschung versucht, die im Propheten Jeremia genannten „Feinde aus dem Norden" (Jer 4,5-31; Jer 5,15-17; Jer 6,1-8.22-26; Jer 8,16f; Jer 10,22), welche als schnelle Reiter (Jer 4,13.29), einem Sturmwind (Jer 4,13) oder Löwen (Jer 4,7) gleich über das Land herfallen sollen, mit den Skythen zu identifizieren (vgl. dazu Wilke 1913, 223; Herrmann 1990, 7.10).

Nach A. Condamin (1936) geht die These auf das 18. Jh. zurück und lässt sich erstmalig im commentarius ad librum Prophetiarum Jeremiae des H. Venema (1756) nachweisen. Dieser These seien namhafte Exegeten, etwa Eichhorn, Cheyne, Ball, Duhm, Cornill, Kent, Peake, Driver, Binns, Skinner und Eissfeldt gefolgt (vgl. Hyatt 1940, 500). Eine Sammlung von Argumenten gegen einen Skythensturm findet sich bereits durch F. Wilke (1913) zusammengetragen, der jedoch der heute zu revidierenden negativen Herodotsicht seiner Zeit folgt.

Auch die Prophezeiung des Zefanja, das Gericht über Juda und Jerusalem werde durch fremde Kriegsscharen herbeigeführt (1,2-18), ist vereinzelt auf ein skythisches Heer gedeutet worden (vgl. dazu Wilke 1913, 233).

Grundsätzlich ist – je nachdem, wie man die Propheten datieren mag – eine skythische Bedrohung als Hintergrund der Prophezeiungen denkbar. Jedoch ließen sich die Textstellen ebenfalls auf eine babylonische Bedrohung hin deuten.

Die von Wilke (1913) und Hyatt (1940) angeführten Argumente haben im Wesentlichen bis heute ihre Gültigkeit behalten, wenngleich sich aufgrund der heute weitaus positiveren Bewertung des Herodot zum einen und aufgrund neuerer Annahmen bzgl. der komplexen Entstehungs- und Traditionsgeschichte gerade des Jeremia-Buches zum anderen im Detail Kritik üben lässt.

Als Hauptproblem stellt sich dabei heraus, dass Wilke (1913) von der damaligen Forschungssituation ausgehend die „Feinde aus dem Norden" zwangsläufig mit dem sog. Skythensturm in Verbindung bringt. Da sich seiner Ansicht nach (Wilke 1913, 226-229) Herodot mehrfach als unzuverlässig erweise und hier wohl eine lokale Anekdote verarbeite, könne die Notiz über ein skythisches Vordringen bis zur ägyptischen Grenze nicht als historisch angesehen werden. Zudem finde man bei Jeremia und Zefanja weder eine explizite Nennung der Skythen noch Belege, die sich eindeutig auf Skythen beziehen müssten. Vielmehr würden sich viele Textstellen, die auf Skythen bezogen würden, dem

Kontext nach eindeutig auf andere Völker beziehen (ebd. 237f). Zudem würden einige Beschreibungen der „Feinde aus dem Norden" (etwa die Kriegswagen und die Belagerung von Festungen) ganz offenkundig gar nicht zu den Skythen (ebd. 243-247), sondern viel besser zu Chaldäern passen.

Hyatt (1940) schließt sich der Argumentation weitestgehend an und glaubt, dass es sich bei den „Feinden aus dem Norden" um Chaldäer und ihre Verbündeten gehandelt habe. Dabei seien die in babylonischen Chroniken (vgl. z.B. die Gadd-Chronik) genannten und oftmals als Skythen interpretierten umman-manda Meder (ebd. 509).

Der Vollständigkeit halber sei auf die Überlegung C.C. Torreys verwiesen, der Jer 1-10 als vaticinium post eventum interpretiert und in das 3. Jh. v. Chr. datiert. Hiervon ausgehend nimmt er an, dass mit dem „Feind aus dem Norden" Alexander der Große und seine Armee gemeint seien (Torrey 1937; eine Widerlegung der Argumente Torreys findet sich bei Hyatt 1940, 503-505).

Die moderne Forschung geht davon aus, dass die Formulierungen im Buch Jeremia bewusst offen gewählt sind und der theologische Aspekt der Strafandrohung vor einem möglichen historischen Hintergrund dominiert.

In der Tat entbehrt eine Gleichsetzung der Feinde mit den Skythen jeglicher Gewissheit, und viele Aspekte der Feindesbeschreibung erscheinen topisch (Herrmann 1990, 10). Schon Wilke wies darauf hin, dass die Feinde Israels nach der literarischen Überlieferung fast immer aus dem Norden gekommen seien (Wilke 1913, 239f). Jedoch ist auch zu bedenken, dass die Phrase „Feinde aus dem Norden" gerade vor dem Hintergrund der rhetorischen Funktion und Wirkweise des Topos „Skythen" nicht ausschließt. So konnte Goldenberg (1998) anhand paganer und rabbinischer Belegtexte aufzeigen, dass „Skythen" in der antiken Literatur oftmals als Synonym für Bewohner nördlicher Gebiete steht, die der antike Autor den Barbaren zurechnen würde. Dies belegt, dass das Barbarentum der Skythen sowie ihre nördliche Herkunft sprichwörtlich waren und somit in den biblischen Büchern als topische Vorlage gedient haben könnte (vgl. so auch Bouzek 1997, 504). Es zeigt aber auch, dass eine irgendwie geartete Erinnerung an diese Kultur vorhanden gewesen sein muss, die möglicherweise eben doch im sog. Skythensturm wurzelt.

3.2. Der Skythensturm

Unabhängig von der Frage nach der Identität der „Feinde aus dem Norden" – aber innerhalb der Forschung immer wieder mit diesem Themenkomplex verknüpft – ist das Forschungsproblem des sog. Skythensturms zu betrachten. Hintergrund der forschungsgeschichtlichen Spekulationen ist der Bericht des Herodot (I 103-106; Text Herodot), nach dem skythische Gruppen durch die östlichen Pässe des Kaukasus in das Wohngebiet der Meder eingefallen und dann durch Palästina nach Ägypten gezogen seien. Nur durch Geschenke hätte der ägyptische Herrscher Psammettich I. (663-610 v. Chr.) einen Einmarsch der kriegerischen Nomaden abwenden können. Laut Herodot zerstörten die Skythen auf ihren Rückzug ein Heiligtum in Askalon und führten 28 Jahre lang ein Schreckensregime in Vorderasien.

Innerhalb der ägyptologischen Forschung findet sich zuweilen die Überlegung, ob der bei Herodot überlieferte Skythensturm in der Darstellung der Kriegszüge des Sesostris (12. Dynastie) Rezeption bei verschiedenen antiken Autoren gefunden haben könnte (Arrian, Indica V 5-6; Photios, Bibliotheca 58; Iustinus, Epitoma historiarum Philippicarum II 3,8ff; Orosius I 14; Jordanes, Getica, VI 47-48; Strabon XV 1,6). Sesostris soll diesen Quellen zufolge einen fehlgeschlagenen Kriegszug gegen die Skythen geführt haben und sei von diesen bis an die ägyptische Grenze verfolgt worden. Trotz vieler Parallelen zur Darstellung des Herodot lässt sich hierfür aber kein absoluter Beweis führen (vgl. jedoch H. Kees, Paulys Real-Encyclopädie II A,2, 1870-1871; W. Helck, Lexikon der Ägyptologie V, 990).

Da zahlreiche archäologische Funde inzwischen die Zuverlässigkeit der Skythen-Darstellung Herodots bewiesen haben (vgl. Yamauchi 1983, 95-98; Ivantchik 2001, 335), stellt sich die Frage nach der Historizität des sog. Skythensturmes von neuem.

Archäologisch lässt sich die Anwesenheit skythischer Krieger in verschiedenen Regionen des antiken urartischen Reiches für die Mitte des 7. Jh.s v. Chr. wahrscheinlich machen (Yamauchi 1983, 91-92). Assyrische Quellen bezeugen für das Jahr 676 v. Chr. ihren Einfall in das Reich der Mannäer (Heidel 1956, 17; Yamauchi 1983, 92). Skythische Pfeilspitzen aus dem von Psammetichos I. gegründeten Tell Defenneh (Daphne) östlich des Nildeltas belegen, dass skythische Truppen vor Ort gewesen sein müssen, wenngleich es sich in diesem Fall aus chronologischen Erwägungen heraus eher um Söldner als um Eindringlinge gehandelt haben mag (Yamauchi 1983, 94). Auch die Pfeilspitzpfunde aus Samaria und der philistäischen Küste (Tell el-'Ağğūl [Tell el-Aggul] und Tell el-Fār'a (Süd) [Tell el-Fara], welche in Strata des 7. Jh.s v. Chr. gefunden wurden (vgl. Sulimirski 1954), lassen sowohl eine Interpretation als Relikte des Skythensturms als auch in Richtung der Anwesenheit skythischer Söldner im Rahmen chaldäischer Heeresaufgebote zu (so etwa Yamauchi 1983, 95; vgl. allg. Ivantchik 2001, 329).

Somit lässt sich zwar die Anwesenheit von Skythen in Palästina, nicht aber der Skythensturm archäologisch einwandfrei belegen. Erschwerend kommt hinzu, dass weder die ägyptischen Quellen noch die babylonischen Quellen Hinweise auf dieses Ereignis erhalten haben. Jedoch ließe sich dies durch die historische Umbruchsituation erklären.

Vielfach wurde in der Forschung darauf hingewiesen, dass die Chronik Gadd Hinweise auf skythische Truppen enthalte, welche dort umman-manda genannt würden. A. Malamat (1950, 155-158) wies darauf hin, dass diese umman-manda 612 v. Chr. als Verbündete der Babylonier und Medier gegen eine Koalition von Assyrern und Ägyptern gekämpft hätten. Daher seien die Ereignisse der Gadd-Chronik mit der Darstellung des Herodot zu synchronisieren, was den Skythensturm als Teil der militärischen Unternehmungen gegen Ägypten grundsätzlich verifizieren würde. Die Skythen hätten innerhalb der Koalition die Aufgabe übernommen, die ägyptische Armee zu vernichten (so Malamat 1950, 157).

Jedoch wäre ebenso denkbar, dass die Skythen das Machtvakuum, welches durch den Niedergang der Assyrer entstanden war, für eigene Unternehmungen nutzten und die Kontrolle über das Gebiet des urartäischen Reiches an sich rissen. In diesem Kontext sind ebenfalls Auseinandersetzungen mit dem unter Psammetich I. nach Syrien expandierenden ägyptischen Reich denkbar. Spalinger (1973, 53) wies unter Berufung auf Piotrovskij (1959) darauf hin, dass das Reich von Urartu in zwei militärischen Wellen untergegangen zu sein scheint. Daher sei es nahe liegend anzunehmen, dass erst die Skythen für eine gewisse Zeit versuchten, die Region zu beherrschen, und dass später eine zweite, medische Eroberungswelle die Reste des urartäischen Reiches vernichteten.

Die Notizen der antiken Autoren belegen jedenfalls zur Genüge, dass im klassischen Altertum eine Tradition existierte, welche von einem kriegerischen Zug der Skythen bis an die ägyptische Grenze berichtete. Letztendlich wird man die Existenz des Skythensturmes immer mit der Frage verknüpfen müssen, ob man der Darstellung Herodots Vertrauen schenken mag oder nicht.

3.3. Sonstige biblische Verbindungen

Gen 10,3 erwähnt innerhalb einer Völkertafel als Nachkommen Japhets gomær und ’aškǎnaz(vgl. 1Chr 1,6; vgl. auch Ez 38,6). Bis in die neuere Forschung (Bouzek 1997, 503; Yamauchi 1983, 96) wird gomær mit den Kimmeriern und ’aškǎnaz– gelesen als ’aškûz (□ statt □) – mit den Skythen identifiziert (vgl. assyr. Aškūza). Dies wäre insofern interessant, als Jer 51,27 ’aškǎnazneben den Königreichen Minni (Armenien) und Ararat nennt und damit ein Indiz dafür sein könnte, dass hinter der Feindesaussage skythische Gruppen stehen (zur Unterscheidung von Kimmerier und Skythen vgl. Ivantchik 2001, 318).

Literaturverzeichnis

Literatur-Recherche Bibelwissenschaftliche Literaturdokumentation Innsbruck
Literatur-Recherche Biblische Bibliographie Lausanne
1. Lexikonartikel
Paulys Real-Encyclopädie der classischen Alterthumswissenschaft, Stuttgart 1894-1972 (Sesostris)
Biblisch-historisches Handwörterbuch, Göttingen 1962-1979
Lexikon der Ägyptologie, Wiesbaden 1975-1992
The Anchor Bible Dictionary, New York 1992
Der Neue Pauly, Stuttgart / Weimar 1996-2003 (Ateas; Skiluros; Skythen; Zoprion)
The Oxford Encyclopedia of Archaeology in the Near East, Oxford / New York 1997
2. Inschriftensammlungen / Inschrifteneditionen
SAA: State Archives of Assyria, 1987ff: vol. 4: Starr, Ivan (Hg.), Queries to the Sungod. Divination and Politics in Sargonid Assyria [SAA 4], Helsinki 1990
Heidel, A., 1956, A New Hexagonal Prism of Esarhaddon, in: Sumer XII, 9-37
Latysev, Vasilij V. (Hg.): Inscriptiones antiquae orae septentrionalis Ponti Euxini Graecae et Latinae per annos 1885-1900 repertae, Petersburg 1901, Nachdruck Hildesheim 1965

3. Weitere Literatur

Banari, Valeriu, Die Beziehungen von Griechen und Barbaren im nordwestlichen Pontos-Gebiet. Untersuchungen zu Handel und Warenaustausch vom 7. bis 3. Jh. v. Chr. Auf Grundlage der archäologischen Funde und schriftlichen Quellen im Nordwesten des Schwarzen Meeres, Diss. Mannheim 2003

Condamin, A., 1936 3. Aufl., Le livre de Jéremie (Etudes Biblique A.T. 3), Paris

Corcella, A. / Fraschetti, A. / Medaglia, S.M. (Edd.), 1993, Erodoto, Le storie, Libro IV: La Scizia et la Libia (mit Kommentar, auch zu den arch. Funden), Milano

Feld, S., 1999, Bestattungen mit Pferdegeschirr- und Waffenbeigabe des 8.-6. Jh. v. Chr. zwischen Dnestr und Dnepr, Norderstedt, zugl. Diss. Saarbrücken 1997

Goldenberg, David, M., 1998, Scythian-barbarian. The Permutations of a Classical Topos in Jewish and Christian Texts of Late Antiquity, JJS 49, 87-102

Heinen, Heinz (Hrsg.), Rostovtzeff, M.I., 1993, Skythien und der Bosporus (Historia Einzelschriften 93), Stuttgart

Herrmann, Siegfried, 1990, Jeremia. Der Prophet und das Buch (EdF 271), Darmstadt

Hyatt, J.P., 1940, The Peril from the North in Jeremiah, JBL 49, 499-513

Ivantchik, A.I., 2001, The Current State of the Cimmerian Problem, Ancient Civilizations VII, 307-3 Jordanov, K., 1991, Thraker und Skythen unter Philipp II, Bulgarian Historical Review 3, 37-59

Malmat, A., 1950, The Historical Setting of Two Biblical Prophecies an the Nations, IEJ 1, 154-159

Murzin, J.V., 1990, Proischoždenie skifov (Ethnogenese der Skythen, russ.), Kiev

Niemeyer, Hans-Georg / Rolle, Renate (Hgg.), 1996, Beiträge zur Archäologie im nördlichen Schwarzmeerraum (Hamburger Beiträge zur Archäologie 18), Mainz

Piotrovskij, Boris B., 1959, Vanskoe carstvo (Urartu, russ.), Moscva

Rolle, Renate, 1990, Die Welt der Skythen. Stutenmelker und Pferdebogner: Ein antikes Reitervolk in neuer Sicht, Luzern / Frankfurt a.M.

Rybakov, Boris Alexandrovich, 1979, Gerotova Skifija. Istoriko-geografitsheskij analiz (Das Skythien Herodots. Eine historisch-geographische Analyse, russ.), Moscva

Sauter, Hermann, 2000, Studien zum Kimmerierproblem, Bonn

Smirnow, Alexej P., 1979, Die Skythen, Dresden

Spalinger, A., 1978, Psammetichus, King of Egypt, Journal of the American Research Center in Egypt 15, 49-57

Sulimirski, T., 1954, Scythian Antiquities in Western Asia, Artibus Asiae 17, 282-318

Torrey, C.C., 1937, The Background of Jeremiah 1-10, JBL 54, 193-216

Wartke, Ralf-Bernhard, 1993, Urartu, das Reich am Ararat, Mainz am Rhein

Wilke, Fritz, 1913, Das Skythenproblem im Jeremiabuch, in: A. Alt (Hg.), Alttestamentliche Studien (FS R. Kittel; BWAT 13), 222-254

Yamauchi, Edwin, 1982, Foes from the Northern Frontier: Invading Hordes from the Russian Steppes, Grand Rapids/ Mich.

Yamauchi, Edwin, 1983, The Scythians: Invading Hordes from the Russian Steppes, BA

Zitat Ende aus Wikipedia

Sooo, ich bin immer noch bei dem Versuch eine mir richtigere, bessere, lebensfreund-
lichere Sichtweise, auf diese Juden- Geschichte zu schreiben zum Thema-„Als Ich noch
Jude war". Aber ich merke, das ist Vergangenheit und da wird viel politisch und macht-
mäßig gestaltet, manipuliert und „Gewünscht „damit es dem jeweiligen „GLÄUBIGEN"
passt.

Heute mit meinen 67 Jahren Lebenserfahrung auf der Erde unter Menschen verschie-
densten Glaubens oder Nicht Glaubens , sehe ich, wie sich Menschen nämlich anhand
ihrer inneren Entwicklung und Evolution die damit verbunden Wahrheitsmöglichkeit ,
sowohl im Denken, Fantasieren oder Glauben, was ja das einfachste ist, aus einem Stück
Gold jeweils etwas anderes für sich erdenken Erfantasieren und erhoffen. Zum Beispiel
die Bibelgläubigen von gutenachrichten.org aus den USA, die sind sehr beflissen und
wissend was in der Bibel steht und können anhand dessen vergleiche und Aussagen zueinander bringen, die dann für sie und andere passend erscheinen. Aber sie haben bloß
ihren Glauben und die Hoffnung und das daraus resultierende Denken. Und da sehe ich
dass sie sehr vieles einfach wörtlich nehmen und, aber auch die anderen, zum Beispiel
vom Vatikan, nicht erlaubten Schriften zbs. Maria oder Thomas und andere Überbleibsel nicht beachten und somit den sogenannten sage ich mal, spirituellen Teil der Eigen
Arbeit innerlich in Bezug zur Meditation nicht erwähnen, sie bleiben ausschließlich im
Befolgen der Daten aus der Bibel und damit bleiben sie ver-wickelt und werden nicht so
ent-wickelt wie es sein könnte anhand des Bibel Wissens. Aber ich schätze ihre Sorgfalt
im Studium und der damit verbundene Weitergabe ihrer Bibelwortespeicherungen. Sie
glauben tatsächlich dass Jesus in Person wieder erscheinen wird und dass die Toten wieder als Menschen erscheinen werden.......

21.7.2015........ Im Hauptteil den ich ja am 30.6.2002 anfing zu schreiben, wird ja von anderen Menschen unter anderem Van Helsing mit seinen Recherchen, beschrieben, das
die Khasaren, den jüdischen Glauben annahmen, weil er mit dem Jehova Gott , einen
besonders Üblen Rache und MordGott darstellte, was den Khasarischen Herrschern damals angeblich passte. Aber von den Khasaren, berichten die Bibelgläubigen von gute-
nachrichten.org überhaupt nichts. Bei ihnen kommen bloß die Skythen vor, die plötzlich
zu den verlorenen jüdischen Stämmen gehören sollen. Ich füge deshalb nun auch etwas
über die Khasaren hier hinzu.

Zitat Anfang aus Wikipedia. Chasaren

Die Chasaren (auch Khasaren, heb. Kuzarim □□□□□□; türk. Hazarlar; griech. Χάζαροι;
russ. Хазары; tatar. Xäzärlär; persisch □□□; lat. Gazari oder Cosri) waren ein ursprünglich
nomadisches und später halbnomadisches Turkvolk[1] in Zentralasien.

Im 7. Jahrhundert nach Chr. gründeten die Chasaren ein unabhängiges Khaganat im nördlichen Kaukasus an der Küste des Kaspischen Meeres. Ab dem 8. bis frühen 9. Jahrhundert wurde die jüdische Religion zur wichtigsten Religion im Reich. Ob nur eine dünne Oberschicht oder auch die übrige Bevölkerung die neue Religion annahm und praktizierte, ist umstritten. Überliefert ist, dass es auch Christen und Muslime unter den Chasaren gab. Die Chasaren waren wichtige Bundesgenossen des Byzantinischen Reichs gegen das Sassanidenreich und die arabischen Kalifate. Vor allem durch Fernhandel wurden sie eine bedeutende Regionalmacht und kontrollierten in der Blüte ihrer Machtentfaltung weite Teile des heutigen Südrusslands, den Westen des späteren Kasachstans, die Ostukraine, Teile des Kaukasus sowie die Halbinsel Krim. Ihre Macht wurde Ende des 10. Jahrhunderts von den Kiewer Rus gebrochen, und die Chasaren verschwanden weitgehend aus der Geschichte. Auffassungen, nach denen ein großer Teil der Chasaren im osteuropäischen Judentum aufgegangen sei, sind umstritten.[2]

Reich der Chasaren
Ausdehnung
Im 9. Jahrhundert erstreckte sich das Chasarische Khaganat über die gesamte südrussische Steppe zwischen Wolga und Dnepr bis an den Kaukasus. Es umfasste die heutigen Gebiete von Georgien und Armenien. Die nördliche Grenze befand sich nordöstlich des späteren Moskau am Oberlauf der Wolga. Damit war das Chasarenreich auf dem Höhepunkt seiner Macht mindestens dreimal so groß wie das Frankenreich Mitteleuropas. Sein Gebiet wurde jedoch weniger straff beherrscht und zentral organisiert. Über Jahrhunderte kontrollierten die Chasaren vor der Jahrtausendwende den Handel mit Gewürzen, Textilien und Sklaven auf Teilen der Seidenstraße und auf den Handelswegen zwischen Konstantinopel und dem Baltikum. An der Ostgrenze und teilweise innerhalb des tributpflichtigen Gebietes lebten Magyaren. Weitreichende Handelsbeziehungen unterhielten sie zudem nach Westen bis ins Kalifat von Córdoba.

Ursprünge und Vorgeschichte
Der Name Chasaren könnte von einem türkischen Wort für „Umherziehen" (gezer in modernem Türkisch) abgeleitet sein. Ihr Ursprung ist ungeklärt. Im „Chasarischen Königsbrief" (siehe unten) führt König Joseph einen Sohn Togarmas namens „Kosar" als Stammvater seines Volkes an. Togarma wird in der Tora als Enkel Jafets genannt. (1 Mos 10,3 EU), der Name „Kosar" ist jedoch im biblischen Text nicht enthalten. In jedem Fall dürfte eine solche Herleitung Legendencharakter haben.
Dasselbe gilt für die von einigen Historikern in Betracht gezogene Beziehung zwischen den Chasaren und den zehn verlorenen Stämmen Israels (siehe: Israeliten), aber die moderne Wissenschaft nimmt allgemein an, dass sie aus Zentralasien eingewanderte Türken waren. Wissenschaftler in der UdSSR hielten die Chasaren für ein indigenes Volk des Nordkaukasus. Einige Wissenschaftler, wie D. M. Dunlop, sahen eine Verbindung zwischen den Chasaren und einem uigurischen Stamm namens K'o-sa, der in chinesischen Quellen genannt wird. Die chasarische Sprache scheint jedoch eine oghurische

Sprache ähnlich der der frühen Bulgaren gewesen zu sein. Daher wurde auch eine Herkunft von den Hunnen behauptet, in deren Stammeskonföderation sich wahrscheinlich auch Turkvölker befanden. Da die Turkvölker niemals ethnisch homogen gewesen sind, müssen sich diese Ideen nicht gegenseitig ausschließen. Es ist wahrscheinlich, dass die chasarische Nation aus ethnisch unterschiedlichen Stämmen zusammengesetzt war, da Steppenvölker üblicherweise die von ihnen unterworfenen Gemeinschaften absorbierten.

Bereits armenische Chroniken des 2. Jahrhunderts enthalten Stellen, die als Hinweise auf die Chasaren gedeutet werden könnten. Diese werden zumeist als Anachronismen eingeschätzt, die meisten Wissenschaftler nehmen an, dass sie sich tatsächlich auf die Sarmaten oder Skythen beziehen. Priskos schrieb, dass eine der Nationen der hunnischen Konföderation „Akatziroi" genannt werde. Ihr König hieß Karadach oder Karadachus. Unter Verweis auf die Ähnlichkeit zwischen „Akatziroi" und „Ak-Chasar" (siehe unten) wurde spekuliert, dass die Akatziroi möglicherweise frühe Proto-Chasaren waren. Dmitri Wasiliew von der staatlichen Universität von Astrachan stellte die Hypothese auf, dass die Chasaren erst am Ende des 6. Jahrhunderts in die pontische Steppenregion eingewandert und ursprünglich in Transoxanien beheimatet gewesen seien. Nach Wasiliew blieben chasarische Bevölkerungsgruppen in Transoxanien zurück, wo sie unter der Oberherrschaft der Petschenegen oder Oghusen gestanden hätten, wobei sie dennoch den Kontakt mit der ausgewanderten Mehrheit der Bevölkerung hielten.

Stämme

Die chasarische Stammesstruktur ist unklar. Wie viele turkstämmige Nationen waren sie offenbar in Ak-Chasaren („Weiße Chasaren") und Kara-Chasaren („Schwarze Chasaren") unterteilt. Gelehrte wie Heinrich Graetz nahmen fälschlicherweise an, dass es sich dabei um rassische Einteilungen gehandelt habe. Tatsächlich hatten solchen Unterscheidungen jedoch keinen Bezug zur physischen Erscheinung. Die Weiß-Schwarz-Einteilung ist eine allgemein verbreitete soziale Einteilung bei eurasischen nomadischen Stämmen, wobei die „weiße" Gruppe den Adel, die Kriegerelite und die herrschende Klasse umfasst, während die „schwarze" Gruppe aus dem gemeinen Volk, den Händlern etc. besteht.

Peter Golden spekulierte darüber, dass das chasarische Ethnos eine Mischung aus Oghusen und anderen türkischen Ethnien einschließlich der Sabiren und der nordkaukasischen Hunnen sowie Elementen der Göktürken dargestellt habe.

Aufstieg

Entstehung des chasarischen Staates

Karte des westlichen (purpur) und des östlichen Göktürken-Khaganats auf dem Höhepunkt ihrer Macht ca. 600 n. Chr. Hellere Regionen zeigen direkte Herrschaft an, dunklere stehen für Einfluss-Sphären.

Die frühe chasarische Geschichte ist eng verbunden mit dem Reich der Göktürken, das im Jahr 552 durch die Niederschlagung der Rouran begründet wurde. Mit dem Zusammenbruch des Reichs der Göktürken aufgrund innerer Konflikte im 7. Jahrhundert spaltete sich die westliche Hälfte des Reichs in zwei Konföderationen, die Bulgaren unter Führung der Dulo-Dynastie und die Chasaren unter Führung der Aschina-Sippe, der traditionellen Herrscher des Reichs der Göktürken. Kurz vor 645 erreichten die Chasaren Samandar (nahe dem heutigen Kisljar) im Ostkaukasus, das sie später zu ihrer Hauptstadt machten. Um 670 hatten die Chasaren die Bulgarenkonföderation zerschlagen, wobei drei Restgebiete an der Wolga, dem Schwarzen Meer und der Donau verblieben. Doch bereits vor diesem Sieg über die Bulgaren, der als „Urdatum" der chasarischen Geschichte gewertet werden kann, scheint das chasarische Heer ein wichtiger Machtfaktor der Region gewesen zu sein. Das erste signifikante Auftreten der Chasaren in der Geschichte ist ihre Hilfeleistung für den Kriegszug des byzantinischen Kaisers Herakleios gegen die Sassaniden. Der Chasarenherrscher Siebel (manchmal „Tong Yabghu Khagan der Westtürken" genannt) half den Byzantinern bei der Eroberung Georgiens. Sogar eine Heirat zwischen Siebels Sohn und Herakleios' Tochter wurde in Erwägung gezogen, fand jedoch niemals statt.

Während des 7. und des 8. Jahrhunderts führten die Chasaren eine Reihe von Kriegen gegen das Kalifat der Umayyaden, welches danach trachtete, seinen Einfluss auf Transoxanien und den Kaukasus auszudehnen (siehe auch Islamische Expansion). Der erste Krieg wurde in der ersten Hälfte des 7. Jahrhunderts ausgefochten und endete mit einer Niederlage der arabischen Streitkräfte unter Führung von Adb ar-Rahman ibn Rabiah vor der chasarischen Stadt Balanjar, nach einer Schlacht, in welcher beide Seiten Belagerungsmaschinen gegen die gegnerischen Truppen eingesetzt hatten.

Die Pontische Steppe, ca. 650

Mehrere russische Quellen nennen den Namen des chasarischen Kagans dieser Periode als „Irbis" und bezeichnen ihn als Abkömmling des göktürkischen Herrscherhauses, der Aschina. Ob Irbis jemals existiert hat, ist ebenso offen, wie die Frage, ob er mit den vielen göktürkischen Herrschern dieses Namens in Beziehung steht.

Verschiedene weitere Konflikte brachen in den folgenden Jahrzehnten aus, einschließlich arabischer Angriffe und chasarischer Kriegszüge nach Kurdistan und in den Iran. Aus den Berichten al-Tabaris gibt es Hinweise darauf, dass die Chasaren eine vereinigte Front mit den Überresten der Göktürken Transoxaniens bildeten.

Die Chasaren und Byzanz

Die chasarische Oberherrschaft über die Krim geht auf das späte 7. Jahrhundert zurück. Etwa seit der zweiten Hälfte des 7. Jahrhunderts drangen die Chasaren langsam auf die Krim vor, ohne jedoch eine offene Kollision mit Ostrom zu riskieren. Bospor und Sugdeja auf der Krim sowie Phanagoreia auf der gegenüber liegenden Seite der Meerenge von Kertsch hatten spätestens im Jahr 704 einen chasarischen Statthalter. In der Mitte des 8. Jahrhunderts wurden die aufständischen Krim-Goten unterworfen und ihre Hauptstadt Doros (das heutige Mangup-Kale) besetzt. Nur Cherson konnte von den Byzantinern gehalten werden; Angriffe der Araber im Kaukasusraum sorgten dann dafür, dass es zu keinen militärischen Auseinandersetzungen zwischen den Chasaren und Byzanz kam, im Gegenteil: Oftmals waren die Chasaren, wie vielleicht bereits zur Zeit des Herakleios' (obwohl man es in der neueren Forschung für wahrscheinlicher hält, dass die damaligen Verbündeten des Kaisers die Göktürken waren), Bundesgenossen des Byzantinischen Reichs, auch wenn später die Beziehungen der Chasaren zum Abbasidenkalifat in der Regel freundlich waren.

704/5 flüchtete der nach Cherson exilierte Kaiser Justinian II. in chasarisches Gebiet und heiratete eine Tochter des Khagans Busir. Mit Hilfe seiner Frau entkam er Busir, der gemeinsam mit dem Usurpator Tiberios II. gegen ihn intrigierte, wobei zwei chasarische Amtsträger getötet wurden. Er floh zu den Bulgaren, deren Khan Tervel ihm zur Wiedergewinnung seines Throns verhalf. Später unterstützten die Chasaren den aufständischen General Bardanes, der unter dem Namen Philippikos 711 die Kaiserwürde erlangte.

Der byzantinische Kaiser Leo III. war von dem Sieg der Chasaren gegen die Araber bei Ardabil 730 (s. u.) derart beeindruckt, dass er im Rahmen einer Allianz zwischen den beiden Reichen seinen Sohn Konstantin, den späteren Konstantin V., mit der chasarischen Prinzessin Tzitzak (Tochter des Khagans Bihar) verheiratete. Tzitzak, die auf den Namen Irene getauft wurde, wurde für ihr Hochzeitskleid berühmt. In Konstantinopel wurden daraufhin Männerroben mit der Bezeichnung tzitzakion sehr populär. Ihr Sohn Leo (Leo IV.) war besser bekannt unter dem Namen „Leo der Chasare".

Zweiter chasarisch-arabischer Krieg

Expansion des Kalifats bis 750 (Historical Atlas von William R. Shepherd, 1923)

Im ersten Jahrzehnt des 8. Jahrhunderts kam es zu Feindseligkeiten mit dem Kalifat mit Überfällen und Raubzügen im Kaukasus, aber nur wenigen entscheidenden Schlachten. 730 marschierten die Chasaren unter Führung eines Prinzen namens Bardschik in den nordwestlichen Iran ein und besiegten die Streitkräfte der Umayyaden bei Ardabil, wobei der arabische Kriegsherr al-Dscharrah al-Hakami getötet und die Stadt kurzzeitig besetzt wurde. Im nächsten Jahr wurden sie bei Mossul besiegt, wo Bardschik seine Armee von einem Thron aus dirigierte, auf welchem al-Dscharrahs abgetrennter Kopf angebracht war. Bardschik wurde in der Schlacht getötet. Arabische Armeen, angeführt von dem arabischen Prinzen Maslama ibn Abd al-Malik und später von Marwan ibn Muhammad (den späteren Kalifen Marwan II.) zogen über den Kaukasus und besiegten 737 eine chasarische Armee unter dem Kommando von Hazer Tarchan, wobei sie kurzzeitig Itil besetzt hielten und den Khagan zwangen, zum Islam zu konvertieren. Auch einige bis dahin von den Chasaren beherrschte Kaukasusvölker (Lesgier, Darginer usw.) nahmen daraufhin den Islam an. Die Instabilität der Umayyadenherrschaft machte eine andauernde Besetzung unmöglich, die arabischen Armeen zogen sich zurück und die chasarische Unabhängigkeit war wiederhergestellt. Es ist darüber spekuliert worden, ob die Annahme des Judentums, die demnach um 740 hätte stattfinden müssen, im Zusammenhang mit dieser Wiederherstellung der Unabhängigkeit stand.

Es ist auffällig, dass arabische Quellen um 739 den Namen einer Herrscherin namens Parsbit oder Barsbek enthalten. Diese Frau scheint die Militäroperationen gegen die

Araber geleitet zu haben.

Dies legt nahe, dass Frauen im chasarischen Staat höchste Ämter erlangen konnten, möglicherweise bis zur Vertretung des Khagans. Obwohl sie die arabische Expansion nach Osteuropa für einige Zeit aufhielten, waren die Chasaren gezwungen, sich in die Gebiete nördlich des Kaukasus' zurückzuziehen. In den folgenden Jahrzehnten dehnten sie ihren Herrschaftsbereich auf ein Gebiet vom Kaspischen Meer im Osten bis zu den Steppengebieten nördlich des Schwarzen Meeres, mindestens bis zum Fluss Dnepr aus. In manchen Sprachen wird das Kaspische Meer immer noch „Chasarisches Meer" genannt, zum Beispiel türkisch Hazar Denizi, arabisch Bahr al-Chazar, persisch Darya-ye Chazar.

758 befahl der abbasidische Kalif Abdullah al-Mansur seinem Militärgouverneur von Armenien, sich eine chasarische Frau aus königlicher Familie zu nehmen und Frieden zu stiften. Yazid heiratete daraufhin die Tochter des chasarischen Herrschers, Khagan Baghatur. Diese starb bald auf unerklärte Weise, möglicherweise im Kindbett. Ihre Begleiter kehrten nach Hause zurück, überzeugten ihren Vater davon, dass sie von Arabern vergiftet worden sei und ihr Vater war erzürnt. Ein chasarischer General namens Ras Tarchan marschierte daraufhin in den Nordwesten des heutigen Iran ein, wo seine Armee mehrere Monate lang Plünderungen und Raubzüge unternahm. Später wurden die Beziehungen zwischen dem Abbasidenkalifat, dessen Außenpolitik weitaus weniger expansionistisch war als die der Umayyaden, ausgesprochen herzlich, wenn auch vermutlich ein starker Gegensatz zwischen den jüdischen Schriftgelehrten (die Existenz des Schriftgelehrten Elia ist überliefert) und den arabisch-islamischen Theologen wie z. B. Scheich Abu-bin Said Jaheera, die am Hof der Abbasiden lehrten, bestand.

Religion

Alttürkischer Schamanismus (Tengrismus)

Ursprünglich praktizierten die Chasaren einen traditionellen tengristischen Schamanismus, in dessen Mittelpunkt der Himmelgott Tengri stand, der aber auch von konfuzianischen Ideen aus China beeinflusst war. Die Aschina-Sippe wurde als von Tengri auserwählt angesehen und der Khagan war die Verkörperung der Gunst, die der Himmelsgott den Chasaren erwies. Ein Khagan, der versagte, hatte die Gunst des Gottes verloren und wurde rituell hingerichtet. Historiker haben oft – halb im Scherz – darüber spekuliert, ob die Neigung der Chasaren, ihre Herrscher bisweilen hinzurichten, diese dazu bewogen hat, nach anderen Religionen Ausschau zu halten. Die Chasaren verehrten eine Reihe von Tengri untergeordneten Gottheiten, so die Fruchtbarkeitsgöttin Umay, den Donnergott Kuara und Erlik, den Gott des Todes.

Hinwendung zum Judentum

Seit klassischer Zeit gab es in den griechischen Städten an der Schwarzmeerküste jüdische Gemeinden. Cherson, Sudak, Kertsch und andere Städte der Krim hatten ebenso jüdische Gemeinden wie Gorgippa; Tmutarakan hatte in den 670er Jahren sogar eine jüdische Bevölkerungsmehrheit. Zu den ursprünglichen jüdischen Siedlern kamen Immigrationswellen von Flüchtlingen, die vor der Verfolgung im Byzantinischen Reich, im sassanidischen Persien und später aus der islamischen Welt flohen. Viele jüdische Händler wie etwa die Radhaniten betrieben regelmäßig Handel mit dem Chasarengebiet und haben dabei möglicherweise bedeutenden wirtschaftlichen und politischen Einfluss ausgeübt. Obwohl ihre Ursprünge und ihre Geschichte im Unklaren liegen, haben auch die Bergjuden in der Nähe des Chasarengebietes gelebt und könnten entweder ihre Bundesgenossen gewesen oder ihrer Oberherrschaft unterstanden haben. Es wäre möglich, dass sie bei der Konversion der Chasaren eine Rolle gespielt haben.

Entweder am Ende des 8. Jahrhunderts oder im frühen 9. Jahrhundert konvertierte das chasarische Herrscherhaus, der Adel sowie Teile der einfachen Bevölkerung zur jüdischen Religion. Welcher Anteil der Bevölkerung hiervon erfasst wurde, ist Gegenstand historischer Debatten. Früher glaubten die meisten Wissenschaftler, ausschließlich die Oberschicht sei zur jüdischen Religion konvertiert, diese These wird durch zeitgenössische islamische Texte gestützt. Neuere archäologische Ausgrabungen haben jedoch weitverbreitete Wandlungen bei Begräbnispraktiken gezeigt. Um die Mitte des 9. Jahrhunderts begannen die chasarischen Begräbnisse einen dezidiert jüdischen Charakter anzunehmen. Grabbeigaben verschwanden fast vollständig. Die Begräbniskultur spricht dafür, dass die jüdische Religion um 950 in allen Klassen der chasarischen Gesellschaft verbreitet war.

Das Buch Kusari[3] des spanisch-jüdischen Philosophen Jehuda ha-Levi erläutert moralische und liturgische Gründe für die Konversion, die jedoch von manchen als Moralerzählung eingeschätzt werden. Das Buch entstand etwa 400 Jahre nach der mutmaßlichen Konversion. Wahrscheinlich nutzt ha-Levi das Thema der Bekehrung der Chasaren lediglich als Rahmenerzählung, um aktuelle Themen seiner Zeit zu behandeln. Einige Forscher haben vorgeschlagen, dass eine politische Motivation für die Konversion in dem Wunsch lag, einen hohen Grad an Neutralität zu gewährleisten. Das Chasarenreich lag inmitten wachsender Bevölkerungen, Muslime im Osten und Christen im Westen. Beide Religionen erkannten das Judentum als ihren Vorgänger an, der eines gewissen Respekts würdig sei. Das genaue Datum der Konversion ist umstritten. Sie könnte bereits um 740 oder erst um die Mitte des 9. Jahrhunderts stattgefunden haben. Kürzlich entdeckte Münzfunde legen nahe, dass der jüdische Glaube um 830 als dominierende Religion etabliert war, doch als der Slawenapostel Kyrill 861 das Chasarenreich bereiste, erkannte er in den Chasaren keine Juden. Kyrill sollte den Chasarenkhagan für das Christentum gewinnen, was aber, trotz der Taufe von etwa 200 Chasaren, nicht gelang. Der Khagan dieser Periode, Zacharias, trug einen biblischen, hebräischen Namen. Einige mittelalterliche Quellen geben den Namen eines Rabbiners, der die Konversion der Chasaren beaufsichtigte, mit Isaak Sangari oder Jitzchak ha-Sangari an.

Der erste jüdische König hieß Bulan, was soviel wie „Elch" bedeutet, doch einige Quellen geben ihm den jüdischen Namen Sabriel. Ein späterer König, Obadiah förderte die jüdische Religion, indem er Rabbiner in das Königreich einlud und Synagogen baute. Jüdische Persönlichkeiten wie Saadia Gaon berichteten positiv über die Chasaren, wohingegen sie die zeitgenössischen Karaim als „Bastarde" verdammten. Daher ist es unwahrscheinlich, dass die Chasaren die Glaubensrichtung der Karaim annahmen, wie von einigen Historikern angenommen wurde.

Die Chasaren unterhielten enge Beziehungen zu den Juden der Levante und Persiens. Die persischen Juden hofften beispielsweise, dass die Chasaren das Kalifat besiegen würden. Das hohe Ansehen, in welchem die Chasaren bei den Juden des Orients standen, zeigt ihre Erwähnung in einem arabischen Kommentar zu Jesaja 48:14, der teils Saadia Gaon, teils Benjamin Nahawandi zugeschrieben wird. Bei Jes 48,14 EU heißt es:

„Versammelt euch, ihr alle, und höret! Welcher unter ihnen hat solches verkündigt: Er, den der HERR liebhat, der wird seinen Willen an Babel vollstrecken und die Chaldäer seinen Arm fühlen lassen?"

Dazu sagt der Kommentar: „Dies bezieht sich auf die Chasaren, die gehen und Babylon zerstören werden."

Gleichzeitig sahen sich auch die chasarischen Herrscher als Beschützer der jüdischen Diaspora und korrespondierten mit jüdischen Führungspersönlichkeiten im Ausland. Der Briefwechsel zwischen dem chasarischen Herrscher Josef und dem sephardischen Gelehrten Chasdai ibn Schaprut ist erhalten geblieben. Ibn Fadlan berichtet, dass der Herrscher um 920 Nachricht von der Zerstörung einer Synagoge in Babung im Iran erhalten habe. Daraufhin gab er den Befehl, das Minarett der Moschee in seiner Hauptstadt abzureißen und ihren Muezzin hinzurichten. Weiterhin erklärte er, dass er alle Moscheen in seinem Land zerstört hätte, hätte er nicht befürchtet, dass die Muslime aus Rache alle Synagogen in ihren Ländern zerstören würden.

Andere Religionen

Neben der jüdischen Religion praktizierten Chasaren möglicherweise das griechisch-orthodoxe, das nestorianische und das monophysitische Christentum, weiterhin den Zoroastrismus wie auch germanische, slawische und finnische heidnische Kulte. Religiöse Toleranz blieb während der mehr als dreihundert Jahre erhalten, in denen das Königreich bestand. Der Slawenapostel Kyrill hat möglicherweise ohne dauerhaften Erfolg eine Bekehrung zum Christentum versucht. Dennoch konvertierten viele Chasaren zum Christentum und zum Islam. Ibn Fadlan konstatierte im 10. Jahrhundert in der Chasaren-Hauptstadt Itil etwa 30 Moscheen und rund 10.000 Muslime.

Al-Mas'udi berichtet von einem religiösen Pluralismus, der in der Aufteilung der sieben Richter auf die verschieden Religionen besonders deutlich zum Ausdruck kommt. (Siehe hierzu Abschnitt Gerichtswesen unten)

Der Staat

Das chasarische Königtum

Die chasarische Königswürde verteilte sich auf den Khagan und den Bek oder Khagan Bek. Zeitgenössischen arabischen Historikern zufolge war der Khagan lediglich religiös-spirituelles Oberhaupt bzw. hatte ein repräsentatives Amt mit begrenzten Vollmachten inne, während der Bek für Verwaltungs- und Militärangelegenheiten verantwortlich war.

Sowohl der Khagan als auch der Khagan Bek residierten in Itil. Nach arabischen Quellen befand sich der Palast des Khagans auf einer Insel in der Wolga. Es wurde berichtet, dass er 25 Frauen habe, jede davon die Tochter eines untergeordneten Herrschers. Dies kann jedoch eine Übertreibung gewesen sein.

Im „chasarischen Königsbrief" bezeichnet sich König Josef als Herrscher der Chasaren, ohne einen Kollegen zu erwähnen. Es ist strittig, ob Josef Khagan oder Bek war. Die Beschreibung seiner Kriegszüge lässt das letztere wahrscheinlich erscheinen. Eine dritte Möglichkeit ist, dass die Chasaren zur Zeit des Briefwechsels (ca. 950–960) die beiden Ämter zu einem einzelnen verschmolzen hatten, dass die Beks die Khagans ersetzt hatten oder umgekehrt.

Armee

Ein Krieger mit Gefangenem im Schatz von Nagyszentmiklós/Rumänien aus dem 7.–9. Jahrhundert. Der Goldschatz gilt als entweder kabarisch-chasarische, awarische oder bolgarische Arbeit. Zwei kurze Inschriften des Schatzes sind zwar umstritten, gelten aber am ehesten als archaisch-turksprachig. Chasarische Krieger waren oft schwerbewaffnete Reiter mit Brustpanzer, Kettenhemd und Helm (Kataphrakten).

Die chasarischen Armeen wurden durch den Khagan Bek angeführt und von untergeordneten Offizieren (Tarchan) kommandiert. Ein berühmter Tarchan, der in arabischen Quellen als Ras oder As Tarchan auftaucht, leitete die Invasion Armeniens im Jahre 758. Der Armee gehörten auch Regimenter aus muslimischen Söldnern (Arsiyah) an. Diese waren alanischer oder choresmischer Herkunft und hatten starken Einfluss. Diese Regimenter waren von der Teilnahme an Kriegszügen gegen andere Muslime befreit. Frühe Quellen aus der Kiewer Rus bezeichnen die Stadt Charasan (von Itil aus am gegenüberliegenden Ufer der Wolga) als Chwalisy und das Chasarische (Kaspische) Meer als Chwalinskoje (morje). Einige Historiker, darunter Omeljan Prizak, waren der Ansicht, dass dies ostslawische Varianten von „Choresmien" seien, dies sich auf diese Söldner bezögen. Zusätzlich zum stehenden Heer der Beks zogen die Chasaren in Kriegszeiten Mitglieder der Stämme ein, sowie verpflichteten unterworfene Nationen zur Heeresfolge.

Andere Amtsträger

Siedlungen wurden von Verwaltungsbeamten (Tudun) regiert. In manchen Fällen (wie etwa den byzantinischen Siedlungen im Süden der Krim) wurden Tuduns selbst für Städte ernannt, die nominell der Einflusssphäre einer anderen Macht angehörten. Ibn Fadlan nennt zudem weitere Ämter, die er als Dschawyschyghr und Kundur bezeichnet, doch ihre Verantwortlichkeiten sind nicht bekannt.

Gerichtswesen

Islamische Historiographen wie al-Mas'udi berichten, dass das oberste chasarische Gericht aus zwei Juden, zwei Christen, zwei Muslimen und einem „Heiden" bestand [4] wobei ungeklärt bleibt, ob mit dem letzteren ein türkischer Schamane oder ein Priester einer slawischen oder germanischen Religion gemeint war. Die Bürger hatten das Recht auf einen Prozess nach dem Recht ihrer Religion. Einige meinen, dass eine solche Zusammensetzung unwahrscheinlich ist, da ein Beit Din (rabbinisches Gericht) drei Mitglieder haben muss, während ein muslimisches oder christliches Gericht auch mit einem oder zwei Richtern auskommt. Es ist daher möglich, dass es für die Anhänger des Judentums drei Richter am obersten Gericht anstelle von zweien gab und dass die muslimischen Quellen versuchten, deren Einfluss herunterzuspielen. Dem widersprechende oder detailliertere jüdische oder christliche Angaben sind nicht überliefert. Möglich ist daher auch, dass der jüdische Einfluss nicht so dominierend war wie von der Lehrmeinung angenommen. Erkennbar ist nur eine deutlich schwächere Stellung der früheren tengrischen Religion gegenüber Judentum, Christentum und Islam.

Wirtschaft
Handel
Karte Eurasiens mit dem Handelsnetz der Radhaniten, ca. 870, nach Berichten des ibn Chordadbeh im Buch der Straßen und Königreiche.

Die Chasaren befanden sich an einer zentralen Schnittstelle des Welthandels. Güter aus Westeuropa wurden nach Mittelasien und China verkauft und umgekehrt. Die islamische Welt konnte sich mit Nordeuropa nur durch chasarische Vermittlung austauschen. Die Radhaniten, eine mittelalterliche jüdische Händlergilde, unterhielt Handelsstraßen durch das Chasarenreich, möglicherweise beförderten sie die Konversion der Chasaren zur jüdischen Religion.

Die Chasaren zahlten keinerlei Steuern an die Zentralregierung. Staatseinnahmen wurden durch einen zehnprozentigen Zoll auf Güter, die durch die Region transportiert wurden, sowie durch die Tributzahlungen unterworfener Nationen erzielt. Die Chasaren exportierten Honig, Pelze, Wolle, Hirse und andere Getreide, Fisch und Sklaven. D. M. Dunlop und Artamanow nahmen an, dass die Chasaren selbst keine materiellen Güter produzierten, sondern ausschließlich vom Handel lebten. Diese Theorie ist durch Entdeckungen im Laufe des letzten halben Jahrhunderts widerlegt worden, zu denen Töpfereien und Glasmanufakturen gehören.

Chasarisches Münzwesen
Die Chasaren haben Silbermünzen, sogenannte Yarmaqs geprägt. Viele von ihnen waren Kopien arabischer dirhams. Münzen aus dem Kalifat waren aufgrund ihres verlässlichen Silbergehalts weithin in Gebrauch. Händler aus so fernen Ländern wie China, Britannien und Skandinavien akzeptierten sie, obwohl sie die arabischen Prägungen nicht entziffern konnten. Imitate der dirhams zu prägen war mithin eine Methode, die Akzeptanz der chasarischen Münzen im Ausland sicherzustellen.

Einige erhaltene Exemplare tragen die Inschrift Ard al-Chasar (arabisch für „Land der Chasaren"). 1999 wurde eine Anzahl Silbermünzen auf dem Grundstück eines Bauernhofs im schwedischen Gotland gefunden. Unter den Münzen waren mehrere auf die Jahre 837 und 838 geprägt und trugen die arabische Aufschrift „Moses ist der Prophet

Gottes" (eine Abwandlung der islamischen Münzinschrift „Mohammed ist der Prophet Gottes"). In seinem Werk Creating Khazar Identity through Coins postulierte Roman Kovavlev, dass diese dirhams zu einer speziellen Gedenkserie gehörten, mit der die Annahme der jüdischen Religion durch den Chasarenherrscher Bulan gefeiert wurde.

Chasarischer Einfluss

Das chasarische Khaganat war auf der Höhe seiner Machtentfaltung ein mächtiger Staat. Sein Kernland befand sich ungefähr an der unteren Wolga und der Kaspischen Küste und erstreckte sich nach Süden bis zum Kaukasus bzw. bis nach Derbent, das allerdings an das Arabische Kalifat verloren ging. Zusätzlich kontrollierten die Chasaren ab dem späten 7. Jahrhundert den größten Teil der Krim und die nordöstliche Schwarzmeerküste. Um 800 umfasste die chasarische Herrschaft den größten Teil der pontischen Steppe und erstreckte sich im Westen bis zum Dnepr, während im Osten der Aralsee erreicht wurde. (Manche türkische Atlanten zeichnen die chasarische Einflusssphäre im Osten über den Aralsee hinaus). Während der chasarisch-arabischen Kriege des frühen 8. Jahrhunderts flohen einige Chasaren bis an den Fuß des Uralgebirges. Einige von ihnen errichtete Siedlungen waren möglicherweise dauerhaft.

Chasarische Städte

Entlang der kaspischen Küste und im Wolgadelta: Itil, Chasaran; Samandar

Im Kaukasus: Balandschar, Kasarki, Sambalut; Samiran

Auf der Krim und in der Taman-Halbinsel: Kertsch (auch Bospor) genannt; Feodosia; Gusliew (das heutige Jewpatoria); Samarsch (auch Tmutarakan genannt) und Sudak (auch Sugdaia genannt)

Im Don-Tal: Sarkel

Zahlreiche chasarische Siedlungen sind in der Majaki-Saltowo-Region entdeckt worden. Entlang des Dnjepr gründeten die Chasaren eine Siedlung namens Sambat, die ein Teil dessen war, was später die Stadt Kiew werden würde. Auch Tschernihiw hat möglicherweise als eine chasarische Siedlung begonnen.

Tributpflichtige und unterworfene Nationen

Gliederung Europas um 814: Emirat von Córdoba und Frankenreich im Westen, Byzantinisches Reich und Reich der Chasaren im Osten

Ungefähre Ausdehnung des chasarischen Khaganats (hellblau) und seines Einflussgebiets (dunkelblau) auf der Höhe seiner Machtentfaltung, etwa 820. Ortsnamen in weißer Schrift bezeichnen abhängige Gebiete oder chasarische Stämme.

Zahlreiche Stämme waren den Chasaren tributpflichtig. Ein chasarischer Oberherrschaft unterstellter Herrscher wurde Elteber genannt. Zu verschiedenen Zeitpunkten gehörten zu den Vasallen der Chasaren:

In der pontischen Steppe, der Krim und Turkestan Die Petschenegen, die Oghusen, die Krimgoten, die Krim-Hunnen sowie die frühen Magyaren

Im Kaukasus

 Georgien, Abchasien, verschiedene armenische Fürstentümer; Arrān; die nordkaukasischen Hunnen; das heutige Adscharien; die kaukasischen Awaren; die Tscherkessen und die Lesgier.

Am oberen Don und Dnjepr

 Verschiedene ostslawische Stämme wie etwa die Derewljanen und die Wjatitschen; verschiedene Herrschaftsgebilde der Rus

Entlang der Wolga

 Wolgabulgarien; die Burtassen; verschiedene finnougrische Waldvölker wie die Mordwinen und die Mansen und Chanten; die Baschkiren und die Barsilen

Niedergang und Zerfall
Der Aufstieg der Rus

Ein stark verkleinertes Chasarenreich und die umliegenden Staaten, um 950
Ursprünglich waren die Chasaren wahrscheinlich mit den nordischen Stammesverbänden verbündet, die die Region um Nowgorod kontrollierten und regelmäßig Kriegszüge durch chasarisch gehaltenes Gebiet in die Gebiete am Schwarzen und am Kaspischen Meer unternahmen. Um 913 jedoch kam es zu offenen Feindseligkeiten mit den skandinavischen Marodeuren. Die chasarische Festung Sarkel, mit byzantinischer Unterstützung um 830 erbaut, war möglicherweise zur Abwehr der Angriffe der Rus wie auch gegen die Attacken der nomadischen Völker wie der Petschenegen motiviert.
Im 10. Jahrhundert begann durch die Angriffe der Waräger aus der Kiewer Rus wie auch verschiedener türkischer Stämme der Niedergang des Reiches. Es erlebte eine kurze Renaissance unter den starken Herrschern Aaron und Josef, welche aufständische Stämme wie die Alanen niederschlugen und siegreich gegen die Invasoren aus der Rus Krieg führten.

Die kabarische Rebellion und die Auswanderung der Magyaren

Zu einem Zeitpunkt im 9. Jahrhundert revoltierte, wie Konstantin VII. (Porphyrogennetos) berichtet, eine Gruppe aus drei chasarischen Sippen, die Kabaren, gegen die chasarische Führung. Omeljan Pritsak und andere haben darüber spekuliert, dass die Rebellen das rabbinische Judentum abgelehnt haben könnten. Dies ist jedoch unwahrscheinlich, da es unter den Kabaren wie auch bei den anderen Chasaren Juden (rabbinischer und karäischer Richtung), Christen, Muslime und Animisten gab. Pritsak meinte, dass der Khagan Khan-Tuvan Dyggvi die Kabaren in den Krieg gegen den Bek geführt habe. Jedoch hat er diese Behauptungen nicht mit Primärquellen belegt. Die Kabaren wurden niedergeschlagen und schlossen sich einem von den Magyaren angeführten Bündnis an. Daher kommt die Spekulation, dass das Wort „Ungarisch" vom türkischen Onogur („Zehn Pfeile") abgeleitet sei, was sich auf sieben finno-ugrische Stämme und drei kabarische bezogen habe.

In den letzten Jahren des 9. Jahrhunderts schlossen sich Chasaren und Oghusen zu einem Bündnis gegen die Petschenegen zusammen, die zuvor beide Völker angegriffen hatten. Die Petschenegen wurden nach Westen vertrieben, wo sie wiederum die Magyaren verdrängten, die zuvor als Vasallen des Chasarenreichs das Don-Dnjepr-Becken bewohnt hatten. Unter der Führung Lebedias' und später Árpáds wanderten die Magyaren westwärts bis in das heutige Ungarn. Die Auswanderung der Ungarn hinterließ ein Machtvakuum und den Verlust der chasarischen Kontrolle über die Steppen der nördlichen Schwarzmeerküste.

Feindschaft mit der Rus und Byzanz

Die Allianz mit Byzanz begann, möglicherweise infolge der Konversion zum Judentum, im frühen 10. Jahrhundert zu zerbrechen. Byzanz und die Chasaren lieferten sich auf der Krim Auseinandersetzungen und 940 stellte Konstantin VII. in De Administrando Imperio Überlegungen darüber an, wie er die Chasaren isolieren und niederschlagen könne. Gleichzeitig suchten die Byzantiner mit wechselndem Erfolg Bündnisse mit den Petschenegen und den Rus. Die Kiewer Herrscher Oleg und Swjatoslaw I. führten mehrere Kriege gegen das Chasarenreich, oft mit byzantinischer Unterstützung. In den 960er Jahren gelang es Swjatoslaw mit Hilfe der Petschenegen schließlich, die Macht des Chasarenreichs zu brechen. Die chasarischen Festungen von Sarkel und Tamatarcha fielen 965 an die Rus, 967 oder 969 folgte die Hauptstadt Itil.

Chasaren außerhalb des Chasarenreichs

Chasarische Gemeinschaften existierten auch außerhalb der Gebiete unter chasarischer Oberherrschaft. Viele chasarische Söldner dienten in den Armeen des Kalifats und anderer islamischer Herrscher. Dokumente aus dem mittelalterlichen Konstantinopel erwähnen eine Gemeinde im Vorort Pera, die aus Juden und Chasaren bestanden habe. Auch christliche Chasaren lebten in Konstantinopel und einige dienten in seinen Armeen. Der Patriarch Photios I wurde vom Kaiser bei einer Gelegenheit abwertend als „Chasarengesicht" tituliert, wobei unklar ist, ob sich dies auf seine Gesichtszüge bezog oder einfach eine verbreitete Beleidigung war. Abraham ibn Daud berichtete von chasarischen Rabbinatsschülern im Spanien des 12. Jahrhunderts. In Frankreich, Deutschland und England wurde von Juden aus Kiew und anderswo in Russland berichtet, von denen jedoch unbekannt ist, ob sie Chasaren waren. Unter den Kabaren, die sich im späten 9. und frühen 10. Jahrhundert in Ungarn niederließen, können auch Juden gewesen sein. Viele chasarische Juden sind vor den Eroberern möglicherweise nach Ungarn oder andere Länder Osteuropas geflohen. Dort könnten sie sich mit den einheimischen Juden vermischt haben, die aus Deutschland und Westeuropa zugewandert waren. Höchstwahrscheinlich haben sie dort, entgegen den Theorien Arthur Koestlers, nur eine Minderheit unter den Juden Osteuropas dargestellt. Polnische Legenden sprechen davon, dass es in Polen bereits vor der Begründung der Monarchie Juden gegeben habe. Polnische Münzen aus dem 12. und 13. Jahrhundert trugen teilweise slawische Inschriften in hebräischer Schrift, wobei es keine Anzeichen dafür gibt, dass dies mit den Chasaren zu tun haben könnte.

Späte Berichte über die Chasaren

Inwieweit chasarische politische Einheiten auch nach Swjatoslaws Eroberung Itils (968/969) weiterbestanden, ist ungeklärt. Die Chasaren könnten noch für zwei weitere Jahrhunderte einzelne Gebiete im Kaukasus kontrolliert haben, aber aufgrund der spärlichen Quellenlage ist dies schwer zu beweisen. Dafür spricht der Umstand, dass Swjatoslaw nach der Zerstörung Itils das Wolgabecken nicht besetzt hielt, sondern schnell zu Kriegszügen in Bulgarien überging. Später wurde das Wolgabecken durch andere Steppenvölker wie die Kiptschak besiedelt.

Jüdische Quellen

Ein hebräischer Brief aus dem Jahr 4746 hebräischer Zeitrechnung (985–986) spricht von „Unserem Herrn David, dem Chasarenfürsten", der auf der Taman-Halbinsel (an der Schwarzmeerküste) lebe. Der Brief sagt, dass dieser Besuche von Gesandten der Kiewer Rus erhalten habe, die Rat in religiösen Fragen suchten. Dies könnte mit der Taufe Großfürst Wladimirs I. im Zusammenhang stehen, die im selben Zeitraum stattfand. Um 988 war Taman bereits Teil der Kiewer Rus, so dass dieses chasarische Fürstentum gegebenenfalls unterworfen worden wäre. Die Authentizität dieses Briefs, der unter dem Namen Mandgelis-Urkunde bekannt ist, haben Wissenschaftler wie D. M. Dunlop jedoch in Zweifel gezogen.

Abraham ibn Daud, ein spanisch-jüdischer Gelehrter des 12. Jahrhunderts, berichtet, dass er in Toledo chasarische Rabbinatsschüler getroffen habe, die ihm gesagt hätten, dass „die Übrigen von uns dem rabbinischen Glauben angehören". Diese Bemerkung weist darauf hin, dass einige Chasaren zumindest zwei Jahrhunderte nach der Zerstörung Itils noch ihre ethnische, wenn nicht politische Eigenständigkeit bewahrt haben könnten.

Petachja aus Regensburg, ein jüdischer Reisender des späten 12. Jahrhunderts, berichtet von einer Reise durch „Chasarien", wobei er wenig Einzelheiten über die Bewohner mitteilt, außer dass sie in einem Zustand ständiger Trauer leben. Sein Bericht über die Konversion der „sieben Könige von Meschech" weist große Ähnlichkeit zum Bericht Jehuda Ha-Levys über die „Cuzary" auf. Es ist möglich, dass „Meschech" die Chasaren oder eine unter ihrem Einfluss judaisierte Gruppe meint. Dagegen spricht die Rede von den „sieben Königen", obwohl damit auch Amtsnachfolger oder Teilherrscher gemeint sein könnten.

Islamische Quellen

Ibn Hauqal und al-Muqaddasi erwähnen Itil nach 969, was auf einen möglichen Wiederaufbau hinweisen könnte. Al-Biruni (Mitte des 11. Jahrhunderts) berichtet, dass Itil in Ruinen liege, ohne die in der Nähe aufgebaute Stadt Saqsin zu erwähnen, somit könnte es auch sein, dass Itil erst in der Mitte des 11. Jahrhunderts zerstört wurde. Selbst wenn al-Birunis Bericht kein Anachronismus ist, gibt es keinen Beweis dafür, dass dieses

„neue" Itil von Chasaren bevölkert war und nicht etwa von Petschenegen oder Angehörigen eines anderen Volks.

Ibn al-Athir, der um das Jahr 1200 schrieb, berichtet vom „Kriegszug von Fadhlun dem Kurden gegen die Chasaren". Fadhlun der Kurde ist als al-Fadhl ibn Muhammad asch-Schaddahi identifiziert worden, der in den 1030er Jahren über Arran und andere Teile Aserbaidschans herrschte. Nach der Quelle griff er die Chasaren an, jedoch musste er flüchten, als sie seine Armee in einen Hinterhalt lockten und 10.000 seiner Männer töteten. Zwei der großen Wissenschaftler des frühen 20. Jahrhunderts, Joseph Marquart (1864–1930) und W. Barthold, waren über diesen Bericht uneins: Marquart glaubte, dass dieser Vorfall eine chasarische Gruppe betraf, die zum Heidentum und dem nomadischen Leben zurückgekehrt war. Barhold, wie auch Kevin Brook, standen ihm skeptischer gegenüber und nahmen an, dass von Georgiern oder Abchasen die Rede war. Eine eindeutige Entscheidung für eine der beiden Annahmen ist aufgrund der Quellenlage nicht möglich.

Berichte aus der Kiewer Rus

969 nahmen chasarische Vertreter an der Disputation des Großfürsten Wladimir teil, bei welcher laut der Erzählung der Vergangenen Jahre (Nestorchronik) entschieden wurde, welche die Religion der Rus werden sollte. Ob diese Chasaren Bewohner Kiews oder Abgesandte eines verbliebenen chasarischen Herrschers waren, bleibt unklar. Einige Wissenschaftler haben die gesamte Schilderung als Legende angesehen, aber selbst dann bleibt der Hinweis auf Chasaren nach der Zerstörung des Khaganats von Bedeutung. Heinrich Graetz meinte, dass es sich um jüdische Gesandte von der Krim gehandelt haben könne, ohne jedoch Quellen hierfür zu nennen. Weiter berichtet die Nestorchronik davon, dass Mstislaw, einer der Söhne Wladimirs, gegen seinen Bruder Jaroslaw mit einer Armee zu Felde gezogen sei, in der auch Chasaren und Tscherkessen gedient hätten.

Aus dem Jahre 1078 berichten die Quellen von der Entführung eines Fürsten Oleg durch „Chasaren", welcher nach Konstantinopel gebracht worden sei. Allerdings gehen die meisten Experten davon aus, dass es sich hierbei um Kiptschak-Türken gehandelt hat.

Byzantinische, georgische und armenische Quellen

Der byzantinische Chronist Kedrenos berichtet über einen gemeinsamen Angriff von Byzantinern und Rus im Jahre 1016 gegen die chasarische Herrschaft in Kertsch, welchen Georgios Tzul geleitet habe. Nach 1016 gibt es weitere uneindeutige ostchristliche Quellen, bei denen es möglich ist, dass „Chasaren" als Sammelbegriff verwandt wurde, so wie Byzantiner und Araber alle Steppenvölker als „Türken" bezeichneten. Vorher waren sie von den Römern „Skythen" genannt wworden.[5] Jüdische Chasaren werden auch in einer georgischen Chronik als Einwohner Derbents im späten 12. Jahrhundert genannt. Zumindest eine byzantinische Quelle des 12. Jahrhunderts erwähnt Stämme, die das mosaische Recht anwenden und im Balkan leben. Eine Beziehung zwischen ihnen und den Chasaren wird von den meisten Fachleuten jedoch zurückgewiesen.

Westliche Quellen

Giovanni di Plano Carpini, ein päpstlicher Legat am Hofe des mongolischen Khans Gujuk im 13. Jahrhundert, hinterließ in seinem Bericht auch eine Liste der von den Mongolen unterworfenen Stämme. Einer der aufgelisteten Stämme des Kaukasus, der pontischen Steppe und der Kaspi-Region sind die „Brutachi, die Juden sind". Die Identität dieser „Brutachi" ist ungeklärt. Giovanni schreibt später, dass diese ihre Köpfe rasierten. Obwohl er sie als Kiptschak-Türken bezeichnet, könnten sie doch ein Überrest der Chasaren gewesen sein. Anderenfalls könnten sie auch zum Judentum übergetretene Kiptschak gewesen sein, ähnlich wie die Krimtschaken und Krim-Karaim.

Spekulationen über mögliche historische Nachfolger der Chasaren

Der Orientalist Hugo von Kutschera, der Schriftsteller Arthur Koestler (Der dreizehnte Stamm) sowie die israelischen Historiker Abraham N. Poliak und Shlomo Sand vertraten bzw. vertreten die Theorie, die jüdischen Chasaren seien die Vorfahren der meisten oder aller Aschkenasim. Diese These gilt nach Einschätzung des Osteuropahistoriker Frank Golczewski heute als überaus fragwürdig.[6]

Einige Historiker, u. a. an israelischen Universitäten, wie Shlomo Sand und Israel Bartal, halten es für möglich, dass ein großer Teil der Chasaren im osteuropäischen Judentum aufgegangen ist. Dem widersprechen genetische Untersuchungen, nach denen die aschkenasische Bevölkerung überwiegend nahöstlicher Herkunft ist, sodass die Chasaren entweder nur einen kleinen oder keinen Anteil an der Vorfahrenschaft der Aschkenasim haben können.[7][8]

Neuere genetische Untersuchungen zeigen, dass nahöstliche Elemente in der männlichen Linie der Aschkenasim dominieren, während die weibliche Linie eine abweichende Geschichte hat. Dies hat einige Forscher zu der Annahme gebracht, dass Männer nahöstlichen Ursprungs in europäische Gesellschaften eingeheiratet haben.[8] Eine weitere Studie (als Teil einer Doktoratsarbeit von Doron Bahar von der medizinischen Fakultät am Technion in Haifa) kam zum Schluss, dass 40 % der aschkenasischen Juden Nachkommen von vier Urmüttern seien, deren wahrscheinliche Herkunft im Nahen Osten liege.[7][9] Beide Untersuchungen zeigen einen angesichts von fast zwei Jahrtausenden Zerstreuung in der Diaspora hohen Grad an genetischer Homogenität und verweisen deutlich auf die überwiegend nahöstliche Herkunft der jüdischen Bevölkerung. Dies bedeutet auch, dass die Aschkenasim entweder keine Verwandtschaft zu den Chasaren aufweisen oder dass das chasarische Element nur einen kleinen Anteil ausmacht.

Weiterhin weisen Kritiker darauf hin, dass der zweite Teil von Koestlers Werks weitgehend spekulativ ist. Seine Interpretation von Ortsnamen und Quellen wurde als Mischung von etymologischen Irrtümern und fehlinterpretierten Quellen kritisiert. Daher kann Koestlers These als weitgehend widerlegt gelten.

Andere Kritiker der Chasarentheorie betonen, dass die primäre Motivation ihrer Vertreter im Antizionismus liege. Die Chasarentheorie werde insbesondere in der arabischen Welt von vielen Antizionisten vertreten. Diese argumentierten, dass, wenn die Juden primär chasarischer Herkunft seien, Gottes biblische Verheißung des Landes Kanaan an

die Israeliten für diese keine Geltung habe. Diese Versprechung gilt nach jüdischer Anschauung allerdings auch für Konvertiten, außerdem sind mehr als die Hälfte der heutigen Israelis keine Aschkenasim. Dem wird wiederum entgegengehalten, dass politische
Implikationen nichts über den Wahrheitsgehalt des Kerns der Theorie aussagten. So sei
Koestler selbst, basierend auf säkularen Überlegungen, ein überzeugter Zionist gewesen. *Auch in der Sowjetunion wurde die Chasarentheorie zur Rechtfertigung für Antisemitismus und zur Legitimation russischer Eroberungen herangezogen.[10] Heute wird
die Chasarentheorie vor allem von Antisemiten wie der Christian-Identity-Bewegung
oder dem rechtsesoterischen Verschwörungstheoretiker David Icke verbreitet, weil sie
erlaubt, zwischen vermeintlich „guten" und „bösen" Juden, nämlich den angeblich von
den Israeliten abstammenden Sepharden und den chasarischen, also eigentlich „asiatischen" Aschkenasim zu unterscheiden.[11]*

Andere Theorien leiten die Herkunft von Gruppen wie den Karaim, den Krimtschaken
oder den Bergjuden von den Chasaren her. Obwohl es möglich ist, dass einige Chasaren
in diese Ethnien aufgenommen wurden, gibt es für diese Theorien keine hinreichen-
den Beweise. Nichtjüdische Ethnien, die sich auf eine teilweise chasarische Herkunft
berufen, sind die Kumyken und die Krimtataren. Wie bei den oben genannten jüdischen
ethnischen Gruppen sind auch diese Behauptungen Gegenstand von Kontroversen und
Debatten.

Siehe auch   Türkische Juden

Literatur

 Kevin Alan Brook: The Jews of Khazaria. Aronson, Northvale (NJ) 1999, ISBN 0-7657-
6032-0. (englisch)

Alfred Posselt: Geschichte des chazarisch-jüdischen Staates., Verlag des Vereins zur
Förderung und Pflege des Reformjudentums, Wien 1982

Swetlana A. Pletnjowa: Die Chasaren. Mittelalterliches Reich an Don und Wolga.
Schroll, Wien 1978, ISBN 3-7031-0478-3.

Douglas M. Dunlop: The History of the Jewish Khazars. Princeton University Press,
Princeton (NJ) 1954

Peter Benjamin Golden, Khazar studies: An historico-philological inquiry into the origins of the Khazars Budapest, Akadémiai Kiadó, 1980

Arthur Koestler: Der dreizehnte Stamm. Das Reich der Khasaren und sein Erbe. Mol-
den, Wien 1977, ISBN 3-217-00790-5. (Übersetzung aus dem Englischen von J. Eidlitz)

Hugo Freiherr von Kutschera: Die Chasaren, Holzhausen, Wien ²1910

Maximilian Landau: Beiträge zum Chazarenproblem., Stefan Munz Jüdischer Buchver-
lag, Breslau, 1938

Josef Marquart: Osteuropäische und ostasiatische Streifzüge. Ethnologische und histo-
risch-topographische Studien zur Geschichte des 9. und 10. Jahrhunderts Leipzig, 1903

Das Buch se-Chazari. Hirschfield, Breslau 1885

Der khazarische Königsbrief. Cassel, Berlin 1877

Ibn Dasta. übersetzt durch Chwolson, St. Petersburg 1869

Sur les Khazars. Vivien St. Martin, Paris, 1851

Andreas Roth: Chasaren. Das vergessene Grossreich der Juden. Melzer, Frankfurt 2006, ISBN 3-937389-71-7.

Johannes Preiser-Kapeller, Das „jüdische" Khanat. Geschichte und Religion des Reiches der Chasaren. Karfunkel. Zeitschrift für erlebbare Geschichte Nr. 79 (2008/2009) S. 17–22 (Überblick auf dem neuesten, über das Buch von Roth hinausweisendem Forschungsstand, mit ausführlichen Literaturangaben).

Sand, Shlomo; Die Erfindung des jüdischen Volkes. Israels Gründungsmythos auf dem Prüfstand; Berlin 2014(6); – zu den Chasaren: S. 315–366. ISBN 978-3-548-61033-7.

Isaac Acqris, Kol Mevasser , Constantinople 1577, Manuscrit à Oxford.

Abraham N. Poliak, Khazaria – Die Geschichte eines jüdischen Königreichs in Europa (hebräisch), Tel Aviv, 1951.

Encyclopédia Universalis, Dictionnaire du Judaïsme, p. 447, Paris, Albin Michel, 1998.

Jacques Sapir, Jacques Piatigorsky: L'Empire khazar. VIIe-XIe siècle, l'énigme d'un peuple cavalier., Paris, Autrement, coll. Mémoires, 2005, ISBN 2-7467-0633-4.

Paul Wexler, The Ashkenazic Jews: A Slavo-Turkic people in search of a Jewish identity, Slavica Publishers, Columbus (OH) 1993, ISBN 0-89357-241-1.

Paul Wexler, Two-tiered Relexification in Yiddish – Jews, Sorbs, Khazars, and the Kiev-Polessian Dialect, Mouton de Gruyter, New York 2002,ISBN 3-11-017258-5.

Matthias Alexander Castrén, Nordische Reisen und Forschungen:

Ethnologische Vorlesungen über die altaischen Völker, nebst samojedischen Märchen und tatarischen Heldensagen, S.75, Buchdruckerei der Kaiserlichen Akademie der Wissenschaften, 1857

Romane

Marek Halter: Der Messias-Code : Roman. Aus dem Franz. übers. von Manfred Flügge. Berlin : Aufbau-Taschenbuch-Verl. 2005 [Le vent des Khazars, 2001]

Milorad Pavić: Das Chasarische Wörterbuch. Lexikonroman in 100.000 Wörtern („Hazarski rečnik", 1984). Hanser, München 1988 (zwei Ausgaben)

Weblinks

Commons: Chasaren – Album mit Bildern, Videos und Audiodateien

Khazaria.com , Website von Kevin Alan Brook, dem Autor von The Jews of Khazaria

Referenzen

René Grousset: Die Chazaren, in: Die Steppenvölker, München 1970, S. 255; Harald Haarmann: Chasaren, Artikel in: Lexikon der untergegangenen Völker, München 2005, S.79; Chasaren: Artikel in: Bertelsmann Lexikon, Band 2, hg. von Bertelsmann Lexikon-Verlag, Gütersloh 1984, S. 208

Eran Elhaik: The Missing Link of Jewish European Ancestry: Contrasting the Rhineland and the Khazarian Hypotheses. In: Genome Biol. Evol. 5, 2013, S. 75–76 doi:10.1093/gbe/evs129

(englisch)

Das Buch Kusari von Jehuda Halevi Spanischer Text bei Wikisource

Gernot Rotter (Hrsg.): Bis zu den Grenzen der Erde. Auszüge aus dem „Buch der Goldwäschen". S.85, Tübingen & Basel 1978 (Bibliothek arabischer Klassiker, Bd. 3), ISBN 3-7711-0291-X

Matthias Alexander Castrén, Nordische Reisen und Forschungen:

Ethnologische Vorlesungen über die altaischen Völker, nebst samojedischen Märchen und tatarischen Heldensagen, Buchdruckerei der Kaiserlichen Akademie der Wissenschaften, 1857, S.75

Frank Golczewski: Ukraine. In: Wolfgang Benz (Hrsg.): Handbuch des Antisemitismus. Bd. 1: Länder und Regionen. De Gruyter Saur, Berlin 2009, ISBN 978-3-11-023137-3, S. 379 (abgerufen über De Gruyter Online).

Doron M. Behar, Ene Metspalu, Toomas Kivisild u. a.: The Matrilineal Ancestry of Ashkenazi Jewry: Portrait of a Recent Founder Event , in: The American Journal of Human Genetics Volume 78 March 2006.(PDF; 2,03 MB)

In DNA, New Clues to Jewish Roots

. humanitas-international.org. 14. Mai 2002. Abgerufen am 1. August 2012.

40% der aschkenasischen Juden sind Nachkommen von vier Urmüttern

(Newsletter der Botschaft des Staates Israel) nlarchiv.israel.de. 31. Januar 2006. Abgerufen am 1. August 2012.

Ankündigung von

Victor A. Shnirelman. The Myth of the Khazars: Intellectual Antisemitism in Russia in the 1970s–90s.

Michael Barkun: Religion and the Racist Right. The Origins of the Christian Identity Movement. UNC Press. University of North Carolina Press, Chapel Hill 1997, S. 136–142; derselbe: A Culture of Conspiracy. Apocalyptic Visions in Contemporary America. University of California Press, Berkeley 2013, S. 145.

   Wikipedia:Lesenswert Ethnie in Asien Historische asiatische Ethnie Europäische Geschichte Vorderasiatische Geschichte Jüdische Geschichte (Mittelalter) Jüdische Geschichte (Russland) Kaukasus Turksprachige Ethnie Nomaden
Ende Zitat aus Wikipedia.

Dienstag, 21. Juli 2015 In Israel heute, ist ja auch eine Debatte über die Annahme des jüdischen Glaubens entfacht, durch die Erzkonservativen. **Hier ist ein Zitat dazu:**
Die Macht der Orthodoxen
Gute Zeiten für Ultraorthodoxe in Israel
Die religiösen Parteien haben im Kabinett Netanyahus massiv an Einfluss gewonnen. Sie nutzen ihre neue Stärke entschlossen. von Ulrich Schmid, Jerusalem11.7.2015, 10:00 Uhr
Man kann die israelischen Ultraorthodoxen belächeln, wenn sie in ihren Stetl-Kleidern durch die Straßen hetzen oder Angela Merkel aus Fotos in ihren Zeitungen wegretuschieren. Doch die Ultraorthodoxen meinen es ernst, und im neuen Kabinett von Ministerpräsident Benjamin Netanyahu ist ihre Macht gewachsen. Innerhalb einer Woche

haben die Parteien Shas und Vereinigtes Thora-Judentum mehrere Gesetzesvorlagen durchgebracht, die moderate und säkulare Israeli brüskieren und den Einfluss der Ultra-orthodoxen auf den israelischen Staat und Alltag erhöhen.

Es geht um die Konversion zum Judentum, die Stärkung rabbinischer Jurisdiktion und die Befreiung orthodoxer Jeschiwa-Studenten vom Militärdienst. 2014 war eine Reform verabschiedet worden, die darauf abzielte, die Zahl der Gerichtshöfe, die Konversionen kontrollieren und gutheißen, zu vergrößern und nicht nur eine Handvoll vom Obersten Rabbinat ernannte Richter darüber befinden zu lassen. Rund 350 000 Israeli, primär Einwanderer aus der Sowjetunion, werden zurzeit als religionslos eingestuft. Die Orthodoxen möchten nun, dass nur Jude werden kann, wer mit religiösem Wissen brilliert und die Vorschriften strikt befolgt. Die übrigen Parteien – in erster Linie das «Jüdische Heim» von Naftali Bennet – hatten sich für mildere Kriterien eingesetzt und sie 2014 auch partiell durchgesetzt. Das Kabinett von Ministerpräsident Netanyahu hat diese Neuerungen nun wieder gekippt, die Knesset hat zugestimmt.

Ebenfalls angenommen wurde die Vorlage, dem Justizministerium die Oberaufsicht über die rabbinischen Gerichte zu entziehen und sie dem Ministerium für Religionsangelegenheiten zu übertragen, das von der Shas kontrolliert wird. Eine Gelegenheit für die Religiösen, nicht nur ihre Agenda voranzutreiben, sondern auch Posten an Favoriten zu verteilen. Zwei neue Gesetzesanträge sollen sicherstellen, dass das Oberste Rabbinat – bestehend aus einem sephardischen und einem aschkenasischen Rabbiner – auch fürderhin als einzige Instanz über die Zertifizierung koscherer Lebensmittel wacht.

Mit 50 gegen 39 Stimmen wurde ein Antrag der liberalen YeshAtid-Partei abgelehnt, endlich auch in Israel die Zivilheirat einzuführen. Israel ist die einzige Demokratie weltweit, wo die Eheschließung und die Scheidung religiösen Instanzen vorbehalten sind.

Der Aufschrei von Nichtgläubigen und Liberalen war groß, viele sehen bereits das Ende des toleranten, weltoffenen Israel nahen. Als dann der Shas-Religionsminister David Azoulay in der Konversionsdebatte auch noch erklärte, Reformjuden seien eine Katastrophe und im Grunde gar nicht jüdisch, kannte die Empörung keine Grenzen. Das ist verständlich. Der Einfluss der Religiösen ist in Israel enorm – und die Unfähigkeit der moderaten Kräfte, ihnen Einhalt zu gebieten, ist mehr als bedauerlich.

Ein Beispiel für die illiberale Sonderstellung, die die Religiösen genießen, ist die lange Zeit geltende Befreiung orthodoxer Jeschiwa-Studenten vom Militärdienst, die erst letztes Jahr größtenteils aufgehoben wurde. Breite Kreise können nicht verstehen, warum diese Thora-Studenten ihr Land nicht verteidigen sollen. Dies um so mehr, als viele von ihnen durchaus aggressive Siedler in Cisjordanien sind, die glauben, Gott habe ihnen dieses Land versprochen – und damit just jene Konflikte mit den Palästinensern heraufbeschwören, die oft genug militärisch eskalieren. Kommt es dann zum Krieg, sind es aber die Liberalen und die Säkularen, die im Kampf sterben. Netanyahu hat dafür gesorgt, dass dies so bleibt, indem er das neue Gesetz abgeschwächt hat.

Die Befürchtung, die Orthodoxen könnten das liberale Israel endgültig beerdigen, erscheint dennoch übertrieben. Die gesellschaftliche Toleranz, die sich zum Beispiel in der großen Akzeptanz von Homosexuellen zeigt, ist nicht wirklich bedroht. Gesetz und Realität klaffen in Israel längst weit auseinander. Das Fehlen der Zivilheirat hat dazu beigetragen. Faktisch haben die Gerichte die wichtigsten Vorrechte der Heirat längst auf kohabitierende Paare übertragen. Fragen wie die Zahlung von Alimenten oder die Vermögensteilung bei Trennung sind so auch ohne Ehe juristisch verbindlich geregelt. **Zitat Ende.**

Ich versuche immer noch in diesem Vorwort für mich zu einer akzeptableren Einstellung zu kommen wegen des Themas „Als Ich Noch Jude War". Es war ja das kollektive Bewusstsein das sich da in mir , zeigte, wo ich dann wusste das ich obwohl ich nach dem zweiten Weltkrieg geboren wurde, trotzdem, an dem Mordsdilemma, kollektiv den Schmerz ertragen musste. Und das ja dann diese Suche was ist das mit den Juden den jüdischen Menschen und den Israelis, ins Rollen brachte, damals als ich 19 Jahre jung war, dort in Toronto Kanada, als Immigrant, um nicht zur Bundeswehr zu gehen, da ich gegen jede Form des Tötens bin. Und das ja erst Jahrzehnte später,33 Jahre später das wieder ins Gedächtnis gehoben wurde.

Das was ich unter den Menschen finde ist entgegengesetzt und nicht eindeutig klar. Es gibt jene die das Üble mit dem Jehova verbinden und jene die fest daran glauben mit der Thora wie die Erzkonservativen. Aber wenn ich die schon sehe, wie die aussehen, da ist mir klar, nein danke, das bin ich nicht und so will ich als Mensch nicht werden. Für mich gibt es die Tatsache das Menschen unterschiedliche Entwicklungen machen, jeder, und mit Einheitskleidung oder Einheitsdenken oder Einheitsfantasien oder in Parteien oder anderen Gruppierungen, Berufsgruppen, erscheint dann rein äußerlich ein Bild der Übereinstimmung, was aber Täuschung ist, Illusion, jeder Mensch macht eine eigene Entwicklung durch, die ausschließlich für ihn von Bedeutung ist. Kollektive Erscheinungen sind meistens Zwänge oder Notwendigkeiten im Daseinszustand der Menschen noch als Raub Menschen als Raubtiere, sie rauben dir deine Lebenskraft dein Denken deine Möglichkeiten deine Freiheit durch die Kontrolle von Land .Güter, Immobilien und Geld heutzutage. Geld ist der drastische und dümmste Kontrollweg. Da Geld überhaupt noch nie etwas gemacht hat und machen kann. Und hier ist ein Zitat aus dem Internet in Bezug zu Geld, nämlich die Rothschilds, **Zitat Anfang:**

Die Ahnengeschichte der Rothschilds
(Vor allem in antisemitischen und antizionistischen Kreisen ist die These populär, die heutigen aschkenasischen Juden seien überwiegend Nachkommen der Chasaren und nicht der Israeliten. Diese Aussage gilt der wissenschaftlichen Mehrheitsmeinung nach als widerlegt und diskreditiert. Neuere genetische Untersuchungen zeigen zudem eine überwiegend nahöstliche Herkunft der aschkenasischen Bevölkerung, sodass die Chasaren entweder nur einen kleinen oder keinen Anteil an der Vorfahrenschaft der Aschkenasim haben können.) *(Das würde die Van Helsing Beeinflussung und die dazugehörigen wissenschaftlichen Untersuchungen wieder relativieren. Außerdem sind*

Die Ahnengeschichte der Rothschilds lässt sich nicht auf konkrete Personen vor dem
16. Jahrhundert zurückführen. Die Familie hatte bereits seit dem 16. Jahrhundert in
der Frankfurter Judengasse gelebt, doch außer dem Hausnamen „zum Rot(h)en Schild"
ist wenig über die Vorfahren von Amschel Moses Rothschild, dem Vater des „Ersten
Rothschild" überliefert. Es scheint allerdings so, als gehörten die Rothschilds zu den sogenannten „Aschkenasim", einer Gruppe von Juden, die am Ende der Antike um das
Jahr 700 vor allem in Osteuropa lebten und sich im Mittelalter über Mitteleuropa, v. a.
auf deutschem Gebiet, verteilten. Viele Aschkenasim stammten vom Volksstamm der
Khasaren ab. Da die Khasaren historisch kaum beleuchtet wurden und einen äußerst
bizarren Eindruck erwecken, liegt es nahe, dass die Rothschilds ihre Blutlinie auf dieses
Volk zurückführen können.

Der jüdische Autor Arthur Koestler behauptet in seinem Buch „Der dreizehnte Stamm",
dass das moderne jüdische Volk im Land Khasarien entstand, das zwischen Schwarzem
und Kaspischem Meer eingeschlossen war und heute vor allem Georgien umfasst, sich
aber auch auf Russland, Polen, Litauen, Ungarn und Rumänien erstreckt. Die Khasaren
waren ein äußerst kriegerisches und gottloses Volk. Sie beteten verschiedene Götzen an,
doch besaßen sie keinen einheitlichen Glauben wie ihre christlichen Nachbarn auf der
westlichen Seite und die Muslime im Osten.

Im Jahr 740 war das khasarische Volk gefährdet, da die christlichen und muslimischen
Stämme, die sie umschlossen, mit einem vernichtenden Angriff drohten, sollten die
Khasaren sich nicht zu einer Religion bekehren, Der khasarische König Bulan beschloss,
seinem Kriegerstamm eine einheitliche Religion zu geben, um sich vor den Angriffen der
Moslems und Christen zu schützen. Doch wenn sie sich zum muslimischen Glauben be-
kehrten, riskierten sie Angriffe der Christen, und wenn sie sich zum christlichen Glauben
bekannten, riskierten sie Angriffe der Moslems.

Der König hatte eine Idee: Es gab noch ein anderes Volk, von dem er wusste, dass es sowohl mit den Moslems auf der einen Seite als auch mit den Christen auf der andere Seite fertig werden konnte. Ein Volk, das auch mit den Khasaren auf gleiche Weise Handel
trieb. Dieses Volk waren die Juden. König Bulan beschloss, dass er sowohl die Christen
als auch die Moslems zufriedenstellte, wenn er sein Volk anwies, sich zum jüdischen
Glauben zu bekehren, da Christen wie Moslems bereits mit den Juden Handel trieben.
Das khasarische Großreich wurde 1016 zerschlagen und die konvertierten Khasaren lan-
deten als Juden in Osteuropa. Aus ihnen entstand u. a. die Volksgruppe der Aschkenasim, zu denen die Rothschilds gehörten. Die Khasaren werden auch als „Rote Juden" bezeichnet, und die Rothschilds wollten mit dem Namen, den sie sich im 17. Jahrhundert
selbst gaben, möglicherweise auf ihre khasarische Herkunft hinweisen.

Der israelische Professor Robert Wolfe schreibt in seinem Essay „Zionismus als Judaismus“:

„Wenn es ein Unterscheidungsmerkmal unter Juden gab, dann bestand es darin, dass
ein Teil von ihnen passiv auf die Ankunft des Messias wartete, während andere das Ende
durch Aktionen erzwingen wollten, die darauf abgestellt waren, die Sammlung der Exi-
lierten ohne himmlische Intervention herbeizuführen. Seit dem 13. Jahrhundert wurden
jene, die das Ende erzwingen wollten, mit den Geheimlehren der Kabbala identifiziert.“
Die Kabbala ist eine mystische Geheimlehre innerhalb des Judentums, die wenig mit
der jüdischen Thora, geschweige denn der Bibel gemeinsam hat. Praktizierende Kabbalisten tauchen tief in eine esoterische Welt aus Zahlenmystik, Gnosis und Sexualmagie
ein. Sie wollen sich die Mächte anderer Welten gefügig machen und die irdische Sphäre
verlassen. Die innere „Erleuchtung“ durch verborgenes Wissen ist das Hauptziel der Geheimlehre. Die Kabbala gehört zweifelsohne in die Kategorie „Okkultismus „ und nicht
„Religion“.
**Erstaunlicherweise ist die Kabbala erst im 12. Jahrhundert entstanden, genau nach
der Auflösung des Stammes der Khasaren.** Die Ursprünge der Lehre lassen sich nicht
ausmachen. Sie war in Frankreich und Spanien aus dem Nichts aufgetaucht, und nur
eine kleine Minderheit der jüdischen Gemeinschaft begann, sie zu studieren oder zu
praktizieren.
Wir haben also einen Götzen anbetenden Volksstamm, der sich in der Gemeinschaft der
Juden auflöst, und ein paar hundert Jahre später taucht eine mysteriöse neue Geheimlehre im Judentum auf, die deutlich mehr mit den Götzen der Khasaren zu tun hat als
mit der jüdischen Thora.

Die jüdische Thora

Ein wichtiger Programmpunkt vereint die Kabbala und das normale Judentum: Beide
erwarten einen Messias und beide halten sich sehr bedeckt über den kommenden Heils-
bringer. **Die Kabbala glaubt allerdings an die „Heilige Sünde“, d.h. der Messias wird
erst kommen, wenn man das Böse in die Welt bringt. Die Kabbala scheint zu lehren,
dass das Böse existieren muss, um eine Einheit mit dem Guten zu bilden.** Orthodoxe
Juden erwarten zwar auch die Ankunft des Messias, doch warten sie passiv auf seine Ankunft. Sie verhalten sich dabei, genau wie die Christen, entsprechend den zehn Geboten
in der Thora. Wir haben es also mit zwei grundlegend verschiedenen Glaubensrichtun-
gen zu tun, die bei oberflächlicher Betrachtung dennoch lapidar als Judentum abgetan
werden.

Sabattah Zevi

Um die Geschichte nicht zu verkomplizieren, springen wir gleich ein paar hundert Jahre
weiter: Im Jahr 1665 wurde der aschkenasische Jude Sabbatah Zevi von dem Kabbalisten
Rabbi Nathan Aschkenasi von Gaza zum jüdischen Messias ausgerufen. Zwei Kabbalisten
und potenzielle Nachfahren der Khasaren machten sich zu Propheten der jüdischen End-

zeit, die, wie wir heute wissen, nie eintrat. **Auch Zevi verbreitete die Lehre, dass man erst alle religiösen Gesetze brechen müsste, um die Wiederkehr des Messias möglich zu machen. Zevis Lehre, der Sabbateanismus, der die Sünde zur Tugend macht, erinnert stark an den heutigen Satanismus und Okkultismus. (VatikanPraktiken)** Es ist das entscheidende Grundelement von Satanismus und Sabbateanismus, die Dinge einfach umzudrehen: Gut ist böse, böse ist gut. Da alles sowieso eine Einheit bildet, spielt es keine Rolle, welcher Seite man angehört. Ohne Gott würde es Satan gar nicht geben und umgekehrt. Zevi lebte in der Türkei, wo er im Jahre 1666 zum Islam konvertierte, da der Sultan ihm mit Todesstrafe drohte.

Er wanderte mit seinen tausenden Anhängern, die insgeheim immer noch den sabbateaischen Glauben praktizierten, nach Griechenland aus und gründete dort eine eigene Gemeinde. Die Nummer „666" im modernen Satanismus deutet wohl auf das für Zevi so bedeutsame Jahr 1666 hin.

Die Verbindung zwischen Zevi aus Südosteuropa und den Rothschilds aus Frankfurt lässt sich über den Zevi- Jünger Jakob Frank herstellen. Auch Frank war ein aschkenasischer Jude, der 1726 in Polen geboren worden war. Als junger Mann reiste Frank in das Osmanische Reich und machte Bekanntschaft mit den sabbateanischen Lehren in der von Zevi gegründeten Gemeinde. Nach seiner Rückkehr nach Polen im Jahr 1755 gründete Frank seine eigene Sekte sabbateanischer Prägung. Bald hatte auch er eine Anhängerschaft von 60000 Menschen, die ihn, wie seinen Vorgänger Zevi, für den neuen Messias hielten. Frank behauptete, er sei die Inkarnation von Zevi und führte seine Ideologie nahezu identisch weiter. Er drehte die Wahrheit um und huldigte dem Bösen. **„Da wir nicht alle Heilige sein können, lasst uns alle Sünder sein" war einer seiner Leitsprüche.** Zudem wollte seine Sekte, die Frankisten, eine Weltrevolution, die die Gesellschaft erst zerstört und dann neu ordnet.

Dass Jakob Frank die Rothschilds kannte und sich auch mit ihnen in Verbindung gesetzt hatte, erfahren wir von dem jüdischen Rabbi und Autor Marvin S. Antelman. In seinem 1974 erschienenen Buch „How to eliminate the Opiate" behauptet Antelman, Mayer Amschel Rothschild sei einer der Finanziers von Frank gewesen, der seinen Lebensabend mit Spenden seiner Unterstützer fürstlich auf einem Schloss im Frankfurter Vorort Offenbach verbrachte. Außerdem meint Antelman, Frank sei schon zuvor den Illuminaten nahegestanden und habe sie über seinen Kontakt zu Adam Weishaupt entscheidend beeinflusst.

So würde alles Sinn machen: Das Symbol der Frankisten war ein rotes Schild, die Rothschilds nennen bis heute ihre Nachkommen sehr oft „Jakob" die frankistische Idee einer Weltrevolution passt perfekt zu den Illuminaten, und Mayer Amschel Rothschild studierte nachweislich die Kabbala, auf die sich auch die Sabbateaner und Frankisten bezogen. Die Kabbala könnte in einer Verbindung zu den Khasaren stehen, von denen die Ostjuden, die Aschkenasim, abstammen. Die Geheimschrift könnte also eine satanische Geheimlehre enthalten, **die sich bis auf das Götzen anbetende Volk der Khasaren zurückführen lässt, die zum Judentum konvertierten, obwohl sich ihr Stammbaum nicht**

auf das biblische Volk der Israeliten zurückführen lässt. Die wahren, genetischen Juden sind logischerweise die Palästinenser, da ihre Vorfahren im Heiligen Land lebten.

Nun kommen wir in die Gegenwart: Der Großteil der religiösen und politischen Führungsschicht des Landes Israel gehört zur Gruppe der Aschkenasim. Sie ziehen die Geheimlehre der Kabbala der Thora vor und studieren lieber die mystischen Geheimnisse der Heiligen Schrift. Um es im Klartext zu sagen: Palästina wurde Anno 1948 von einer Gruppe russisch-polnisch-deutscher Okkultisten übernommen, die nichts mit der semitischen Rasse verbindet, deren Religion nichts mit dem orthodoxen Judaismus zu tun hat und die deshalb auch keinerlei Anspruch auf das Land Israel besitzen. Es soll aber nochmals betont werden, dass es sich weitgehend um die religiösen und politischen Führer handelt, die sich auf die okkulten Lehren der Kabbala beziehen.

Beim jüdischen Fußvolk ist es wie in jedem anderen Land der Welt: Manche schließen sich den Führern an, manche durchschauen den Schwindel und protestieren.

Die einflussreichste religiöse Sekte Israels, die Chassidim bezieht sich schon in ihrem Namen auf die Khasaren. Diese Sekte entstand ebenfalls Mitte des 18. Jahrhunderts und gleicht den Lehren Jakob Franks. Der erste Rabbi des Chassidismus hatte seine Einweihung 1815 in den transsylvanischen Karpaten erhalten.

Dass mit der Sekte etwas ganz und gar nicht stimmt, erfahren wir u.a. in einem Spiegel-Artikel aus dem Jahr 2005 mit dem Titel „Jüdische Fanatiker sprechen Todesfluch gegen Scharon aus". Darin ist zu lesen:

„Rund 20 Gegner des israelischen Abzugs aus dem Gaza-Streifen trafen sich auf dem Friedhof von Rosch Pina in Nordisrael. Unter Leitung des Rabbiners Jossef Dajan riefen die Extremisten die, „Engel der Zerstörung" an, Regierungschef Ariel Scharon zu töten. Die als „pulsa dinura" bezeichnete Zeremonie wurde nach Angaben der Internet-Ausgabe der Tageszeitung „Jedioth Achronot" am vergangenen Freitag im Morgengrauen in aramäischer Sprache abgehalten. An dem Ritual nach alter jüdischer Überlieferung, mit dem auf einen Sünder das Feuer des Himmels herab gerufen wird, nahmen gemäß der Tradition nur verheiratete und bärtige Männer über 40 teil. Der Aufruf richtete sich an die „Engel der Zerstörung", weil nach Einschätzung der Teilnehmer ein Mordanschlag von Menschen wegen der massiven Sicherheitsvorkehrungen im Umfeld Scharons keinen Erfolg haben würde. „Scharon beraubt die Nation, wir hoffen, dass der Herrgott ihn von uns nimmt", sagte einer der Teilnehmer demnach. Jüdische Extremisten hatten 1995 eine ähnliche Zeremonie abgehalten, bevor der damalige Ministerpräsident Jischak Rabin ermordet wurde."

Ein paar Monate später fiel er in ein Koma.

Die Rothschilds sind die offensichtlichste Verbindungslinie zwischen dem kabbalistischen, sabbateanischen, frankistischen, chassidischen und zionistischen Judentum zu den Illuminaten aus Ingolstadt. Mit dem Geld der Rothschilds stiegen die sektenartigen Außenseiterkulte innerhalb von zwei Jahrhunderten zur Führungsschicht des globalen

Judentums auf.

Sie werden im Laufe dieser Artikelreihe noch viel mehr darüber erfahren. Im nächsten Artikel wird es um die Illuminaten, Freimaurer und die Protokolle der Weisen von Zion gehen.

Labels: Rothschild Diesen Post per E-Mail versenden Blog This! In Twitter freigeben In Facebook freigeben Auf Pinterest teilen

Keine Kommentare:

Kommentar veröffentlichen

Weiterlesen auf: Freiheit durch Wissen. **ENDE ZITAT.**

Und also wieder eine Information die sich mit anderen Informationen streitet. Aber ich habe mal irgendwo gelesen, dass die Juden, zum Beispiel, schon als sie als Sklaven in Babylon verschleppt waren, dort nach Jahrzehnten das Bankwesen kontrollierten. Oleeeeeeh. Prima.

Mittwoch, 22. Juli 2015 Ich habe die Information der Juden und Babylon gefunden. Hier ist sie: **Zitat Anfang**: Archäologie und Juda: Exil nach Babylon. Aus der Zeitschrift www. gutenachrichten.org

Die Bank Murashu & Söhne

Die Kaufleute unter der Bevölkerung Judas, die nach Babylon als ein geschlagenes Volk durch die Gefangenschaft gekommen waren, erhielten von den ebenso fleißigen Babyloniern ein beachtliches Maß an Freiheit.

Die Historikerin Petra Eisele erklärt: „Obwohl nicht viel über das Leben der im Exil lebenden Juden in Babylon bekannt ist, weiß man doch so viel, dass ihre missliche Lage nicht so schlecht war, wie ihre Sklaverei zur Zeit Moses in Ägypten. Sie lebten in Babylon nicht wie Gefangene oder Sklaven sondern als, halbfreies" Volk . . .

Nachdem die Perser Babylon im Jahr 539 v. Chr. eroberten und den Juden das Recht gaben, in ihre Heimat zurückzukehren, nahm nur eine Minderheit dieser angeblich, armen Gefangenen" dieses großzügige Angebot an. Viele Wollten die Bequemlichkeiten und Reichtümer, die sie in diesem, fremden" Land erworben hatten, nicht aufgeben und nicht die ungewisse Zukunft auf sich nehmen, die sie in ihrem, Heimatland" vorfinden würden.

Handelsdokumente auf Tontafeln aus dem fünften Jahrhundert V. Chr. zeigen, dass sich selbst nach dem Ende des Exils die babylonischen Banken immer noch fest in den Händen der Juden befanden. Die Firma Murashu & Söhne eines jüdischen Bankkaufmanns hatte sich stark im Immobiliengeschäft ausgebreitet. Das Hauptquartier dieses Unternehmens befand sich in der Nähe von Nippur und besaß ungefähr 200 Filialen im ganzen Land. (Babylon, Auszug aus Editorial EDAF,1980, Seite 70).

Die aufstrebenden Zentren in Babylon und Jerusalem halfen dem jüdischen Volk, die Eroberungszüge der Perser, Griechen und Römer besser zu überleben. Einige Jahrhunderte später, zur neutestamentlichen Zeit, waren sie in Israel immer noch fest etabliert. Allen offensichtlichen Widerständen zum Trotz erfüllte sich Gottes Verheißung, dass die

Bevölkerung Judas nicht in ihrer babylonischen Gefangenschaft bleiben sollte.
In zukünftigen Artikeln setzen wir unsere Reihe über Bibel und Archäologie fort. Wir werden sehen, wie die Archäologie viele Aussagen der Bibel über die Zeit nach dem Ende des Königreiches Juda bestätigt. GN
Zitat Ende

Wenn Ich mir nun diese Suche zum Thema Juden und Israel von mir anschaue, und da viel tiefer reinkomme als ich es eigentlich wollte, sehe ich auch, diesen monströsen Kampf der Menschen um "GLAUBE" also um etwas Phantasiemäßiges, und das ist doch absurd. Aber auch ein Hinweis darauf, das diese Menschen noch nicht zu einem klaren Geistezustand in ihrer inneren Entwicklung gekommen sind. Ganz einfach weil das menschliche Leben für viele einfach eine zu große Last ,Belastung und Schwierigkeit ist, die sowohl selber als auch von anderen auf die Menschen einwirkt. Um so globaler das menschliche Leben wird um so umfassender und um so mannigfacher also vielfältiger also mit unterschiedlichen Details umgeben, wird das menschliche Leben.
Was früher das große Wissen und die große Wahrheit war, das ist heute bloß ein kleines Detail im großen Wissen der globalen Universalität des Universums Gottes. Es ist zu Sektenwissen also Teil-wissen geworden-und ich sehe auf der Erde überall Sekten, religiöse, wissenschaftliche, politische, intellektuelle, künstlerische oder sonstwelche Arten von Detail und damit Sektenwissen. Und in dieser Nahe Osten Region brodelt es ja zur Zeit sehr intensive, auch deswegen, weil ja der Islam, 600 Jahre später als das Christentum entanden ist. und den menschen die nun an den Islam glauben, denen fehlt 600 Jahre Erfahrung und Auseinandersetzung mit ihrer Umgebung und sich selber in Bezug zu diesem Glauben und was der Glaube macht und wo er hinführt und was das für die Gläubigen als auch deren Umgebungsmenschen bedeutet. Das ist nämlich sehr viel Wirrniss, die genau so die damaligen Christen hatten als sie ihre Kreuzzüge bis nach Jerusalem machten und auch dachten sie müssten alle zu abgeschlachteten Christen machen mit der Hauruckmethode.
Selbst der Zwiespalt den die Christen mit Katholiken und Protestanten haben, haben die Moslems mit den Schiiten und Sunniten. Also es kann gesehen warden, in allem was auf der Erde lebt und strebt geht die gleiche Art also Kunst der Entwicklung vor sich-und zwar ohne Ausnahme-und zwar in Relation zum erwählten Thema. Die Kausalität im veränderbaren Teil der Schöpfung ist 100%.
Und ich tauche nun in diese Themen hinein von den Gläubigen den Bibelgläubigen den Gelehrten den Nichtgläubigen und anderen andersentwickelten Menschen, die mir zeigen das Toleranz heute wichtiger ist als Glaube und Rechthaberei egal in welchem Bereich-und Toleranz ist eine Nuance der Liebe. Aber die Gläubigen egal welchen Glaubens, die sich nun mit der Bible der Thora der Kabbala den Juden den Israelis und so weiter beschäftigen, die halten altes Wissen alte Informationen alte Aussagen immer wieder am Leben ohne mal anzuhalten und zu überlegen was das überhaupt wird und ob das überhaupt noch richtig ist. Denn Glaube ist immer ohne Ausnahme bloß ein Hilf-

mittel auf dem Weg zum selbständigen Denken und Einsichten um die Angst nicht allzu
groß werden zu lassen um sie sozusagen zu besänftigen. Denn Angst ist zur Zeit immer
noch die Antriebkraft des zerstörerischen. Was aber auch zur Schöpfung gehört und
sein muss. Und so ist mein menschliches Leben hier auf der Erde ein Wechselspiel zwischen Liebe und Nichtliebe und den dazwischenliegenden Nuancen. Ein Wechselspiel
von Gutem und unangenehmen Guten-von heiß und kalt und den dazwischenliegenden
Temperaturen. Aber es ist nicht ausschließlich Übel oder Nichtübel.
Aber wenn es also um die Mittlere Osten Situation den Juden den Israelis und dessen
Umfeld mit den Moslems geht, den Iranern den Irakern den Lebanesen den Türken, dann
sehe ich das sehr viel alter Glaube verstaubter Glaube zu sehr das frei frische leuchten-
den befreiende Denken verschleiert und deswegen zu viel Zerstörung und Unzufriedenheit vorzufinden ist. Alleine die Aussagen der Bibelgläubigen oder der Chadisstischen,
die danach leben wollen aber auch bloß das nehmen was ihnen plausible und angenehm
im Glaube ist, halt das zerstörerische Dilemma aufrecht im Nahen Osten und in Israel.
Hier sind zwei Zitate aus der Zeitschrift www.gute nachrichten.org. Ich nehme diese Berichte weil die sehr sorgfältig recherchieren und sehe das für mich als stellvertretend für
Bibelgläubige Menschen. Also hier sind die Berichte: **Zitat Anfang** :
Von der Redaktion aus www.gutenachrichten.org

„Friede, Friede und doch nicht Friede"
Ein Zitat des biblischen Propheten Jeremia könnte als Urteil über die Anfang April erziel-
te vorläufige Einigung zwischen dem Iran und den fünf UNO-Vetomächten und Deutschland hinsichtlich des iranischen Atomprogramms dienen.
In einer medienwirksamen Kampagne versucht die Administration des amerikanischen
Präsidenten Barack Obama die Einigung mit dem Iran dem amerikanischen Volk als Erfolg zu „verkaufen". Allerdings erlaubte sich der Präsident in einem Interview mit dem
öffentlich-rechtlichen Rundfunksender PBS einen unglaublichen Schnitzer, als er gefragt wurde, was passieren könnte, wenn der avisierte Vertrag ausläuft. „Dann könnte
der Iran innerhalb eines Jahres eine Atombombe besitzen", lautete die Antwort. Damit
wurde der israelische Ministerpräsident Benjamin Netanjahu bestätigt, der wiederholt
betont hat, dass die Einigung iranische Atombomben nicht verhindern, sondern nur hi-
nauszögern wird. Der Nahe Osten ähnelt zunehmend einem Scherbenhaufen, dessen
Entstehung zu einem wesentlichen Anteil der erfolglosen amerikanischen Außenpolitik
anzulasten ist. Im September 2014 veröffentlichte die britische Tageszeitung Daily Mail
eine Leserzuschrift, die in sarkastischer Weise die verworrene Lage beim Kampf gegen
den „Islamischen Staat" darstellt. (Manche halten den Leserbrief für einen verdeckten
Kommentar der Daily Mail-Redaktion.) Nachfolgend die Lesermeinung aus der angloamerikanischen Sicht: Sind Sie von den Vorgängen im Nahen Osten verwirrt? *(Insbesondere dieser Teil ist symptomatisch für das Chaos das auch in meinem Gemüt erscheint
wenn ich mich zu lange mit deren Thematik beschäftige, der Thematik Israel, Juden Naher
Osten W.Schorat)*

Lassen Sie es mich erklären. Wir unterstützen die irakische Regierung in ihrem Kampf gegen den „Islamischen Staat". Wir mögen den „Islamischen Staat" (IS) nicht, aber der IS wird von Saudi-Arabien unterstützt, doch Saudi-Arabien mögen wir schon. Wir mögen Präsident Assad in Syrien nicht. Wir unterstützen den Kampf gegen ihn, aber wir unterstützen nicht den IS, der ebenfalls gegen ihn kämpft. Wir mögen den Iran nicht, aber der Iran unterstützt die irakische Regierung in ihrem Kampf gegen den IS. Also: Beim Kampf gegen den IS unterstützen manche unserer Freunde unsere Feinde und manche unserer Feinde sind unsere Freunde und manche unserer Feinde kämpfen gegen andere von unseren Feinden, von denen wir wollen, dass sie verlieren, aber wir wollen auch nicht, dass unsere Feinde, die unsere Feinde bekämpfen, gewinnen. Wenn die Leute, die wir besiegen wollen, besiegt sind, könnte es vorkommen, dass sie durch Leute ersetzt werden, die wir noch weniger mögen. Und das alles haben wir ausgelöst, indem wir in ein Land einmarschiert sind, um Terroristen zu vertreiben, die gar nicht da waren, bis wir kamen, um sie zu vertreiben. Haben Sie es jetzt verstanden? Jetzt kommt hinzu, dass die USA, die die Beteiligung Irans am Kampf gegen den IS im Irak duldet, sich gegen den Iran in der Auseinandersetzung im Jemen stellt. Das amerikanische Außenministerium hat offensichtlich keine Ahnung, wie die Zukunft dieser für den Weltfrieden so kritischen Region aussehen wird. Sie hingegen können sich anhand der Bibel informieren, was dem Nahen Osten bevorsteht. Bestellen Sie dazu unsere kostenlose Broschüre Krisenherd Nahost: Was sagt die Bibel über seine Zukunft?

Auf der Suche nach Eden im Nahen Osten

Wird die Region, in der sich der Garten Eden befand und die heute der Austragungsort diverser ethnischer und religiöser Konflikte ist, jemals wieder wie das Eden von einst sein? Die Antwort mag Sie überraschen!

Von Peter Eddington und John Ross Schroeder

Stellen Sie sich den ersten Besuch im biblischen Garten Eden vor. Nach der Bibel war der Garten der idyllische Wohnort von Adam und Eva. Das Klima war perfekt, denn sie brauchten keine Kleidung. Die vielen Tiere in ihrer Umgebung waren alle friedlich. Dieser Beschreibung gemäß stellt Eden das vollkommene irdische Paradies dar. Das Wort Paradies stammt von einem alten persischen Wort für einen abgegrenzten Garten als schöne Aufenthaltsstätte für königliche Familienangehörige. Zu Beginn ihrer Existenz lebten die Menschen im Paradies, in vollkommener Harmonie mit der Natur, ohne Angst vor wilden Tieren oder Naturkatastrophen. Diese Umgebung hätte in idealer Weise der Vorbereitung von Adam und Eva auf ihre letztendliche Bestimmung als zukünftige Angehörige der Familie Gottes gedient.

Dann geschah etwas Unschönes in jenem Garten, das den Verlauf der Menschheitsgeschichte nachhaltig beeinflusste! Adam und Eva aßen die verbotene Frucht vom Baum der Erkenntnis des Guten und Bösen. Damit begann die moralische Abwärtsspirale der Menschheit in eine Welt voller Leid und Sorgen. Adam und Eva gaben ihr Beispiel des destruktiven Ungehorsams gegenüber Gott an ihre Kinder und Enkelkinder weiter, und durch sie setzte sich dieses Muster bis in unsere Zeit fort. Die Sünden der Menschen machten das Sühneopfer unseres Erlösers notwendig. Ohne dieses Opfer haben wir keine Hoffnung auf die Bestimmung menschlichen Lebens, die im Garten Eden vorgesehen war: ewiges Leben als Angehörige der Familie Gottes. Ist das Paradies unwiederbringlich verloren? Und wie sieht es mit der Bestimmung des Lebens aus, die Gott Adam, Eva und ihren Nachkommen anbieten wollte?

Wo war Eden?

Im ersten Buch der Bibel finden wir ein paar Hinweise auf den Standort von Eden: „Und Gott der HERR pflanzte einen Garten in Eden gegen Osten hin und setzte den Menschen hinein, den er gemacht hatte . . .

Und es ging aus von Eden ein Strom, den Garten zu bewässern, und teilte sich von da in vier Hauptarme. Der erste heißt Pischon, der fließt um das ganze Land Hawila und dort findet man Gold . . . Der zweite Strom heißt Gihon, der fließt um das ganze Land Kusch. Der dritte Strom heißt Tigris, der fließt östlich von Assyrien. Der vierte Strom ist der Euphrat" (1. Mose 2,8. 10-11. 13-14).

Wo sind der Tigris und Euphrat heute auf unseren modernen Landkarten? Wir finden sie in der als Mesopotamien bekannten Region, Teil des größeren fruchtbaren Halbmonds. Dieses Gebiet wird manchmal die Wiege der Zivilisation genannt. Zum Einzugsgebiet von Tigris und Euphrat gehören die Türkei, Syrien, der Irak und Kuwait – Länder, die sich nach heutiger Bezeichnung im Nahen Osten befinden. Manche Gelehrte meinen, der Garten Eden war in dem heutigen Irak oder seinen nahegelegenen Nachbarn, vielleicht am Persischen Golf gelegen – entweder an dessen nördlicher Seite nahe Basra oder mehr westlich, an der Küste des heutigen Kuwaits oder Bahrains. Andere Forscher halten die Gegend in der Nähe von Mosul im Irak oder Tabris im Iran für den möglichen Standort vom Garten Eden.

Auf jeden Fall befand er sich im Nahen Osten, der heute alles andere als ein Paradies ist.

Das verlorene Paradies heute – eine unruhige Region voller Not

Was erfahren wir über das heutige Mesopotamien in den Nachrichten, ob in der Zeitung, im Fernsehen oder in den Meldungen des Kurznachrichtendienstes Twitter? Ca. 6000 Jahre nach der verhängnisvollen Entscheidung unserer Ureltern im Garten Eden bietet sich uns ein Bild des ethnischen Konflikts, der religiösen Verwirrung, Gewalt, Unzufriedenheit und verzerrter Vorstellungen über Gott. Vom ursprünglichen Garten Eden ist nichts übrig geblieben. Er ist verschwunden, und mit ihm der Frieden unter den Völkern des fruchtbaren Halbmondes und der angrenzenden Regionen!

Seit mehr als dreißig Jahren sucht der Jahre dauernde Auseinandersetzung mit dem Nachbarland Iran, später die Besetzung Kuwaits und die gewaltsame, von der UNO sanktionierte Befreiung Kuwaits mit hohen Verlusten auf irakischer Seite. Dann kam die 2003 von den USA geführte Invasion des Iraks und seitdem der konfessionsbedingte

Konflikt zwischen Sunniten und Schiiten. In den letzten Monaten war es die Ausbreitung des IS-Terrors im Norden Iraks. In vielen Fällen sind die Regierungen in dieser Region repressiv und investieren zu wenig in die Verbesserung ihres Bildungswesens und der Infrastruktur. Andererseits verschwenden die Länder des Nahen Ostens ungeheure Summen für Rüstung und das Militär, um mit ihren Nachbarn Schritt zu halten, die ebenso aufrüsten.

Vor einem Jahr kommentierte der Nahost-Analyst Daniel Pipes die allgemeine Lage folgendermaßen: „Wird ein habgieriger Tyrann gestürzt, wird er entweder von einem noch schlimmeren ideologischen Tyrannen (wie 1979 im Iran geschehen) oder aber durch das Chaos (wie in Libyen und dem Jemen) ersetzt" (Washington Times, 23. Januar 2014).

Mesopotamien und der Nahe Osten haben auch ein schwerwiegendes Wasserproblem. Aufgrund ihrer geringeren Wassermenge liefern die biblischen Ströme Tigris und Euphrat weniger Wasser nach Syrien und dem Irak. Die Vereinigten Arabischen Emirate versuchen, mit ihrer wachsenden Bevölkerung Schritt zu halten, indem sie Regenwasser sammeln und die Entsalzung von Meerwasser vorantreiben.

Anlässlich einer internationalen Wasserkonferenz 2012 in Abu Dhabi sagte Kronprinz Sheikh Mohammed bin Zayed al-Nahyan: „Uns ist Wasser jetzt wichtiger als Öl."

Jordanien rangiert an drittletzter Stelle im Nahen Osten, was die Wasservorräte anbelangt. Das Land kämpft mit der Belastung durch Flüchtlinge aus den Kriegsregionen.

Wasserknappheit hat zu Stromausfällen geführt. Vor einem Jahr sagte Prinz Hassan, der Onkel des jordanischen Königs Abdullah, dass ein Krieg um Wasser blutiger sein könnte als der Arabische Frühling des Jahres 2011.

Länder des Nahen Ostens sind leider führend bei einer der großen moralischen Plagen unserer Zeit: Pornografie. Ägypten, Saudi-Arabien und deren Nachbarn geben im Internet die meisten Suchanfragen nach Pornografie ab. Darunter ist auch die Kinderpornografie. Die Webseite WikiIslam.net berichtet, dass die fünf führenden Länder weltweit bei Suchbegriffen nach dieser abscheulichen Kategorie Pakistan, Syrien, der Iran, Ägypten und Saudi-Arabien sind.

Die einstige Region vom biblischen Garten Eden hat sich also von dessen damaliger Idylle klar distanziert. Doch der seit fast 6000 Jahren anhaltende Abwärtstrend wird eines Tages umgekehrt, wie wir später sehen werden.

Jerusalem als schwerer Laststein

In der Bibel steht die Stadt Jerusalem oft als Sinnbild für das Land Israel als Ganzes oder später das Haus Juda. Das geopolitische Augenmerk der Bibel richtet sich hauptsächlich auf den Nahen Osten und die Stadt Jerusalem. In den letzten ca. 100 Jahren ist diese Region Zeuge fast kontinuierlicher ethnischer Spannungen gewesen. Die Heilige Schrift berichtet uns, dass Jerusalem und dessen Umgebung in den kommenden Jahren das Leben aller Menschen beeinflussen werden.

Aber warum?

Die Prophezeiungen der Bibel liefern den Hintergrund für die oft chaotischen Ereignisse, die den Nahen Osten charakterisieren. Der Prophet Sacharja beschreibt eine Zeit in der nicht allzu fernen Zukunft, wenn Jerusalem umkämpft sein wird:„Dies ist die Last, die der HERR ankündigt. Von Israel spricht der HERR . . . Siehe, ich will Jerusalem zum Taumelbecher zurichten für alle Völker ringsumher, und auch Juda wird's gelten, wenn Jerusalem belagert wird. Zur selben Zeit will ich Jerusalem machen zum Laststein für alle Völker. Alle, die ihn wegheben wollen, sollen sich daran wund reißen; denn es werden sich alle Völker auf Erden gegen Jerusalem versammeln" (Sacharja 12,1-3; alle Hervorhebungen durch uns).

In etwas größerer Entfernung ist Jerusalem bereits von Menschen umgeben, die es „wegheben" wollen – die Hamas, Hisbollah und der Iran.

Der Nahe Osten im Mittelpunkt endzeitlicher Prophezeiungen

Der Nahe Osten spielt eine große Rolle in mehreren Prophezeiungen der Bibel, die die Zeit unmittelbar vor der verheißenen Wiederkehr Jesu Christi zum Inhalt haben. (Lesen Sie dazu den Beitrag „Sieben Vorhersagen für die Endzeit" auf unserer Webseite www.gutenachrichten.org.)

Diese Ereignisse werden in einer schrecklichen internationalen Katastrophe gipfeln, die in der Menschheitsgeschichte ohne ihresgleichen sein wird. Jesus beschrieb diese Zeit in seiner Prophezeiung auf dem Ölberg nur wenige Tage vor seinem Tod: „Es wird eine Schreckenszeit sein, wie die Welt sie noch nie erlebt hat und auch nie wieder erleben wird" (Matthäus 24,21; „Neues Leben"-Übersetzung).

Der Nahe Osten wird heute von ethnischen, religiösen und politischen Spannungen dominiert. Keine Nation auf Erden wird von den Auswirkungen der dort bevor-stehenden Umwälzungen unbetroffen bleiben. Die Eingriffe in und Einflussnahme auf diese Region seitens der USA bestätigen den Standpunkt des Analysten Daniel Pipes: „Die Übel im Nahen Osten sind so tief verwurzelt, dass Bemühungen um deren Lösung durch fremde Mächte zum Scheitern verurteilt sind."

Die kommende Heilung des kranken Nahen Ostens

Der weitverbreitete Hass und die Gewalt im Nahen Osten veranlassten Pipes zu der Beschreibung des Nahen Ostens als „der kranke Mann der ganzen Welt". So wird es aber nicht immer bleiben, denn die Bibel zeigt, dass diese Region während der kommen-den Herrschaft Jesu Christi wieder wie der Garten Eden wird und der Welt den Weg zum Frieden vorleben wird. Das kann man sich heute kaum vorstellen, doch so wird es sein! Die Neugestaltung des fruchtbaren Halbmondes erfolgt in der Zeit, „in der alles wieder-gebracht wird, wovon Gott geredet hat durch den Mund seiner heiligen Propheten von Anbeginn", wie Petrus es in Apostelgeschichte 3, Verse 19-21 beschrieb. Der Pro-phet Jesaja erzählt uns, dass „die Wüste und Einöde frohlocken [wird], und die Steppe wird jubeln und wird blühen wie die Lilien. Sie wird blühen und jubeln in aller Lust und Freude . . . es werden Wasser in der Wüste hervorbrechen und Ströme im dürren Lande. Und wo es zuvor trocken gewesen ist, sollen Teiche stehen, und wo es dürre gewesen ist, sollen Brunnquellen sein. Wo zuvor die Schakale gelegen haben, soll Gras und Rohr und Schilf stehen" (Jesaja 35,1-2. 6-7).Die Wiederherstellung von Eden ist fest eingeplant. In dessen Mittelpunkt wird die Stadt Jerusalem sein, denn von dort aus wird Jesus Christus allen Menschen wieder Hoffnung und Freude bringen!

Seit der Sünde von Adam und Eva vor fast 6000 Jahren haben wir uns jedoch zunehmend von der Idylle des ursprünglichen Edens entfernt. Unsere Ureltern waren zwar die ersten, die sündigten, aber wir alle folgten ihren Fußstapfen und tragen deshalb eine Mitschuld am Zustand der Erde. Unsere Welt – besonders der Nahe Osten – entfernt sich immer mehr von paradiesischen Verhältnissen. Wir mögen diesen Beitrag in der Bequemlichkeit unseres Wohnzimmers lesen und meinen, das alles geht uns nichts an, aber wir irren uns! Jesus Christus prophezeite Gottes Eingreifen, um das endzeitliche Unheil abzuwenden: „Wenn diese Zeit der Not nicht abgekürzt würde, würde die gesamte Menschheit umkommen. Doch wegen der Auserwählten Gottes wird sie abgekürzt werden" (Matthäus 24,22; „Neues Leben"-Übersetzung).

Das wiedervereinigte Israel dient Gott

Wann wird es wieder paradiesische Verhältnisse im Nahen Osten geben? Was werden die Begleiterscheinungen dieser Entwicklung sein?

Die Propheten des Alten Testaments haben mehrmals die Wiedervereinigung aller zwölf Stämme Israels unter der Herrschaft des Messias vorhergesagt. Nach Jesu Christi Wiederkehr nach Jerusalem, um das Reich Gottes auf der Erde zu etablieren, werden die Überlebenden aller Stämme Israels gesammelt.

Erst danach werden die anderen Nationen der Welt dem Beispiel Israels folgen und Christus gehorchen. Diese Prophezeiung Hesekiels ist z. B. noch nicht in Erfüllung gegangen. Ihre Erfüllung liegt noch in der Zukunft. „So spricht Gott der HERR: Siehe, ich will die Israeliten herausholen aus den Heiden, wohin sie gezogen sind, und will sie von überall her sammeln und wieder in ihr Land bringen und will ein einziges Volk aus ihnen machen im Land auf den Bergen Israels, und sie sollen allesamt einen König haben und sollen nicht mehr zwei Völker sein und nicht mehr geteilt in zwei Königreiche" (Hesekiel 37,21-22).

Wenn diese endzeitliche Prophezeiung wahr wird, werden die Nachkommen der „verlorenen zehn Stämme" vom Haus Israel erfahren, dass sie keine Heiden sind, wie man meint. (Für die allermeisten Menschen heute sind die Juden das biblische Israel, obwohl die Juden nur ein Stamm der zwölf Stämme Israels sind.)

In Demut werden sie sich von ihrer sündhaften Lebensweise abwenden und dem wahren Gott dienen.

Das Haus Israel und das Haus Juda werden wieder eine Nation sein, mit Jesus Christus als ihrem König. Die Nachkommen vom Haus Israel, darunter auch viele Amerikaner und Engländer, werden dann ihre Missachtung der gottgefälligen Lebensweise, einschließlich der Beachtung des biblischen Sabbats und der biblischen Feiertage, zutiefst bereuen. Die Juden vom Haus Juda werden Jesus endlich als den wahren Messias anerkennen.

Alle Nationen werden Eden erleben

Die wiedervereinigten Israeliten werden nicht die einzige Nation sein, mit der Jesus

Christus nach seiner verheißenen Wiederkehr arbeiten wird. Als König über die ganze Erde wird er bemüht sein, allen Menschen den Segen seiner Herrschaft zu bringen. Dabei wird er mit Israel anfangen, und Ägypten und Assyrien werden zusammen mit Israel die führenden Nationen der Welt von morgen sein (Jesaja 19,22-25).

Jesu Herrschaft bedeutet auch eine Restauration der Natur im Nahen Osten. Das Land wird wieder wie der Garten Eden sein: „Ja, der HERR tröstet Zion, er tröstet alle ihre Trümmer und macht ihre Wüste wie Eden und ihr dürres Land wie den Garten des HERRN, dass man Wonne und Freude darin findet, Dank und Lobgesang" (Jesaja 51,3).

Und: „Das verwüstete Land soll wieder gepflügt werden, nachdem es verheert war vor den Augen aller, die vorüberzogen. Und man wird sagen: Dies Land war verheert und jetzt ist's wie der Garten Eden, und diese Städte waren zerstört, öde und niedergerissen und stehen nun fest gebaut und sind bewohnt" (Hesekiel 36,34-35).

Die Tiere werden wieder friedlich sein, wie es einst im Garten Eden der Fall war: „Da werden die Wölfe bei den Lämmern wohnen und die Panther bei den Böcken lagern. Ein kleiner Knabe wird Kälber und junge Löwen und Mastvieh miteinander treiben. Kühe und Bären werden zusammen weiden, dass ihre Jungen beieinander liegen, und Löwen werden Stroh fressen wie die Rinder. Und ein Säugling wird spielen am Loch der Otter, und ein entwöhntes Kind wird seine Hand stecken in die Höhle der Natter" (Jesaja 11,68).

Und der Frieden in der Natur wird den Frieden unter den Menschen widerspiegeln, wie wir gleich im nächsten Vers erfahren: „Man wird nirgends Sünde tun noch freveln auf meinem ganzen heiligen Berge; denn das Land wird voll Erkenntnis des HERRN sein, wie Wasser das Meer bedeckt" (Jesaja 11,9). Andere Prophezeiungen der Bibel beschreiben einen Wasserstrom, der, von Jerusalem ausgehend, die Erde bewässern wird, sodass Bäume den Nationen als Heilpflanzen dienen (Sacharja 14,8-9; Hesekiel 47,1-12). Gottes Segen wird nicht nur materiell sein, denn dieser Strom ist auch ein Sinnbild für Gottes Wahrheit und seinen Geist, die die Erde, eine geistliche Wüste in der Zeit vor Jesu Wiederkehr, in ein friedliches Paradies der Harmonie und des Glücks transformieren werden.

Eine neue Ära steht bevor: Werden wir sie erleben?

Das Wissen um die Zukunft, die Gott herbeiführen wird, reicht an sich nicht aus. Mit diesem Wissen geht auch eine Verantwortung einher, denn wir profitieren davon nur dann, wenn wir danach handeln. Gott inspirierte Propheten wie Jesaja, Jeremia und Hesekiel, damit wir ihre Vorhersagen – und Ermahnungen – lesen und darüber nachdenken. Wir sollen unsere Zukunft überlegen und uns der Verantwortung für unseren Charakter und die Auswirkungen unserer Entscheidungen bewusst sein. Die endzeitlichen und tausendjährigen Prophezeiungen von Sacharja sind ernüchternd, aber auch inspirierend für alle, die sich im Glauben auf deren Erfüllung freuen.

In der Menschheitsgeschichte hat es manche Nachahmungen der göttlichen Vision vom Garten Eden gegeben. Man war auf der Suche nach dem Paradies, aber ohne Erfolg. Ohne Gott kann es kein wahres Paradies geben, sondern nur Fälschungen.

Phillip Brooks, amerikanischer Theologe, Autor und Bischof der Episkopalkirche im Bundesstaat Massachusetts kurz vor dem Ende des 19. Jahrhunderts, sagte: „Führen Sie Ihr Leben so, dass diese Erde, wenn jeder so leben würde wie Sie, ein Paradies wäre." Wenn jeder so leben würde wie Gott, wäre diese Erde wirklich wie der Garten Eden! Ein neues Zeitalter kommt. Heute bereitet Gott eine kleine Gruppe treuer Gläubige vor, um Jesus Christus in diesem neuen Zeitalter zur Seite zu stehen. Unsere Leser, die unsere Botschaft verstehen und sich damit identifizieren, haben die Gelegenheit, Teil dieser Gruppe zu sein.
In Offenbarung 2, Vers 7 lesen wir: „Wer überwindet, dem will ich zu essen geben von dem Baum des Lebens, der im Paradies Gottes ist
." Das Paradies wird es wieder geben! Werden sie es erleben? **ENDE ZITATE**

24.07.2015 17:04:37 Also das was ich hier zusammenfüge, diese Artikel aus Zeitungen und Zeitschriften oder unterschiedlichen Glaubensgemeinschaften, das ist nicht mein Senf zum Thema „Als Ich Noch Jude War" sondern bloß der Anhang zu dem ich kam und komme beim Recherchieren und lesen anderer Bücher inklusive des neuen Testaments das ich vor einigen Jahren über die Weihnachtsfeiertage gelesen hatte , weil ich dazu eine innere Aufforderung bekam. Das ganze Khasarenthema und das Jehova Thema, und dann diese unterschiedlichen Darstellungen dazu, wie: **Anfang Zitat:**
Die Geheimschrift könnte also eine satanische Geheimlehre enthalten, die sich bis auf das Götzen anbetende Volk der Khasaren zurückführen lässt, die zum Judentum konvertierten, obwohl sich ihr Stammbaum nicht auf das biblische Volk der Israeliten zurückführen lässt. Die wahren, genetischen Juden sind logischerweise die Palästinenser, da ihre Vorfahren im Heiligen Land lebten.
Nun kommen wir in die Gegenwart: Der Großteil der religiösen und politischen Führungsschicht des Landes Israel gehört zur Gruppe der Aschkenasim. Sie ziehen die Geheimlehre der Kabbala der Thora vor und studieren lieber die mystischen Geheimnisse der Heiligen Schrift. Um es im Klartext zu sagen: Palästina wurde Anno 1948 von einer Gruppe russisch-polnisch-deutscher Okkultisten übernommen, die nichts mit der semitischen Rasse verbindet, deren Religion nichts mit dem orthodoxen Judaismus zu tun hat und die deshalb auch keinerlei Anspruch auf das Land Israel besitzen. Es soll aber nochmals betont werden, dass es sich weitgehend um die religiösen und politischen Führer handelt, die sich auf die okkulten Lehren der Kabbala beziehen.
Oder: Beim jüdischen Fußvolk ist es wie in jedem anderen Land der Welt: Manche schließen sich den Führern an, manche durchschauen den Schwindel und protestieren.
Die einflussreichste religiöse Sekte Israels, die Chassidim bezieht sich schon in ihrem Namen auf die Khasaren. Diese Sekte entstand ebenfalls Mitte des 18. Jahrhunderts und gleicht den Lehren Jakob Franks. Der erste Rabbi des Chassidismus hatte seine Einweihung 1815 in den transsylvanischen Karpaten erhalten. **Ende Zitat**

Es ist doch wohl egal ob die Gründer des Neuen Israel, Khasaren, Tartaren, Tartar, oder

McDonalds sind, Hauptsache es sind keine falschen Jediritter aus der WallStreet. Wie sieht es aber heute in Israel aus. Ziemlich eng, eng sowohl politisch mit Betrügern ‚Abzockern, oder Vergewaltigern und anderen Kapazitäten im ÜbelSein. Aber wenn die Israelis meinen bloß einen Staat haben zu dürfen dann gilt das auch für die Palästinenser oder die Kurden und andere Menschengruppen. Es gibt wohl mehr Kurden auf der Erde als es Israelis gibt. Ich habe vor kurzem einen Artikel im Internet gefunden der etwas über die Israelische Gesellschaft aussagt. Hier ist er: **Zitat Anfang:**

Der beliebteste Politiker Israels

Israels Präsident Reuven Rivlin gehörte Zeit seines Lebens dem rechtsnationalen Likud. An der Herzlija-Konferenz, dem wichtigsten politischen Ereignis dieses Jahres, fiel er mit einer ungewöhnlichen Rede auf.
Kolumne von Carlo Strenger, Psychoanalytiker29.6.2015, 09:43 Uhr
Der israelische Präsident Reuven Rivlin bei einem Besuch in Deutschland.
Die Herzlija-Konferenz ist das wohl wichtigste Ereignis im israelischen politischen Kalender. Die meisten israelischen Spitzenpolitiker benutzen die dreitägige Veranstaltung, um ihre Grundideen zu präsentieren. Das dominierende Thema diesmal war Israels wachsende Isolierung, aber ein zweites Thema, das immer wieder besprochen wurde, war *das Zerfallen der Gesellschaft in Gruppen, die fast keinen gemeinsamen Nenner kennen, in vollkommen verschiedenen Weltanschauungen und Kulturen leben und davon ausgehen, dass am Ende eine dieser Kulturen die anderen überwältigt und die eigene Weltanschauung den anderen aufgezwungen werden kann.*
Die große Überraschung der Konferenz war die Rede von Israels Präsidenten Reuven Rivlin. Rivlins Familie lebt seit sieben Generationen in Jerusalem, und Rivlin ist seit vielen Jahren einer der beliebtesten Politiker Israels. Das wirklich Beeindruckende ist, dass er allen Bevölkerungsteilen Israels, ob linksliberal, ultrareligiös oder arabisch, immer willkommen ist – ein wirkliches Ausnahmephänomen. Rivlin gehörte Zeit seines Lebens dem rechtsnationalen Likud an – aber er hat mit der heutigen, rechtspopulistischen Version dieser Partei, deren Rhetorik immer rassistischer wird, sehr wenig gemeinsam, wie er mir in Gesprächen auch eingestanden hat. Rivlins außenpolitische Position tendiert nach rechts, aber er ist zutiefst liberaldemokratisch eingestellt. Seit vielen Jahren wiederholt er immer wieder, Israel habe darin versagt, den arabischen Bürgern wirkliche Gleichberechtigung zu geben, und er hat in seiner langen parlamentarischen Karriere immer wieder aktiv versucht, dies zu ändern.
In seiner Rede an der Herzlija-Konferenz sagte er, Israel sei heute aus Bevölkerungsgruppen zusammengesetzt, die kein gemeinsames Ethos mehr hätten, und die Spaltung werde immer klarer: Israel habe vier voneinander unabhängige Erziehungssysteme, und die Erstklässler dieses Jahres stammten zu 36 Prozent aus säkularen, zu 16 Prozent aus nationalreligiösen und zu je 24 Prozent aus ultraorthodoxen und arabischen Familien.
Diese Fakten sind allgemein bekannt, aber Rivlin ging einen radikalen Schritt weiter: *Ein*

gemeinsames Ethos schaffen zu können, das diese Gruppen vereinen könne, sei eine gefährliche Illusion. Israels Araber würden nie Zionisten werden; die Ultrareligiösen würden nie in der Armee dienen wollen, und die säkularen Israeli würden nie akzeptieren, dass die jüdische Orthodoxie ihnen vorschreibt, was sie essen und wie sie heiraten sollen. Israel müsse einen Weg finden, dass all diese Gruppen nebeneinander leben könnten, ohne dass alle Gruppen in ihrer Identität bedroht seien.

Rivlins Agenda war vor allem gegen seine eigenen Parteimitglieder und den auf antiarabische Hetzreden spezialisierten, rechtsnationalen Populisten Avigdor Lieberman gerichtet – aber auch gegen den gemäßigten Yair Lapid, der als Finanzminister in Netanyahus letzter Regierung Gesetze verabschiedete, welche die ultraorthodoxen Juden zum Armeedienst zwingen wollten, der für die meisten Mitglieder dieser Gruppe aus religiösen Gründen ein Sakrileg wäre.

Rivlins Rede war sehr wichtig, weil hier Israels Präsident, der sein ganzes Leben einer bestimmten Form des Zionismus (der sogenannte Revisionismus von Zeev Jabotinsky) verpflichtet gewesen ist, eingestand, dass keine Version des Zionismus anderen Gruppen aufgezwungen werden kann und darf, und damit klarmachte, dass nur die Grundprinzipien der liberalen Ordnung ein Zusammenleben in Israel ermöglichen können.

Dies mag für Schweizer Ohren fast banal tönen, aber im Nahen Osten, wo sunnitische Extremisten das Kalifat wiedererrichten wollen, der schiitische Iran zur Hegemonie gelangen will und nationalreligiöse jüdische Extremisten darauf warten, dass die Moscheen auf dem Tempelberg in die Luft gesprengt werden können, damit der dritte Tempel errichtet werden kann, sind liberale Grundideen nicht nur nicht selbstverständlich, sondern die Ausnahme. Politiker wie Rivlin, die alle Gruppierungen respektieren und frei leben lassen wollen, sind dringend gebrauchte Mangelware.

Carlo Strenger ist Professor für Psychologie und Philosophie sowie Psychoanalytiker. Er lebt in Tel Aviv. **Ende Zitat**

Also das wäre ja schon mal etwas, die Toleranz die alle haben müssen. Keine Glaubensgemeinschaft und keine Partei und kein Staat ist Alles. Sie sind alle Rädchen im Großen und Ganzen. Und das große und Ganze lässt sich nicht zu einem Kleinen und Idealistischen zu einer Parte oder einem Glaubensdogma schrumpfen. Wann werden die Khasarischen und die nicht khasarischen Israelis und die anderen Menschen auf den Globus das schnallen und schnappen. Sich mit dem Thema Juden zu beschäftigen sich mit dem Thema Israel zu beschäftigen kann das Gehirn schrumpfen vor Intoleranz und Dogma Denken das da abläuft und ich zu Gesicht bekomme. Nein danke ich habe mit dem Dilemma nichts zu tun.

Es sind ja diejenigen die aus diesen alten Schriften das alte immer wieder hochwürgen und abkotzen auf die Gegenwart und das stinkt dann einfach und verpestet die Gegenwart. Da schaue ich mir lieben eine blühende Wiese an und sehe Schmetterlingen beim Fliegen zu als das ich das für mich als Thema zu ernst nehme. Nein danke. Aber diese auf die Bible bezogenen Gläubigen die kochen das immer wieder hoch und bereiten weiterhin ihren Fantasieglauben und deren Fantasiesuppen in die Gegenwart und halten so auch den Konflikt an das was da in der Bibel stand und steht weiterhin aufrecht. **Hier ist ein weiterer Artikel aus www.gutenachrichten.org.** die aus den USA kommt und die United Church of God ist. Und der Ältestenrat dieser Church of God besteht ausschließlich aus Männer. Simsalabimm wie der Vatikan. Simsalabimm. Aber recherchieren in Bezug zu dem was in der Bibel alt und neu steht das tun sie gut. Und das nutze ich hier. Also hier ist der Artikel: **Zitat Anfang**:

Verhindert Israel den Frieden im Nahen Osten?

Manche meinen, dass der Staat Israel für das jahrelange Scheitern der Bemühungen um eine friedliche Lösung des Nahostkonflikts verantwortlich ist. Gäbe es Frieden im Nahen Osten, wenn der Staat Israel nicht existieren würde? Wie soll der Frieden in dieser von Unruhe geplagten Region herbeigeführt werden?   Von Tom Robinson

Die Friedensglocken würden läuten, Friedenstauben emporsteigen und Friedenslieder überall im Nahen Osten zu hören sein, wenn nur der Staat Israel als Quelle des Streits mit seinen muslimischen Nachbarstaaten nicht existierte. Der Islamische Staat würde keine weiteren Hinrichtungsvideos veröffentlichen und alle dschihadistischen Bewegungen würden sich auflösen, wenn es Israel nicht mehr gäbe. Das meinen jedenfalls einige Menschen.

Etwas weniger extrem als der Wunsch, dass der Staat Israel nicht existieren möge, ist die weitverbreitete Sichtweise, dass alles im Nahen Osten gut würde, wäre Israel nur zu großen Konzessionen bereit. Viele von denen, die diesen Standpunkt vertreten, sind keine Israel-Hasser, die Israel als böses zionistisches Regime sehen. Stattdessen sind sie Befürworter des utopischen Glaubens an das Gemeinwohl der Völkergemeinschaft, motiviert von der naiven Überzeugung, dass man Frieden allein durch die Beseitigung der vermeintlichen Quelle des Streits herbeiführen kann.

Ist Israel aber wirklich die Quelle des Problems? Gäbe es wirklich Frieden im Nahen Osten, wenn Israel zu massiven Konzessionen bereit wäre – oder gar nicht mehr existierte?

Ist Israel schuld an der Entstehung des Islamischen Staats?

Seit Monaten reist der amerikanische Außenminister John Kerry in den Nahen Osten. Ein Thema in letzter Zeit bei diesen Reisen war – neben dem Dauerthema Friedensverhandlungen zwischen Israel und der palästinensischen Autonomiebehörde – der Aufstieg und die Ausbreitung des Islamischen Staats in Syrien und dem Irak.

Von einer dieser Reisen nach Washington zurückgekehrt, nahm Kerry an einer Zeremonie des Außenministeriums zum islamischen Fest Eid al-Adha teil, mit dem das Ende der Pilgerfahrt Hadsch nach Mekka gefeiert wird. Dabei berichtete Kerry über seine eigene Reise: „Alle führenden Politiker in der Region, die ich traf, äußerten von sich aus spontan die Notwendigkeit einer friedlichen Lösung zwischen Israel und den Palästinensern. Die gegenwärtige Situation ist eine Quelle der Straßenproteste und der Agitation . . . Man muss hier diese Verbindung erkennen, die mit der Demütigung und der Verneinung der Ehre zu tun hat. Das Eid-Fest hebt hingegen das Gegenteil hervor" („Israeli Ministers Slam Kerry for Tying Rise of Islamic State to Israeli-Palestinian Conflict", Haaretz, 17. Oktober 2014).

Im Klartext ausgedrückt: Israels vermeintliche fehlende Bereitschaft zu Konzessionen nährt den Dschihad, ebenso seine übermäßige militärische Reaktion auf islamisch motivierten Terrorismus. Dass die muslimischen Führer arabischer Länder diesen Standpunkt vertreten, dürfte nichts Neues sein. Überraschend ist aber, dass sich ein amerikanischer Außenminister ihren Standpunkt zu Eigen machte und ihn ausgerechnet an einem hohen islamischen Feiertag kundtat.

In Israel lösten Kerrys Worte Unverständnis und Bestürzung aus. Die israelische Nachrichtenagentur „Arutz Sheva Israel National News" zitierte dazu den israelischen Wirtschaftsminister Naftali Bennett: „Nicht der verfehlten amerikanischen Außenpolitik im Nahen Osten, sondern Israels Versagen, einen Frieden mit der unbeweglichen palästinensischen Autonomiebehörde auszuhandeln, ist der Aufstieg des Islamischen Staats anzulasten" („Bennet Blasts Kerry's Comments Blaming Israel for Rise of ISIS", 17. Oktober 2014). Bennet kommentierte in diesem Zusammenhang auch die Hinrichtung eines britischen Christen durch einen britischen IS-Angehörigen: „Selbst wenn ein britischer Muslim einen britischen Christen köpft, werden einige den Juden die Schuld dafür geben" (ebenda).Gilad Erdan, israelischer Minister fürs Fernmeldewesen, fügte hinzu: „Kerry bricht Rekorde mit seinem mangelnden Verständnis der Lage in unserer Region und des Wesens ihrer Konflikte. Glaubt irgendjemand wirklich, dass die Kriegsverbrecher des Islamischen Staats ihre Gräueltaten einstellen werden, nur weil es wieder Verhandlungen zwischen Israelis und Palästinensern gibt?" (Haaretz,17. Oktober 2014). Das ist eine gute Frage!

Land gegen Frieden?

Wieder wird der Ruf „Land gegen Frieden" laut: Israel soll sich vollständig aus den besetzten Gebieten zurückziehen, um die Schaffung eines palästinensischen Staats zu ermöglichen. Vor einem Jahrzehnt meinte der politische Korrespondent Richard Baehr hingegen: „Man scheint zu vergessen, dass Israel im Jahr 2000 bereit war, 97 Prozent der besetzten Gebiete zu räumen und die restlichen drei Prozent gegen eine genauso große Fläche in Israel zu tauschen. Die Offerte zielte auf die Beendigung des Konflikts. Die Palästinenser entschieden sich stattdessen für den Gang zu den Waffen" (American Thinker, 25. Juli 2005).

Baehr meinte damals auch, dass man die Folgen des israelischen Rückzugs aus dem Gazastreifen, der ohne Gegenleistung der Palästinenser erfolgte, abwarten sollte. Damals sagte er eine Zunahme terroristischer Anschläge gegen Israel von Gaza aus vor-aus. In den letzten zehn Jahren hat sich seine Vorhersage mehr als bestätigt.

Der Journalist Bob Siegel pflichtete Baehr bei: „Seit 2005 werden Raketen von Gaza aus auf Israel abgefeuert, als Dankeschön für den vollständigen Rückzug der Israelis aus dem Gazastreifen. Diejenigen, die meinen, dass alle Feindseligkeiten aufhören werden, wenn Israel sich nur aus allen besetzten Gebieten zurückzieht, sollen das Beispiel des Gazastreifens bedenken. Die Hamas erkennt das Existenzrecht Israels nicht an, die Anerkennung Israels fehlt ebenso in der PLO-Charta. Die Räumung der besetzten Gebiete spielt dabei keine Rolle, und nur wenige Leute scheinen dies zu verstehen" („The Historical Truths Behind the Israel-Palestinian Conflict", Communities Digital News, 28. August 2014).

Siegel fuhr fort: „Wenn zwei Nationen einen Friedensvertrag vereinbaren, soll auf beiden Seiten ein Geben und Nehmen stattfinden. Durch amerikanische Vermittlung heißt es dann immer: ‚Ihr gebt den Palästinensern etwas Land und sie werden versprechen, das Töten einzustellen. Darum geht es.' Doch kurz nach der beiderseitigen Zustimmung wird der Vertrag gebrochen, indem Raketen von Gaza aus auf Israel abgefeuert werden oder ein Selbstmordattentäter tötet Frauen und Kinder in einem Bus.

Keine Geste, Diskussion oder Konzession Israels wird diese Situation verändern. Israel kann einen Friedensvertrag unterschreiben bzw. sich für die zwei-Staaten-Lösung aussprechen. Es wird keine Rolle spielen. Die Hisbollah will Israels Existenz beenden. Die El Kaida will Israels Existenz beenden. Die Hamas will Israels Existenz beenden. Die Muslimbrüder wollen Israels Existenz beenden. Und es sind nicht nur die Terrororganisationen. Die Palästinenser wollen Israels Existenz beenden, ebenso ihre arabischen Nachbarn und die persische Nation Iran. „Wenn Israels Nachbarn ihre Waffen strecken würden, gäbe es Frieden. Wenn Israel seine Waffen strecken würde, gäbe es keinen Staat Israel mehr. Das ist die oft unerkannte Realität der Lage im Nahen Osten.

Islamischer Fundamentalismus als Motivation für den Konflikt

Es gibt ein Fünkchen Wahrheit an der nach der Terrorismus im Umfeld Israels von dem israelisch-palästinensischen Konflikt genährt wird. Das gilt auf jeden Fall für diejenigen, die Israels Existenz als Staat beendet sehen wollen. Ist dieser Konflikt jedoch wirklich der Auslöser des Terrorismus im Nahen Osten?

In seinem Beitrag für die Zeitschrift American Thinker wies Richard Baehr auf einige unvermeidliche Tatsachen hin: „Klar ist, dass bin Laden den Nahostkonflikt niemals als Hauptrechtfertigung für seine Anschläge vor dem 11. September 2001 an-führte. Sein Hauptziel in politischer Hinsicht war immer das Austreiben der amerikanischen und anderen westlichen Streitkräfte aus muslimischen Ländern, besonders Saudi-Arabien, da er dort den Sturz der königlichen Familie wollte. Muslime in Tschetschenien, Kaschmir, Pakistan, Thailand, Bali und auf den Philippinen, die in dem Jahrzehnt vor 2005 Nichtmuslime unaufhörlich ermordeten, hatten alle örtliche oder regionale politische Ziele auf ihrer Tagesordnung."

Baehr widersprach der Vorstellung, dass Armut und repressive Regimes grundsätzlich den Terrorismus auslösen, da es in manchen nicht muslimischen Gebieten, in denen diese Zustände herrschen, nicht zum Ausbruch des Terrorismus gekommen ist, wie das in muslimischen Ländern der Fall ist.

Er fuhr fort: „Es gibt einen Faktor, den die Apologeten nur selten erwähnen, der aber für die Zunahme muslimischen Zorns gegenüber dem Westen am kritischsten ist: die Indoktrinierung. Muslime werden durch den allgegenwärtigen Einfluss der Medien in den Schulen, Gefängnissen und Moscheen im fundamentalistischen Islam indoktriniert, wodurch er zunehmend zu einer kraftvollen Bewegung wird. Diese unaufhörliche fundamentalistische Propaganda wird größtenteils von Saudi-Arabien finanziert. Und wo der islamische Fundamentalismus wächst, nimmt auch der Hass gegen den Westen zu. „Fakt ist, dass Israelis anders auf die Situation reagieren. „Sind die Juden dieser Welt von der bislang vergeblichen Suche nach einer Lösung des Nahostkonflikts derart beunruhigt, dass auch sie eine Terrorkampagne gegen die Muslime oder den Westen starten, um ihrer Forderung nach Fortschritt bei den Friedensverhandlungen Nachdruck zu verleihen?

Israelis, die ihre Kinder zur Schule schicken, in einen Bus einsteigen oder im Restaurant essen, wissen, dass ihr Leben oder das Leben ihrer Lieben jeden Augenblick zu Ende sein könnte. Israelis hätten vielleicht berechtigten Anlass zu Zorn wegen des Belagerungszustands, den sie seit einem halben Jahrhundert ertragen mussten. Da es jedoch diesen Zorn nicht gibt, muss man ihn nicht beschwichtigen.“

Baehr hält die Vorstellung für naiv, dass der Hass der Araber auf Israel durch eine zwei-Staaten-Lösung gemindert würde. „Radikale Islamisten wollen auf keinen Fall eine zwei-Staaten-Lösung. Sie wollen die Zerstörung Israels, das für sie lediglich ein Vorposten des Westens auf islamischem Gebiet ist.

Die Überzeugung der Hamas, Hisbollah, der iranischen Mullahs, der islamischen Dschihadisten und der El Kaida lässt keinen Kompromiss über die fortgesetzte Existenz eines Staates Israel mit jüdischer Bevölkerungsmehrheit zu. Weder eine Einigung hinsichtlich des Grenzverlaufs noch eine zwei-Staaten-Lösung wird diese Fanatiker beschwichtigen. Diese Gruppen haben wiederholt betont, dass ein Rückzug Israels von der Westbank und Gaza kein Abschluss, sondern lediglich der erste Schritt auf dem Weg zur vollständigen Beseitigung Israels bzw. der zionistischen Existenz wäre“ (ebenda).

Islamische Eroberung und Wiedereroberung

Die historische Tatsache darf nicht ignoriert ersten Jahrzehnten seiner Existenz durch das Schwert erfolgte. Die Geschichte des Islams zeugt von Eroberung und Wiedereroberung. Das Ziel des authentischen Islam, wie es im Koran und in den Traditionen Mohammeds dargelegt wird, ist die Unterwerfung der ganzen Welt unter Allah.

Wurde ein Land von Muslimen erobert, galt es fortan als ewiges islamisches Gebiet. Für islamische Fundamentalisten hat das zur Folge, dass das ganze Land Israel, das im7. Jahrhundert von Muslimen eingenommen wurde, immer unter islamischer Hoheit bleiben muss. Demnach darf kein internationaler Vertrag dieses fundamentale islamische Recht verschenken.

Dazu stellt Baehr fest: „Die dunkle Seite dieser krankhaften Denkweise, wonach Israel kein Existenzrecht hat, ist das umfassendere Argument, das von radikalen Muslimen vertreten wird. Demnach können Nichtmuslime keine bedeutende Funktion in einem von Muslimen dominierten Land haben. Sie dürfen dort nur gemäß dem Willen der dort ansässigen Muslime leben. Ein Staat mit jüdischer oder gar christlicher Bevölkerungsmehrheit in der islamischen Welt ist Gift für diese Denkweise. Und jedes Land, das einmal von Muslimen beherrscht wurde, gehört zu dem wiederzubelebenden Kalifat. Deshalb ist auch Spanien im Visier der Islamisten."

Was sind die logischen Folgen dieser Überzeugung? Selbst wenn es keinen Staat Israel mehr gäbe bzw. die Muslime das Land vollständig einnehmen würden, gäbe es keinen Frieden im Nahen Osten. Selbst wenn die Israelis sich den Muslimen ergeben und en masse zum Islam konvertieren würden, hörte der Marsch des militanten Islam nicht auf. Baehr meint dazu: „Israel den radikalen Islamisten zu opfern, wäre für sie lediglich eine gute Mahlzeit, mit der man deren Appetit auf weitere Mahlzeiten anregen würde" (ebenda).

Der Vormarsch und der ihn begleitende Konflikt würden sich fortsetzen, sogar in Ländern, die mehrheitlich muslimisch sind, jedoch nicht Scharia-konform sind. Das erleben wir jetzt in Syrien und dem Irak mit dem Aufstieg des Islamischen Staats.

Wäre Israel von der Bildfläche verschwunden, würden islamische Fundamentalisten die Nichtmuslime an ihren Landesgrenzen bekämpfen, ebenso die Muslime im eigenen Land, die sich ihnen nicht anschließen wollten. Sie wären dem Westen nach wie vor feindselig eingestellt, deren Bürger sie als die christlichen Kreuzfahrer sehen, die im Mittelalter in den muslimischen Nahen Osten eingedrungen waren. Die Kreuzzüge von einst wurden immer noch nicht gerächt, und schon wieder dringt der Westen in den Nahen Osten durch seinen Stellvertreter Israel und auch durch seinen globalen medialen Einfluss ein.

Krieg führen, bis die ganze Welt islamisch ist

Islamische Fundamentalisten fühlen sich also verpflichtet, Dschihad nicht nur gegen die Juden, sondern auch gegen Christen und die Angehörigen anderer Religionen zu führen.

Der Koran weist sie diesbezüglich an: „Und kämpft gegen sie, bis es keine Verwirrung [mehr] gibt und die Religion Allah gehört" (Sure 2:193). In diesem Zusammenhang bedeutet „Verwirrung" alle nicht muslimischen Religionen.

In Bezug auf den muslimischen Spruch „Erst die Samstagsleute, dann die Sonntagsleute", den man als Graffiti in muslimischen Wohnvierteln des Nahen Ostens sehen kann, schreibt die Autorin Lela Gilbert: „Die ‚Samstagsleute' sind natürlich die Juden [die den biblischen Ruhetag Samstag halten], die heute aus muslimischen Ländern fast gänzlich verschwunden sind. Die ‚Sonntagsleute' – Christen [da die meisten Christen den Sonntag als Ruhetag sehen] – befinden sich ebenfalls im Fadenkreuz der Muslime und verlassen islamische Länder in einem erschreckenden Ausmaß. Beide Religionen sind in vielen Ländern mit islamischer Bevölkerungsmehrheit aufgrund islamistischer Ideologie mit seiner Ausrufung des Dschihads gegen die Ungläubigen unwillkommen" („Saturday People, Sunday People", The Weekly Standard, 17. November 2010).

Der amerikanische Journalist Charles Krauthammer meinte zur Versklavung und Ermordung von Christen im Irak durch den Islamischen Staat: „Das ist ein klares Beispiel der Intoleranz und Barbarei dieser Prägung des islamischen Radikalismus . . . Man sieht es bei der Hamas, die die Juden ausradieren will. Man sieht es in Ägypten gegenüber den Kopten. Man sieht es bei Boko Haram mit den Angriffen auf Kirchen in Nigeria. Man sieht es überall. Hier geht es nicht um das Fehlverhalten des Westens oder um den Imperialismus. Es geht nicht um eine Heimzahlung westlicher Fehltritte. Hier drückt sich der Dschihad in seiner schrecklichsten Form aus" (Fox News, „Special Report With Bret Baier", 22. Juli 2014).

Das Ziel der Dschihadisten liegt jenseits der Grenzen der muslimischen Länder, denn der Islamische Staat will Rom, ein Zentrum des traditionellen Christentums unserer Zeit, erobern. Letztendlich spielt es keine Rolle, ob der Westen islamische Interessen missachtet hat oder nicht. Im Kern geht es ausschließlich um das Koranverständnis der Islamisten, wonach sie, in ihrem Gehorsam gegenüber den Geboten des Korans, zur gewaltsamen Ausbreitung des Islams verpflichtet sind, bis die ganze Welt islamisch ist.

Dieser Ideologie zufolge gibt es nur dort „Frieden", wo der reine Islam herrscht – dar al-Islam genannt (die Unterwerfung unter den Islam). Die Länder, die nicht vom Islam beherrscht werden, sind dar al-harb, der Bereich des Kriegs – d. h. die Länder, gegen die die Muslime Krieg führen sollen, bis sie dem Islam unterworfen sind. Erst wenn die ganze Welt vom Islam beherrscht wird, wird der Krieg nicht mehr notwendig sein.

Die wahre Ursache des Unfriedens wird beseitigt

Diese Sachlage stellt klar, dass Israel nicht den Frieden im Nahen Osten verhindert. In den Augen islamischer Fundamentalisten ist Israel nicht einmal der Hauptfeind des Islams. Israel ist nur der „kleine Satan", der nahöstliche Vorposten des „großen Satans", der Vereinigten Staaten von Amerika als die dominante christliche Macht des Westens. So gesehen ist Israel eine Art Pufferzone des Westens, denn würde Israel nicht mehr existieren, würde sich die Wut der Islamisten um so mehr auf Westeuropa und die USA konzentrieren.

Hinzu kommt, dass Israel den autoritären Regimes im Nahen Osten als Ablenkung von der potenziellen Unzufriedenheit mit ihrer Führung aufgrund vorhandener Probleme wie unzureichender Versorgung, schlechter Bildungsmöglichkeiten usw. dient. Existierte Israel nicht mehr, würden die westlichen Mächte als Sündenböcke zur Ablenkung von den eigenen Problemen herhalten müssen, was schon jetzt zum Teil der Fall ist.

Was ist die wahre Ursache des Unfriedens im Nahen Osten? Islamischer Fundamentalismus ist hierbei sicherlich ein wesentlicher Faktor, doch die Wurzeln des Konflikts liegen viel weiter zurück als der Ursprung einer menschlich erdachten Religion wie der Islam. Hinzu kommt ein ungelöster familiärer Zwist zwischen Juden und Arabern, der auf die Zeit des biblischen Patriarchen Abraham zurückgeführt werden kann.

Der Kern des Problems liegt jedoch nicht im Bereich menschlicher Ressentiments. Die oft frenetische Wut auf Israel, die Juden und die anderen Nationen israelitischer Herkunft – und nicht allein unter Muslimen, sondern auch bei Menschen überall auf der Welt – gründet sich kaum nur auf wirtschaftliche oder politische Motive. Die völlige Irrationalität und die ungezügelte Barbarei des Hasses liefern einen Hinweis auf die wahre Ursache, die der Apostel Johannes wie folgt beschreibt: „Die ganze Welt liegt im Argen" (1. Johannes 5,19).Es gibt den "großen Satan", und er ist nicht die USA oder irgendeine andere Nation, sondern ein Wesen von immenser Kraft, das nach Aussage der Bibel die ganze Welt beeinflusst: „Und es wurde hinausgeworfen der große Drache, die alte Schlange, die da heißt: Teufel und Satan, der die ganze Welt verführt"(Offenbarung 12,9; alle Hervorhebungen durch uns).

Überall auf der Welt unterliegen die Menschen dem Einfluss vom „Mächtigen, der in der Luft herrscht, nämlich dem Geist, der zu dieser Zeit am Werk ist in den Kindern des Ungehorsams" (Epheser 2,2). Der Teufel und seine Dämonen strahlen kontinuierlich Hass und Verachtung aus. Sie sind aber auch die Urheber falscher Religionen. Bedenken sollte man, dass islamische Fundamentalisten an die Offenbarung ihrer Religion an Mohammed durch ein Geistwesen glauben!

Satan und seine Dämonen wollen Gottes Plan hinsichtlich der Nachkommen der biblischen Nation Israel vereiteln. Der Gott der Bibel wird den von Satan entfachten Hass auf die Juden nutzen, um Jerusalem zum endzeitlichen Brennpunkt werden zu lassen, damit sein Plan in Erfüllung geht: „Siehe, ich will Jerusalem zum Taumelbecher zurichten für alle Völker ringsumher, und auch Juda wird's gelten, wenn Jerusalem belagert wird. Zur selben Zeit will ich Jerusalem machen zum Laststein für alle Völker. Alle, die ihn wegheben wollen, sollen sich daran wund reißen; denn es werden sich alle Völker auf Erden gegen Jerusalem versammeln" (Sacharja 12,2-3).

Gott wird selbst in die Kampfhandlungen eingreifen, um seine Herrschaft auf Erden zu etablieren: „Denn ich versammle alle Völker zum Krieg gegen Jerusalem . . . Doch dann wird der Herr hinausziehen und gegen diese Völker Krieg führen und kämpfen . . . Dann wird der Herr König sein über die ganze Erde. An jenem Tag wird der Herr der Einzige sein und sein Name der Einzige" (Sacharja 14,2-3. 9; Einheitsübersetzung).

Nach den endzeitlichen Prophezeiungen der Bibel bleiben die Juden in Jerusalem und dessen Umgebung bis zur verheißenen Wiederkehr Jesu Christi. Daran erkennen wir, dass der antisemitische Traum islamischer Fundamentalisten von der restlosen Vertreibung der Juden aus dem Heiligen Land nicht wahr werden wird. Doch die Juden und die anderen Nationen israelitischer Herkunft werden in dieser Zeit schwer leiden müssen (vgl. dazu Sacharja 14,2).

Nicht die Beseitigung der Juden in der Region, sondern die Entfernung Satans und seiner Dämonen durch den Messias wird dem Nahen Osten Frieden bringen (Offenbarung 20,1-3). Die Haltung der Menschen zu den Juden wird sich vollständig verändern: „Zu der Zeit werden zehn Männer aus allen Sprachen der Heiden einen jüdischen Mann beim Zipfel seines Gewandes ergreifen und sagen: Wir wollen mit euch gehen, denn wir hören, dass Gott mit euch ist" (Sacharj 8.23) Das wird eine ganz andere Welt sein!

Die zwei-Staaten-Lösung: Mittel zur Eliminierung Israels

Im Oktober 2014 erkannte die schwedische Regierung den Staat Palästina offiziell an, und das britische Parlament sprach sich in einer unverbindlichen Erklärung für die Anerkennung aus. Der ehemalige britische Außenminister Jack Straw meinte dazu, dass die israelische Regierung nur auf Druck reagiere, als würde sich Israel bei den Bemühungen um den Frieden unvernünftig verhalten. Im Dezember sprach sich das französische Parlament ebenfalls für die Anerkennung eines Palästinenser-Staats aus.

Als Antwort auf diese Aufrufe schrieb Caroline Glick, leitende Redakteurin der Jerusalem Post, einen Beitrag für die New York Times. „[Der schwedische Ministerpräsident] Lofven, Straw und ihre europäischen Kollegen sind nicht dumm. Sie wissen, was sie tun.

Sie wissen, dass Gaza, aus dem Israel sich vor neun Jahren zurückgezogen hat, heute ein terroristischer Staat ist, der von den Dschihadisten der Hamas beherrscht wird.

Sie wissen, dass Israel, wenn es dem politischen und wirtschaftlichen Druck nachgibt und Jerusalem und sein historisches Herzstück der Region preisgibt, das übrig gebliebene Hoheitsgebiet nicht länger wird verteidigen können. Und sie wissen, dass – wie in Gaza – die geräumten Gebiete prompt von der Hamas übernommen werden, die sie, zusammen mit ihren dschihadistischen Gesinnungsgenossen in den angrenzenden Regionen, als Ausgangspunkt für einen Vernichtungskrieg gegen Israel benutzen wird.

Mit anderen Worten: Sie wissen, dass ihre Anerkennung ‚Palästinas‘ dem Frieden nicht dient, sondern Israels Niedergang fördert. Wären die Europäer nur annähernd an Freiheit und Frieden interessiert, würden sie das Gegenteil tun. Sie würden Israel den Rücken stärken als die einzige stabile Zone der Freiheit und des Friedens in der ganzen Region. Sie würden sich von der geschwindelten zwei-Staaten-Lösung distanzieren, die . . . lediglich Augenwischerei für die Suche nach Israels Zerstörung und dessen Ersatz durch einen terroristischen Staat ist.

Da strategische Blindheit und moralische Verderbtheit die führenden Säulen der europäischen Politik gegenüber Israel sind, müssen Israel und dessen Förderer die Wahrheit über den Drang nach der Anerkennung ‚Palästinas‘ verbreiten. Es geht nicht um Frieden oder Gerechtigkeit. Es geht um Hass auf Israel und die Förderung derjenigen, die Israels Zerstörung wollen" („There Should Be No Palestinian State", 17. Oktober 2014)

Warum ist Israel wichtig?

Christen sollen Jesu Ermahnung beherzigen und „über die Zeichen der Zeit urteilen" können (Matthäus 16,3). Ohne Kenntnis der wahren Identität Israels in den Prophezeiungen der Bibel werden wir nie in der Lage sein, die Zeichen unserer Zeit zu verstehen.
Von Darris McNeely

Man könnte sich darüber wundern, wie oft das kleine Land Israel in den Schlagzeilen auftaucht. Schließlich ist Israel in seinen international anerkannten Landesgrenzen nur etwa gleich groß wie das Bundesland Hessen, mit ein wenig mehr als acht Millionen

Einwohnern.

Es stimmt zwar, dass Israel ein hoch entwickelter Industriestaat ist, nach seinem Bruttoinlandsprodukt 2014 die 36.-größte Volkswirtschaft der Welt. Es hat auch den höchsten Lebensstandard im Nahen Osten und den dritthöchsten in ganz Asien. Doch es ist nicht Israels wirtschaftliche Leistung, über die in den Nachrichten berichtet wird. Es sind die Spannungen und manchmal auch die Schlagabtausche zwischen Israel und den Palästinensern – und anderen Nachbarn –, die Journalisten und Redakteure erwähnenswert finden.

In seiner fast 70-jährigen Geschichte hat Israel viermal Krieg gegen seine Nachbarn geführt und die eigene Existenz verteidigt. Wie in unserem Leitartikel auf Seite 4 dargelegt, ist es das erklärte Ziel islamischer Fundamentalisten, die in den benachbarten Regionen einen entscheidenden Einfluss haben, Israel von der Landkarte verschwinden zu lassen. Trotz dieser Feindseligkeiten existiert Israel immer noch. Welche Bedeutung hat der jüdische Staat heute? Warum ist Israel wichtig?

Dabei geht es um ein richtiges Verständnis der Identität der Israelis in den Prophezeiungen der Bibel. Nachfolgend erläutern wir Ihnen fünf Gründe für die Wichtigkeit des Staates Israel.

Nr. 1: Die Prophezeiungen der Bibel setzen eine israelitische Präsenz im Heiligen Land voraus.

In Daniel 9 finden wir eine Vorhersage, die als die 70-Wochen-Prophezeiung bekannt ist. Sie beschreibt die Rückkehr der Juden von der babylonischen Gefangenschaft nach Jerusalem, geht aber auch auf die Zeit unmittelbar vor der verheißenen Wiederkehr Jesu Christi ein. Teile dieser Prophezeiung behandeln die „heilige Stadt" – Jerusalem – und deren Wiederaufbau.

Wir finden einen wichtigen Hinweis auf die Endzeit in Daniel 9, Vers 27. In diesem Vers geht es um eine prophetische Woche, in deren Mitte jemand „Schlachtopfer und Speisopfer abschaffen" wird, und zwar dann, wenn „im Heiligtum ein Gräuelbild [stehen wird], das Verwüstung anrichtet, bis das Verderben, das beschlossen ist, sich über die Verwüstung ergießen wird". Es gab ca. 167 v. Chr. eine Vorausschau auf dieses endzeitliche Ereignis, als der syrische Herrscher Antiochus Epiphanes den Tempel in Jerusalem entweihte, indem er dort Schweinsblut als Opfer darbrachte (Daniel 11,31). In Matthäus 24, Vers 15 bezog sich Jesus auf diese Schandtat als Beispiel einer weiteren Entweihung in der Zeit vor seiner Wiederkehr: „Wenn ihr nun sehen werdet das Gräuelbild der Verwüstung stehen an der heiligen Stätte, wovon gesagt ist durch den Propheten Daniel – wer das liest, der merke auf! . . ."

Diese Prophezeiungen identifizieren Jerusalem als Austragungsort des prophezeiten Geschehens. Sie beschreiben die Wiederkehr des Messias nach Jerusalem und können nur dann in Erfüllung gehen, wenn die Juden im Heiligen Land sesshaft sind und die Hoheit über Jerusalem haben. Deshalb ist die Staatsgründung Israels im Jahr 1948 ein wichtiger Schlüssel zum richtigen Verständnis der Prophezeiungen. Das ist aber nur der erste von mehreren Gründen für die Wichtigkeit Israels!

Nr. 2: Die Juden sind nur ein Teil des biblischen Volks Israel.

In der Bibel setzt sich das Volk Israel aus den Angehörigen der zwölf israelitischen Stämme zusammen, die Ägypten mit Mose verlassen haben. Diese zwölf Stämme waren die Nachkommen der zwölf Söhne des Patriarchen Jakob, dessen Namen Gott in Israel änderte (1. Mose 32,28). Das ist das Volk Israel im Alten Testament. Heute sind die Juden für viele Leute gleich-bedeutend mit dem alttestamentlichen Volk Israel. Dabei übersehen sie, dass nur einer der Söhne Jakobs Juda hieß. Seine Nachkommen sind die Juden. Doch Juda war nur einer der Söhne Jakobs und die Juden nur einer der Stämme Israels. Es gibt auch die anderen Söhne Jakobs: Ruben, Simeon, Levi, Issachar, Sebulon, Dan, Josef, Benjamin, Naftali, Gad und Asser.

Die Nachkommen dieser zwölf Söhne waren die zwölf Stämme der Nation Israel. Die biblischen Bücher Josua, Richter, 1. und 2. Samuel und 1. und 2. Könige berichten über diese Stämme. König David herrschte über die Nation Israel von Jerusalem aus, und sein Sohn Salomo baute dort einen herrlichen Tempel für Gott.

Doch der Stamm Juda – die Juden – waren nur ein Teil des Volks Israel. Man muss also kein Jude sein, um ein Israelit zu sein! Warum ist uns heute nur dieser eine Stamm Juda bekannt? In der Bibel finden wir die Antwort auf diese gute Frage.

Nach dem Tod Salomos spaltete sich die Nation Israel. Zehn Stämme nördlich von Jerusalem trennten sich von Salomos Sohn Rehabeam und bildeten zusammen das Königreich Israel. Die südlich gelegenen Stämme Juda und Benjamin waren fortan das Königreich Juda, dessen Hauptstadt Jerusalem war.

Das nördliche Königreich Israel war nie jüdisch. Es war das südliche Königreich Juda, das als die Juden bekannt war. Wenn wir das Wort Israel im Alten Testament lesen, bezieht es sich in der Regel auf das gesamte Volk der Israeliten – aller zwölf Stämme – oder auf die zehn Stämme im Norden des Heiligen Landes, die nach Salomos Tod als das Königreich Israel bekannt waren. Mit Juda ist entweder ein einzelner Stamm oder das Königreich Juda im Süden des Heiligen Landes gemeint. In Kapitel 16 des Buches 2. Könige wird sogar berichtet, dass Israel und Juda Krieg gegen-einander geführt haben!

Ahas war der König Judas und Pekach der König Israels. König Pekach schloss ein Bündnis mit Rezin, dem König des Nachbarlandes Syrien, und gemeinsam griffen sie Juda an. In Vers 6 lesen wir: „In dieser Zeit brachte Rezin, der König von Aram, Elat wieder an Aram und trieb die Juden aus Elat hinaus" (Elberfelder Bibel).In diesem Vers finden wir das Wort Juden zum ersten Mal in der Bibel, und Israel führt Krieg gegen die Juden!
Ja, die Juden gehören zu den Nachkommen Israels, aber sie sind weder das Haus Israel noch das Königreich Israel. Viele wichtige Prophezeiungen der Bibel über die Endzeit unterscheiden zwischen diesen zwei Nationen. Manchmal wird die nördliche Nation das Haus Israel genannt und manchmal Ephraim, der führende Stamm unter den zehn Stämmen des Nordens. Die südliche Nation wird das Haus Juda bzw. Juda genannt.

Im Norden des Heiligen Landes existierte das Königreich Israel etwa 200 Jahre lang, bevor es von den Assyrern erobert wurde. Die Israeliten des Nordens wurden deportiert und gelten heute als die verlorenen zehn Stämme Israels. Sie sind aber nicht wirklich verloren, denn Gott kennt ihre Identität und weiß, wo sie heute unter den Nationen zu finden sind.

Das Königreich Juda im Süden überdauerte seine nördliche Brudernation, geriet aber selbst etwas mehr als ein Jahrhundert später durch die Babylonier in Gefangenschaft. Einige Jahrzehnte danach kehrte eine kleine Minderheit der Juden nach Jerusalem zurück und baute die Stadt und den Tempel wieder auf. Die Juden blieben mit ihrer eigenen kulturellen Identität in Jerusalem, bis die Römer sie nach zwei Aufständen aus der Region vertrieben. Bis zur Staatsgründung Israels 1948 lebten die Nachkommen jener Juden verstreut, hauptsächlich im Nahen Osten und Europa. Der moderne jüdische Staat nennt sich zwar nach dem antiken Namen Israel, repräsentiert jedoch nur einen kleinen Anteil des biblischen Volks Israel, das einst im Heiligen Land lebte und auf das sich so viele noch nicht erfüllte Prophezeiungen der Bibel beziehen. Wo sind die anderen Israeliten? Sie finden eine ausführliche Antwort auf diese Frage in unserer kostenlosen Broschüre Amerika und Großbritannien: Was sagt die Bibel über ihre Zukunft?

Nr. 3: Die Juden gehören zum biblischen Volk Israel, ebenso aber auch andere Nationen.

Wer die Juden dem biblischen Israel gleichsetzt, ignoriert die große Mehrheit der Nachkommen dieses Volks. Diese Mehrheit ist aber wichtig zum richtigen Verständnis des Nahostkonflikts und der Zukunft dieser Region. Wir finden einen Schlüssel in1. Mose 48, als Jakob (Israel) die Söhne Josefs, Ephraim und Manasse, segnete. Dabei sagte er: „Weiterleben soll mein Name durch sie" (1. Mose 48,16; Einheitsübersetzung).

Er gab ihnen seinen Namen und übertrug ihnen die Verheißung des Segens, die er von seinem Vater Isaak erhalten hatte, die er wiederum von seinem Vater Abraham bekommen hatte. Die Verheißung nationaler Größe wurde also den Söhnen Josefs übertragen. In 1. Mose 49 finden wir eine Prophezeiung über die Stämme Israels in der Endzeit. Josefs Nachkommen sollten großen Segen von Gott erhalten. Wenn wir uns die moderne Welt ansehen, um die Empfänger dieses Segens ausfindig zu machen, fallen die großen Englisch sprechenden Nationen auf, vornehmlich Großbritannien und die USA. Interessanterweise unterhält der Staat Israel viele Verbindungen zu Großbritannien und den Vereinigten Staaten. Man beginnt, die Prophezeiungen der Bibel wirklich zu verstehen, wenn man die Verheißungen kennt, die Gott Abraham und seinen Nachkommen gab, und dabei weiß, welche Nationen heute zu den Nachkommen Abrahams gehören. Der Erhalt des Segens, den die Nachkommen Abrahams allein seiner Gerechtigkeit zu verdanken haben , ist jedoch keine Garantie für die Fortdauer des Segens.

Nur die Gerechtigkeit der Nachkommen kann ihnen die Fortdauer des Segens garantieren. Daran erkennt man die Notwendigkeit der Reue in den modernen israelitischen Nationen. Gott ruft die Menschen überall zur Reue auf, und die Englisch sprechenden

Nationen wie Großbritannien, Kanada, Australien und die USA tragen hierbei eine größere Verantwortung gegenüber Gott.

Unsere Welt nähert sich rasch dem Ende des menschlichen Zeitalters, in dem Satan der Teufel die Menschen beeinflusst. Eine neue Weltordnung unter der Herrschaft Jesu Christi steht bevor. Bevor die neue Ära beginnt, müssen wir eine Zeit der Trübsal erleben, wie es sie nie zuvor in der Menschheitsgeschichte gegeben hat. Der Prophet Daniel beschrieb diese Zeit, die in der nicht allzu fernen Zukunft liegt: „Es wird eine Zeit so großer Trübsal sein, wie sie nie gewesen ist, seitdem es Menschen gibt, bis zu jener Zeit. Aber zu jener Zeit wird dein Volk errettet werden, alle, die im Buch geschrieben stehen" (Daniel 12,1; alle Hervorhebungen durch uns).

In diesem einen Vers gibt es eine Warnung vor einer kommenden Zeit beispiellosen Leidens, aber auch einen Hinweis auf die Errettung von Gottes Volk.

 Es ist wichtig, das aktuelle Geschehen vor dem Hintergrund der in diesem Beitrag behandelten Prophezeiungen zu verfolgen. Deshalb berichten wir in der Zeitschrift GUTE NACHRICHTEN über die sich schnell verändernde Lage im Nahen Osten, mit Israel und Jerusalem als Mittelpunkt der prophetischen Vorhersagen. Außerdem sind wir Zeugen wachsender Herausforderungen für Amerika, Großbritannien und die anderen Englisch sprechenden Nationen in einer Welt, in der sich die Machtverhältnisse langsam aber merklich verschieben.

Nr. 4: Kenntnis der wahren Identität Israels stärkt unser Vertrauen in Gottes Verheißungen für alle Nationen.

Das Zeitalter des Menschen gipfelt bald in der Wiederkehr Jesu Christi auf diese Erde. Jesus wird eine völlig neue Weltordnung schaffen, das Reich Gottes. Die Stämme Israels werden dann alle zusammengeführt und wieder vereinigt, woraus ein Israel entstehen wird, das ganz anders als der heutige kleine Staat Israel sein wird.

Die Juden in Israel sind lediglich Teil eines einzelnen Stammes, d. h. nur ein kleiner Teil des biblischen Volks Israel. Doch die Juden sind wichtig, weil ihre Identität mit dem Gesetz Gottes verknüpft ist. Der biblische Sabbat am siebten Tag der Woche, die Festtage Gottes, die man heute allgemein „jüdisch" nennt, und andere Aspekte der Thora prägten die jüdische Kultur jahrhundertelang.

Daher sind die Juden heute ein sichtbarer Beweis der Existenz Israels. Israel, die Nation der zwölf Stämme, die einen Bund mit Gott schloss, wird in der neuen Weltordnung der Zukunft eine wichtige Funktion in Gottes Plan für alle Menschen haben.

Im Römerbrief erzählt der Apostel Paulus die Geschichte von Israels Aufstieg, Niedergang und Hoffnung auf Wiederherstellung. Israel sollte eine Vorbildnation der göttlichen Lebensweise sein, gegründet auf Gottes Gesetz. Gott sonderte Israel aus und gab dem Volk besondere Verheißungen materieller Art.

Diese physischen Verheißungen waren eine Vorausschau auf den geistlichen Segen durch Jesus Christus, der ein Nachkomme des israelitischen Königs David war.

Paulus' inniger Wunsch für Israel, sein Volk, war dessen Errettung (Römer 10,1). Obwohl das antike Israel ungehorsam war und dafür bestraft wurde, ist diese Bestrafung nicht permanent, denn Gott hat sein Volk nicht unwiderruflich verworfen. Durch Paulus offenbart Gott, dass ein Rest Israel unter den Nationen existiert, und dank der Gnade Gottes wird dieser Rest eines Tages wieder gesammelt.

Nur wenige Menschen verstehen, dass Israels Ablehnung Gottes dem Plan und der Verherrlichung Gottes dient! Paulus schrieb, dass seine Landsleute „verstockt" waren, „wie geschrieben steht: Gott hat ihnen einen Geist der Betäubung gegeben, Augen, dass sie nicht sehen, und Ohren, dass sie nicht hören, bis auf den heutigen Tag" (Römer 11,7-8). Deshalb fragte Paulus: „Hat denn Gott sein Volk verstoßen?

Das sei ferne! . . . Gott hat sein Volk nicht verstoßen, das er zuvor erwählt hat" (Römer 11,1-2).Paulus erklärte, dass das Heil aufgrund von Israels vorübergehender Verstocktheit denen, die nicht zu Israel gehören, angeboten wird. Später wird Israel Gottes Gnade erfahren, wodurch letztendlich allen Menschen geholfen wird – "die Versöhnung der Welt" (Römer 11,15). Alle Stämme Israels – viel mehr als der heutige Staat Israel – werden wiedervereinigt. „So wird ganz Israel gerettet werden", wenn Gott „abwenden wird alle Gottlosigkeit von Jakob" (Römer 11,26).

Alle anderen Nationen und Völker, die in der Bibel Heiden genannt werden, werden die Gelegenheit haben, eine ähnliche Beziehung zu Gott zu haben, wie Gott sie den Israeliten anbieten wird, gegründet auf seinen ewigen Verheißungen. Zu der von Gott bestimmten Zeit werden alle Menschen ihn kennenlernen dürfen. Alle Nationen werden dann nach Jerusalem kommen und die Wege Gottes lernen wollen (Jesaja 2,1-4; Sacharja 14,16).

In seiner Begeisterung über Gottes Plan für Israel und die Menschen schrieb Paulus: „O welch eine Tiefe des Reichtums, beides, der Weisheit und der Erkenntnis Gottes! Wie unbegreiflich sind seine Gerichte und unerforschlich seine Wege!" (Römer 11,33).

Gott wird das Volk Israel retten, und das Volk Israel umfasst mehr als nur den Staat Israel im Nahen Osten. Ganz Israel – alle Stämme – wird gerettet, und dazu gehören andere moderne Nationen. Gottes Gnade gegenüber Israel werden dann alle Menschen erfahren dürfen. Gottes Treue gegenüber Israel spiegelt seine Liebe zu allen Menschen wider, die uns durch seinen Sohn Jesus Christus offenbart wurde (Johannes 3,16).

Nr. 5: Der Staat Israel ist eine Vorausschau auf die zukünftige Heimat aller Israeliten im Heiligen Land.

In einer Rede vor den Vereinten Nationen verknüpfte der israelische Premierminister Benjamin Netanyahu sein Land mit der historischen Heimat seines Volkes: „Wir führen unsere Herkunft fast 4000 Jahre zurück auf die Zeit von Abraham, Isaak und Jakob. Wir haben eine Reise durch die Zeit hinter uns, haben die größten Widrigkeiten überwunden und unseren souveränen Staat in unserer angestammten Heimat, dem Land Israel, etabliert."

Viele Freunde Israels sind von einem historischen Anspruch der Juden auf das Heilige Land als Heimat überzeugt. „Schließlich gab Gott ihnen das Land", sagen sie. Darüber hinaus meinen sie, die Erfüllung biblischer Prophezeiungen über die Rückkehr der Israeliten ins Gelobte Land durch die Rückkehr der Juden nach Israel zu erkennen.

Wenn es einen historisch begründeten Anspruch der Juden auf eine Heimat im Nahen Osten gibt, dann beschränkt er sich allein auf das frühere Gebiet vom Haus Juda. Galiläa und die Westbank gehören aber nicht dazu. Außerdem waren die Einnahme und der Besitz des Landes an die Bedingung der Bündnistreue gegenüber Gott geknüpft – eine Bedingung, die der säkulare Staat Israel heute nicht erfüllt.

Wie zu Beginn dieses Artikels dargelegt, hängt eine jüdische Präsenz in Jerusalem mit bestimmten endzeitlichen Prophezeiungen der Bibel zusammen. Die Rückkehr der Juden ins Heilige Land, um den Staat Israel zu gründen, dient aber auch als Vorausschau auf die Erfüllung von Prophezeiungen über eine Rückführung von ganz Israel – allen zwölf Stämmen – in die frühere Heimat der Israeliten.

Wann sollte das geschehen? Nicht im Jahr 1948, sondern erst bei der Wiederkehr Jesu Christi, wenn das Haus Israel und das Haus Juda wiedervereinigt werden. Durch den Propheten Hesekiel sagt Gott: „Siehe, ich will das Holz Josefs, das in der Hand Ephraims ist, nehmen samt den Stämmen Israels, die sich zu ihm halten, und will sie zu dem Holz Judas tun und ein Holz daraus machen, und sie sollen eins sein in meiner Hand. Und so sollst du die Hölzer, auf die du geschrieben hast, in deiner Hand halten vor ihren Augen und sollst zu ihnen sagen: So spricht Gott der HERR: Siehe, ich will die Israeliten herausholen aus den Heiden, wohin sie gezogen sind, und will sie von überall her sammeln und wieder in ihr Land bringen und will ein einziges Volk aus ihnen machen im Land auf den Bergen Israels, und sie sollen allesamt einen König haben und sollen nicht mehr zwei Völker sein und nicht mehr geteilt in zwei Königreiche . . . Und mein Knecht David soll ihr König sein und der einzige Hirte für sie alle . . .Und sie sollen wieder in dem Lande wohnen, das ich meinem Knecht Jakob gegeben habe" (Hesekiel 37,19-22. 24-25).

Ja, der von den Toten auferweckte König David wird König über ganz Israel sein. Dann werden viele Völker „zum Hause des Gottes Jakobs" hingehen, nach Jerusalem, um Gottes Wege zu lernen (Jesaja 2,3). Der Staat Israel ist wichtig, weil wir durch die Kenntnis seiner wahren Identität die Treue Gottes erkennen!

Nach dem Chaos: Zeiten der Erquickung

In einer Welt der Sorgen brauchen alle Menschen Trost und Ermutigung. Vor uns liegt noch das Chaos der Endzeit, aber darauf folgen „Zeiten der Wiederherstellung", wenn Jesu Herrschaft auf Erden beginnt. Von Gary Petty

IIch gehe davon aus, dass manche Leser dieser Zeitschrift etwas Trost und Ermutigung gut gebrauchen können. Der Alltag in dieser Welt bereitet vielen Menschen Kummer und raubt ihnen die Hoffnung auf eine bessere Zukunft.

Seien Sie guten Mutes! Die Welt steuert nicht ziellos ihrer Zukunft entgegen. Nein, Gott hat einen Plan für die Wiederherstellung der Freude und der Zuversicht. Der Apostel Petrus fasste Gottes Plan wie folgt zusammen: „So tut nun Buße und bekehrt euch, dass eure Sünden ausgetilgt werden, damit Zeiten der Erquickung kommen . . . und er den euch vorausbestimmten Jesus Christus sende! Den muss freilich der Himmel aufnehmen bis zu den Zeiten der Wiederherstellung aller Dinge" (Apostelgeschichte 3,19-21; Elberfelder Bibel).

Petrus sagte, dass diese „Zeiten der Erquickung" bzw. die „Zeiten der Wiederherstellung" sich auf eine Zeit beziehen, wenn Gott, der Vater, seinen Sohn Jesus Christus wieder auf die Erde senden wird. Bibeltreue Christen sehnen diese Zeit herbei. Haben Sie sich aber jemals gefragt, wie es wirklich sein wird, wenn Jesus auf dem Ölberg horniederfährt und die Herrschaft über die Welt übernimmt? Was für eine Welt werden die Menschen dann erleben?

Das Ausmaß der notwendigen Erneuerung, die Jesus einleiten wird, können wir uns besser vorstellen, wenn wir die Zustände auf der Welt unmittelbar vor Beginn seiner Herrschaft kennen. Das Buch der Offenbarung beschreibt umfangreiche Zerstörung überall auf der Erde, ausgelöst durch Krieg und Naturkatastrophen unmittelbar vor Jesu Wiederkehr. Versuchen wir diese Umwälzungen auf der persönlichen Ebene zu verstehen, indem wir uns eine Familie vorstellen, die die Reihenfolge der prophezeiten Ereignisse erlebt. Dabei geht es um den Übergang von dem großen Leiden zum Schluss des menschlichen Zeitalters zur friedvollen Zukunft, wenn Jesus alles wiederherstellt.

Die Finsternis vor der Dämmerung Stellen Sie sich eine vierköpfige Familie vor – Vater, Mutter und zwei Töchter. Sie sind in einem wohlhabenden Land zu Hause, vielleicht auf einer Farm im amerikanischen Mittelwesten oder an der australischen Küste oder in Westeuropa. Es könnte Ihre Familie sein. Wir nennen die Eltern Holger und Ursula.

Sie sind fleißig und besitzen ein Eigenheim. Ihr Leben ist oft recht hektisch, aber das ist heute der Preis des materiellen Erfolgs, nicht wahr?

Dann kamen die ersten Veränderungen, auf die sie nicht vorbereitet waren. Die Preise für Lebensmittel – Fleisch, Brot, Gemüse usw. – verteuerten sich, aber sie konnten sich immer noch ihre Ratenkäufe und Smartphones leisten. Als Holger arbeitslos wurde, verlor er den Boden unter den Füßen und wurde langsam depressiv. Ursula konnte regelmäßig Überstunden machen, was die Familie vor dem finanziellen Ruin bewahrte. Die Töchter konnten ihren Musikunterricht fortsetzen, und Holger und Ursula hofften auf neue Hilfsprogramme ihrer Regierung, um die finanzielle Abwärtsspirale umkehren zu können.

Ihnen schienen weder die sich langsam verändernden Wertvorstellungen der Gesellschaft noch die sich immer mehr ausbreitenden Konflikte in entfernten Regionen der Welt so wichtig zu sein. Sie konnten ihr Auto finanzieren, ihr Haus im Winter warm halten und genügend Lebensmittel im prall gefüllten Supermarkt einkaufen. Außerdem waren die Realityshows im Fernsehen recht interessant. Ihr Leben war trotz allem doch nicht so schlecht.

Doch dann ging es richtig los! Aufgrund der angespannten Finanzlage musste ihr Land mehrere Sozialdienste kürzen. Ungewöhnliche Naturkatastrophen und scheinbar unlösbare Konflikte vor der Haustür führten in den betroffenen Ländern zu kaum zu bewältigen-den Flüchtlingsströmen. Mit den Flüchtlingen kamen Krankheiten, die längst als besiegt galten.

Eine virale Mutation einer dieser Krankheiten löste eine Seuche aus, der ihre erste Tochter zum Opfer fiel. Als die Binnenkonjunktur einbrach, überstieg die Restschuld ihrer Hypothek den reellen Wert ihres Eigenheims.

Ihr Erspartes mussten sie aufbrauchen, um sich über Wasser zu halten, und in den am schwersten betroffenen Landesteilen kam es zu Krawallen vor Supermärkten, weil sich manche Leute keine Lebensmittel mehr leisten konnten. Bei den Vereinten Nationen stimmte die Generalversammlung für die Schaffung einer Weltregierung, damit die verfügbaren   Ressourcen gerechter verteilt werden konnten, aber die westlichen Vetomächte im Sicherheitsrat duldeten keine Diskussion zu diesem Thema. Der Ausbruch eines neuen Weltkriegs ließ sich dann nicht mehr abwenden, und ein beschränkter nuklearer Schlagabtausch zerstörte mehrere Städte und stürzte das Land ins Chaos. Die Stromversorgung brach zusammen und mit ihr auch die Gesundheitsdienste.

Holger wurde von einer jugendlichen Bande zu Tode geprügelt, die sein Auto stehlen wollte. Als ausländische Truppen das Land besetzten, wurden die Menschen in Ursulas Wohngegend zwangsumgesiedelt, um sie „vor weiteren Unruhen zu schützen", wie ihnen die Maßnahme erklärt wurde. Ursula klammerte sich an ihre verbleibende kleine Tochter, als sie und ihre Nachbarn in ein Umgangslager gebracht wurden. Das Endziel der Reise war aber ein Arbeitslager, in dem sie als Zwangsarbeiter vierzehn Stunden am Tag schuften mussten.

Der Albtraum war damit noch nicht zu Ende. Meteoriten schlugen auf der Erde ein, mit katastrophalen Folgen. Vielerorts brach die letzte staatliche Ordnung zusammen. Wer sich retten konnte, suchte Schutz in Ruinen auf dem Lande. Ursulas Tochter verdurstete, als die Hitze der Sonne so stark wurde, dass die Vegetation verbrannte. Ursula schaute zum Himmel hinauf und stöhnte verzweifelt, ihren eigenen Tod abwartend: „Es gibt wohl wirklich keinen Gott!"

Kurze Zeit später hörte man einen unvorstellbar lauten Ton, wie von einer Trompete. Ursula sah ein glänzendes Licht wie die Sonne, die sich, anscheinend aus dem All kommend, der Erde näherte und dann über dem Horizont verschwand. Dann erbebte die Erde unter ihren Füßen wie nie zuvor. Hatte noch ein Meteorit die Erde getroffen? Vielleicht war es das, was einige der Flüchtlinge gesagt hatten: „Nur das Eingreifen Gottes kann uns noch retten!"

Es dauerte nicht lange, bis die noch funktionierenden Nachrichtenmedien das erstaunliche Geschehen in Jerusalem meldeten. Als die Menschheit kurz vor der Selbstzerstörung stand, erschien ein Wesen, zusammen mit Tausenden ähnlich hell strahlenden Begleitern, auf dem Ölberg, der sich dann spaltete. Das war das Epizentrum des Erdbebens, das Ursula weit entfernt von Jerusalem erlebt hatte. Manche meinten, die Erde würde von Außerirdischen heimgesucht. Andere sagten, es sei der Antichrist! Militärverbände, die sich nahe Jerusalem zusammengezogen hatten, rückten zum Kampf gegen die Eindringlinge vor, wurden aber restlos ausgemerzt. Die Flüchtlinge hatten recht: Jesus Christus hatte sein Versprechen wahr gemacht und war zurückgekehrt!

Und so wird die Welt sein, wenn Jesus das zweite Mal auf dieser Erde erscheint. Wiederherstellung und Frieden unter Jesu Christi Herrschaft *(Ich habe mal einen Witz gehört der ging ungefähr so: Ein junger Mann wurde von einer Prüfkommission geprüft zwecks seines Kapitän Patents. Der Prüfer fragte unter anderem: was tun sie wenn ein Sturm kommt und es gefährlich aussieht. Der junge Mann antwortete: ich werfe einen Anker. Gut sagte der Prüfer und fragte dann weiter was tun sie wenn der Sturm stärker wird. Der junge Mann sagte ich werfe zwei Anker. Gut sagte der Prüfer und fragte weiter, was tun sie wenn der Sturm noch stärker wird.....und es ging so weiter bis der junge Mann den Zwölfen Anker geworfen hatte. Da wurde es dem Prüfer zu bunt und es sagte zum Jungen Mann: Von wo her haben sie denn sooo viele Anker. Darauf antwortete der junge Mann: von wo her haben sie so viele Stürme. Ich schreibe diesen Witz hier der aufzeigen soll wie behämmert es sein kann wenn man die Menschen mit Phantasieprodukte einlullt und verblödet. Ein typisches Zeichen das der Tester selber ein an der Birne hat. W.Schorat)*

Unsere fiktive Ursula repräsentiert die Millionen von hungernden, verstörten Menschen ohne jegliche Hoffnung, die bei Jesu Wiederkehr noch am Leben sein werden. Sie werden von den schrecklichen Ereignissen während der großen Trübsal und beim Tag des Herrn traumatisiert worden sein. Jesus wird eine irdische Umwelt vorfinden, die durch die Ereignisse stark in Mitleidenschaft gezogen wurde und daher größtenteils unproduktiv sein wird.

Jesus wird mit der Hilfe seiner verwandelten Heiligen, die bei seiner Wiederkehr unsterbliches Leben erhalten werden, große Veränderungen einleiten und den Millionen Überlebenden Hoffnung vermitteln. Wie werden die „Zeiten der Erquickung" in den Prophezeiungen der Bibel dargestellt?

Beim Propheten Jesaja finden wir eine der bekanntesten Beschreibungen der kommenden Herrschaft Christi auf Erden: „Es wird zur letzten Zeit der Berg, da des HERRN Haus ist, fest stehen, höher als alle Berge und . . . alle Heiden werden herzulaufen, und viele Völker werden hingehen und sagen: Kommt, lasst uns auf den Berg des HERRN gehen, zum Hause des Gottes Jakobs, dass er uns lehre seine Wege und wir wandeln auf seinen Steigen!. . . Er wird richten unter den Heiden und zurechtweisen viele Völker. Da werden sie ihre Schwerter zu Pflugscharen und ihre Spieße zu Sicheln machen. Denn es wird kein Volk wider das andere das Schwert erheben, und sie werden hinfort nicht mehr lernen, Krieg zu führen" (Jesaja 2,2-4).

Zu Jesu ersten Aufgaben wird die Heilung der Umwelt gehören, die durch Naturkatastrophen und den Einsatz von Kernwaffen ruiniert sein wird. Natürlich wird er die Menschen den Weg des Friedens lehren. Selbst die Natur der Tiere wird verwandelt, wodurch die Welt insgesamt friedlich wird. Beim Propheten Jesaja finden wir eine weitere inspirierende Beschreibung dieser „Zeiten der Erquickung": „Da werden die Wölfe bei den Lämmern wohnen und die Panther bei den Böcken lagern. Ein kleiner Knabe wird Kälber und junge Löwen und Mastvieh miteinander treiben . . . Und ein Säugling wird spielen am Loch der Otter, und ein entwöhntes Kind wird seine Hand stecken in die Höhle der Natter. Man wird nirgends Sünde tun noch freveln auf meinem ganzen heiligen Berge; denn das Land wird voll Erkenntnis des HERRN sein, wie Wasser das Meer bedeckt"

(Jesaja 11,6-9).

Welche Hoffnung werden die Menschen wie unsere fiktive Ursula haben, die ihre Lieben in dem Chaos vor der Wiederkehr Christi verloren haben? Sie werden die wunderbare Wahrheit der Bibel erfahren, wonach ihre verstorbenen Lieben eines Tages wieder leben werden und sie mit ihnen wieder vereint werden können. Bis diese Zeit kommt, werden Christus und seine Heiligen die Überlebenden trösten und den Plan Gottes für alle Menschen lehren. Die Kenntnis dieses Plans und der göttlichen Lebensweise wird ihnen eine Quelle der großen Freude sein.

Die Nachrichten der Zukunft und das Laubhüttenfest

Wie wäre es, wenn Sie in Ihrer Tageszeitung solche Schlagzeilen lesen könnten?

• „Neue Initiative der Regierung: Alle gepanzerten Militärfahrzeuge werden fortan ausschließlich in der Landwirtschaft und im Straßenbau eingesetzt."

• „Gott heilt die Erde: Keine Lebensmittelengpässe mehr; auf allen Kontinenten übersteigt die Produktion die Erntekapazität."

• „Friedensverhandlungen zwischen Israelis und Arabern erfolgreich abgeschlossen; König Jesus garantiert den Frieden für alle."

Die erfundenen Schlagzeilen spiegeln eigentlich Ereignisse in der Zukunft wider, die in den Prophezeiungen der Bibel vorausgesagt wurden. Sacharja 14 enthält eine weitere wichtige Prophezeiung über die Wiederkehr Christi. Der Prophet beschreibt, wie Jesus auf dem Ölberg stehen und ein großes Erdbeben stattfinden wird, wodurch ein Strom, der von Jerusalem aus fließt, freigesetzt wird. Dann fügt Sacharja noch diese kuriose Vorhersage hinzu: „Und alle, die übrig geblieben sind von allen Heiden, die gegen Jerusalem zogen, werden jährlich heraufkommen, um anzubeten den König, den HERRN Zebaoth, und um das Laubhüttenfest zu halten" (Sacharja 14,16).

Es mag Sie überraschen, aber eine der ersten religiösen Feiern, die Jesus für alle Menschen durchsetzen wird, ist das Halten des Laubhüttenfestes. Vielen Lesern unserer Zeitschrift ist dieses biblische Fest unbekannt. Auch als das Fest der Lese bekannt, findet es im Frühherbst, zur Erntezeit im Nahen Osten, als Feier des reichhaltigen landwirtschaftlichen Segens von Gott statt. Sacharja fährt fort: „Wer aber nicht nach Jerusalem hinaufzieht von allen Stämmen der Erde, um den König, den Herrn der Heere, anzubeten, bei dem wird kein Regen fallen. Wenn das Volk Ägyptens nicht hinaufzieht und nicht zu ihm kommt, so ereilt es der gleiche Schlag, den der Herr gegen alle Völker führt, die nicht hinaufziehen, um das Laubhüttenfest zu feiern. Das wird die Strafe Ägyptens sein und die Strafe aller Völker, die nicht hinaufziehen, um das Laubhüttenfest zu feiern" (Sacharja 14,17-19; Einheitsübersetzung).

Begreifen Sie, was diese Prophezeiung wirklich voraussagt? Nicht nur Israel und die Juden, sondern alle Nationen – auch die Ägypter! – werden das Laubhüttenfest halten müssen. Das hat es noch nie gegeben. Christus wird nicht nur das Halten des Laubhüttenfestes von allen Menschen fordern, er wird auch diejenigen zu deren eigenem Wohl bestrafen, die das Fest nicht halten wollen.

Das Laubhüttenfest heute zu halten ist ein wichtiger Schlüssel zum Verständnis der tausendjährigen Herrschaft Jesu Christi. Christen, die sich auf die Wiederkehr Jesu Christi freuen, feiern beim Fest die kommende geistliche Ernte der Menschen, die Christus für sich und seinen Vater einsammeln wird.

Jesu Herrschaft bereits heute erleben Lesen wir eine weitere Prophezeiung Jesajas über die messianische Herrschaft: „Siehe, das ist mein Knecht – ich halte ihn – und mein Auserwählter, an dem meine Seele Wohlgefallen hat. Ich habe ihm meinen Geist gegeben; er wird das Recht unter die Heiden [d. h. alle Nationen] bringen . . . Er selbst wird nicht verlöschen und nicht zerbrechen, bis er auf Erden das Recht aufrichte; und die Inseln [die entfernten Regionen der Welt] warten auf seine Weisung" (Jesaja 42,1. 4).

Jesus Christus wird die Wüste wiederherstellen. Er wird die Macht haben, um Krieg und Gewalt ein Ende zu setzen. Er wird eine einzige Religion zulassen, in deren Mittelpunkt die Anbetung des wahren Gottes stehen wird. Er wird eine neue Regierung einführen, deren Gesetze fair und gerecht sind. Christi Wirtschaftssystem wird die Armut eliminieren. Sein Bildungssystem wird die mentale und geistliche Gesundheit aller Menschen fördern.

Lesen wir nochmals die Worte des Apostels Petrus: „So tut nun Buße und bekehrt euch, dass eure Sünden ausgetilgt werden, damit Zeiten der Erquickung kommen . . . und er den euch vorausbestimmten Jesus Christus sende! Den muss freilich der Himmel aufnehmen bis zu den Zeiten der Wiederherstellung aller Dinge" (Apostelgeschichte 3,19-21; Elberfelder Bibel). Die wunderbare Zukunft kann den Menschen, die heute schwerwiegende Probleme haben, völlig fremd und unwirklich vorkommen. Sie ist aber kein Märchen! Jesu Christi Herrschaft auf Erden kommt gewiss. Der Frieden und die Freude der Herrschaft Christi kann Ihre Zukunft sein, aber auch heute Teil Ihres täglichen Lebens. Wollen Sie an den zukünftigen „Zeiten der Wiederherstellung" teilhaben? Dann sollen Sie die irreführenden Ansichten des abgewandelten Christentums unserer Zeit ablegen und zu einem wahren Jünger Jesu Christi werden!

Wollen Sie bei den „Zeiten der Wiederherstellung" mitwirken? Wenn Ihre Antwort „Ja" lautet, muss Jesus Christus heute Teil Ihres persönlichen Lebens sein!

Ende Zitat

Also dieses klammern, an das unselbständige Denken und den Nebelglauben der so benebelnd ist wie Unwissenheit die als Wissenheit dargestellt wird bloß weil etwas in einem Buch steht in dem Gott und Prophet und Wahrheit und Macht und Gewinnen steht und aber auch Rettung, dieses Denken das schrumpft die Vernunft und schrumpft auch die Wahrheit der Möglichkeiten weil glauben ganz einfach für diejenigen ist, die nicht den Mut haben selber zu erforsche wer und was sie in Wirklichkeit sind. Und Jesus hat das doch zu genügend gesagt: Gott wohnt in euch und ihr seid Götter und so weiter.... Aber das aufkochen dieser festhalte Parolen der Bibelgläubigen bring das Pulverfass Israel und Naher Osten nie zum entspannten wandern durch blühende Wiesen und dem winken den weißen Wolken die eine sanfte Briese der Schönheit Freiheit und liebe vorbeiwehen lassen...Das wars erstmal wieder für heute. Adios und Grüazie.

Samstag, 25. Juli 2015

Wer denkt, das die Vernunft das beste wäre, wie ich gestern schrieb, der irrrrrrt. Aber es ist zumindest schon ein wenig heraus aus dem Nebel des Glaubens. Aber wer denkt und glaubt das Jesus leibhaftig wieder erscheinen wird, der sagt ja das Göttliche wäre ein Klon-Onkel.Es gibt nur Originale in der Göttlichen Schöpfung.Alles GleichMachen ist MachtAusÜbung und damit letztendlich Angst und damit also Unwissenheit und damit dann also Ignoranz und damit dann also das Üble das Böse.Denn erst wenn die Unwissenheit aufhört, hört auch die Existenz des Bösen auf.

Diese Internet-Kämpfe gegen die Bank-Juden gegen die a^2+b^2=c^2 oder gegen die anderen Formeln um hier auf der Erde zu leben und bei manchen einfach den allermeisten einfach zu über-leben,die sind sehr present.Und ich hörte gestern das im Jahr 2016 endgültig 1% der Menschen auf der Erde mehr Besitzen als die restlichen 99% der Menschen auf der Erde. Was bedeutet das wirklich?

Anhand der Informationen die ich Lese, gelesen habe,die ich im Internet fand,und dem was ich über die Medien im TV sehe und höre,ist das Israelische Dilemma groß,sehr groß,aber auch das moslemische Dilemma ist sehr groß.Ich sehe dort Chaos und Verwüstung und aber Chaos sehe ich auch in meinem Versuch hier schriftlich auf den berühmten "GrünenZweig" zu kommen. Die Verwirrungen werden immer größer, je mehr ich da lese und mich informiere.

Es gibt diese AlterTumsKämpfe die sich tatsächlich noch mit dem gesagten aus der Thora beschäftigen und den Aussagen die Aggressive KhasarenJuden oder AlttestamentJuden gemacht haben und machen,die dann beweisen sollen das diese Juden ,sehr Böse sind und Übel sind und so weiter.Der Kampf hört wohl nie auf,solange die Menschen kämpfen wollen egal gegen was und wen oder weswegen oder wofür und soweiter. ABER EGAL IN WELCHER NATION WELCHEM STAAT ÜBERALL GIBT ES ÜBLE AGGRESSIVE ZERSTÖRERISCHE MENSCHE LÜGNER MÖRDER RECHTHABER IGNORANTE BANDITEN MACHTMENSCHEN. Das gehört einfach zur Göttlichen Schöpfung.Und beide Seiten sowohl das Üble und das Gute um es mal lapidar zu formulieren ist die Göttliche Schöpfung.Denn das ganze ist die Göttliche Schöpfung. Denn ohne Reibung Zerstörung geht es hier auf der Erde noch nicht.Der Weg vom Raubtier zum Raubmensch zum Mensch zum Göttlichen Mensch geht über und durch all diese Kriege und Morde und Küsse und Liebkosungen.

Hier ist etwas was zum Thema Thora und Fälschung gefunden wurde. **Anfang Zitat:**
Gefälschte Talmud-Zitate vor Gericht

Im Februar 2005 musste sich der stellvertretende Landesvorsitzende der NPD, Claus Cremer (26), beim Bochumer Landgericht wegen Volksverhetzung verantworten. U. a. hatte Cremer öffentlich behauptet, der jüdische Talmud befürworte den Kindesmissbrauch – er selbst, Cremer, habe dazu im Talmud „einmal nachgeschlagen".

Die Geschichte gefälschter ‚Talmud-Zitate' reicht vom ausgehenden 16. Jahrhundert bis zur NS-Propaganda. Wir erinnern im folgenden insbesondere an den Prozess Rohling/ Bloch aus dem Jahr 1885, in dem sich der Wiener Rechtsanwalt Josef Kopp gegen die Fälscher stellte.

Die umfangreichen Experten-Gutachten und Widerlegungen, die er zur Prozess-Vorbereitung zusammentrug und die er in einem Buch veröffentlichte, sind angesichts der bis heute reichenden, rechtsextremistischen Agitation von ganz aktuellem juristischen Interesse für Anwälte und Staatsanwaltschaften – nie wieder danach sind derart umfangreiche, gerichtsverwertbare Materialien gegen Fälschungen und ihre Verbreiter zusammengetragen worden.

Zusammen mit weiteren Quellen stellen wir sein Werk als elektronischen Volltext zur Verfügung.

Zur Einführung:

Gefälschte Talmud-Zitate vor Gericht.

Dr. Kroner, Dr. Bloch und der Prozess Rohling/Bloch vom November 1885

Ende des 16. Jahrhunderts wurde die Index-Kongregation des Vatikan zum Urheber einer kapitalen Fälschung. Hebräische Druckwerke wurden einem schweren Eingriff der christlichen Zensur unterzogen. War in hebräischen Schriften von – gleich zu achtenden – Nicht-Juden die Rede, d.h. auch von Christen, setzten die Zensoren z. B. das Akronym „akum" – für abodath kochabim u mazzaloth: Anbeter von Sternen und Tierkreiszeichen.

In der Tat – der archaischen Vielgötterei und später den Römern hatten jüdische Autoren wenig Freundliches an den Hals gewünscht. Indem die Zensoren nun aber Nicht-Juden, Christen und ‚Götzendiener' in den gleichen begrifflichen Topf warfen, mussten Breitseiten gegen die Römer und gegen ‚Götzendiener' plötzlich als Angriffe gegen die Christen, ja gegen alle Nicht-Juden erscheinen. [1] Emanuel Deutsch schreibt dazu (Der Talmud, Berlin 1869): „In der Baseler Ausgabe [des Talmud] von 1578 - die dritte der Zeit nach und seitdem fast ausschließlich die Musterausgabe – trat jene wunderliche Creatur, der Censor, auf die Bühne. In seiner Angst um den „Glauben" , den er vor aller und jeder Gefahr zu schützen hatte - denn man meinte, der Talmud berge unter den allerunschuldigst aussehenden Worten und Wendungen allerlei Bitteres gegen das Christenthum - führte dieser gewissenhafte Beamte merkwürdige Dinge aus. (...) Ein- oder zweimal ist es versucht worden, den Text von seinen häßlichsten Flecken zu säubern. Vor etwa zwei Jahren wurde sogar ein Anlauf zu einer „kritischen" Ausgabe genommen, wie es deren nicht blos für griechische und römische, sanskritische und persische Classiker giebt, sondern wie man sie für den reinsten Schund in diesen Sprachen längst veranstaltet haben würde. Auch fehlt es (...) durchaus nicht an talmudischen Handschriften, wie fragmentarisch sie auch zumeist seien. Unzählige Lesarten, Zusätze und Berichtigungen wären aus den Codices der Bodleiana und des Vatikans, der Bibliotheken von Odessa, München und Florenz, Hamburg und Heidelberg, Paris und Parma heranzubringen. Allein ein böses Auge scheint auf diesem Buche zu ruhen. Jene berichtigte Ausgabe bleibt ein Trümmerstück, gleich den beiden ersten Bänden von Talmudübersetzungen - zu verschiedenen Zeiten begonnen, deren zweite Bände nie das Licht der Welt erblickt haben. Es schien daher rathsam auf die Editio princeps zu verweisen, als diejenige, welche zum Wenigsten von den Censur-Unbilden späterer Zeitalter frei geblieben." (S. 6/7)

Erst Lazarus Goldschmidt unternahm (während mehrerer Jahrzehnte, zwischen 1897 und 1936) die vollständige deutsche Übersetzung des unzensierten Talmud in 12 Bänden. Dies änderte jedoch wenig: Die Grundlage der gesamteuropäischen, antisemitischen Zitier- und Abschreibgemeinschaft hat bis heute Bestand: Die Fälschungen der Index-Kongregation wurden über die Jahrhunderte weitergereicht, verschärft und mit weiteren Kompilationen angereichert, die niemand nachprüfen konnte oder wollte.
 Eine der international schlimmsten Früchte (Entdecktes Judentum) legte im Jahr 1700 der Heidelberger Orientalist Johann Andreas Eisenmenger (1654-1704) vor. [2] Er gab an, mit dem Werk auf die Konversion einiger Christen zum Judentum reagiert zu haben.

Die Intervention von Samson Wertheimer am österreichischen Hof vermochte es, die Verbreitung des Werks zu verhindern, bis dessen Inhalt geprüft sei. Nach Eisenmengers Tod erlaubte der preußische König Friedrich I. jedoch auf eigene Kosten einen Neudruck des Werks in Königsberg (1711) – eine Prüfung war nicht erfolgt.
Mit August Rohling und seinem Der Talmud-Jude trat im Jahr 1871 ein Mann in Eisenmengers Fußstapfen, der seine wissenschaftliche Skrupellosigkeit offen einräumte: In der 2. Auflage des Werks wies er jede Kritik zurück, „weil es mir zu irrelevant ist nachzuschlagen". Diese Aufgabe übernahm noch im Jahr des Erscheinens der Rohling'schen Fälschung der Hannoveraner Rabbiner und Seminardirektor I. Kroner.

 In zwei Abteilungen unter dem Titel Entstelltes, Unwahres und Erfundenes in dem „Talmudjuden" Professor Dr. August Rohling's (Münster 1871) wies Kroner nicht nur nach, dass sich die Masse der Rohling'schen Angaben in den angegebenen Quellen nicht so oder überhaupt nicht fanden, sondern auch, dass Rohling aus Eisenmenger, vor allem aber aus dem 1869 in Paris erschienenen Pamphlet des Roger Gougenot des Mousseaux Le juif, le judaïsme et la judaisation des peuples chrétiens abgeschrieben hatte, ohne die Quelle zu nennen. Damit erfüllte Rohling nicht nur den Tatbestand der Fälschung, sondern auch den des Plagiats. „Woher die Neigung nach Frankreich, jetzt, wo es Patriotismus ist, deutsch zu sein?" fragt Kroner und kommt zum abschließenden Ergebnis: „Der Herr Professor kennt den Talmud fast gar nicht und kann nicht ein Blatt in demselben ohne Fehler lesen, wenn er nicht vorher noch lange Studien an der Hand eines Talmudkundigen gemacht." [3]

[2] Johann Andreä Eisenmengers Entdecktes Judenthum oder Gründlicher und wahrhaffter Bericht, welchergestalt die verstockte Juden die hochheilige Drey-Einigkeit, Gott Vater, Sohn und Heil. Geist erschrecklicher Weise lästern und verunehren, die Heil. Mutter Christi verschmähen, das Neue Testament, die Evangelisten und Aposteln, die Christ-

liche Religion spöttisch durchziehen, und die gantze Christenheit auff das äusserste verachten und verfluchen: dabei noch viel andere, bißhero unter den Christen entweder
gar nicht oder nur zum Theil bekant gewesene Dinge ... ; alles aus ihren eigenen und
zwar sehr vielen mit grosser Mühe und unverdrossenem Fleiß durchlesenen Büchern
mit Ausziehung der hebräischen Worte und derer treuen Ubersetzung in die Teutsche
Sprach kräfftiglich erwiesen und in zweyen Theilen verfasset, deren jeder seine behö-
rige, allemal von einer gewissen Materie außführlich handelnde Capitel enthält; allen
Christen zur treuhertzigen Nachricht verfertiget und mit vollkommenen Registern versehen. - Königsberg, [1711]
[3] Kroner 1871, I. S. 46/47.

Diese Diagnose sollte – in Gestalt des Aron Briman – von der Wirklichkeit noch übertroffen werden. Briman war getaufter Jude, d.h. „nach einander Jude, Protestant und Katholik" [4]. Sein Der Judenspiegel (1883) erschien anonym in Paderborn und wiederholte
bereits bekannte Talmud-Zitat-Fälschungen. Als eine Tageszeitung in Münster Auszüge
druckte, kam es zum Prozess.
Ein Dr. Jacob Ecker erbot sich als Gutachter, ohne hebräische oder gar talmudische
Kenntnisse zu haben. Er ließ kurzerhand Briman das Gutachten selbst schreiben (Der
Judenspiegel und die Wahrheit) und auf diese Weise dem Urteil entkommen. Als Gegenleistung ließ Ecker Brimans Judenspiegel danach nicht nur unter eigenem Namen
erscheinen (Die Hundert Gesetze des
Judenkatechismus) – um eine Professur zu erhalten. Er empfahl Briman auch gleich weiter – an August Rohling in Österreich, als Berater bei dessen talmudischer Materialsu-
che.
Rohling war gerade mit einer Artikelserie in der „Tribüne" gegen seine Kritiker beschäftigt, in einer Gazette, „die unter gewichtiger Unterstützung gedruckt wurde, um in Wien
das tschechische Evangelium zu predigen und die liberale deutsche Partei zu bekämpfen." Rohling publizierte die Artikel noch im Jahr 1883 als Band unter dem Titel Meine
Antworten an die Rabbiner oder fünf Briefe über den Talmudismus und das Blutritual
der Juden. [5] Nach Rohlings eigenen Angaben vom 23. Juni 1883 (in Prag) sollen bereits
zu diesem Zeitpunkt 200 000 Exemplare verbreitet worden sein – Rohling war längst ein
gemachter Mann.
Es war die Zeit, als auch der Fall von Tisza-Eszlar Schlagzeilen machte:
„Das war ein Ereigniß, das in ganz Europa Aufsehen machte; aber nicht der an sich
nicht ungewöhnliche Kriminalfall erregte die Aufmerksamkeit, nicht die Frage, ob und
von wem das Mädchen Esther ermordet wurde, kam in Betracht, sondern lediglich das
Motiv des fraglichen Mordes. Ein Raubmord war von vorhinein ausgeschlossen, ebenso
fehlte der Anhaltspunkt für die Annahme eines Lustmordes oder eines Mordes aus Rache. - Alles drehte sich darum, ob hier ein Mord aus religiösen Motiven und zwar nicht
zur Vergeltung einer religionsfeindlichen Aeußerung oder Handlung der Ermordeten,
sondern in Ausübung einer religiösen Pflicht, als gottesdienstliche Handlung, kurz ein

ritueller Mord begangen wurde, und so beschämend es für die selbst-gefällige Vergötterung unseres aufgeklärten (?) Zeitalters klingen mag, muss es gesagt werden, dass es Tausende und aber Tausende aus allen Ständen und Berufsklassen gibt, welche glaubten und noch glauben, dass die jüdische Religion den rituellen Christenmord und den Genuß des dadurch gewonnenen Christenblutes gebietet oder mindestens empfiehlt. Die Antisemiten versahen sich auch ihres Vortheiles, sie beeilten sich, die Situation auszunützen und das Bildniß (?) des rituell geschlachteten Mädchens, der armen zum jüdischen Gottesdienste geopferten Christin, wurde dem großen Antisemitencongresse in Dresden vorgeführt. (…) Und nun tritt Rohling auf den Plan. Mit anwidernder Beflissenheit drängt er sich heran, um aus dem Schatze seiner von allen Fachgenossen verläugneten Gelehrsamkeit Beweise für den rituellen Christenmord als jüdisches Religionsgebot beizubringen und sich zur eidlichen Bekräftigung vor Gericht zu erbieten. Er schreibt endlich ein Buch unter dem Titel „Die Polemik und das Menschenopfer des Rabbinismus", worin er Beweisstelle auf Beweisstelle häuft, und auch von diesem Buche sind schon über 2000 Exemplare abgesetzt." [6]

Schon den Gerichten in Dresden und in Habelschwerdt in Preußisch-Schlesien hatte Rohling mit schriftlichen Gutachten gedient, in denen er „fast in der Form eines antisemitischen Glaubensbekenntnisses alle behaupteten Scheußlichkeiten der jüdischen Religion" aufzählte. Die Behauptung, der rituelle Mord sei eine mündliche Geheimlehre der Juden, die oft befolgt worden sei, verknüpfte er mit dem Satz: „Ich kann auch dies auf Verlangen amtseidlich erhärten". Oder er sei „jederzeit bereit, hierauf einen heiligen Eid zu leisten" [7]. Auch zum Prozess in Tisza-Eszlar brachte sich Rohling ins Spiel. Als Lockspeise für die Richter diente ihm nun die (selbstverständlich absurde) Behauptung, er habe soeben (sozusagen als erster Hebraist der Menschheitsgeschichte) Kenntnis von schriftlichen jüdischen Quellen zum mündlichen Ritualmord-Gebot erhalten:
An den Herrn Abgeordneten Geza Onody in Tisza-Eszlar. Prag, am 19. Juni 1883.
 Nachdem ich in meinen „Antworten an die Rabbiner" gesagt habe, dass ich im Talmud, soweit wir denselben im Druck kennen, keinen Beweis für den rituellen Mord der Juden gefunden habe, so discutiren die Juden darüber, dass derartiges in ihrer Litteratur überhaupt nicht vorkomme.
Ich erachte es für meine Pflicht, jetzt, wo ein solcher Fall gerade vor Gericht verhandelt wird, Euer Hochwohlgeboren zu verständigen, dass ich nach Verfassung meiner obigen Schrift in den Besitz eines durch die Jerusalemer Unternehmung des Moses Montefiore noch im Jahre 1868 hinausgegebenen solchen hebräischen Werkes gelangt bin, auf dessen Seite 156a geschrieben ist, dass das Vergießen des Blutes einer nicht jüdischen Jungfrau für die Juden eine überaus heilige Handlung, dass das so vergossene Blut dem Himmel sehr angenehm und den Juden Gottes Erbarmen verschaffe.
Dies ist ein kurzer Auszug der ganzen Stelle, welche ich wortgetreu binnen kurzem der Oeffentlichkeit übergeben werde. -Auf die Wahrheit des Obigen bin ich, wenn es nothwendig ist, bereit, hier vor Gericht auch einen Eid zu leisten.

Dr. August Rohling m. p., kaiserl. königl. Universitätsprofessor in Prag. [8]

Rohlings menschenverachtende Dreistheit provozierte im Juli 1883 vier Zeitungsartikel von Dr. Joseph Samuel Bloch in der „Wiener allgemeinen Zeitung." Bloch, Bezirksrabbiner in Floridsdorf bei Wien und österreichischer Reichsratsabgeordneter [9], bezichtigte Rohling darin des wiederholten Meineids. Doch Rohling zögerte mit einer Reaktion. Da setzte Bloch mit weiteren 4 Artikeln in der „Morgenpost" (1. bis 4. Juli 1883) unter dem Titel Das Angebot des Meineids nach und forderte Rohling noch einmal heraus. Auszüge:

„ ... so erbietet er sich dem Gerichte in Nyiregyhaza zur eidlichen Aussage, dass die Juden zu ihrer Gottesverehrung Christenblut nöthig haben. Dieser Herr weiß das ganz genau, denn er ist o. ö. Professor der hebräischen Alterthümer zu Prag! Wohl ist er nicht in der Lage, eine einzige Zeile hebräisch korrekt zu lesen, für seine verläumderische Anklage auch nur den Schatten eines

Beweises vorzubringen; allein er besitzt - einen Eid, der sich bereits des öfteren als felsenstark erwiesen hat, so stark, dass er Mauern brechen und vermittelst welchem er auch Alles vor Gericht beweisen kann, Alles was ihm einfällt und beliebt."

„Gegen diese stets drohende Gefahr eines Meineides auf Verlangen müssen wir uns schützen."

„Ich fühle mich deswegen durch mein Gewissen genöthigt, neuerdings gegen den genannten Herrn wegen seiner angebotenen zeugeneidlichen Aussage öffentlich die Anklage des angebotenen Meineides zu erheben und bin bereit, diese schwere Anklage vor jedem Forum zu begründen."

„Da er dennoch für all seine horrenden Lügen keinen anderen Wahrheitsbeweis übrig hat, als - den viel mißbrauchten Eid und da er gar diesen Eidschwur anbietet, um zeugeneidlich eine plumpe Erdichtung verbündeter Unwissenheit und Böswilligkeit zu erhärten, so muss er sich gefallen lassen, dass man öffentlich gegen ihn die Anklage des angebotenen Meineides erhebt."

„Und nicht allein das, auf Verlangen wird dieser Herr beeiden, dass die Juden von Religionswegen - Diebe sind und die Christen bestehlen dürfen, nicht blos, sondern sogar es müssen! Auf Verlangen wird er beschwören, dass die Juden von Religionswegen gegen Christen allerlei Betrug verüben. Auf Verlangen wird er beeiden, dass der Meineid den Juden keine Sünde ist und die Ableistung eines falschen Eides gegenüber den Christen nach ihren Religionsgesetzen eine gottgefällige Handlung sei. Das ist bei Leibe keine Ironie, auch keine Uebertreibung, sondern schauderhafte nackte Wahrheit, dieser Herr hat alles das nicht blos beeiden wollen, sondern auch bereits thatsächlich beeidet - auf Verlangen."

„Seine erlogenen talmudischen Citate hat er bereits wiederholt feierlich beeidet."

„Ein k. k. Professor mit wiederholten falschen Eidesleistungen ist ein Unicum selbst in der bunten wechselreichen Geschichte österreichischer Universitäten." [10]

Wie erhofft, musste Rohling reagieren und überreichte am 10. August 1883 bei dem k. k. Landesgericht Wien z. Z. 29028 Anklage gegen Bloch wegen Beleidigung. Damit eröffnete sich eine historische Möglichkeit, Talmud-Fälschungen und die damit einhergehende ‚aufreizende Rede' gegen Staatsbürger endlich gerichtlich nachweisen und verfolgen zu können. Bis dahin waren öffentliche Ankläger in Österreich meist zurückgeschreckt, die Richtigkeit von ‚Zitaten' zu überprüfen. Man beurteilte lediglich die ‚Strafbarkeit aufreizender Reden' und landete damit zumeist bei Freisprüchen durch die Geschworenen. In einigen Fällen vor deutschen Gerichten wurden zwar Sachverständige mündlich bestellt, die aber die Geschworenen verwirrten. In anderen Fällen wurden beiden Parteien Sachverständige zugestanden, die sich dann in Disputationen vor Gericht neutralisierten. Bloch erreichte nun einen Prozess, der beim Schwurgericht des k. k. Landesgerichts Wien mit ausgiebigerer Vorbereitung geführt werden sollte.

Blochs Verteidiger war Dr. Josef Kopp, Hof- und Gerichtsadvokat und Abgeordneter des niederösterreichischen Landtags und des österreichischen Reichsrats. In seinem 1886 in Leipzig erschienenen Werk Zur Judenfrage nach den Akten des Prozesses Rohling-Bloch [11] berichtet Kopp nicht nur eingehend über die Prozessgeschichte, sondern fasst – Punkt für Punkt – insbesondere die Gutachten der beiden – christlichen – Gutachter zusammen, des Straßburger Orientalisten Theodor Nöldecke und des Dresdner protestantischen Theologen August Wünsche, die schließlich vom Gericht akzeptiert wurden.

Zuvor hatten durchweg alle angefragten Fakultäten und Fachleute Rohlings Machenschaften verurteilt. Stellungnahmen kamen von den theologischen Fakultäten der Universitäten in Amsterdam, Leiden, Utrecht und Kopenhagen, vom katholischen Bischof Kopp von Fulda, vom altkatholischen Bischof Reinkens, von den Professoren D. A. Dillmann, Dr. Ebers in Leipzig (der Rohling eines „schweren, fluchwürdigen Verbrechens" zieh), von Dr. Fleischer in Leipzig, Dr. Kalkar in Kopenhagen, (sogar) von Paul de Lagarde in Göttingen, von Dr. Friedrich Müller in Wien, Dr. Riehm in Halle („häßliche Ausgeburt des Fanatismus und der Unwissenheit"), von Dr. Sommer in Königsberg, Dr. Stade in Gießen, Dr. Strack in Berlin ("seltene Vereinigung von Unwissenheit, verblendetem Haß und Böswilligkeit"), von D. Merx in Heidelberg („unqualifizirbar dumm und schamlos"), Dr. Siegfried in Jena („Cloake von Lüge und Gemeinheit" – Rohling kenne „keine Gesetze der Sitte und der Sittlichkeit", ein „notorischer Ignorant"), von Dr. Baumgarten in Straßburg und von Dr. Köhler in Erlangen („Unredlichkeit und blinder Fanatismus"). Auf Anregung des anwesenden Prof. Dr. Schlottmann erklärte sich der gesamte, soeben in Leiden tagende, sechste internationale Orientalisten-Kongress gegen Rohling. [12] Dr. G. Bickell, Professor der katholisch-theologischen Fakultät an der Universität Innsbruck, bat das Wiener Landgericht, von seiner Berufung als Gutachter abzusehen. Er sei „seit 20 Jahren" mit Rohling befreundet und müsse sonst gegen ihn, gegen den „Schwindel gelehrter Industrieritter" aussagen. [13]

Und doch – jüdische Quellen, wie Kroner's Widerlegungen aus dem Jahr 1871, mussten beim Prozess ganz außen vor bleiben.

Kopp begründet dies so: „Die Situation zwang ihn [Dr. Bloch], wenn er auf der Geschwornenbank und im großen Publikum Glauben finden wollte, die Bestellung christlicher Sachverständiger geradewegs zu verlangen, und zwar in einer Zeit, da die antisemitischen Wogen so hoch gehen, dass sie bekanntlich auch vor der Schwelle mancher Gelehrtenstube nicht zurückweichen." [14]

Freilich wurde im Gegenzug Rohlings Wunsch, ausgerechnet „Dr. Brimanus und den Dr. Ecker in Münster" als Gutachter zu bestimmen, vom Gericht ebenfalls nicht entsprochen: „Brimanus" wurde stattdessen in anderer Sache „wegen Betrug in Untersuchungshaft genommen und von demselben k. k. Landesgerichte, dem er zur Bestellung als Sachverständiger vorgeschlagen wurde, wegen Urkundenfälschung zu mehrmonatlicher Kerkerstrafe und Landesverweisung verurtheilt." [15]

Kopp erwirkte für die Verteidigung beim Gericht eine Vorbereitungszeit von 1 ½ Jahren. Für die Gutachter wählte der Jurist über 300 Textpassagen zur Übersetzung aus dem Hebräischen und zur Kommentierung aus.

„Diese Masse von Texten, die gedruckt 80 Foliospalten füllten, wurden nun von mir nach Gruppen, die sich nach der Natur derSache ergaben, systematisch geordnet und noch spezielle Fragen eingefügt. Die betreffende Eingabe an das Landesgericht füllte 42 gedruckte Foliospalten. Das Landesgericht übermittelte das Ganze Ende Jänner 1885 den Sachverständigen, und stellte dem Hrn. Rohling zu Handen seines Vertreters frei, seinerseits ergänzende und Zusatzfragen zu stellen. Rohling machte von diesem Rechte keinen Gebrauch. Ende Juni 1885 langte das 190 Bogen starke Gutachten an, welches über mein Ansuchen noch durch einen kleinen Nachtrag ergänzt wurde." [16]

Die Vorbereitungen waren damit – nach nahezu zwei Jahren – beendet. Der Prozess wurde auf den 18. November 1885 bestimmt.

13 Sitzungstage waren anberaumt – da zog Prof. Dr. August Rohling seine Anklage im letzten Moment zurück. Kopp konnte nur noch kommentieren:

„So gering auch die Bedeutung einer Druckschrift ist gegenüber der Wirkung einer öffentlichen mit allen Garantien des Rechtsschutzes für Kläger und Geklagten durchgeführten Verhandlung, will ich doch das aufgesammelte Materiale nicht ganz verloren gehen lassen. Die vollständige Verwerthung desselben würde ein Werk von etwa zwei Bänden erfordern, dazu fehlt einem Manne, der nur die von der Berufsarbeit erübrigenden, der Erholung abgesparten Stunden verwenden kann, die Zeit, und für eine solche Arbeit würde sich auch nur ein ganz kleines Lesepublikum finden, ich werde daher im Folgenden nur einen kurzen Auszug der markantesten Punkte bringen." [17]

Kopp hat mit seinem Werk Zur Judenfrage nach den Akten des Prozesses Rohling-Bloch dennoch eine unvergleichliche Quelle geschaffen. Angesichts der bis heute reichenden, rechtsextremistischen Agitation ist sie – wie Kroner's Werk aus dem Jahr 1871 – nicht nur von historischem, sondern von aktuellem juristischen Interesse für Anwälte und Staatsanwaltschaften. Rabbiner Joseph Samuel Bloch selbst gab schließlich im Jahr 1890 die vollständige Dokumentation der Acten und Gutachten in dem Prozesse Rohling contra Bloch heraus (Wien: M. Breitenstein) und beschrieb in Erinnerungen aus meinem Leben (Wien 1922, 3 Bd.) weitere Details.

August Rohlings Der Talmudjude konnte durch die fehlende Insistenz der österreichischen und deutschen Staatsanwaltschaften über weitere Jahrzehnte hinweg ungehindert neu aufgelegt werden und nahm schließlich den Weg in die NS-Propaganda. Rohling selbst (er starb 1931) versuchte, den Marktwert seines Werks durch Übersetzungen in andere Sprachen und pompöse Rückübersetzungen ins Deutsche zu erhöhen. So ließ er noch 1889 eine französische Übersetzung edieren und gewann dazu Édouard Drumont, der das Vorwort schrieb und weiteres ‚Material‘ beisteuerte. [18] Unmittelbar darauf wurde Prof. Dr. Aug. Rohling's Talmud-Jude der deutschen Leserschaft mit dem Zusatz neu angeboten: „Mit einem Vorwort von Eduard Drumont aus der auch anderweitig vermehrten französischen Ausgabe von A. Pontigny, in das Deutsche zurückübertragen von Carl Paasch". [19]

Die Quelle, aus der Rohling hauptsächlich abgeschrieben hatte, Roger Gougenot des Mousseaux' Le juif, le judaïsme et la judaisation des peuples chrétiens aus dem Jahr 1869, machte ebenfalls Karriere: Alfred Rosenberg übersetzte das Werk im Jahr 1921 unter dem Titel Der Jude, das Judentum und die Verjudung der christlichen Völker.

 David I. Kertzer (Die Päpste und die Juden. Der Vatikan und die Entstehung des modernen Antisemitismus, dt. bei Propyläen, München 2001) bezeichnet Des Mousseaux' Buch als „die erste bedeutende Schrift über den Ritualmord seit der Damaszener Affäre" (1840). Papst Pius IX gab dem Werk „seinen Segen" und verlieh Des Mousseaux „sogar einen hohen päpstlichen Orden.

[...] Beides wurde in späteren Auflagen erwähnt, und auch in anderen Werken [Albert Monniot: Le crime rituel chez les juifs (Paris 1914)] hob man dies hervor, um dem Vorwurf, dass Juden in Ausübung ihrer Religion Christenkinder ermordeten, mit dem Rückhalt päpstlicher Autorität zu versehen."

 Als elektronische Volltexte (pdf-Dateien) sind im DISS-Archiv vorläufig verfügbar:

Emanuel Deutsch [Bibliothekar am Britischen Museum in London, Mitglied der Deutschen Morgenländischen Gesellschaft, der K. Asiatischen Gesellschaft u.s.w.], Der Talmud. Aus der siebenten englischen Auflage ins Deutsche übertragen. Autorisirte . Zweite Auflage. (Ferd. Dümmler's Verlagsbuchhandlung (Harrwitz und Großmann)) Berlin 1869. [61 Druckseiten – 124 500 Zeichen]

Entstelltes, Unwahres und Erfundenes in dem „Talmudjuden" Professor Dr. August Rohling's. Nachgewiesen vom Rabbiner

Dr. [I.] Kroner, Seminar-Director. [I. Theil] (E. Obertüschen) Münster 1871 [51 Druckseiten – 58 400 Zeichen]

 Entstelltes, Unwahres und Erfundenes in dem „Talmudjuden" Professor Dr. August Rohling's. Nachgewiesen vom Rabbiner

Dr. [I.] Kroner, Seminar-Director. [II. Theil] (E. Obertüschen) Münster 1871 [70 Druckseiten - 93 000 Zeichen]

 [Dr.] Josef Kopp [Hof- und Gerichtsadvokat, Abgeordneter des n.ö. Landtags und des österr. Reichsraths],

Zur Judenfrage nach den Akten des Prozesses Rohling-Bloch (Verlag von Julius Klink-

hardt) Leipzig 1886. [196 Druckseiten – 419 000 Zeichen]darüber hinaus:
Ludwig Philippson, Haben wirklich die Juden Jesum gekreuzigt? Mit einem Vorwort von
Martin Philippson (1866). 2. Auflage (M. W. Kaufmann) Leipzig 1901 [64 Druckseiten
– 83 000 Zeichen] Arbeitskreis Rechts des Duisburger Instituts für Sprach- und Sozialforschung. **ENDE ZITAT** aus http://www.diss-duisburg.de/Internetbibliothek/Artikel/
1%20ArtiikelFebruar2005.htm

Auch in Indien kämpften die Hinduistischen Brahmanen gegen alles Buddhistische und
zerstörten alle Gebäude und Erinnerungen. Und der Wahnsinn der heutigen IS Kämp-
fer zeigt doch das gleiche Bild der Monster-Ignoranz. Und der Talmud die Juden, das
muss für viele dann wohl auch so ein Machtkampf gegen eine neue Form der Denk und
Glaubensmacht gewesen sein und ist es bis heute noch und zwar überall auf der Erde,
in vielen Ländern. Das wars erstmal wieder für heute. Ich fahre in die See-Sauna in Fri-
elendorf.

Sonntag, 26. Juli 2015

Am Silbersee gestern da flogen die Äste herum und der Sturm riss die Blätter von der Ro-
binie und zwar sehr stark und die Saune aus dem See schwankte. War sehr schön. Also
ich habe noch einiges zu dem Thema Talmud und Fälschung und Missbrauch gefunden.
Hier ist es. **ZITAT ANFANG:**
Antisemitisch - antijudaistische Propaganda:
Verfälschte „Talmud-Zitate" http://www.judentum.org/talmud/zitate/jewamot-61a.
htm
In judenfeindlichen Publikationen werden seit dem frühen Mittelalter Stellen aus dem
Talmud zitiert, um die jüdische Tradition in Misskredit zu bringen. Heute kursieren ganze
Sammlungen entsprechender „Zitate" vor allem im Internet.
Teilweise handelt es sich bei den „Zitaten" um schlichte Fälschungen. Aber auch die ech-
ten Zitate sind in der Regel so aus dem Zusammenhang gerissen, dass sie die talmudische
Form der dialogischen Annäherung an ein Thema durch Diskussion und Beleuchtung un-
terschiedlichster, zum Teil absurder Überlegungen verschleiern oder missachten.
Einer der Chefideologen der Neo-Nazi Bewegung, Horst Mahler, referiert oft und gern zu
Themen der jüdischen Religion. Immer wieder kommen er und seine Gesinnungsgenossen darauf zu sprechen, dass die jüdische Religion die Unterwerfung der Welt und aller
nichtjüdischen Völker (Gojim) anstrebe. Auch die arabisch-antisemitische Presse lässt
sich bereitwillig durch Gräuelmärchen aus Mittelalter und Neuzeit inspirieren und greift
immer häufiger auf solchen Import aus Europa zurück.
Jeder der sich einmal mit den Inhalten nazistischer Seiten auseinandergesetzt hat, weiß,
dass das Judentum Thema Nummer 1 der NS-Propaganda ist. Der Antisemitismus ist
zentraler Kern und gemeinsamer Nenner der unterschiedlichsten Gruppierungen und
gerade deshalb trifft die Vermittlung der bei haGalil onLine angebotenen Informationen
diese Demagogie im Kern.

Beispiele und Erklärungen:
Seder Naschim - Jewamoth 61a
Um eine angeblich feindliche Position des Judentums in Bezug auf die Angehörigen anderer Völker (Gojim) zu belegen wird zum Beispiel gerne ein Zitat aus Jewamoth (oder auch Yebamot) 61a herangezogen...
Abb.: Auf den Talmud bezugnehmende Propaganda im Stürmer
Außerdem:
Traditionsreiche Argumentation:
Gefälschte Talmud-Zitate vor Gericht
Die Geschichte gefälschter ‚Talmud-Zitate‘ reicht vom ausgehenden 16. Jahrhundert bis zur NS-Propaganda. Wir erinnern im Folgenden insbesondere an den Prozess Rohling/Bloch aus dem Jahr 1885, in dem sich der Wiener Rechtsanwalt Josef Kopp gegen die Fälscher stellte...
Gleichgültig? Unerfahren? Hilflos?
Antisemitismus und neue Medien
Über antisemitische Hetze in den mittlerweile nicht mehr ganz so „neuen Medien" wurde im Laufe der letzten 10 Jahre viel geschrieben, viel diskutiert, viel lamentiert. Viele Gründe wurden dafür angeführt, weshalb man so wenig gegen diese Flut der Hetze unternehmen könne...
Bücher brennen und Hostien bluten:
Der Prozess gegen den Talmud
Um die Juden im Bereich des Denkens zu schlagen und die als Konkurrenz empfundene Lehre des Judentums zu diskreditieren, versuchte man die geistigen Grundlagen der Lehre zu erniedrigen oder zu zerstören. Im 13.Jh. begann die Kirche einen Prozess gegen den Talmud...
In 12 Bänden: Der Babylonische Talmud
Übersicht: Talmud
Nachrichten: Jüdische Religion aktuell
Aktion: Juden gegen Judenmission
Zum Inhaltsverz.: Judentum / Jahaduth
Glossar zur jüd. Religion: Kleinere / größere Ausgabe
Suchen und Finden: search.jewish-europe.net
Inhalt Judenmission
 Beispiele und Erklärungen:
Seder Naschim - Jebamoth 61a
Talmudische Diskussionen zwischen den Positionen einzelner Rabbiner und verschiedener Schulen wurden nach der Zerstörung des Tempels schriftlich festgehalten, um den unterschiedlichen Gemeinden des Exils eine gemeinsame Fassung auch jener Teile der Lehre, die bisher nur mündlich überliefert worden waren, zur Verfügung zu stellen.
In solchen Auseinandersetzungen wurden oft ganz bewusst abstruse Thesen (etwa: „Nichtjuden dürfen benachteiligt werden") in die Diskussion geworfen, nur um sie im

nächsten Satz widerlegen zu können.

Antisemiten verwenden bevorzugt solche Thesen, verschweigen jedoch die folgenden Antithesen, sodass ein verfälschter Gesamteindruck entsteht. Die Leitlinien des Talmuds und damit der gesamten jüdischen Religion sollen also absichtlich falsch verstanden werden.

Um eine angeblich feindliche Position des Judentums in Bezug auf die Angehörigen anderer Völker zu belegen, wird zum Beispiel gerne ein Zitat aus Jewamoth (oder auch Yebamot) 61a herangezogen. Die Eingabe der Begriffe Jebamoth 61a oder auch Yebamot 61a in Suchmaschinen kann hiervon einen ersten Eindruck vermitteln.

Dabei bezieht sich die talmudische Diskussion in Jewamoth 61a gar nicht auf eine Bewertung oder Statusbestimmung von Juden oder Nichtjuden, sondern versucht - unter Bezugnahme auf einen Vers des Propheten Jecheskel (Ezech.34.31), eine Erleichterung im Alltag der Priesterschaft zu rechtfertigen.

Dieser Vers (Ezech.34.31) wird von Zunz folgendermaßen übersetzt: „Und ihr seid meine Schafe, die Schafe meiner Weide (unter) den Menschen seid ihr; ich bin euer Gott; das ist der Spruch des Herrn".

Man könnte auch übersetzen: „Und ihr seid meine Herde, die Herde meiner Weide, ihr seid Menschen, ich bin euer Gott, so die Rede des Herrn G'tt".

Rabbi Schim'on Ben-Jochaj übersetzt: „Ihr aber seid meine Schafe, die Schafe meiner Weide, ihr werdet Mensch (hebr. Adam) genannt, während jene, die G'tt nicht anerkennen, den Namen Adam nicht verdient haben".

Wenn diese (die Götzendiener der damaligen Zeit) den Namen Mensch nicht verdient haben, dann kann man sich an ihren Gräbern auch nicht verunreinigen, da nur der Kontakt mit der Leiche oder dem Grab eines Adam, eines im Ebenbild G'ttes erschaffenen Wesens, zum Zustand ritueller Unreinheit führt.

Ben-Jochaj versucht also aus Ez. 34.31 abzuleiten, dass ein Priester (Kohen) nur dann unrein wird, wenn er in Kontakt mit israelitischen Gräbern kommt. Ein Kontakt mit Gräbern so genannter Sternenanbeter (gemeint sind die Götzendiener der damaligen Zeit, die nicht an den einen einzigen G'tt glaubten) führt, so meint zumindest Ben-Jochaj, nicht zur Unreinheit.

Ben-Jochaj sagt: Die Gräber der Sternenanbeter verunreinigen nicht durch Bezeltung. Mit Bezeltung meint er, wenn man sich darüber beugt, wobei er sich auf baMidbar / Num.19.14 bezieht: „Wenn jemand in einem Zelt stirbt, so ist folgendes verordnet: Wer in das Zelt hineingeht und alles, was im Zelte ist, soll sieben Tage unrein sein").

R. Schim'on b. Jochaj versucht ferner zu differenzieren zwischen den unterschiedlichen Bezeichnungen für die Menschheit: Adam, Enosch, Gewer, Isch. Seiner Meinung nach kann nur ein dem einen einzigen G'tt anhängender Mensch als Ebenbild G'ttes angesehen werden, gemäß der Schöpfungsgeschichte des Menschen - Adam.

Für seine Auslegung erntet Ben-Jochaj zahlreichen Widerspruch und zahlreiche Stellen der Heiligen Schrift werden gegen ihn ins Feld geführt, die alle Menschen, unabhängig von ihrer religiösen Ausrichtung gleichermaßen als ADM (ADaM, Mensch) bezeichnen (z.B. Jona 4.11).

Berührt wird im Rahmen dieses Disputs auch die Frage, ob nicht haAdam, also der Mensch an sich, aufgerufen ist, sich zum Menschen - und damit zum Ebenbild G'ttes - erst einmal auszubilden.

Hierzu ist der Mensch durch sein Bewusstsein als von G'tt geschaffenes und G'tt nachstrebendes Wesen befähigt. Nur so gelingt es ihm seiner eigentlichen menschlichen Bestimmung gerecht zu werden. Er kann dies nur in Partnerschaft mit G'tt erreichen und muss aufrecht vor G'tt und seinen Nächsten stehen. Die Ehrenbezeichnung „Mensch" widerspricht also einer Unterwerfung im Dienst an leblosen Götzen, Sternbildern oder Naturerscheinungen.

In diesem Zusammenhang taucht auch die Unterscheidung der Bezeichnungen ADM (Adam, als Einzelwesen, von der Erde kommend (ADaMaH) und HaADaM (der Mensch, als Begriff für den Menschen an sich, als G'ttes Ebenbild HaDoMeH).

Festzuhalten bleibt, dass die Behauptung, nur Juden würden als Menschen bezeichnet, während Nichtjuden ein geringerer Wert zugeteilt wird, falsch ist. Entweder wird ganz bewusst gefälscht und absichtlich falsch verstanden oder es wird in Ermangelung der, zugegebenermaßen nicht immer einfachen Gedankengänge im talmudischen Schriftwerk, falsch eingeordnet.

Grundsätzlich ist jeder Mensch Ebenbild G'ttes, wie dies gleich zu Beginn der Torah geschildert wird - und in unzähligen Abhandlungen und Lehrstücken immer wieder betont wird.

Bsp.: Die Abstammung aller Menschen von einem Menschen betont außerdem die Einheit und Einzigkeit des Ewigen.

Im vorliegenden Fall versucht der Rabbiner Schim'on Ben Jochaj trotzdem eine Lösung für ein zu seiner Zeit dringend auftauchendes Problem zu konstruieren. Es ging um eine Erleichterung im Reiseverkehr. Diese war historisch dringend notwendig geworden, da (nach der Zerstörung des Tempels durch die Römer im Jahre 70 allg. Z.) durch Vertreibung und Exil ein Reisen auch in Ländern notwendig wurde, von deren Geschichte und Geographie nur geringe Kenntnisse vorlagen.

Wie schon gezeigt, bezieht sich die Diskussion in Jewamoth 61a auf die Tatsache, dass sich Kohanim (Priester) beim Passieren von Grabesstätten oder von Orten an denen Erschlagene lagen, rituell verunreinigen. Eine solche Verunreinigung muss vermieden werden; erfolgte sie trotzdem, sind langwierige Reinigungsrituale vorgeschrieben.

Im Lande Israel wo man derartige Orte mit Markierungen kennzeichnen konnte, war dies durchaus praktizierbar. In Ländern in denen entsprechende Markierungen oder Kenntnisse nicht gegeben waren, wäre es fast unmöglich gewesen, sich zu bewegen, da ja theoretisch an jedem Ort einmal ein Mensch zu Tode gekommen und begraben sein könnte.

Wenn wir die in der vorliegenden Diskussion eingebrachte Meinung bzw. Argumentation (die Bezug nimmt auf eine Aussage von Rabbi Sh. b. Johaj) nun ausweiten auf die Grabstätten oder Orte historischer Schlachten, auf Lokalitäten also an denen davon auszugehen ist, dass hier, G'tt behüte, Erschlagene liegen, so folgt, dass auch ein Kohen diese Orte passieren kann.

Eine Reise im Exil wäre ohne diese Erleichterung praktisch unmöglich gewesen, nicht nur für die Kohanim, sondern für das gesamte Volk, da die Kohanim ja nicht gesondert, sondern als Teil der Gemeinschaft in's Exil und im Exil zogen.

Zu beachten ist, dass die zitierte Stelle keinerlei Bedeutung in Bezug auf das praktische Verhalten von Juden gegenüber Nichtjuden hat, sie konstruiert lediglich eine praktikable Möglichkeit im damals zwingend notwendigen „Reiseverkehr".

Zahlreiche Vorschriften, in denen das Verhalten von Juden gegenüber Nichtjuden fest-gelegt wird, finden sich in anderen Zusammenhängen. Dort heißt es dann: „Begrabe die Toten der Völker mit den Toten Israels, tröste die Hinterbliebenen wie die Hinterbliebe-nen Israels, sorge für die Waise des Nichtjuden wie für die Waise Israels".

Das Portal der Prager Jerusalem-Synagoga ziert der Prophetenspruch: „Haben wir nicht alle einen Vater? Hat uns nicht alle ein G'tt erschaffen?".

Die hier ausgeführte Betrachtungsweise erhebt keinen Anspruch auf allgemeine oder gar ausschließliche Gültigkeit. Eine umfassende und allen Aspekten der Thematik ge-recht werdende Erörterung ist hier weder möglich, noch wurde sie versucht. Dies alles mag selbstverständlich sein, in Anbetracht der feindseligen Atmosphäre in einigen Dis-kussionsgruppen ist es trotzdem erwähnenswert.

(Quelle: hagalil.com/judentum/avoda-sara/voelker.htm - Der Fremde Dienst)

Bücher brennen und Hostien bluten:

Der Prozess gegen den Talmud

Um die Juden im Bereich des Denkens zu schlagen und die als Konkurrenz empfunde-ne Lehre des Judentums zu diskreditieren, versuchte man die geistigen Grundlagen der Lehre zu erniedrigen oder zu zerstören. Im 13.Jh. begann die Kirche einen Prozess gegen den Talmud...

In 12 Bänden: Der Babylonische Talmud

Übersicht: Talmud

Nachrichten: Jüdische Religion aktuell

Aktion: Juden gegen Judenmission

Zum Inhaltsverz.: Judentum / Jahadulh

Glossar zur jüd. Religion: Kleinere / größere Ausgabe

Suchen und Finden: search.jewish-europe.net

Inhalt Judenmission

Jeder Mensch kann sagen:„Meinetwegen ist die Welt erschaffen worden!"

Warum wurde die Menschheit aus nur einem Menschen erschaffen?

In der ausführlichen Warnung des rabbinischen Gerichts an die Zeugen bei Kapitalver-brechen finden wir etliche der eindrucksvollen Stellungnahmen zur Heiligkeit und Ein-maligkeit jedes menschlichen Lebens. Keiner ist dem anderen gleich und vor G'tt ist jeder so bedeutungsvoll, als hätte G'tt die ganze Welt nur für ihn erschaffen.

Die Mischnah fragt im Talmud Bawli - Nesikin / Sanhedrin - Kapitel 4.5 (Daf 37a): „Wie

bringen wir den Zeugen die bedrohliche Situation bei Verhandlungen um Menschenleben nahe?"

Sie antwortet: „Wir erschüttern ihre Seele, indem wir sie hereinbringen (in den Gerichts-
saal) und sie warnen: Sollte eure Aussage nur auf Vermutung und Hörensagen beruhen,
oder sich auf Aussagen stützen, die ihr selbst nur von Dritten habt, mögt ihr diese auch
für noch so glaubwürdig halten, so sollt ihr euch darüber im Klaren sein, dass wir euch
ausforschen und einem Kreuzverhör unterziehen werden.

Wenn es um ein Menschenleben geht, so ist dies eine andere Sache als in Angelegenheiten der Sachschädigung. Dinge sind ersetzbar und sühnbar, nicht aber ein Leben.

Wer an der Hinrichtung eines unschuldig Verurteilten beteiligt ist, an dem bleiben dessen Blut und das Blut all seiner ungeborenen Nachkommen haften, bis ans Ende der
Welt.

In dieser Sache stützen wir uns auf die Überlieferung zu Kajn, der seinen Bruder morde-
te. Dort (Ber./Gen. 4) lesen wir: „Die Blute Deines Bruders schreien". Es heißt nicht „Das
Blut Deines Bruders schreit", sondern „Die Blute Deines Bruders schreien". Das meint
sein Blut und das Blut all seiner (potentiellen) Nachfolger...".

Zu bedenken gab man den Zeugen auch folgendes: „Warum wurde die Menschheit aus
nur einem Menschen erschaffen? Um uns zu lehren, dass es jedem, der eine Seele aus
Israel vernichtet, angerechnet wird, als hätte er die ganze Welt vernichtet. Ebenso gilt
auch für jenen, der eine Seele aus Israel rettet, als hätte er die ganze Welt gerettet".

Außerdem: „Warum wurde die Menschheit aus nur einem Menschen erschaffen? Um
den Frieden unter den Menschen zu wahren, denn es soll kein Mensch zum anderen
sagen können, seine Vorfahren seien wertvoller als die des anderen"...

Die Abstammung aller Menschen von einem Menschen betont außerdem die Einheit
und Einzigkeit des Ewigen.

Wir erkennen die Größe des Heiligen, gelobt er, gerade darin, dass zwar alle Menschen
aus einem Menschen kommen (und somit alle gleichwertig sind), dass aber trotzdem
alle unterschiedlich sind und keiner dem anderen gleich: „Prägt ein Mensch mit einem
Stempel mehrere Münzen, so gleichen sie alle einander, der Heilige aber, gelobt sei er,
prägt jeden Menschen mit dem Stempel des Ur-Menschen, aber trotzdem ist keiner
dem anderen gleich".

Jeder ist einzig und einmalig „und darum ist jeder einzelne verpflichtet zu sagen: „Für
mich wurde die Welt erschaffen!"...ENDE ZITAT aus http://www.judentum.org/talmud/
zitate/

Es wird wohl immer Menschen geben, die Gold als etwas Übles beschreiben werden
oder die Weisheit als etwas Bedrohliches beschreiben werden oder die Wahrheit als
Unwahrheit darstellen werden, oder die Religionen zu ihren Üblen Zwecken missbrauchen werden oder die egal was es ist so biegen werden das sie damit etwas zerstöre-
risches erreichen können. Denn mit der Fantasie und dem Wille ist das alles machbar.

In der Evolution also Ent-Wicklung des Menschen passiert alles in Kreisläufen, die dann
die Möglichkeit bieten beim wiedererscheinen der gleichen Situationen Fehler, diesen

Fehler nicht wieder zu machen. Das ist die bedingungslose Liebe. Der Kreislauf in dem Fehler berichtigt werden. Hier ist nochmal einiges was vielleicht das Bild der menschlichen Entwicklung ein wenig besser in den Vordergrund stellt.

Der Garten Eden als Wiege der menschlichen Kultur, könnte ein Vorhof der Religion gewesen sein, aus dem diese Israel Jüdische Khasarische Skythischen Gewächse entstanden sind. So wie damals vor tausenden von Jahren sind heute in der Gluthitze des Iran oder Irak oder des Lebanon und der anderen Mittlerer Osten Länder lieferten und liefern immer noch sich rivalisierende religiöse Gruppen, so wie sie sich zumindest bezeichnen, religiös oder Gott folgend, oder sogar in Gottes Wille, heftige Kämpfe. Und wie damals flitzen heute Flüchtlinge in der Landschaft herum die bis hier nach Deutschland kommen. Da hat sich anscheinend im Kreislauf der Dinge und dem suchen nach einer Art von Paradies nicht allzu viel geändert über die Jahrtausende. Schade.

Den Garten Eden von Eridu muss es bereits lange vor dem Sündenfall und der Vertreibung der Menschen aus diesem verheißenen irdischen Ort gegeben haben. Erstmals taucht der »Guan Eden« in der sumerischen Kultur auf und bedeutet »am Rande der himmlischen Steppe«. Das sprechende Bild nimmt Bezug auf drastische Klimaveränderungen, die sich nach der letzten Eiszeit in der Levante zeigten und eine kulturelle Revolution auslösten: **vom Jäger und Sammler zum sesshaften Bauern.**

Die Menschen begannen im Zweistromland zwischen Euphrat und Tigris Wildgetreide zu domestizieren, und zum Schutz vor Verbiss Wurden Zäune angelegt. Das Wort ››Paradies<< stammt Wiederum aus dem Altiranischen und bedeutet »eingezäunter Bereich« Das Heilige und das Profane: Die ersten Gärten der Welt Waren eingehegte Kultstätten zu Ehren der Götter und dienten zusätzlich als Ernährungsgrundlage für eine sehr stark anwachsende Bevölkerung. In unseren Breiten hießen sie „heilige Haine"

Quantenphysisch betrachtet Waren diese ersten Gärten mit einer sehr hohen energetischen Frequenz ausgestattet, da sie einerseits kultische Begegnungsstätten und andererseits der unmittelbare Nährboden für die Menschen waren. ››Natura« bedeutet im lateinischen Wortursprung »die Ewig- sich-Wiedergebärende<<. Als historisches Wunschbild des Urgrunds verfügt der Garten Eden über ein umfassendes Wircklichkeitsspektrum, vieldimensional und tief vernetzt, ein Ort, wo Raum, Zeit und Kausalität noch im gelebten Moment aufgehen.

Im Unterschied zur Wilden Natur ist ein Garten ein gestalteter Raum, in dem sich das Bewusstsein formend in die Materie einschreibt. In der Tiefe entsteht ein hochfrequenter Quantenraum, ein Raum der Rückführung in magische Verbundenheit.

Im philosophischen Diskurs sprechen wir angesichts solch einer Tiefenerfahrung, wo es noch keine ››ontisch-ontologische Differenz« (Martin Heidegger) gibt, von Universalismus: Alles ist mit allem verbunden, es herrscht allumfassende Synchronizität, und der Mensch ist im vielschichtigen Quantenfeld des Seins unmittelbar aufgehoben.

Adam heißt Ackerboden

Adam, der erste Mensch, war ursprünglich zweigeschlechtlich und sein Name bedeutet im Hebräischen ››Ackerboden<<.Mutter Erde ist ein gern beschworener Mythos. Die

Trennung in Mann und Weib kam erst später und führte zum Sündenfall und zur Vertreibung. Adam als Ackerboden bedeutet allumfassende Synchronizität und Beheimatetsein. Und ››cultura<< bedeutet im Wortursprung das Hegen und Pflegen der Erde. Nichts anderes meint der Garten Eden als utopischer Ort - und die bereits frühzeitig erfolgte Vertreibung aus dem Paradies bedeutet philosophisch betrachtet, dass wir uns im Zustand der ››Geworfenheit« (Heidegger) im Sein befinden und uns nach der ursprünglich erfahrenen Verbundenheit durch die Kraft unseres Bewusstseins zurücksehnen.

Die Vertreibung aus dem Paradies

Im Zuge der Sesshaftwerdung der Menschen im Neolithikum bildeten sich die ersten agrarischen Kulturen heraus, von denen der Garten Eden als utopischer Ort zu erzählen Weiß. Das Bewirtschaften der Landflächen und das Lagern von Lebensmitteln brachte aber über viele Generationen eine neue Lebensform hervor: vom Sein zum Haben. Waren die ursprünglichen Jäger- und Sammlerkulturen noch unmittelbar mit den Naturkreisläufen verbunden, begannen sich durch die Sesshaftwerdung sogenannte »Big Men-Kulturen (Matthias Horx)í zu entwickeln.

Die Stammesführer und Heerführer traten mehr und mehr in den Vordergrund, die Schamanen mit ihrer intuitiv praktizierten Naturmagie spielten nicht mehr die führende Rolle. Uralte Weisheit wurde von dem Wissen um die Beherrschbarkeit der Natur verdrängt.

Vom Himmel zur Erde: Die Macht der Religionen

Der Verlust des Ursprungs im Universalismus führte über lange Zeiträume zur Ausbildung verschiedenster Religionen, die schließlich in die monotheistischen Modelle der uns bekannten Weltreligionen mündeten. Umwertung aller Werte: Vom Himmel zur Erde war jetzt die Bewegungsrichtung. Das Göttliche war nicht mehr in den natürlichen Phänomenen der Lebenswelt präsent, sondern transzendente Mächte verbunden mit entsprechendem Verhaltenskodex wirkten nun vom Himmel auf das Leben der Menschen ein. Im Wortursprung bedeutet Religion »die gewissenhafte Sorgfalt in der Beachtung von Vorzeichen und Vorschriften. Der religiöse Mensch ist nicht mehr synchron mit dem Kreislauf der Natur verbunden, sondern ordnet sich einem kulturell je verschieden entwickelten Ordosystem unter, um unter dieser Anleitung den Weg zurück zur Einheit des Seins zu finden.

Im Folgenden werden wir uns am Beispiel des Oktogons als urspiritueller geistiger Form vor Augen führen, wie die großen Religionen in ihrer Verschiedenheit allesamt einen gemeinsamen geistigen Nährboden im Universalismus haben.

Der oktogonale Garten Eden kann als archetypisches Leitbild für alle Religionen der Welt gelten.

Taoismus „

Am ehesten universalistisch verbunden ist der chinesische Taoismus. Im I Ging. Dem ältesten Buch der Welt, (der Erde, füge ich hinzu. W.Schorat) teilt sich die Welt im Ursprung in zwei miteinander verbundene Kräfte, Yin und Yang. Die männliche und weibliche verwobene Kraft fächert sich in die vier Himmelsrichtungen auf, und diese wiederum teilen sich in die berühmten acht Trigramme, die eine oktogonale Struktur bilden, aus denen dann die 64 Hexagramme hervorgehen.

Das grundlegende Phänomen des I Ging ist nach G. G. Iung die »Synchronizität« der Welterfahrung, die noch kein Oben und Unten (Buddha hat davon mehrmals geredet und damit erwähnt das dort wo und was er jetzt ist es kein Unten und kein Oben mehr gibt. W.Schorat) kennt und tief im Quantenfeld des Lebens verankert ist.

Hinduismus

Im Hinduismus und seiner polytheistischen Welt erscheint das Oktogon in Form des achtzackigen Lakshmi-Sterns. Er wird von zwei Quadraten geformt, die um 45 Grad versetzt übereinanderliegen. Er repräsentiert die acht Formen des Ashtalakshmi. Der Stern steht in Verbindung mit der Gottheit Lakshmi und ihrem Geschenk des Glücks, der Fülle und des Wohlstandes.

Buddhismus

Auch Buddha lehrte den vornehmen achten Pfad, der zur Überwindung des Leidens führt: ››Rechte Ansicht, rechter Dharma Chakra Gedanke (Entschluss), rechte Rede, rechte Tat, rechtes Leben, rechtes Sterben, rechte Besinnung und rechte Meditation. Im Buddhismus führt der achtfache Pfad aus Samsara heraus zur Befreiung. Sein Symbol ist das Dharmachakra, ein achtspeichiges Rad des Gesetzes. Auch im Siegel der tibetischen Exilregierung ist ein Dharmachakra integriert.

Christentum

Das Oktogon ist eine Wichtige Bauform der christlichen sakralen Architektur. Es folgt der christlichen Bedeutung der Acht als heiliger Zahl. Sie steht für Vollkommenheit und göttliche Perfektion.
Oktogonale Kirchengrundrisse stellen ein symbolisches Abbild des himmlischen Jerusalem dar. Im Christentum findet am achten Tag die Wiederkehr Christi statt, der als »zweiter Adam „auf die Erde zurückkehrt, um die Menschen Von der Sünde zu erlösen.
Oktogon bedeutet Wiederkehr und Wiedergeburt. Daher war der achteckige Grundriss sakraler Bauten noch bis ins vierte Jahrhundert den Taufbecken, Taufkirchen und Grabeskirchen vorbehalten. Das Taufkreuz erinnert an diese Symbolik.

Islam

Auch im Islam stellt das Oktogon eine zentrale Symbolik dar, was an der Form des Felsendoms und vielen Kuppeln großer Moscheen erkennbar ist.
Der islamische Stern mit acht Zacken wird Rub al-hízb oder auch Khatim (Siegel des Propheten) genannt. Viele Bauten im islamischen Kulturkreis sind mit achteckigen Fliesen geschmückt, dem Symbol für Wissen. Der Islam kennt sieben Höllen auf Erden, aber acht Paradiese, denn ››die Barmherzigkeit Gottes ist größer als sein Zorn«. Im Oktogon erscheint der erlösende Garten Eden im Jenseits als Ziel des irdischen Lebens.

Rückführung in den Universalismus

Das Oktogon als universaler und integraler Chronotopos liegt allen Kulturen und Religionen der Welt als Orientierungsform zugrunde. In den Religionen wird jedoch die natürliche Entfaltungsrichtung von der Erde zum Himmel umgekehrt: Religiöse Rückbindung findet mittels einer transzendenten Gottheit vom Himmel zur Erde statt. Dennoch ist jede unserer Weltreligionen aus der ursprünglichen Urspiritualität hervorgegangen. Das Oktogon erweist sich als universale archetypische Form und als Verbindender Super Code für eine globale und nachhaltige Friedenspolitik.

Energetisch betrachtet ist alles Geschehen im Universum und auf der Erde immer verbunden.

›› Wir dürfen nicht vergessen, dass ein Zeitalter stark wachsender Komplexität auch ein Zeitalter der Gruppenimprovisation ist. Gemeint ist hier kein Dilettantismus, sondern eine künstlerische Form, bei der wir unsere unterschiedlichen Fähigkeiten frei miteinander verweben. «

»Die Improvisierenden müssen sich darüber bewusst sein, dass sie an einem noch unbekannten, aber doch gemeinsamen Werk arbeiten. (. , .) Ist dieses Bewusstsein verloren gegangen, wird die Improvisation scheitern, weil ihr wesentliche Elemente fehlen: die Achtung vor dem Anderssein des Gegenübers und das Bewusstsein für die komplexe Einheit des Lebens«. (Natalie Knapp)

Das war einiges aus www.paradiesgestaltung.org und www.tattva.de

Das waren einige Worte zu Religionen wie sie damals, vor langer Uhr-Zeit da im Haifischbecken des Nahen Ostens entstanden sind-wie aus Jägern –Landwirte wurden und Sesshaftigkeit zu dem Monster geworden ist das sich heute Globalisierung nennt und ein Habens Produkt geworden ist. Die Möglichkeit besteht dass das Universum der Leib Gottes sich ändert und zwar so dass der Mensch wieder zum Jäger werden muss. Aber auch die Möglichkeit ist vorhanden, das keine kosmische Katastrophe passiert und die Planeten wie Götter krachen werden, sondern das der Garten weiter gebaut wird-aber er muss unvergiftet sein, so wie er ursprünglich war-sonst wird das nichts-denn die Saurier wurden auch weggepustet-denn wenn eine Spezies egal welcher Sorte einfach zu mächtig wird und zu aggressiv ist auf der Erde-und es sowohl für diese Spezies als auch die Mitspezien sozusagen energetisch zu eng wird-es nämlich an Liebe mangelt und das ausbeuten ergo töten abtöten der Mitbewohner für den Erhalt einiger weniger zu lieblos ist-dann wiederspricht das dem Garten Eden der Reinheit und Klarheit und der damit verbundenen Liebe und so wie die Empires und die Sowjetunion und die Römer und die Hunnen wird ein Ende für diese auf Raub und stehlen und ausbeuten aufgebauten Staaten also Firmenbesitzer und Religionsvertreter-und das kann genauso in der heutigen Zeit mit den USA-China-passieren . Die Sowjetunion verschwand innerhalb sehr kurzer Zeit und das wurde sogar prophezeit-ich habe diese Prophezeiung selber gelesen in dem roten Büchlein das ich auf dem Flohmarkt in Berlin 1970-71 oder 73-74 fand-aus Polen wird jemand aus dem Volk kommen der mit der Hilfe des Papstes den russischen Bären zerstören wird-tja und das war Lech Walesa..

Und genau das Gleiche passiert heute immer schneller, denn alles was lieblos ausbeuterisch verlogen geheuchelt und unwahr ist in Politik und Wirtschaft denn die Wirtschaft die Firma ist ja heute die Religion das Geld-das wird immer schneller zu Fall gebracht werden-und ob das nun von einigen wenigen khasarischen Juden oder israelischen Juden und anderen deutschen oder chinesischen und russischen und französischen oder belgischen und anderen Banker Familien beherrscht wird –das ist unbedeutend-die Illusionsverkäufer werden verlieren auch wenn es ein langer Weg sein kann und ist.

Der Staat also die Firma mit goldumrandeter Flaggen, die Täuschung also das Resultat des Raubmenschen des noch Raubtiers ist enorm- und die verheerende Ökobilanz der Menschheit ist auch das Resultat des Übergangs vom Raub-Menschen zum Menschen. Aber das typische Dilemma einer materialistischen Wachstums Ökonomie ist die Religion des Gelds und das ist wiederum die Religion des Menschen der 1% die alles besitzen-obwohl bestimmt die restlichen 99% auch gerne so leben möchten-können-aber es waren und sind die fähigsten und aggressivsten unter den Menschen die diese Ent-wicklung so weit vorangetrieben haben. Und das klassische ertragen von Härte und psychischem Druck einer der Hauptmerkmale der klassischen Männerrolle oder Männervierecks, ist kein wahres Bedürfnis mehr heutzutage, sich dieser Ausbeutung des Planeten hinzugeben, mitzumachen oder zu unterstützen-denn alle Menschen heute der allergrößte Teil zumindest sind alle bloß Vasallen der Ziele der Besitzenden-egal was es ist-Doktoren Professoren und andere Spezialisten-die Arbeiter die Ärzte die Politiker-sie sind alle Vasallen für die Besitzenden in ihrer heutigen Ausbildung-und das ist extreme Armut –Armut im Geiste-denn ihr dient hauptsächlich den Zielen der Besitz Aufrechterhaltung der Firmen und Religionsbesitzer-und ihr habt überhaupt noch gar nicht euer eigens inneres Ziel und Talente frei leben können-das ist der nächste Sprung-Weg-Wanderweg-in die Erwachung der Kreativität der 99%. Bis jetzt ist das bloß das Roboter Sein für die 1% weil nämlich alles an den Besitz und das Haben von Geld fixiert ist-und das ist Armseligkeit für die Erde-das wird nie gutgehen-auch die Saurier waren unbestrittene Herrscher auf der Erde-das Raubtier wird ein Ende haben-und wenn die 1% es nicht schaffen werden das zu ändern, geht es in die kosmische Zerstörung und wenn die 99% es nicht schaffen werden das positiv zu verändern geht es in die kosmische Zerstörung. Bingo.

So das war das Wort zum Sonntag am Sonntagmorgen. Bis später vom Thema *„ALS ICH NOCH JUDE WAR"*

Montag, 27. Juli 2015

Ich sehe wie schwer es ist eine Entscheidung zu treffen um weniger zu essen damit mein Körper schlanker wird und schlank bleibt. Es ist als ob Impulse in meinem System sich dagegen wehren. Obwohl die Entscheidung doch für die Gesundheit des Körper Systems und Erleichterung für mich ist. Als ob zur Zeit gegen alles gekämpft wird das Verbesserung und Erleichterung will. Und in diesem Zusammenhang fragte ich mich heute Morgen an diesem regnerischen grauen Tag: was soll das ganze Dilemma mit Israel und den Juden. Das geht nun schon seit diese Menschen dort in dieser Region erschienen sind. Was soll dieses ganze Dilemma dieses dumme dumpfe kämpfen diese Verneinung des miteinander und die Bejahung des gegeneinander. Das ist nicht bloß ein Thema in Bezug zu Juden und Israelis ,nein, das ist ein Thema in Saudi Arabien mit seinen Kopf ab Philosophen und schleimigen Öl Königen und den Sunniten-Schiiten Dummheiten, nein, das ist nicht nur ein Thema von den ganzen Moslemvölkern mit ihrer Sunniten-Schiiten Dummheit und Unweisheit und Ignoranz- nein ,nein, nein, nein, das ist kein Thema, das ist un-entwickelte, menschliche Natur. Das ist Dummheit und Unwissenheit, das ist Geld im Überfluss und Gold im Überfluss, das gar nicht hilft, sondern verblödende Dummheit produziert. Aber man kann diese dummen Menschen der Gewalt zugewandte Raubtiere Raub Menschen die ja sogar noch Tier Opfer praktizieren die sie ihrem Gott anbieten- solch eine Dummheit und Ignoranz wird in diesen Ländern heute 2015 noch gelebt. Was soll dieser dumme dooofe bekloppte Zirkus dieser religiösen Halbaffen und poli- tischen Demagogen und Könige und Prinzen, was soll diese Dummheit, wenn doch die gesamte Menschheit heute davon erfährt und es sogar ins Wohnzimmer geliefert wird. Was macht es für diese Schiiten-Sunniten-Israeli-Chassidischtenschissten-so schwer ihre falsche Kleidung abzulegen und aufzuhören und sich nicht mehr gegenseitig zu bekämp- fen. Wie viele tausende von Jahre wollen die noch soooooooo immens dummmmmmm bleiben. Wen wollen die damit beeindrucken.

Aber ich sehe ja wie schwer es wird und ist, bloß weniger essen zu wollen. Wie da in mir ein kämpfen abläuft, wie da Gewohnheitsimpulse sich zeigen die essen wollen und nicht nichtessen wollen. Wie schwer muss es also sein Jahrhunderte und Jahrtausende alte Gewohnheiten abzulegen oder zu durchschauen, das sie der menschlichen Entwick- lung im Wege stehen. Religionen sind nicht das Heil für die Menschen-sind nicht der Heilsbringer-Religionen sind bloß solange von Bedeutung bis der Raub Mensch sich vom Raub Mensch abgewendet hat-und zum Menschen werden will. Solange kann das inne- re Tier damit etwas betäubt und verführt werden und Gott um Hilfe angefleht werden und es: Die Vertreibung aus dem Paradies, des Tieres,unterstützen. Und nochmal: Im Zuge der Sesshaftwerdung der Menschen im Neolithikum bildeten sich die ersten agrari- schen Kulturen heraus, von denen der Garten Eden als utopischer Ort zu erzählen weiß. Das Bewirtschaften der Landflächen und das Lagern von Lebensmitteln brachte aber über viele Generationen eine neue Lebensform hervor: vom Sein zum Haben. Waren die ursprünglichen Jäger- und Sammlerkulturen noch unmittelbar mit den Naturkreisläufen verbunden, begannen sich durch die Sesshaftwerdung sogenannte »Big Men-Kulturen (Matthias Horx)í zu entwickeln.

Die Stammesführer und Heerführer traten mehr und mehr in den Vordergrund, die Schamanen mit ihrer intuitiv praktizierten Naturmagie spielten nicht mehr die führende Rolle. Uralte Weisheit wurde von dem Wissen um die Beherrschbarkeit der Natur ver- drängt.

Vom Himmel zur Erde: Die Macht der Religionen

Der Verlust des Ursprungs im Universalismus führte über lange Zeiträume zur Ausbildung verschiedenster Religionen, die schließlich in die monotheistischen Modelle der uns bekannten Weltreligionen mündeten. Umwertung aller Werte: Vom Himmel zur Erde war jetzt die Bewegungsrichtung. Das Göttliche war nicht mehr in den natürlichen Phänomenen der Lebenswelt präsent, sondern transzendente Mächte verbunden mit entsprechendem Verhaltenskodex wirkten nun vom Himmel auf das Leben der Menschen ein. Im Wortursprung bedeutet Religion »die gewissenhafte Sorgfalt in der Beachtung von Vorzeichen und Vorschriften. Der religiöse Mensch ist nicht mehr synchron mit dem Kreislauf der Natur verbunden, sondern ordnet sich einem kulturell je verschieden entwickelten Ordosystem unter, um unter dieser Anleitung den Weg zurück zur Einheit des Seins zu finden.

Und diese heutzutage dumme »die gewissenhafte Sorgfalt in der Beachtung von Vorzeichen und Vorschriften".lässt diese Regionen nicht zum friedlichen Miteinander kommen. Hitler und seine Kumpanen haben mal das damalige deutsche Volk die Bevölkerung, die Menschen, gefragt: Wollt ihr den totalen Krieg. Und sie schrien: Jaaaaaaaaaaaaa aaaaaaaaaaaaaaaaaaaaa.Und ich rufe nun die moslemischen Völker auf : wollt ihr den totalen dummen dumpfen Religionsktrieg.Diese dumme Krieg der von euren dummen Verführer und Demagogen die innerlich im Mittelalter sind euch vorgelogen und vorgetäuscht wird, weil sie innerlich ja noch auf töten programmiert sind also Raubtiere Raub Menschen sind, wollt ihr solchen Dummheiten folgen und so was dummes unterstützen-oder wollt ihr euer Paradies das ja hier auf der Erde ist und ein Garten Eden ist der von Menschen gemacht wurde im Wechsel vom Jägerleben zum Leben als Landwirte, Bauern. Ganz zu schweigen von einem kapitalorientiertem Firmen Staat, der ja heute die westlichen Länder Prägt und aus den USA kommt. Weil dort die BanksterGanster Familien ,damals den amerikanischen Pleitestaat übernommen haben und nun überall sichtbar in den Büros und Sitzungen die Goldumrandeten Flaggen zu sehen sind-was bedeutet; Hier präsentiert sich die Firma die Staatsfirma nicht der Staat-der für mich sowieso immer eine Ficktief Ficktion bleiben wird, weil ja alles ein menschengemachtes System ist eine Ideologie also eine Idee und Ideen gibt es ja bekanntlich sehr viele. Und was zur Zeit abläuft sind die beschränkten Ideen der beschränkten im Geiste Banker, mehr ist das noch nicht. Das wird aber die Menschen auch zum Rande des Ruins führen weil es 99% Unwahrheit ist und das muss zerstört werden weil die Unwahrheit sich immer selber zerstört. Das ist so. Ganz abgesehen von den kosmische planetarischen Ewigkeitsveränderungen, Polverschiebungen der ewige Kreislauf von warm kalt und mittleren Temperaturen.

Der einseitige Intellektualismus in den Religionen oder den Institutionen im Wertsystem der Moslems in Bezug zum inneren Mittelalter der Gesamtbevölkerungen, die aber auch das Kapitalsystem haben, den Materialismus, wie Intellektuelle es bezeichnen, denn sie sind ja an Begriffe gebundene Gefangene, und sogar denken und glauben, das Begriffe wie Materialismus oder Kommunismus oder Religion oder Staat oder Demokratie Wahrheit wären oder das es so was gibt oder gäbe, das alleine zeigt schon die Ursachen schwerwiegender Krisen und Dummheiten und Unwissenheit. Und die ist global nicht National die ist auf der ganzen Erde unter den Menschen vorhanden. Diese einseitige Intellektualismus muss aufhören.

Die Natur das Göttliche also, sucht sich immer den einfachsten Weg und nicht den schwierigsten. Und deswegen sind Kriege der dümmste Weg der schwierigste Weg und Religionskriege wie sie nun die Moslems immer noch mit ihren Schiiten und Sunniten austragen ist einfach der schwierigste Weg also das dümmste und dazu gehört auch der israelische Weg, deren Politiker sind immer Soldaten und das muss aufhören, das Auge um Auge und Zahn um Zahn. Und dumme Soldaten müssen von der Bildfläche Israels verschwinden.

Mir wurde damals in **O**ttawa, Kanada ,gezeigt das ich als Mensch an den kollektiven Dummheiten der deutschen Bevölkerung angebunden bin, auch wenn ich nach den Dummheiten der Nazideutschen und Ermordungen der Juden, Roma, Zigeuner, Schwulen und geistig Armen, und anders beschränkten und Abart Künstlern, und körperlich deformierten, geboren wurde. Ich bin trotzdem an diese Kollektiv Energie gebunden. Und ich möchte den anderen Menschen anderer Nationen damit sagen sich nicht mehr an den Machenschaften eurer Primitiv-Eliten so wie sie heute auf der Erde sind zu beteiligen. Weil ihr das mit ausbaden müsst ihr müsst Mitleiden den Schmerz den die verursachen Mitleiden obwohl ihr damit nichts zu tun habt. Lasst die Finger von den Hass Predigern in allen Religionen, die sogenannte Christen, also diejenigen die damit ein Leben machten davon lebten Jesus seine Lehren zu verbiegen und damit zu betrügen und auszubeuten mit den Königen und Staats Führern, also die berühmte Kriminalgeschichte des Vatikans dem Machtzentrum des katholischen Kirche.
Und heute diese dummen Führer in Saudi Arabien oder die IS-Wahnsinnigen, die einen Gottestaaat wollen-und morden plündern und vergewaltigen und Statuen zerstören, wie tief sind die in innere Ignoranz Dummheit und Dumpfheit, sehr, sehr, sehr tief, weil sie keine Liebenden um sich haben, gelesen haben, weil sie einfach zu wenig Bildung hatten, den Garten Eden sozusagen, der eingezäunte Bereich der Sicherheit gab und gibt, indem alles kostenlos war und kostenlos bleiben muss-und deswegen wird, werden die Staaten die eine Firma sind also eine Bankkopie sind auch scheitern, denn die Natur Gottes ist keine Bankfiliale sie wird nicht bezahlt oder bewertet nach Kosten-sie ist eine kostenlose Zusammenkunft von Qualitäten und Talenten im Zusammensein der Liebenden im gegenseitigen Austausch ihrer friedlichen Ideeen.
Oder die Moslembrüderschaft, die keine Menschenbrüderschaft ist, das muss scheitern, es wird scheitern. Und wie die Bevölkerungen dann damit verführt werden, weil die ja noch die Auslöschung der anderen Religionen in ihrer inneren Dummheit verankert haben, das wird scheitern, genauso wie das christliche Dumme gescheitert ist nach langen dummen Blutskriegen in Europa und Global, die Protestanten gegen die Katholiken, beide sind schwere Koliken an denen sie gescheitert sind, bis sie heute einigermaßen zusammenleben, aber immer noch von den dumpfen dummen Religionsinstitutionen aus-

gebeutet und versucht zu bevormundet werden, und das auch noch mitmachen. Und bei den Moslems ist das noch im mittelalterlichen Seinszustand ihrer mittelalterlichen Innerlichkeit. Denen steht das noch bevor. Ent-wicklung ist so sie soll keine Ver-wicklung sein und werden, sondern eine Erleichterung eine Ent-wicklung.

Es ist schon viel wert wenn du ein Mensch bist und kein Katholik Protestant oder Moslem Schiit oder Sunnit oder sonst eine falsche Bezeichnung von dir selber die dich an Glauben bindet und nicht an dich selber dein wahres Ich. Das muss und wird immer scheitern-alles was nicht Ich ist, ist falsch. Jeder Glaube jede Ideologie jeder glaube an Begriffe wie Katholik oder Kommunist oder Sunnit oder Demokrat oder Professor oder Arzt oder Wissenschaftler und so weiter und so weiter es wird zu viel an Bezeichnungen die eine falsche Identifikation fördern. Und wenn du erkennst das du zumindest Mensch bist und sein kannst und darfst, dann kannst du dir auch die Frage stellen, wer bin ich als Mensch, was bin ich als Mensch,,,und dann wird's sehr interessant.

Und nun bin ich kein Jude mehr, Hurra, Prima, Wunderbar, Schön.

Die Ignoranz der ReligionsFirmen derjenigen die damit ein Leben ein Geschäft machen, ob nun in Israel oder Saudi Arabien oder Türkei, oder Rom und Kyoto oder sonstwo, die ist sehr groß, aber die Ignoranz der Gläubigen auch, denn überall sind die Zwischenhändler, die sogenannten Autoritäten, die alle aus der Evolution entstanden sind, über den Weg der Ermordung andersdenkender oder anderslebender und andershabender, denen dann etwas weggenommen werden musste, also vom Sein zum Haben, dem großen Garten Eden der garkeiner ist und war. Aber habe ich nicht mal in der Bibel gelesen das jeder Gott in seinem Körper trägt das der Körper der Tempel Gottes ist, und ihr alle Götter seid, und in der Einzahl bedeutet das ihr alle jeder ,selber Gott ist. Und dann braucht ihr doch keine Autoritäten. Denn dann seit ihr Menschen doch alle vom Geiste Gottes inspiriert und nicht vom dummen katholozischmuss oder vom dummen schiitismuuuus und so weiter, und diese ganzen Autoritäten die sind dann überflüssig. Doch nun haben sie sich ein Garten Eden der Selbstbedienung erschaffen indem sie Global die Menschheit die Gläubigen die dummen ausbeuten und das wollen die bis zum bitteren Ende durchziehen das abzocken, das ausbeuten und den damit verbundenen Glaube an das Geld, also ob das Göttliche Geld bräuchte, wie unsinnige wie unweise wie dumm.

Und die Philosophen die Denker die dummen im Geiste die können das Göttliche sowieso nicht auf dem Weg des Denkens erkennen und sind somit auf ewig dumme wenn sie das überhaupt wollen, erkennen wer und was sie selber sind. Und dafür braucht man das denken nicht denn genau ohne denken geht das. Es ist das weglassen des Denkens so wie Wu Wei so wie Laotse oder auch Platon oder auch die anderen. Es ist das Weglassen das alles bringt. Nicht das mehrmachen. Das wird nämlich zum Super Gau führen wenn es so weiter geht mit dem Glaube an das Geld das Gold. Und wie war das nochmal

mit dem Glaube: ## Hier ist nochmal ein Wachmacher

Ich gebe euch alles Gold der Erde alles Geld der Erde alle Diamanten und dann sage ich zum Geld zum Gold: Reinige den Fußboden in den 20 Villen der Superreichen. Koche die

Suppe. Erfinde Wohltaten für die Menschheit. Baue Hochhäuser. Putze die Schuhe. Baue die Straße. Fahre das Auto. Erdenke neue Technologien. Repariere die Straßen. Erneuere Kleidung. Und so weiter bis zum Ende aller Wörter und Gedanken und Fantasien. Da wirst du sehen das Geld aber überhaupt für Garnichts benötigt wird. Das Gold Garnichts kann. Dass Diamanten überhaupt bloß da liegen. Und das alles gemacht wird ausschließlich vom Menschen und zwar ohne Geld. Das war schon immer so und wird auch für immer so bleiben. Denn für Innovation und Kultur und Wirtschaft und Bildung ist aber überhaupt niemals Geld benötigt worden. Es ist eine Fiktion erdacht von den 666 dem Tiermensch in seiner abgrundtiefen Ignoranz und Unwissenheit denn das Tier weiß ja überhaupt gar nicht was und wer es ist. Es ist unwissend und aus dieser Unwissenheit hat ES das Geldsystem aufgebaut. Dass die übergierigen ja erkannt haben das man Geld kontrollieren kann und ansammeln kann da ja alle daran glauben und sich aber auch total unbewusst sind das alles immer bloß der Mensch macht und zwar ohne Geld auf ewig immer ohne Geld. Und das alles, bloß rudimentäre Gesellschaftsstrukturen der noch abgrundtief primitiven Menschen sind.

Also alles wird und wurde schon immer ohne Geld gemacht. Es ist Lüge Glaube Religion das Geld für irgendetwas gebraucht wird weil Geld gar nichts kann. Das müsst ihr bis heute doch wohl durchschaut haben. Und eure eigene Selbstversklavung ablegen. Wie lange wollt ihr noch Sklaven eurer eigen Ängste Ignoranz und Dunkelheit sein. Denn das System Geld ist die Angst weil es ja von ängstlichen aufgebaut wurde. So kommen diese Ängste nun zum Vorschein und zeigen wie falsch das alles ist. Dass System Geld ist pure Existenzangst also Totalverblödung und daran glauben die 666 die Tiermenschen noch.
So primitiv sind die Systeme an die ihr glauben sollt.

Es ist eure Entscheidung. Nach wie vor sage ich übernehmt das System selber und entfernt die Lügen aus dem System .Entlasst die Bankermanager die Religionsmanager im Vatikan oder Protestanten entlasst die Politiker die rückgratlosen ignoranten entlasst die Firmenbesitzer denn ihr alleine habt das aufgebaut es ist mittlerweile mehr als euer Eigentum aber lasst die Finger von Eigentum und Besitz denn etwas zu besitzen ist abgrundtief Dunkelheit und Bindung an diese Erde und das ist schwere und Tod. Übernehmt die globale Struktur und dann entfernt das Geld. Und dann wird automatisch ein Gleichgewicht entstehen weil auch jeder sofort Arbeit hat da die Nachfrage groß sein wird aber alles schädliche sofort nicht mehr unterstützt werden braucht und das saubere nicht das falsche arbeitsmäßig oder schöner kreativmäßig unterstützt werden wird. Macht das alles ohne Blutvergießen. Macht das alles ohne Blutvergießen. Macht das alles ohne Blutvergießen. Ende des Wachmachers.

Also die Illusionen sind Fett, Ordinär, Plump, und nützen bloß denjenigen die damit Geschäfte machen. Seien es nun die Religionsgeschäfte der Mullahs der Brahmanen der Kardinäle der Priester der Päpste oder die Geschäfte der Politiker und deren Götzen den Bankern egal aus welchen Ländern. Das ist alles Gigallusionen die verhindern sollen da sie Gewinne machen und auf Kosten der 99% leben können wie die Made im Speck oder die Made im Tier Kadaver, der Leichen der Gläubigen.

Aber ist es nicht auch eine Total Illusion zu glauben wir hätten kein Tausch System mehr. Wird nicht tagtäglich Ware von A nach B transportiert und werden nicht tagtäglich Güter von Kontinent zu Kontinent transportiert und werden diese Waren nicht ohne das Geld diese Waren transportiert und Geld die Güter aus den Läden abholt, tagtäglich gehandhabt und getätigt. Ist das nicht weiterhin seit Anbeginn dieser menschlichen Kooperationen untereinander immer schon ein tauschen gewesen. Und so geblieben. Ja. Denn Geld ist bloß ein Zwischenhändler so wie die Priester die Päpste die Kardinäle die Mullahs die Banker die Politiker alles bloß Zwischenhändler sind die sich ein gutes Leben auf eure Kosten machen. Aber Zwischenhändler erschweren das Leben der Menschheit immens sehr, sehr intensiv. Und diese Zwischenhändler Situation muss beendet werden damit das gesamte Potenzial der gesamten Menschheit zur Blüte kommen kann und nicht bloß das Potenzial der 1%,und um beim Thema zu bleiben der davon 0,05 % Judenbanker oder sogar weniger oder vielleicht auch mehr ich habe noch keine wissenschaftlichen Studien gefunden wie groß der Anteil der Juden im Bankwesen global ist ,ob das stimmt, denn das ist es doch auch, was dazu geführt hat, das den Juden zum Verhängnis wurde, das sie Kontrolle wollten, so wie die Die Bank Murashu & Söhne damals in Babylon während der Gefangenschaft im Exil der Juden. Aber ist das nicht bloß natürlich. es gehört doch zum streben des Menschen Reichtum zu schaffen und alles zu besitzen, nein, es gehört bloß zum Streben der Raub Menschen, zu denen ja, weil das noch zu ihrem Innerlichkeitsbereich gehört in ihrer noch starken Ver-wicklung die erst noch eine Ent-wicklung werden muss, aber doch auch schon damals eine Ent-wicklung war.
Handelsdokumente auf Tontafeln aus dem fünften Jahrhundert V. Chr. zeigen, dass sich selbst nach dem Ende des Exils die babylonischen Banken immer noch fest in den Händen der Juden befanden. Die Firma Murashu & Söhne eines jüdischen Bankkaufmanns hatte sich stark im Immobiliengeschäft ausgebreitet. Das Hauptquartier dieses Unternehmens befand sich in der Nähe von Nippur und besaß ungefähr 200 Filialen im ganzen Land!" (Babylon, Auszug aus Editorial EDAF,1980, Seite 70).
Und heute ist das nicht anders. Die Zwischenhändler erschweren das Leben sowohl im kapitalorientierten GeldGötzenAnbetungsLeben als auch in den ReligionsKapitalFabriken überall auf der Erde. Die Zwischenhändler wollen diese Illusionen weiterhin aufrecht halten damit sie ihre Reichtümer nicht verlieren. Was ja verständlich ist. Und die sollen sie ja auch behalten können. Es soll bloß das Geld entfernt werden, denn Geldglaube wurde in das Denken der reinen Vernunft und Logik eingefügt so dass die Menschen die Wahrheit nicht mehr erkennen können. Es wurden einfach Bausteine rausgenommen und andere hinzugefügt Glaubensbausteine und die haben die Erkennung was Wahrheit ist und war verhindert. Ihr Menschen ihr macht schon seit Anbeginn alles ohne Geld und ihr tauscht eure Güter die alle ohne Geld erschaffen werden schon seit Anbeginn, aber es wurden Zwischendinge Zwischen Geld Zwischenglaube eingefügt damit die jetzigen Besitzenden durch ihre List und Tücke euch als Maden auslutschen können. Macht ein Ende damit, werft das Geld weg und den dummen Glaube an die Religionen. Heute 1015 müssten die Menschen zumindest im Westen der Erdkugel das doch wohl durchschaut

haben und sich von dummen Belastungen entlasten wollen. Denn: **Es verhindert das Leben der Liebe untereinander und miteinander.**

Glaube lässt und soll auch nicht Bewusstsein zulassen. Und Materie ohne Bewusstsein das ist Glaube, an dem die Wissenschaftler kleben die noch den Aberglaube anbeten. Aber glücklicherweise gibt es kein Zurück in der Ent-wicklung aber es gibt ein ermorden der zu Ent-wickelnden. Sie sozusagen in die Steinzeit bomben oder in ein Agrarseinszustand. Und ich habe viele Bücher gelesen damals als ich ein junger Mensch war unter anderem auch alles von Sri Aurobindo.

Das Ziel

Wenn wir über Kenntnisse hinausgegangen sind werden wir Erkenntnis haben.

Denken war der Helfer

Denken war die Schranke.

Wenn wir über das Wollen hinausgegangen sind werden wir Macht haben.

Anstrengung war der Hefen

Anstrengung war die Schranke.

Wenn wir über die Freuden hinausgegangen sind, werden wir Seligkeit haben.

Verlangen war der Hefen

Verlangen ist die Schranke.

Wenn wir über das Persönliche hinausgegangen sind, werden wir Personen werden.

Ego war der Helfer;

Ego ist das Hindernis.

Wenn wir über das Menschliche hinausgegangen sind werden wir Menschen werden.

Das Animalische war der Helfer

Das Animalische ist das Hindernis.

Verwandle Denken in ungestörte Intuition.

Sei ganz Licht, das ist Dein Ziel.

Verwandle Anstrengung in gleichmäßiges und souveränes Ausströmen von Seelenkraft

Sei ganz bewusst Kraft, das ist Dein Ziel.

Verwandle Freuden in die gleichbleibende Ekstase.

Sei ganz Seligkeit,

das ist Dein Ziel.

Und von dem letzten was er da in seinem Gedicht schreibt,sei ganz Seligkeit,davon weiß ich auch bescheid,denn das ist Gigantisch,das beschreibe ich in dem Buch „Das Mantra Mich Selbst Erkennen"denn ganz Seligkeit sein, bedeutet nämlich zu wissen das Ich oder Du ,nicht dieser Körper sind, sondern das wir ihn diesen fabelhaften Seligkeitskörper haben zum erleben dieser Welt hier und das wir mit ihm diese Ent-wicklung machen,hin zum göttlichen.

Ich werde nun zum Ende dieses Vorwortschriebs noch einiges aus den Schriften von Martinus zitieren aus **www.martinus.dk.** Ich nehme Martinus, weil Martinus das erlebt hat wovon er schreibt und was er als Grafiken hinterlassen hat. Hier ist der Anfang seiner Themen **Zitat Anfang:**

Juden Martinus

 Solange sie das noch nicht ist, solange Katholiken glauben, dass das Weltall katholisch ist, die Muslime, dass es muslimisch ist, Buddhisten, dass es buddhistisch ist, Juden, dass es jüdisch ist usw., ist dies nur der Ausdruck dessen, dass die religiöse Grundlage dieser genannten Völker nicht zu Wissen geworden ist, sondern vielmehr nur als eine von Wünschen und Begehren dieser Völker geprägte Vorstellung hervortritt; denn andernfalls würde sie genau wie die Summe von zwei plus zwei internationaler Natur sein.
Livets Bog, Band 1, Ziff. 91.

Die Samariter und die Juden waren ja keine Freunde, aber nichtsdestoweniger wird der überfallene Jude als Nächster des Samariters dargestellt, dem zu helfen dieser also in Wirklichkeit, dem Gebot der Nächstenliebe gemäß, verpflichtet war.
Livets Bog, Band 5, Ziff. 1846.

Ein absolut geistiges Wissen als religiöse Grundlage für alle Erdenmenschen

91. Die geistige Basis, auf der alle Erdenmenschen zusammenfinden können, kann also kein religiöser Glaube sein, sondern muss religiöses Wissen sein. So wie zwei plus zwei für alle Menschen auf der ganzen Erde vier ist, muss die höchste und wichtigste Analyse des Lebens auch internationaler Natur oder für alle Menschen gleich sein. Solange sie das noch nicht ist, solange Katholiken glauben, dass das Weltall katholisch ist, die Muslime, dass es muslimisch ist, Buddhisten, dass es buddhistisch ist, Juden, dass es jüdisch ist usw., ist dies nur der Ausdruck dessen, dass die religiöse Grundlage dieser genannten Völker nicht zu Wissen geworden ist, sondern vielmehr nur als eine von Wünschen und Begehren dieser Völker geprägte Vorstellung hervortritt; denn andernfalls würde sie genau wie die Summe von zwei plus zwei internationaler Natur sein. Ein absolutes Wissen oder eine absolute Wissenschaft, d.h. eine Tatsachenanalyse, kann nicht nationaler oder individueller Natur sein, denn dann ist sie nicht wirkliches Wissen, sondern träte dagegen nur als identisch mit einer Vermutung oder Vorstellung über eine eventuell existierende Tatsache hervor. Wenn es Wesen gäbe, die z.B. glaubten, zwei plus zwei sei drei, fünf, sechs oder sieben usw., dann wäre jedes dieser Fazite keine Wissenschaft, sondern nur eine individuelle Vermutung über die wirkliche Natur oder Existenz der Antwort. Sie wäre auf dem besonderen Feld Ausdruck für eine mangelhafte Begabung und müsste geändert werden, wenn die genannte Vermutung zu Wissenschaft erweitert würde und das wirkliche Fazit, die Zahl vier, dadurch zum Vorschein käme. Während die zuerst genannten Zahlen Ausdruck individueller Vorstellungen waren und geändert werden mussten, ist die Zahl vier im gegebenen Fall Ausdruck für die Analyse der Tatsache und kann nicht geändert werden. Zwei plus zwei ist im ganzen Universum und zu allen

Zeiten vier, während die anderen der genannten Fazite nur innerhalb einzelner, besonderer, von Unwissenheit aufrechterhaltener Bewusstseinsgebiete existieren. So wie die Erkenntnis des Fazits von zwei plus zwei geändert werden musste, solange sie nur eine fehlerhafte oder unvollkommene Vorstellung war, ist es auch mit der Erkenntnis der Erdenmenschen über das höchste Mysterium des Lebens oder über die ewige Wahrheit. Sie entspricht in noch großem Ausmaß dem Glauben, dass zwei plus zwei drei, fünf, sechs oder sieben usw. sei, und wird sich dabei in entsprechendem Ausmaß als individuelle unvollkommene Vorstellungen über die Wahrheit oder das wirkliche Fazit des Lebens entpuppen, die wiederum zu Religion für diejenigen Völker geworden sind, mit deren Auffassung sie in Harmonie waren. Darum wird dieses Fazit für einige Wesen katholisch, für andere buddhistisch usw., je nach der Auffassungsfähigkeit der betreffenden Wesen. Aber ebenso wenig wie das wirkliche Fazit von zwei plus zwei individuell sein kann, katholisch sein kann, muslimisch sein kann, ebenso wenig kann die wirkliche Analyse der höchsten Gesetze oder der ewigen Wahrheit des Lebens individuell, morgenländisch oder abendländisch sein. Die ewige Wahrheit oder die absolute Analyse des Lebens ist dieselbe im ganzen Universum, ist dieselbe für alle Wesen, unabhängig von ihren Vorstellungen oder Vermutungen über sie, gleichgültig, ob diese sie kennen oder nicht. Und es ist diese ewige und unveränderliche Analyse der Wahrheit, es ist dieses Fazit der gesamten Manifestation des Lebens, aller Bewegungen, aller Vibrationen, die alle Erdenmenschen, alle Völker kennen müssen, akzeptieren müssen. Nur dies allein hat die erforderliche Stabilität in sich, um Frieden innerhalb der Menschheit einer ganzen Welt zu schaffen, um den geistigen Kurs eines ganzen Planeten hin zu den ewigen Regionen zu richten, zu den Zinnen der Alliebe, des Glücks und des Lebens.

Buddha Martinus

Ob sie als Erlöser, Christuswesen, Buddhas oder andere große Weise der Menschheit hervortreten oder ob sie Lebensformen darstellen, die wir Planeten, Sonnen und Milchstraßen nennen, keine dieser Lebensformen kann der eine wahre Gott sein.
Die Menschheit und das Weltbild, Kap. 66.

Sind es nicht diese Stufen, die durch Christus, Buddha und einige andere der höchsten und von der Autorität der Jahrtausende bestätigten Menschenführer manifestiert werden?
Livets Bog, Band 3, Ziff. 902.

Namen wie Buddha, Mohammed und Christus haben Jahrhunderte hindurch am religiösen Himmel gestrahlt.
Livets Bog, Band 3, Ziff. 979.

Weshalb zeigt es sich als ein Christus, ein Buddha oder als ein Mensch als Abbild Gottes?

Livets Bog, Band 5, Ziff. 1929.

Und der Materialist eilt, nachdem sich allmählich auch die anderen Geistesgaben, Gefühl und Intuition, zur Höhe seiner Intelligenz hinentwickeln, dem großen Licht, der großen Einweihung oder Verklärung entgegen, die den „Dornenbusch vor Moses brennen"
ließ, welche die Apostel „in anderen Zungen sprechen" ließ, die den Saulus einen Paulus
werden ließ und einen Buddha, Jesus und Mohammed zu Welterlösern machte.
Logik, Kap. 30.
66. Kapitel

Die ewige Analyse K des Weltbildes
Obwohl das Universum aus Myriaden von Lebewesen oder Lebensformen besteht, weiß
das eingeweihte Wesen, dass keines dieser Wesen und auch keines der Lebewesen der
genannten drei Kosmen der ewige Vater oder die Gottheit sein kann. Ob sie als Erlöser,
Christuswesen, Buddhas oder andere große Weise der Menschheit hervortreten oder
ob sie Lebensformen darstellen, die wir Planeten, Sonnen und Milchstraßen nennen,
keine dieser Lebensformen kann der eine wahre Gott sein. Jede von ihnen ist als ein
Sohn der Gottheit anzusehen. Für das eingeweihte Wesen ist es keine Frage, ob die
Gottheit ein raum- oder zeitdimensionales Wesen ist, ob Gott ein Größenbegriff ist. Gott
ist Geist und muss als Geist und nicht als eine Form oder eine Gestalt, nicht als eine
Materienkombination, sondern vielmehr als ein durch den Materie-, Energie- oder Be-
wegungsozean offenbartes Gedanken und Willen führendes Weltenreich erlebt werden.
Das eingeweihte Wesen sieht, dass die Existenz der Gottheit nur durch dasselbe Prinzip möglich ist, das es selbst mit seinem Organismus darstellt. Genauso wie es selbst
ein Ich in einem Organismus ist, der, eine Wohnstätte oder ein Gerät für sein Ich, auch
eine Wohnstätte, ein Universum für Myriaden von Mikrowesen ist, ist die Gottheit auch
ein Lebewesen, ein Ich in einem Organismus, der wieder Wohnstätte für Mikrowesen
ist. Dieser Organismus ist das Weltall, und die Mikrowesen sind die in diesem Weltall
existierenden Lebewesen. Dadurch wird ein jedes Lebewesen also ein Mikrowesen im
Organismus der Gottheit. Die Lebensäußerung und Entfaltung dieser Mikrowesen sind
also eine organische Funktion in diesem Organismus, und sie sind mitbestimmend für
die Schaffung des Wohlbehagens in diesem. Sie bauen dieses Wohlbehagen mit auf, sie
brechen es ab, je nachdem ob ihre Lebensentfaltung Liebe oder Hass ist. Dass damit die
Liebe die Hauptbedingung für ein wirklich glückliches Wohlergehen, einen absoluten
Frieden in Harmonie im Dasein ist, dürfte hiernach verständlich sein. Aber das eingeweihte Wesen schaut weiter und sieht, dass es kein größtes und kein kleinstes Wesen in
diesem ganzen Panorama lebender Wesen gibt. Es sieht, dass sein eigener Organismus
Myriaden von Mikrowesen verschiedenster Art enthält. Es sieht, dass die Organismen
seiner Mitwesen ebenfalls Universum oder Wohnstätte für Mikrowesen sind. Es sieht,
dass die Mikrowesen innerhalb seines Organismus auch Organismen haben, die wiederum Wohnstätte für noch kleinere Mikrowesen sind und in dieser Art weiter bis hinab ins

Unendliche im Mikrokosmos. Es gibt somit kein kleinstes Wesen, obgleich es natürlich für die physischen Sinne eine Grenze gibt, jenseits derer man nicht sehen kann. Aber das liegt nicht daran, dass nichts weiter zu sehen ist, sondern vielmehr daran, dass die Gegebenheiten, die hier vorkommen, solcher Natur sind, dass sie die genannten Sinne nicht zum Reagieren bringen können. Aber genau dasselbe macht sich geltend, wenn das Wesen hinauf in den Makrokosmos sieht. Genauso wie sich Mikrowesen innerhalb von Mikrowesen in seinem eigenen Organismus nach unten ins Unendliche zeigten, sieht es nun auch, dass es selbst mit allen andern Wesen im Zwischenkosmos nicht das Äußerste ist, was es im Weltall gibt, sondern dass vielmehr gewaltige Funktionen oder Energieauslösungen in Form der „Naturkräfte" in der Umwelt vorkommen. Das eingeweihte Wesen sieht, dass diese Energieauslösungen oder Naturkräfte Organfunktionen in einem größeren Organismus sind, in einem Organismus, in dem wir also Mikrowesen sind. Dieser erste große Organismus um uns herum ist der Erdball. Der Erdball zusammen mit den übrigen Planeten und Planetoiden sind wieder Mikrowesen im Sonnensystem, das wieder eine Mikrolebensform in einem noch größeren Organismus ist, dem Milchstraßensystem oder einer Galaxie, und in dieser Art fortsetzend aufwärts in den unendlichen Makrokosmos. Auf diese Weise befinden sich die Lebewesen innerhalb von Lebewesen, und niemand kann zu einem innersten oder äußersten Wesen kommen, wie es natürlich auch hier kein größtes oder kleinstes Wesen gibt. Selbst das Weltall, das wir kennen, mit seinem unermesslichen Raum, mit seinen Planeten, Sonnen und Galaxien, verschwindet vor dem kosmischen Klarsehen des eingeweihten Wesens wie ein Mikroorganismus in einem wieder größeren System, einem noch größeren Organismus und so fort. Was nützt es, dass die Wesen mit Teleskopen Tausende von Lichtjahren in das für sie sichtbare Weltall oder mit Mikroskopen hinab in die für sie sichtbaren kleinsten Partikelchen sehen können? Sie kommen auf diesem Wege dem absoluten Weltbild nicht einen einzigen Schritt näher. Hier hört nämlich alle Zeit- und raumdimensionale Wahrnehmung auf. Hier werden daher auch alle existierenden Zahlenergebnisse ungültig. Das absolute Weltbild ist kein Größenproblem, es ist kein Volumen- oder Konsistenzbegriff. Es ist keine Angelegenheit des festen, flüssigen oder gasförmigen Zustands der materiellen Dinge. Das Weltbild ist reiner Geist und kann daher nur durch den Eingeweihten oder denjenigen wahrgenommen werden, der in Geist wahrnehmen kann. In Geist wahrnehmen bedeutet, das wirklich Lebende hinter den äußerlich toten Energieformen, Bewegungsarten oder erschaffenen Erscheinungen wahrzunehmen. In Geist wahrzunehmen, steht somit im Gegensatz zu dem gewöhnlichen wissenschaftlichen Wahrnehmen, das in Wirklichkeit nur ein Wahrnehmen in Zahlenbegriffen, Größen, Konsistenz und Volumen usw. ist und das überhaupt keinen Ausdruck für Leben geben kann. Die höchste Ursache der Bewegungen oder des Lebens kann bei Letzterem nur als „Zufall" aufgefasst werden, also als ein völlig toter Urheber. In Geist wahrzunehmen gibt dagegen Erleben von Geist, d.h. von Leben. Das eingeweihte Wesen sieht daher überall Leben und sieht natürlich auch die erste Ursache des Lebens als ein lebendes göttliches Etwas, das denken, erleben und Willen führen oder schöpferisch tätig sein kann. Daher sieht der Eingeweihte auch die Gottheit als ein strahlendes „Etwas" oder Ich hinter der Struktur des ganzen Weltalls mit seinen Organismen innerhalb von Organismen oder Wesen innerhalb von Wesen, ganz unabhängig von äußeren materiellen Zahlenergebnissen oder Energiekombinationen. Daher wird das Schauen des Eingeweihten auf das Weltbild zu einem Weltbild aus Geist, und damit ein Weltbild aus Bewusstsein, Gedanke und Wille, was wieder dasselbe ist wie das Erschauen „eines Lebewesens". Da der Organismus dieses Wesens in sich alle existierenden Wesen enthält und alles umfasst, was überhaupt existiert – da alle Einzelheiten hier so ineinandergefügt sind, wie die Lebewesen, die, wie oben gesagt, innerhalb von Lebewesen auftreten –, ist das Weltbild eine von allen Lebewesen zusammengesetzte und aufrechterhaltene Einheit, durch die Geist, Bewusstsein, Gedanken- und Willensführung und eine hierdurch folgende Manifestation und Schöpfung offenbart wurden. Damit wird jedoch das Weltall sichtbar als der Organismus eines Lebewesens. Da sich dieser Organismus von allen anderen Organismen dadurch unterscheidet, dass er eine Gesamtheit aus allem ist, was überhaupt existiert, ist er, obwohl materiell in seinem Hervortreten, trotzdem erhaben über unsere Zeit- und Raumdimension. Er unterscheidet sich dadurch vom Organismus des Gottessohnes, dass der des Letzteren ja gerade Zeit- und raumdimensional ist und einen Anfang und ein Ende hat und deshalb altert. Der Organismus der Gottheit (das Weltall) hat kein Alter. Er ist mit der Ewigkeit identisch. Die Gottheit als ein alles umfassendes Lebewesen, in deren Organismus und Wesen wir alle „leben, uns bewegen und sind", ist die ewige Analyse K des Weltbildes.

Die höchst unterschiedliche Einstellung der Wesen zu ihrer Umgebung enthüllt ein mentales Wachstum, das durch die Vorschriften und Ideale des Welterlösers und der Propheten weitergeformt wird

902. Es ist, wie bekannt, höchst unterschiedlich, was jeder Mensch seinem Nächsten oder seiner Umgebung gegenüber übers Herz bringen kann. Manche bringen es fertig, sich an anderen Menschen zu rächen, sie zu verstümmeln und zu ermorden oder auf andere Weise für ihre Umgebung zum Nachteil oder zur Unannehmlichkeit zu werden, während andere es wiederum überhaupt nicht übers Herz bringen, für einen Menschen oder ein Tier auch nur zur allerkleinsten Unannehmlichkeit zu werden, die es nicht ertragen können, dass andere in irgendeinem Bereich einem Leiden ausgesetzt sind, die vielmehr in jeder Situation vollkommen davon beseelt sind, die Leiden, Sorgen und Mühen anderer Wesen zu lindern, ja, die es nicht einmal fertigbringen, Blumen zu pflücken, weil sie darin eine gewisse Form der Verstümmelung des Organismus der Pflanze selbst sehen. Dass hinter diesen höchst unterschiedlichen Einstellungen der Erdenmenschen zu ihren Mitwesen und dem übrigen Leben in ihrer Umgebung eine Fähigkeit stehen muss, darf wohl als allgemeine Tatsache vorausgesetzt werden. Dass diese unterschiedlichen Einstellungen jeweils, entsprechend ihrer Natur, in eine fortlaufende Skala einzuteilen sind, die von einer kleineren zu einer immer größeren Repräsentation dessen ansteigt, was man anderen Wesen an Unannehmlichkeiten oder Leiden zuzufügen übers Herz

bringt, gehört ja auch unerschütterlich zu dem, was unmöglich zu entkräften ist. Unsere ganze Beurteilung des Vollkommenheitsgrades der Mitwesen basiert auf eben dieser Skala. Je stärker die Wesen jene Grade repräsentieren, die sich in Rache, Verfolgung, Mord und Verstümmelung anderer Wesen gegenüber äußern, desto mehr bezeichnen wir diese Wesen als primitiv oder inhuman, während das Gegenteil für die Wesen zutrifft, die die Grade auf der anderen Seite der Skala repräsentieren. Je stärker die Wesen jene Grade oder Stufen auf der Skala repräsentieren, auf denen man nur Humanität entfalten kann und es nicht fertigbringt, anderen Wesen Kummer und Sorgen zu bereiten, und daher in größerem oder kleinerem Ausmaß die Leiden lieber selbst auf sich nehmen will, desto stärker begreifen oder bezeichnen wir diese Wesen als entwickelte Wesen. Ja, sind es nicht gerade solche Stufen auf der Skala, die der gesamten Kulturschöpfung der Menschheit zugrunde liegen? Sind es nicht diese Stufen, die in den fortgeschrittenen Religionen als Ideale dargestellt werden? Sind es nicht diese Stufen, die durch Christus, Buddha und einige andere der höchsten und von der Autorität der Jahrtausende bestätigten Menschenführer manifestiert werden? Und ist es nicht gerade die Manifestation dieser Stufen, die vom „Feuer der Hölle" befreit?

Wenn aber die fortgeschrittensten Religionen und ihre großen Stifter oder Welterlöser, die selbst diese humanen oder liebevollen Stufen repräsentieren, nur leben, um all ihren weniger vollkommenen Mitwesen diese Stufen als deren „Erlösung" aus dem „Feuer der Hölle", als Befreiung von Sorgen und Leiden aufzuzeigen, tragen diese Wesen hier also dazu bei zu bestätigen oder zu bekräftigen, dass all diese Stufen der Ausdruck für ein Wachstum sind, in dem sich die Erdenmenschen befinden. Wäre das nicht so, so wären diese Anweisungen oder Vorschriften der Welterlöser oder Propheten ja vollkommen sinnlos und damit völlig abnorm. Es können nur Toren sein, die es wagen, jene Worte der Wesen zu verneinen, die in Jahrtausenden nicht wegdiskutiert werden konnten, sondern vielmehr für den entwickelten Forscher zur Tatsache und Wissenschaft wurden.

Lebenssubstanz Nr. 48 – Die letzte Phase der Welterlösung. Lebenssubstanz Nr. 49 – Die Welterlöser in der letzten Phase der Erlösung. Lebenssubstanz Nr. 50 – Das Christusprinzip

979. Dass die Wesen jetzt nach einem „dauerhaften Frieden" zum Himmel schreien, was ja dasselbe bedeutet wie in eine entgegengesetzte Lebens- oder Daseinsform als die oben genannte eingegliedert werden zu wollen, ist längst zur allgemeinen Tatsache geworden, wie es auch eine Tatsache ist, dass diese neue Lebensform durch Welterlöser gedanklich befruchtet und stimuliert wird. Namen wie Buddha, Mohammed und Christus haben Jahrhunderte hindurch am religiösen Himmel gestrahlt. Wir wollen daher diese neue Lebensform oder die letzte Phase der Welterlösung als „Lebenssubstanz Nr. 48" und die Welterlöser in dieser Phase als „Lebenssubstanz Nr. 49" bezeichnen.

Da die Mission dieser Wesen eine Stimulierung zum Prinzip der Nächstenliebe oder zur Manifestation des Prinzips ist, das wir hier im „Livets Bog" als „Christusprinzip" bezeichnet haben, wollen wir dieses Prinzip, das in Wirklichkeit die „Verführung" durch die „Schlange" in der letzten Phase der Welterlösung ist, als „Lebenssubstanz Nr. 50" bezeichnen.

Der ewige Lebenskern, der die Pole reguliert

1929. Hinter diesen beiden Organssätzen existiert der regulierende Talentkern, der, ebenso wie alle übrigen Talentkerne im Lebewesen, seinen Sitz im Schicksalselement im Oberbewusstsein des Lebewesens oder im X2 hat. Da alle Lebensfunktionen ihre innerste oder tiefste Wurzel in diesem Talentkern haben, so dass alle anderen Talentkerne in Wirklichkeit Ausläufer dieses einen großen Kerns sind, wollen wir ihn den „Mutterkern" oder den „ewigen Lebenskern" nennen. Von diesem vornehmsten Organ des Lebens aus wird das sexuelle Polprinzip und somit der Kreislauf oder die Manifestation des „höchsten Feuers" in allen dessen Phasen manifestiert und reguliert. Diese Regulierung zeigt sich im ganzen Hervortreten des Lebewesens in all ihren tausend- und millionenfachen Nuancen. Das Studium dieser Regulierung zeigt uns folglich, warum die Lebewesen in den speziellen mentalen und körperlichen Manifestationsformen in Erscheinung treten, wie es eben der Fall ist. Weshalb tritt das Lebewesen z. B. als Tier hervor? – Weshalb erscheint es als Mensch? – Weshalb zeigt es sich als ein Christus, ein Buddha oder als ein Mensch als Abbild Gottes? – Ja, die Antwort ist einfach und unkompliziert. Diese Manifestationsformen des Lebewesens sind nur die äußeren sichtbaren Wirkungen der sexuellen Polkonstellationen der Wesen und der hiervon regulierten sympathischen und intellektuellen Anlagen.

Die moderne Wissenschaft bildet „den Heiligen Geist" in embryonalem Zustand

30. Kapitel

Materialismus oder Gottesleugnung ist also ein stets wiederkehrendes Problem bei jedem Übergang vom Natur- zum Kulturzustand. Aber allmählich hat man sich an das klare Licht der Intelligenz gewöhnt und beginnt nun erst richtig, mit ihm „sehen" zu können. Und da beginnt die Gottesverehrung zurückzukehren, aber in viel schönerer und edlerer Form, da sie nun die Logik des Weltplans oder die Weltintelligenz als Grundlage erhält. Und der Materialist eilt, nachdem sich allmählich auch die anderen Geistesgaben, Gefühl und Intuition, zur Höhe seiner Intelligenz hinentwickeln, dem großen Licht, der großen Einweihung oder Verklärung entgegen, die den „Dornenbusch vor Moses brennen" ließ, welche die Apostel „in anderen Zungen sprechen" ließ, die den Saulus einen Paulus werden ließ und einen Buddha, Jesus und Mohammed zu Welterlösern machte.

Weil die dämmernde Intelligenz, das viele materielle Wissen im Anfang, das Geschöpf blendet und es damit eine Zeitlang in unbewusster Blindheit vor dem Gottesproblem belässt, ist es richtig, dass der Naturmensch auf eine Art der Gottheit näher steht als „der Professor", oder wie Christus es ausdrückt: „Selig sind, die geistig arm sind, denn ihrer ist das Himmelreich". Dem Einfältigen oder geistig Armen fällt es leichter, einen guten Glauben an die Existenz einer Vorsehung aufgrund der Berichte anderer zu haben als dem Wissenschaftler mit seinem großen Wissen von Größenverhältnissen, Zeit und Raum, Geschwindigkeiten und Maßen, die er noch in keiner Weise als Beweismaterial für Leben identifizieren oder anwenden kann, weshalb er sich damit begnügen muss, das Ganze „Natur" zu nennen. Und dies ist der Grund, warum „die Natur" in Wirklichkeit noch in großem Ausmaß nur ein totes und kaltes Problem ist, eine Art geistige „Rumpelkammer", in die er schließlich doch alles hineinwerfen muss, was er nicht versteht.

Wie ich aber schon sagte, ist dieser Zustand nur vorübergehend. Wie wir nicht plötzlich von einem sehr tiefen und nachtschwarzen Dunkel, in dem wir längere Zeit verweilten, in das klare Licht des Tages kommen können, ohne geblendet zu werden, können wir hier auch nicht plötzlich von einem dunklen und primitiven Naturzustand zu einem hochintellektuellen Zustand kommen, ohne geblendet zu werden.

Dieser intellektuelle Zustand, dieses viele neue Wissen oder diese Wissenschaft, dieser neue Bewusstseinszustand, der seiner ersten Instanz nach ja eben auf der Gewissheit von materiellen Verhältnissen und Einzelheiten beruht, beschäftigen natürlich das hierfür empfängliche Gemüt vollständig. Sie sind ein so außerordentlich vollkommener Kontrast zu dem früheren Bewusstseinszustand desselben Geschöpfes, der nur auf dem Glauben an Dogmen, auf dem Glauben an religiöse Erscheinungen, auf dem Glauben an Dinge beruhte, die durch materielle Größenbegriffe und Zahlen nicht zu Wissen werden konnten, dass dieser Bewusstseinszustand als unwirklich, veraltet, kindlich oder naiv völlig verdrängt wird. Absolute Gewissheit bei seinem Denken zu haben, ist ein so großer Genuss, ist ein so großer inspiration-, energie- und freudeweckender Faktor, dass das Geschöpf hierbei eine Begegnung mit dem Paradies gefunden hat. Dieses Paradies ist also die heutige „moderne Wissenschaft", und all seine Einwohner oder Bewohner sind solche Personen, die mehr oder weniger ihren „Kinderglauben" oder den Glauben an alle Religion verloren haben, Personen, die hauptsächlich nur absolut materielle Konkretheit anerkennen. Die Atmosphäre oder Glorie dieses Paradieses wird im täglichen Leben als „Materialismus" oder „Irreligiosität" bezeichnet. „Irreligiosität" ist somit die Blendung, die entsteht, wenn das Schicksal des Geschöpfes seine Begegnung mit dem beginnenden intellektuellen Zustand herbeiführt. Dieser Zustand muss notwendigerweise in erster Instanz physisch, materiell sein, da das Geschöpf hauptsächlich dort seine Fähigkeiten und sein Erfahrungsmaterial hat. Und allmählich, je mehr sich das Leben des Geschöpfes auf solche Weise auf Tatsachen gründet, desto unhaltbarer wird ein Dasein voller Ungewissheit und Glauben, und die Irreligiosität tritt ein. Das Geschöpf kommt dadurch notwendigerweise zu anderen Ergebnissen. Da diese der erste schwache Beginn des wirklichen Wissens sind, weichen sie stark von jenen Ergebnissen ab, an die sich die am höchsten entwickelten Gläubigen halten, denn jene Ergebnisse sind die allerhöchsten Ergebnisse des wirklichen Wissens.

Der Unterschied zwischen dem Irreligiösen und dem am höchsten entwickelten Religiösen ist also, dass der Erstere die ersten oder zartesten Ergebnisse des wirklichen Wissens als Tatsache besitzt, während der Letztere im Glauben an die höchsten Ergebnisse des wirklichen Wissens lebt. Auch hiermit wird Jesu Wort von den „Geistesarmen" zur Tatsache. Der Einfältige oder der „geistig Arme" lebt im Glauben an die wirklichen Ergebnisse des Lebens, im Glauben an ein wirkliches Lebewesen in allen Dingen, im Glauben an Unsterblichkeit und an eine helfende Allmacht. Der beginnende Intellektuelle hat dagegen durch sein zunehmendes Begehren nach Wissen in entsprechendem Grade die Fähigkeit verloren, glauben zu können. Und da sein Wissen erst im zartesten Anfang ist, kann er sich nicht Wissen von den allerhöchsten Gebieten des Lebens aneignen, in denen gerade die höchsten religiösen und ewigen Ergebnisse vorkommen. In dieser Beziehung muss er notwendigerweise jede Fühlung mit diesen Ergebnissen verlieren. Stattdessen hat er also das beginnende materielle Wissen. Aber dieses umfasst ja rein primitive, physische Einzelheiten und Gebiete und gibt, wie der Leser schon weiß, nur Ergebnisse, die mit Größenbegriffen, d.h. mit Maß, Gewicht, Zeit, Raum, Schwingungen und Geschwindigkeiten, identisch sind.

Aber dieses Gefühl, absolutes Wissen zu besitzen, selbst wenn es nur die Kenntnis von rein physischen Einzelheiten umfasst, ist ein so großes Glücksgefühl, dass es, wie schon gesagt, das Geschöpf, obwohl ihm selbst ganz unbewusst, vollständig blendet, d.h., dass es in seinem Bewusstsein geradezu die Auffassung erzeugt, dass es mit seiner materiellen Forschung alles beobachten, sich Wissen von allem aneignen kann. Da diese Auffassung ja gänzlich falsch ist, weil die religiösen Ergebnisse zusammen unerschütterliche Analysen der tragenden Grundlage des Weltalls sind und auf einem Wissen beruhen, das man sich nur durch eine viel fortgeschrittenere Entwicklung als die physische aneignen kann, entsteht die Irreligiosität.

Die höchsten religiösen Ergebnisse, die ja die totale Lösung der wirklichen Wahrheit oder des Welträtsels sind, bilden also ein Wissens- oder Ergebnisgebiet, das nur mit Hilfe eines viel, viel größeren Erfahrungsvorrates bereist werden kann als mit jenem, auf dem die rein materiellen oder physischen Aufklärungen beruhen. Und im selben Maße, in dem einem Forscher dieser größere Erfahrungsvorrat gerade fehlt, der, näher bezeichnet, hauptsächlich aus Leidens- oder Gefühlserfahrungen besteht, kann er alle Religiosität und die dazu gehörenden Einzelheiten nur als Aberglauben, Naivität und Unwirklichkeit auffassen.

Aber dieser Zustand von Materialismus oder Irreligiosität ist nur ein Stadium auf dem Weg, den absolut alle mehr oder weniger wandern müssen, da das materielle Wissen bis zu einem gewissen Grade die Pforte zum kosmischen Wissen ist, jedoch sind es nur die Leidenserfahrungen, die diese Pforte öffnen können.

Die moderne Wissenschaft ist somit in Wirklichkeit der Anfang oder die Vorbereitung zur Manifestation des „Heiligen Geistes" auf Erden. Der Heilige Geist ist, wie den Lesern schon bekannt ist, die Bewusstseinsschicht, die das allerhöchste Wissen vom Weltall und Dasein bildet. Und hiervon ist die moderne Wissenschaft also der erste zarte Anfang, der erste schwache Anlauf. Sie ist der „Heilige Geist" in embryonalem Zustand. Sie ist „das Reich Gottes" in seinem Werden.

Irreligiosität ist somit nur die Blendung, die entsteht, wenn das Schicksal des Geschöpfes es vom Glaubensdasein zum Wissensdasein führt. Diese beginnende Intellektualität, diese beginnende Durchforschung der einzelnen Dinge muss natürlich die ganze Energie des, geistig gesehen, kindlichen Geschöpfes in Anspruch nehmen, und es muss vorläufig die großen Ergebnisse und die kosmische Wirklichkeit des Lebens, an die es zuvor entweder in seinem jetzigen oder in früheren Leben geglaubt hat, aus den Augen verlieren und tritt deshalb als „Materialist" hervor. Und je schneller sich dieser Übergang von Unwissenheit zu Wissen, von Dunkel zu Licht vollzog, desto größer die Blendung, d.h. desto größerer Materialismus oder desto größere Irreligiosität.

Wenn der Übergang dagegen langsam vor sich geht, wird man nicht geblendet, weder vom materiellen noch vom intellektuellen Licht.

Aber in unseren Tagen geht die Entwicklung ja nicht gerade langsam vor sich. Wir befinden uns in einer Periode, in der die Entwicklung, von gewissen Gesichtspunkten aus gesehen, mit Riesenschritten vor sich geht. Und dieser schroffe Übergang schafft die moderne Gottlosigkeit oder Irreligiosität. Diese Irreligiosität ist also nur ein Zeichen dafür, dass eben eine kolossal schnelle Entwicklung stattfindet. Je schneller die Entwicklung jedoch vor sich geht, desto schneller kommt die Menschheit zurück zu Gott, zum Leben, zur Erkenntnis der wirklichen Wahrheit, zur Weltlogik, zum Frieden und zur Liebe.

Jesus Martinus

92 Sätze enthalten das Suchwort „Jesus". Anzeige: Seite 1 von 4.

Und schließlich haben wir dort den Bericht über Jesus, der geboren wurde und in allen Situationen, wo Menschen verkehrt handelten, richtig handelte.

Die Menschheit und das Weltbild, Kap. 11.

Es ist diese neue Weltepoche, diese Wandlung der geistigen Einstellung oder Psyche der Erdenmenschen in eine wissenschaftliche Geisteseinstellung – entsprechend der Wandlung der vorzeitlichen Geisteshaltung der Menschheit zur wissenschaftlichen materiellen Einstellung –, die vom Welterlöser Jesus Christus angekündigt wurde, als er zu seinen Zeitgenossen sagte: „Und ich werde den Vater bitten, und er wird euch einen anderen Beistand geben, der für immer bei euch bleiben soll.
Die Menschheit und das Weltbild, Kap. 54.

Niemand kann die Wahrheit ausdrücken, ohne eben dieselben Ergebnisse auszudrücken, die Jesus schon verkündet hatte.
Die Menschheit und das Weltbild, Kap. 54.

Diese Geistigkeit oder diese besondere Psyche ist nichts Persönliches oder Individuelles für den Erlöser Jesus von Nazareth, sondern ein allgemein gültiger psychischer Zustand für alle Wesen, die eine besondere geistige oder kosmische Stufe der Reife im ewigen

Spiralkreislauf der Entwicklung durchschritten haben.
Die Menschheit und das Weltbild, Kap. 54.

Und wenn man dem von Jesus von Nazareth repräsentierten reinen, lichten Weltimpuls durch neunzehn Jahrhunderte hindurch folgt, kann man nicht umhin zu sehen, dass er in Form des Katholizismus geradezu Feuer und Bann benutzen musste, um überhaupt durchdringen zu können.
Livets Bog, Band 1, Ziff. 62.

Und ihr Widerstand kann somit nur vom selben Umstand getragen werden wie dem, der Jesus ans Kreuz brachte, nämlich davon, dass man nicht wusste, was man tat.
Livets Bog, Band 1, Ziff. 176.

Es gibt ja auch einen ganzen Teil von Menschen, die in dem Glauben leben, für sich bereits die wahre Lösung des Lebensmysteriums in Form des Glaubens an Jesus Christus oder an einen anderen der hervorragenden großen Erdenmenschenführer erworben zu haben, ebenso wie es andere gibt, die in dem Gegensatz hierzu leben.
Livets Bog, Band 2, Ziff. 626.

Schon Jesus war solchen neuen Fragen ausgesetzt und musste „den kommenden Geschlechtern" die Antwort durch den „Beistand, den Heiligen Geist" versprechen.
Livets Bog, Band 2, Ziff. 629.

Die Mystik wurde später bekannt als die Theorie von der „Gnade" und der „Vergebung der Sünden durch Jesus Christus".
Livets Bog, Band 3, Ziff. 859.

Warum der Glaube an die „Gnade" und die „Vergebung der Sünden" durch Jesus Christus in die Welt kam
Livets Bog, Band 3, Ziff. 860, Ziffernüberschrift.

Aufgrund dessen, dass Jesus die reine Erfüllung des Liebesgesetzes praktizierte, was für sie selbst völlig unmöglich war, konnten sie in ihm nur ein Wesen sehen, das von ihnen selbst an geistiger Größe und geistigem Können so weit abwich, dass er ein „fleischlicher Nachkomme" Gottes selbst sein musste, geboren von einer Frau, die sogar von der Gottheit selbst geschwängert worden war.
Livets Bog, Band 3, Ziff. 860.

Warum Jesus die Formel „Deine Sünden sind dir vergeben" gebrauchte
Livets Bog, Band 3, Ziff. 862, Ziffernüberschrift.

Wenn Jesus zu einem Menschen sagt „Deine Sünden sind dir vergeben", dann ist das in Wirklichkeit eine Unwahrheit.
Livets Bog, Band 3, Ziff. 862.

Was für eine Situation war es, in der sich Jesus befand, wenn er Wesen gegenüberstand, denen er die „Vergebung der Sünden" gab?
Livets Bog, Band 3, Ziff. 862.

Nun wird man hier vielleicht meinen, dass Jesus dem Betreffenden hätte sagen können, dass „Sünde" nicht existiere und derjenige deshalb kein „Sünder" sei.
Livets Bog, Band 3, Ziff. 862.

Und das ist richtig, Jesus hätte das dem unglücklichen Menschen, dem er gegenüberstand, ohne weiteres sagen können, aber was wäre dann geschehen?
Livets Bog, Band 3, Ziff. 862.

Eine so welterschütternde Antwort hätte den Unglücklichen im besten Fall glauben lassen, dass Jesus verwirrt war, dass er geisteskrank sein musste, ein Fanatiker oder im schlimmsten Fall der „Teufel" selbst sein musste.
Livets Bog, Band 3, Ziff. 862.

Wenn Jesus einem solchen unglücklichen „sündenbelasteten" Wesen in dessen augenblicklicher Seelenkrise helfen wollte, so konnte dies also nicht dadurch geschehen, dass vor dem Betreffenden die kosmischen Analysen eines neuen Weltbildes, das verstehen zu lernen er Jahrzehnte benötigt hätte, entrollt worden wären, sondern vielmehr ausschließlich dadurch, dass in jener Sprache zu ihm gesprochen wurde, die sich in Kontakt mit seinem eigenen Vorstellungskreis befand und die er daher augenblicklich verstehen konnte.
Livets Bog, Band 3, Ziff. 862.

Und der Unglückliche wurde, soweit er volles Vertrauen zu Jesus hatte, von seinem mentalen Finsterniskomplex befreit, wurde wieder frei und froh, ja bisweilen so froh, dass die Freude seinen physischen Körper vollkommen durchsäuerte, so dass er in vielen Fällen auch hier eventuelle Leidenskomplexe loswurde.
Livets Bog, Band 3, Ziff. 862.

Es ist nicht verwunderlich, dass Jesus immer wieder erklärte, dass der positive Ausgang vollkommen auf dem Vertrauen zu ihm oder auf dem „Glauben" an ihn beruhte.
Livets Bog, Band 3, Ziff. 862.

Im oben Gesagten haben wir gesehen, wie ungeheuer liebevoll das Prinzip der Welt-

erlösung nicht nur denen durch Jesus entgegenkam, die von der alten jüdischen Kultur abgefallen waren und deshalb nach dem neuen Samen hungerten, durch den alle Geschlechter der Erde allmählich Segen erlangen sollten, sondern zugleich auch den eigentlichen „Rechtgläubigen" innerhalb derselben Kultur oder Gottesverehrung, wenn diese als Leidende und Verzweifelte zu ihm kamen.
Livets Bog, Band 3, Ziff. 863.

Und Jesus antwortet mit einer noch stärkeren Betonung: „Amen, Amen, ich sage dir: Wenn jemand nicht aus Wasser und Geist geboren wird, kann er nicht in das Reich Gottes kommen.
Livets Bog, Band 3, Ziff. 864.

Warum die „Gläubigen" meinen, dass die „Taufe" und nicht die Wiedergeburt oder Reinkarnation das Gesprächsthema zwischen Jesus und Nikodemus war
Livets Bog, Band 3, Ziff. 865, Ziffernüberschrift.

Es ist richtig, dass man innerhalb der Kreise der stark „Gläubigen" lehrt, dass es die „Taufe" ist, über die Jesus hier spricht.
Livets Bog, Band 3, Ziff. 865.

Sie haben überhaupt noch nicht jenen Zweifel im Sinn, der Nikodemus veranlasste, Jesus aufzusuchen.
Livets Bog, Band 3, Ziff. 865.

 Nikodemus kam nicht zu Jesus, um die „Vergebung der Sünden" zu erhalten, sondern um an der hochintellektuellen Seite seiner Verkündigung oder Botschaft teilzuhaben
Livets Bog, Band 3, Ziff. 866, Ziffernüberschrift.

Es ist nicht verwunderlich, dass auch solche Zweifler zu Jesus kamen.
Livets Bog, Band 3, Ziff. 866.

Dass Nikodemus in der Nacht zu Jesus kam, zeigt, dass ihm sehr an einem Gespräch mit diesem großen Eingeweihten gelegen war.
Livets Bog, Band 3, Ziff. 866.

Dass er den Welterlöser nicht aufsuchte, um eine Erläuterung zu einer Zeremonie zu bekommen, sondern vielmehr, weil er danach hungerte, eine Antwort auf das Mysterium des lebendigen Lebens zu erhalten, wird durch sein Gespräch mit Jesus zur offenkundigen Tatsache.
Livets Bog, Band 3, Ziff. 866.

Jesus sagte ja nicht zu Nikodemus „Ohne dass jemand von neuem – getauft – wird", sondern vielmehr „Ohne dass jemand von neuem – geboren – wird" usw.
Livets Bog, Band 3, Ziff. 866.

Wenn aber sein Hunger etwas zum Ausdruck brachte, was er nicht durch diese Auto-
ritäten befriedigt bekommen konnte, dann konnte das ja nur etwas von jener neuen
Weisheit sein, mit der Jesus gekommen war, um die Welt zu bereichern.
Livets Bog, Band 3, Ziff. 866.

Hat er nicht selbst zu Jesus gesagt „Rabbi, wir wissen, du bist ein Lehrer, der von Gott
gekommen ist".
Livets Bog, Band 3, Ziff. 866.

Jesus kennt die Reinkarnation oder Wiedergeburt, weiß aber, dass bei weitem nicht alle
die Reinkarnation verstehen können
Livets Bog, Band 3, Ziff. 867, Ziffernüberschrift.

Jesus sprach zwar nicht sehr viel über das „ewige Leben", um so mehr sprach er jedoch
über alles, was sich günstig auf das Verhältnis des Wesens zu diesem ewigen Dasein
auswirken kann.
Livets Bog, Band 3, Ziff. 868.

Es ist kein Wunder, dass Jesus erklärt, dass „niemand hineinkommen kann, ohne das
Hochzeitsgewand anzuhaben".
Livets Bog, Band 3, Ziff. 868.

Gottes Reich „zu sehen" wie auch „in es hineinzukommen", wäre also ohne Wiedergeburt, wie es eben Jesus selbst Nikodemus gegenüber verkündigt hat, absolut unmöglich.
Livets Bog, Band 3, Ziff. 870.

Es kann unmöglich wegdiskutiert werden, dass Jesus hiermit sehr stark betont, dass
das „Himmelreich" so weit über jenes Reich erhaben ist, in dem sich der Erdenmensch
befindet, dass der Kleinste im Himmelreich größer ist als der Größte im Reich des Erdenmenschen.
Livets Bog, Band 3, Ziff. 871.

Dass dieses Wesen dieses „geistige Dasein" mit dem von Jesus zum Ausdruck gebrach-
ten „Himmelreich" verbindet, ist ganz selbstverständlich.
Livets Bog, Band 3, Ziff. 872.

Es ist hier also nicht schwer zu verstehen, warum Jesus nicht über den Teil des ewigen Lebens der Erdenmenschen sprechen kann, der unter den Bezeichnungen „Reinkarnation", „Wiedergeburt" oder „zukünftige Erdenleben" nach dem Ende des derzeitigen Erdenlebens kommt, sondern sich darauf beschränken muss, die Formeln „Himmelreich" und „Ewiges Leben" zu gebrauchen, wie er auch an einer Stelle die Formel „Auferstehung" für das weiterführende Dasein nach dem derzeitigen Erdenleben gebraucht.
Livets Bog, Band 3, Ziff. 872.

Wozu sonst die von Jesus aufgestellten Ideale und Vorschriften?
Livets Bog, Band 3, Ziff. 872.

Jesus vergleicht eine kommende neue Daseinsform mit der der „Engel" im „Himmel"
Livets Bog, Band 3, Ziff. 873, Ziffernüberschrift.

Ist es nicht diese Einführung oder das Wachstum dieser Arbeit, was Jesus mit einem „Senfkorn" bezeichnet, das allmählich zu einem großen und mächtigen Baum wird ...?
Livets Bog, Band 3, Ziff. 874.

Es ist dieser zurückkehrende Zustand, den Jesus als „Auferstehung" bezeichnet.
Livets Bog, Band 3, Ziff. 874.

Wenn Jesus das Volk an die „Auferstehung" erinnert, ist das dasselbe wie das, was er Nikodemus gegenüber zum Ausdruck brachte, nämlich „von neuem geboren zu werden", zu einem neuen „physischen Dasein" zurückzukommen.
Livets Bog, Band 3, Ziff. 874.

Mit der „Auferstehung" meint Jesus also nur das eine, das wirklich eine „Auferstehung" sein kann, nämlich eine neue physische Geburt.
Livets Bog, Band 3, Ziff. 875.

Dieses Reich ist wiederum das „ewige Leben", das Jesus als Erbe demjenigen verkündet, der an ihn glaubt, d.h. dem, der sich durch die Erdenleben allmählich im Praktizieren der Nächstenliebe geübt hat oder so stark darin gelebt hat, dass diese Lebensweise nun wie eine Selbstverständlichkeit alltägliche Natur, Talent und Charakter solcher Wesen geworden ist.
Livets Bog, Band 3, Ziff. 876.

Wir haben also gesehen, wie Jesus Christus durch sein Gleichnis vom „Wachstum des Senfkorns" seine Kenntnis vom „Entwicklungsprozess" der Wesen zum Ausdruck gebracht hat.
Livets Bog, Band 3, Ziff. 880.

Gemäß der Bibel macht Jesus ja kein Hehl daraus, dass es eine solche Erscheinung gibt.
Livets Bog, Band 3, Ziff. 882.

Dieses Gesetz kann nur das von Jesus erwähnte Gesetz der Nächstenliebe sein, das allen
gebietet, ihren Nächsten wie sich selbst zu lieben.
Livets Bog, Band 3, Ziff. 887.

Aber Jesus sagt weiter: „Wer aber zu ihm sagt: Du Narr!*, soll dem Feuer der Hölle verfallen sein".
Livets Bog, Band 3, Ziff. 889.

 Aber diese Auffassung haben wir ja schon als Unmöglichkeit aufgezeigt, da sie vollkommen nutzlos ist und damit nur der Ausdruck einer perversen oder sadistischen Gottheit
sein kann, also einer Gottheit oder eines „Vaters", mit dem der Welterlöser Jesus von
Nazareth mit seinem von Liebe erfüllten und verzeihenden Wesen unmöglich eins sein
könnte.
Livets Bog, Band 3, Ziff. 895.

Wenn Jesus sagt: „Die zum Schwert greifen, werden durch das Schwert umkommen",
dann ist diese Äußerung eine Analyse, die auf diesem „festen Punkt" beruht.
Livets Bog, Band 3, Ziff. 993.

Es muss jedoch hier gesagt werden, dass dies nicht auf den Urheber, den Welterlöser
Jesus Christus, zurückzuführen ist, denn seine Wesensart sowie seine Anleitung ruhten
ja ausschließlich auf diesem einen: „Du sollst Gott lieben über alle Dinge und deinen
Nächsten wie dich selbst".
Livets Bog, Band 5, Ziff. 1714.

Sie hatten keine Intellektualität, um die Lösung des Mysteriums „Jesus" anders zu verstehen oder aufzufassen.
Livets Bog, Band 5, Ziff. 1718.

Wenn Jesus „Jungfrau-Geboren" wäre, würde dies eine Anschuldigung der Gottheit
sein
Livets Bog, Band 5, Ziff. 1720, Ziffernüberschrift.

Wenn man lehrt, dass Jesus von einer Jungfrau geboren ist, bedeutet das also in Wirklichkeit, dass man lehrt, dass die Empfängnis der Jungfrau Maria auf eine andere Weise
geschah als die von der Natur geschenkten.
Livets Bog, Band 5, Ziff. 1720.

Es war ja diese Empfängnis, die als Ursache dessen aufgefasst wurde, dass Jesus über gewöhnliche, sterbliche Menschen so hoch erhaben war, dass er der „eigene Sohn" Gottes oder der Natur war oder direkt „Gottes leiblicher" Sohn.
Livets Bog, Band 5, Ziff. 1720.

Warum konnten nicht alle so wie Jesus „von Jungfrauen geboren" werden, „Kinder Gottes" sein und ihn als Vater haben anstatt eines Vaters aus Fleisch und Blut? –
Livets Bog, Band 5, Ziff. 1720.

Hat die intellektuelle Ermittlung uns hier nicht deutlich und unerschütterlich die Torheit, den Aberglauben und die Unwahrheit gezeigt, die in diesem Dogma über Jesus verborgen liegen? –
Livets Bog, Band 5, Ziff. 1720.

Konnte ein Wesen mehr gegen ein Fördern von Tod, Strafe, Leiden, Unrecht oder sogenannte „Sünde" sein als Jesus Christus? –
Livets Bog, Band 5, Ziff. 1720.

Man hat also konstatieren können, dass der Herr Jesus Christus von anderen Männern dadurch abwich, dass er nicht nach der Frau trachtete oder die Ehe anstrebte und deshalb auch nicht eifersüchtig wurde.
Livets Bog, Band 5, Ziff. 1721.

Ist der Apostel Johannes nicht in der Bibel eben als „der, den Jesus liebte" bezeichnet worden.
Livets Bog, Band 5, Ziff. 1721.

Für Jesus war es also keine Sünde, ein Wesen des eigenen Geschlechts zu lieben.
Livets Bog, Band 5, Ziff. 1721.

War es nicht gerade Peters Liebe zu Jesus, die den Meister dazu brachte, ihn „Petrus" zu nennen, was „Felsen" bedeutet? –
Livets Bog, Band 5, Ziff. 1721.

Folglich liebte Petrus Jesus.
Livets Bog, Band 5, Ziff. 1721.

Jesus sagt nicht, du sollst das andere Geschlecht lieben wie dich selbst, sondern er sagt dagegen ausdrücklich, dass es der Nächste ist, der auf diese hohe Art und Weise geliebt werden soll.

Livets Bog, Band 5, Ziff. 1721.

Dass Jesus, dieses erhabene, große moralische Genie, ein Sohn von Josef sein sollte, war also undenkbar.
Livets Bog, Band 5, Ziff. 1722.

Den vorliegenden Analysen ist es nicht schwierig zu entnehmen, warum Jesus „eins mit dem Vater" war und weshalb er als „jungfraugeboren" und „vom heiligen Geist empfangen" oder direkt mit Gott als Vater aufgefasst wurde.
Livets Bog, Band 5, Ziff. 1726.

War es nicht die gleiche, von den Traditionen der Herde abweichende Liebe oder Sympathie zum Nächsten, ganz gleich ob männlichen und weiblichen Geschlechts, die Jesus ans Kreuz und andere auf den Scheiterhaufen, unter die Guillotine und an den Galgen brachte? –
Livets Bog, Band 5, Ziff. 1727.

Deshalb können diese Wesen ihr eigenes Geschlecht lieben, Jonathan konnte David lieben und Jesus den Johannes.
Livets Bog, Band 5, Ziff. 1749.

Wenn man die Anwesenheit dieser hier geschilderten neuen sympathischen Veranlagung in Reinkultur im hoch entwickelten Menschen erkennt, dann versteht man Jesus besser, als er sich auf die Nächstenliebe in der Form des großartigen Gebots berief: „Du sollst deinen Nächsten lieben, wie dich selbst", und dass er in gleicher Weise seine Auffassung von sich selber mit den Worten ausdrücken musste: „Denn auch der Menschensohn ist nicht gekommen, um sich dienen zu lassen, sondern um zu dienen und sein Leben hinzugeben als Lösegeld für viele".
Livets Bog, Band 5, Ziff. 1749.

Es ist dieser Umstand, der die Idee von einer „Frau Christus" oder „Frau Jesus" bei den meisten Menschen unmöglich macht, auch wenn dies den Menschen selbst unbewusst ist.
Livets Bog, Band 5, Ziff. 1789.

In der ersten Epoche, also der der Ehe, haben wir Moses und in der anderen, in der Epoche der Allliebe, haben wir den Welterlöser Jesus Christus selbst.
Livets Bog, Band 5, Ziff. 1848.

„Christi Wiederkunft" ist also dasselbe wie von demselben Bewusstsein bereichert zu werden, das „Jesus von Nazareth" in den „Christus" verwandelte.

Livets Bog, Band 5, Ziff. 1893.

Von dem, als ein „Jesus von Nazareth in der Krippe geboren" gewesen zu sein – was hier
bedeuten soll, eine Person zu sein, die unter der Allgemeinheit des Volkes ohne jeden
sichtbaren äußeren Glanz geboren wurde –, wird jeder Erdenmensch durch die große
Geburt in einen Christus verwandelt.
Livets Bog, Band 5, Ziff. 1893.

 Einen durch und durch erkennbaren oder vollkommenen J-Menschen haben wir in Jesus von Nazareth oder dem Welterlöser Christus.
Livets Bog, Band 5, Ziff. 1895.

Jesus antwortete: „Wahrlich, wahrlich, ich sage dir, wenn jemand nicht aus Wasser und
Geist geboren wird, kann er nicht in das Reich Gottes kommen. –
Das Ewige Weltbild, Buch 2, Ziff. 17.21.

Diese Darstellung wird damit zur fundamentalen Bestätigung des göttlichen Strahlen-
glanzes des Heiligen Geistes Gottes, der vom Welterlöser Jesus Christus aus wie ein neuer kosmischer Sonnenaufgang über die ganze Welt leuchtete.
Das Ewige Weltbild, Buch 2, Ziff. 21.18.

Als Beispiel eines fertig entwickelten Menschen haben wir, wie im Vorangehenden angeführt, den Welterlöser Jesus Christus.
Das Ewige Weltbild, Buch 2, Ziff. 23.3.

Und der Materialist eilt, nachdem sich allmählich auch die anderen Geistesgaben, Gefühl und Intuition, zur Höhe seiner Intelligenz hinentwickeln, dem großen Licht, der großen Einweihung oder Verklärung entgegen, die den „Dornenbusch vor Moses brennen"
ließ, welche die Apostel „in anderen Zungen sprechen" ließ, die den Saulus einen Paulus
werden ließ und einen Buddha, Jesus und Mohammed zu Welterlösern machte.
Logik, Kap. 30.
Gibt es jemanden, der glaubt, dass Jesus diesen Satz ausgesprochen hat, um diese Kategorie von Männern und Frauen zu bekehren? –
Logik, Kap. 36.

Und ohne diesen Umstand hätte Jesus niemals „eins mit dem Vater" werden können.
Logik, Kap. 37.
Jesus antwortete ihm: „Amen, Amen, ich sage dir: Wenn jemand nicht aus Wasser und
Geist geboren wird, kann er nicht in das Reich Gottes kommen.
Beisetzung, Kap. 151.

Da „derjenige, der aus dem Geist geboren ist, das Lebewesen" ist und da „Wasser" und „Geist" im vorliegenden Fall nur Ausdruck für das „Fleisch" oder den physischen Körper bzw. für das Bewusstsein sein können, wie auch „Gottes Reich" dasselbe ist wie das „ewige Leben", gibt Jesus hier also die Unerschütterlichkeit der Reinkarnation in der Weltordnung bekannt.
Beisetzung, Kap. 151.

Jesus war in Fleisch und Blut inkarniert, war ein Embryo im Mutterleibe gewesen, wurde von einer Frau geboren, durchlief das Kinder- und Jugendstadium wie jedes andere irdische, physische Wesen und besaß doch eine Herrlichkeit beim Vater, bevor die Welt war.
Beisetzung, Kap. 151.

Jesus war nur ca. 33 Jahre alt, während die Erde an Jahren ein Alter von ungezählten Millionen repräsentierte.
Beisetzung, Kap. 151.

Wenn das oben Gesagte nicht nur eine Behauptung sein soll, muss Jesus also existiert haben, bevor der jetzige physische Erdball entstanden ist.
Beisetzung, Kap. 152.

Wo und worin sollte er sonst in den ungezählten Millionen von Jahren existiert haben, bevor er in dem physischen Körper inkarnierte, den die Welt „Jesus von Nazareth" nennt?
Beisetzung, Kap. 152.

Die Bibel beschreibt also hiermit, dass sowohl Jesus als auch Johannes existiert hatten, bevor sie in ihren bekannten Inkarnationen hervortraten, und dass beide von dieser Existenz aus imstande gewesen waren, in physischer Materie zu inkarnieren, hier auf der Welt als ein kleines neugeborenes Kind zu erscheinen, bis zum Jugend- und Mannesalter heranzuwachsen usw., ohne im Geringsten von den Zeichen und Ausdrücken abzuweichen, durch die sich das Leben in allen anderen physischen Wesen äußert.
Beisetzung, Kap. 152.

Das kosmische Klarsehen oder der Heilige Geist, mit dessen Hilfe das Wesen das Leben außerhalb von Zeit und Raum erlebt, kommt auch hier den Menschen in Form von physischer und geistiger Wissenschaft zu Hilfe und offenbart, dass das Leben wirklich ewig ist und dass alle Lebewesen, so wie Jesus und Johannes, eine überphysische Existenz haben, von der aus sie in die physische Materie inkarnieren können und zu der sie wieder zurückkehren können.
Beisetzung, Kap. 153.

Dieser Urheber der Materie oder Bewegung ist also der überphysische Wesenskern, dessen Vorhandensein im physischen Hervortreten eines jeden Lebewesens eine unbedingte Voraussetzung ist, damit Manifestation und Bewusstsein überhaupt stattfinden können, und der deshalb niemals etwas Spezielles nur für Jesus und Johannes gewesen sein konnte und es niemals werden kann.
Beisetzung, Kap. 153.

Und mit folgenden Worten: „Das ist das ewige Leben: dich, den einzigen wahren Gott, zu erkennen und Jesus Christus, den du gesandt hast", drückt Jesus selbst aus, dass das ewige Leben keine Veränderung der Lebensgesetze, keine Verwandlung der bestehenden Schöpfungsfakten in der Weltordnung, kein besonderer Gunsterweis für einzelne verdienstvolle Wesen ist, sondern – eine Kenntnis von Gott und dem von ihm gesandten Jesus Christus.
Beisetzung, Kap. 154.

Mohammed Martinus
Suchergebnis in Martinus' Werk: Das Dritte Testament
7 Sätze enthalten das Suchwort „mohammed". Anzeige: Seite 1 von 1.

Was die religiöse Auffassung der Wesen betrifft – sei sie von sogenannter heidnischer oder christlicher Natur, buddhistisch oder mohammedanisch, katholisch oder mormonisch, sei das Wesen „ungläubig", „gläubig", „Freidenker" oder sei sein Denkvermögen von Dogmen gebunden usw. – so gibt dies überhaupt keinerlei Recht dazu, die betreffenden Wesen zum Gegenstand von Intoleranz zu machen, wie auch dieselben Wesen natürlich nicht durch ihren besonderen Glauben oder durch ihre Verbindung an die genannten Realitäten irgendeinen berechtigten Grund dafür haben, Intoleranz gegen nichtverstehende Wesen zu fühlen.
Livets Bog, Band 1, Ziff. 164.

Namen wie Buddha, Mohammed und Christus haben Jahrhunderte hindurch am religiösen Himmel gestrahlt.
Livets Bog, Band 3, Ziff. 979.

Ob diese Weltanschauung bloß den „Glauben" des primitiven Naturmenschen an böse und gute Geister in Steinen, Bäumen oder in anderen materiellen Erscheinungen darstellt, ob diese vermutete Lösung des Lebens der „große Geist" der „ewigen Jagdgründe" des Indianers ist oder ob es sich um die elementaren Begriffe handelt, die sich Zulukaffern, Feuerländer, Pygmäen, Buschmänner oder Eskimos von einer Vorsehung gebildet haben, ob es die gefühlvollen, jedoch intelligenzarmen „religiösen" Dogmen der Buddhisten, Mohammedaner oder Christen sind oder ob es die moderne gefühlsar-

me aber bis zu einem gewissen Grade intelligenzbegabte Auffassung des Atheisten ist, der jede überphysische Lebensäußerung, alles Göttliche, jede vernunfterfüllte höhere Lenkung des Weltalls verleugnet, alle diese hier genannten „Glaubensformen" drücken doch ohne Ausnahme eine „Vermutung" oder eine Auffassung vom selben „Etwas" aus, nämlich von der unbekannten Weltanalyse.
Logik, Kap. 12.

Und der Materialist eilt, nachdem sich allmählich auch die anderen Geistesgaben, Gefühl und Intuition, zur Höhe seiner Intelligenz hinentwickeln, dem großen Licht, der großen Einweihung oder Verklärung entgegen, die den „Dornenbusch vor Moses brennen" ließ, welche die Apostel „in anderen Zungen sprechen" ließ, die den Saulus einen Paulus werden ließ und einen Buddha, Jesus und Mohammed zu Welterlösern machte.
Logik, Kap. 30.

Und gibt es nicht etwas Ähnliches im „Himmelreich" Mohammeds? –
Logik, Kap. 56.

Man ist ein „guter Christ", ein „guter Mohammedaner", ein „guter Buddhist", je nachdem welcher dieser Religionen unsere Gemeinschaft angehört.
Logik, Kap. 65.

Dabei führt sie die Menschen aus dem Tierreich, aus der Umklammerung des tötenden Prinzips heraus, hebt sie aus den in der religiösen Welt noch vorkommenden letzten großen Resten und Nachwirkungen der im „Livets Bog" beschriebenen „finsteren Weltmoral" und zeigt ihnen, dass ihr jetziges religiöses Leben, sei es buddhistisch, christlich, mohammedanisch o.ä., in großem Umfang seiner wahren Analyse nach immer noch nur als heidnisch zu bezeichnen ist.
Beisetzung, Kap. 5.

Die Erdenmenschen sind Genies im Morden und Zerstören. Der Erdball ist ein Dschungel. Die Nationen sind seine „wilden Tiere"
56. Kapitel

Weil das „Tierreich" die Zone der „Spirale" ist, die dazu bestimmt ist, die Heimat für die Schaffung oder für die Manifestation der finstersten Erlebnisse des Lebens zu sein: Verletzungen, Schmerzen, Sorgen und Trauer, Tod und Entsetzen, die den unentbehrlichen Kontrast bilden, ohne den es unmöglich wäre, das Gegenteil, den höchsten Glückszustand des Lebens oder die Empfindung von Seligkeit zu erleben, sind die Grundgesetze dieses „Reiches" natürlich ausnahmslos hierauf gegründet. Und dies ist ja der Grund, weshalb dieses Reich die Zone des „tötenden Prinzips" geworden ist. Diese Grundgesetze beruhen ja eben in so hohem Grade auf diesem Prinzip, dass es im „Tierreich" eine Lebensbedingung ist, töten zu müssen, um zu leben. Ja, dieses Gesetz ist so alles beherrschend, dass die Organismen der Lebewesen, die Werkzeuge für ihre Manifestation und für das Erleben des Lebens, geradezu unausweichlich als Nahrung für andere Wesen dienen. Die Folge hiervon muss notwendigerweise eine alles umfassende Jagd auf die Organismen der Lebewesen sein, ein alles umfassendes Morden mit entsprechender Verwundung und Zerfleischung junger, frischer und starker Körper, die andernfalls bei friedlichem Dasein ihre Urheber eine viel längere Zeit durchs Leben getragen und ihnen ein glückliches und sorgloses Dasein gegeben hätten. Wie selbstsüchtig muss die Mentalität nicht dadurch werden! – In einem Reich, wo „des einen Tod des andern Brot" ist, in einer Welt, wo Fleisch und Blut eine so lebensbedingende Ernährung für die Wesen sind, kann die Selbstlosigkeit unmöglich zu Hause sein. Ebenso wenig kann in dieser Zone das Vollkommene existieren, ohne eine Frage des Besitzes von überlegener physischer Kraft, Schlauheit und Scharfsinn zu sein, ohne eine Frage des Besitzes überlegener Fähigkeit zu sein, sich zu tarnen und dadurch andere in die Irre zu führen oder zu täuschen. Und das der Zone entsprechende Motto ist denn auch: „jeder ist sich selbst am nächsten". Das ist das Gesetz des „Tierreiches" in kürzester Form. Wer dieses Gesetz nicht erfüllen will, begeht den „Sündenfall" und muss sterben. Die Klügsten und Stärksten, die Rücksichtslosen und Brutalen erfüllen dieses Gesetz am vollkommensten und können leben. Sie beherrschen die Zone und haben ihr Glück mit einer größeren Stabilität gesichert.

Es ergibt sich daher, dass die Erdenmenschen in ihren ältesten Stadien, d.h. in ihren ersten primitiven Übergangsformen von „Tier" zu Erdenmensch, oben genanntes Motto als Moral gehabt haben, wie auch eine solche Moral bei den „Naturmenschen" des zwanzigsten Jahrhunderts Grundlage ihres Lebens ist, und zwar sowohl bei den „Naturmenschen", die es verstehen, ihre primitive Natur unter der Maske der Zivilisation zu verdecken, wie auch bei denen, die ihre wahre Natur noch unverschleiert und offensichtlich im Schatten der Urwälder entblößen. – Denn man muss daran denken, dass auch der sogenannte „moderne Mensch" ein „Naturmensch" sein kann. –

Dass dieser „moderne Mensch" große Vorteile hat, die der allgemeine „Naturmensch" nicht besitzt, dass er imstande ist, mit fein verarbeiteten Kleidern und Schuhen zu gehen, dass er in besseren und feineren Wohnungen wohnt, dass er sich besserer Verkehrsmittel und anderer technischer Erfindungen bedient, das ist nur ein Altersunterschied – kein Prinzipunterschied. Ein wirklich höher zivilisierter Mensch ist ein solches Wesen absolut nicht, solange seine Kultur oder Zivilisation nur eine geniale Tarnung oder ein schlauer Deckmantel für die Entfaltung der Kulmination des höchsten Moralprinzips des Tierreiches ist: „jeder ist sich selbst am nächsten". Solange Raub und Ausplünderung, Hass und Feindschaft nur aufgrund besonderer, staatlicher, greller Gegenmaßnahmen eingedämmt werden, solange die menschliche Gesellschaft Gefängnisse und Todesstrafen anwendet, ihr Eigentum in gut abgeschlossenen, einbruchssicheren Stahlboxen aufbewahren muss, solange sie stehende Heere und Flotten halten muss, die mit Massenmord- und Zerstörungsmaschinen ausgerüstet sind, um ihre angeblich eigenen Landgebiete zu beschützen oder die Gebiete anderer Gemeinschaften zu okkupieren, sobald sie sich einbilden, Recht auf Eroberung zu haben, falls es in ihre Wünsche und Begehren hineinpasst, solange ihre schönen Parks und Anlagen, kultivierten Gärten und Grünflächen mit meterhohen Zäunen aus Holz oder Stacheldraht umgeben werden müssen, solange ihre Fabrikhöfe und Anlagen von Bluthunden und Wächtern gesichert werden müssen, solange ihre Straßen und Wege, ihre Plätze und Gässchen unaufhörlich von Polizei in Uniform und in Zivil patrouilliert werden müssen, so lange sind ihre Zivilisation und ihre Kultur erst noch in ihrem zartesten Werden, so lange ist sie noch ein deutlicher Ausdruck dafür, dass sie überwiegend aus einer Sammlung von Wesen besteht, die noch in großem Maß nur Anlagen dafür haben, nach der Moral der Tiere zu leben: „jeder ist sich selbst am nächsten"; so lange wollen sie am liebsten nach dieser Moral leben, ja, sie sind sogar in gewissen Fällen dazu gezwungen. Und dies ist also die Moral, die zu allen Verteidigungsmitteln des „Tieres" berechtigt, zu rauben und zu plündern, um sich zu beißen, seine Feinde zu verfolgen und zu töten, sich ihrer Nahrung, ihrer Körper, ihres Fleisches und Blutes zu bemächtigen, im selben Grad wie man Kraft und Mut, Frechheit und Gefühllosigkeit, Schlauheit und Tarnungs- und Betrugsvermögen dazu hat. Dies ist der Weg des „Tieres" nach vorne. Und nur die Tierarten kommen am weitesten, die in besonderem Maße mit diesen Anlagen ausgestattet sind. Und es kann nicht behauptet werden, dass diese Anlagen innerhalb der irdischen Zivilisation nicht gedeihen.

Was geschieht nicht in der sogenannten „Geschäftswelt"? – Ist sie nicht in überwiegendem Maße darauf angelegt, mit juristischer Schlauheit und mit der Fähigkeit, das Gesetz zu umgehen, in Verbindung mit großer suggestiver Überredungskunst zu rauben und zu plündern? – Niemand glaubt wohl, dass die sogenannte „Reklame" lautere Wahrheit ist? – Ist sie nicht bis zu einem gewissen Grade an sich eine Tarnung der wirklichen Wahrheit, eine suggestive Einwirkung auf die Kunden im Sinne und zum Vorteil einer Firma? – Ist nicht diese reklamemäßige Ausschmückung und Übertreibung der wirklichen Fakten das Blühen und Gedeihen jenes tierischen Verteidigungsprinzips, das gewisse Insekten so tarnt, dass sie Ästchen und Blättern ähneln, so dass sie von wirklichen Ästchen und Blättern, zwischen denen sie leben, nicht unterschieden werden können? Haben die wechselnden Farben des Chamäleons, die Streifen des Tigers und die Flecken des Leoparden nicht den Zweck, in diesem Sinne zu wirken? Beruht das Prinzip, das auf diese Weise die Tiere tarnt, nicht darauf, die Gegenwart dieser Tiere zu verbergen? – Beruht es nicht darauf, andere Wesen in ihrer Umgebung zu „täuschen"? –

Andere zu täuschen ist ja „Betrug". Die Tiere haben also das Betrugsprinzip in ihrem Fleisch und Blut. Bei ihnen jedoch ist es eine Lebensbedingung, eine natürliche Anlage, eine unentbehrliche Fähigkeit im Dienste von Verteidigung und Angriff, die lebensnotwendig ist.

Dieses Prinzip ist also eine „tierische" Fähigkeit. Jeder Mensch, der sich desselben Prinzips bedient, ist deshalb in entsprechendem Maße „tierisch", ja geradezu viel schlimmer als tierisch, da er das Prinzip bis zur Genialität und auf Gebieten ausnutzen kann, die keine Lebensbedingung sind, was die Tiere nicht können.

Ist der Militarismus nicht ebenfalls die Durchführung der „tierischen" Verteidigungs- und Angriffsprinzipien bis zur Genialität? –

Doch der Erdenmensch ist noch nicht fertig mit dem „Tierreich". Er sichert noch in großem Ausmaß sein Dasein auf der Grundlage von „tierischen" Tendenzen oder von Prinzipien, auf denen das „Tierreich" aufgebaut ist. Dieses Vorgehen kann für die Wesen des „Tierreiches" selbst, d.h. für die allgemein als „Tiere" betrachteten Wesen kein „Sündenfall" sein, da es für sie eine Lebensbedingung und damit die Erfüllung der Grundgesetze dieses Reiches ist. Je weiter man in der Entwicklung zurückgeht, desto mehr beruhen die moralischen Vorschriften auf diesen „tierischen" Gesetzen. Die „Cherubim", d.h. die Wesen, die im besonderen Maße die Vertreter der „Moral" waren, hatten ja keine andere Quelle, aus der sie schöpfen konnten, als die natürlichen Gegebenheiten, die sie in ihrem täglichen Dasein erlebten. Und diese Gegebenheiten bestanden ja in den Tagen des ersten Werdens der Menschheit, wo diese dem „Tierreich" noch viel näher war und seinen Bedingungen noch viel mehr unterworfen war als in unseren Tagen, darin, dass man töten musste, um zu leben. Die Verkündigung der „Cherubim" musste daher auf die Ertüchtigung in diesem Prinzip ausgerichtet sein, auf die Ertüchtigung darin, die „Feinde" zu überwinden, zu töten, gefangen zu nehmen, zu unterjochen und auszuplündern. Andernfalls wurde man selbst getötet, gefangen genommen, unterjocht oder ausgeplündert und zu Leibeigenen oder Sklaven gemacht. Dies war die höchste Lebensanschauung, die höchste tragende Auffassung in den ersten primitiven Religionen. Erziehung und Moral liefen daher bei ihnen darauf hinaus, die Menschen zu „Kriegern", „Eroberern" und „Feldherren" zu machen, d.h. die „tierischen" Eigenschaften anzufachen und zu entwickeln. Sieht man dies nicht deutlich in der nordischen Mythologie oder Götterlehre? – Waren die nordischen „Götter" nicht Krieger, die mit „Riesen" kämpften? – Und war es nicht unehrenhaft, eines natürlichen Todes zu sterben? War es nicht die „Hölle" der damaligen Zeit, zu „Hel" ins Totenreich zu kommen? – War dieser Ort nicht der Aufenthalt für diejenigen, die keine starken kriegerischen Anlagen hatten, d.h. keine starken „tierischen" Anlagen? – War dies nicht der Ort für alle diejenigen, die an Krankheit und Altersschwäche starben? – Und waren nicht die Frau, die Nachkommenschaft und die Ehe das höchste Glück in diesen Lebensauffassungen? – Wurde man nicht in „Walhalla", von schönen, jungen Mädchen, „den Walküren", bedient? – Und gibt es nicht etwas Ähnliches im „Himmelreich" Mohammeds? – Waren die Todesstrafe des Mosesgesetzes, die Scheiterhaufen der Inquisition nicht bahnbrechend, eine Anfachung und Hilfeleistung für die Durchführung des „tötenden Prinzips" und von Zwangsehen, basiert auf Stand, Reichtum, Position und Ehrenbegriffen, ganz ohne Rücksicht darauf, ob eine natürliche eheliche Neigung, Verliebtheit oder Liebe zwischen den jungen Leuten vorlag, die auf diese Weise aufgrund des Egoismus der Väter zwangsverehelicht wurden? – Und wirft nicht das „tötende Prinzip" durch das Dunkel der Unwissenheit heute seine bluttriefende Atmosphäre an die Strände des zwanzigsten Jahrhunderts? – Sind nicht schon mächtige Kräfte in Bewegung gesetzt worden, um die „Abtreibung", diesen „Embryomord", gesetzlich zu erlauben? Kämpft man nicht auf diesem Gebiete mit aller Kraft, um einen Ausrottungskrieg gegen den Menschen selbst zu organisieren, wie man ihn schon längst gegen Ratten und Mäuse bewerkstelligt hat? Ja, dieser Ausrottungskrieg ist beim Menschen noch brutaler, denn die Ratten und Mäuse haben doch eine Chance, alt zu werden, haben doch eine Chance, mit Schlauheit und Klugheit der Verfolgung zu entgehen, eine Chance, die bei der Tötung des Embryos ja ganz ausgeschlossen ist. Bei ihm wird sein Opfer in einem Stadium angegriffen, wo es ganz wehrlos ist, wo es noch keineswegs die Fähigkeit erhalten hat, sich auf gleichem Fuße gegen seinen Angreifer zu verteidigen. Wurde nicht das Prinzip eines solchen Vorgehens als unmoralisch aufgefasst, ja als Schandfleck angesehen, selbst von den Religionen, die gerade das „tötende Prinzip" als höchstes Ideal enthielten? – Verlangte deren Moral nicht, dass die Kämpfenden sich einigermaßen auf gleichem Fuße, ebenbürtig gegenüberstanden? – Es konnte ja kaum glorreich sein, wenn ein Riese einen Zwerg erschlug! – Und man wurde wohl nicht zum „Helden", weil man einer Mehrzahl, einer Übermacht angehörte, die eine weit unterlegene Minderheit besiegt hatte? – Wenn aber Fötusmord keinen besonderen Nährboden in der Hauptmoral des „tötenden Prinzips" finden kann, wo soll er denn dann Nährboden finden? Im Christentum heißt es ausdrücklich: „Du sollst nicht töten". Und die Tatsachen zeigen, dass die Menschen, je höher entwickelt sie sind, desto mehr davor zurückweichen, andere Lebewesen töten zu müssen. Fötusmord kann also nicht im normalen Nährboden der Mentalität gedeihen, sondern er ist ein giftiger Pilz, der nur auf dem Baum des wirtschaftlichen Elends im großen Schatten der Entartung und der Krankheit gedeihen kann.

Das „tötende Prinzip" ist damit jedoch noch nicht zu Ende. Was bedeutet diese ungeheure Wettrüstung, die heute auf der ganzen Welt stattfindet? – Ist das nicht eine geniale Umschaffung der Nationen zu „tierischen" Wesen mit einer verstärkten Fähigkeit, nach dem Prinzip zu leben: „jeder ist sich selbst am nächsten"? – Ist das nicht eine ständige Jagd danach, der Stärkste, der Tüchtigste im Töten und Morden und somit der Überlegenste im Erobern und Bestimmen zu werden? – Wird dadurch nicht die Atmosphäre des Urwaldes zur Kulmination in der erdenmenschlichen Mentalität und Aufenthaltszone gebracht?

Was bedeuten die schrecklichen Drachen und blutdürstigen Ungeheuer neben der total vernichtenden Verteidigungs- und Angriffsnatur der Nationen? – Ja, selbst in der Welt der Fantasie ist es nicht möglich gewesen, Ungeheuer entstehen zu lassen, die eine solche umfassende Fähigkeit hatten, alles tötendes Feuer und vernichtende Verstümmelung auszuspeien oder so kilometerweite absolut tötende Dünste, Schwefeldämpfe oder Giftgase auszuatmen wie die Nationen. Und in den Fußspuren keines anderen Wesens hat man solche gigantischen Mengen von Verwundeten oder Verstümmelten gesehen oder ein so ergreifendes Todesröcheln gehört. In der Energieentfaltung keines andern Wesens hat man eine ähnliche Ausübung von so raffiniert ausgedachten oder erfundenen Peinigungen gesehen wie eben in denen der Nationen. Und kein Wesen hat seine Wanderung durchs Leben mit so vielen Gräbern oder mit einer solchen Erweiterung der Friedhöfe gezeichnet wie die „Wesen", die wir Königreiche, Republiken und Freistaaten nennen.

Nein, man soll nicht glauben, dass das Tierreich vorbei ist. Die Erdenmenschen sind noch immer Zellen in Giganten, die nach „tierischen“ Gesetzen, unter der „tierischen“ Lebensbedingung leben. Der Erdball ist ein Dschungel, und die Nationen sind seine ungeheuerlichen, „wilden Tiere“.

Und hier ist die rechte Heimat oder das rechte Entwicklungsgebiet des Erdenmenschen, solange seine „Führer“ noch unter Begleitung von Trommeln, Pfeifen und Paraden den Volksmassen mit flammenden Reden Tod und Vernichtung der „Feinde“ suggerieren können, also Wesen mit anderen Anschauungen, anderen Erfahrungen, anderen Lebensauffassungen, anderer Begabung, und die den Volksmassen die Gerechtigkeit vorgaukeln, die darin bestehe, die lebensbedingenden Eigentümer und Landgebiete anderer Nationen zu rauben und sie auszuplündern, den Mitgliedern anderer Parteien das Recht zum Leben abzusprechen oder es gering zu schätzen, Kindererziehung und Jugendbewegungen zur Ausbildung im Kriegshandwerk zu machen, die betreffenden jungen Menschen, noch bevor sie die Reife der Mündigkeit erreicht haben und daher die wahre Wirklichkeit durch Verstand oder Vernunft noch nicht selbst erkennen können, zu Experten des Todes, zu gezwungenen oder freiwilligen Spezialisten für Mord und Totschlag, für Hass und Verstümmelung zu machen. Mit goldbetressten Uniformen, blanken Knöpfen, Orden und Federbüschen, blanken Stiefeln, Säbeln und Dolchen blenden sie die jungen Seelen und betäuben den letzten zarten Rest ihres Gewissens oder der geistigen Reaktion ihrer Natur, die Botengänge dieser „Hölle“ auszuführen.

Tatsächlich, die Dschungelatmosphäre der Nationen ist noch sehr lebendig. Und sie wird dadurch nicht besonders verbessert, dass Tausende von denen, die von den Kanzeln der Nationen ausrufen: „Du sollst nicht töten“, sich nachher selbst zu Hause an einen Tisch setzen, der sich unter den gebratenen oder gekochten Teilen der Glieder, Organe, des Fleisches und Blutes anderer Lebewesen biegt. – Sie genießen das von ihnen verkündete höchste Gebot des Lebens damit, dass sie in dessen größter Übertretung schwelgen, obwohl sie die Entwicklungsstufe erreicht haben, wo dies keine Lebensbedingung mehr ist, sondern nur auf einem Irrtum, auf einem Missverstehen beruht.

Dies soll kein Angriff auf jemanden sein. Auch soll dadurch nichts ironisiert werden. Dies ist ausschließlich eine absolut unparteiische Analyse der Wirklichkeit selbst, zur Hilfe für solche Menschen, welche die höchsten Wahrheiten des Lebens suchen. Und hier wie überall gilt es für die Wahrheitssucher, dass sie sich nicht zu rücksichtsloser Unduldsamkeit verleiten lassen; denn diese wäre ganz ungerecht, da des Lebens eigene starke Rechtfertigung auch hier in allerhöchstem Grade gilt: „denn sie wissen nicht, was sie tun“.

Götzenanbetung Martinus

Der Gottheit alles zuzuordnen, was wir für „gut“ halten, und ihr alles abzusprechen, was wir für „böse“ halten, ist keine Gottesverehrung in „Geist und Wahrheit“. Das ist Selbstanbetung und damit Götzenanbetung

Livets Bog, Band 3, Ziff. 702, Ziffernüberschrift.
Der Gottheit alles zuzuordnen, was wir für „gut" halten, und ihr alles abzusprechen, was
wir für „böse" halten, ist keine Gottesverehrung in „Geist und Wahrheit". Das ist Selbstanbetung und damit Götzenanbetung
702. Genauso wird auch die Wahrheit in der erhabenen Mahnung, „Gott in Geist und
Wahrheit anzubeten", durch das oben Gesagte zu einer offenkundigen Tatsache. Wenn
alles, was existiert, das „Bild Gottes" oder seine einzig sichtbare Offenbarung darstellt,
ist es klar, dass ein einzelnes Wesen oder ein einzelnes Ding unmöglich etwas anderes als eine Lokalität oder ein Bruchteil dieses „Gottesbildes" sein kann und nicht das
Ganze. Wenn aber das, was wir von „Gottes Bild" sehen, nicht das Ganze ist, kann ein
Urteil, das nur auf dem Bruchteil basiert, den wir von diesem Bild sehen, unmöglich
ein rechtmäßiger Ausdruck für das Ganze sein. Den Bruchteil als das Ganze anzusehen,
ist ja eine Verfälschung. Und auf solchen Verfälschungen beruht die Gottesverehrung
jedes Wesens, welches Gott eine ganz bestimmte Wesensart zuordnet, während alles,
was außerhalb dieser Wesensart liegt, einem anderen Urheber, einem „Feind" Gottes
zugeordnet wird, dem „Teufel" zugeordnet wird. Auf diese Weise der Gottheit bestimmte Manifestationsformen in höchster Instanz abzusprechen, die man selbst nicht leiden
kann oder als „sündig" ansieht, ist ja dasselbe wie zu formen oder zu erschaffen. Das
Resultat dessen kann daher nur eine „erschaffene Realität" sein. Das Resultat oder Produkt, das wir also auf diese Weise geschaffen haben, kann daher auf gar keinen Fall ein
rechtmäßiger Ausdruck für die Gottheit sein, sondern ist vielmehr ein stabiler Ausdruck
für die Begrenzung unserer eigenen Mentalität. Dieses Bild als Gottheit zu bezeichnen
ist „Götzenanbetung".

Wenn wir also einerseits der Gottheit all das zuordnen, was wir für gut und angenehm halten, und andererseits dem Teufel all das zuordnen, was wir nicht mögen, all
das, was nicht zu dem passt, was wir als Moral und Idealismus ansehen, so kann dies
nicht unter den Begriff einzuordnen sein, Gott in Geist und Wahrheit anzubeten, denn
eine solche Auffassung von der Gottheit ist in höchstem Maße materialistisch. Wir haben jene Materie aus dem „Gottesbild" herausgenommen, die wir mögen, und nennen
diese Materie „Gottheit", während wir die übrige Materie desselben „Gottesbildes" als
„Teufelswerk" verurteilen. Es ist also nicht die Gottheit, die wir hier verehren, sondern
eine bestimmte Art der Materie. Da dies nur die Materie ist, die in unserer Gunst steht,
eine Materie, die uns außerordentlich gut bekommt, liegt es in Wirklichkeit nur an unserer eigenen Behaglichkeit, dass wir genau diese Materie anbeten, wodurch es hier
zur Tatsache wird, dass es in Wirklichkeit unser eigenes Selbst oder Wesen ist, das wir
anbeten. Das wird des Weiteren durch den Umstand als Tatsache dokumentiert oder
festgestellt, dass wir all denen gegenüber intolerant oder entrüstet sind, die sich nur
den geringsten Schatten von Zweifel an unserem besonderen Gott oder der Form von
Gottesverehrung oder die geringste Abweichung davon erlauben. Dieser Zweifel oder
dieser von unserer eigenen Auffassung abweichende Gottesbegriff ist ja ein Widerstand
gegen die Aufrechterhaltung unseres eigenen Favoritbegriffs. Und die Intoleranz ist in

diesem Fall also nur unser Selbsterhaltungstrieb, der gegen etwas ankämpft, um etwas zu verteidigen, das uns wie eine Lebensbedingung vorkommt. Wir befinden uns in einer Art Kampf – nicht für die Gottheit, sondern für eine Materie, die wir in besonderem Maße begehren. Wir führen einen Krieg, der seine Wurzel in genau demselben Prinzip hat wie irgendein anderer Krieg. Dass wir diesen Krieg „heiligen Zorn" oder „gerechte Empörung" nennen, verändert nicht das Prinzip. Das ist ja nur die Verschleierung oder Kaschierung, mit der wir unser schlechtes Gewissen beruhigen wollen oder mit der wir versuchen, diesen unseren selbstsüchtigen Kampf wie „Gottesverehrung" aussehen zu lassen. Dass dies in vielen Fällen unbewusst in uns vor sich geht, macht diese „Gottes-verehrung" nicht weniger materialistisch. Sie kann nach wie vor nicht als Hingabe an die Gottheit in „Geist und Wahrheit" bezeichnet werden. Sie kann es nicht „im Geist" sein, weil sie die Favorisierung einer bestimmten erschaffenen Erscheinung ist und „Geist" demgegenüber nur jene gemeinsame Materie sein kann, aus der alle erschaffenen Din-ge entstehen. Und sie kann es nicht „in Wahrheit" sein, weil sie selbstsüchtig ist. Sie kann keine wahre Gottesverehrung sein, solange sie in Wirklichkeit ausschließlich nur eine Toleranz jenen Erscheinungen gegenüber ist, die zu unseren eigenen Gunsten sind, und eine Intoleranz oder Verfolgung von Mitwesen und Dingen ist, die nicht in dieses unser Favoritsystem oder diese unsere Verehrung unseres eigenen Selbst hineinpassen. **ENDE ZITATE** aus www.martinus.dk

So ich mache hier ein Ende mit diesem Vorwort zu „ALS ICH NOCH JUDE WAR". Ich habe für mich einiges abgeklärt und dargestellt das ich nicht zu denen gehöre die Juden oder Moslems oder Christen in den Arsch treten wollen und das ich auch nicht diesen Kampf führe gegen Juden. Aber ich bin dafür das Geld abzuschaffen und die Religionen mit ihren unerleuchteten Managern die Milliarden Kirchensteuern bekommen und ei-niges mehr die Menschheit als Zwischenhändler zur Total Verblödung ausnutzen und benutzen. Ebenso muss der Glaube an Autoritäten aufhören denn jeder ist das Göttliche selber manche als Menschen noch Un-entwickelt andre schon mehr Ent-wickelt und einige sogar befreit davon. Aber in Wahrheit sind wir alle total befreit jeder Mensch und jedes andere Lebewesen angefangen von den Mineralien, Gasen, Pflanzen, Tieren und Gestirnen und Universen .Und so werde ich jetzt einen Waldspaziergang machen wenn draußen der Sturm und Regen aufgehört hat, um dann später noch die restlichen Seiten aus meinem ur-Manuskript von 2002 einzuscannen und einzuarbeiten. Adios und alles Gute. Wolfgang Schorat 27.07.2015 13:58:41

Waldspaziergang schlägt Wellnessurlaub
Dass ein Waldspaziergang gesund ist, sagt schon die Intuition. Die Forschung belegt das zunehmend mit Fakten: Pflanzen kommunizieren mit dem menschlichen Immunsystem und stärken es, Waldluft enthält antikanzerogene Substanzen und der Anblick bestimm-ter Landschaften trägt zur Heilung bestimmter Krankheiten bei. „Ein Waldspaziergang vermehrt die vor Krankheiten schützenden Killerzellen im Körper um 50 Prozent und

übertrifft die heilenden Effekte eines Wellnessurlaubs", sagt der Biologe und Bestsellerautor Clemens G. Arvay über sein soeben erschienenes Buch „Der Biophilia-Effekt — Heilung aus dem Wald".

Wissenschaftlich fundiert zeigt er darin, wie die unbewusste Wechselwirkung zwischen Mensch und Natur funktioniert und wie sie sich durch Übungen im Wald oder im eigenen Garten effizient nützen lässt.

Clemens G. Arvay studierte Biologie und Angewandte Pflanzenwissenschaften in Wien und Graz. Er ist Mitglied im österreichischen Forum Wissenschaft & Umwelt und Autor mehrerer Bestseller.

Clemens G. Arvay „Der Biophilia-Effekt— Heilung aus dem Wald" 253 Seiten, 21,80 €, Edition a Verlag, 2015, ISBN 978-3-99001-113-3

Trotzdem Mutter Teresa (1910-1997)
Die Leute sind unvernünftig, unlogisch und selbstbezogen liebe sie trotzdem!
Wenn du Gutes tust, werden sie dir egoistische Motive und Hintergedanken vorwerfen
tue trotzdem Gutes!
Wenn du erfolgreich bist, gewinnst du falsche Freunde und echte Feinde
sei trotzdem erfolgreich!
Das Gute, das du tust, wird morgen vergessen sein
tue trotzdem Gutes!
Ehrlichkeit und Offenheit machen dich verwundbar sei trotzdem ehrlich und offen!
Was du in jahrelanger Arbeit aufgebaut hast, kann über Nacht zerstört werden
baue trotzdem!
Deine Hilfe wird wirklich gebraucht, aber die Leute greifen dich vielleicht an, wenn du ihnen hilfst
hilf ihnen trotzdem!
Gib der Welt dein Bestes, und sie schlagen dir die Zähne aus gib der Welt trotzdem dein Bestes!
Mutter Teresa (1910-1997)

ALS ICH NOCH JUDE WAR

von

Wolfgang Schorat

Ich schreibe dieses Buch, oder diese Abhandlung, oder diese Erfahrung plus seiner daraus entstandenen Eindrücke 33 Jahre später, nachdem ich sie 1969 in Ottawa erlebte und sie von Ottawa nach Montreal mitnahm. Ich nahm diese Erfahrung und das was ich erlebte bis nach Montreal mit weil es mit kam, und ich dagegen Garnichts unternommen hatte denn es war ein Teil von meinem Leben geworden. Ok, also los geht's.

Im Juni 1966 flog ich von Düsseldorf nach Winnipeg. Ich hatte eine Auswanderung eine Immigration nach Kanada in die Wege geleitet und nun war es soweit.

Die wirtschaftliche Lage in meiner Region Heiligenhaus-Velbert die Schloss und Schlüsselindustrie lahmte und ich wurde direkt nach meiner Lehre als Technischer Zeichner oder genauer einige Monate später im Frühjahr 67 entlassen Ich war damals 18, die Bundeswehr wollte mich. Ich wollte aber nicht die Bundeswehr. Der zweite Weltkrieg war eben mal 22 Jahre vorbei, und schon wieder waren die blöden Deutschen dabei sich an dem Dilemma der weltweiten tierischen Ignoranz ihrer Menschwerdung und Allgemein Verblödung zu beteiligen.

*A*ber ohne mich.

Irgendwo hinter mir irgendwo in mir irgendwo in meiner Nähe trieb mich etwas anderes an. Etwas dem ich folgte und das mir Kraft und Wachsamkeit ,Wahrheit und Freude gab. Was es genau war wusste ich auch nicht und damals stellte ich in diese Richtung auch keine Fragen. Es war einfach so. Ich war jedenfalls nicht dafür gedacht das kollektive Trauma mitzugestalten, indem der dumpfe Traum des Leidens weitergeführt werden sollte in der globalen Allgemein Verblödung und dem ausbeuten der Massen die sich gegenseitig erwürgen erstechen wegbomben ausbluten vergasen enthaupten erhängen verhungern zerbomben zermürben erschießen vergiften oder befehlen.

Ohne dass ich eine Millisekunde darüber nachdenken brauchte traf ich die Entscheidung da nicht mitzumachen, obwohl ich schon zur Vor-Musterung gegangen war und man mir mitteilte irgendwas mit der Marine. Ich wusste genau dass ich dem Idiotenverein der weltweiten Bruderschaft des Militärs keinen Groschen für ihre Ignoranz geben würde. Ich würde eher, wenn ich zu viel gesoffen hätte, auf diese Bruderschaft und Schwesternschaft, kotzen. Egal welcher Nation auch immer das dann zugute kommen würde.

Mein Vater hatte in seinen Gesprächen die ich als Kind nachts mithörte wenn Bekannte-Freunde, bei meinen Eltern waren mit seinen Bekannten über seine Kriegs Erfahrung

geredet und die anderen auch, und unter anderem hörte ich diese Geschichte, diese Geschichte, wurde vor einigen Tagen nochmal in mein Bewusstsein geholt als ich in der Zeitung -die Welt-am Mittwoch den 29 Mai 2002 den Bericht las -der Horror der letzten Tage von Thomas Kielinger. Dabei war ein großes Foto mit der Beschreibung- Kriegsbeute-ein russischer Soldat versucht einer Berlinerin ihr Fahrrad wegzunehmen.
Auf dem Foto war ein russischer Soldat der das Vorderrad des Rades der Frau mit beiden Händen festhielt und die Frau hielt ihr Fahrrad am Fahrradlenker fest-beide schauten sich an. Keiner der Anwesenden Menschen Griff in die Situation ein. Eine Fahrrad Geschichte hatte ich damals auch als Kleinkind nachts mitangehört, da in dem Kinderzimmer, mit meinen beiden jüngeren Geschwistern schlafend.

Damals in Magdeburg wurde meinem Vater in 1945 auch von einem russischen Soldaten das Fahrrad weggenommen. Ein Fahrrad war zu der Zeit wohl ein sehr wichtiges Utensil. Mein Vater war bei der Waffen-SS gewesen-in Stalingrad, Panzer. Er war als 21 jähriger 1944 im Juni nochmal kurz auf Urlaub gewesen bei seinen Eltern den Bauern-Landwirten, in Altseckenburg in Ostpreußen in der Nähe des kurischen Haffs. Danach ging er wieder nach Stalingrad .

Mein Vater Urlaub Juni 1944 aus **S**talingrad

Er hatte Glück, wurde als Verwundeter noch rausgeflogen, nachdem man ihm den Panzer abschoss. Jedenfalls nahm der russische Soldat ihm das Fahrrad weg. Einige Tage später sah mein Vater diesen russischen Soldaten wieder .Er sah das der Soldat nachts Dienst hatte und zwar an einem beschrankten Bahnübergang in einem Häuschen. Er ging nachts zu diesem Ort und erschoss diesen russischen Soldaten und holte sich sein Fahrrad wieder. Töten von Menschen war wohl zu der Zeit genau so einfach wie das Töten von anderen Lebewesen wie Hühner Kühe Schafe oder Fische.

Damals war ich mir nicht bewusst als Kind das ich unter Raubtieren war, denn ich war selber noch zu stark darin verwoben und eingeflochten in dieses Leben dieser Menschen oder der Menschheit welt-weit. Damals war ich mir nicht bewusst das Worte und Gesetze egal ob mit Professorentitel oder egal welcher Position auch immer bloß Raubtier Handlungen waren. Raubmenschgetue.

Jedoch hatten mich diese Geschichten die ich als Kind ohne dass die Älteren das wussten, unbewusst beeinflusst, in meiner Entscheidung eben nicht zu diesem Idiotenverein dem weltweiten Idiotenverein des Militärs zu gehören. Das nichts anderes ist als das Werkzeug der gewalttätigen Industriellen und deren Syndikate und Kartelle. Damit sie ihre Theorien ihre Experimente ihre gierigen Besitz und Habgier Ziele verwirklichen konnten, auf dem Rücken anderer. Natürlich ist das alles aus der Vergangenheit des Raubtieres Mensch heraus entstanden. Aus dem Jungel dem Ignoranz Bereich der Sinne und der falschen Identifikation ihrer dumpfen rationalen Glückstreffer im Denken und planen.

Die Walter 08 Pistole mit der er den russischen Soldaten erschossen hatte hatten wir noch. Sie war in einem geölten Lappen in unserem Keller. Auch ein sehr markantes Messer war im Familienbesitz, mit Holzgriff und einer sehr guten Handarbeit. Auf der Klinge stand-ALLES FÜR DEUTSCHLAND.

Ich hörte damals Geschichten von meiner Großmutter der Mutter meines Vaters, wie ihr ältester Sohn am ersten Kriegsdienst Tag von einem russischen Scharfschützen durch Herzschuss, erschossen wurde. Ich hörte Geschichten von den Ermordungen von Menschen in Gruppen in der Russlandgegend. Aber mein Vater er hätte daran nicht teilgenommen- natürlich konnte er mir als Kleinkind solche Märchen erzählen. Ich hörte Geschichten von der Flucht dem Elend dem sterben der Flüchtenden und den Zeiten in Kellern während des Bombardements. All das hatte mich dann im Stillen geformt, wo ich als 15-16-17 jähriger im Leben blühte und alle Menschen meine Freunde waren egal welcher Farbe Form oder Finanzen.

Als dann eben die weltweite Irren Anstalt genannt Militär bei mir anklopfte, klopfte sie an ohne zu wissen, dass ich wusste und den Lernprozess längst abgeschlossen hatte, den sie mir wieder rückgängig machen wollten. Aber ohne mich. Womöglich müssen diese mit Ignoranz beladenen Massen, dieser weltweiten Nationen noch mehr Bürde noch mehr Tod noch mehr Leiden erleben, bis ihnen ein klitzekleinwenig Vernunft oder Licht erscheint, zu wissen was zu tun ist und auf das Angebot der Ignoranz und des Satans zu verzichten.

So wie heute wie damals und vordamals haben immer die größten Raubtiere die sich

Menschen nennen, die Kaiser, die Könige, die Fürsten, die Prinzen, die Häuptlinge, und die Präsidenten, und deren Geldgeber, die Industriellen, die Land Besitzer, die Generäle und die anderen Verrückten, ihre persönlichen Ziele durch Betrug, Ausbeutung, durch Lügen, Manipulation, und Bestechung, durch Morden, und Versklavung, erreicht.

Es ging immer um Gier, Habgier, also simple dumpfe Geldziele oder anders formuliert es ging um stupide Menschen, die nicht wussten, dass sie auf dem Weg vom Raubtier zum Raub Mensch zum Mensch, noch zum Bereich des Mordens, Tötens, gehören, und das Morden, Töten aber Ad Acta legen müssen, damit das Menschsein-glänzt im Licht der Liebe, Achtung oder Glückseligkeit.

Im Juni 66 flog ich also nach Winnipeg. Ich ließ alle die Freunde hinter mir, alle Freunde in Heiligenhaus. 20 kanadische Dollar hatte ich dabei. Einen kleinen Einblick, wie ich und was ich dann machte habe ich in dem Buch –„Erleuchtung durch alkoholische Getränke"- beschrieben.

Als ich zuerst in Montreal landete und einige Stunden Wartezeit hatte traf ich im Warte Restaurant Bob Godson, also Bob Gottessohn, ein schöner Name. Bob Godson

„(TODESANZEIGE EINFÜGEN und hier ist was ich im Internet 2015 nun fand: Bob Godson ROBERT GILBERT GODSON (MAY 24, 1932 - OCTOBER 1, 2009) After a period of ill health, Bob passed away peacefully an October 1st, at North York General Hospital. He was a graduate of Lawrence Park Collegiate, University of Toronto and Osgood Law School. He was a diplomat with the Canadian Government for most of his career, having first served as Canadian Trade Commissioner in South Africa, later representing Canada in China for many years, working from Hong Kong. When Canada diplomatically recognized China in 1971, he was appointed the First Secretary an the Canadian Embassy in Beijing. He later spent a number of years with the United Nations in various Asian countries and for a time was Counsel to Jardine Mathison in Hong Kong. For the past 25 years he has been a resident of Bangkok, Thailand until recently returning to Canada. Throughout his life Bob was a talented pianist. He is survived by his beloved sister Patricia (Gordon) Gray, by his nephews and nieces Donald (Jodie) Gray, David (Susan) Gray, Diane Gray, Douglas (Kathi) Gray and Deborah Gray, and his many grand nieces and nephews. A funeral service will be held at St. Paul's Church in Gravenhurst at 1:30 PM an Saturday, October 10th. In Lieu of flowers donations may be made to the Critical Care Unit of North York General Hospital, Foundation Office, 4001 Leslie Street, Toronto, N2K 1E1. (Globe and Mail, Oct. 6) Posted by John Lang at Tuesday, October 06, 2009) „

Bob Godson kam gerade aus Köln und er war dort bei der kanadischen Botschaft tätig. Nun war er auf dem Weg nach Hong Kong. Dort sollte er kanadischer Handels Botschafter werden. Das war also kein schlechter Auftakt in Bezug zum Kontakt kanadischer Menschen die ich kennenlernen sollte. Wir hatten intensive Gespräche und interessante Kommunikation. Später würde ich Bob Godson noch einige Male treffen wenn er auf

Visite in Kanada war. Er lud mich ein nach Hong Kong zu kommen, ich könnte dort leben, er hätte ein großes Haus, Personal, genügend Geld und Autos. Ich hatte aber mit jedem diese offene Kommunikation, das war für mich selbstverständlich, denn ich machte keine Unterschiede, wie jene, die den Verstand des rationalen aufgebaut hatten, und nun unter dem Unterscheidungsdilemma und den Vorlieben und Abneigungen lebten, welches ja Dualismus pur ist. Das Resultat der heutigen Menschheit, denn das Leben ja die Gierigen, die Feinschmecker, die Dumpfen die Gebildeten. Erst später versuchen sie das zu übertünchen, indem sie nun moralische Bedenken, oder Normen und Verhaltensregeln aufbauen. Aber da ist es schon längst zu spät. Und das Dilemma nimmt seinen Lauf. Es kommt zum crescendo ala Verrücktheit durch Gespaltenheit in der Atombombe und deren Folgen, den Kriegen, hat aber seinen Ursprung im falschen Denken.

Ich habe mal als ich 6 Monate durch Australien fuhr an der West-Küste Australiens als ich noch angelte, einen Angler getroffen, der sagte mir, er sei Feinschmecker, in Wahrheit war er Blödschmecker, denn er meinte bloß diese eine Sorte Fisch schmeckt wirklich, und daraufhin waren für ihn alle Fische wertlos, und den Fisch den ich gefangen hatte, ein 8-10 pfündiger rosafarbener Barschvertreter, einer aus der Barsch Familie, der war „Nichts" wie er meinte. In dem Moment erkannte ich das er zumindest als Feinschmecker in Wahrheit ein Vertreter der Ignoranz war, indem er das Leben auf das wenigste reduzierte und alles andere ablehnte. Feinschmecker waren von dann an, einfach blöde in meinen Augen in meiner Sichtweise,

Als ich nun in Kanada lebte, noch sehr wenig von der Sprache konnte, aber lernte, sah ich in den Fernsehprogrammen vieles das gegen die deutschen gerichtet war, da waren viele Kriegsfilme, da waren auch Komikkriegsfilme wie Hogans Heros-die die deutschen Soldaten verblödeten, und so weiter.

(Hogans Heros aus Wikipedia: Hogan's Heroes is an American television sitcom set in a German prisoner of war (POW) camp during World War II. It ran for 168 episodes from September 17, 1965, to April 4, 1971, an the CBS network. Bob Crane starred as Colonel Robert E. Hogan, coordinating an international crew of Allied prisoners running a Special Operations group from the camp. Werner Klemperer played Colonel Wilhelm Klink, the incompetent commandant of the camp, and John Banner was the inept sergeant-of-the-guard, Hans Schultz.)

Mir wurde auf eine subtile Weise eingeflößt wie übel und blöde die deutschen seien und gewesen waren. Natürlich war das die gigantische Welle die entsteht wenn ein Erdbeben im Meer passierte und die daraus entstandene Welle nun aufs Land schwappte mit seiner Zerstörungskraft.

Ich war eines der Opfer dieser blinden Welle, oder sollte es zumindest sein, obwohl ich garnichts mit dem Krieg dem zwoten WeltKrieg, zu tun hatte. Da ich erst nach dem Krieg geboren wurde.

Aber was heißt das schon in einer Welt der Einheit und des ganz Seins, wo sind da Grenzen und wo sind da wirklich feste Punkte, nirgends, also muss alles durchgängig und miteinander verwoben sein, eines überträgt sich auf das andere und so weiter. So wurde ich da in Kanada ganz nebenbei noch mal mit dem Dilemma des zweiten Weltkrieges beschäftigt insbesondere der Judenverfolgung und der Ermordung dieser Millionen von Menschen.

Da meine englische Sprache noch unterentwickelt war, waren meine Erkenntnisse und Rückschlüsse was da wirklich los war mit diesen Filmen und Worten auf eine Art vermischt mit meiner Fantasie die nun wirklich nicht den Nobelpreis für Klarheit bekommen hätte. Aber den Sinn konnte ich nachvollziehen. Es ging darum, dass das deutschsein, ganz einfach-übel-sei, das deutsche einfach gefährlich-mörder-banditen-verblödende-herzlose und üble Gestalten sind. Es wurden ganz einfach sehr viele Negativitäten in die Medien Welt gesetzt durch diese Kriegsfilme und Verblödungs-Filme.

Ich war nun also da in Winnipeg, lebte bei meinem Onkel, dem Bruder meiner Mutter und arbeitete für ihn in seinem Maler Unternehmen. Es waren alles deutsche die in seinem Unternehmen arbeiteten. Also mit Sprache lernen war da Nix.

Nach einer gewissen Zeit erfuhr ich, dass mein Onkel in Geschäftskreisen, derjenigen die ihn unter den deutschen kannten als schwarzer Jude bekannt war. Ich fragte was das sei, ein schwarzer Jude. Die Antwort war: „Die Juden sind sehr ausbeuterische GeschäftsMenschen, sie betrügen wo sie können und egal wer es ist, auch untereinander, sind sie so". Na und sagte ich damals nicht- das machen doch alle untereinander, egal welcher Nation. Ja, aber dein Onkel sagte man mir dann, er ist sogar unter den Juden bekannt, er ist so gerissen so schlau das er auch die Juden von oben bis unten betrügt und immer den Gewinn macht. Ich wusste das mein Onkel während des Krieges als er Lok Führer war und auch während der Zeit als es Nix zu essen gab durch Skat-Spielen Geld machte. Durch Kartenspiele also. Er war also ein Spieler, und da das Leben ja Illusion ist, und Illusion aus dem griechischen -das Spiel-das freudige Spiel bedeutet, lag er also voll im schöpferischen Trend.

Aber da wurde ich auch mit dem JudenSein in Verbindung gebracht und ich konnte auch sehen wie mein Onkel mit den reichen Juden deren Häuser wir im teuren Winnipeg Stadtteil genannt Tuxedo veredelten durch Malerarbeiten und dergleichen, wie er sie betrog indem er ihnen einen Preis Voranschlag machte, Sie die Preise drückten und alles noch billiger haben, natürlich, wollten. Bis es dann zum Vertrag kam waren die Preise also wesentlich niedriger. Wenn es dann zur Arbeit kam, wurden dann erstmal die Farben stark verdünnt, und es wurde anstatt 3 Anstriche, wie verabredet, nur zwei gemacht, auf diese Weise wurden Gelder gespart damit ein Gewinn möglich war.
Er war also ein schwarzer Jude, also jemand der noch schlimmer war als die jüdischen GeschäftsMenschen.
Schon damals formte sich in mir die Einsicht, das alles was der Mensch macht und etwas mit Kosten zu tun hat, die Unwahrheit ist, Betrug. Das sollte sich in den nächsten Jahrzehnten noch vertiefen und klarer zum Vorschein kommen. Alles was mit Geld zu tun

hat ist Unwahrheit und das falsche, denn die Wahrheit ist kostenlos und die Erde auch und deren Pflanzen, Mineralien, Erze, und Länder. Aber durch die Dummheit und den Betrug der Gier sind die Menschen so verblödet worden und sind es so auch das sie das unwahre als die Wahrheit leben und sich bis zur Unerkennbarkeit versklaven lassen.

Das alles was kostet und sogar der Tod was kostet, immens stupide, amerikanische, Time is Money, das von Underdogs gedacht wird, also Unterunterblöden, das ist Unwahrheit falsch oder bewusster Betrug, um Menschen, es ist aber auch Ignoranz hoch vier.

Ich verließ dann Winnipeg und landete in Ottawa. Da lebte ich alleine in einem Zimmer in der 68 Barton Street. Während ich so meine menschlichen Kontakte hatte mit allem drummmm und dran mit reden singen und trinken, den Spaziergängen am Ottawa River dem betrachten der Stadt und deren Menschen, wirkte in mir etwas, etwas das ich nicht beobachten konnte. In Ottawa sah ich dann riesige Werbeplakate auf denen folgendes stand- **LISTERIN KILLS GERMS BY THE MILLIONS.**

Zuerst als ich das sah, war da noch nichts zu erkennen, aber dann formte sich durch meine Fantasie etwas Seltsames.

Ich konnte ja noch nicht genügend Englisch. Ich sah nur „kills germs by the millions". Ich interpretierte germs „als Kurzversion für Germans" also deutsche, und dachte mein Gott hassen die die deutschen, jetzt bieten sie schon eine Flüssigkeit an, die die deutschen millionenfach tötet, was muss das bloß für ein Hass sein, und das noch so öffentlich auf großen Werbeplakaten. Wo bin ich hier bloß gelandet.

Natürlich redete ich mit niemandem darüber, das war bloß Bestandteil meines Innenlebens, damals. Aber auf diesem Innenleben baute sich weiteres Innenleben auf.

Ich dachte mich mehr und mehr in diese Juden Vernichtung hinein und das deutschsein, es ließ mich nicht mehr los.

Da Gottes Wege oft unergründbar sind, und jeder seine eigene Erfahrung macht, sollte ich auch meine machen. Wie sie herbeigeführt wird ist egal, Hauptsache sie passiert und die Erfahrung wird erlebt damit daraus Schlüsse gezogen werden können oder aber eine Reinigung passiert.

Irgendwann damals in Ottawa passierte dann plötzlich folgendes in mir wurde etwas unter dem inneren Druck meines Forschens geöffnet, wie ein Riss wie ein Wandvorhang wurde etwas von mir genommen, so dass ich plötzlich mit etwas konfrontiert wurde das sehr beeindruckend war.

Ich sah plötzlich in mir einen Film ablaufen der den zweiten Weltkrieg mit all seinen Gräueln, Morden, und üblen Taten in mir wiederlebte, obwohl ich gar nicht zu dem Zeitpunkt physisch auf der Erde war. Ich sah das Morden und die Tötung der jüdischen Menschen und ich erfuhr Teile des Leidens in mir. Es war eine sehr schwere Last die in mir lebte.

Obwohl ich, wenn ich mit anderen Menschen zusammen war, denen davon nichts erzählte, das hatte nur was mit mir selber zu tun.

Aber warum?

Was sollte das, wofür weswegen?

Ich sah nun tagtäglich diese Leiden, und erfuhr Trauer Scham Unwohlsein oder Ängste. Das ging etwa eine Woche lang so. Kann aber auch länger gewesen sein!

Jeden Tag wenn ich alleine war wurde ich mit dem immensen Schmerz konfrontiert, was ICH DA SAH UND ERLEBTE WAR DAS ÖFFNEN DES KOLLEKTIVEN BEWUSSTSEINS, an dem ich teilnahm, und das jeden daran bindet und dieses kollektive Bewusstsein hatte aber auch alles gespeichert. So, niemand ist davon befreit, egal welcher Nation er angehört. Als ich genug gesehen hatte und mir genug Leiden gezeigt wurde und ich genug Schuld erfahren hatte, Last, Trauer, Schmerz, wurde der Vorhang wieder geschlossen und ich konnte wieder „ohne dem" meine Wege in Ottawa gehen.

Aber von da an, entwickelte sich in mir eine Wahnidee oder ein SuchWeg mir meine eigene Last des kollektiven zu erleichtern. Als 20 jähriger und ohne Voreingenommenheit stand ich nun da und suchte in mir nach Befreiung. Befreiung von der Vergangenheit. Ich forschte in meiner Familie nach, in mir, der meiner Mutter und meines Vaters. In der Richtung meines Vaters waren bloß deutsche so wie ich es erkennen konnte.

Aber in meiner Mutters Seite und wie die aussahen, das war die Familie Weiß ,da erstreckte sich meine Fantasie in die Richtung das ich dachte, das sind selber Juden gewesen oder Halb Juden, damit gab ich mir ein Alibi der Erleichterung, der Lasten, in mir. Ich hatte gehört dass auf meiner Mutters Seite Juden versteckt wurden vor den Nazis, auch das erleichterte meine Innenleben Situation etwas, aber der Wahn musste noch weiter gehen. Er ging so weit bis ich selber dachte und glaubte ich sei selber ein Jude oder Halb Jude„

All das passierte nebenbei während ich mein Leben in Ottawa lebte. Es wurde sozusagen verdaut, verarbeitet, erlebt, und führte dahin das ich nach Montreal zog, und in Montreal kam ich mit vielen Juden jungen Juden in Verbindung, die seltsamerweise mir gegenüber keine Ressentiments hatten, jedenfalls schien es so , da wir zusammen unser Leben machten und dergleichen.

Ich kam dann in Montreal zu der Einsicht das die deutschen sich als Kollektiv zu der Schuld/Fehler bekennen müssten und das Rituale der Rein Waschung und Befreiung vom kollektiven Bereich aufgebaut werden müssten, indem über einen Zeitraum von 10-15 Jahren mehrere Feiertage Trauertage eingebaut werden müssten, an denen eine kollektive Reue und Buße gelebt werden-muss-um das zu reinigen. Es kommt auf das bewusste an.

Mit Niemanden hatte ich jemals darüber gesprochen was ich in mir erlebte und was sich da geformt hatte.

Ich sah viele Juden und erlebte aber auch das sehr viele Juden sehr reich Waren. Ich erlebte aber auch die armen Juden in Montreal die selber Opfer ihrer eigene Leute waren, und deren Ausbeutung und Verblödungen. Jede Rasse jedes Volk beutet seine eigenen

Leute aus und verblödet sie, egal welcher Religion oder Nation. Jedes Volk hat seine Schlächter seine Massenmörder und hat damit auch das im kollektiven Bewusstsein gespeichert und trägt das als Vergangenheitslast mit sich, bis die Last so groß wird das Kriege, Wahn, oder andere Formen der Selbstzerstörung ablaufen, wenn nicht bewusst die Entgiftung gemacht wird. *(Heute 18.6.15 kann gut gesehen werden weswegen Putin, die Russen, es nicht geschafft haben, sich von ihren eigenen Altlasten zu befreien-Stalin-Lenin-und anderes-weil sie als Gemeinschaft keine öffentlichen Diskurse und Gespräche und Abklärungen oder Aufklärungen wie es die deutsche Bevölkerung gemacht hat-getan haben-und es ist gut sichtbar das Stalin wieder angehimmelt wird und das Militär und andere Ängste aufgefrischt von einem sehr ängstlichen Menschen ein Putinlein - einem KGB-Agenten-sowas armseliges-vorgeführt wird-ich wünsche der russischen Bevölkerung alles Gute und die Möglichkeit ihre Vergangenheit zu transzendieren zu er kennen und loszulassen. W.Schorat)*

Es gibt kein Volk auf der Erde das nicht eine Mörderbande ist. Es gibt kein Volk auf der Erde das nicht andere ausgeplündert vergewaltigt oder vergiftet hat. Alle sind sie eine Bande von Banditen und Arschlöcher der besten Bildung und Doktortitel.
Ich sah das Religionen nicht die Wahrheit sind sondern bloß das Gefäß für die Ausbeutung der Völker unter dem Deckmantel der Religionen, sei es Christentum sei es Judentum sei es Hindus oder Moslems. Das waren allesamt Verrückte Wahnsinnige oder völlig Verblendete. Aber mit den Erleuchteten hatten die Religionen der Erde aber auch Garnichts zu tun. Im Gegenteil, sie waren gegen die Erleuchteten die Buddhas die Jesusse die Mohammeds. Die Juden hatten sogar solch eine Religion wo sie ihre Massenmörder ihre Schlächter sogar als göttliche Wesen darstellen ihren Jehova der sie im Alten Testament zum Morden aufruft und abschlachten von anderen Völkern. So bekloppt waren die noch und das wird den Menschen heute als erstrebenswert als Religion als Wahrheit vermarktet, kurzum es waren die Lügner die Arschlöcher die was von Gott jodelten und vorkotzten und die Unterblöden diese Kotze gierig aufleckten.
Was soll daraus schon schönes werden. NiX natürlich.

Das Resultat dieser Bekloppten sieht man ja heute global, einerseits im globalen Wirtschaftsfaschismus der Ausbeutung, andererseits im globalen Arschlochreligionssystemen die ihre stupiden Weisheiten von Halbbekloppten in die Welt setzen mit Fanatismus und mit Morden mit Kämpfen wie in Irland oder auch dem Hass in den USA der einfach da ist bloß durch gute Werbekampagnen vertuscht wird. Oder aber den Kämpfen dieser Blöden im Nahen Osten. Dieser Kampf geht schon seit Jahrtausenden von Jahren bei denen und die Halbaffen haben immer noch nichts dazugelernt, seien es Araber Juden oder andere Völkchen in der Region. Und es sind immer kleine Gruppen die ihre Ignoranz zur Schau stellen. Und all diese dumpfen dummen Gruppen weltweit kleben alle an Worten und Begriffen. Sie verteidigen diese blöden Worte von deren Sinn sie nichts verstehen und deren Wahrheitsgehalt für sie unerkannt geblieben ist. Sie verteidigen

ihre Ignoranz. Aber wie soll die Ignoranz auch aus ihrer Ignoranz herauskommen?
Durch Leiden und Aufklärung.
Aufklärung hilft heute wenig bloß bei den wenigsten von den wenigsten der ganz
wenigen.
Denn wer ist so wachsam wie ein Pferd das schon beim Schatten der Peitsche weiß was
zu tun ist. Das soll Buddha mal gesagt haben.

*S*oooo, während dieser Zeit da in Ottawa und danach in Montreal, da verpasste ich mir
das Kleid des Juden. Ich sah mich selber als Jude für eine gewisse Zeit. Ich legte mir das
innerlich zurecht weil ich so irgendwie besser für mich klarkommen konnte.
Das war die Zeit *„ALS ICH NOCH JUDE WAR".*

Ich könnte jetzt diese innere mir bewusst gemachte Innenwelt dieses kollektiv bewusste
noch ausweiten oder polemisieren um es dramatischer darzustellen und mehr Eindruck
zu erheben ,aber das will ich nicht, denn trotz der Erfahrung und dem damit zurecht-
kommen war auch das bloß eine Phase der Bewegungen, sie kommen sie gehen.
Während dieser Zeit in Montreal hatte ich den intensivsten Kontakt zu Menschen die
von sich behaupteten sie wären Juden. Aber was waren die wirklich. Sind Juden zugleich
die Rasse. Und die Religion. So wie die Hindus. Nein, die Hindus sind Inder und Hindus.
Ich traf dann Juden die waren jüdischer als andere Juden. Die sahen auch ganz anders
aus. Manche waren ultrablöde konservativ, insbesondere diese Dunkelmännertypen die
ganz in schwarz herumlatsche mit ihren schwarzen Hüten und schwarzen Anzügen , die
sich dann im Gruppenphoto bei dem US Präsidenten ablichten lassen, die müsse mehr
als einen Knall in der Birne haben. Wer würde solchen dunklen Typen überhaupt folgen,
natürlich bloß solche die noch dunkler sind noch trüber noch blöder. Davon gab's in
Montreal eine Menge.
Von diesen Löckchen Jüngelchen Jüdchens, wenn ich die sah, lachte ich innerlich, was
wollten die in der Welt darstellen, was wollten die zeigen, welche Vergangenheit hatten
die Vergewaltigt und welche Gegenwart wollten die Verdunkeln. Die sahen rein optisch
schon übel aus. Ich wusste damals praktisch Garnichts über diese Israelis bloß Eins, das
wusste ich und spürte ich, dass ich nicht das geringste Interesse hatte nach Israel zu
fahren und mir das Volk anzuschauen, ich hatte intuitiv eine Abneigung gegen dieses
Volk dort
Ich sagte mir auch wenn die deutschen Massenmord an ihnen begangen haben, aus
Erfahrung weiß ich das zu diesen Taten immer zwei Seiten gehören und eine Menschen-
gruppe die sich einfach so wie Vieh zusammentreiben lässt und abschlachten lässt, da
ist was faul, da stimmt was nicht, zudem, sind Opfer und Täter beidseitig rein spirituell
gesehen eine Gruppe. Es gibt auf der Erde keine einseitige Schuld, das wiederspricht sogar den Prinzipien des Ying und Yang oder der Dualität sowohl der Ausgewogenheit des
Schicksals. Die Juden die ja eigentlich deutsche waren und in Wirklichkeit Menschen,
sie mussten doch für etwas stehen, sein, eine Richtung Verfolgen, die sie so Hassbar

machte, denn die deutschen waren ja nicht die einzigen die diese jüdischen Menschen loswerden wollten, das wollten doch schon die Russen die Franzosen und die Engländer und andere Völker. Aber weswegen, bloß.

Für mich war da irgendein mysteriöses benebeltes unklares Sein das die Juden da hervorgebracht hatten. Egal wer der Verlierer war egal wer der Sieger war, beide Seiten sind dafür verantwortlich. Nach dem Ursache WirkungsPrinzip und dem jeweiligen auf und abbauen dieser Zustände im Kreislauf des Lebens, muss auch irgend- etwas im jüdischen israelischen Leben sein das ihre Situation so unangenehm für sie bei vielen Völkern macht.

Aber was könnte das sein?

Wohl sind die meisten Opfer dieses unbekannten psychologischen oder mentalen Dilemmas in dem diese Menschen sind. Aber sie scheinen mir von etwas ihnen selbst unbekanntem getrieben zu sein.

Der stupide Anspruch den die Juden im Alten Testament haben das sie das auserwählte Volk Gottes sind, das ist wohl der Blödheits-Knaller schlechthin, dann Piss ich lieber auf deren Gottheit.

Oder diesem Gott dem göttlichen ,wenn das auch bloß ein Fünkchen Wahrheit haben sollte. So aus meiner Sicht sind die Juden damals dann abgezockt worden. Von irgendwelchen intelligenteren als sie es damals selber waren, ihre Bindung an das Schund Blatt Altes Testament ,wie gesagt das ist meine persönliche Sichtweise, denn das Alte Testament ist voller Mord Ausbeutung und Räubereien Vergewaltigungen und Anstiftungen zu Völkermorden, und dergleichen und den Schund nehmen die Juden als ihre Heilige Schrift.

Was ist dann wirklich Heilig, Jesus Christ, mein Gott?

Wenn man also von Juden denkt dann denke ich auch an das Gift ihres Alten Testamentgekotzes und sage mir „was wollen die eigentlich" wie viel Massenmorde haben die in den tausenden von Jahren Vollbracht, wie viele haben die abgeschlachtet, vielleicht war dann das deutsche abschlachten bloß das Karma das nun auf sie zurückkam, das Schicksal oder die Wirkung ihrer alten Ursachen.

Denn Gottes Mühlen mahlen langsam wird ja gesagt. Aber Gott das göttliche hat damit bestimmt Nix zu tun, denn wenn's das göttliche wäre wollte ich auch damit Nix zu tun haben, das war keine Gottheit für mich, das kann in Wahrheit kein göttliches Sein, sein. Es sind schlichtweg diese Bewusstseinsebenen der Lernprozesse, die sehr langsam wirken, und genau zu dem rechten Zeitpunkt verwirklicht werden, wenn der echte Zeitpunkt gekommen ist.

Dass die Juden das auserwählte Volk Gottes sind ist ein enormes Vor-Urteil das sie selber belastet, oder besser ihre sogenannte spirituelle Führung belastet die anderen damit, und ob das dann in Wahrheit noch eine spirituelle Führung sein kann, ich würde sagen nein. Das kann keine echte spirituelle Führung sein, wenn sie schon führen wollen.

Ich denke mir die Juden sind Opfer ihrer eigenen Verführer ihrer eigenen Verlogenen spirituellen Vollidioten, ihrer eigenen vergangenen Taten, das Alte Testament ist der beste Beleg dafür.

Die ganze talmudische Priesterschaft ist wie Jesus schon erkannt hatte eine Gruppe Banditen die das falsche predigen die Lüge. Und ihr Gott Jahwe muss ein Blutsauger und Anstifter zum Massenmord sein, war er ja auch denn das steht ja im Alten Testament, Davor können die Gläubigen die an solch einen Idiotenverein glauben nicht drücken. So die Juden sind von enormen schweren Vorurteilen belastet, egal was sie auch machen, weil sie nämlich Jahwe als Massenmörder gut finden.

Aber wer sich an althergebrachtes klammert bleibt ebenso Blöde.

Denn zum Beispiel die deutschen waren ja auch nicht immer die deutschen, ebenso wenig die Engländer oder die Amerikaner.

So wenn die Juden sich nicht von ihrer Mord Vergangenheit aus dem Alten Testament lösen und etwas anderes werden wollen, werden sie ununterbrochen mit dem Blut und dem Vergewaltigen anderer konfrontiert werden. So ist das nun mal.

Aber die Juden sind schon seit tausenden von Jahren die Juden und immer noch nicht haben sie Frieden mit sich und der Region in der sie leben gemacht. Was will dieses scheiß Volk eigentlich ihre Seuche der Welt übertragen, andere Menschen zeigen das andere minderwertiger sind. Oder weswegen ist da solch ein Wirrwarr, mit diesem Völkchen seit so langer Zeit.

Ich selber bin froh wenn diese alten Köpfe abdanken mit ihren stupiden Hang zum vergangenen aufgewärmten Suppentopf ihrer Blutwurstspiritualität. Sie halten diese Blutwurst Spiritualität in ihren alten Schriften die sie Heilige nennen fest und bauen immer noch Schulen darauf auf zum Beispiel die Talmudschulen.

Hat da schon mal einer reingeschaut was der Talmud eigentlich lehrt, heute noch, was könnte das wohl sein?

Alleine ohne etwas jemals davon gelesen zu haben, was würdest du denken werden die wohl lehren, wenn in ihrer alttestamentarischen Schrift schon so viel Blutrache Massenmord Vergewaltigung ist,

Glaubst du etwa oder denkst du da würde dann plötzlich das hoch erleuchtete Wissen zum Vorschein kommen, bestimmt nicht.

Für mich sind alle Religionen ohne Ausnahme banale verblödende Verlogene Überbleibsel von Verlogenen dunklen trüben Raub Säugetieren die sich Menschen nannten.

Für mich sind alle Religionen egal welcher Art auch immer das praktische Symbol der Unwahrheiten dieser Raubsäugetiere die sich Menschen nennen.

Für mich sind alle Religionen das falsche und die Unwahrheit egal welche Religion es ist. Und ihre spirituellen Führer sind ohne Ausnahmen Halbverrückte blinde und Massenverblöder.

Alle Religionen sind zweckmäßige Strukturen geworden die dazu dienten die herrschenden und ihre Gefolgsorgien zu Diensten zu sein, egal wie. Die Christen sind keine Christen sondern Vollblut Heiden. Bloß die Heiligen haben Versucht ein wenig Wahrheit in ihr Leben zu bringen. Jesus sagte wer mich liebt der nimmt meine Gesetze an und befolgt sie. Und was ist draus geworden?

Es lohnt sich nicht mehr darüber zu reden, jeder weiß das, und die Moslems, was ist draus geworden? Jeder sieht es, und die Hindus, was ist draus geworden jeder sieht es, und die Buddhisten, was ist draus geworden, eine Gruppe von Ritual und Zeremonien Träumer, auf Maîtreya wartend, den bestimmt schon andere Abzockgruppen im stillen aufbauen, damit er dann diejenigen abzockt die an so was glauben.

Und die Juden, was ist aus denen geworden, das sieht man ja nun hört man Ja nun Jeden Tag im Radio im TV, und was machen die anderen.

Es gibt so was wie die Vernunft im menschlichen Raubtier. Aber die Vernunft macht aus dem Menschen noch keinen Wahrheitsliebenden oder keinen Liebenden, sie macht auch nicht aus dem Menschen, einen Weisen oder Heiligen und sie tut überhaupt Garnichts dazu dass der Mensch sich selber erkennt. Der Spruch erkenne dich selbst, bezieht sich aber auch nicht im Geringsten auf Denken oder Intelligenz oder das Erkennen deiner ihrer deren Gewohnheiten die dann du selber sein sollst. So blöde Dröge und stupide ist die göttliche Schöpfung nicht, weder noch ist der Körper der Mensch oder sein Bewusstsein, und so weiter und so weiter.

Die sogenannten vernünftigen reden und denken dann vernünftig was nichts anderes ist als die Ansammlung von Daten in der jeweiligen Zeitspanne. Vernunft ist nicht in der Lage vom Raubtier Mensch ein Mensch zu machen.

Die Vernünftigen können auch ihre Fassung verlieren die Maske des vernünftigen Seins, und dann?

Denn solange man noch Jude ist oder Christ oder Moslem oder Buddhist oder Hindu oder anderer Glaubensrichtung, ist man schlichtweg noch Vollidiot.

Da ist noch nicht mal Vernunft Vorhanden.

Das kommt erst noch wenn die Angst, nämlich die Religion und ihre verlogene Illusionen weg fallen.

Wissenschaft ist nicht im Geringsten Vernünftig,

Sie ist also auch keine Rettung.

Genauso weil's ja noch Raub Säugetiere sind, blöde und doof.

Was ist schon messen und wiegen, das ist was für blöde, Halbaffen, messen wiegen und glotzen sich einen Schmarren zusammen-jodeln in ihren rhetorischen Wahnvorstellungen, sie selber wissen Garnichts haben bloß geglotzt und geglotzt und gefummelt, überhaupt dieser Nahe Osten mit seinen stupiden Monoglauben, das ist alles bloß Glaube.

Fantasieren kann ich mir eine Menge und nenne es dann Glaube oder die Wahrheit.

Jeder vernünftige Gläubige der an den Monotheismus glaubt ist im stillen eine Missgeburt des Fanatismus , da seine Grenzen des vernünftigen Glaubens leicht erreicht sind, mehr hat der nämlich nicht, und jede Form des vernünftigen Glaubens ist in Wahrheit eine Grenze die dann solche Wirrnis Anbeter wie Ratzinger der der Ober- Glaubensrichtlinien Dogmatiker ist, zum Vorschein bringt.

Das eine braucht das andere und wenn die dann wieder die Macht haben, dann würdest du eben wieder verbrannt werden, oder wie bei den Juden im Alten Testament, abgeschlachtet werden. In Wahrheit sind das alles noch Raub Säugetiere, mehr nicht, deswegen nämlich auch diese Kriege, das Morden und die Betrügereien, die Machtseuche die wirtschaftlichen Betrügereien die Unwahrheiten das man Mieten zahlen muss oder Steuern und die Unwahrheiten das Geld Zeit wäre und so weiter und so weiter. Alles deswegen weil die Raub Säuger herrschen und es nicht verstanden haben und nicht verstehen wollen, dass es mit den Meistern oder Erwachten oder Buddhas oder Jesus um was ganz anderes ging als um Religion, diesen kollektiv Schund für Unteraffen...
Wie armselig müssen die noch sein, die zum außerwählten Volk noch gehören müssen, das sogar noch brauchen, wie armselig sind die wohl, sehr, sehr armselig.
Nochmal, für alle die zum auserwählten Volk gehören wollen oder sogar wegen ihrer Minderwertigkeit dazugehören müssen, zu der Gottheit gehöre ich nicht und auf den Gott kotze ich, klaro.

Ich kennen aber auf meiner Reise hier im Universum und nun auf dem Planeten Erde, niemanden, der nicht irgendwie eine Sekte ist, ob die sich nun zum außerwählten Volk dünken, es ist eine Sekte ob sie sich nun Moslems nennen es ist eine Sekte, ob sie sich nun Christen nennen es ist eine Sekte, ob man nun für die oder jene politische Partei stimmt es ist abstimmen für Sekten, ob man sich für diese Firma entscheidet es ist eine Entscheidung für Sektierer für Sekten ob ich mich für diese Frau entscheide es ist eine sektiererische Entscheidung. Sekten Entscheidung so ist es eben.
Aber sehr, sehr verrückt sind jene die sich für Luzifer entscheiden die Illuminati zum Beispiel ,sie sind völlige verblödet, sie denke zum Beispiel das Luzifer der höchste Gott sein muss, weil er das Licht bringt und zum Licht gehört .In ihrem bekloppten Wahn und ihrer dumpfen Raubtier Ignoranz sind sie natürlich unfähig zu sehen, das Licht selber zum dualistischen Bereich gehört, also kann es gar nicht die höchste Gottheit sein, ebenso wenig Dunkelheit beides sind bloß Erscheinungen der schöpferischen Fähigkeit des göttlichen.
Also auch die bekloppten Illuminati mit ihren weltweiten Banditen Firmen ihrer weltweiten Banditen Politik ihrer weltweiten Geldpolitik, ihrem Raubsäugetierwahn und ihrer Raubsäugetierintelligenz, sie sind in ihrer Einsicht auf dem Weg des üblen. Das sind die GeheimGesellschaften, die Freimaurer, die Unfreimaurer, die Sekten die sie aufgebaut haben die Gruppen die sie infiltriert haben damit sie Kontrolle über Menschen bekommen ,und auch haben, auch die römisch katholische Sekte gehört dazu, oder die Zeugen Jehovas dieser Trottel Verein der wunderbar abgezockt wird, gegründet von einem jüdischen Vertreter der Freimaurer und Illuminaten. Aber ob das die dummen Sektenmitglieder und Sektenmitfotzen wohl wissen.

*D*iese Form der Ausbeutung und der Betrügereien geht auf der Erde schon seit Jahrtausenden und gehört zur Kultur der Raub Säugetiere mehr haben die nicht zu bieten, in ihren alten Schriften ist gut lesbar wie sie morden, versklaven ausbeuten und Hass gegen andersdenkende und anders aussehende haben, in ihren alten Schriften ist gut lesbar wie sie blöde und bekloppt sind und auch so bleiben wollen, denn die gleiche Altertumskotze leben sie heute noch, im Alten Testament ist es gut sichtbar in dem Kotzbuch der Diabolo Anbeter dem anbeten Jahwes, dem Mord Anstifter und Versklavungsbruder einem verrückten ersten Ranges.

Oder im Talmud, mein Gott was ist das für eine verlogene Schrift mit dem Aufruf zum weltweiten Hass gegen alle die nicht Juden sind überhaupt die menschliche Vergangenheit ist eine Vergangenheit des Mordens und Unterdrückens und dem anpissen von allem was sich bewegt und anders ist.

Sooooo, nachdem ich in Montreal lebte, vertrocknete langsam dieses JudenSein in mir .Ich hatte genügend mit jüdischen Freunden zu tun, und hatte nicht einmal etwas gegen diese menschlichen Brüder von mir, auch nicht gegen Araber oder Indianer oder Türken oder anderen Menschengruppen. Viele meiner Freunde waren und sind sogenannte Juden, einige sind sehr intelligent andere sehr erfolgreich andere sind dumpf einige blöde, eben wie Menschen sind, egal welcher Nationalität und so weiter.

Dass ich mich als Jude sah und vorstellte verblasste langsam und nach einem Jahr in Montreal war es nicht mehr vorhanden,, immerhin, ich hatte mich intensiv mit der Situation beschäftigen müssen, und erkannte was da im kollektiven Bewusstsein war, dadurch wusste ich aber auch das auch im jüdischen kollektiven Bewusstsein oder arabischen oder chinesischen oder russischen oder amerikanischen oder englischen oder französischen oder japanische oder türkischen oder, oder, oder, oder, auch das ganze morden seit Anbeginn des Mordens gespeichert war und diese Mordseuchen solange weitergehen würden, auch mit der feinsten Errungenschaft in Technologie und Künsten, wenn sich die Raub Säugetiere nicht bewusst damit auseinandersetzen würden, vom Töten sich zu distanzieren, und selbst dann, selbst dann, ist es noch ein langer Weg vom inneren und äußeren Morden definitiv befreit zu sein.

Ich wusste damals sehr wenig über die wirtschaftlichen Zusammenhänge, über die Kartelle und die Syndikate auf der Erde, ich wusste praktisch Garnichts über die Logen in denen Menschen zusammengefasst wurden und manipuliert wurden und ich wusste Garnichts von den esoterischen Zielen vieler politischer Gruppen weltweit und den okkulten Gruppen die hinter vielen wirtschaftlichen Firmen und religiösen Gruppen und politischen Gruppen standen, und die eine große Macht ausübten. Oder die Familien Kartelle der Bankbesitzer und deren Monopol aus Luft oder Papier Geld zu drucken und die Menschheit damit zu versklaven und total zu verblöden.

In den Jahrzehnten die dann folgten konnte ich viele Reisen machen, Afrika ,Asien, Indien, Amerika, und ich bemerkte das die Aggressionen im Laufe der Jahrzehnte an stärke zunahmen, dort wo ich einige Jahre zuvor noch friedlich sein konnte da war plötzlich Banditentum, Aggressionen und Gefahren Vorhanden die zuvor nicht dort waren, es war einfach gefährlicher geworden alleine auf der Erde lange Reisen zu machen. Die weltweite Verrücktheit der Menschen kam immer mehr zum Vorschein, sie wurde sichtbar in dem Sektentümern der Religionen mit denen die Menschen sich identifizierten, und innerhalb derer dann auch noch Sekten waren und denen waren dann auch noch Sekten und jeder hatte andere Vorstellungen und die verteidigte er dann auch gewaltsam. Egal ob es Rassengrenzen waren, Firmengrenzen, politische Grenzen Logengrenzen, egal ob es Geldgrenzen waren das Sektentum des kleinen Kopfes dieser Menschen war ebenso eng wie ihr kleiner Kopf in denen sie ihre großen blöden Einsichten mit sich trugen, ich erlebte auf den Virgen Inseln eine typische Situation die zeiget wie blöde die Menschen waren, sie erkannten die Wahrheit gar nicht, sondern, sie waren Gefangene ihres Denkens und ihrer Vorstellungen, ihrer Ideen .In einem Restaurant hörte ich die Einwohner auf Virgen Gorda, wie sie davon redeten das sie versklavt waren, und das sie unterdrückt waren. Und ich hörte wie sie dort ein negatives Bild von ihrer Umgebung malten .Aber die Insel war wunderschön, da war niemand der sie wegtrieb oder der sie davon abhielt wegzuziehen oder der sie zum Beispiel polizeilich bedrohte oder der sie zwang irgendetwas zu tun ,ihre Gedanken entsprachen nicht der Wirklichkeit der Umgebung ,das waren Spinner, die dann ihre Netze spinnen und andere genauso verblöden und Revolution machen wollen. Aber diese Zellen der Verrücktheiten waren überall auf der Erde in allen Völkern zu finden, in der Politik, in der Religion, in den Geheimlogen den okkulten Sekten oder in den Familien. Langsam entstand ein Bild in mir durch die Weltpresse, durch lesen durch miterleben der menschlichen Situation auf der Erde durch nachforschen in Büchern das alles bloße Interessengruppen waren, es war alles Macht durch Betrug durch Lügen und Ausbeutung die Religionsgruppen waren abgekochte Abzocker geworden sie waren, der Wahrheit der Erleuchteten total entfremdet und bloße wirtschaftliche und politische Sekten mehr nicht.

Die Raub Säugetiere die sich dann in den Führungsgremien der Religionen etabliert hatten, waren allesamt bloße Wortkünstler und bloße Denkbekloppte mehr nicht. Religion selber war bloße Politik mehr nicht, Religion egal welche Christen, Moslems, Hindus, Juden Buddhisten, das waren alles politische Organisationen, mehr nicht, die sogar in Wahrheit an die Macht kommen wollten und es auch schon waren, aber der Schrott dieser Verblödungsreligionen die auf Heuchelei und Unwahrheiten aufbauen. Gott vergib ihnen, denn sie wissen nicht was sie tun. Wurde mal gesagt.
Diese Satans Religionen wie zum Beispiel bei den Sekten der Moslems die zum heiligen Krieg aufrufen, blöder geht's schon nicht mehr, dessen Gott pisse ich ins Gesicht, mehr nicht ,was muss das für eine stupide blöde öde dumpfe Gottheit sein, aber in Wahrheit waren es ja bloß blöde mordende Schriftführer die den Schrott auf Papier gebracht hatten.
Aber auch die Politik, weltweit diese Raub Säugetiere, was machten die schon, sie waren allesamt Handlanger der Industrien, sind es immer noch, die Handlanger der Banken und Kartelle und Syndikate großer Familiengruppen die in der Vergangenheit Reichtum angesammelt hatten. Aber so war es schon immer, egal ob zu Gilgamesch Zeiten den Zei-

ten der griechischen Mythologie oder den Zeiten des Talmudes oder zu den Zeiten des Alten Testaments. So, in Wahrheit, ist das alles, alter Kuchen, immer weiter gesponnen, im Kreislauf der Jahr- Hunderte, der sich wiederzeigenden Jahreszeiten.

Ich sah wie auf der Erde durch den Hass auf andere Menschen sich Gruppen gebildet hatten die durch den Hass und die Verachtung. Durch enorme Bösartigkeit gegen andere Menschen enormes Potenzial an Schaffenskraft aufgebaut hatten, Schaffenskraft zum zerstören Kreativität zum versklaven durch materielles schaffen und den damit verbundenen finanziellen Ausbeutungen. Überall ging's um Kontrolle.
Was ich auch gut erkennen konnte war folgendes, die Strukturen der Vergangenheit egal ob im religiösen oder im wirtschaftlichen wurden auf die Gegenwart übertragen, womit man damals erfolgreich war das gleiche Prinzip wurde bloß im neuen viel reicheren Gewandt weitergeführt.
Diese Strukturen waren hauptsächlich, Zerstörung der Konkurrenz, und Macht durch Geld, und der blöde Glaube ans Geld, und die damit verbundene Macht Ignoranz die die Gelder dann verteilten um mehr Macht zu haben.
Ich sah das Arbeitslosigkeit gewollte ist von den Geldmächtigen die große Wirtschaft Syndikate leiten oder große Kartelle aufgebaut hatten.
Wer Arbeitslosigkeit züchtet der kann auf die Politik zwang ausüben, durch Erpressungen, indem die Wirtschaft noch weniger zahlen braucht und vor allem noch mehr Gelder vom Staat ergo den Steuern der Völker abzocken kann.

Ich sah das große Kartelle Banken Wirtschaftskartelle Aktien auf den Markt brachten um in Wahrheit an die Gelder der Massen zu kommen, da sie aber die Medien kontrollieren, wurden die Aktionäre durch Gerüchte kontrolliert. Wenn genügend Geld abgezockt war konnte man das Unternehmen fallen lassen, die Gelder der Aktien waren nichts mehr wert, der dumme Glaube an das Papier eben, und die Gelder der Aktionäre waren sicher bei den Banken und Firmen denen die Banken gehörten, diese Kartelle machten also immer Betrügereien, da sie ja die Kontrolle darüber haben. Und wer sich wie Banker ausschließlich darum kümmert noch mehr Geld zu machen – muss ja schlussendlich ein Betrüger- Verbrecher sein oder werden-da ja Geld kein Produktionsprodukt einer Firma ist-es muss also in den Banken immer um Betrug gehen es kann aus einem Banker immer bloß ein Verbrecher werden-und solch einen Schwund Hund Schwachsinn Megaignoranz unterstützen eure Politiker-davor fallen die politischen Halbaffen auf die Knie und verblöden die Menschheit-zur Hölle mit diesen Halbaffen in der Politik ob grün-blau-schwarz-rot oder lila.

Ich erkannte auch wie zum Beispiel die Völker oder deren sogenannte Repräsentanten Wirtschaft und Machtkriege führten innerhalb ihrer globalen Netzwerke. Enorme Macht wurde über die Finanz Kartelle und Syndikate ausgeübt, kaltblütige Abzocker verwüsteten ganze Volkswirtschaften durch ihre Spekulationen. Aber wer waren diese Menschen hinter diesen Abzockereien, und welche Motive und Gedanken Strukturen ließ sie so

kaltblütige agieren weswegen waren sie so grausam und so primitiv oder so gierig.
Welche Ideologien lagen hinter denjenigen die die Politik und die Außenpolitik für ihre
wirtschaftlichen Interessen nutzen, und war das überhaupt schon jemals anders gewe-
sen„ nein, es war immer so, ob du nun als Halbwilder in der Steppe lebtest und dich
ein anderes Raubtier angriff, oder ob da Häuptlinge ihre Interessen damals mit ihren
Freunden vertreten hatten, seien es Keulen Bauer oder Speer Hersteller gewesen, durch
die dann das Keulenmonopol oder das Schwerter Syndikat entstanden ist ,all diese Auf-
bauten egal wie sie heute auch aussehen mögen sind mit der Raffinesse und Fähigkeit
der jeweiligen Möglichkeiten aufgebaut worden, alles wurde angewendet was irgendwie zum Sieg zum Sieg zum Sieg verhalf.

Nun gut, die gesamt menschliche Situation war und ist immer noch eine Situation die
von diesen verlogenen wilden Seins Zuständen geleitet wird, der Betrug, die Lügen der
Ausverkauf ist weitergegangen, die Öl Kartelle führen Kriege um an der Ölmacht zu bleiben und die damit verbundenen abhängigen schwerfälligen üblen Industriezweige, sei
es die pharmazeutische Industrie die ein Ableger der Ölindustrie ist und von den gleichen Kartellen geführt wird, diese Kartelle arbeiten weltweit Nutzern die Armeen der
Länder unter falschem verwandt um ihre strategischen Gier Monopole zu behalten und
neue hinzugewinnen.
Außenpolitik ist meisten Industrie Geschäfte und die Verlängerung der nationalen Interessen, die USA sind ein gutes Beispiel dafür, aber auch alle anderen Staaten, bloß die
USA und Russland sind bereit für ihre ordnungsmäßige Ignoranz Kriege zu führen. Aber
warum sind die so blöde.
Ja die sind so blöde.

Wer Krieg führt wer Hass und Fanatismus und Terror vertreibt wer das vertreibt ist
immens blöde. Blödheit führt zum Mord Blödheit führt zu blöden Vorstellungen und zu
blöden dumpfen Einsichten. Blödheit führt zu Machtgier und Blödheit führt zu Sekten
und politischen Sekten oder wirtschaftlichen Sekten.
Hinter der Blödheit steht immer die Bösartigkeit.
Der gehorsam dem Bösen gegenüber.
Denn die sind artig im Böse sein im schlechtsein, dem sind sie hörig.
Was sagt unser Freund Jesus dazu.
Im Alten Testament wird vom Jahwe gesprochen, wie er zu Abraham redet auf Hebräisch
ist es -ani ha el shaddai, was so viel bedeutet wie-ich bin der el shaddai-der verworfene
Großengel-shaddai el-der Satan. Siehe Herder Bibel Originalübersetzung Moses 17,1.
Und was sagte Jesus also damals?
Im Johannes Evangelium 8:30-45 wird gelesen, sie die Juden sagten zu ihm, Abraham
ist unser Vater. Jesus antwortete ihnen. Wenn ihr Abrahams Kinder seid, dann müsst
ihr auch Abrahams Werke tun. Nun aber sucht ihr mich zu töten, mich, der ich euch die
Wahrheit sage, die ich von Gott gehört habe. Das hat Abraham nicht getan. Ihr tut die
Werke eures Vaters.

Da sagten sie zu ihm. Wir sind nicht unehelich geboren, wir haben nur einen Vater:

GOTT.

Jesus antwortete ihnen. Wäre Gott euer Vater, so würdet ihr mich lieben, denn ich bin von Gott ausgegangen und komme von ihm, denn ich bin nicht von selbst gekommen, sondern er hat mich gesandt. Warum versteht ihr meine Sprache nicht. Weil ihr mein Wort nicht hören könnt. *Ihr habt den Teufel zum Vater, und was eurem Vater gefällt, wollt ihr tun. Der ist von Anfang an ein Mörder gewesen und steht nicht auf dem Boden der Wahrheit, denn die Wahrheit ist nicht in ihm. Wenn er die Lüge redet, spricht er aus was in ihm ist, denn er ist ein Lügner und der Vater der Lüge.* Weil ich aber die Wahrheit sage glaubt ihr mir nicht.

Diese Worte von Jesus wiederspiegeln sich heute global wieder nämlich die Lüge und die Lügner. Alle Systeme der Raub Säugetiere ohne Ausnahmen sind alles Lügen Systeme, sie dienen alle der Ausbeutung egal welches Volk auf der Erde egal welcher Religionen egal welcher Politik und egal welcher Syndikate Banken und Industrie Kartelle.

Alles ist zurzeit auf der Lüge aufgebaut.

Wer also nach dem Alten Testament lebt ist unweigerlich an die Lüge gebunden und wird der Erde nur Schaden und Schande bringen. Es gibt viel, viel bessere Einsichten die global schon seit unbeschreiblich langen Zeiten gelehrt wurden und auf die Erde gepflanzt wurden. Jesus gehört natürlich dazu.

Aber da die Juden ihn ja nicht wollten sind sie immer noch an die Blutwurst Mentalität des Alten Testamentes und ihrer Lügen Gruppen Schlächter oder Abmurkser gebunden. Es besteht aber auch ein Unterschied zwischen Juden und Israelis. Juden sind einer der zwölf Stämme der alten Israelis so wie die Levis-Hosen auch eine der zwölf Stämme der alten Israelis sind. Und andere Markenartikel der 12 Israeli Stämme. Aber es hat auf der Erde in Indien Asien schon andere Einsichten gegeben die den meditativen spirituellen Weg lebten und förderten-aber es ist sehr gut sichtbar was davon heute übrig geblieben ist-oder anders-was bis jetzt daraus geworden ist-ein Fünkchen-so es ist ein sehr, sehr, sehr, sehr, sehr, und nochmal übersehr und das hoch 1000 mal 10000 und mehr-langer Weg bis aus dem Menschen der Menschheit auf der Erde eine homogene einheitliche Mentalität Farbe und Kooperation revolutioniert sein wird-die diesen Raubtier Schwund hinter sich gelassen hat. Hoffe ich zumindest.

Der Hass der heute im Nahen Osten unter den Völkern ist und auf andere Völker übertragen werden soll und auch teilweise wird, ist der Hass der Ignoranten dieser alten Lehren die auf Blödheit und Ignoranz aufbauen, dazu gehört auch die Ignoranz der Gläubigen der Moslems.

Denn alle bauen auf das Stinkblatt Altes Testament auf.

Beide, Araber, Juden oder die anderen Gruppen leben wunderbar den alten testamentarischen Blutwurst Gott Jahwe und seine Strategien und Hass Wellen der Morde und Intoleranzen.

Man muss sich von Scheiße lösen sie abwaschen und wegspülen, die Juden in Israel sind selber bloß Opfer der Ignoranz ihrer Kapitalgeber oder Schriftgelehrten mehr nicht. Es zeigt ihre Ignoranz, ebenso die der Moslems und ihrer Schriftgelehrten, es zeigt auch ihre Hassintoleranz, beide sind bloße Raubsäuge-Tiere geblieben im Sinne Jahwes, Auge um Auge, Arschloch um Arschloch.

In jedem Volk gibt es eine Menge gutes und schönes, aber die Religionen denen sie anhängen sind korrupt verlogen trübe und Unwahrheiten .Sie haben aber auch Nixi mehr mit den Erwachteren zu tun. Garnichts.

Im Zyklus der Uhrzeit in dem Kreislauf der Uhrzeit kam ich in Kontakt mit vielen Schriften, in den USA wurde viel interessantes an Büchern produziert, in der Bundesrepublik wurden solche Bücher verboten, klammheimlich, sie wurden als Volksverhetzung abgewürgt, als ich das sah, sah ich das hier in der Bundesrepublik etwas wirkt das Angst vor Freiheit hat, aber auch Angst vor amerikanischen Büchern, oder deutschen Büchern, alles was das Judentum anspricht und damit unzufrieden ist wird gleich abgewürgt. Eine seltsam verkotzte Form der Freiheit, denn Demokratie ist für mich nichts anderes als Massen Verblödung unter dem Deckmantel der Freiheit, in Wahrheit ist Demokratie versteckte Faschismus Absichten, in denen die Geldwahnsinnigen und Machtpestbeulen der Welt sich treffen um das Gruppen Vieh abzuzocken, im Namen der Demokratien, mehr nicht.

Dann stieß ich auf einige Aussagen aus dem Talmud und war doch sehr demokratisch und freundlich erfreut diese zu lesen, folgendes: las ich dort, ich hoffe der Leser freut sich auch so wie ich damals solch eine Goldgrube der Wahrheit und Weisheit gefunden zu haben...

Ich werde das gefundene etwas später zusammen mit etwas bringen, denn ich fand noch etwas interessantes im Bezug Antisemitismus, insbesondere da seit den letzten Wochen Möllemann und Kharsi Polemik in den Medien war und dort abgekocht wurde, und ich konnte sehen das selbst die Juden die sich dort in der Zeitung die Welt meldeten, keine Ahnung hatten was der Begriff Antisemitismus wirklich bedeutete, ich konnte gut sehen das dort Berichte geschrieben waren von intelligenten dumpfen Raub Säugetieren die einfach von der Rolle ein Schwachsinn hervorjodelten das jedem der davon wusste die Arschbacken zu kochen anfingen..

Hier ist der Bericht den ich fand: **Zitat Anfang:**

12. Der Begriff „Anti-Semitismus" wird sehr oft hergenommen, um gegen Menschen vorzugehen, die etwas über die Banker und Genossen aufgedeckt haben. Ist das auch in Ihrem Fall aufgetreten?

Tja, das ist tatsächlich geschehen. Zwar war das bisher nur ein Einzelfall, doch möchte ich unkompetenten Äußerungen vorbeugen. Ich habe auf keiner einzigen Seite meines Buches GEGEN irgendeinen SEMITEN geschrieben. Ich habe überhaupt nicht GEGEN irgendjemanden geschrieben, sondern ÜBER jemanden. Ich habe niemanden angegriffen, sondern aufgedeckt. Da ist ein himmelhoher Unterschied ~ also keine ANTI! Aber auch

ÜBER einen SEMITEN habe ich nicht geschrieben, wie ich gleich beweisen werde. Die wenigsten Personen, die mit dem Begriff „Anti-Semitismus" um sich werfen, haben jemals ein Geschichtsbuch in der Hand gehabt und die Abstammung des Judentums und die Vergangenheit dieses Volkes wirklich studiert. Und ich liege mit meiner Annahme wahrscheinlich nicht sehr weit daneben, wenn ich behaupte, dass von diesen Personen keine zwei Prozent jemals im Talmud gelesen, und daher die „Glaubensinhalte" der Talmudisten kennengelernt haben. Offensichtlich muss ich auch dieses heiße Eisen thematisieren, um ein paar Unklarheiten zu beseitigen.

Ich weiß, dass das Judenthema in Deutschland gefährlicher ist als die Atombombe und einige Leser mögen vielleicht gedacht haben, dass ich ein weiterer Nazi-Schreiberling bin, der die jüdische Weltverschwörung offenlegen will. Leute, so ist es sicherlich nicht. Ich persönlich habe nichts gegen den Mitbürger jüdischer Abstammung. Ich hatte, wie bereits erwähnt, eine jüdische Freundin und habe ihre Familie sehr gern, weiterhin sind sehr enge Freunde von mir Juden und ich arbeite auch geschäftlich mit Juden zusammen. Doch was ich herausgefunden habe, spricht nun einfach einmal für sich, sind Tatsachen und müssen ans Licht. Wenn Sie verstehen möchten, warum die Russen, die Engländer und später auch die Deutschen die Juden aus ihrem Land heraus haben wollten, müssen Sie wissen, was der Grund war, warum sie überhaupt gegen diese vergingen.

Haben wir durch unsere Geschichtsbücher denn auch erfahren, WARUM man Juden verfolgt? „Warum wurden gerade die Juden und sonst kein anderes Volk aus jedem Land vertrieben, in dem es gelebt hatte? „ oder „warum waren fast nur Juden in die bolschewistische Revolution verwickelt - haben sie geplant, finanziert und auch ausgeführt? Warum sind die Medien in jüdischer Hand, warum auch die Banken? Warum darf denn im Jahre 1995 in Malaysia kein Jude einreisen?"

Natürlich werden seit Jahrhunderten alle möglichen Minderheiten verfolgt, nicht nur die Juden. Diese aber immer wieder permanent. Es muss doch irgendeinen Grund dafür geben. Und wie Sie im Laufe dieses Kapitels anhand meiner Zitate von Winston Churchill, George Washington, Benjamin Franklin und Martin Luther selbst sehen werden, waren die Deutschen nur eines der Völker, die sich von ihren Juden befreien wollten. Das möchte ich ihnen an dieser Stelle nun im Detail erklären.

Dass die khasarischen Juden (wird gleich erklärt) in das Thema „Weltverschwörung" tief verwickelt sind, ist beim besten Willen nicht zu leugnen. Das hat nichts mit Faschismus und schon gleich zehnmal nichts mit Anti-Semitismus zu tun, wie ich auch gleich beweisen werde. Und: sämtliche Quellen, die ich zur Beantwortung dieser Frage herangezogen habe, sind jüdischen Ursprungs.

Der Begriff „Anti-Semitismus" legt sich seit etwa 40 Jahren wie feucht-kalte Hände um einen Hals, sobald man nur das Wort JUDE in den Mund nimmt. Testen Sie dies einmal und sagen Sie nur das Wort „Jude" halblaut in der Öffentlichkeit und Sie werden merken, wie sich sofort eine ganze Reihe Gesichter in Ihre Richtung dreht. Die Menschen sind mit diesem Begriff wirklich hirngewaschen worden, vermeiden es mit allen Kräften, dieses Thema in der Öffentlichkeit anzusprechen. Doch das kommt nicht irgendwoher, sondern von den Juden selbst. Es heißt, sie hätten glatte $ 4.000.000.000 ausgegeben, um durch Organisationen wie die „Anti-Defamation-League of B`nai B`rith" (ADL) und die „American Civil Liberties Union" (ACLU) diesen, nicht im geringsten zutreffenden, noch haltbaren Begriff „Anti-Semitismus" in der Öffentlichkeit einzuführen. Weder dieses Wort, noch das Wort „Semit" oder „Semitismus" ist übrigens in einem Lexikon vor dem Jahre 1875 zu finden.

Es wurde eine ganze Schwemme an Filmen aus dem überwiegend jüdischen Hollywood auf die Welt losgelassen, um ein implantiertes und irreales Bild über das jüdische Volk und dessen Religion auf der Welt zu verbreiten. Was es mit dieser Religion auf sich hat, werden nachher ein paar wörtliche Auszüge aus dem Talmud für sich selbst sprechen lassen.

Einem Großteil der Bevölkerungen der westlichen Nationen wurde durch die khasarisch-jüdisch kontrollierten Massenmedien glauben gemacht, dass sich der Begriff „Semitismus" fast ausschließlich auf Juden bezieht. Doch in Wirklichkeit hat ein heutiger Jude mit einem Semiten so viel zu tun, wie ein Amerikaner mit einem Griechen.

Das heißt, wer mir als Autor „Anti-Semitismus" in die Schuhe schieben möchte, der hat seine Hausaufgaben nicht richtig gemacht, sonst würde er solch einen "Un-Sinn" nicht aussprechen. Möge er hier eine kleine Nachhilfestunde zum Thema erhalten.

In meinem Buch habe ich in keinem Falle über irgendeinen Semiten geschrieben, weder über Araber, Aramäer, Akkader oder Hebräer. Ich schrieb über Personen wie die Rothschilds, Jacob Schiff, die Warburgs, die Windsors, Karl Marx, Stalin, Lenin, usw. Alles keine Semiten, sondern reinrassige Ashkenazim - KHASAREN!

Verwirrt? Dann werde ich hier etwas Ordnung schaffen.

Wollen wir zunächst einmal ein paar Begriffe klären, mit denen die Menschen so täglich um sich werfen. Wer sind denn die Semiten? Nachdem sehr konservativen und höchst aussagekräftigen „Oxford Universal Dictionary" (Oxford-Universallexikon) heißt es, „dass der Begriff „Semite" zum ersten Mal im Jahre 1875 benutzt wurde und beschreibt eine Person, die der menschlichen Rasse angehört, die fast alle Völker mit einbezieht, die in der Schöpfungsgeschichte 10 (A.T.) als die Nachkommen des „Sem", dem Sohn des Noah, abstammen und eine semitische Sprache als Muttersprache sprechen - daher die Akkader, Phönizier, Hebräer, Aramäer, Araber, Assyrer... „

In Langer`s Lexikon der Weltgeschichte heißt es, das es immer bedacht werden sollte, dass sich der Begriff „Semit" nicht auf eine Rasse, sondern eine Gruppe von Völkern bezieht, deren Muttersprache semitisch ist."

Nun, der Laie wird wohl sagen: „Da haben wir's doch, die Hebräer sind Semiten". Richtig. Die Hebräer sind Semiten, doch stellt sich die Frage, was Juden mit den Hebräern gemeinsam haben. Wie Sie gleich sehen werden, haben die modernen Juden so gut wie ÜBERHAUPT NICHTS mit den Hebräern gemeinsam.

Wollen Wir uns einmal die Geschichte betrachten.

Wer sind denn die Hebräer?

Die Hebräer haben ihren Ursprung nicht, wie oft und falsch angenommen oder behauptet, in Chaldäa. Im Gegenteil, sie waren als Fremdlinge nach Chaldäa gekommen und dort von den Chaldäern auch als solche behandelt und vertrieben worden.

Das Ursprungsland der Hebräer wird im 1. Buch Moses 10, 30 als die Gegend von Messa bis Saphar, den Berg gen Ausgang (was der „Ost-Berg" von Ebal bedeutet), somit den Raum Punt-Usal-Schaba (Saba), ganz an dem südlichsten Punkt der Halbinsel von Arabien, beschrieben.

Im Alten Testament wird, wie soeben gelesen, Sem als der Sohn von Noah genannt, was jedoch falsch ist. Dies war dadurch entstanden, dass sich Nehemia und Esra die Dichtungen und Sagen des alten Babilus hernahmen und zuerst abschrieben und dann erst nach ihren Belangen zurechtfälschten. (Wie sie es auch mit der Geschichte König Sargon I. taten, den sie für die Geschichte des Moses nahmen, der jedoch in Wahrheit eine völlig separate Geschichte hatte. Zudem lebte Moses ca. 2300 Jahre nach Sargon i.)

Tatsächlich kommen die Hebräer von der geografischen Stelle, an die sie das A.T. im 1. Buch Moses 10, 30 auch hin verweist, nämlich an der schmalsten Stelle des Roten Meeres, ganz im Süden, zu Füßen des Ebal-Gebirges. Dort entstand ein neuer Stamm aus verschiedenen Völkerschaften. Der Häuptling dieses neuen Stammes war ein aus dem Stamme der Schäbäer Ausgestoßener, dessen Name Abil Habr war. Nach diesem Abil Habr nannte sich der neue Stamm bald die „Habriten", woraus später die „Hebräer" wurde. Ausgestoßene anderer Stämme schlossen sich bald diesem neuen Stamm des Abil Habr an, wie auch viele entsprungene Sklaven und Sklavinnen. So entstand daraus ein eigenes neues Volk.

Abil Habr erbaute am Strand eine Festung und eroberte schon bald die gegenüberliegende Insel Bara (Perim), welche zum Großreich Ägypten gehörte. Dort Verbündete sich Abil Habr mit den im Äthiopischen lebenden Stämmen der Amcharer und der Chabbilas. Zusammen mit diesen zog Abil Habr in das Mohrenland bis an den See Ugan. Ugan (das heutige Uganda) und eroberte es vollständig. Hier schuf er nun ein Reich und hier war es, wo das eigentliche Volk des neuen Stammes zum Volke der Hebräer wurde. Die Mitte dieses Landes wird seither nach Abil Habr, „Habr" genannt.

Weil Abil Habr die Vielweiberei zum Gesetz machte, da gleichzeitig mehrere Frauen gehalten wurden, ergab sich ein wirklich neues Volk aus all diesen vielerlei Menschentypen, die ihm untertan waren.

Als Abil Habr gerade im mittleren Alter stand, fiel ihn eine böse Geschlechtskrankheit an. Zu dieser Zeit gab es einen als Zauberer bekannten Mann vom Stamme der Geniter aus dem Sina-Lande (Sinai).

Diesen, der, wie es hieß, Wunder durch Blutopfer an einen wilden Gott wirkte, ließ Abil Habr zu sich rufen. Jener Priester brachte den Ritus der Beschneidung und den Blut- und Rachegott Jaho/Jahwe/El Schaddai zu den Hebräern. Abraham, dem direkten Nachkommen (Abil Habrs erschien später dieser Jahwe (unser Außerirdischer) mit den Worten „Ani ha El Schaddai" = Ich bin der El Schaddai" und forderte viele Blutopfer und Kriege und schloss den Vertrag mit den Hebräern (Hebräischer Blutbund). Abil Habr aber baute sein Herrschaftsgebiet aus und bereitete einen Krieg gegen das Land Habasch vor, dessen König jedoch mit dem Pharao verwandt war und daher die Ägypter um Hilfe rief. Der Pharao, welcher zu jener Zeit Sesostris I. war, schickte eine Flotte und ein Heer und bereitete den Hebräern eine vernichtende Niederlage. Die Krieger des Pharao nahmen auch die Festung Har Habr (Harar) ein und besiegten den Feind vollkommen.

Soweit die Geschichte Abil Habrs.

Alle Verbrechen der Hebräer sind in den Büchern von Moses bis Esther (letzteres müsste eigentlich nach dem Hauptverbrecher „das Buch des Mardochai" bezeichnet werden) der sog. „Heiligen Schrift" nachzulesen, von der niemand weiß, warum sie anstatt Kriminalgeschichte der Hebräer, „Heilige Schrift" genannt wird. Auf diesen 500 Seiten sind allein mehr als SIEBZIG Völker- und Massenmorde zu finden, nicht gezählt all die vielen Einzelmorde, Raubzüge, Diebstähle, Massenvergewaltigungen und sonstigen Verbrechen (z.B. Inzucht). Und das Beste ist, dass es bei fast keinem dieser Verbrechen eine Verurteilung, geschweige denn eine Bestrafung gab. Im Gegenteil, die Verbrechen waren meist von Jahwe gefordert und entsprechen auch voll und ganz den talmudistischen Prinzipien. Und trotz alle dem identifiziert sich das jüdische Volk, von einigen Ausnahmen abgesehen, ohne Scham mit diesen, seinem Gesetz und seiner blutrünstigen Geschichte.

Allerdings ist es ebenfalls eine geschichtliche Tatsache, dass 95 % der HEUTIGEN Juden des 20. Jahrhunderts NICHT hebräischer, bzw. semitischer Abstammung sind, sondern hunnisch-türkischer. Sie kamen nicht vom Jordan, sondern von der Wolga, nicht von Kanaan, sondern vom Kaukasus, und sind genetisch nicht mit Abraham, Isaak und Jakob verbunden, sondern mit den Hunnen, den Uiguren und den Magyaren. Wie kann das sein?

Nun, das jüdische Volk unterteilt sich in zwei Kategorien, die Sephardim und die Ashkenazim. Die Sephardim sind die Juden hebräischer Abstammung und hatten seit der Antike in Spanien (hebräisch=Sepharad) gelebt, bis sie Ende des 15. Jahrhunderts von dort vertrieben wurden.

In der 1960er Ausgabe der „Encyclopedia Judaica" finden wir folgende Fakten: Im Jahre 1960 gab es ganze 500.000 Juden hebräischer Abstammung auf der Erde. Von den Ashkenazim oder khasarischen Juden dagegen zählte man im gleichen Jahr 11 Millionen.

Wer sind die Khasaren?

Ich werde Ihnen hier einen kurzen Überblick über deren Geschichte geben: „Die Khasaren sind ein Volk türkischer Abstammung, deren Leben und Geschichte mit dem Entstehen der jüdischen Geschichte in Russland verflochten ist. Aus der Türkei kommend waren die Khasaren eine Gruppe von Steppennomaden, deren Leben aus Plünderungen und Rachefeldzügen bestand. In der zweiten Hälfte des 6. Jahrhunderts zogen die Khasaren in Richtung Westen und ließen sich im gesamten Süden Russlands nieder, lange vor dem Entstehen der russischen Monarchie der Waräger (855 n. Chr.). Zu diesem Zeitpunkt stand das khasarischen Königreich auf dem Höhepunkt seiner Geschichte und befand sich ständig im Krieg. Es gab eigentlich keinen Zeitpunkt seit dem Entstehen der

Khasaren, an dem sie NICHT im Krieg standen. Das Reich der Khasaren beherrschte weite Gebiete vom schwarzen bis zum kaspischen Meer und vom Kaukasus bis zur Wolga. Ende des 8. Jahrhunderts traten der Chagan, der König der Khasaren, seine Herren und ein großer Teil seines Volkes der jüdischen Religion bei. Der Grund dafür war eine prekäre Lage zwischen dem oströmischen Reich und den siegreichen Anhängern Mohammeds. Beide verlangten von den Khasaren, ihrer Religion ((Christen oder Islam) beizutreten, doch die Khasaren wählten, beides ablehnend, den Judaismus.

In den folgenden zwei Jahrhunderten trat nicht nur ein großer Teil des khasarischen Volkes der jüdischen Religion bei, sondern bis Mitte des 9. Jahrhunderts hatten sogar alle Khasaren die jüdische Religion angenommen.
Es war ein Thronfolger von Bulan, namens Obadiah, der das Königreich auffrischte und die jüdische Religion verstärkte. Er lud jüdische Gelehrte dazu ein, sich in seinem Königreich niederzulassen und gründete Synagogen und Schulen. Das Volk wurde in die Bibel, in die Mischna und in den Talmud eingeführt und die Khasaren verwendeten die hebräische Schrift. In der Sprache behielt jedoch die Muttersprache der Khasaren die Oberhand.
Obadiah gab seinen Thron an seinen Sohn Hezekiah weiter, dieser seinen wiederum an seinen Sohn Manasseh, und Manasseh an Hanukkah, einen weiteren Sohn von Obadiah. Hanukkah übergab seinen Thron an seinen Sohn Isaak, Isaak an seinen Sohn Moses (oder Manasseh II), der wiederum an seinen Sohn Nisi und Nisi an seinen Sohn Aaron II. König Joseph selbst war der Sohn von Aaron und bestieg den Thron nach dem Thronfolgerecht der Khasaren.
Die russischen Waräger etablierten sich in Kiew, bis zur letzten Schlacht gegen die Khasaren. Nach einer harten Schlacht besiegten die Russen die Khasaren und vier Jahre später eroberten die Russen das komplette khasarischen Reich östlich des Azov.
Viele Mitglieder der khasarischen Königsfamilie sind nach Spanien ausgewandert, einige gingen nach Ungarn, doch der Großteil des Volkes blieb in seinem Reich." (Jewish Encyclopedia, Volume IV, article an Chazars, Seite1-5).
Der wohl maßgebendste Historiker auf dem Gebiet der selbsternannten Juden von Osteuropa ist Professor H. Graetz, Autor des Buches: „History of the Jews"; Auf Seite 44 erklärt er, dass „die Khasaren eine Art fanatische Religion exerzierten, eine Mischung aus Sinnlichkeit und Unzucht. Nach Obadiah kam eine ganze Reihe khasarischer Könige (Chagans), und nach dem fundamentalen Recht des Reiches konnten nur jüdische Könige den Thron besteigen. Und für eine geraume Zeit hatten die Herrscher anderer Nationen kein Wissen über die Bekehrung des mächtigen Königreiches zum Judaismus und als sie die ersten Gerüchte darüber erfuhren, waren diese der Meinung, dass das Khasarenreich von dem Überrest der ehemaligen zehn Stämme bevölkert worden war"
Diese Informationen sind kein Geheimnis, sondern sind dem jüdischen Lexikon entnommen (The Jewish Encyclopedia). Und es belegt, dass bis auf einen geringen Anteil von 5 oder 6 % der heutigen jüdischen Weltbevölkerung, KEINE Verbindung oder Abstam-

mung zu den Hebräern vorhanden ist. Also keine Semiten!

Die heute berühmtesten khasarischen Juden sind die Rothschilds. Deren Name kommt, wie bereits erwähnt, von dem roten Schild, dem Wappen der Khasaren, das auch über dem Laden Mayer Amschel Bauers in der Judenstrasse in Frankfurt hing.

Erst jetzt kann eine sicherlich wichtige Frage beantwortet werden, die dem einen oder anderen im ersten Buch aufgekommen sein mag: „Warum haben gerade Juden die bolschewistische Revolution geplant, finanziert und auch durchgeführt? Was wollen die Juden gerade in Russland? „

Nun, unter den eben genannten Gründen wird verständlich, dass die von der russischen Monarchie vertriebenen Khasaren auf diese Weise IHR Russland zurückerobert hatten.

Informationshalber an dieser Stelle die khasarisch/jüdischen Originalnamen der Anführer der bolschewistischen Revolution:

Chernoff ----Von Gutmann

Trotzki ------- Bronstein

Martoff------- Zederbaum

Kamhoff------ Katz

Meshkoff----- Goldenberg

Zagorsky----- Krochmal

Suchanov----- Gimmer

Dan------------- Gurvitch

Parvus-------- Helphand

Kradek-------- Sabelson

Zinovjeff------- Apfelbaum

Stekloff-------- Nachamkes

Larin------------ Lurye

Rynzanoff------Goldenbuch

Bogdanoff------ Josse

Goryeff---------- Goldmann

Zwezdin--------- Wanstein

Lieber----------- Goldmann

Ganezky - Fürstenberg

Roshal - Solomon

(Die Absteiger, Des Griffin, S. 100)

Weiterhin waren und sind die Präsidenten der UDSSR, Lenin, Stalin, Chruschtschow, Gorbatschow, Jelzin, sogar der „rechtsradikale" Schirinowski khasarische Juden.

Das ist sehr wichtig zu verstehen, denn es belegt, dass der Begriff „Anti-Semitismus" so gut wie nichts mit diesen Juden zu tun hat, also völlig fehl am Platz ist, wogegen die gesamte arabische Welt semitischen Ursprungs ist. Der richtige Begriff wäre stattdessen „Judäophob". Also haben doch die Recht, die behaupten, dass die heutigen Juden keine Abstammung zu den Hebräern zu verbuchen haben. Und sie haben gleich zehnmal kein Anrecht auf einen Staat Israel in Palästina! Im Klartext: die heutigen Bewohner von

Israel haben keinen, aber auch gar keinen Grund und schon gar kein Recht, in einem Staat Israel zu wohnen, da sie keine hebräische oder israelitische Abstammung haben. Die modernen Juden hätten allerhöchstens ein Anrecht auf ein Stück Land irgendwo in Russland. Ein weiterer jüdischer Autor als Experte auf diesem Gebiet ist Alfred Lilienthal, der in seinem Buch „The Zionist Connection" kein Blatt vor den Mund nimmt und beschreibt mit unheimlich vielfältigem Dokumentationsmaterial, dass „die Etablierung des israelischen Staates 1948 das Endresultat von massiven politischen Intrigen zwischen hauptsächlich khasarischen Juden und deren ruchlosen Kumpanen in England und den USA war. „

Es ist kein Geheimnis, dass das Anrecht des zionistischen Staates Israel auf sein Land weder auf der hypothetischen Herkunft des jüdischen Volkes, noch auf dem mythologischen Bund Abrahams mit dem „Gott" Jahwe basiert, sondern rein auf internationalem Gesetz – den Beschluss der UNO 1947 zur Teilung Palästinas! Und dieser Beschluss wurde von den Khasaren „erzwungen".

Und wir haben uns ja in „Geheimgesellschaften -1" bereits betrachtet, wer die UNO gegründet hat und wer dahintersteht. All die Beschlüsse kamen aus New York. Es ist auch sicherlich den meisten bekannt, dass mehr Juden in New York wohnen, als in Jerusalem, dass New York fast vollständig im Besitz von khasarischen Juden ist (nicht nur Banken oder die Federal Reserve, sondern Häuser, Grundbesitz, Supermärkte usw...).

Rabbi Stephen Wise bestätigt diese Aussage Lilienthals in seiner Autobiographie als geschichtliche Tatsache. „Bis zum heutigen Tag sind die Araber belegen und betrogen worden, wo immer es nur ging". (Challenging Years, Seite 186).

Unter diesem Gesichtspunkt sind wohl die größten „Anti-Semiten" die modernen Juden bzw. die Khasaren selbst, da diese die arabischen Völker, die wirklich Semiten sind, am meisten durch Kriege und durch die internationalen jüdischen Banker und Ölmagnaten foltern! Ist Ihnen dies alles verständlich? Sehen Sie, dass, egal wohin Sie schauen, die Geschichten, die Sie in den Medien hören, das Gegenteil der Wahrheit sind? Alles ist Lug und Trug!

Auch ist der politische Zionismus nicht Frucht hebräischen Tuns, sondern alleinig khasarisches Werk. Daher kann man jemanden, der den Zionismus bekämpft, nicht als einen „Anti-Semiten" bezeichnen. Allerhöchstens einen „Anti-Zionist". Doch auch der Begriff „Zion" ist von den Khasaren verfälscht worden.

Die Juden beziehen den Berg „Zion", den Berg, an dem das Herrschervolk wohnt, auf sich, was jedoch grotesk ist. In der „Neuen Jerusalemer Bibel" Psalm 48 heißt es: „Groß ist der Herr und hoch zu preisen in der Stadt unseres Gottes. Sein heiliger' Berg ragt herrlich empor, er ist die Freude der ganzen Welt. Der Berg Zion liegt weit im Norden, er ist die Stadt des großen Königs". Das Wort Zion ist dazu noch falsch übersetzt. Im hebräischen liest man „Sion" und beschreibt den Berg „Sin" (sumerisch), was den Nordberg beschreibt - nach Templerschriften (Societas Templi Marcioni) den Mitternachtsberg - das heutige Deutschland. So sagt es eben auch der Psalm 48: „Dur Berg Zion liegt weit im Norden!"

Weiter geht es mit dem Judaismus. Die Frage nach der Bedeutung des Judaismus würden die meisten Leute in Deutschland sicherlich ohne zu zögern mit der Aussage beantworten, dass der Judaismus die Religion der Juden ist - also ihr Glaubenssystem. Der Judaismus, würden Sie sagen, ist die Religion des A.T. und ist im Wesentlichen auf den Lehren Moses aufgebaut. Diese Antwort würden sicherlich die meisten geben, klingt auch ganz gut - ist jedoch völlig falsch!

Der Judaismus in seiner heutigen, wie auch damaligen Form ist der absolute Gegensatz (wie ich Ihnen später mit dem Wort „Messias" beweisen werde). Judaismus ist Talmudismus! Das Studium des Judaismus ist das des Talmuds, wie auch das Studium des Talmuds das des Judaismus` ist. Sie sind nicht voneinander zu trennen. Der Talmud ist die Zusammenfassung der beiden großen Schriften des Judentums - der Mischna und der Gemara. Charakteristisch für den Talmud sind seine prägnante Kürze und seine scharfe Dialektik, die in den Diskussionen der Lehrhäuser wurzeln. Der Talmud ist gewissermaßen der vollkommenste Ausdruck einer religiösen Bewegung und spiegelt in seiner in Coden aufgelisteten Beschreibungen und minutiösen Zeremonien die Perfektion eines kompletten Werkes einer religiösen Idee dar. Das tägliche Studium des Talmuds, was mit dem Alter von zehn Jahren beginnt und erst mit dem physischen Tod endet, ist eine notwendige Gymnastik für den Verstand der strengen Juden, was sich wiederum in ihrem Geschäftsleben auswirkt.

Wollen wir uns doch einmal ein paar Auszüge aus dem Talmud betrachten, um verstehen zu können, was man da täglich so liest und zum anderen ein kriegerisches Volk wie die Khasaren dazu bewegte, dieser RELIGION beitreten zu wollen.

Der Talmud zum Menschsein und die Auserwähltheit der Juden:

„Das Land Israel wurde zuerst erschaffen und nachher erst die übrige Welt. Das Land Israel wird mit Regenwasser bewässert, die übrige Welt mit dem Rest" (Taanit 10a)

„Der Zweck der Erschaffung der Welt lag nur bei den Juden. Obwohl da alles klar ist, so muss man dieses Wort betrachten und mit dem Gaumen schmecken. „ (Zerror Hammor, Krakau 1595 Fol. 145 Kul.4)

„Wie die Welt nicht ohne Winde bestehen kann, so kann sie auch nicht ohne Juden bestehen „ (Taanit 3b, Aboda zara 10b)

„Jeder einzelne (Jude) muss sich sagen: meinetwegen wurde die Welt erschaffen „ (Sanhedrin 37 a)

„Nur die Juden sind Menschen, die Nichtjuden sind keine Menschen, sondern Tiere" (Goyim = Menschenrinder, Einzahl „Gay" Anmerk. d. Verf.) (Kerithuth 6b Seite 78, Jebhammoth 61a)

„Ihr Israeliter werdet Menschen, genannt, wogegen die Völker der Welt nicht den Namen „Menschen „ verdienen, sondern den von Tieren" (Talmud von Babylon, Schrift Baba Metzia, Blatt 114, Spalte 2)

„Die Kinder und Nachkommen von einem Fremden sind wie die Zucht von Tieren" (Talmud von Babylon, Schrift Yebamoth, Blatt 94, Spalte 2)

„Die Nichtjuden wurden geschaffen, damit sie den Juden als Sklaven dienen" (Midrasch

Talpioth. 225)

„Die Nichtjuden sind noch mehr zu meiden als kranke Schweine" (Orach Chaiim 57, 6a)

„Geschlechtsverkehr mit Nichtjuden ist wie Geschlechtsverkehr mit Tieren" (Kethuboth 3b)

„Die Geburtsrate der Nichtjuden muss massiv herabgedrückt werden" (Zohar II, 4b)

„So wie man in Verlust geratene Kühe und Esel ersetzt, so soll man gestorbene Nichtjuden ersetzen" (Iore .Dea 33 7,1)

„Einem Israeli eine Ohrfeige zu geben ist so, als würde man Gott ohrfeigen" (Sanhedrin 586)

„Jeder, der eine jüdische Seele am Leben erhält, ist so wie derjenige, der die ganze Welt erhält" (Sanhedrin 37a)

„Jeder, der eine jüdische Seele vernichtet, ist so wie derjenige, der die ganze Welt vernichtet" (Sanhedrin 37a)

„Bedeutend ist die Beschneidung. Wenn sie nicht wäre, könnte die Welt nicht bestehen" (Schabbat I / 376)

„Alle Juden sind geborene Königskinder" (an zwei Talmudstellen gleichlautend 11/ 1 / 67a, II / 1 / 128a/`

„Auf die Juden ist Gott (Jahwe) überhaupt nie zornig, sondern nur auf die Nichtjuden" (Talmud IV/ 8 / 4a)'

„Die Juden sind nach dem Talmud vor Gott (Jahwe) angenehmer als die Engel" (Talmud V/ 3 / 91b)

„Gott (Jahwe) lässt seine Majestät nur unter den ihm zugehörigen Juden wohnen" (Talmud I / 1 / 7a)

„Der Mensch (Jude) muss an jedem Tage drei Segenssprüche sagen, nämlich, das Jahwe ihn nicht zu einem Goy, nicht zu einem Weibe und nicht zu einem Unwissenden gemacht hat" (Talmud V / 2 / 43b + 44a)

„Wo immer sich die Juden niederlassen mögen, müssen sie dort die Herren werden, und solange sie nicht die unumschränkte Herrschaft besitzen, müssen sie sich als Verbannte und Gefangene fühlen, auch wenn sie einige Völker schon beherrschen; solange sie nicht alle beherrschen, müssen sie unaufhörlich rufen: Welche Qual, welche Schande/" (Talmud von Babylon, Sanhedrin 104a, Spalte 1)

„Ich (Jahwe) mache dich (das Judentum) zum Stammvater unter den Völkern, ich mache dich zum Auserwählten unter den Völkern, ich mache dich zum König über die Völker, ich mache dich zum Geliebten unter den Völkern, ich mache dich zum Besten unter den Völkern, ich mache dich zum Vertrauten unter den Völkern" (Schabbat 105a)\ . i

Der Talmud über Frauen:

„Was ist eine Prostituierte? Irgendeine Frau, die keine Jüdin ist" (Eben-Ha-Eser, 6 und 8)

„Einem Nichtjuden gegenüber begeht der Jude keinen Ehebruch...Strafbar für den Juden ist nur der Ehebruch an des Nächsten, das heißt des Juden Weib. Das Weib des Nichtjuden ist ausgenommen" (Talmud IV / 4 / 52b)

„Ein Eheweib gibt es für den Goyim (Nichtjuden) nicht, sie sind nicht wirklich ihre Weiber" (Talmud IV / 4 / 81 + 82ab)

Der Talmud über jüdische Geldgeschäfte:

„Ihr habt mich, Jahwe, zum einzigen Herrscher der Welt gemacht, daher werde ich euch (Juden) zum einzigen Herrscher der Welt machen.

„Wer klug sein will, beschäftige sich mit Geldprozeßangelegenheiten, denn es gibt keine größeren Eckpfeiler in der Thora, denn sie sind wie eine sprudelnde Quelle" (Talmud IV / 3 / 1731))

„Juden müssen immer versuchen, Nichtjuden zu betrügen" (Zohar I, 168a)

„Treibe Handel mit Nichtjuden, wenn sie Geld bezahlen sollen" (Abhodah Zarah 2a T)

„Nichtjüdisches Eigentum gehört dem Juden, der es als erstes beansprucht" (BabbaBathra 54b)

„Wenn zwei Juden einen Nichtjuden betrogen haben, müssen sie den Gewinn teilen" (Choschen Ham 183, 7)

„Jeder Jude darf mit Lügen und Meineiden einen Nichtjuden ins Verderben stürzen „ (Babha Kama 113a)

„Die Güter der Goyim sind der herrenlosen Wüste gleich, und jeder, der sich ihrer bemächtigt, hat sie erworben" (Talmud IV / 3 / 54b)

„Es ist dem Juden gestattet, den Irrtum eines Nichtjuden auszubeuten und ihn zu betrügen (Talmud IV / ,1 / 113b)

„Von dem Nichtjuden darf' man Wucher nehmen" (Talmud IV / 2 / 70b)

Über den Messias:

„Sobald der Messias kommt, sind alle Sklaven der Juden" (Erubin 43b)

„Der Messias wird den Juden die Herrschaft über die ganze Welt geben. Und ihr werden alle Völker unterworfen werden. (Talmud von Babylon, Schahhschrift, Seite 120, Spalte 1)

„Der Messias wird den Juden das königliche Zepter über die Welt geben, und alle Völker werden ihnen dienen und alle Nationen der Welt werden ihnen. untertan sein." (Talmud von Babylon, Sanhedrinschrift, Blatt 88b, Spalte 2 und Blatt 89 und 99a, Spalte 1)

Dann behauptet die Pesachimschrift des Talmuds, dass in den Zeiten des Messias:"..... die Juden dann unendlich reich sein werden und alle Reichtümer der Völker ihnen in die Hände fallen werden". (Talmud von Babylon, Pesachimschrift, Blatt 1181))

Jalqut Simeoni sagt in seiner Auslegung des Talmuds, dass in den Zeiten des Messias: „Jeder Jude wird zweitausendachthundert Diener haben „. (Jalqut Simeoni, Blatt 56 und Bachai, Blatt 168).

Und Abarbanel, einer der besten jüdischen Kenner von Bibel und Talmud versichert: „Den Zeiten des Messias wird ein großer Krieg vorausgehen, in dem zwei Drittel der Menschheit umkommen wird „. (Abarbanel, Masmia Jesua, Blatt 49 a)

(Quelle: Direktübersetzungen aus dem hebräischen Talmud, auch veröffentlicht in „Wussten Sie schon" von Johannes Rothkranz und „Jüdische Selbstzeugnisse", Dr. Johann Pohl, Buchdienst Witten)

Fühlen wir nach dem Lesen dieser Zitate einmal in uns hinein. Was lösen sie bei uns aus? Wer ist dieser Jahwe-El Schaddai, Außerirdischer oder nicht, der so etwas lehrt? Und können Sie sich vorstellen, dass irgendjemand das wörtlich nimmt? Wie kann ein Volk so etwas als „heilige Schrift" bezeichnen? Also ich muss ganz ehrlich sagen, dass mich diese Zeilen auch ganz schön aus den Angeln gehoben haben, als ich sie zum ersten Mal gelesen hatte. Und das steht heute noch so im Talmud wie damals. Es wird heute so gelehrt wie damals. Frage: Richtet sich auch heute jemand danach, so wie damals?

Und dass die Talmudisten sich voll und ganz bewusst darüber sind, was in ihrem „heiligen" Buch geschrieben steht beweist die Tatsache, dass es verboten ist, den Talmud wortwörtlich in Goy-Sprachen zu übersetzen.

Doch wollen wir auf den Boden zurückkommen. Natürlich besteht der Talmud nicht nur aus solchen Texten. Doch diese Auszüge sind Grundpfeiler des Talmuds und somit auch der Talmudisten.

Nun interessieren wir uns bei unserem heißen Thema nicht um diejenigen, die sich nicht an oben aufgelistete Gebote halten, sondern diejenigen, die davon überzeugt sind, dass es wirklich so ist und sich in ihrem täglichen Tun nach diesen Auszügen des Talmuds richten müssen.

Wiederum ist es für uns uninteressant, ob der jüdische Händler am Ende der Straße das glaubt oder nicht, sondern doch wohl eher ein Besitzer eines Bankenkonzerns, einer Fernsehanstalt, usw.

Ich nehme an, Sie können sich vorstellen, was es zur Folge haben muss, wenn eine Personengruppe, die an so etwas Bösartiges glaubt und sogar noch stolz darauf ist, und dann die Massenmedien und die größten Bankensysteme der Welt besitzt! An ihren Früchten wird man sie erkennen! Schauen Sie, was Hollywood mit seinen Gewalt-, Horror« und Sexstreifen in der Welt angerichtet hat und Sie sehen die Früchte solchen Tuns. Warum sollte ein Mensch, der noch ganz klar im Kopf ist, einen Horrorfilm produzieren? Was ist sein Beweggrund?

Und wie steht es mit den „Früchten" der Banken?

„Gebt mir die Kontrolle über die Währung einer Nation und es ist mir gleichgültig, wer ihre Gesetze macht!"

Amschel Mayer Rothschild (1743-1812)

Die mächtigsten und gleichzeitig berühmtesten Khasaren und gleichzeitig eifrigen Talmudisten sind, wie schon erwähnt, die Rothschilds. Hier nochmals ein kurzer Überblick über deren Geschichte (nur zur Erinnerung):

Moses Amschel Bauer, ein wandernder khasarischer Geldwechsler und Goldschmied, ließ sich in der Stadt, in der sein Sohn Mayer Amschel Bauer 1743 geboren worden war, nieder - Frankfurt. Über seinem Landen in der Judenstraße brachte er ein rotes Schild an, das Zeichen der Khasaren, das Mayer Amschel-später in seinen Namen umwandelte. Nach dem Tod Moses Bauers fing Amschel Bauer als Bankgehilfe bei dem Bankhaus Oppenheimer in Hannover an und wurde schon nach kurzer Zeit zum Juniorpartner.

Grundstein von Rothschilds Vermögen war die Bekanntschaft zu General von Estorff, der zu dieser Zeit Botendienste für die Bank Oppenheimer erledigte. (Das Haus Rothschild ist heute noch sehr eng mit dem Bankhaus Oppenheimer verbunden). Durch diesen gelangte er zu Prinz Wilhelm von Hanau und wurde zu seinem engsten Berater. 1770 heiratete er die 17 jährige Gutele Schnaper und gründete eine große Familie aus 5 Söhnen und 5 Töchtern.

Rothschild, als Agent des „Menschenvieh-Händlers" Wilhelm von Hanau, der seine Truppen an jede beliebige Regierung verlieh, entwarf nach der Aussage des Nachrichtenoffiziers der königlich kanadischen Marine William Guy Carr die Pläne zur Gründung der bayerischen Illuminaten und beauftragte anschließend Adam Weishaupt mit deren Aufbau und Weiterentwicklung.

Mit einer Summe von insgesamt 3 Mio. Dollar, die Rothschild von Prinz Wilhelm unterschlagen hatte, beschloss er, seine Geschäftsunternehmungen im großen Stil auszuweiten - er wurde der erste Internationale Banker! Mayer Amschel übergab diese 3 Mio. Dollar an seinen Sohn Nathan, der die Familienangelegenheiten in London betreute und durch seine Leihgaben an den Duke of Wellington sein Vermögen vervierfachte. Mit diesem Besitz eröffneten die Rothschilds Zweigniederlassungen in Berlin, Wien, Paris und Neapel, die mit den Söhnen besetzt wurden. London blieb und ist weiterhin der Hauptsitz der Rothschilds.

Im Testament Mayer Amschel hieß es u.a., dass alle Schlüsselpositionen mit Familienmitgliedern besetzt werden müssen, sich die Familie untereinander mit ihren Vettern und Cousinen ersten und zweiten Grades verheiraten mussten, um so das Familienvermögen zu bewahren. Diese Regel wurde später ein wenig gelockert, als andere jüdische Bankhäuser die Bühne betraten und einige der Rothschilds begannen, ausgesuchte Mitglieder anderer jüdischer „Elitefamilien" zu heiraten und so das Vermögen zu vervielfachen. Es war bekannt, dass die Rothschilds sehr fanatische Talmudisten waren und der Inhalt des Buches den Familienmitgliedern manchmal sogar täglich vorgelesen Wurde. Wir kennen ja inzwischen einen Teil dessen, was in diesem Buch zu finden ist. Daher beschrieb der Biograph Frederic Morton Mayer Amschel und seine fünf Söhne in seinem Buch „The Rothschilds" als „Magier der Finanzen und teuflischen Rechner, die von einem dämonischen Trieb bewegt wurden, um ihre geheimnisvollen Vorhaben zum Erfolg zu führen." Dem Talmud entsprechend eine totale Rücksichtslosigkeit den Goyim gegenüber in allen geschäftlichen Unterfangen.

Nach ihrem im ersten Buch bereits betrachteten Absahnen in Waterloo (Übernahme der „Bank of England" und der City) und Frankreich, gingen die Rothschilds nach Amerika. Sie verloren zwar die erste Runde, indem die von diesen gegründete private Zentralbank Amerikas, die „Bank of the United States" von Präsident Jackson durch Veto-Einlegung geschlossen wurde, doch ließen sie nicht locker. Sie schürten zuerst beide Seiten des amerikanischen Bürgerkrieges 1861-1865 und finanzierten wie bereits betrachtet beide Seiten durch ihre Pariser und Londoner Banken. Um 1914 hatten sie ihre Hauptagenten Kuhn Loeb & Co. Und J.P.Morgan & C0. in den USA' etabliert. Jacob Schiff übernahm die Spitze und unterstützte mit seinen Beziehungen zu den deutschen Vertretern der Rothschilds, dem Bankhaus „M.M. Warburg Gesellschaft" in Hamburg und Amsterdam. den Aufbau von Rockefellers Standard Oil Imperium, Edward Harrimans Eisenbahn und Carnegies Stahlwerke.

Im Jahre 1907 ließ das Haus Rothschild Amerika durch seine Bankhäuser Kuhn & Loeb & Co., J.P. Morgan & Co. und M.M. Warburg in die bis dahin größte Währungskrise rutschen, in deren Folge Rothschilds private Zentralbank, die „Federal Reserve Bank" mit ihrem Agenten und Kulm Loeb-Mitarbeiter Paul Warburg an der Spitze, erzwungen wurde. (Paul Warburg war auch der Vorsitzende der IG-Farben).

Jacob Schiff war für die Rothschilds der Koordinator und Finanzier der bolschewistischen Revolution und der persönliche Finanzier der Khasaren (Trotzki und seine Rebellen), um Russland wieder, wie 1000 Jahre zuvor, in die Herrschaft der Khasaren zu bekommen. Wie wir aus dem Plan Mazzinis und Pikes wissen, war alles nach Plan gelaufen und ein großes Szenario eines „kalten Krieges" der Welt vorgespielt worden. Man kann in etwa sagen, dass Russland, die Rote Armee, den Benennern, den Trägern des Zeichens der Khasaren, also den Rothschilds „gehört!"

Dies ist nur die Spitze des Rothschild-Eisbergs. Doch wird nun verständlich, warum es diese Personen nicht im Geringsten berührt hat, ob in den durch die Rothschilds finanzierten Kriegen und die ca. 85 Millionen Toten des kommunistischen Regimes von 1917 bis 1953 geopfert werden mussten.

Frederic Morton schreibt: „Heute pflegt die Familie sorgsam den Eindruck einer unhörbaren und unsichtbaren Existenz. Demnach glauben einige, dass außer einer großen Legende wenig übriggeblieben ist und die Rothschilds sind ganz zufrieden, ihr öffentliches Bild von der Legende tragen zu lassen. „ (The Rothschilds, S. 19).

Dass dem absolut nicht so ist, haben wir uns bereits im letzten Buch betrachtet, wird jedoch später noch weiter untermauert. Weiterhin ist der Frankfurter Messeturm mit der dreigeteilten Illuminatenpyramide, in der Stadt, in der das Rothschildimperium (die Gründer der Illuminaten) begann, nicht zu übersehen. Ein deutliches Zeichen, wer in Frankfurt „herrscht".

Ich bin jedoch der Meinung, dass die Tatsache einer Verschwörung einer kleinen Elite niemandem das Recht gibt, anderes Leben auszulöschen, schon gar nicht, wenn es sich um einfache Bürger handelt, Frauen und Kinder. Doch das ist ein anderes Kapitel. Wir wollen uns hier die politischen Hintergründe betrachten.

Verstehen Sie nun, warum viele Könige, Präsidenten und Regierungschefs einen Hass auf die jüdischen Monopolträger (Illuminati, Banker, Öl, Getreide, Wissenschaft) hatten? Und da ‚die Geschichte der Khasaren und Talmudisten sicherlich nicht als Paradebeispiel eines vorbildlichen Erdenvolkes einer uns besuchenden außerirdischen Rasse präsentiert werden kann, wurden sie aus jedem Land, in dem sie längere Zeit gelebt hatten, vertrieben. Aus England 1290 (zurückgekehrt 1655), Frankreich 1306 (zurückgekehrt 1682), Ungarn 1360-1582, Belgien 1370-1700, Slowakei 1380-1744, ebenso aus den Niederlanden, Österreich, Spanien, Portugal, Italien, Bayern und noch anderen europäischen Nationen.

Das deutsche Volk stellt man als ein Volk von Judenhassern dar, die die schlimmsten von allen seien, wenn es um das Thema Judenverfolgung geht. Auch das kann ich nicht so stehen lassen. Lesen wir ein-mal, was Martin Luther geäußert hatte: „Ich hatte eigentlich entschieden nicht mehr zu schreiben, weder über die Juden, noch gegen die Juden. Und zwar weil ich gelernt habe, dass diese miesen, bösartigen Menschen nicht aufgeben, uns, die Christen auf ihre Seite zu übernehmen... und ich habe es zugelassen, dass dieses Büchlein sich verbreiten soll, damit ich vielleicht irgendeinmal unter denen gefunden werde, die sich diesem vergiftenden Tun der Juden entgegengestellt hatten und die Christen vor diesen auf der Hut sein müssen. Ich hätte nicht gedacht, dass es ein Christ zulassen würde, von den Juden zum Narren gehalten zu werden und deren Exil und Leid mit diesen zu teilen. Doch der Teufel ist der Herr dieser Welt, und wo nicht Gottes Wort zu finden ist, da hat der Teufel leichtes Segeln, doch nicht nur unter den Schwachen, sondern auch unter den Starken. Möge Gott uns beistehen. Amen.

Und als deutliches Zeichen dessen ist zu erkennen, dass sie ihren Glauben und den bitteren Hass untereinander noch schüren, indem sie sagen: „Lass uns weitermachen. Seht ihr wie Gott unter uns ist und sein Volk im Exil nicht vergessen hat? Wir arbeiten nicht, wir lassen es uns gut gehen, liegen auf der faulen Haut und die verfluchten Goyim müssen für uns arbeiten, wir bekommen ihr Geld, nebenbei sind wir ihre Herren, sie wiederum sind unsere Diener. Weitermachen, Kinder Israels, immerhin besser als nichts! Unser Messias wird kommen wenn wir weiter fortfahren uns die Güter der Heiden durch Wucher anzueignen."

Sagt ihr Talmud nicht und schreiben ihre Rabbiner nicht, dass es keine Sünde ist, einen Heiden zu töten, doch dass es eine Sünde sei, einen Bruder aus Israel zu töten? Es ist keine Sünde, wenn er seinen Schwur gegenüber einem Heiden nicht hält. Daher ist es Dienst für Gott, die Güter der Heiden zu rauben und zu stehlen (wie sie es durch ihren Wucher tun). Sie sind der Überzeugung, dass sie niemals „zu" hart gegenüber uns sein können, und auch keine Sünde uns gegenüber verüben, da sie das „noble Blut" und die „beschnittenen Heiligen" sind; wir dagegen nichts weiter als verfluchte Goyim. Und sie sind die Herren dieser Welt und wir sind deren Diener, ja, ihr Vieh!

Falls jemand glauben sollte, ich hätte schon zu viel gesagt, muss ich sagen, dass dem nicht so ist, ich sage nicht zu viel-ich sage viel zu wenig! Da ich in ihren Schriften sehe, wie sie uns Goyim täglich verfluchen und uns alles Böse dieser Welt in ihren Schulen und Gebeten wünschen. Sie berauben uns durch Wucher unseres Geldes, und, wo immer sie können, versuchen sie es uns auf die übelste Art auszutricksen.

Sie sollten wissen, dass die Juden über den Namen unseres Erlöser lästern und ihn beleidigen und das Tag für Tag... aus diesem Grund meine Damen und Herren, sollten sie diese nicht tolerieren sondern verbannen. Sie sind unsere öffentlichen Feinde und betreiben unaufhörlich Blasphemie über unseren Herrn Jesus' Christus. Sie bezeichnen... Maria als eine Hure und ihren heiligen Sohn als einen Hurensohn (Mamzer-)... Wenn sie uns töten könnten, würden sie es mit Freude tun. Tatsächlich führen es viele von diesen

auch durch, speziell die, die sich in Arzt- oder Chirurg-Berufen befinden. Sie kennen sich, wie die Italiener ~ die Borgias und die Medicis - nur zu gut mit der Verwendung von Medikamenten aus, die Leute so vergiftet haben, dass sie entweder in einer Stunde oder erst in einer Woche gestorben sind „ (The Jews and their Lies, E. 62. Seite 189).
War Martin Luther ein fanatischer Judenhasser?
Wohl kaum. Wer die Textstellen aus dem Talmud mit diesem letzten Abschnitt vergleicht, sieht deutlich, dass er ganz speziell über die Talmudisten sprach.
Oder war es auch der amerikanische Präsident Benjamin Franklin (1706-1790), der von sich gab: „Wir müssen dies junge Nation vor einem heimtückischen Einfluss beschützen... Diese Gefahr, meine Herren, sind die Juden! In welchem Land auch immer sich die Juden niedergelassen hatten, haben sie die vorhandene Moral gesenkt, die kommerzielle Integrität herabgesetzt, haben sich abgesondert und nicht angepasst. Sie haben über die christliche Religion, auf deren Bestimmungen unsere Nation aufgebaut ist, gespottet und versucht, diese zu unterwandern. Haben einen Staat innerhalb eines Staates aufgebaut und haben, wenn mit dieser Tatsache konfrontiert, versucht, das Land finanziell zu erwürgen...
Sie sind Vampire und Vampire leben nicht von Vampiren. (I) Sie können nicht nur unter sich leben. Sie leben von Christen oder anderen Völkern, die nicht ihrer Rasse angehören. Wenn wir sie nicht aus der
Verfassung der USA ausschließen, werden sie in weniger als zweihundert Jahren in solch riesigen Schwärmen eingewandert sein, dass sie unser Land dominieren und verzehren und unsere Regierungsform verändern werden. Wenn wir sie nicht ausschließen, werden unsere Nachkommen in weniger als zweihundert Jahren die Felder bestellen, um deren Besitz zu unterhalten, während diese in Zahlhäusern sitzen werden und sich die Hände reiben. Ich warne Sie, meine Herren, wenn wir sie nicht ausschließen, werden ihre Kinder sie in ihren Gräbern verfluchen." (Des Griffin: "Anti-Semitism and the babylonian Connection", S.28)
Und der amerikanische Präsident George Washington (1732-1799) fügte dem hinzu: „Die Juden arbeiten effektiver GEGEN uns, als die Armeen des Feindes. Sie sind hundertmal gefährlicher für unsere Freiheit, und sind die große Ursache, in die wir verwickelt sind. Es ist wahrlich zu bedauern, das nicht jeder Staat seit langem begonnen hatte, die Juden als eine Pest für die Gesellschaft und die größten Feinde, die Amerika. je hatte, zu jagen und auszurotten." (Maxime of George Washington, von A.A.Applaton and Co., S. 125)
Es wundert mich wirklich, warum gegen Hitler geschimpft wurde, da doch die amerikanischen Präsidenten nichts anderes geäußert hatten.
Auch Winston Churchill schloss sich diesen an, indem er 1920 über die jüdische Weltverschwörung zu berichten wusste: „Diese Bewegung unter den Juden ist nichts Neues. Von den Tagen des Spartakus-Weishaupt (dem Gründer des bayerischen Illuminatenordens im Auftrag der Rothschilds) zu denen seines Karl Marx (Mitglied der „Gesellschaft der vier Jahreszeiten", einem .Zweig der bayerischen Illuminaten), bis zu einem Trotzki (Russland), Bela Kuhn (Ungarn), Rosa Luxemburg (Deutschland) und Emma Goldman

(USA) an, wuchs diese weltweite Verschwörung zur Stürzung von Zivilisationen und den Wiederaufbau von Gesellschaften unter kontrollierter Entwicklung, von neidischer Böswilligkeit, und unmöglicher Gleichheit. Sie spielte eine wichtige und deutlich erkennbare Rolle in der Tragödie der französischen Revolution. Es war der Hauptursprung aller subversiven Bewegungen während des neuzehnten Jahrhunderts... „

„Und man muss in keinster Weise übertreiben, wenn man behauptet, dass die Rolle der Juden im Bolschewismus und die tatsächliche Hervorbringung der bolschewistischen Revolution durch diese internationalen und vor allem atheistischen Juden geschah „ (Illustrated Sunday Herald, 20. Februar 1920, S. 5),

Im letzten Buch hatten wir uns bereits die Geschichte der bolschewistischen Revolution und die unübersehbare Rolle der Juden angesehen. Rabbi Stephen Wise sagt sogar: „Manche nennen es Marxismus. Ich nenne es Judaismus" (The American Bulletin, 15. Mai 1935).

Oder: „Es ist sicherlich kein Zufall, dass der Marxismus aus dem Judaismus heraus geboren wurde. Und es ist auch kein Zufall, dass es die Juden waren, die den Marxismus überhaupt hervorbrachten" (A Program for the Jews and an Answer to all Anti-Semetism, von Harry Waton, S.148).

Das interessanteste daran ist, dass solche Informationen nicht von Nazis, Moslems oder Christen ans Tageslicht gebracht wurden oder werden, sondern von Juden selbst. Große Gelehrte oder Rabbiner haben über das Tun der Khasarischen Juden aufgeklärt. Irgendwie logisch, nicht wahr? .

Hier vielleicht noch ein kleines Selbstgeständnis zum II.Weltkrieg, wie bereits im ersten Buch behandelt, und zwar aus der Rede des Präsidenten des jüdischen Weltkongresses (Jewish World Congress) am 8.Dezember 1942 in New York: „Wir leugnen es nicht und haben keine Furcht, die Wahrheit zu bekennen, dass dieser Krieg unser Krieg ist und zur Befreiung des Judentums geführt wird. Wir sagen, dass ohne uns der Erfolg der Alliierten. nicht denkbar wäre. Stärker als alle Fronten zusammen ist unsere Front, die Front des Judentums. Wir geben diesem Krieg nicht nur unsere ganze finanzielle Unterstützung. Die Sicherung des Sieges baut sich hauptsächlich auf der Schwächung der gegnerischen Kräfte, auf der Zerschlagung in ihrem eigenen Lande, im Inneren ihrer Festung des Widerstandes auf Und wir sind das trojanische Pferd in der Festung des Feindes. Tausende in Europa lebende Juden sind der Hauptfaktor bei der Vernichtung des Feindes. „

Weiterhin existiert ein Dokument, das ebenfalls das Illuminatithema, nur etwas genauer mit exakten Plänen und Diagrammen zur Steuerung der Wirtschaften, der Energie, der Gold- wie auch Währungskontrolle, sowie auch der Medien der Welt, beschreibt. Es handelt sich hierbei um „Silent Weapons For Quiet Wars" (lautlose Waffen für stille Kriege). Dieses Dokument wurde am 7. Juli 1986 von einem Angestellten der Boing Aircraft Company in einem überschüssigen IBM-Kopierer, den dieser erstanden hatte, gefunden. Es handelt sich hierbei um einen Plan von Insidern für Insider, die Welt durch unterschwellige Maßnahmen der psychologischen und wirtschaftlichen Kriegsführung zu bekämpfen und der Name Rothschild wird dabei mehrmals genannt. Ich möchte dieses hier jedoch

nicht abdrucken, da es der gleiche Plan wie im ersten Buch ist, nur in grün. Falls Sie diesen haben möchten, steht Ihnen folgende Adresse zur Verfügung: „Silent Weapons For Quiet Wars" (A programming manual and study in economic manipulation) Cosmic Voyages Publications.P.O.Box 1116 McMinnville, OR97128.USA-
So, damit soll es aber nun gut genug sein.
Ende Zitat aus GEHEIM GESELLSCHAFTEN 2 von Jan van Helsing

(Hier erwähne ich nochmal den Bericht aus meinem Vorwort aus der Zeitschrift Gute Nachrichten: Amerika und Großbritannien Was sagt die Bibel über ihre Zukunft. Denn in dem Bericht kommt diese Bosheit die in den Van Helsing Schriften zum Vorschein kommt gar nicht vor. Der Bericht erscheint, weil es biblische Prophezeiungen bringt und die Bibel und Gott erwähnt, als richtig, gut, und sogar vernünftig.W.Schorat)

Tja, lieber Leser liebe Leserin,„ da staunt man was da gelesen wurde. Ich wollte ja nur über meine Erfahrung in Kanada Ottawa schreiben und was ist daraus geworden-ich bekam viele Informationen und Bücher und mir wurde gezeigt was hier auf der Erde alles abgespielt wurde, von dem ich zuvor Garnichts wusste, und nun aber sah, egal ob es Juden Talmudisten, Christen, Päpste, auch Buddhisten-und andere Religionen wie Moslems-alle haben sie gemordet ‚gelogen, ausgebeutet oder sonst welche üblen Taten vollbracht im Langlauf der Evolution. *Und mich-alleine auf die Juden einzuschießen-nein danke das wollte ich überhaupt nicht-hatte ich gar nicht vor-denn mein Erlebnis in Kanada Ottawa-das war die Thematik-nie wieder morden-nie wieder töten-keine Kriege mehr-kein ausbeuten mehr und sogar kein Geld mehr-und nicht Hass auf Juden egal welchen Glaubens-denn wir sind Menschen und sogar mehr als das mehr als Menschen.*
Ich war sehr fasziniert was ich da zu lesen bekam, das also die Antriebskraft dieser Religion ihrer alten Schriften eine wunderbare bestialische globale Menschenverachtung ist schön schriftlich festgehalten und wunderbar zu verstehen. Vor kurzem hörte ich im Radio das eine Talmudschule in Frankfurt neu eröffnet wurde und extra Talmud Studenten aus USA eingeflogen wurden um behilflich zu sein.
Solche Faschisten, Urfaschismus Lektüren wie der Talmud müssen schlichtweg verboten sein, sie sind die Quelle des Üblen und der Verbrechertums sie sind die echten Nachfolger ihres wahnsinnigen Jahwes, auf den ich jetzt noch nachträgliche scheiße und pisse und kotze.
Was ist diese Religion für eine primitive Ur-Raubsäugetier Religion und was ist die Lehre Buddhas oder Jesus dagegen ein wunderbarer Juwel der Wahrheitsfindung.
Der Hass dieses primitiven Volkes der an so was festklebt die sich dazu bekennen ist undefinierbar, ein ungemeiner wunderbarer Beweis von Unfähigkeiten von Minderwertigkeiten und gigantischen Ängsten die diese Naturreligion der Talmud ist. Für mich war schon immer klar das Faschismus in seiner wahren Bedeutung nämlich Raubmensch ist,

Raubmensch bedeutet, weil ja diese Sorte Mensch noch vom Rauben und Töten und Ausbeuten anderer Menschen und Lebewesen lebt und denkt und glaubt das sei richtig und sogar gottgewollt-egal welcher Rasse egal welchen Glaubens. Faschismus ist nichts deutsches es ist einfach noch das RaubtierMensch mehr nicht.

Alle talmudischen Lehrplätze müssen sich von Talmud distanzieren sie müssen ihren Talmud von alleine Verbrennen und die Schmach die sie über die Menschheit seit Jahrtausenden gebracht haben öffentlich bekenne, und um Verzeihung bitten. Es ist das gleicher wie mit der „Kriminalgeschichte des Christentums" in den Büchern von Karlheinz Deschner.

Sie, diese Anhänger dieser Faschisten Religionen der Anbetung des satanischen diabolischen sie müssen sich aus allen anderen Nationen und Völkern zurückziehen und nach Israel zurückkehren denn Gastrecht oder Lebensrecht in der heutigen Zeit hat solch eine üble Religion auf diesem Planeten nicht. So was ist nicht mehr gewollt und gebraucht.

Der gesamte jüdische talmudische Reichtum kann ihnen gelassen werden, alle Banditenbanken, alle Banditen Industrieunternehmen alle Kartelle alle Öl, Nahrung und filmtalmudistischen Bereiche können sie behalten, Ich will kein Teil davon, aber sie sollen in die Wüste zurückgehen„ gebt ihnen die Wüste, lasst sie von dort ihr Leben dieser armseligen unbeschriblichen primitiven Faschismus Religion leben.

Mein Gott sind die primitiv.

Alle Völker müsse sich neu definieren, in gewissen Zeitabständen aber Religionen sind viel schlimmer als Völker da sie eine geistige Betrugs Fabrik sind die dem Abzockverein dienen.

Ich habe diese Büchlein schon seit langem geplant. Aber erst diese Debatten dieser blinden Berichte in den Zeitungen in Bezug zum Antisemitismus in Deutschland hatte mich dazu aufgefordert nun endlich damit anzufangen und damit mehr Holz ins Feuer zu werfen, damit der Betrug dieser Religion mehr sichtbar wird.

Wer sich also als Jude sieht und nicht als Mensch und sich damit an eine Religion bindet wie die des talmudischen Wahnsinns der ist kein Freund des Lebens und kein Freund des menschlichen er ist auch kein Mensch weder noch im physischen Sinne und schon gar nicht im spirituellen Sinne.

Der Talmud ist aber auch total unspirituell dafür total materialistisch, einfach tierisch ist er ein solches Sektierertum habe ich schon lange nicht mehr gelesen, total übel, diese Banditen in ihren bekloppten schwarzen Bärten und schwarzen Hüten, das sind völlig Verrückte die in die Irren Anstalt gehören oder aber in ihre jüdische Wüste„, oder ab nach den russischen Steppen, die sind groß genug.

Ich sage dazu nur noch „Gott vergib ihnen denn sie wissen was sie tun, aber sie wissen trotzdem nicht was sie tun.

Um es aber nochmal auf einen leichten Nenner zu bringen, Menschen sind noch Raubsäugetiere mehr nicht. Das besagt schon alles und das ist auch die Antwort. So ist es nun mal noch.

(Ich mach mal hier eine Pause und höre mir zur intensiven Entspannung mal etwas von Joe Bonamassa an-a new day yesterday-und i know where i belong-und etwas von Nguyen Le und Ralf Illenberger und auch von chillin dreams und einiges mehr. Denn wenn ich heute diese Schreiberei sehe und was aus meiner Thematik- Als Ich Noch Jude War- geworden ist und wird-diese Streitereien unter den Menschen mit ihren abgefackten Religionen und Machtsenilitäten-dieser Verrückten, global-im Zirkus der Raubmenschen-da muss ich erst-mal Pause machen und Musik hören, heute beim einschreiben und textkorrigieren von damals aber eben erst heute in diese Word Datei geschrieben. Wolfgang Schorat 23.6.15)

Hier sind einige Zeitungsüberschriften aus denen ich einiges ansprechen möchte.

Zitate Anfang :

EUROPAS TRÜBER EXPORT IN DEN NAHEN OSTEN

Der Historiker Asher Susser über Antisemitismus und Schuldgefühle. Er ist Professor für Geschichte des Nahen Osten und mittleren Osten an der Universität in Tel Aviv. Er schreibt darüber dass unter anderem die Unterscheidung zwischen Juden und Israelis zunehmend verwischt wird.

Bei den Islamisten ist sie gar nicht mehr vorhanden schreibt er. Die Islamisten verstehen die Auseinandersetzung im Nahen Osten ganz klar als Religionskrieg zwischen Juden und Muslime. **Zitat Ende**

Was möchte ich dazu sagen, folgendes!

Wenn die Juden die akzeptierer des Talmuds sind und deren üblen Glaubensmantras, dann ist es auch ein Religionskrieg zwischen Muslime und Judenreligion. Die Muslime haben aber nicht solch eine Hass Religion wie die der Judentalmuuuudies„

Natürlich ist der Jihad der Aufruf zum sogenannten Heiligen Krieg ebenfalls ein Produkt krankhafter Phantasien von halb verrückten Raub Säugetieren in ihrem Wahnsinn zu töten. Deren Gottheit bepisse ich auch sehr gerne. Für mich sind dann beide wunderbare Vollidiotenreligionen.

Kotz was drauf, büüüüürph.

Dann wurde er der Asher Susser, vom Journalisten gefragt, wie erklären sie sich das.

Da antwortet er: Ich beobachte einen seltsamen Effekt: Antisemitismus wurde von Europa in den Mittleren Osten exportiert und dann wieder zurück. Den Judenhass des christlichen Europas kannte der Orient nicht, und so weiter.

Dazu fällt mir ein, wenn die Lehre des Talmuds Eigentum der Juden ist, und das ihre Arbeitsweise ist andere Menschen und Wesen zu sehen und zu behandeln und zu erleben,dann ist seine als Historiker Antwort eine ziemlich blöde Antwort, der weiß ja nicht mal was über die Aussagen im Talmud, und das als Historiker, im Talmud ist ja gut lesbar das die Juden selber den Antisemitismus oder anders Menschenhass aufgebaut haben durch die Lehren des Talmuds. Er ist also in ihrer eigenen Religion zuerst entstanden. Was labert dieser Wirrnis Professor eigentlich für Idiotenschrott. Eben typisch Professor!

Dann ist da noch ein anderer Artikel mit folgender Überschrift: ARAFAT HAT DEN JÜDISCHEN STAAT NIE AKZEPTIERT. Der Antisemitismus besitzt keine Wurzeln im Islam, dennoch ist er heute düstere Wirklichkeit. Ein Bericht von Bassam Tibi, der internationale Politik in Göttingen lehrt.

In dem Bericht steht folgendes: Ich entsinne mich eines Gespräches mit dem jüdischen Historiker Bernhardt Lewis bei dem er auf meine Bemerkung er als Jude und ich als Syrer aus Damaskus seien Semiten erwiderte: Semit ist ausschließlich ein kultureller Begriff, die Nazis haben ihn in eine rassische Kategorie verwandelt. Lewis der Autor des Standartwerks-Semiten und Antisemiten-beschränkt seinen Antisemitismus alleine auf die Dehumanisierung der Juden und macht alle christlichen Quellen dieses Rassismus deutlich. **Zitat Ende**

Dazu fällt mir wieder ein, dass der Inhalt des Talmuds ja wohl der Grund sei weswegen die Raub Säugetiere die sich Christen dünken die Juden so blank sehen. Aber für mich ist der Talmud die Quelle allen Wahnsinns, die Schreiber dieser Schriften die Raub Säugetiere.

So die Lehren des Talmuds werden total ausgeblendet bei den jüdischen Professoren. Ich geh mal davon aus, das ist bewusst so.

Dann ein weiterer Bericht mit der Überschrift: SELBSTMORD EINES SCHRIFTSTELLERS Der Vorsitzende der jüdischen Gemeinde in Frankfurt schreibt über Martin Walser. Salomon Korn hatte den Artikel verfasst.

Es ging in dem Artikel um Walser und Reich Ranicki. Als ich diesen Menschen Reich Ranicki zum ersten Mal im TV sah war ich erstaunt über die immense Bösartigkeit in seiner Fratze seines Gesichtes, in seinen Augen sind Wut und Zerstörung immer vorhanden. Ich dachte mir, mein Gott sind diese Leute blöde solch einem üblen Typen so viel Wertschätzung zu geben!

Jemand der so giftig reagiert und so besessen Literatur kritisiert dem fehlt die Toleranz für sich selber nicht für andere. Wie dumm sind die Menschen bloß solchen abgewrackten Charakteren so viel Einfluss zuzugestehen" Jude hin Jude her, Holocaust hin Holocaust her, ich habe damit Nixi zu tun gehabt.

Dann war da noch folgender Artikel: WER ANTISEMITISMUS SUCHT WIRD IHN FINDEN Der Bericht war von Nathan Zach, Professor für vergleichende Literaturwissenschaften an der Uni Haifa.

In dem Bericht las ich folgendes: aber Sartre schrieb die vernünftigste Antwort zum Thema: der Antisemitismus ist nichts anderes als der Hass gegenüber dem Fremden dem anderen.

Als ich das las, in seinem Bericht der übrigens wesentlich toleranter und entspannter war als viele der anderen jüdischen Professoren, da sagte ich mir, genau, schaut euch den Fremdenhass im Talmud genau an, und wie alt ist der schon und wieviel Menschen hat der schon vergiftet, der Talmud hasst ja alle anderen Menschen auf der Erde, stellt euch das mal vor was das bedeutet.

Das sind total Wahnsinnige die so was heute noch vertreten. Aus dieser Sicht kann ich den Hass gegen die Talmud Juden, die diese Richtung, wie sie van Helsing geschrieben hat, gut verstehen. Mit solch einer bekloppten Mafia des Hassen's als Religion.

Aus Polen kam zu der Walser Debatte von Gerhardt Gnauck folgendes: Walser hat eine recht zivilisierte ungefährliche Form gefunden nämlich eine literarische.

Dann war da noch dieser Artikel: DIE RUSSEN SIND DA.

Jüdische Gemeinde in Deutschland im Umbruch „von Hans Riebsamen

Da wurde von Ignatz Bubis geschrieben, den Hüter Schiedsrichter und Wächter in Sachen politischer Moral. Als ich das las und daran dachte welche beschissenen Faschisten Moral der Talmud lehrte da dachte ich mir auch, mein Gott, diese stupide Banditen Religion dieser Juden, und dann wollen Juden in Deutschland sich in Sachen politischer Neurosen und Altseuchen aufschwingen, dabei ist ihre Religionsgrundlage der Satan in Person, zumindest jene, wie sie Van Helsing beschrieb. Zur Hölle mit all diesen Verrückten Raub Säugetieren die von sich denken sie würden den Menschen was zu bieten haben das mit Jesus gleichkäme. Auch die Christen Sekten von Rom bis Washington sind bloße Raub Säugetier Sekten.

Da stand dann noch das man einen Juden braucht als Ausgleich nein Aushang der eigenen politischen Korrektheit. Da stand dann noch das die 6 Millionen Toten diese gerade mal 100 000 Juden gegenüber 80 Millionen deutschen den Juden dem Zentralrat ein Gewicht das vergleichbar zu kleineren Religionsgemeinschaften mehr Repräsentanz und Legitimation gibt. Und zwar als Hüter demokratischer Grundrechte. Da musste ich doch lachen welchen Schwachsinn dieser Vollidiot da geschrieben hatte. Welch eine Mord Bande ist das jüdische Volk gewesen und ist zur Zeit weiterhin, welche Morde haben sie im Alten Testament und auch in ihren anderen Kriegen vollbracht, und welche Morde und Betrügereien vollbringen sie heute mit ihren Rothschild Banken und Syndikaten mit ihren kriegerischen Offensiven durch die zerstörerische Macht die sie politisch zum Beispiel in England und USA ausüben, welche Morde, geistige und auch physische, werden in ihrem Talmud gegen alle Menschen auf der Erde offen dargestellt. Zur Hölle mit diesem Lügenverein dem jüdischen Zentralrat, das hört sich schon nach Moskau an damals als Kommunisten Idioten.

Und was wollen diese Juden aus Russland hier. Ich will sie nicht hier. Ich will sie doch hier.

(Alle Menschen sind frei — es sind bloß die mal so mal so und dann mal wieder so politischen Ignoranz Verhältnisse, die dafür sorgen das Menschen die sich Juden denken und glauben das auch zu sein-in Not sind und es ist sehr gut das die Deutschen sie aufnehmen-Aber es wäre mir doch etwas merkwürdig also würdig zum merken-wenn ich nun bald in Klein Asien wäre und in Syrien und in Pakistan oder Iran und Irak und dann doch feststellen muss es ist kein Traum es ist Deutschland-ja stimmt Deutschland ist deutsch weil es global ist international und so rund wie die Erde selber-die quietscht und leiert bald ist sie ausgeleiert. Wer sorgt dafür das diese russischen Juden hier reinkommen: Die deutschen Politiker. Aber die braune Pest die Nazibrut das war und ist eine Brut des Bösen-der

Menschen die solch eine Banditen Religion wie die der Juden mit ihrem talmudischen Wahnsinn unterstützen die will ich nicht in meiner Nähe haben „schickt sie in die Wüste oder nach Gott persönlich, zu dem sollen sie ja weltweit kosmisch weit den besten Kon-takt haben. Was brauchen die dann uns, mich, dich.

Wenn diese Juden die aus anderen Ländern kommen hier leben wollen müssen sie dem jüdischen Aberglauben ablegen, müssen sie den jüdischen Hass ablegen und die Thora als auch den Weisungen des Talmud.

Dann ein weiterer Artikel

HASS SEITEN GEGEN DEN ZENTRALRAT DER JUDEN

Möllemann sorgt für Zulauf im Internet Forum der FDP. Von Thomas Holl.

Da geht es um Äußerungen zum Beispiel wird da gefragt warum hat dieser Zentralrat der Juden so viel Macht. Und es ging darum das doch Politik und Religion getrennt sein sollen. Wo doch das jüdisch sein eine Religion ist. Jedenfalls kommt der Zentralrat nicht gut dabei weg. Auch hier empfehle ich allen den Talmud zu lesen Um einen Einblick zu bekommen was das für eine Religionsgemeinschaft ist. Ich sag's nochmal wenn diese Juden nach dem talmudischen menschenverachtenden Hass leben, ist das völlig inak-zeptabel, und diese Faschisten Religion wohl eine der ältesten noch bekannten Faschis-ten Religionen dank ihrer Aufzeichnungen sie muss verschwinden. Der Talmud muss so bekannt werden dass jeder Bescheid weiß und damit jeder der sich als Jude Sein etwas darauf einbildet sich ganz schön verbildet vorkommen muss.

Ich will nochmal Daraufhinweisen dass es kein Volk auf der Erde gibt das nicht andere Völker abgeschlachtet versklavt ermordet hat, die US-Europäer die Ureinwohner Ame-rikas, oder die ganzen Invasionen der USA in Mittelamerika, der Vietnamkrieg, die Kore-aseuchen, dann ihre eigenen Bürgerkriege, oder die Engländer was haben die Massen gemordet und versklavt mit ihrem Empire, die Franzosen die Holländer, oder der stupide Wahn in Nordirland, die ganzen Afrika Abschlachtungen, oder die Indianer unter sich selber, oder die ganzen morderei der Araber untereinander, der Saddam Wahnsinn das

Morden in Indien, die japanischen Kriegsmorde die chinesischen Morde Ausplünderungen andere Völker die Schweden mit ihren Kriegen die Dänen, die Russen die Völker abmorden und versklaven, die Italiener oder die Griechen mit ihren Mord Kaiser Alexander dem großen Hitler Tamerlan, Dschingis Khan oder die südamerikanischen Morde untereinander.

Ich will damit bloß sagen keine Nation auch nicht die jüdische Talmud Bande hat aber auch das geringste Recht über eine andere Nation zu urteilen oder sie zu verachten weil alle die gleichen Irrtümer begannen haben unter dem Blickwinkel von-Gott vergib ihnen denn sie wissen nicht was sie tun. Sie sind noch Raub Säugetiere, egal ob im Seiden Anzug im Mercedes als Präsident oder Religionsführer.

Hier ist noch ein Zeitungsartikel
EINE UNANGENEHME STIMMUNG
Der frühere israelische Botschafter Avi Primor zur Antisemitismus Debatte. Er sagte folgendes: wenn über dieser Kritik dann ein Schatten antisemitischer Stimmung liegt sagt Mazdas ist keine Kritik an unserer Politik, das ist tiefgreifender. Deshalb sollten wir besorgt sein.

Als ich das las dachte ja, das stimmt, denn wer der Talmud solche Denkschablonen aufbaut dann ist das schon keine politische Wolke mehr sondern das ist fundamental-menschliche Verachtung.
Und da sollten die Israelis wachsamer sein was ihre Religionsbrüder da weltweit verbreiten.

Für mich ist die Lehre Jesus ein Diamant wogegen diese Lektüren aus dem Talmud die Ursubstanz des primitiven ignoranten des bekloppten sind, der totalen Menschenverachtung. Hier brauch ich mir weiter keine Fragen zu stellen, der Talmud spricht für sich selber und für das Banditentum der jüdischen Religion. Und genau den gleichen Schrott hat doch der Vatikan produziert nämlich eine Kriminalgeschichte des Ermordens und Abfickens der Kinder und Unschuldigen und viel mehr was noch nicht bekannt ist. Das reicht aber schon.
Welche hohen Ziele hatte das jüdische denn noch.
Geld machen. Waffen bauen. Hollywood. Banken. Öl und Pharmakartelle.

„Sooo, bis hier her hatte ich es am 24.Juni 2015 geschafft die mit Schreibmaschine geschriebenen Seiten einzuscannen, bevor es mir zu bunt wurde und ich das obige Vorwort schrieb das am 27.7.2015 endete. Ich versuche, die Komplexität Israels Situation so ehrlich und genau wir mir möglich darzustellen und zu analysieren, und bin mir bewusst, dass ich dabei immer wieder auf Kritik stoßen werde. Aber genau dieser kritische Dialog, solange er zivilisiert gehalten wird, ist dringend vonnöten, und ich danke Allen, die solche Diskussion auf faire und fruchtbare Weise führen."
Wenn ich will kann ich das jüdische total verdammen. Alleine aufgrund des talmudi-

schen satanischen Bewusstseins. Aber selbst solche Vollidioten wie die talmudischen Lehren Bestandteile kann ich großzügig übersehen, weil ich weiß dass es von dummen dumpfen gemacht wurde. Bloß weil diese damals noch Halbaffen, eingeflößt bekamen sie wären das auserwählte Volk „da hat man sie ganz schön in den Sererapismus, Separatismus, bugsiert in die Abspaltung und Schizophrenie. Das Resultat haben sie selber erleben müssen. Denn wer sich an solche Lehren bindet. bewusst oder unbewusst, der wird das erleben müssen„

Aber das was heute auf der Erde maßgeblich von vielen jüdischen Organisationen aufgebaut wurde, den mächtigen Banken den politischen Einfluss, des Kapitals, die Organisationen die dazu dienen andere Mund Tod zu machen. Die Weltbank. Die Federal Reserve Bank. Die ganze anderen Sekten die sie aufgebaut haben oder unterwandert haben, diejenigen jüdischen Wahnsinnigen die an den Talmud glauben und von sich denken das wäre die Gottheit ,diese wahnsinnigen Betrüger, die Kontrolle der Medien, durch die Medieninformationsdienste, alle bekommen sie den gleichen Schrott zu lesen ,die Kontrollen über alkoholische Sekten, oder Öl Sekten oder pharmazeutische Sekten, die Banksekten, das ist schon eine Anhäufung von Negativmacht. Aber mir ist das völlig egal, wenn das ihr Weg ist müssen sie de den auch gehen, das Resultat werden sie sowieso selber erleben denn letztendlich bleibt es nicht unerkannt, möge es noch so verschleiert gelebt werden.
In den USA ist der talmudische Kriegswahnsinn in Form von Regierung, Waffengewalt, Drogen, Pornographie, Geldwahnsinn, Morden sehr gut sichtbar, aber die gleiche Verrücktheit lebt in Russland, oder China die gleiche Bekloppheit lebt in den islamischen Ländern die auch ihre Menschen ausbeuten, oder in Afghanistan, mit ihrer halbaffenartigen loya jirga. Mit ihren stupiden fundamentalistischen Bärten Fratzen und Fressen, die lieber heute als morgen alles wieder so haben möchten wie unter den Taliban, eben Moslemfaschismus, diese zutiefst verblödete Männerhalbaffengesellschaft in Afghanistan, die sich bloß geschlechtlich also physisch definieren und aber au auch garnichts über sich selber wissen wer sie sind was sie sind und wo sie sind, und so weiter und so weiter.

Es ist eben ein Zirkus von dummen dumpfen auf der Erde, mehr nicht. Es ist ja nicht nur die Giganten Ignoranz der Halbaffen Juden mit ihrem Talmudwahnsinn ,nein, es sind auch die immens verblödeten Machtkämpfe der gierigen und dumpfen und zutiefst lebensverachtenden anderen Kirchen, den russisch orthodoxen gegen Rom, wo sich die russisch orthodoxe Fußballmannschaft mit dem Islam zusammentuen will gegen den Club of Rom mit seiner römischen Fußballschaft. Für mich sind beide bloße Abzocker und Betrugsvereine, die aber auch nicht das geringste mit der Lehre Jesu zu tun haben, garnichts, außer den leeren Worten mit denen sie die dummen Fliegen fangen die an dem süßen klebrigen Worten dann festkleben. Es ist nicht bloß das jüdische kotz Religionssystem nein, es sind die Menschen wie sie heute sind.
Wie sind sie?!

Sie sind verblödet worden und blöde geworden und müssen sich nun davon befreien, denn nur der Mut zur Wahrheit wird frei machen wenn im Islam zum heiligen Krieg aufgerufen werden kann, dann sind diejenigen die dem folgen einfach stupide.
Keine göttliche Weisung würde jemals zum Morden aufrufen, bloß Menschen weil sie Raubtiere geblieben sind, tun das. Was sind denn Raubmenschen? Raubmenschen sind alle Menschen die vom Töten anderer Lebewesen leben und denken und glauben das noch zu müssen, sie morden Kälber Schafe, junge Schweine, Vögel, Fische, Hühner und, und ihre Religionen sind allesamt auf Morden aufgebaut.

Die Vorurteile und die Machenschaften die jedwede Glaubensgruppe hat gegenüber der anderen und den anderen wo es immer um Macht geht, um Zahlen Werke Mitglieder und Mitmösen,die sind größer als das Licht der B'nai Elohim, den Söhnen der Schöpfer Götter der Rechtsprechung und hierarchischen Erziehungen, bei nicht vorhanden sein einer Regierungsgewalt die sie in den niederen Himmeln ausüben. Diese Paradiessöhne-Töchter gab's damals noch nicht und wenn dann wurden sie wie in Indien abgemurkst-sie arbeiten mit den abgeleiteten Schöpfungssystemen. Sie bestimmen die erwählte Saat die aus der unvollkommenen Schöpfung-das muss man sich mal vorstellen was die für ein Schwachsinn reden, unvollkommenen Schöpfung-in die ebenen der göttlich unsichtbaren verpflanzt wird. Die Vorurteile der talmudischen Halbaffen Götter sind so gewaltig, das sie dafür sogar morden und versklaven durch Geld durch wissenschaftliche Wahn Rhetorik und gekauften Wissenschaftlern. Die Vorurteile die in anderen Verblödungssystemen der Religionen oder Völker Wahnsinns liegen sind enorm, größer als der Mond wenn er Blähungen hat, die aus dem verdauen der Sonnenwirbelstürme entstehen.

Es sind ja nicht bloß Juden die blöde geblieben sind, mögen sie noch so viel Macht, Reichtum oder Erfolge im wissenschaftlichen aufweisen, das alles ist nämlich sinnlos weil das Resultat aus einer Sichtweise entstand die der Unwahrheit den Vorzug giebt,deswegen werden sämtliche Resultate seien sie wissenschaftlich oder politisch oder religiös dem Wahnsinn ihres Lügen Systems erlegen sein.
Ich las mal einen Artikel mit dem Titel: KIRCHE LEBT VOM ZEUGNIS DER CHRISTEN von Gernot Facius.Er schreibt unter anderem „ohne Zweifel hat die Theologie der Bedeutung von menschlicher Erfahrung zu wenig Beachtung geschenkt, es wurde unterdrückt". Er schreibt, negiert, das ist das gleiche, das die Gläubigen außer dog-matischen Sätzen-dog-also Hund, also Hundesätzen, hohoho, das passt nämlich besser und ist sinngemäßer, auch emotionale und sinnliches verarbeiten muss. Anders ist es nicht zu erklären dass selbst Christen den Verlockungen der Esoterik erliegen.
Dabei wird schnell deutlich dass das eine das andere ausschließt Esoterik ist eher die Beschäftigung des Einzelnen mit sich Selbst. Sie thematisiert nicht das, was die soziale Dimension des christlichen ausmacht.
Als ich das las, konnte ich herzlich lachen wie blöde dieser Theo dieser Theo-also gottloge ist, der ist einfach enorm blöde. Er schreibt ganz abstrakt von der Theologie „da

alleine ist gutsichtbar dass der, sein Verstand, verrückt ist. Morgen werde ich die Theologie mal einladen mit mir einen Spaziergang zu machen. Die Raub Säugetiere die sich Theologen nennen, da kommt schon der Vergangenheitsbegriff logen drin vor, also seit wachsam, das sind Lügner Betrüger unter dem Deckmantel des satanischen, das sind Talmud Brüder im stillen ,denn ihr mentaler Wahnsinn ist sehr groß sehr, sehr, groß, gleichgroß wie der mentale Wahnsinn der Talmudschwulenbrüder.

Dann haben also diese Raub Säugetiere als sie noch an der Mordmacht der römisch katholischen Blutsbrüderschaft waren, einfach der menschlichen Erfahrung jedweden Wert angepeitscht abgewürgt abgemordet abgebrannt. Was wohl der Jesus für eine Erfahrung hatte. Ob das wohl eine menschliche Erfahrung war, nein es war bestimmt eine Computer Erfahrung, oder aber die eines Atombombenarschlochs.
Also die Mental Welt die Gedankenwelt dieser Theo-logen ist eine Verrückten Welt. Sie ist so senil so verblödend, das du vorsichtig sein musst das irre nicht zu übernehmen. Zum Beispiel die Beschäftigung des Einzelnen mit sich selbst, was hat wohl Jesus gemacht als er 40 Tage und Nächte in die Wüste ging, und was entsteht wenn man sich wirklich mit sich selbst beschäftigt, wo würde das wohl hinführen, wenn wirkliche Selbst Beschäftigung gemacht wird, natürlich zu dir selber, was du wirklich bist. Und was hat Jesus gesagt, er sagte ihr könnt noch viel besser werden als ich selber.
Was würde das wohl bedeuten, bestimmt nicht so blöde werden wie die Theo-logen
Oder was ist mit der Politik die sich christlich nennt oder den Religionsgruppen der Christen,
Das ist alles Etikettenschwindel, das ist alles Wahnvorstellung das ist kein Christensein, der Papst ist kein Christ das ist ein gläubiges Raubsäugetier, aber kein Christ, Christ sein bedeutet wie Jesus zu sein, total in der Wahrheit eins zu sein, in der Wahrheit zu sein bedeutet Heil zu sein, das wiederum bedeutet heilen zu können, und nicht auf Lebensversicherung Krankenversicherung und dergleichen ausbeuterischer Verblödung angewiesen zu sein.

Die politischen Gruppen die sich christlich nennen das sind Wirrnissverkäufer irrationale Schwindelbomben aus den Wahnvorstellungen ihres Raubsäugetiertums.
Das gleiche gilt für die Moslems.
Die Mullahs, die Raubmörder der islamischen Banditenreligionen, das sind allesamt Verrückte. Mehr ist das noch nicht hier auf der Erde. Oder die Abwichsereien der kirchlichen Würdenträger würde im sexuellen Missbrauch ihrer ihnen angetrauten Kinder, weltweit werde diese Kinder abgewichst, müssen sie den Kardinälen einen blasen und ihnen den Arsch auslecken, und einiges mehr. Das sind Priester. Und die Mullahs sind das auch, das sind Mörder und die talmudischen Wahnsinnigen sind auch Priester und die politischen Wildsäue mit ihren christlichen moslemischen Wahn Vorstellungen, was sind das wohl, das sind Kriminelle, aber kann man, Raub Säugetiere die so geschaffen wurden und auf dem Weg der Evolution sind für schuldig erklären, nein, alle sind ohne Schuld.
Es ist bloß eine harte Schule unter Betrügern und Lügnern, die sich als Moslems, Chris-

ten oder Juden als Hindus oder wer weiß was für Vollidioten ausgeben.
Aber das ist so weit von der Wahrheit entfernt wie die Illusion, das Geld, Zeit wäre, und
das Geld irgendetwas bewirkt macht oder tut.

Und was gab es noch, zu erkennen, in den Zeitungen als sehr viele Artikel über Antisemitismus zu finden waren. Ein Vorreiter der jüdischen Themen waren die Welt die Welt am Sonntag. Da kamen sehr viele jüdische Menschen zu Worte. Viel wurde über Antisemitismus geschrieben, aber keiner wusste wohl wirklich was das wirklich war, da ja Anti-Semit dieser Begriff sich ja auf etwas ganz anderes bezog als auf die Israelis oder Juden. Antisemit oder Semit gehörte ja zu den Semiten. Und das waren die ja garnicht. Es ist schon ein wunderbares Chaos in den Köpfen dieser Raubsäugetiere. Die ganze Judenleiderei hat ihren Ursprung in ihren ignoranten Lehren, Lehren die gegen die Menschheit gehen und nirgendwo anders. Auch die Japaner denken dass sie die wahre Rasse sind das sie vom göttlichen sind. Auch sie haben unbeschreiblichen Rassenstolz, zumindest jene die Geld und Macht haben. Was die abgezockten in dem System haben weiß ich nicht ,ich denke sie sind genauso verblödet worden durch ihre Vorfahren wie alle anderen Habe-Nichtse, alle anderen ausgebeuteten versklavten Menschen auf der Erde, versklavt im Sinne das es nur ganz wenige sind die den gesamten finanziellen Reichtum und wirtschaftlichen Reichtum kontrollieren. Und das wird auf lange Sicht nicht gut gehen, da kann man auch nicht mit dem Banditen System Demokratie sich schützen. Demokratie ist gleich ausbeuten und versklaven auf demokratische Art. Und in diesem Betruges und Ausbeutungsschema, haben die Juden oder die Zionisten oder die talmudischen Wahnsinnigen nun mal eine fette Rolle auf der Erde ausgebaut. Die gesamten Bank Syndikate sind in jüdischen Abzocksekten zusammen, die US Fed Bank ist jüdisch und eine Betrugs Sekte ersten Ranges. Die Rothschild . Totales Banditen Gewerbe, auf Banditentum aufgebaut. Aber gibt es überhaupt menschliche Entwicklung , die nicht auf Banditentum,Zerstörung,Krieg ,Ausbeuten,Abzocken,aufgebautist. Nein, das gibt es nicht. Es wird versucht, sich davon zu befreien, das stimmt. Aber diejenigen die das Monopol im Aufbau des Banditentum Systems der Wirtschaft und Politik und Geld und Besitz haben, die wollen keine Veränderung. Da kann ich nur den mutigen Menschen meine Achtung erweisen, die in den Jahrhunderten und Jahrtausenden zuvor, wachsam waren und ihren Mund aufgemacht haben und ihrem Denken keine Denkblockade gegeben haben, weil das so von den Raub Säugetier Mächtigen gewollt war und bis heute noch unterschwellig und immer mehr auch öffentlich so gewollt ist. Der menschliche Machtschwachsinn ist gigantisch. Der menschliche Kontrollwahnsinn auch. Das Täuschen hat Hochkonjunktur im Zeitalter der Medien Kontrolle und der Ignoranzverkäufe. Es sind ja nicht die wenigen jüdischen Besitzenden auf der Erde, die viel Geld Kontrolle und Medien Kontrolle aufgebaut haben. Es sind auch die saudischen durchgeknallten Zustände oder die zurzeit durchgeknallten moslemischen Religionskriege Sunniten Schiiten. Oder der chinesische Größenwahnsinn einiger weniger Parteiignoranzen, mit all dem Streben nach mehr Land und aufsaugen anderer Bevölkerungsgruppen und das absaugen der Erd-Ressourcen. Wenn ich alleine an den hochbekloppten Mao denke, der Spatzen in milliardenmengen töten ließ, ganz abgesehen von Chinesen, und die Chinesen nun das Insektenbestäubungsproblem haben, weil die Spatzen nämlich genau so göttliche sind wie die Vieren und die Krokodile. Was da von den Führern oder Führern in der Versteck Position für einen gewollten Schwachsinn produziert wird. Das ist sooooo, ungemein Unweise so dumm so Ignorant. Alleine die Kontrolle über das Geld zu haben, über etwas das zu 100% Illusion ist, und die Total Verblödung, in der Menschheit , aber auch bei den Kontrolleuren fördert, den jüdischen Bankern und den chinesischen Bankern, den deutschen Bankern, den englischen Bankern den saudischen Bankern. Das ist Gigagunweise und Mega Überblöde.

Und es ist nun mal eine Tatsache das diese jüdischen Raubritter, diese wenn sie auf den talmudischen Glaubensbekenntnissen aufgebaute Unternehmen und Gegnerschaften gegen die Menschen ihre Werke aufbauen, das sie da weltweit nicht mit Liebe rechnen können. Ich bin nicht für einen einzigen jüdischen Menschen der sich an die talmudischen und zionistischen glaubensbekenntnisse hält. Ich bin aber auch nicht für die islamische Jihaadversion. Das sind genau solche Verrückten, Verrückte die aber auch nicht im Geringsten aus dem Wahn ihres Wahnsinns gekommen sind.
Ich bin auch nicht für die verrückten Hindus mit ihrem Wahnsinn, weder noch bin ich für den Wahnsinn der Christen mit ihren bekloppten verlogenen Päpsten und deren stupiden verlogenen Machiavelli Systematiken. Ich bin auch nicht für die amerikanischen Logen Politiker der Rockefeller-Rothschildwahnsinnigen. Ich bin nicht für die Öl-Kartelle und die pharmazeutischen Kartelle die die Menschheit systematisch ausbeuten und verblöden indem sie ihnen weismachen das pflanzliches schädlich und das synthetisches richtig ist. Ich bin nicht für die stupiden Regierungen dieser Erde, nicht eine von ihnen ist es wert gelobt zu werden, sie sind allesamt Handlanger des verlogen Seins.
Ich hoffe dass all das an seiner eigenen Verlogenheit ersticken und sich selber vergasen wird. Der gegenseitige Menschenverachtungsstrip geht weiter, unterschwellig wird daran gearbeitet. Das helle und das dunkle sind immer da und tätig. Es ist das los dieser Erde und seiner Lebewesen damit sein Schicksal zu haben. Wer von Antisemitismus redet weiß nicht wovon er redet.Er ist blöde. Die meisten Juden sind ja gar keine Semiten. Das ist so als wenn gesagt werden würde die Christen die in Afrika sind das sind Europäer. Oder die Christen die in China sind das sind Europäer. Oder so als ob die Christen in Indien Europäer wären. Die meisten Juden sind heute russischer Herkunft. Keine Semiten.

Die amerikanische Antisemitismus Vereinigung die weltweit alles bekämpft was mit Antisemitismus zu tun hat, der müsste man dann eine Anti Christen Vereinigung gegenüberstellen oder eine Antimoslem, oder Antihindu.
Ich bin gegen den Banditen Talmud und rufe jeden auf auch dagegen zu sein, außerdem müssen die verrückten Juden davon Abstand nehmen zu meinen dass ihr Volk das einzige von Gott auserwählte zu sein. Wenn nicht wird weiterhin Zoff geben auch in tausend

Jahren, weil es so einprogrammiert ist, es wird im Kreislauf des Lebens immer wiederkehren und die Juden werden weiterhin verfolg verachtet und verjagt werden.

Das ist nichts Göttliches das göttliche ist nicht so ein Schwein wie es Jahwe ist im Alten Testament Die Juden müssen Abstand von dem Schwein Jahwe nehmen, sonst werden sie selber weiterhin zum Schwein gemacht werden.

Dann las ich noch folgendes in der Welt "ALLE LIEBEN TOTE JUDEN"...Alan M. Dershowitz über den neuen Antisemitismus in Europa. Auch dieser New York Jude macht immer noch den versuch die deutschen mit dem zweiten Weltkrieg in weitere Schuldgefühle zu binden. Aber dieser dumme sehr schlaue Raubtier Rechtsanwalt versteht und vergisst aber das inzwischen neue Generationen herangewachsen sind die gar nicht mehr damit verbunden sind im öffentlichen Sinne, mir gehen diese Juden auf den berühmten Sack die immer wieder diese Form der Erpressung versuchen, daran ist ersichtlich was für Schweine das selber sind. Das ist alles im Sinne des Talmuds.

Er schreibt das versuche gemacht werden die europäische und die die deutsche Schuld zu schmälern an der Juden Vernichtung. Dieser Halbaffe Dershowitz, der weiß wohl nicht das Hitler mit jüdischen Geldern aus New York finanziert wurde, das die Banditen Juden in den USA gigantische mengen Gelder für Hitler gaben damit er Seine Macht ausbauen konnte, damit sie ihre Macht ausbauen konnten. Denn sie hatten selber geldgierige Ziele und wollten Hitler als ihren dafür richtigen Partner haben. Das wird selber von den Juden verdrängt oder ist denen völlig unbekannt. Und die ganzen Juden die den Zar gestürzt hatten die bekamen Gelder aus New York, die über Deutschland flossen, das waren alles jüdische Machenschaften. Aber diese blöde Leierei die dieser Dershowitz macht um Schuldgefühle weiter zu entfachen, die zieht nicht mehr. Bloß alleine die Tatsache das der Talmud zum allgemeinen Hass gegen alle anderen Menschen aufruft, was ist das wohl, diese Tatsache ist alleine gigantischer Grund weltweite Wutanfälle und Zerstörung gegen die Juden zu entfachen. Oder etwa nicht. Diese moralische Überlegenheit mit denen sich diese Juden zum Beispiel melden wie der New York Jude, das ist alles Augenwischerei. Wer den Talmud liest sieht was das für Raubmörder Religion ist. Mehr ist dazu gar nicht zu sagen. Die Juden haben weltweit die Verfolgung zu erleiden weil sie eben solch eine Anti, Anti, Anti, Religion eine gigantische Betrugswelle von Hass in die Welt setzen, bewusst oder unbewusst. Das ist der Grund dafür weswegen sie umgebracht wurden zu Hitlers Zeiten. Er redetet, dieser Dershowitz, davon das sich die europäischen deutschen Intellektuellen ein für alle Mal vom Holocaust befreien wollen. Dazu kann ich bloß sagen, kollektiv ist das ja gespeichert. Ich habe das ja selber erlebt obwohl ich nach dem zweiten Weltkrieg geboren wurde. Aber kollektiv ist auch die Talmud Seuche der Juden gespeichert, nämlich in deren Kollektiv Energien, und die leben das schon seit tausenden von Jahren. Was müssen die wohl für ein übles kollektives Gedächtnis haben. Hohoho.

So diese Halbaffen die immer wieder auf andere Völker reinhacken, sollten sich selber erstmal reinigen. Das geht nicht damit dass man Geld häuft, die Hände wäscht, einen

Doktor Titel macht, oder wohltätige Arbeiten macht.

Wenn diese Juden weiterhin die deutschen oder andere Völker immer wieder auf die Verfolgung der Juden erinnern wollen dann müssen die Juden ebenfalls auf die Schanden ihrer Wahnsinnigen aufmerksam gemacht werden, auf das Blutsbuch Altes Testament, auf die Talmudseuche, auf den Menschen Hass der da gepredigt wird. Und das wird nicht aufhören bis die Judenidioten damit selber aufhören und erkennen werden das Kriege und Morde und Blut und Leiden zum Wachstum des Menschen gehört, weil er's noch nicht anders kann und zu schwach ist sich gegen die Blutsauger seiner Raub Säugetier Politiker Raub Säugetier Industriellen und Raub Säugetier Religionen zu befreien.

Aber das wird kommen!

Die Wahrheit wird euch frei machen!

Aber diese eben genannten Sekten sind nicht die Wahrheit die lebe nicht die Wahrheit und wissen gar nicht was das ist.

Dieser Dershowitz schreibt dass die deutschen sich noch nicht genug entnazifiziert haben. Das mag sein, der Menschenhass ist in jedem Volk vorhanden, aber auch in dem jüdischen. Aber die Juden haben sich noch nie noch nie noch nie enttalmudisiert. Der Talmud ist schlimmer als der Holocaust, weil er den Hass seit tausenden von Jahren gegen die Menschheit predigt.

Der Holocaust war gegen den Talmud ein kleiner Sturm, was hat die Gesinnung des Talmudes über die Jahrtausende an Leiden geschafft. Wieviel Morde, Plünderungen und Völker Vernichtungen töten von Kindern Versklavungen und Raubzügen. Im Alten Testament steht das ja so wunderschön. Aber schlimmer noch die Gesinnung ist heut in den gigantischen jüdischen Syndikaten und Banken und Monopolen vorhanden, denn sie sind mit dieser Gesinnung ja so mächtig geworden, denn sie sind ja alle ohne Ausnahme auf diesen Betrug gegen die Menschheit gewachsen. Diese Gesinnung ist heute aktuell. Sie wird bloß nach außen nicht so gefeiert wie es die Nazis taten oder die Russen die sich von den Juden befreien wollten die diese Gesinnung haben, oder amerikanische Präsidenten oder England oder Frankreich. Die Juden dürfen nicht vergessen weswegen eine antijüdische Seite da ist. Es ist wegen der talmudischen Lehren. Das ist inakzeptabel. Basta.

Dieses Raub Säugetier Dershowitz aus New York, der schreibt sogar in Bezug zu dem Attentat in München bei den olympischen Spielen, da haben die Israelis die Ermordung der Mörder angeordnet. Der ist für gezielte Ermordung. Er meint das wäre das Gegenteil, von Terrorismus....alle diese stumpfen Raub Säugetiere die in Formen des hegelschen oder dualistischen Weges denken sind primitive ignorante blöde Raub Säugetiere geblieben. Er auch. Er denkt gezieltes morden wäre das Gegenteil, das Gegenteil, von Terrorismus, und damit ist dann morden legitimiert. Er ist ein typisches Raub Säugetier das vom Morden nicht loskommen kann und es ist ihm noch Fleisch und Blutwurstdenken geblieben. So primitiv ist dieser Staranwalt noch. Er ist damit selber ein Mörder, denn wer für morden ist, ist ein Mörder.

Dieser Aufhebung des einen durch das andere ist von der typischen Betrugsmentalität hervorgebracht die keine Wahrheit kennen will weil sie nämlich dann in Konsequenzen ganz anderer Art hinein kommt und ihr Sein ihr Leben nicht ertragbar werden würde in Bezug zu ihren dumpfen zerstörerischen Gedankenwelten ihrem Innenleben. In den USA ist ja Mord eine ganz normale Sache wenn es darum geht sich zu befreien. Aber das ist falsch, denn dieser Mord wird an dir irgendwann auch passieren.

Er meint es wäre der richtige Weg, gezielt Terroristen zu ermorden. Er bringt das dann in Bezug zum Bürger und dem Schutz des Bürgers. Aber der Bürger der so was akzeptiert das er Gruppen unterstützt, die dieses gezielte morden für ihn tun um ihn zu schützen, die sind damit verbunden mit diesen gezielten Morden, und sie selber sind am Mord beteiligt. Egal welcher raffinierten Denk Wege sich da jemand ausdenkt.

Diese raffinierte Denkweise ist der hegelsche Dialektik -Dünnschiss. Ich glaube Hegel war wohl auch ein Jude, was soll das denn anders gewesen sein, ich weiß es nicht aber ich vermute alleine an der Denkweise dieser korrupten Form. Diese korrupte Form besagt das Gegenteil von Liebe ist Hass.

Das ist aber völlig falsch.

Warum wohl.

Weil es gar kein Gegenteil von Liebe gibt, das ist bloßes manipuliertes Denken mehr nicht. Es ist verlogenes Denken um die Wahrheiten nicht zum Vorschein kommen zu lassen, damit die Menschen weiterhin in Unwahrheiten verwickelt sind. Das ist System, es ist spirituell gesprochen das satanische, oder das talmudische der satanische Jahwe.

Es gibt sehr viele Juden die viel Gutes getan haben, die lobe ich hiermit. Aber die Talmudie die sind zu verachten und deren Ableitungen in den zionistischen Macht Schriften auch. Ebenso die jüdischen Aufrufe zur Weltherrschaft ihres Volkes. All das ist Wahnsinn von Wahnsinnigen für Wahnsinnige.

Ich rufe deswegen die UN auf dieses jüdische Werk zu verbieten und eine öffentliche Verneinung dieses Banditenwerks zu vollziehen. Ich rufe die Menschenrechtskommission auf dieses Werk zu lesen und diese Menschenhass Orgie zu verbieten. Ich rufe die Präsidenten der Völker auf dieses Schund Werk zu lesen und öffentlich zu kritisieren und alles zu tun damit so was nicht gelehrt wird. Auch nicht an Talmudschulen dem Verbrecherverein dieser alten Lehren. Ich rufe die antisemitische Liga auf sich den Talmud zu erlesen um etwas mehr von ihrem eigenen Wahnsinn zu verarbeiten denn die Antisemitismus Liga ist selber ein Talmudverein. Aber auch der Koranwahnsinn mit seinen Jihad psychopathischen Auslegungen ist zu stornieren und zu verändern oder wegzuwerfen. Ich rufe alle Menschen auf sich solche Lektüren zu beschaffen und sich damit auseinanderzusetzen um zu sehen ob ihr das wollt was der Talmud gegen euch will.

Ihr seid gut zum Betrügen zum Ausbeuten und zu Verachtung und um getötet zu werden, weil ihr nichts wert seit in deren Lehren. Die Vorurteile sind groß. Sie sind größer als die Welt. Die Verrücktheiten der Menschen sind gigantisch aber da wo die Ignoranz aufhört da hört auch das Böse auf. Und der Talmud ist reine Ignoranz also reines saube-res Böses. Ich selber habe den Talmud aber nie gelesen, sondern reagiere bloß auf das was ich in den Schriften von Jan. van Helsing gelesen habe.

Ich rufe euch Menschen auf euch von den Betrügereien dieser Bank Betrugsdenkereien zu distanzieren, glaubt nicht daran das ihr Schulden habt, das ist alles talmudische Gefan-genschaft, zahlt kein sogenannten Schulden zurück, erkennt das die Aktionäre weltweit bewusst abgezockt werden denn diese Aktiensysteme sind ja von den Syndikaten der Geldmachtstrukturen organisiert. Erkennt dass sie bloß an euer Geld kommen wollen. Wenn sie genug davon haben werden die Firmen fallen gelassen und die Aktien werden wertlos gemacht durch Gerüchte und Aktienverkauf oder dem zerschlagen von Firmen. Aktionäre verloren 160 Milliarden Euro. Das alleine in Deutschland. Was meint ihr wird weltweit abgezockt. Börsenzerfall ist genau geplantes Unternehmen. Seit wachsam, es ist eine Betrugswirtschaft eine Betrugsbankengesellschaft die totaler Gier unterworfen ist ergo totaler Dunkelheit. Da helfen keine dicken Bankkonten keine Präsidentschaften oder andere Positionen. Ihr werdet nur in den Tod von diesen Besitzenden geführt. Erkennt die Unwahrheit die euch vorgelebt wird. Die Unwahrheit ist die Unfreiheit. De-mokratie ist getarnte Unfreiheit. Plato war ein Sklavenhalter. Aus Sklavenhalter können keine Freiheiten kommen. Mögen sie noch so schön aufgebaut sein. Ich fordere sämt-liche Geld Beträge die die verlogenen korrupten Banditenbanken auf der Erde zusam-mengelogen haben, sofort zu erlassen für jedes Volk, jeden Menschen, wenn das nicht passiert, dann rufe ich euch auf, sie nicht zurückzuzahlen. Macht euch keine Sorgen wegen Schulden oder Geld, es ist dem nicht wert, es ist totales wertlose illusionsgeba-ren. Lasst euch nicht Jahrtausende täuschen von Betrügern. Seid euch bewusst das Geld garnichts aber auch garnichts macht oder tun kann.

Ich gebe jedem von euch eine Tonne Gold und 10 Kubikmeter Euro oder Yen oder Pfund-scheine. Dann sagt zu den Geldern sie sollen den Boden pflügen die Arbeit machen oder zur Schule gehen und lernen. Ihr müsst erkennen dass die Bindung an Geld eine 100% Täuschung und ein bewusster Betrug ist. Betrug um zu versklaven und euch in Unwahr-heit zu halten.

Erst wenn Geld total verschwunden ist aus den menschlichen Gesellschaften wird die Wahrheit näher da sein und die Freiheit bei euch sein und die Liebe zurückkehren. Erst wenn ihr von euren hauptsächlich von jüdischen verrückten Philosophen und Wissen-schaftlern ersonnen Betrugsdenkereien befreit seid, werdet ihr der Wahrheit näher ste-hen als jetzt, jetzt ist alles durchtränkt von der Gier dem Hauptwesenzug der Raubtiere die nicht anders können. Aber dieses Raubtier genannt Mensch kann zum Menschen werden ohne zu rauben zu betrügen und Unheil über alles andere zu bringen.
Hört auf mit den primitiven Identifikationen wie Jude oder Deutscher oder Amerikaner oder Engländer, hört auf mit den primitiven Identifikationen wie Christen oder Moslems oder Hindus oder Juden oder Buddhisten.

Hört auf mit euren primitiven Primitivheiten.

Hört auf mit eurer gewollten Ignoranz der bewusst gesteuerten Ignoranz über Medien und Institutionen. Hört auf mit dem dumpfen und unwahren Fressgier Dasein des Geldes der Produkte und der Ignoranz.

Hört auf ihr talmudischen Juden den Hass über die Erde zu treiben den Hass den ihr in euren Schriften habt, ihr seid kein auserwähltes Volk dafür seid ihr einfach noch zu blöde.

Hört auf ihr ignoranten Moslems mit eurem Hass gegen die anders denkenden Menschen die eine andere Form der Freiheit leben, lebt unter euch dann in euren Ländern und mauert eure Grenzen um eure Länder 100 Meter hoch damit ihr mit den anderen nichts zu tun haben braucht. Kein anderes Volk braucht ein anderes Volk. Es ist bloß Habgier und Machtgier die vorantreibt. Weil alle noch Raub Säugetiere sind. Ihr auch mit euren Banditenmullahs euren verrückten Gedanken und Vorstellungen in euren blöden Köpfen.

Hört auf ihr stupiden Juden mit euren alttestamentarischen Banditentümern wie Mose dem halb verrückten mit seinen halb verrückten Wegen. Wenn ich mir die asiatischen Schriften durchlese oder die Lehre Buddhas lese oder Krischnas oder die Schriften der Veden, dann sind eure Weisen dagegen schwarze Schafe verblödet und verrückte. Hört auf mit eurem Wahn das ihr Halbaffen eine Religion habt die Wahrheit lebt. Sie lebt Lügen, alle Religionen machen das und ihre Mitmacher sind genauso blöde geblieben. Wisst ihr denn nicht das jeder Mensch der Träger des göttlichen ist und das dein Körper der Dom Gottes ist der Tempel oder der Moscheegarten Gottes. Wie lange wollt ihr noch blöde bleiben ihr Halbaffen.

Um euch aber nochmal die immense Bösartigkeit der talmudischen Juden zu zeigen lege ich hier nochmal eins drauf. Das sind Hass Schriften und Hass Bilder von dem Juden der gleich er-wähnt wird Das ist das Resultat des talmudischen Denkens, lest euch das gut durch und erkennt was heute Sache ist-**Zitat Anfang** aus Van Helsings Buch Geheimgesellschaften:

16. Was geschieht normalerweise mit Autoren, die die Machenschaften der Illuminati aufdecken?

Diese Frage ist wohl am besten durch nachfolgendes Programm des Juden „Arthur Trebisch" bis ins Detail beantwortet.

§ 1

Nichts wäre verfehlter und schädlicher für das Heil unseres Volkes, als mit der Vernichtung eines Gegners zu warten, bis er bei unseren Feinden anerkannt und berühmt geworden ist, so dass sie auf seine Worte hören und ihm folgen, wenn er zu ihnen spricht. So müssen wir denn über die heranwachsende Jugend unserer Feinde scharf Wache halten und wenn wir einen Keim des Aufruhrs und des Widerstandes gegen unsere Macht erblicken, so muss er vernichtet werden, bevor er unserem Volke gefährlich werden konnte.

§ 2

Da wir aber die Presse beherrschen und Macht haben über den Erfolg, so ist es die wichtigste Aufgabe, das gefährliche Leute nicht zu 7 den Stellen Zugang finden, von denen sie in lauten Worten und gedruckten Buchstaben aus sprechen könnten, um Einfluss auf unsere Feinde zu gewinnen. So muss denn völliges Schweigen und Achtsamkeit herrschen, wenn sich ein Gefährlicher in der Mitte unserer Feinde erhebt. Die meisten werden schon in frühester Jugend durch die Erfolglosigkeit ihrer ersten Schritte von weiterem Bestreben abgehalten und müssen, um ihr tägliches Brot zu gewinnen, sich einem Berufe zuwenden, der sie von gefährlichen Gedanken und Taten gegen das auserwählte Volk ablenkt.

§ 3

Wenn aber doch einer bei schädlichem Tun verharrt, trotz Schweigen und mangelnder Beachtung, so ist die Zeit gekommen, schärfer auf ihn einzuwirken, seine Pläne zu vereiteln und sein gefährliches Werk zu verhindern. Dann wollen wir ihm in unseren Kreisen Arbeit bieten und reichen Lohnt, wenn er nur von seinem falschen Bemühen ablässt und sich für unsere Sache ablenken lässt. Und wenn er lange einsam war und hat leiden und hungern müssen, so wird das plötzliche Gold und die schönen Worte, die wir ihm geben, von seinen falschen Gedanken ablenken und hinlenken auf unsere Pfade. Und wenn er plötzlich Erfolg und Reichtum und Glanz und Ehre sehen wird, wird er seine Feindschaft vergessen und auf unserer Weide Weiden lernen, die wir für alle bereithalten, die unsere Wege gehen und sich der Herrschaft des auserwählten Volkes fügen.

§ 4

Wenn aber auch das nichts nützt und einer weiter in starrer Auflehnung wider unser Gebot beharrt, dann wollen wir durch unsere Leute dafür sorgen, das über ihn überall Böses geredet werden soll, und die für die er kämpfen will und sich wider uns aufopfern, sich in Gehässigkeit und Verachtung von ihm abwenden. Dann wird er einsam werden, und die Fruchtlosigkeit seines Tuns sehen und am unmöglichen Kampf gegen unser Volk verzweifeln und zugrunde gehen.

§ 5

Wenn aber auch das nichts nützt und er stark genug wäre, auf seinem Wege zu bleiben und weiter an sein, uns feindliches Ziel zu glauben, so haben wir immer noch ein sicheres Mittel seine Kraft zu lähmen und seine Pläne zu vernichten. Hat nicht Esther den König der Perser gewonnen und nicht Judith das Haupt des Feindes unseres Volkes abgeschlagen? Und gibt es nicht genügend Töchter Israels, die verlockend und klug sind, sie auf die Pfade unserer Feinde zu schicken, ihr Herz zu gewinnen und ihre Gedanken zu belauschen, dass kein Wort gesprochen werden und kein Plan reifen kann, der nicht zur rechten Zeit unserem Volk bekannt würde?

Und wenn einer Ansehen und eine Stellung und das Vertrauen seiner Freunde und die Gefolgschaft eines ganzen Volkes hat und wir ihm eine der Töchter Israels schicken, ihn zu umgarnen, so ist sein Plan in unsere Hand geliefert, sein Entschluss aufgedeckt und seine Macht nutzlos geworden. Denn wo die Töchter unseres Volkes als die Frauen unserer Feinde herrschen, da werden zur rechten Zeit die Pläne durchkreuzt und die Taten vereitelt werden, noch bevor sie getan sind.

§ 6

Wenn er aber unser Tun durchschauen und unsere Schlingen vermeiden sollte und sein widerspenstiger Geist in unseren Feinden Anhang und Glauben finden sollte, dann muss er aus dem Leben verschwinden, auf das unser Ziel nicht gefährdet werden sollte. Der Tod aber ist das unvermeidliche Ziel aller Menschen. Daher ist es besser, dieses Ende für diejenigen zu beschleunigen, die unserer Sache schaden, als zu warten, bis es auch uns, die Schöpfer des Werkes, trifft.

In den Freimaurerlogen vollziehen wir die Strafen in einer Weise, dass niemand außer den Glaubensbrüdern den geringsten Verdacht schöpfen kann, nicht einmal die Todesopfer selber: sie alle sterben, wenn es nötig ist, scheinbar eines natürlichen Todes. Da das den Glaubensbrüdern bekannt ist, wagen sie es nicht, irgendwelchen Einspruch zu erheben. Mit solchen unerbittlichen Strafen haben wir innerhalb der Logen jeden Widerspruch gegen unsere Anordnungen im Keime erstickt. Während wir den Nichtjuden den Freisinn predigen, halten wir gleichzeitig unser Volk und unsere Vertrauensmänner in strengstem Gehorsam.

§ 7

Da wir aber heute in unsicheren Zeiten leben und überall das Land durch Mord und Totschlag, durch Plünderung und Raub unsicher gemacht Wird, so wird es unseren Brüdern leicht fallen, den gefährlichsten Feind durch zufälligen Überfall aus dem Weg zu räumen. Denn haben wir in unseren Diensten nicht ein Heer von Gedungenen aus dem Volke unserer Feinde, die bereit sind zu tun, was immer wir wollen, für gutes Gold und gewahrtes Geheimnis? Und wenn wir den Feind beseitigen wollen, so lassen wir Gerüchte verbreiten, da, wohin sein Weg führt und wo er seinen Wohnsitz hat, Unsicherheit und Gefahr herrscht, und die Bedrohung des Lebens ein alltägliches Ereignis ist. Und wenn wir ihn vernichten wollen, so lassen wir die Tat durch Raub und Plünderung am Orte, wo er wohnt, vorbereiten oder lassen die Gerüchte von Gefahr und Überfall in seinem Bereiche ausstreuen. Und wenn der Tag gekommen sein wird, an dem er verschwinden soll, werden die Leute trefflich zusammenarbeiten, die wir bezahlen und wenn er getötet werden wird, werden sie ihm das Geld nehmen und die Leiche ausplündern und nie soll der Täter gefunden werden, und es soll alle Welt glauben, dass er ein Opfer von Raub und Totschlag geworden ist, wie das Volk sie um die geforderte Zeit gewohnt sein wird. Und nie sollen die Feinde erfahren, dass er durch den Willen unserer Brüder entschwunden ist, auf dass der Name unseres Gottes nicht entheiligt werde.

§ 8

Damit aber der Name unseres Gottes nicht entheiligt wird, haben die Weisesten unseres Volkes seit Jahrhunderten Fürsorge getroffen. Namentlich unsere russischen Brüder haben Mittel gefunden und die Wissenschaft erforscht, unsere Feinde zu vernichten, ohne dass sie es merkten. Haben sie nicht ein Gas gefunden, das den Feind sofort tötet, und ein zweites Gas gefunden, das dem ersten nachgeschickt wird, sich mit ihm vereinigt und also alle Spuren vernichtet? Und kennen wir nicht die Eigenschaften der drahtlosen Ströme, die die Geisteskraft des Gefährlichen vernichten und die Denkkraft des Gehirnes zerstören? Und haben unsere Ärzte nicht die Wirkung unsichtbarer Gifte mit dem Mikroskop erforscht und wissen das Gift in die Wäsche des Feindes einzuschmuggeln, das ihm zu Gehirne steigt und seine Stirn vereitert, um seinen Geist zu zerstören? Und können wir nicht selber durch das Amt der Forschung die Untersuchung der Leiche des Feindes übernehmen, damit niemand die Ursache des Todes erfahre? Und haben wir nicht gelernt, ihm durch die Magd, die ihn bedient, nahezukommen, durch den Nachbar an seiner Mauer und den Gast in seinem Haus? Und sind wir nicht allgegenwärtig und allmächtig, miteinander im geheimen Einverständnisse aller Unsrigen bis zur Vernichtung des Feindes zusammenzuarbeiten? Und wenn wir kommen mit freundlichem Wort und harmloser Rede, ist es je noch den Völkern der Erde gelungen, unsere Pläne zu durchschauen und unsere Entschlüsse zu durchkreuzen?

§ 9

Wenn aber einer immer noch allen Fallen des geheimen Todes und aller List unserer Brüder entgehen sollte, und sollte wissen und unsere Pläne verstehen und das Werk der Vernichtung zu durchkreuzen, sollt ihr nicht verzagen und in Angst vor dem hellen Blicke des einen Gefährlichen erzittern. Denn wenn er es wagt, zu den Ahnungslosen im Lande von unserem geheimen Tun und der drohenden Vernichtung zu sprechen, ist es nicht unsere alte Kunst, alle Menschen mit denen er spricht zu bewachen und seine Pläne vorauszuahnen, wenn er unseren Netzen entronnen ist? Und noch bevor er zu unseren Feinden spricht, werden wir selber durch unsere Leute mit denen sprechen, die ihm vertraut sind und werden vor der Verstörtheit seines Geistes warnen und der traurigen Verwirrung seiner Sinne. Und wenn er kommen wird, um sein Leid zu erzählen und die überstandene Gefahr zu schildern, werden ihm die Gewarnten mit Lächeln und misstrauischer Überlegenheit zuhören und werden überzeugt sein, dass sein Geist verwirrt ist und zerstört seine Seele. Und wir werden miteinander Schritt für Schritt arbeiten, bis sich hinter ihm die Pforten des Irrenhauses schließen werden, und wenn er wieder herauskommen wird, und versucht weiter zu wirken, und vor unserer Macht zu warnen, werden wir ihm den Glauben der Seinen genommen haben und er wird geächtet sein und verfemt und nutzlos wird das Wort sein, das er spricht und der Gedanke, den er druckt. Und so wird das auserwählte Volk auch über den gefährlichsten Feind Sieger bleiben.

§ 10

Wenn aber alles nichts nützt und der Feind sich wider dem Willen unseres Gottes all diesen Gefahren entringt, dann verzagt noch immer nicht, ihr Kinder Israels, wenn einer machtlos ist und die anderen sind überall um seinen bösen Anschlag zu vernichten und zu verhindern, dass die Goyim das Joch abschütteln, das ihnen auferlegt war ,von unserem Gotte. Haben wir nicht alle Mittel in der Hand, der Schritt des Feindes zu belauern und den Atem seines Mundes wirkungslos zu machen? Und wenn die Seinen an ihn zu glauben beginnen und ihm nahen wollen, werden wir dieses Nahen zu verhindern wissen und zerschneiden die Fäden, die sich vom gefährlichen Feinde aus in die Welt knüpfen könnten. Und die Briefe, die ihm geschrieben werden, sollen geprüft und von unseren Leuten gelesen werden, «dass ihm keine Aufmunterung und Bejahung schaffen werden und dass ihm nur falsche Freundschaft und heimtückische Verbindung zustieße; dahinter verborgen stehen die Kinder des auserwählten Volkes. Und wenn er den Draht verwenden will, der das Wort hinaus in die Welt trägt, so werden wir sein Wort belauschen und seine Pläne hören, und wenn die Feinde zu ihm sprechen wollen, werden wir die Wirkung vereiteln oder verhindern, da wir den Feind umzingelt halten, dass kein Hauch seiner Seele in die Welt dringen kann, den wir nicht belauschen. Und er wird sich wehren wollen und wird glauben zu wirken und sein Tun wird wie das Laufen des Tieres hinter den Gitterstäben des Käfigs sein.

§ 11

Und wenn trotz allem der Glaube bei den wenigen Klugen an den gefährlichen Feind wächst, dann werden wir doch zu verhindern wissen, dass seine Macht vordringt und sein Gedanke auf die große Masse der Feinde einwirkt. Und wenn sein Name guten Klang gewinnt, so werden wir einen von unseren Leuten ausschicken und ihm seinen Namen geben und der soll entlarvt werden als Feind unserer Feinde, als Verräter und Betrüger und wenn der verhasste Name genannt werden wird, so werden wir dem Volke sagen, dass er der Verräter ist und das Volk wird unserem Worte glauben und sein Wort wird ins Leere verhallen und sein Gedanke wird verflucht sein durch die Allmacht unseres Gottes. Und wir werden seinen Lebenswandel verdächtigen und nehmen den Kot von der Straße und beschmutzen sein Gewand und die Menschen werden den Kot auf seinem Mantel sehen und den Schmutz auf seinem Kleide und werden sich von ihm wenden und nicht sein Antlitz schauen und nicht auf seine Stimme hören. Und er wird verzweifeln und am Volke irre werden, das ihm schändlich scheinen wird und undankbar und er wird von seinem Werke in Verbitterung und Verzweiflung ablassen und Israel wird über ihn hohnlachen und die Macht unseres Gottes über ihn triumphieren.

§ 12

Aber es ward prophezeit, dass in unserem Volke immer wieder Menschen entstehen werden, die nicht unseres Blutes sein und nicht mit unserem Geiste denken werden. Und sie werden dem Siege unseres Volkes vor allen anderen gefährlich sein, denn sie werden die Schliche unseres Volkes verstehen und unsere Netze vermeiden und allen Gefahren entrinnen. Aber fürchtet euch nicht, ihr Brüder, vor diesen Verfluchten, denn wenn sie heute kommen, ist es schon zu spät und zu sehr ist die Macht über die ganze Erde bereits in unsere Hände gegeben, denn wo unsere Feinde beisammensitzen und wider uns beraten, wo wäre nicht mitten unter ihnen einer von unseren Leuten oder aber einer von ihnen, der unser geworden ist, durch den Glanz unseres Goldes und den Reiz unserer Frauen und Überredungskunst unserer Leute. Und wenn der Abtrünnige zu unseren Feinden wird sprechen wollen, so werden unsere Abgesandte in ihren Reihen wider ihn das Wort der Entrüstung erheben und sie werden Liebe und Vertrauen finden, wenn sie diesen als den geheimen Feind ihres Volkes abweisen. Und wo er mit Liebe und Aufopferung kommen wird, und wird retten wollen die Feinde vor der Macht unseres Volkes, da werden sie ihn von sich stoßen und seinem Worte Misstrauen und sein Tun wird nutzlos werden und wirkungslos abprallen von dem Misstrauen und Unglauben, die die Abgesandten unseres Volkes in den Reihen unserer Feinde zu schaffen wissen. Und so wird es unsere Kunst sein und unsere größte Aufgabe, zu verhindern, dass von vielen das Wort der Erkenntnis und Aufklärung über unsere geheimsten Ziele gehört werde. Denn wenn viele die Stimme der Wahrhaftigkeit wider unsere Macht hören werden, dann würde all unsere Abwehr zunichte und die Gefahr wäre nahe, dass alle Völker das Joch unseres Volkes abschütteln würden. Darum haltet Wache, ihr Brüder, und wirket allgegenwärtig, betöret die Feinde, verwirrt ihren Sinn, verschließt ihr Ohr und machet blind ihr Auge, dass niemals komme der Tag, da das Weltreich Zions zusammenbreche, das wir aufgetürmt haben zu Höhe und Vollendung und das zu spätem Sieg sichtbarragen soll und endlicher Rache über den geknechteten Völkern der ganzen Erde. („Der Telegraf", Wien November 1920).

Hier muss vermerkt werden, dass es für jedes Vergehen eine ganz bestimmte Art des Todes gibt. Jede Art zu sterben, sei es in der Badewanne hingerichtet, wie Herrn Barschel z.B. oder erhängen (Rudolf Hess oder Calvi) oder im Auto vergast oder aus dem Fenster gestürzt. Alles sind bestimmte Strafen, die den „wissenden" Zuschauern zeigen, wieso er sterben musste.

„Wir müssen den aufrührerischen Geist unter den Arbeitern aufrecht erhalten, denn durch sie allein werden wir die Revolution in die einzelnen Staaten bringen können. Niemals dürfen die Ansprüche der Arbeiter gestillt werden, denn wir haben ihre Unzufriedenheit nötig, um die christliche Gesellschaft zu zersetzen und die Anarchie herbeizuführen. Es muss so weit kommen, dass die Christen die Juden anflehen, die Macht zu ergreifen. „ (Aus einer Rede des Großmeisters der B`nai B`rith Loge im Jahr 1897 auf dem Baseler Kongress, die zusammen mit anderen Dokumenten nach der Flucht des Juden Bela Kuhn in einer Freimaurerloge in Budapest aufgefunden wurde. Veröffentlicht in „Il Regime Fascita" 8.7.1941; Jahrgang 27) **ENDE ZITAT**

(Ich füge hier etwas zum Thema dieses Menschen Trebitsch und seiner durchgeknallten geistigen Einstellung hinzu nämlich was ein Psychopath ist. Zuerst einmal Umweltgifte machen dumm-und das was er da predigte das ist ein Umwelt Gift und hat ihn mehr als dumm gemacht. Hier ist ein kleiner Exkurs in Psychopathie 1: Exkurs Psychopathie I:
Bei Psychopathen handelt es sich - im Gegensatz zur landläufigen Auffassung - nicht nur um Kriminelle, sondern um jede Art einer antisozialen Persönlichkeitsstörung. Laut Wikipedia bezeichnet „Psychopathie eine schwere Persönlichkeitsstörung, die bei den Betroffenen mit dem weitgehenden oder völligen Fehlen von Empathie, also Mitgefühl, sozialer Verantwortung und Gewissen einhergeht. Psychopathen sind auf den ersten Blick

mitunter charmant, sie verstehen es, überfachliche Beziehungen herzustellen. Dabei sind sie mitunter sehr manipulativ, um ihre Ziele zu erreichen. Oft mangelt es Psychopathen an langfristigen Zielen, sie sind impulsiv und verantwortungslos. Psychopathie geht mit antisozialen Verhaltensweisen einher.

Nach außen hin versteht der psychopathische Mensch allerdings fast immer, eine Fassade – oft mit Lügen - aufrecht zu erhalten, die seinen Opfer gegenüber Dritten vielfach sogar noch im Unrecht erscheinen lässt.

Die Opfer von Psychopathen hingegen verstehen meistens gar nicht, wie sie mit alle dem umgehen sollen, vor allem, da sie die Verhaltensweise des Psychopathen weder verstehen noch sonst irgendwie einordnen können.

Dem schonungslosen Egoismus und der Rücksichtslosigkeit, die mit Psychopathie einhergeht, kann nämlich auch nicht dadurch entgegengewirkt werden, dass man sich nun um so mehr darum bemüht, dem gewissenlosen Psychopathen gefällig zu sein. Im Gegenteil, dieser sieht das Entgegenkommen eher als Zeichen von Schwäche, die seine Rücksichtslosigkeit noch fördert und ihn dazu ermuntert, seinem Opfer schließlich auch noch ein schlechtes Gewissen zu machen.

Hierbei ist übrigens ausdrücklich anzumerken, dass die Psychopathie in der Literatur übereinstimmend nicht etwa als Geisteskrankheit beschrieben wird und somit die Psychopathen nicht etwa als unzurechnungsfähig, sondern als voll geschäftsfähig und voll verantwortlich für ihr Tun gelten.

In der chemischen Psychopathie sind es ja der Mangel von Gehirnbotenstoffen oder Serotonin Transporter Mechanismen die nicht richtig funktionieren insbesondere wegen Mangelerscheinungen in der familiären Aufzucht, Nährstoffe und auch emotionale Nährstoffe die fehlten während der Aufwachsphase mit der Mutter den Eltern-man redet von SHT-TLPR (5 Hydrox-Tryptophan-Transporter-linked polymorphic regin) Mangel.

Dieser biochemische Hintergrund erscheint auf den ersten Blick etwas komplex, ist aber für jeden Einzelnen und auch für die menschliche Zukunft im allgemeinen von extremer Wichtigkeit, denn wie die meisten Leser-Menschen-schon bemerkt haben werden, gibt es auf allen Lebensgebieten immer mehr völlig sinnlosen Kampf-sinnlose Auseinandersetzungen.

Das soll die Folge der Psychopathie sein, schreiben die Forscher, weil auf allen Lebensgebieten offenbar immer mehr Psychopathen das sagen an sich reißen. Leider gilt das nicht im Bereich der Politik und der Wirtschaft, sondern geht bis hinein in den engsten Familienkreis der zuweilen von einem einzigen oder gelegentlich auch mehr Psychopathen beherrscht wird.

Es ist deshalb für jeden Einzelnen von überlebenswichtiger Bedeutung, sich mit dem Phänomen Psychopathie zu befassen, insbesondere wenn er einige der oben beschriebenen Eigenschaften an einer Person aus seinem nächsten Umkreis oder auch an seinem/seiner Partner/in entdeckt.

Als Einführung in dieses hochinteressante und für alle anständigen Menschen überlebensnotwendige Thema sei das kostenlos aus dem Internet herunter ladbare Buch „Politische

Ponerologie" von Lobaczewski empfohlen (2), in welchem auch insgesamt das Wesen von Psychopathie genau beschrieben ist.

Nachstehend sollen wie gesagt die biochemischen Hintergründe der Psychopathie näher erläutert werden: Beim 5-HTP (5-Hydroxy-Tryptophan) handelt es sich um eine Vorstufe des Neurotransmitters Serotonin, das eine stimmungsaufhellende und beruhigende Wirkung hat. Wie viele andere Stoffe im menschlichen Körper gibt es auch für 5-HTP unterschiedliche Ausprägungen, sogenannte biochemische Polymorphismen.

Dadurch lassen sich die unterschiedlichen Empfindlichkeiten bei allen Arten biochemischer Prozesse erklären, beispielsweise auch Nahrungsmittel-Unverträglichkeiten. Im Falle der SHTTLPR bedeutet dies, dass im Gehirn weniger Botenstoffe 5-HTP gebildet werden, welches bei den Betroffenen antisoziales Verhalten und Psychopathie aller Art fördert.

Exkurs Psychopathie II: Seit Jahren ist übrigens der Wissenschaft bekannt, dass in PET Untersuchungen (Positron Elektron Tomographie) diese Veränderungen des 5-HTTLPR nachgewiesen werden können.

Dennoch werden diese Forschungen vor der breiten Öffentlichkeit weitgehend geheim gehalten.

Dabei könnte man mit dieser Untersuchung Psychopathie, das heißt jene völlige Gewissenlosigkeit und damit rücksichtslose Durchsetzung eigener Interessen ohne jede Hemmung, auch wenn dabei andere zu Schaden kommen, präzise diagnostizieren und beispielsweise Psychopathen sicher von höheren Ämtern fernhalten, in denen sie naturgemäß riesigen Schaden anrichten können, indem sie vollkommen skrupellos sogar Weltkriege anzetteln.

Diese diagnostische Untersuchung wäre vor Antritt eines wie auch immer gearteten höheren Amtes dringend geboten, da Psychopathen ansonsten perfekt dazu in der Lage sind, sich zu verstellen und damit ihre Umgebung zu täuschen, bis es zu spät ist.

Mit der PET gibt es ein unbestechliches und nicht manipulierbares Diagnoseinstrument für Psychopathie, das dringend genutzt gehörte. Aber dazu muss die breite Bevölkerung überhaupt erst wissen, dass es Psychopathie überall gibt und dass die Psychopathen immer mehr auf allen Ebenen die Gesellschaft durchsetzen und zerstören und dass diese Verhaltensweise in der Tat objektiv und exakt diagnostizierbar ist, denn ansonsten lassen sich diese Täter, vor allem wenn es um enge, gar familiäre Bande geht – auf Grund ihrer perfekten Tarnung so gut wie gar nicht erkennen, bis es zu spät ist und das Zerstörungswerk erfolgreich abgeschlossen ist.

Also das was ich hier erlesen habe, das ist die Art Leben zu betrachten das auf chemisch analytische Betrachtungen wert legt und da Mangel sehen kann. Das würde dann Verhalten auf Chemie Mangel also Botenstoffe Mangel zurückführen. Was ja auch Wirkung haben wird. Aber bei dieser Betrachtung wird einfach vergessen von diesen Menschen das der Mensch auf der Erde Evolution macht-und zwar von einem Raub Menschen zum Menschen-und auf diesem Wege unternimmt er nun mal Morde Vergewaltigungen und so weiter wie es ja im Alten Testament wunderbar beschrieben ist mit Menschenopfern und anderen damaligen Daseinsentwicklungen. Aber heute sind diese Psychopathen ja auch noch überall auf dem Marktplatz der Macht und Kontrolle. In Politik und Wirtschaft dort

Wer sich diese Rede gut durchgelesen hat, kann sehr viele Symptome in der menschlichen Gesellschaft wiedererkennen. Alleine die Unzufriedenheit aufrechterhalten ist
ein enormes übles Werkzeug um jeden Menschen davon abzuhalten sein wahres Wesen
zu erkennen und im Sinne der Lehren Jesus oder anderer Erwachter oder Erleuchteter
zu leben und eine andere Lebensweise aufzubauen. Und die Methode der Verwirrungen, das ist gut zu erkennen über die fiktiven wissenschaftlichen Gremien die allesamt
erkauft sind und das Üble als das Gute darstellen, zum Beispiel das synthetische als das
wahre Echte, in Bezug zur Nahrung zum Beispiel, das sind alles Formen der Kontrolle um
die gesamte Menschheit global zu verblöden und am Giftband zu halten, sei es spirituell,
sei es philosophisch, sei es wissenschaftlich, mit ihren ignoranten Einsichten und gigantischen Kriegsmaschinerien, die eure Länder finanziell sowohl Mental ausbeuten. Seit
wachsam, das was ihr hier gelesen habt das ist heute genauso gelebt wie damals. Es ist
die eindeutige Verlängerung des talmudischen Menschenhasses gegen alle Völker. Seit
wachsam, lasst euch deswegen nicht in Hass treiben oder aggressive Aktionen. Erkennt
das die Bindung an Geld Betrug ist der gewollt ist. Die Wahrheit ist Freiheit. Wer Miete
zahlen muss lebt in ausgeübter Form der Lüge und des Betruges und der Ausbeutung.
Alles was Geld kostet ist Betrug und Wahnsinn, ist Ignoranz und Selbstverblödung auch
für die armseligen Juden die selber Opfer ihrer verrückten satanischen Verfechter sind.
Das gesamte Judentum ist stark durchzogen von der manipulation ihres Bewusstseins,
wobei nebenbei bemerkt, das Bewusstsein bloß das stupide ansammeln von alten Fakten ist, mehr nicht. Es ist das wiederholen von schon dagewesenem. Mehr nicht. Aber
ihr seid die Intuition und die damit verbundenen göttlichen Freiheiten. Ihr seid in Wahrheit selber das Göttliche. Lasst euch nicht tausende von Jahre einlullen. Ich will hier
nochmal etwas anderes, eine andere Sichtweise des Alten Testament zeigen, das sich

andere erarbeitet haben, das wurde mir als Kopie mitgeteilt was ich hier gezeigt habe.
Das diabolische, der Betrug liegt selbst im jüdischen ihrer eigenen Verrückten. Denn, zum Beispiel diese Loge, die Rede des Großmeisters des B'nai B'rith. Diese B'nai Angelegenheit haben sich diese satanischen Juden aus dem spirituellen Wissen der Juden gezogen und dann für ihre diabolischen Machenschaften verwendet, denn die B'nai Or ist hebräisch und heißt Söhne des Lichts. Die leitende Intelligenz, die mit den Elohim und den Meistern der 70 Bruderschaften arbeitet, die die große weiße Bruderschaft ausmacht. Sie haben die Fähigkeit sich in den Dimensionen, die zuvor von den Bruderschaften des Lichts-angesät-und verwaltet worden sind, zu externalisieren und zu materialisieren.

So, diese jüdischen Wahnsinnigen die den talmudischen Satanismus nacheifern holen sich einfach Begriffe aus dem spirituellen Schatz der jüdischen Weisen und verkleiden damit ihren satanische Arbeit. Sozusagen als Legitimation. So, hier sind die Seiten die Jahwe als ganz was anderes sehen, als das was im Alten Testament steht.

Hier ist ein weiteres Zitat aus van Helsings Buch Geheimgesellschaften 2.
Zitat Anfang

7. Können Sie noch etwas mehr zu dem Wirken von Logen im Zusammenhang mit den Illuminati erzählen?"
...es gibt eine Kraft, so organisiert, so subtil, so perfekt und so (alles) durchdringend, dass man besser nicht einmal darüber nachdenkt, wie man etwas dagegen tun könnte."
Präsident Woodrow Wilson
Die Menschheitsgeschichte ist durchwoben von Gerüchten über Geheimgesellschaften. Berichte über „Älteste" oder Priester, die verbotenes Wissen alter Zivilisationen über die Jahrhunderte und Jahrtausende hinweg bewacht haben. Über prominente Männer, die sich im Geheimen treffen und über das Schicksal von Zivilisationen und Nationen entschieden haben, wird in den Schriften aller Völker berichtet.
Einmal abgesehen von Lemuria und Atlantis, den gesunkenen Kontinenten mit Hochkulturen, ist die älteste mir bekannte „irdische" Geheimgesellschaft die „Bruderschaft der Schlange" oder auch „Bruderschaft des Drachen" genannt und existiert auch heute noch, wenn auch unter verschiedenen Namen. Die „Bruderschaft der Schlange" hat sich die Aufgabe auferlegt, das „Geheimnis der Ewigkeit" zu bewahren, in Anbetracht Luzifers - dem Lichtträger oder Lichtbringer - als den einzigen und wahren Gott.
Das „Allsehende Auge" in der Dollar-Pyramide wird auch als das Auge „Gottes" oder das Auge „Luzifers" bezeichnet. Das „Allsehende Auge" ist das wichtigste Symbol der Illuminati. ,Warum werden wir gleich sehen.
Die Menschen, die im Alten Testament beschrieben sind, hatten zu ihren Lebzeiten nach Berichten der Bibel, des Talmud, des Gilgamesch-Epos, der griechischen Mythologie und vieler anderer alter Überlieferungen noch direkten Kontakt mit „Gott" bzw. den „Göttern", die damals noch vom Himmel herunterkamen, mit Auserwählten kommunizier-

ten, um dann wieder zum Himmel aufzusteigen.

Dass der alttestamentarische „Gott" nicht ein einzelnes Wesen war, sondern es sich dabei um mehrere „Götter" gehandelt hat, finden wir quer durch die sumerischen Texte, doch auch im A.T. z.B. als die „Götter" den Menschen erschaffen hatten: „Und Gott sprach: Lasset UNS Menschen machen, ein Bild das UNS gleich sei,... " (1. Mose 1:26). Aha! Die „Götter" sehen also dem Menschen ähnlich. Mal sehen, wie unsere „Götter" bei ihrem „Schöpfen" vorgegangen sind. Da heißt es beispielsweise: „Du ließ Gott der Herr einen tiefen Schlaf fallen auf den Menschen, und er schlief ein. Und er nahm eine seiner Rippen und schloss die Stelle mit Fleisch. Und Gott der Herr baute ein Weib aus der Rippe, die er von dem Menschen nahm, und brachte sie zu ihm." (1. Mose 2:21). Nun, das klingt sehr stark nach einer Narkose, einer Operation und einem Gen-Experiment. Und offen-sichtlich gefielen den „Göttern" ihre Züchtungen. „Als aber die Menschen sich zu mehren begannen auf Erden und ihnen Töchter geboren wurden, da sahen die GOTTESSÖHNE, wie schön die Töchter der Menschen waren, und nahmen sich zu Frauen, welche sie wollten. Da sprach der Herr (Jahwe): Mein Geist soll nicht immerdar im Menschen walten, denn auch der Mensch ist Fleisch. Ich will ihm als Lebenszeit geben Hundertzwanzig Jahre. Zu der Zeit und auch später noch, als die GOTTESSÖHNE zu den Töchtern der Menschen eingingen und sie ihnen Kinder gebaren, wurden daraus die Riesen auf Erden. Das sind die Helden der Vorzeit, die hochberühmten" (1. Mose6:1-4). Die Götter waren also keine Kostverächter und „vernaschten" leidenschaftlich gerne Erdenfrauen. Mit der Aussage „...denn auch der Mensch ist Fleisch " wird sehr deutlich, dass die „Götter" keine geistigen Wesen sind, sondern sehr physisch, sonst könnten sie ja auch keine Erdentöchter schwängern.

Manchmal wurden auch Erdlinge von den „Göttern" evakuiert, wie z. B. Henoch: „Henoch war 65 Jahre alt und zeugte Metuschelach. Und Henoch wandelte mit Gott. Und nachdem er Metuschelach gezeugt hatte, lebte er 300 Jahre und zeugte Söhne und Töchter, dass sein ganzes Alter ward 365 Jahre. Und weil er mit Gott wandelte, nahm ihn Gott hinweg, und er ward nicht mehr gesehen. " (1. Mose 5:21~24).

Die Götter, wachten über ihre Schützlinge, die Menschen. Man beschrieb, dass das „Allsehende Auge" über den Menschen wachte. Also hatten die Menschen damals etwas gesehen, was die Form eines Auges hatte, manchmal auch die einer Wolke oder „Räder", dieses ihnen Licht gab, hin und wieder auch einmal eingriff, wenn die Schützlinge in Schwierigkeiten waren, dann auch seine Macht bewies, aber dieses „Auge" immer über sie wachte. „Und der Herr (Jahwe) zog vor ihnen her, am Tage in einer Wolkensäule, um sie den rechten Weg zu führen, und bei Nacht in einer Feuersäule, um ihnen zu leuchten, damit sie Tag und Nacht wandern konnten. Niemals wich die Wolkensäule von dem Volk bei Tage noch die Feuersäule bei Nacht." (2. Mose 13:21-23).Die „Feuersäule" würden wir heute wohl als ein Scheinwerferlicht bezeichnen.

Solche „Wolken" scheinen damals eine ganze Menge herumgeflogen zu sein. „Da erhob sich der Engel Gottes, der vor dem Heer Israels herzog und stellte sich hinter sie. Und die Wolkensäule vor ihnen erhob sich und trat hinter sie..." (2. Mose 15:19-20) oder

„Als nun die Zeit der Morgenwache kam, schaute der Herr (Jahwe) auf das Heer der
Ägypter aus der Feuersäule und der Wolke und brachte einen Schrecken über ihr Heer
und hemmte die Räder ihrer Wagen und machte, dass sie nur schwer vorwärtskamen.
„ (2. Mose 15:24-25). Oder als Moses mit Jahwe zusammentraf: „Und der Herr (Jahwe)
sprach: Siehe, ich will zu dir kommen in einer dichten Wolke... „.

„Als nun der dritte Tag kam und es Morgen ward, da erhob sich ein Donnern und Blit-
zen und eine dichte Wolke auf dem Berge und der Ton einer sehr starken Posaune. Das
ganze Volk aber, das im Lager war, erschrak. Und Mose führte das Volk aus dem Lager
Gott entgegen, und es trat unten an den Berg. Der ganze Berg Sinai aber rauchte, weil
der Herr (Jahwe) herabfuhr im Feuer: und der Rauch stieg auf wie der Rauch von einem
Schmelzofen und der ganze Berg bebte sehr. Und der Posaune Ton ward immer stärker.
„ (2. Mose 19:16-19).

„Und alles Volk wurde Zeuge von dem Donner und Blitz und dem Ton der Posaune und
dem Rauchen des Berges." (2. Mose 20:18). „Als nun Mose auf den Berg kam, bedeckte
die Wolke den Berg, und die Herrlichkeit des Herrn ließ sich nieder auf dem Berg Sinai,
und die Wolke bedeckte ihn sechs Tage; und am siebten Tag erging der Ruf des Herrn
an Mose aus der Wolke. Und die Herrlichkeit des Herrn war anzusehen wie ein verzehrendes Feuer auf dem Gipfel des Berges vor den Israeliten. Und Mose ging mitten in die
Wolke hinein und stieg auf den Berg und blieb auf dem Berg vierzig Tage und vierzig
Nächte. „Da kam der Herr hernieder in einer Wolke" (2.Mose 34:5)

„Und immer wenn die Wolke sich erhob, brachen die Israeliten auf, solange ihre Wanderung währte. Wenn sich aber die Wolke nicht erhob, so zogen sie nicht weiter, bis zu dem
Tag, an dem sie sich erhob. Denn die Wolke des Herrn war bei Tage über der Wohnung,
und bei Nacht ward sie voll Feuer, vor den Augen den Augen des ganzen Hauses Israel,
solange die Wanderung währte. „ (2. Mose 40:36:-38). Weitere Stellen finden sich unter
5. Mose 4:32-40, 5:4-5.

Ein solches „Eingreifen" der Götter finden wir im 1. Buch Mose 20:24: „Da ließ der Herr
(Jahwe) Schwefel und Feuer regnen vom Himmel herab auf Sodom und Gomorra und
vernichtete die Städte und die ganze Gegend und alle Einwohner der Städte und was auf
dem Land gewachsen war. Und Lots Weib sah hinter sich und ward zur Salzsäule. „ Auch
diese Stelle ist ziemlich deutlich. Ein Bombenabwurf mit nuklearen Sprengsätzen - daher
die Salzsäulen! (Bei einem Atombombenabwurf Verdampfen bei den Opfern durch die
Hitze die Körperflüssigkeiten und zurück bleiben die Salzkristalle. Bei Berührung zerbrö-
seln die Leichen).

Der brennende Dornbusch könnte ein elektrisches Licht, ein Laser, ein Scheinwerfer von
oben oder vielleicht ein Außerirdischer mit einer Taschenlampe gewesen sein.

»Die früheren hebräischen Augenzeugen, von denen diese Beschreibungen (Wolken,
Feuersäulen, Rauch und Getöse) stammten, konnten keinen näheren Blick auf Jahwe-El
Schaddai werfen. In der Bibel steht, dass niemand außer Moses und einigen auserwählten Führern sich Jahwes Landung auf der Spitze des Berges nähern durften. Jahwe hatte
gedroht, jeden zu töten, der das versuchte. Am Anfang der Bibel sind nur Beschreibun-

gen Jahwes, wie ihn Augenzeugen aus der Ferne sahen. Erst sehr viel später konnte der wohl bekannteste Prophet der Bibel, Hesekiel, Jahwe näher in Augenschein nehmen und ihn ausführlicher beschreiben. Hesekiels Beschreibung von Jahwe ist wahrscheinlich die in der UFO-Literatur die am häufigsten zitierte Bibelstelle. Sein detaillierter Bericht über merkwürdige Flugobjekte hat zu so vielen Spekulationen geführt, dass selbst der Bibelverleger Tyndale House, seine Einführung zum .Buch „Hesekiel" „Trockene Knochen und Fliegende Untertassen?" überschrieben hat. Auch auf die Gefahr hin, einige Leser mit einer weiteren Wiederholung von Hesekiels berühmten Versen zu langweilen, werde ich sie an dieser Stelle für alle jene, die sie nicht kennen, noch einmal wiedergeben: „Es begab sich im dreißigsten Jahre, am fünften Tage des vierten Monats, als ich am Flüsse Chebar unter den Verbannten war, da tat sich der Himmel auf, und ich sah göttliche Gesichte....

Ich sah aber, wie ein Sturmwind daherkam von Norden her und eine große WOLKE, umgeben von einem strahlenden Glanz und einem unaufhörlichen Feuer, aus dessen Mitte es blinkte wie Glanzerz. Und mitten darin erschienen Gestalten wie von vier lebenden Wesen; die waren anzusehen wie Menschengestalten. (!). .Ihre Beine waren gerade, und ihre Fußsohle war anzusehen wie die Fußsohle eines Kalbes, und sie funkelten wie blankes Erz. Unter ihren Flügeln an ihren vier Seiten hatten sie Menschenhände, und die Flügel von allen vieren berührten einander, und ihre Gesichter wandten sich nicht um, wenn sie gingen, ein jedes ging gerade vor sich hin. Ihre Gesichter aber sahen so aus: ein Menschengesicht nach vorn bei allen vieren, ein Löwengesicht auf der rechten Seite bei allen vieren, ein Stiergesicht auf der linken Seite bei allen vieren und ein Adlergesicht bei allen vieren nach innen....

Und zwischen den lebendigen Wesen war es anzusehen, wie wenn feurige Kohlen brannten; es war anzusehen, als würden Fackeln zwischen den lebenden Wesen hin und her fahren, und das Feuer hatte einen strahlenden Glanz, und aus dem Feuer fuhren Blitze. Und die lebenden Wesen liefen hin und her, dass es aussah wie Blitze. Weiter sah ich neben jedem der vier lebenden Wesen ein Rad auf dem Boden. Das Aussehen der Räder war wie der Schimmer eines Chrysoliths, und die vier Räder waren alle von gleicher Gestalt, und sie waren so gearbeitet, als wäre je ein Rad mitten in dem anderen....

Wenn die lebenden Wesen gingen, so gingen auch die Räder neben ihnen; und auch wenn sich die lebenden Wesen vom Boden abheben, so erhoben sich auch die Räder....

Und über den Häuptern der lebenden Wesen war etwas wie eine feste Platte, schimmernd wie furchtbarer Kristall, hingebreitet oben über ihren Häuptern...

Und wenn sie gingen hörte ich ihre Flügel rauschen, gleich dem Rauschen großer Wasser, gleich der Stimme des Allmächtigen, und ein Getöse wie das eines Heerlagers. Wenn sie aber stillstanden, senkten sie ihre Flügel... „ (Hesekiel 2;4).

Der erste Teil der Vision Hesekiels erinnert an frühere biblische Beschreibungen Jahwes: ein sich bewegendes feuriges Objekt am Himmel, das Rauch und Getöse verbreitet. Als das Objekt näherkam, konnte Hesekiel erkennen, dass es aus Metall war. Dem Objekt entstiegen einige Geschöpfe, die wie Menschen aussahen und offenbar Metallstiefel und mit Ornamenten verzierte Helme trugen. Ihre „Flügel" schienen einziehbare Vorrichtungen gewesen zu sein, die ein ratterndes Geräusch verursachten und ihnen das Fliegen ermöglichten. Ihre Köpfe Waren mit Glas oder etwas Transparentem bedeckt, Worin sich der Himmel über ihnen widerspiegelte (Astronautenhelme). Und sie befanden sich offenbar in einer Art rundem Fahrzeug oder einem Fahrzeug mit Rädern, eine Art „Mondauto". Spätestens hier wird deutlich, dass Jahwe kein höchstes Wesen oder gar der Satan war, sondern eher ein Team von Außerirdischen mit technischen Gerätschaften, die den Erdenbürgern weismachten, „Gott" zu sein. Dazu bedienten sie sich ihrer Flugmaschinen.

Ich weiß nicht, ob Sie mit mir einer Meinung sind, aber nach dem Betrachten des "Allsehenden Auges" in der Pyramide und den Beschreibungen in der Bibel komme ich immer wieder nur auf ein Ergebnis „ das „Allsehende Auge" kann nur ein UFO sein!

Es scheint also, als dass hier eine außerirdische Rasse mit den Hebräern kommunizierte, sie nach ihren Zielen lenkte und durch sie, als leichtgläubige und gefügige Werkzeuge, Territorium für sich erkämpfen ließ. Wenn wir die Sache tiefer betrachten, stellen wir fest, dass immer wieder beschrieben wird, dass die Götter untereinander Krieg führten. Im Gilgamesch-Epos, in der griechischen Mythologie und in den sumerischen Schrifttafeln ganz deutlich. In der Bibel finden wir den Krieg zwischen den Elohim und den Nephelim. Es scheint fast so, als ob damals verschiedene außerirdische Rassen mit verschiedenen Völkern Kontakt hatten, diese Völker Kriege gegeneinander ausführen ließen, um durch deren Hilfe Territorium der Erde zu erkämpfen - offensichtlich mit dem Ziel, die Erde langsam aber sicher zu übernehmen.

Es scheint sogar ziemlich eindeutig, dass es hier verschiedene Außerirdische gibt. Liebevolle, den Menschen unterstützend und kriegerische, den Menschen ausbeutend und versklavend. Die destruktiven, versklavenden Außerirdischen werden durch den alttestamentarischen „Gott" Jahwe-El Schaddai repräsentiert, der die Menschen für alle Zeit als Sklaven halten wollte. Dies verdeutlicht sich sehr stark beim Turmbau zu Babel: „Es hatte aber alle Welt einerlei Zunge und Sprache. Als sie nun nach Osten zogen, fanden sie eine Ebene im Lande Sinear und wohnten daselbst. Und sie sprachen. untereinander: Wohlauf lasst uns Ziegel streichen und brennen! - und nahmen Ziegel als Stein und Erdharz als Mörtel und sprachen: Wohlauf, lasst uns eine Stadt und einen Turm bauen, dessert Spitze bis an den Himmel reiche, damit wir uns einen NAMEN machen, denn wir werden sonst zerstreut in alle Länder. Da FUHR der Herr (Jahwe) hernieder, dass er sähe die Stadt und den Turm, die die Menschenkinder bauten. Und der Herr (Jahwe) sprach: Siehe, es ist einerlei Volk und einerlei Sprache unter ihnen allen, und dies ist der Anfang ihres Tuns; nun wird ihnen nichts mehr verwehrt werden können von allem, was sie sich vorgenommen haben zu tun. Wohlauf, lasst UNS hverniederfahren und dort ihre Sprache verwirren, dass keiner des anderen Sprache verstehe! So zerstreute sie der Herr (Jahwe) von dort in alle Länder, dass sie aufhören mussten, die Stadt zu bauen" (1. Mose 11:1-9).

Interessant nicht wahr? Warum wollte Jahwe denn nicht, dass sich die Menschen einen

NAMEN machen? Das Wort „NAME" ist eine Übersetzung des alten Wortes „shem". Nach Zecharia Sitchin („Der zwölfte Planet") ist das Wort „shem" falsch übersetzt worden. „Shem" leitet sich von „shamah" ab, das heißt „das, was nach oben geht". Sogenannte Shems der Vorzeit waren die Obelisken, die in vielen alten Kulturen so weit verbreitet waren. Als Modell für die Obelisken (Shem) dienten die raketenförmigen Gefährte, in denen die Götter herumgeflogen sein sollen.

Das Wort „Shem", „das, was nach oben geht" steht hier also für eine Rakete. Die Babylonier wollten also offensichtlich eine Rakete bauen und der Turm war dazu die Startrampe. Ganz klar, dass die „Götter" nicht Wollten, dass ihre Sklaven selbst mit solchen Flugkörpern herum- flogen. Diese Götter waren alles andere als uns wohlgesonnen und derjenige, der die den Menschen versklavenden Götter bekämpfte, war die „Schlange". War diese Person nun der Böse oder der Gute?

Für mich, der ich mit dem UFO-Thema nun seit sehr vielen Jahren intensiv verwoben bin, erscheint es als ziemlich eindeutig, dass es sich bei dem Symbol der Illuminati - dem „Allsehenden Auge" (UFO) - um die symbolische Darstellung der außerirdischen Rasse handelt, die mit den Illuminati einen Vertrag geschlossen hatte, diese zu führen, auf dem Weg zu einer Einen-Welt-Regierung, die die Welt unter die Herrschaft dieser außerirdischen Rasse bringen soll - also die Illuminati das Werkzeug dieser Außerirdischen, bzw. diese Außerirdischen auch ganz persönlich die Führer der Illuminati sind. Ich möchte bis zum Ende des Buches sogar so weit gehen, zu behaupten, dass diese Illuminati Außerirdischen die „Wächter" genannt werden, ihren Sitz in den Schweizer Alpen haben, wo sie mit dem innersten Kreis der „Bilderberger" auch direkt kommunizieren.

Die Prinzipien dieser außerirdischen Rasse und deren Anordnungen an die Illuminati (und Hebräischen Blutbund) finden wir im Talmud, wie auch im Alten Testament (A.T.). Deshalb darf auch der Talmud nicht in andere Sprachen übersetzt werden, damit die Goy-Völker nicht aufmüpfig werden. Doch werden wir uns trotzdem später ein paar Auszüge aus dem Talmud betrachten, die uns zeigen, was Jahwe seinen „Schützlingen" eingetrichtert hat.

Wenn das, was ich hier soeben behaupte, auch nur einen Funken Wahrheit in sich bergen sollte, muss es dazu auch irgendwelche Beweise oder Hinweise geben. Wollen wir elnmal auf die Suche danach gehen.

An dieser Stelle sollten wir uns noch einmal die Berichte der sumerischen Schrifttafeln betrachten, die die Vorgänge in diesem Teil der Erde ziemlich genau beschreiben. Nach den Recherchen von Zecharia Sitchin („Der zwölfte Planet") waren die „Annunaki", „Jene, die vom Himmel kamen", Außerirdische von einem noch unentdeckten oder besser gesagt von den Autoritäten bereits entdeckten, doch vor der Öffentlichkeit verschwiegenen weiteren Planeten unseres Sonnensystems, der mit einer Umlaufbahn von 3.600 Jahren unsere Sonne umkreist.

Den sumerischen Schrifttafeln zu Folge sind die Annunaki (Nephilim) vor rund 450.000 Jahren zum ersten Mal auf der Erde gelandet, um ihren Planeten zu retten. Und zwar forderten sie Gold und andere Rohstoffe, die sie für ihre Atmosphäre brauchten und schufen, da sie den Abbau mit eigener Hand leid waren, durch eine genetische Manipulation an Hominiden-Weibchen den HOMO SAPIENS (vor ca.350.000 Jahren). Das Zweistromland war demnach ihre erste Kolonie.

(Ich persönlich glaube, dass es sich hierbei nur um eine von verschiedenen Homo-Sapiens-Rassen handelt, die heute auf der Erde zu finden sind - also nicht DAS Menschengeschlecht. Höchstwahrscheinlich eine der Rassen, die heute im Nahen Osten angesiedelt sind).

Den Schrifttafeln zufolge wird diese „Erschaffung" des Homo Sapiens vor allem einem „Gott" zugeschrieben, dem Gott „EA". EA soll der Sohn eines Königs dieser Außerirdischen gewesen sein, der, wie es heißt, über einen anderen Planeten im riesigen Reich der Außerirdischen herrschte. Prinz EA war unter seinem Titel °`EN.KI" bekannt, das heißt „Herr oder Fürst der Erde". Nach alten sumerischen Texten war EAs Titel jedoch nicht ganz zutreffend, da er seine Herrschaft über weite Teile des Planeten Während einer der zahllosen Rivalitäten und Intrigen, die die Herrscher dieser außerirdischen Zivilisationen immer in Anspruch zu nehmen schienen, an seinen Halbbruder ENLIL verloren haben soll.

Prinz EA wird nicht nur die „Erschaffung des Menschen", sondern auch viele andere Leistungen zugeschrieben. Er soll die Sümpfe am persischen Golf trockengelegt und sie durch fruchtbares Ackerland ersetzt haben, Dämme und Schiffe gebaut und ein guter Wissenschaftler gewesen sein. Bei der Erschaffung des Homo Sapiens bewies er, dass er etwas von Gentechnik verstand, aber den Tafeln zufolge soll es nicht ohne Herumprobieren abgelaufen sein. Das heißt, es gab viele verschiedene Mutante „Schöpfungen".

Doch was für uns hier sehr wichtig ist, er soll seiner Schöpfung gegenüber gutherzig gewesen sein. Nach den mesopotamischen Texten wird EA als jemand dargestellt, der sich im Rat der Außerirdischen für das neue Erdengeschlecht einsetzte. Er erhob gegen viele der Grausamkeiten, die andere Außerirdische, darunter auch sein Halbbruder ENLIL, den Menschen auferlegten, Einspruch. Aus den Tafeln geht hervor, dass er den Menschen nicht als Sklaven wollte, er jedoch in dieser Hinsicht von den Übrigen überstimmt wurde. Die Menschen, die für ihre Herren nichts weiter als Lasttiere waren, wurden von ihren Herren grausam behandelt. (So wie sich beispielsweise weiße Amerikaner gegenüber den Schwarzen verhalten haben und teilweise immer noch tun.) Die Tafeln sprechen von Hungersnöten, Krankheiten und das, was wir heute als biologische Kriegsführung bezeichnen. Als dieser Völkermord schließlich keinen ausreichenden Rückgang der menschlichen Bevölkerung brachte, beschloss man, die Menschen durch eine große Sintflut auszulöschen.

Heute bestätigen viele Archäologen, dass es im Nahen Osten vor Jahrtausenden eine Sintflut gegeben hat, die sich neben den schon erwähnten Quellen auch bei den Mythen der nordamerikanischen Indianerstämme wiederfindet.

Nach den sumerischen Texten erzählte EA einem Mesopotamier namens Utnapischtim vom Plan der übrigen Außerirdischen und lehrte diesen, ein Schiff zu bauen und mit etwas Gold, seiner Familie, Vieh, ein paar Handwerkern und wilden Tieren in See zu stechen.

Die Geschichte von Noah geht, wie viele andere Geschichten aus dem Alten Testament, aus den älteren mesopotamischen Schriften hervor. Die Hebräer änderten nur die Namen und aus den vielen „Göttern" wurde der „eine Gott" der jüdischen Religion.

Unter allen von den Menschen verehrten Tieren war keines so markant und bedeutend wie die Schlange, und zwar deshalb, weil die Schlange das Zeichen einer Gruppe war, die in den frühen Kulturen beider Hemisphären großen Einfluss gewonnen hatte. Bei dieser Gruppe handelte es sich um eine gelehrte Bruderschaft, die sich der Verbreitung geistiger Kenntnisse und der Erlangung geistiger Freiheit verschrieben hatte: die „Bruderschaft der Schlange". Sie bekämpfte die Versklavung geistiger Wesen und versuchte, die Menschheit aus der Knechtschaft der Außerirdischen zu befreien. (Das urbiblische Wort für Schlange ist nahash und ist vorn Stammwort NHSH abgeleitet und heißt „entziffern, herausfinden"). Gründer der „Bruderschaft der Schlange" war der rebellische, doch konstruktive Fürst EA. In den Texten heißt das EA und sein Vater ANU eine umfassende ethische und geistige Bildung besaßen und es war gerade dieses Wissen, das später in der biblischen Geschichte von Adam und Eva versinnbildlicht worden sein soll. EA wird als der Schuldige bezeichnet, der dem Menschen das Wissen um seine Herkunft, seinen Schöpfer (die Außerirdischen) und seine Freiheit gegeben und ihm zu geistiger Freiheit verholfen hat. Im Garten E.DIN, der Obstplantage der Annunaki (Nephilim), wo auch einige der Home Sapiens-Sklaven arbeiteten, war es verboten, von einem bestimmten Baum zu essen - dem Baum der Erkenntnis. Das Essen seiner Früchte, womöglich eine bewusstseinserweiternde Droge, und die daraus folgende „Erkenntnis" waren von größter Bedeutung, da für die Menschen so die Möglichkeit zur Fortpflanzung entstand. Bis dahin waren die Menschen nur Hybriden gewesen, Kreuzungen zweier unterschiedlicher Rassen, unfruchtbar wie alle Hybriden. Sitchin deutet den sumerischen Text dahingehend, dass er uns als eine Mixtur aus Nephilim und Homo Erectus, dem Vorgänger des Homo Sapiens, sieht. Natürlich waren die Annunaki-Nephilim von unserem Fortpflanzungstrieb nicht sonderlich begeistert, denn sie wollten auf keinen Fall die Kontrolle über ihr Experiment verlieren. Das Wissen, das die damaligen Menschen durch das Essen der Frucht erlangt hatten, war nicht von wissenschaftlicher Art, es war die Erkenntnis der Zeugung, die Möglichkeit, sie aus sterilen Hybriden zu einer fortpflanzungsfähigen Rasse zu entwickeln. Das verärgerte die Annunaki sehr und man verbannte die Menschen aus dem Garten E.DIN. EA, der die Sklaven zu einer neuen Rasse werden ließ, indem er sie zum Essen der Frucht überredete, soll sich, nicht wie in der Bibel beschrieben, gegen Gott aufgelehnt haben, sondern gegen das grausame Tun der außerirdischen „Götter", bzw. seinen Vater, den König der Außerirdischen.

Trotz all ihrer offenbar guten Absichten gelang es dem legendären EA und der FRÜHEN Bruderschaft der Schlange zweifellos nicht, den Menschen zu befreien. In den mesopotamischen Tafeln heißt es, dass die „Schlange" (Bruderschaft der Schlange) sehr schnell von anderen Splittergruppen der herrschenden Außerirdischen besiegt worden sei.

EA wurde auf die Erde verbannt und von seinen Gegnern gründlich verleumdet, um sicherzustellen, dass er unter den Menschen nie wieder Anhänger finden würde. EAS Titel wurde von „Fürst der Erde" zu „Fürst der Finsternis" umgeändert und wurde mit weiteren schrecklichen Beinamen belegt, wie Teufel, Satan usw... Man stellte ihn als Todfeind des höchsten Wesens dar, in diesem Fall seines Vaters, des Raumschiffkommandanten, aber aus der Sicht der Erdenbürger, den ihres Schöpfers (was ja auch nicht ganz gelogen war). Man lehrte die Menschen, dass alles Schlechte auf der Welt nur von ihm komme und er die Menschen nur geistig versklaven wolle.

Dieser Sichtweise nach war er eigentlich der „Gute" und wurde als der Schlechte dargestellt, so wie Jesus die Liebe lehrte, doch für die jüdischen Hohepriester der Todfeind war, da er ihre Machenschaften offenlegte und sie ihn kreuzigen ließen. Die Illuminati haben es bisher immer geschafft, die Wahrheit so zu verdrehen, dass die „Guten" bestraft wurden und die „Schlechten" um Hilfe gebeten werden (siehe Golfkrieg Bush und Hussein).

Die Behauptung, dass unser Planet einer ist, den verschiedene Lebensformen aus den Tiefen des Universums besucht haben, hier neue Lebensformen zeugten und uns dann wieder verließen, ist alles andere als „weit hergeholt". Die griechische Mythologie erzählt uns von den Göttern, die auf dem Olymp wohnten und vor allem über Hermes, den Götterboten, der mit seinem Götterwagen am Himmel herumflog. Der hawaiianische Hula-Hula-Song beschreibt beispielsweise, wie ein Raumschiff auf dem großen Vulkan "Maunakea" auf Big Island gelandet war, der mutigste unter den Kriegern zu diesem Raumschiff emporstieg, sich mit der Frau, die herauskam vereinigte und daraus die heutige hawaiianische Rasse entstand. Die Mayas und die Hopis berichten, dass sie von den Plejaden kommen würden. Dass sie zuerst auf einem Kontinent gelebt haben sollen, der sich im Atlantik befand, der jedoch später gesunken sei und sie zuerst in unterirdischen Städten überlebt hatten, bevor sie sich auf dem nordamerikanischen, wie auch dem südamerikanischen Kontinent niedergelassen haben. Die australischen Aborigines erzählen, dass auch bei ihnen Raumschiffe vor langer Zeit gelandet sein sollen, die Insassen ihnen spirituelle Weisheiten gelehrt und auch den Bumerang zurückgelassen haben sollen. Der im afrikanischen Mali lebende Stamm der Dogon hat interessanterweise Wissen seit über 700 Jahren, das die NASA erst 1970 erlangte und das nur aufgrund der fortschrittlichen Satellitentechnik. Die Dogon behaupten seit über 700 Jahren, dass der Stern Sirius, links unter dem Oriongürtel, einen weiteren kleinen Stern habe, der diesen in 50 Jahren einmal umkreise und aus der dichtesten Materie des Universums bestehe. Da es nicht möglich war, diesen Stern mit Hilfe unserer Teleskope auszumachen, hielten Ethnographen diese Geschichte für einen Mythos. 1970 schoss man ein Teleskop ins All, das schließlich einen weißen Zwergstern entdeckte, der mit seinen 55 kg pro Kubikzentimeter unglaublich schwer war und Sirius in 50 Jahren einmal umkreist.

Als Wissenschaftler die Dogon besuchten, um herauszufinden, woher diese das wussten, erklärten die Dogon, dass vor etwa 700 Jahren ein UFO gelandet sei, dessen Besatzung ein großes Loch grub, es mit Wasser füllte und die Wesen, die wie Delphine aussahen, aus dem UFO in den See sprangen, ans Ufer schwammen und den Dogon Geheimnisse über das Weltall erzählten. Nach den Berichten der Delphine leben auf Sirius zwei verschiedene Rassen, einmal die Delphin-Rasse und zum anderen die, die wir heute als den Homo-Sapiens bezeichnen, die jedoch bis zu vier Meter groß.

Die Atzteken erzählen eine ähnliche Geschichte. Deren Erzählungen nach kamen vor vielen Tausend Jahren Untertassen über den Titicacasee-See, Delphine sprangen aus den Scheiben in den See, schwammen ans Ufer und erzählten die gleiche Geschichte, wie bei den Dogon.

Nach den Darlegungen der (kontrollierten) wissenschaftlichen Fachwelt wird uns Glauben gemacht, dass die menschliche Geschichte vor 3800 Jahren im Reich Sumer ihren Anfang nahm. Vorher seien wir haarige Wilde und Barbaren gewesen. Da gibt es bloß ein paar Haken.

Die Sphinx zum Beispiel wird mit ihrem Alter auf 2.500 v. Chr. datiert und als deren Erbauer der Pharao Chephren angenommen. Doch haben der Mathematiker und Orientalist R. A. Schwaller, wie auch der Ägyptologe John Anthony West, eindeutig bewiesen, dass die Erosionsmuster an der Sphinx nur durch Wassereinwirkung entstanden sein können. Deren Untersuchungen ergaben, dass die Erosionsmuster nachweislich nicht durch Sand und Wind verursacht worden waren, sondern durch etwa 70 cm tiefes, fließendes Wasser. West konnte berechnen, dass die Sphinx mindestens 1.000 Jahre lang konstant strömendem Regen ausgesetzt gewesen sein musste, damit diese einzigartigen Erosionsmuster entstehen konnten. Damit steht die Geologie im absoluten Widerspruch zur Archäologie. Die Sahara ist nicht weniger als 7.000 bis 9.000 Jahre alt, was bedeutet, dass die Sphinx mindestens 8.000 bis 10.000 Jahre alt sein musste. Doch laut unserer „Fachwelt" gab es zu dieser Zeit keine hochentwickelten Kulturen in diesem Bereich und schon gar keine, die so etwas wie die Sphinx hätten errichten können, die ja sogar für unsere heutige Technologie eine Schwierigkeit darstellt, sie zu bauen.

Haben uns diese Besucher auf immer und Ewig verlassen oder werden sie wieder kommen? Vielleicht waren ja manche von ihnen niemals weg gewesen? Haben die jüdischen Führer vielleicht immer noch direkten Kontakt mit Jahwe, so wie damals?

Es scheint zumindest offen-sichtlich, dass die Religion immer schon eine wichtige Rolle im Wirken dieser Organisationen gespielt hat und die Kommunikation mit einer „Höheren Kraft" in den meisten dieser Gruppen als Grund für deren Handeln benutzt wurde. Siehe auch den Vatikan, der im Namen „Gottes" Millionen von Menschen hat abschlachten lassen.

Betrachten wir uns nochmals das prinzipielle Wirken von geheimen Gesellschaften. bevor wir noch tiefer in das Geschehen einsteigen:

Die Geheimnisse dieser Leute sind so tiefgründig, dass nur ein paar Ausgewählte und auch gut Ausgebildete diese verstehen und diese auch anzuwenden wissen. Diese Wenigen benutzen nun diese Geheimnisse zu Gunsten der Menschheit. Zumindest ist es das, was sie behaupten.

Woher können wir als Interessierte nun wissen, was diese Leute geheim halten, wenn es doch so bewacht ist?

Nun, zum einen haben ein paar Mitglieder solcher Organisationen offensichtlich Probleme mit ihrem Gewissen bekommen und ihr Wissen als „Insider" aufgedeckt. Zum anderen gibt es Leute, die von der konstruktiven Seite her dort eingeschleust wurden und nun ihre Erfahrungen an uns weitergegeben haben. Dazu kommen persönliche Kontakte zu „positiven" Außerirdischen, wie auch geistigen Wesen, die unseren Planeten schon lange überwachen und natürlich über die Vorgänge dieser Organisationen genauestens Bescheid wissen.

Es ist auch sehr interessant zu betrachten, dass in den meisten, wenn nicht sogar allen, primitiven Stämme alle Ältesten Mitglieder solcher Geheimbünde sind. Diese sind üblicherweise in männliche und weibliche Gruppen getrennt. Die männlichen wiederum dominieren in unserer Epoche die Kultur. Überraschenderweise spiegelt dieses Bild den Aufbau der meisten „zivilisierten" Geheimgesellschaften wieder. Das bedeutet wiederum, dass diese Geheimgesellschaften nicht gegen das bestehende Establishment arbeiten, sondern dafür. Tatsächlich kann man sagen, dass die Elite der Geheimgesellschaften das Establishment ist!

Geheimgesellschaften spiegeln so gesehen viele Facetten des täglichen Lebens wieder. Und es gibt in allen Fällen eine ausgesuchte Minderheit, eine Art selbsterwählte Elite unter den Mitgliedern, die auch bei nicht geheimen Gesellschaften, wie z.B. dem örtlichen Fußballverein vorzufinden ist, die mehr Einblick oder Macht (Verfügungsgewalt) hat, als der Rest. Diese Auswahl an „Eingeweihten", der sogenannte „innerste Kreis" ist somit die stärkste Waffe, das Alpha und Omega jeder Geheimgesellschaft. Hier werden zu allererst die Entscheidungen getroffen, die dann früher oder später dem Rest mitgeteilt werden.

Der Sicherheit wegen unterhält oder kommuniziert man in solchen Kreisen über Codes, sprich Symbole, geheime Handzeichen, Passwörter oder andere Werkzeuge. Solche Rituale wurden schon immer in menschlichen Organisationen durchexerziert. Weiterhin wird nach außen hin immer ein völlig abgewandelter Grund für das Bestehen einer solchen Vereinigung angegeben, als tatsächlich real ist. Ob das nun die Freimaurer oder die sogenannten Lions- oder Rotary International- Verbindungen sind, die nur im Zusammenhang mit positivem und sozialem Verhalten erwähnt werden, macht dabei keinen Unterschied. Ich hoffe, dass Sie nicht der Überzeugung sind, dass erwachsene Männer von höchstem Adel und Rang und Namen sich regelmäßig im Geheimen treffen, nur um sich zum Spaß Roben und Schurze umzuhängen und eine Kerze in der Hand zu halten. George Bush lag beispielsweise nicht aus Spaß nackt in einem Sarg, mit einem Band um seinen Penis und beschrieb dabei die Details seiner sexuellen Erlebnisse während dieses Rituals, als er in den „Skull & Bones" - Orden eingeweiht wurde. Wie Sie inzwischen aus dem ersten Buch wissen, hatte er durch diese Einweihung eine Menge zu gewinnen.

Ein Treffen im Geheimen bedeutet immer, dass etwas nicht für die Allgemeinheit bestimmt ist. Logischerweise ist ein öffentliches Bekanntgeben einer Anbetung Satans, Kontakt mit Außerirdischen oder erwünschte Globale Macht oder sonstige, auch monetäre Vorteile sicherlich nicht vorteilhaft für die Gewinnung neuer Mitglieder oder den Ruf in der Öffentlichkeit.

Sehr wichtig in solchen Vereinigungen ist die Kameradschaft untereinander. Irgendwelche Gegenstände oder Geheimnisse untereinander zu übermitteln, hatte für Menschen schon immer einen gewissen Reiz.

Und sicherlich jeder, der sich bei der Bundeswehr unter einem fiesen Kommandeur wiedergefunden hatte, kennt das Gefühl von Kameradschaft und das Zusammengehörigkeitsgefühl, das zwischen den, von dem Kommandant Gedrillten, geteilt wurde.

Mit einer Einweihung geht nun eben auch ein gewisses elitäres Gefühl mit einher. Und eines der wichtigsten Werkzeuge jeder Geheimgesellschaft ist das Ritual und der Mythos, der die Einweihung umgibt.

Diese Einweihungsrituale haben eine sehr wichtige und tiefe Bedeutung für jedes einzelne Mitglied. Eine Einweihung bietet verschiedene, für eine Geheimgesellschaft, nützliche Funktionen. Zum einen bindet eine Einweihung einer Gruppe von Personen in einen höheren Grad, diese wiederum noch fester untereinander. Diese gezielt verwendeten Einweihungen, die bei jedem gewisse Gedanken und Gefühle hervorbringen, werden von den höher Stehenden ganz bewusst benutzt, um die „Frischlinge" nach deren Belieben zu lenken. Die Einweihungen binden die Eingeweihten in Mystizismus untereinander.

Diese sogenannten „Neophyten" erlangen dann durch die Einweihung in ein Geheimnis einen besonderen Status. Die uralte Bedeutung des Wortes „Neophyt" geht auf die Beschreibung „erneut gepflanzt" oder „wiedergeboren" zurück. In Wirklichkeit sind die Einweihungen ein Anreiz für die Neophyten, ihre Loyalität den Oberen gegenüber zu erweisen und daher für den nächst höheren Rang zugelassen zu werden. Die angestrebten Ziele der Gesellschaft werden mit jeder neuen Einweihung verstärkt und bewirken, dass sich der Eingeweihte diesen Zielen im tagtäglichen Leben nicht mehr entziehen kann. Das hat auch eine Veränderung im politischen, religiösen, wie auch im sozialen Verhalten des Mitglieds zur Folge. Diese Veränderungen sind natürlich immer im besten Interesse der Logenführer, sprich derjenigen im „Inneren des Kreises", und deren Zielen entsprechend. Und die Aufsteigenden der unteren Grade führen dieses aus, da sie ja nicht einmal ahnen, wohin sie gehen, wohin alles einmal führen wird.

Diese Führer werden „Adepten" genannt. Man könnte das Ganze auch etwas deutlicher darstellen, indem man es mit dem Verhalten von Soldaten vergleicht, denen nicht einmal das Denken erlaubt ist. Nur das Ausführen der Befehle der Oberen. Das Resultat daraus ist in den meisten Fällen die Verwundung oder sogar der Tod der Soldaten, im Vertrauen, dass der Kommandant schon das Richtige entschieden hat.

Von Seiten der Eingeweihten ist das Ganze ein Abenteuer mit mystischem Touch und angereichert durch Rituale und geheime Symbole. Man fühlt sich als Insider und wird in diesem Glauben von den Oberen auch bestätigt. Man wird immer weiter vorgelassen, führt man nur hübsch die Befehle aus.

Aus dem Blickwinkel der Führer oder Adepten heraus betrachtet, bedeutet es jedoch nichts anderes als das Auswählen, bzw. die Suche nach den willigsten und lenkbarsten Individuen für deren selbstsüchtige Ziele. Falls sich jedoch jemand in der Rolle eines untergebenen Soldaten oder geführten Logenmitglieds, der seine Eigenverantwortung abgegeben und einem höheren Vorgesetzten übertragen hat, wohl fühlen sollte, hat diese Person sicherlich kein Mitleid verdient, auch wenn sie möglicherweise ihren physischen Körper dafür verlieren könnte.

Man kann feststellen: Je höher der Grad der einzelnen Loge, desto weniger Personen sind beteiligt. Das bedeutet nicht, dass nicht mehr Personen fähig wären, diesen Grad zu erreichen, sondern, dass hier genauestens ausgewählt wird, wer zu dem engeren Kreis herangezogen werden kann. An irgendeiner Stelle ist dann auch der Punkt erreicht, an dem aus eigener Kraft kein Weiterkommen mehr möglich ist, sondern die ausgestreckte Hand von oben kommt. Die meisten Mitglieder der meisten Logen kommen über diesen Punkt nie hinaus und lernen so auch nie die wahren Ziele und Interessen der Loge oder Geheimgesellschaft kennen.

Diejenigen Mitglieder, die an dieser Stelle stehenbleiben, dienen nur noch als ein Werkzeug für die Basis politischer oder wirtschaftlicher Macht, was natürlich vorher auch nicht anders war. Inzwischen sollte auch der Letzte gemerkt haben, dass Einweihungen, egal welcher Art, nur ein Mittel zum Zweck sind, herauszufinden, wem vertraut werden kann und wem nicht.

Eine verwendete Methode, herauszufinden, ob der Schüler ein Adept werden könnte oder nicht, ist das Bespucken des christlichen Kreuzes (eigentlich das antichristliche Kreuz, da es aus der Harmonie ist - ein Balken ist länger als der andere. Die negative Wirkung dieses Symbols lässt sich ganz einfach durch den kinesiologischen Test nachprüfen). Verweigert der Kandidat dieses, gratulieren ihm die Oberen und sagen ihm: „Du hast die richtige Entscheidung getroffen, ein wahrer Adept hätte etwas solch Furchtbares nie getan"

Der neu Aufgestiegene wird sich jedoch nach geraumer Zeit wundern, dass er/sie von da an nicht weiter aufsteigen wird. Hätte der Kandidat jedoch das Kreuz bespuckt, hätte er damit sein Wissen über die Mysterien bewiesen und würde sich schon bald als Kandidat für den nächst höheren Grad wiederfinden. Ein großes Geheimnis ist zum Beispiel, dass die Religionen nur als Werkzeug benutzt werden, die Massen zu kontrollieren.

Wissen oder Weisheit ist wiederum der EINZIGE „Gott" der Illuminati, durch welches der Mensch, deren Ansicht nach, selbst zu Gott wird. Die Schlange wie auch der Drache, sind das Symbol für Weisheit. Und Luzifer, der Lichtträger, wiederum ist die Personifizierung des Wissens, da er das Wissen gebracht hatte. Das Licht wird auch als „Weisheit" bezeichnet, siehe Tarot-Karte „Der Eremit", auf der der Eremit eine Laterne in der Finsternis hält. Dieses Licht der Laterne stellt das Wissen dar, das der Eremit hat, die Weisheit, die er erlangt hat.

Und der Eremit wurde zu diesem, das heißt, er hat sich zurückgezogen, da er sein Wissen niemanden mitteilen kann. Man versteht ihn nicht mehr. Beispielsweise wie mit dem Buch „Geheimgesellschaften I". Sie haben dieses gelesen und ein gewisses Wissen vermittelt bekommen.

Wenn Sie nun am Stammtisch ihren Kollegen darüber erzählen, die das Buch jedoch nicht gelesen haben, werden diese Sie entweder auslachen oder für verrückt erklären. Was passiert? Sie ziehen sich automatisch zurück, werden in Zukunft auswählen, mit wem Sie über dieses Thema sprechen, da Sie nicht mehr verletzt werden möchten und werden so, durch ihr „Wissen", ohne Möglichkeit, es ihrer Umwelt mitzuteilen, zum Eremiten.

Daher ist das Vorhandensein von Geheimgesellschaften soweit verständlich, indem sich hier Personen treffen, die über Dinge ganz offen sprechen, durch die sie in der Öffentlichkeit entweder ausgelacht oder vielleicht sogar bekämpft würden.

Der Schleier des Mystischen, der über den Geheimgesellschaften liegt, hat diesen den Ruf beschert, abnormale Gemeinschaften oder zumindest seltsame Ansammlungen von Menschen zu sein. Wann immer jedoch deren Anschauungen von der Mehrheit übernommen werden, werden sie auf einmal nicht mehr als „anti-sozial" bezeichnet. Ein gutes Beispiel hierfür wäre die christliche Kirche, die zu Zeit der römischen Herrschaft als „Geheimgesellschaft" bezeichnet wurde. Und tatsächlich hatte die „offene freundliche Geheimgesellschaft" (der Vatikan) zu einer Zeit seines Wirkens fast die komplette Welt regiert.

Die meisten Geheimgesellschaften werden heute als „anti-sozial" eingestuft. Man glaubt, dass ihre eigentlichen Interessen nicht dem Wohle der Allgemeinheit dienen. Und genau das trifft auch in fast allen Fällen den Kern. Wenn dies nicht so wäre, würde man das an ihren Früchten erkennen. So ist es auch mit dem Vatikan, dem wohl heute größten und mit schlimmsten Verbrechersyndikat der Welt, das sich weiterhin täglich in Blut wäscht. Perfekt geheim! Das Beste an der Geschichte ist, dass die Kirchenchristen ihre Schlachter auch noch bezahlen. Sehen sie, warum die Illuminati die Einstellung haben, dass die anderen Menschen nichts weiter als Tiere sind? Für diese Leute gehören Tiere auf die Schlachtbank.

Kommunismus wie auch Faschismus werden in vielen Ländern als Geheimgesellschaften angesehen und rechtlich verfolgt. Auch in Deutschland ist dies so. Doch auch wenn man die öffentliche Anwesenheit faschistischer Parteien verbietet, ist ja wohl klar, dass sich diese Leute im Geheimen treffen. Man kann auch davon ausgehen, wären die Ziele solcher geheimen Gesellschaften zum Wohle aller, könnten sie ja auch in der Öffentlichkeit auftreten, da ja alle darüber erfreut wären. Aber auch das ist nicht immer der Fall. Die „Schwarze Sonne", die sich als Aufgabe bestimmt hatte, die Illuminati-Herrschaft zu beenden, was sicherlich zum Wohle aller gewesen wäre, konnte dieses sicherlich nicht in der Öffentlichkeit äußern. Auch sog. „weiße" Logen können im Augenblick nicht öffentlich arbeiten, da sie sonst sofort von Illuminati infiltriert und auch bekämpft werden würden.

Und trotz der Gesetzgebung fast aller Staaten, sich gegen diese „Staaten im Staat" zur Wehr zu setzen, ist es niemals gelungen, diese zu beseitigen. Das liegt vor allem daran, dass der Wunsch jedes Einzelnen, „einer der Auserwählten" zu sein, von keiner Kraft der

Welt beseitigt werden kann. Und da sich die meisten nicht dem eigenen, individuellen und zur Freiheit führenden Weg gewachsen fühlen, ziehen sie es vor, den verantwortungsfreien Weg zu gehen, indem sie sich befehlen lassen.

Eines der wichtigsten Geheimnisse, dessen man sich bewusst sein sollte, wenn man das Mysterium dieser Leute verstehen möchte, ist zu wissen, dass deren Mitglieder glauben, dass es nur ein paar wenige „wirklich reife Individuen" auf der Erde gibt. Und sie sind davon fest überzeugt, dass diese „Auserwählten" natürlich ausschließlich zu ihnen gehören.

Die nachfolgende Philosophie spiegelt die klassische Geheimgesellschafts-Einstellung wieder: Ist eine Person von starkem Intellekt mit einem Problem konfrontiert, welches die Fähigkeit ausgedehnter Gewandtheit benötigt, behält diese ihre Gelassenheit und versucht ruhig, das Problem zu lösen, indem sie Fakten über die Aufgabe sammelt und auswertet. Der Unreife dagegen ist schon am Anfang von der Schwierigkeit der Aufgabenstellung überfordert.

Während der erstgenannte als qualifiziert bezeichnet werden könnte, das Mysterium seines eigenen Schicksals alleine zu lösen, muss in den Augen der Illuminati der Rest der Menschheit wie Tiere behandelt und in deren Sprache angeredet werden. In anderen Worten sind die „unreifen Menschen" also neunundneunzig Prozent der Erdenbewohner, in den Augen der Illuminati den Tieren gleich und werden auch als solche behandelt. Sie müssen in Herden getrieben, in Käfigen gehalten (Staaten und Nationen), mit Brandzeichen gekennzeichnet (Lasertätowierung = mark of the beast), als Arbeitskraft ausgebeutet und wie die Rehe im Wald aussortiert werden.

Wie die Schafe sind die Menschen vom Schäfer, den Illuminati abhängig. Die Illuminati fühlen sich berufen, die Menschheit nach ihrem begrenzten Denkschema zu führen. Bricht einer aus der Herde aus, muss er zurückgetrieben oder gegebenenfalls eliminiert werden. So einfach ist das Schema der Illuminati.

Dem fähigen Intellekt werden die Mysterien gelehrt und er wird in esoterische, (innere) geistige Mechanismen eingeweiht. Der Masse dagegen werden die exoterischen (äußeren) Interpretationen gelehrt.

Ein Beispiel hierzu: Der Auserwählte wird in das Wirken der Geheimen Regierung im Hintergrund, in der Tiefe, in das, was sich im Inneren abspielt, eingeweiht. Der Masse dagegen wird gelehrt, dass sie zwischen Parteien des linken oder rechten Kaders zu wählen habe. Also ein exoterisches, äußerliches, oberflächliches, nach außen dargestelltes Weltbild.

Ein anderes Beispiel wäre hier die Behandlung einer Krankheit. Ein wahrer Esoteriker im Sinne des Wortes sieht eine Krankheit nicht als solche, sondern als Signal, als Hinweis für eine Disharmonie des Denkens, Fühlens und des Geistes. Der Körper als ein Spiegelbild der Seele zeigt diese Disharmonien als sog. Krankheiten, also Disharmonien des Körpers auf. Bei einer sog. Geistheilung (ohne einen irdischen Therapeuten), also einer Heilung der Ursache, nämlich des menschlichen Geistes, also einer esoterischen, im Inneren stattfindenden Behandlung, wird diese Disharmonie erkannt und behandelt, was sich als eine Veränderung im Fühlen, Denken und Handeln der Person auswirken kann. (D.h. also eine Behandlung ohne einen Therapeuten, Geistheiler, Heilpraktiker oder Schulmediziner, da auch die Hilfe durch einen Heilpraktiker oder Geistheiler eine exoterische, von außen oder durch eine andere Person stattfindende Behandlung darstellt.

Auch Behandlungen durch Kristalle, Mantras, Farben oder Handauflegen fallen unter den Begriff der Exoterik. Die Esoterik beschreibt die inneren Prozesse, eine Veränderung von innen heraus. Ich betone dies hier deshalb so stark, weil die wenigsten Menschen über diese Begriffe wirklich Bescheid wissen und sehr uneingeschränkt mit solchen um sich werfen. Die wenigsten der sich als Esoteriker oder Okkultisten bezeichnenden Personen sind auch wirklich solche. Die meisten schwimmen auf dieser Welle mit, rennen in Lila oder Weiß herum, haben Kristalle um den Hals und murmeln irgendwelche Mantras. Sie sind auf halbem Wege im Äußerlichen stecken geblieben und das wäre damit genau das Gegenteil der "Esoterik").

Der Massenmensch dagegen geht zum Schulmediziner und lässt sich eine Pille verschreiben, die den Schmerz verdrängt, also weder als Heilung, noch als Ursachenerkennung beschrieben werden kann, daher ein exoterisches, rein äußerliches Verhalten ist, das früher oder später zusammenbrechen muss. Doch die Massen werden gezielt ignorant gehalten und durch die Massenmedien davon überzeugt, dass die exoterische Weltsicht die einzige sei. „Jedem geschieht nach seinem Glauben" kann ich da nur wieder zitieren).

Während die Massen von ihren fünf äußeren Sinnen abhängig sind und durch die von den Illuminati kontrollierten Massenmedien, Schulbücher und Wissenschaften in diesem falschen Glauben auch noch bestätigt werden, beobachten dies die wenigen Auserwählten und erkennen in dem Spalt zwischen diesen Fronten das symbolische Zusammenwachsen großer abstrakter Wahrheiten.

Der von den Illuminati eingeweihte Auserwählte kommuniziert direkt mit den Göttern (Außerirdischen), die wiederum zu diesem zurückkommunizieren. Die Massen dagegen opfern ihre Lämmer auf dem Altar und sehen sich einem steinernen oder hölzernen Antlitz gegenüber, das weder hören noch sprechen kann. Den Eingeweihten wird das Wissen über verborgene Geheimnisse gegeben und sind „erleuchtet" (von Wissen. erfüllt) und uns als die Illuminati bekannt, die „Hüter der Geheimnisse der Gezeiten".

Das Geheimnis der Illuminati und der höchsten Grade der meisten einzelnen Logen ist das Wissen um die Kommunikation mit Außerirdischen (auch mit Jahwe).

8. Hat die Church of Scientology auch etwas mit der Sache zu tun?

„Zündstoff" sage ich da nur!

Nun hatte ich in „Geheimgesellschaften 1" bereits erwähnt, dass Hubbard am MK Ultra-Projekt, dem Bewusstseinskontrollexperiment der Amerikaner beteiligt gewesen war, doch das ist nur ein oberflächliches Streifen. Wollen wir uns nun den wahren Hintergrund der Scientologen betrachten.

L.Ron Hubbard war, wie ich schon kurz erwähnte, ein „Wilson", d.h. sein Vater war von der Familie Hubbard adoptiert worden, hieß aber richtig „Wilson" und stammte von einem der ältesten Hexerclans Schottlands ab. Andere Hexerclans sind z.B. die Camerons, die Crowleys und die Parsons. Alle diese Familien haben in den vierziger Jahren zusammen am Philadelphia-Experiment mitgearbeitet, auf welches ich später noch genau eingehen werde. Durch seine Wilson-Abstammung hatte Hubbard Zugang zum CIA, wie auch zum „Naval Intelligence", für den er viele Jahre arbeitete. Dort hatte er Einblick in die psychiatrischen Unterlagen des NAVY-Personals und so auch Wissen über die Bewusstseinskontrollexperimente, die an diesem durchgeführt worden waren. Seine Forschungen daran waren die Grundlage für seine Dianetik-Techniken und Rückführungen, die zur damaligen Zeit die erste Rückführungstechnik mit absolut solider Basis darstellen sollte (heute jedoch durch die wesentlich schnellere und billigere Kinesiologie verdrängt worden ist - statt dem „E-Meter" den „Arm-Test"). Hubbard hatte auch Aleister Crowley studiert, dessen Prinzipien quer durch Hubbards Literatur zu finden sind. Doch sind sie nicht genau gleich, sondern Hubbard hatte daraus seine eigenen Techniken entwickelt. Er begann hunderte von Menschen in ihre Vergangenheit zurückzuführen, in ihre Vorleben, weiter und weiter zurück und stieß nach vielen Jahren der Forschung bei all seinen Klienten auf das gleiche Ereignis. Nun halten Sie sich fest!

Die Geschichte ist ungefähr folgende: Im Sternbild des Pegasus befindet sich das Sonnensystem „Marcab", bewohnt von den Marcabianern. Ein Sonnensystem mit sieben bewohnten Planeten, dessen Bewohner jedoch vor langer Zeit schon erkannt hatten, dass ihre Sonne bald verglüht sein würde. Daher begann man nach einem anderen Planeten Ausschau zu halten, auf den man die Bevölkerung von Marcab übersiedeln konnte. Da die Marcabianer offen-sichtlich keinen schlechten Geschmack hatten, kam eine Delegation von ihnen schließlich auch in unser Sonnensystem und besiedelte dort damals blühende Planeten (u.a. auch den Mars). Schließlich kamen sie auch zur Erde, sahen aber, dass die Erde bewohnt war. Also kontaktierte man ein Volk auf der Erde, welches den Vorstellungen der Marcabianer entsprach und spielte „Gott". Man vollbrachte „Wunder" mit der mitgebrachten Technologie und versklavte die Menschen geistig. Man zwang sie zu unerbittlichem Gehorsam, ließ sich anbeten und durch Blutopfer einen Kult um sich herum aufbauen. Nachdem die Marcabianer sahen, dass die Menschen gefügig geworden waren, schloss man mit ihnen einen Vertrag, indem man anbot, dass das kontaktierte Volk zum herrschenden Volk auf Erden werden würde, falls es den Marcabianern zu ihren Zielen verhelfe.

Der Plan war es, dass ein paar Marcabianer die Führung dieses Volkes übernehmen würden (die Marcabianer sehen wie Menschen aus) und diese dann die anderen Völker der Erde unter Anleitung der marcabianischen Lehrer unterwandern sollten, um diese schlussendlich zu übernehmen. Danach, wenn die Erde in einer Weltregierung eingebunden wäre, würde man die Bevölkerung der Erde soweit dezimieren, dass nur eine kleine Gruppe als Sklaven zurückbleiben würde, die dann die Marcabianer bedienen soll.

So, und nun raten Sie mal, wer die Gruppe war, mit der die Marcabianer den Vertrag geschlossen hatten? Bingo - die Hebräer!

L.Ron Hubbard hatte aufgedeckt, wer Jahwe - El Schaddai ist.

Doch damit war er natürlich ins Fettnäpfchen getreten. Alle anderen, bloß nicht die Hebräer! Inzwischen wissen wir aber, dass er nicht der erste war, der bei den Hebräern fündig geworden ist. Er hatte herausgefunden, was die Sumerischen Schrifttafeln, der Gilgamesch-Epos, die griechische Mythologie wie auch die Bibel beschreiben - dass die Marcabianer, die „Gott-ähnlichen Wesen" oder „Götter" (Annunaki) sind, die mit fliegenden Untertassen vom Himmel herunterkamen. Die Menschen jener Zeit, die natürlich keine Maschinen kannten, beschrieben die fliegenden Scheiben als etwas, was sie bereits kannten - eine ‚fliegende Wolke oder „ein fliegendes Rad, das mit Feuer und Rauch vom Himmel kam oder das „Allsehende Auge".

Sitchin glaubt, dass diese mit Technologie ausgestattete Rasse (Annunaki), die den Deal mit den Hebräern gemacht hatten, von dem zwölften Planeten unseres Sonnensystems stammen. Hubbard wiederum meint, sie kamen aus dem Sonnensystem Marcab

Vermutlich kamen die Marcabianer von Marcab zuerst zu diesem zwölften Planeten, von diesem aus auf den Mars und dann erst auf die Erde? Vielleicht handelt es sich aber auch um verschiedene Rassen?

Wer weiß?

Doch kamen beide, Sitchin wie auch Hubbard, zu demselben Ergebnis: Jahwe-El Schaddai, der alttestamentarische Gott, ist ein Außerirdischer (oder zumindest eine fleischliche Gestalt, die mit einer Untertasse herumflog) und hat den Vertrag mit den Hebräern gemacht. Dieser Vertrag wird unter Insidern als der „Hebräische Blutbund" bezeichnet und findet sich u.a. auch im Talmud und im A.T.

Und in der Church of Scientology wurde die eben erwähnte Geschichte vom Grad OT 3 ab in deren Hierarchie gelehrt (natürlich viel detaillierter). Hubbard versuchte durch seine „Auditing"-Techniken die Blockaden, die von den Marcabianern und den Illuminati in den Menschen installiert werden waren, zu entfernen und den Menschen die Freiheit zurückzugeben.

Vielleicht glaubt der eine oder andere, das sei an den Haaren herbeigezogen. Wenn das so sein sollte, würden die Mächtigen nur darüber lachen und sich einen Scherz daraus machen. Sollte aber etwas an dieser Geschichte wahr sein, würden diejenigen, die mit den Marcabianern und den Illuminati zusammenarbeiten, etwas dagegen unternommen haben. Nun, das haben sie.

Die Illuminati und der "Hebräische Blutbund" hatten schnell in Erfahrung gebracht, was bei den Scientologen gelehrt wurde und begannen daher die Church of Scientology zu unterwandern. Der CIA half ihnen dabei. Zweige der „Kirche" wurden gegeneinander ausgespielt und Hubbard immer weiter aus seiner Position gedrängt. Und 1981 hat, nach Aussage von L. Kin, der khasarische Jude Bronfman, der wahrscheinlich der größte Whiskey-Produzent der Welt ist (Sitz in Kanada), die Church of Scientology weltweit aufgekauft.

Unter diesem Gesichtspunkt wird dann auch verständlich, warum sich 1981 die große Ausstiegswelle bei Scientology vollzog. Das behaupten zumindest ein Freund von mir, der viele Jahre mit Hubbard zusammengearbeitet hatte, Aleister Crowley's Nichte, die ich recht gut kenne - zwei Personen, die Mitgründer der Church of Scientology in Deutschland waren und beide wegen des "Bronfman-Deals"1981 ausgestiegen sind - wie auch Leute von der „Freien Zone", Menschen, die unabhängig von der Church of Scientology „auditieren" (die „Freie Zone" beschäftigt sich hauptsächlich mit dein Thema der Marcabianer).

Die Church of Scientology war somit bis zum Jahre 1981 in unserem Sinne ein konstruktiver Verein. Doch seit dieser Zeit hat es an der Führungsspitze ein Verbrechersyndikat übelster Sorte. Und wir wissen nun auch durch wen!

Überrascht?

(Weitere Hinweise auf die Lehre der Scientologen auf die Geschichte der Marcabianer und andere Außerirdische finden Sie in den Büchern „Gott und Co" von L. Kin, VAP-Verlag, und „Die Götter von Eden" von William Bramley, In der Tat-Verlag).

9. Was ist das Hegel`sche Prinzip?

Umwälzungen in der Regierung kreieren wirtschaftliches Chaos, Essens- und Kraftstoffkürzungen, konfiszierende Steuern, Bildungskrisen, Angst vor Krieg' und andere Zustände, um die Menschen auf eine „Neue Weltordnung" „hoffen" zu lassen.

Die Technik ist so alt, wie die Politik selbst. Es ist das Hegelsche Prinzip des dreiteiligen Prozesses von These, Antithese und Synthese.

Der erste Schritt (die These) ist, ein Problem zu erzeugen. Der zweite Schritt (die Antithese) ist, eine Opposition zu dem Problem zu erschaffen (Angst, Panik, Hysterie). Der dritte Schritt (die Synthese) ist, die Lösung zu dem Problem zu offerieren, das man als erstes erzeugt hat - so kann man eine Änderung im Volk verursachen, die durch die Schritte eins und zwei ausgelöst wurden. Sogenannte psychologische Kriegsführung.

Doch kann das Hegel`sche Prinzip natürlich auch in konstruktiver Weise angewandt werden.

10. Warum erfolgte nicht schon nach dem Zweiten Weltkrieg die Revolution zur Eine-Welt-Regierung? Die kriegsmüden Menschen hätten sicherlich solchen Plänen zugestimmt!

Eine gewagte Frage bekommt eine gewagte Antwort. Persönlich glaube ich nicht, dass die illuminierten Mächte schon so stark waren. Außerdem funktioniert es nicht, Menschen nationaler Denkstrukturen verschiedener Länder einfach so in eine Weltregierung einzubinden. Zuviel Revolutionsgeist. Zuerst muss man die Menschen im Denken umstrukturieren, sie gefügig machen, und dann sagen sie von selbst „ja" zu der Weltregierung. Man darf den Menschen die Weltregierung nicht aufzwingen. Die Massen der Welt müssen glauben, sie selbst hätten sie sich „erkämpft" oder verdient und dass die „Neue Weltordnung" das Beste sei, was ihnen hätte passieren können. Doch dazu muss man zuerst einmal das Denken der Menschen ändern.

Wie ich unter anderem beschrieben hatte, planen die Illuminati einen dritten Weltkrieg, Doch dieser ist nur ein Ablenkungsmanöver. Der eigentliche Krieg läuft seit der Konferenz des „Club of Rome" 1957 in Huntsville, Alabama, bei der der Dritte Weltkrieg ausgelöst wurde. Der Krieg gegen die Freiheit des Denkens. „Silent Weapons for quiet wars" (Lautlose Waffen für stille Kriege).

Das ist das eigentliche Illuminati-Motto. Man hat die Schulbücher umgeschrieben, das demokratische Denken eingeführt (Mehrheit gleich Masse), eine Gesellschaft propagiert, die alles Glück der Welt im Außen sucht (Exoterik). Durch Geld, Ruhm, Macht, Sex, einem hierarchischen Kirchengott, vor dem man in die Knie geht und der außerhalb des menschlichen Wesens zu suchen sein soll. Sicherheit durch Versicherungen, Konsum-Lust, und Konsum-Zwang, Heilung nicht durch Selbstheilung, sondern durch „Spezialisten", viel Geld durch viel Arbeit, totale Verschuldung vom Penner bis zur öffentlichen Hand... Alles falsche, kranke Denkstrukturen, die in sich weder schlüssig, noch holistisch sind - wie man allmählich allerorten zu erkennen beginnt.

Die Illuminati leben das Prinzip „Der Feind kommt auf stillen Wegen" und haben durch das Fernsehen, die Zeitungen und das Radio die Menschen im Denken umstrukturiert und die Nationen werden nach diesem kommenden letzten dritten Krieg", dem furchtbarsten aller Kriege, die Weltregierung' „erflehen". Man wird in dem Glauben, der bargeldlose Kreditkartenverkehr sei das A und O, mit Freuden „ja" sagen.

Die Feinde der Illuminati sind nicht die Deutschen, die Russen oder die Japaner, sondern es sind jeweils die Intelligentesten und Schlauesten, wie auch die Spirituellsten und Medialsten unter den verschiedenen Völkern, die die größte Gefahr für deren Ziel darstellen. Und die gilt es aus Sicht der Illuminati zu bekämpfen.

Ist der Inhalt der Köpfe der Menschen im Chaos, sind folglich auch deren Früchte chaotisch - nämlich das Weltgeschehen.

Daher schafft man zuerst die Weltregierung, bzw. das Verlangen danach in den Köpfen der Menschen, und folglich wird sie auch in der Außenwelt installiert werden. Wie gesagt: „Der Feind kommt auf stillen Wegen!"

Die große Stärke unseres Ordens liegt in seiner Verborgenheit; lasse ihn niemals an irgendeinem Ort mit seinem richtigen Namen in Erscheinung treten, sondern immer durch einen anderen Namen verdeckt und mit einer anderen Aufgabe, als die wirkliche. Nichts wäre dafür geeigneter als die drei niederen Grade der Freimaurerei... Als nächstes, bietet sich die Form einer Gesellschaft von Schriftgelehrten als bestes Werkzeug für unsere Zwecke an... Durch die Einführung von Lesegesellschaften und durch, mit Abonnements geführte Bibliotheken, und durch die Übernahme der Kontrolle über diese, können wir die öffentliche Meinung drehen wie wir wollen, indem wir diese Zirkel durch unsere Arbeitskräfte ausstatten und wirken lassen...

Adam Weishaupt **ENDE ZITAT**

Sooo, das wars erstmal, als ich noch Jude war, das ist längst vorbei, zu viel Unterscheidungsvermögen und sehr viel Wachsamkeit im Bezug zu dem was andere planen denken und wissen ist im Laufe der Jahrzehnte erlebt worden, vieles wurde erkannt vieles wurde als Banditentum erkannt das meiste sind die Einsichten der Verblödung der Menschen durch gezielte Verblödung durch gezielte satanische Energien oder aber gezielte menschliche negative Energien die versuchen wie schon immer die Wahrheit zu einer Lüge zu machen und die Menschen zu verblöden, die Lüge wird zur Wahrheit das ist gut erkannt, der Betrug wird zur Wahrheit das ist gut erkannt, auch die Bringer dieser Nachrichten sind erkannt, ob sie in der Politik sitzen in den anderen Gremien, ob sie in der Religion sitzen oder den anderen Verbänden die beiden Eigenschaften des Lichtes und des Dunklen das sind aber bloß Eigenschaften und nicht die Wahrheit

Ich kann bloß noch und will bloß noch eines dazu sagen aus meiner eigenen Erfahrung weiß ich mein Licht ist heller als das Licht der Sonne, deshalb weiß ich dein licht ist auch heller als das Licht der Sonne, aber es ist bloß das Licht du bist mehr als das Licht auch mehr als das Dunkle.

In diesem Sinne

Adios

Pfleg dich gut

Esse nur pflanzliche Kost und davon wenn's geht biologische, füge auch Wild Kräuter hinzu Löwenzahn Sauerampfer und andere Wildkräuter denn auch dort arbeiten die Banditen indem sie dir einreden wollen die Wissenschaft hat erkannt das in der Pflanze solche und solche Stoffe sind und die sind schädlich, wir haben Ratten damit getestet und die sind schädlich, wacht auf ihr seid von Verrückten und Betrüger Banditen und Wahnsinnigen geführt.

Wacht auf, habt mehr Mut zur Wahrheit.

Zu euch selber.

Erkennt dass die göttliche Schöpfung perfekt ist, die Pflanzen die Früchte und die Lebewesen, das Denken aber verrückt ist. Das Denken muss in Übereinstimmung mit dem sein was da ist und zwar vor dem was die Menschen geschaffen haben in ihrem Wahnsinn.

Lasse dich nicht weiter verblöden.

Glaub an dich selber

In dir ist der Göttliche Geist

Dein Körper ist der Tempel Gottes.

Kannst du damit immer noch nichts ableiten,

bist du sooo dumm.

13.6.2002

Fußball WM 2014 Endspiel im Hotel Falcon Crest Türkei. 6:2 war meine Prognose

20.8.2015

Ich möchte noch einen Anhang schreiben, denn zu den Themen im Zitat von Jan. van Helsing, sind einige Erlebnisse von mir selber nochmal erschienen und die möchte ich hier darstellen. Des Weiteren möchte ich meine persönliche menschliche Sicht und Denkweise in Bezug zu dem jüdischen Dilemma aber überhaupt menschlichem Dilemma auf der Erde hinzufügen, denn die Juden oder Israel, das ist für mich mehr eine Entwicklungsanwesen oder Abwesenheit, im Langlauf der menschlichen Evolution.

Zuerst möchte ich etwas zum Thema außerirdische und Ufos und das Jehova ein außerirdischer sein könnte sagen. Ein Jahr nach den Mauerfall machte ich eine Vortragsreise durch die neuen Bundesländer mit dem Thema Australien. Ich war 6 Monate in Australien gewesen und hielt danach Reisevorträge in Universitäten, Stadthallen und anderen Häusern zbs. Das Amerika Haus in Berlin oder die Unis in Dresden und Leipzig, aber dieses Mal kam ich von Cottbus, nachts, nachdem ich dort einen Vortrag gehalten hatte, und fuhr nun nach Dresden um am Folgetag dort meine Plakate zu kleben. So war mein Arbeitsgang, einen Vortrag Abend, danach in die nächste Stadt um Werbeplakate zu kleben und danach wieder zur nächsten Stadt um den Vortrag zu halten.

Als ich nun nachts Richtung Dresden fuhr entscheid ich mich für eine Abkürzung und wich von der Autobahn auf die 169 , um diese stille Landstraße nachts zu fahren. Es war

Frost und Raureif lag auf den Weiden und alles leuchtete im Vollmondlicht. Irgendwo in der Mitte der Strecke schaute ich auf einmal nach links über die Wiese zu dem schmalen kleinen Waldstück und sah dort über den Fichten einen „Zeppelin" eine große „Zigarre" stehen. Intuitiv wusste ich das ist ein UFO. Also stoppte ich den weißen VW Bus und ging in dieser kalten sternenklaren Nacht auf die gegenüberliegende Seite der Landstraße bis zur Raureifwiese um mir das Gefährt in Ruhe anzuschauen. Es war ungefähr 80 Meter von mir entfernt und stand regungslos über den Wipfeln der Nadelbäume. Es war eine große „Zigarre" eine silberne ca.70-90 Meter lang. Und es hatte sehr auffallend 5-6 große kreisrunde Fenster und zwar sehr weit unten gelegen die von innen mit Licht leuchteten. Aber es waren keine Lebewesen zu sehen. Ich schaute kritisch dieses Gefährt an, denn es könnte womöglich ein Zeppelin sein. Aber ich fand nirgendwo einen Antrieb, und einen Zeppelin dessen Innenleben nach außen über kreisrunde sehr große Fenster zu sehen war gab es meines Wissen gar nicht. Und wo waren die Antriebskräfte. Nirgendwo. Die Zigarre hatte garkeinen sichtbaren Antrieb. Keine Propeller oder Düsen. Schlichtweg eine glatte große silberne Zigarre mit sehr großen runden Fenstern.

Das Gefährt machte keine Geräusche und fing dann an sehr langsam schwebend weiterzuschweben weg von mir über den Baumwipfeln. Bis es hinter den Baumwipfeln dem Waldstreifen außer Sichtweite war. Das war mein „UFO Zeppelin" Erlebnis. Und bis heute habe ich niemanden etwas davon erzählt, aber diese alttestamentarischen Hesekiel und anderer Propheten Aussagen und das mit der Aussage von Sitchin der zwölfte Planet, ließ mich diese Erinnerung nochmal wachwerden. Und so kann ich also selber aufgrund diese Erfahrung sagen, das diese Van Helsing Zusammenfassungen der Propheten und anderer menschlicher Erfahrungen inklusive meiner eigenen, nicht aus der Luft gegriffen sind und als mumbaidummbai Spinnerei ab zutun ist. Und mir selber als Mensch ist sowieso klar das in der göttlichen Schöpfung dieser gigantischen Pracht und Fülle unsere Erde, niemals das einzige ist, das menschliches Leben hat, da gibt es noch unendlich viele Planeten auf denen andere Lebensformen und Menschen ihr tagtägliches Leben erleben aus dem unendliche Kreislauf des ewigen Abenteuers des Daseins in der göttlichen Schöpfung.

So wenig von mir, also zum Thema Jehova ein Außerirdischer, könnte möglich sein, was Hesekiel und andere da so beschrieben haben.

Des Weiteren habe ich in meiner Schrift von 2002 insbesondere auf die Aussagen im Buch von Jan. van Helsing in Bezug zum Talmud auch dem babylonischen reagiert. Ich selber habe wie schon erwähnt zwar etwas aus dem Alten Testament gelesen und das Neue Testament komplett, aber die Auslegungen der Rabbis zu diesen alttestamentarischen Schriften die in der Thora zu finden sind, die habe ich selber nicht gelesen oder werde sie auch nicht suchen. Die Religionsfuzzys mit langen Bärten schwarzen Mänteln oder sonst welchen Maskierungen sind mir erstmal einerlei und neutral. Solange ein Mensch mit seiner Religionsdenkerei und Handhabung seiner Regeln und Rituale kein Leben verletzt oder sogar im Namen der Religion und somit Gottes zum Töten aufruft ist das alles noch akzeptabel und deren Ursache Wirkung Leben also Karma. Aber wenn damit Gewalt verbunden ist wie in den sogenannten Religionskriegen im Mittelalter oder die Kreuzzüge und die Vatikanmordereien, oder das jetzige IS-Morden mit Fließband Enthauptungen oder die Saddam Giftgasbombardierungen gegen die Kurden oder die Massaker gegen die Kurden von Atatürk dem Massenmörder oder heute die heuchlerischen politischen Parteien die sich das christlich als Etikett an den Sack geklebt haben oder an die Möse-aber auch der moslemischen Religionsidioten-da kann ich bloß sagen -Nein Danke-den Schrott sollen die selber schlucken denn ich bin nicht für morden Unterdrückung oder Ausbeutung im Namen einer Religion indem der Begriff Religion unter die Vorhaut geschoben wird-aber drin bloß das dumme Raubmensch sein gelebt wird. Ent-wicklung dauert sehr lange hier auf der Erde und ist sehr langsam hier auf der Erde.

Die Raubzüge der Israeliten laut altem Testament das Morden Plündern Lügen Täuschen Tricksen, das ist keine besondere israelische Facette, nein, das ist eine global menschliche Fassette seiner Entwicklung-die Israelis mussten ihre Tier Opfer abgeben-damit sie voran kamen-aber die Moslems tun das noch heute zu bestimmten Festivitäten-indem ein Schaf geschlachtet wird-also da ist es mit Bewusstsein und denken und handeln und Einsichten nicht sehr weit gekommen in den 1400 Jahren ihrer Mohammed fliegenden Teppiche aus SimsalabimHausen.

Das Morden geht bis heute 2015 noch weiter, wenn auch nicht direkt, dann indirekt durch Waffentechnologieentwicklungen global-USA, Russland, Deutschland, England, China, Indien, Fronkreich, und so weiter, alleine schon diese Tatsache zeigt ja das Morden noch nicht beendet ist im Bewusstsein dieser Menschen-jaja-der Langlauf des menschlichen Lebens ist voller Morde, Atombomben-Drohnendrohungen-voller israelischer jüdischer Wissenschaftler die Atombomben entwickelten deren Wissenschaftler in den USA oder England oder damals Deutschland-und was die Israelis heute machen in Israel-ich möchte dort nicht leben-diese Auge um Auge Dummheit dieser Geheimdienst Ignoranz dieser dummen allzu dummen Menschen die morden und morden-als ob das Frieden bringen könnte-niemals-so dumm sind diese israelischen Menschen noch geblieben-aber auch die Hamasdummen die Araber dummen die Mohamedanerdummen-kein Fünkchen Weisheit in denen alles Religion ohne Liebe und das ist dann Fanatismus Muuuuus-!
Aber auch sehr auffallend ist das Morden die Gewalt in den Filmen einer Filmindustrie die der Spielplatz der jüdischen Menschen in den USA ist. Die Gewalt und die Selbstverherrlichung der Selbstjustiz und der ganze dummen unweise Schwachsinn dieser Filmindustrie aus den USA ist schon erlahmend blöde. Aber das haben alle anderen Nationen genauso in ihrem Programm-Russland-China-da wird die Verherrlichung der dummen und gehorsamen nationalistischen Mitläufer gepriesen und die Pistolerostärke mit Technologie Stärke erweitert bis hin zu den Drohen Überfällen aus dem Wohnzimmer —so ungemein blöde ist das Militär weltweit auch auf Jupiter, Saturn, Mars oder Pluto und

insbesondre in den anderen Galaxien. Der Schwachsinn ist gigantisch und zwar derjenigen die Kontrolle und Deutungshoheit über menschliches Denken und Handeln haben wollen und dementsprechende Mordsmacht ausgeübt haben seit Anbeginn der Menschheit zurück in den Tagen der Einzeller. Selbst Gas Atome zerstören sich gegenseitig denn auch sie sind Lebewesen und machen eine Evolution durch. So watt soll's dat is alles sowieso der natürliche Weg bis das Morden und dummglauben der Religionen ohne Sinn und Vernunft und Erfahrung vom göttlichen Selbst. Hier ist was Martinus zu dem Thema Christentum und Anhänger des Gottes des Alten Testaments zu sagen hat. **ZITAT ANFANG** aus www.martinus.dk

Das derzeitige autorisierte Christentum ist nur eine gewisse lokal angepasste Phase in der Welterlösung für die noch bis zu einem gewissen Grad auftretenden Anhänger des Gottes des „alten Testaments"

863. Im oben Gesagten haben wir gesehen, wie ungeheuer liebevoll das Prinzip der Welterlösung nicht nur denen durch Jesus entgegenkam, die von der alten jüdischen Kultur abgefallen waren und deshalb nach dem neuen Samen hungerten, durch den alle Geschlechter der Erde allmählich Segen erlangen sollten, sondern zugleich auch den eigentlichen „Rechtgläubigen" innerhalb derselben Kultur oder Gottesverehrung, wenn diese als Leidende und Verzweifelte zu ihm kamen. Sieht man hier nicht, wie die Welterlösung das sorgenvolle Wesen in ihre liebevollen Arme nimmt und wie ein Vater oder eine Mutter ihrem Kind das Leben in Übereinstimmung mit dessen Altersstufe erklärt und es von Tränen und Niedergeschlagenheit zu Freude und Fröhlichkeit bringt, indem sie dem Kind die Wahrheit in Formeln nahebringt, die dessen kindlichem Gemüt angepasst sind? Es ist die Wahrheit, in Gestalt solcher angepasster Formeln, die die Welterlösung heute den unter dem Namen „Christen" noch „gläubigen" Anhängern des „zornigen" und „strafenden" Gottes des „Alten Testaments" durch die Sakramente der „Taufe" und des „Abendmahls" nahebringt. Hier holt sich das durch „Sünden" belastete, unglückliche Wesen bis zum heutigen Tag Frieden und Lebenskraft, je nachdem wie „gläubig" es eben ist. „Glaubt" es jedoch nicht, haben die Sakramente überhaupt keinen lebensspendenden Wert. Das Wesen wird dann unmöglich auf diesem Weg in Kontakt mit Gott kommen, Frieden in seinem Gemüt finden und Freude daran finden können, sein Leben weiter zu leben.

Wie wir hier gesehen haben, hat sich die Welterlösung so genial und liebevoll in die erdenmenschliche Mentalität eingepasst, dass sie den Wesen ihre befreiende Kraft bereits zu einem Zeitpunkt gewährt, zu dem diese in Wirklichkeit noch vollkommen an „Abrahams", „Isaaks" und „Jakobs" Gott „glauben". Mit den Sakramenten der „Taufe" und des „Abendmahls" hat sie sich also einen Weg gebahnt vom „strafenden" und „rächenden" Gott des „Alten Testaments" zum „allliebenden ewigen Vater" des „Neuen Testaments". Im Bewusstsein oder in der Mentalität des Welterlösers selbst sehen wir eine sanft angepasste Begegnung zwischen zwei großen, in religiöser Richtung höchst unterschiedlichen Zeitepochen und den Übergang der einen in die andere. Mit seiner starken Autorität, die auf einem höheren, absolut unfehlbaren Wissen und einem Beseeltsein durch den „heiligen Geist" basierte, konnte er mit der Formel „Deine Sünden sind dir vergeben" all den Seelen Frieden bringen, die von den durch die alte Form der Gottesverehrung verursachten illusorischen Sündenkomplexen gepeinigt wurden. Auf dieser Seite seines Bewusstseins und auf dieser seiner Autorität wurde das ganze heute bekannte und autorisierte „Christentum" auf der ganzen Welt aufgebaut. Hieraus können wir erkennen, dass dieses „Christentum" nur eine lokale angepasste Phase in der Welterlösung selbst darstellt. Es ist das Geschenk oder die ausgestreckte helfende Hand der Welterlösung für all die Wesen, die im geistigen Bereich noch unselbständige Denker sind und deren Seelenleben deshalb ausschließlich durch einen „Autoritätsglauben" existiert und sich entwickelt. Sie sind noch keine wirklich Suchenden geworden. Sie sind keine Forscher. Sie sind im kosmischen Bereich noch Kinder- oder Embryoseelen. Ihr Bewusstsein ist, wie schon erwähnt, noch außerordentlich in dem vom „Alten Testament" überlieferten Gottesbild verwurzelt, in dem „Zorn" und „Strafe" zu Hause sind. Sie sind in ihrer Gottesverehrung und ihrer Auffassung des Gottesbildes selbst in gewisser Weise noch „Israeliten". Sie weichen hiervon nur dadurch ab, dass sie nicht mehr in so großem Ausmaß an sämtliche „Propheten" glauben und sich auch nicht mehr der israelitischen Methoden des Opferns von Tieren sowie Feld- und sonstigen Früchten zur Versöhnung mit Gott bedienen. Hier hat die Welterlösung durch Jesu Autorität angesetzt und eine neue Phase geschaffen. Seine Autorität wurde durch die Welterlösung so stark gemacht, so gewaltig durchdringend war die Wahrheit in Jesu Wort „Deine Sünden sind dir vergeben", dass sie in Gestalt der Sakramente zu einem Echo wurde, das sich unendlich durch die Zeiten hindurch wiederholt hat, für ein Geschlecht nach dem anderen hörbar wurde und Millionen von sorgenvollen und schuldbeladenen Wesen ganzer Generationen zeitweilig Frieden und mentale Gesundheit gegeben hat. **ZITAT ENDE**

Und auch zur momentanen Situation des Menschen auf der Erde, seine innere Entwicklung und Ver-Wicklung, in Bezug zu seiner Geschlechts Identifikation wird von Martinus erklärt, auf dem Weg der Befreiung und Evolution-hin zur großen göttlichen Erfahrung. Denn diese ganzen gegenseitigen religiösen Bedrohungen untereinander durch die Mitmacher und Gläubigen dieser unterschiedlichen Religionen ist beschämend-mit dem IS Horrorszenario von Gigaverblödung oder der Saudi Kopf ab Ignoranz und dem chinesischen Hinrichtungsverblöden-und dem was Jesus so prägnant gesagt hatte in der Aussage "lass die Toten die Toten begraben. Denn das ist genau damit gemeint-die Toten die Jesus meinte, das sind diejenigen die noch denken und glauben und meinen sie wären die zukünftige Leiche-die Toten eben.

*H*ier ist was ich in Martinus Schriften fand ***ZITAT ANFANG*** aus www.martinus.dk

Das Gebot der Nächstenliebe und das Gebot der Ehe können nicht von denselben Wesen befolgt werden

1846. Als überwiegend männliche und weibliche Geschlechtswesen wird man also im Leben nie weiter als zur Kulmination der Finsternis kommen. Diese zwei Wesenszustände sind, wie wir nun durch viele kosmische Analysen gesehen haben, mit einer mentalen und körperlichen Struktur ausgerüstet, die es den Wesen im Voraus unmöglich macht, das große Gebot des Gesetzes der Liebe: „Du sollst deinen Nächsten lieben wie dich selbst" zu praktizieren oder einzuhalten. Männliche und weibliche Wesen sind aufgrund der inneren Polkonstellation in ihrem Oberbewusstsein dazu prädestiniert, nur Wesen des anderen Geschlechts lieben zu können. Diese Polkonstellation ist das Organ des höchsten Feuers oder jeglicher Sympathieregulierung und somit der Liebe. Wenn dieses Organ in einer gewissen Periode des Kreislaufs die Sympathieauslösung des Wesens in einer solchen Weise formt, dass diese für das Wesen nur aufgrund der Liebe zum anderen Geschlecht das wirkliche Erleben, die wirklich schöne, Leben fördernde Freude, das Glück und der Segen sein kann, dann wäre ja das Befolgen des Liebesgebots für das hundertprozentig ehelich eingestellte männliche oder weibliche Geschlechtswesen ebenso sinnlos und unmöglich, wie es dem Raubtier unmöglich ist, das fünfte Gebot, „Du sollst nicht töten", zu erfüllen. Heißt es hier nicht auch, dass ein Mann Vater und Mutter verlassen und sich an seine Frau binden soll? – Er soll also diesen seinen Vater und seine Mutter nicht so lieben, wie er sich selbst liebt. Er geht zur Ehefrau, weil seine eigene Begierde dort befriedigt und die Liebe zu sich selbst erfüllt wird. Jenes Ehegesetz, das gebietet, dass die beiden Eheleute zueinander halten und einander gegenseitig jedem anderen Wesen vorziehen sollen und dass ein Abweichen hiervon Treuebruch oder Unzucht ist, kann ja unmöglich gleichzeitig mit dem Gesetz übereinstimmen, das besagt: Du sollst deinen Nächsten lieben wie dich selbst – also ganz davon abgesehen, wer dieser Nächste auch sein mag. Es steht nicht geschrieben, dass es eine Bedingung ist, dass dieser Nächste unser Ehepartner, unser Bruder, unsere Schwester, unser Vater oder unsere Mutter ist. Mit dem Gleichnis vom barmherzigen Samariter wird ferner gezeigt, dass sogar unser Feind unser Nächster sein kann. Die Samariter und die Juden waren ja keine Freunde, aber nichtsdestoweniger wird der überfallene Jude als Nächster des Samariters dargestellt, dem zu helfen dieser also in Wirklichkeit, dem Gebot der Nächstenliebe gemäß, verpflichtet war. **ENDE ZITAT**
Hier ist noch was von dem Professor Carlo Strenge. Ich fand seine berichte in der NZZ im Internet.Hier sind seine **ZITATE ANFANG:**

Die überwältigende Mehrheit dieser Menschen, deren Lebensaufgabe es ist, Israels Sicherheit zu garantieren, ist der Ansicht, dass Israels Existenz auf die Dauer durch die Politik von Israels politischer Rechten gefährdet wird. Ich möchte an Dror Morehs hervorragenden Dokumentarfilm The Gatekeepers erinnern, in welchem sechs Ex-Chefs des Israelischen Sicherheitsdienstes in intensiven Interviews zur selben Schlussfolgerung kommen: Die Besetzung der Palästinensischen Gebiete ist für Israel eine politische und moralische Katastrophe – und keiner dieser Menschen ist in seiner Einschätzung der Sicherheitsrisiken, mit welchen Israel konfrontiert ist, naiv oder uninformiert.

Sollten die LeserInnen die letzten Zeilen unverständlich finden, macht das gar nichts. Die Pflicht des postmodernen Intellektuellen war, **unverständlich zu sein** – denn die Verständlichkeit selber sei ja das Kennzeichen der Rationalitäts-Illusion der vertrockneten Aufklärungsdenker, die endlich auf den Müllhaufen der Ideengeschichte ihren Platz finden sollten. Die Zeit der Verflüssigung aller Kategorien war gekommen: weg mit den festgefahrenen Identitäten, ob national, sexuell oder geschichtlich. Jetzt waren wir alle frei, endlich der Verkrampfung des einheitlichen Ich zu entkommen. Willkommen zur Orgie der polymorph-perversen Vielfalt!

Wie können die Nationalreligiösen die Unterdrückung eines anderen Volkes rechtfertigen?

(Als ob Rechtfertigung Unterdrückung legitim machen würde. Das WortSalatSyndrom der PhilosophenGlaubensWirrnissss ist Fett und Dumm.W.Schorat 25.8.15)

Eine der besten Fotoserien porträtierte Familien von nationalreligiösen Siedlern in der Westbank. Sie sind leicht an ihrer Kleidung zu erkennen. Die Männer tragen grosse Kippas, haben meist lange Bärte, und ihre Zizit, Schaufäden, die an einem viereckigen Gewand angebracht sind, dominieren ihr Erscheinungsbild. Ihre Frauen tragen eine typische Kopfbedeckung und meist lange Kleidung mit einem leichten New Age Charakter. Die Atmosphäre der Fotografien machte klar, wie sehr die Familien, die in oft unbesiedelten, wüstenartigen Hügeln ihre kleinen, meist illegalen Siedlungen aufgebaut haben, tief überzeugt sind, Gottes Wille damit zu erfüllen, dass sie das heilige Land in jüdischen Besitz nehmen. Ich kenne viele solche Siedler persönlich, und ein beträchtlicher Teil von ihnen machen, wenn man sie näher kennen lernt, keinesfalls einen brutalen Eindruck, sondern eher den von durchgeistigter Religiosität.

Immer wieder frage ich mich, wie diese Geistigkeit mit der Unterdrückung eines anderen Volkes zu vereinbaren ist. Doch eigentlich sollte mich dies nicht überraschen: Im Namen der verschiedenen Weltreligionen sind weit schrecklichere Verbrechen begangen worden als Israels Besetzung der palästinensischen Gebiete. Das Leben im Nahen Osten hat mich zu einer immer unversöhnlicheren Kritik am religiösen Glauben gebracht: Nichts scheint bessere Gründe für Unmenschlichkeit zu liefern als religiöser Glaube. Israels Siedlungspolitik ist dabei ein höchst „mildes" Beispiel verglichen mit den immer grausameren Hinrichtungen des Islamischen Staates IS, den öffentlichen Auspeitschungen, Amputationen und Enthauptungen in Saudi-Arabien und den Steinigungen von Frauen, die des Ehebruches angeklagt sind. Und es sollte doch nicht vergessen werden, dass die spanische Inquisition erst vor weniger als zweihundert Jahren endgültig zu ihrem Ende gekommen ist, und das Christentum eine schreckliche Geschichte von Intoleranz und grausamer Brutalität kennt. *(Kriminalgeschichte des Christentums. W.Schorat 20.8.15)*
ENDE ZITAT

Das nächste Zitat da weiß ich nicht mehr von wem das ist. Aber es ist aus einer Internetzeitung:

Frankfurt besitzt eine große jüdische Tradition. Hat die Stadt mittlerweile daran anknüpfen können?

Die Rotschilds, die Neo-Orthodoxie als Reaktion auf die Moderne, die Familie von Anne Frank, Max Horkheimer und die Frankfurter Schule: Das ist nicht eine Tradition, sondern es ist eine einzigartige Geschichte, die über Frankfurt am Main weit hinausreicht. Das deutsche Judentum, diese Welt ist 1933, 1938 oder spätestens 1941 bis 1944 vertrieben, verfolgt und schließlich vernichtet worden.

Die Politik engagiert sich sehr für jüdische Belange. Interessiert sich die Durchschnittsbevölkerung auch dafür?

Lassen Sie mich etwas provokativ antworten: Es ist nicht schlimm, wenn man sich für jüdische Geschichte nicht interessiert. Und es gibt auch viele Antisemiten, die sich exzessiv für diese Themen interessieren. Das eine bedingt nicht das andere. Eine große „bürgerliche Lüge" der deutschen Nachkriegsgesellschaft ist die Vorstellung, Antisemitismus sei ein Problem ungebildeter - heute sagt man korrekt „bildungsferner" - Gruppen.

Sondern?

Als Historiker kann ich nur sagen: Praktisch in keiner Schicht war in Deutschland in den 1920er Jahren der Antisemitismus so verbreitet wie unter Akademikern, an Universitäten, unter Studierenden. Und wenn ich selbst bizarre Zuschriften erhalte, dann sind sie auch heute noch oftmals aus diesem Bereich: Ärzte, Anwälte, Filmemacher, hohe Beamte. Trotzdem: Es gibt bis heute ein Tabu, gewisse Vorurteile auch politisch zu artikulieren. Das hat womöglich eine positive Auswirkung auf die von Ihnen angesprochenen Kreise. **ZITAT ENDE**

So, langsam möchte ich nun diesen Schrieb beenden, all das ja nur weil ich in Kanada damals 1967 in Ottawa dieses Innere Erlebnis hatte, von der Innenschau meines kollektiven Bewusstseins das mir eindeutig zeigte obwohl ich nichts mit der Ermordung der Juden oder Roma oder Schwulen oder sonst welcher Ermordungen der Deutschen Nazis zu tun hatte und erst 1948 geboren wurde, ich trotzdem am Kollektivbewusstsein beteiligt bin-und intuitiv wohl auch nicht der Aufforderung der nationalistischen Ausbildung zum Soldaten folgte sondern nach Kanada immigrierte. Wunderbar, das habe ich wunderbar gemacht. Nach Kanada zu fliegen. So, hier ist nochmal was ich zum Thema Thora Talmud und unterschied fand. **Zitat Anfang:**

Unterschied zwischen Thora und Talmud Hallo!

In dem Buch „Die Suche der Menschheit nach Gott" habe ich folgendes gefunden:

„Die heiligen Schriften der Hebräer. Die heiligen Schriften der Hebräer begannen mit „Tenach". Der Name „Tenach" ist eine Abkürzung aus den Anfangsbuchstaben der Namen der drei Hauptteile, in die die jüdische Bibel zerfällt: Thora (Gesetz), Nebiim (Propheten) und Ketubim (Schriften) = TeNaCh. Diese Bücher wurden zwischen dem 16.*und dem 5.*Jahrhundert v.*u.*Z. in Hebräisch und Aramäisch geschrieben.

Nach jüdischer Auffassung ist der Grad der Inspiration, unter der sie geschrieben wurden, unterschiedlich. Deshalb reihen die Juden sie ihrer Wichtigkeit nach, d.*h. dem Grad der Inspiration entsprechend, wie folgt ein:

Thora — die fünf Bücher Mose, auch Pentateuch (griechisch: fünf Schriftrollen) genannt, das GESETZ, bestehend aus Genesis, Exodus, Levitikus, Numeri und Deuteronomium. Die Bezeichnung „Thora" kann sich aber sowohl auf die gesamte jüdische Bibel als auch auf das mündliche Gesetz und den Talmud beziehen (siehe nächste Seite).

Nebiim — die Propheten: von Josua bis zu den Großen Propheten — Jesaja, Jeremia und Hesekiel*—; ferner die 12 „Kleinen" Propheten von Hosea bis Maleachi.

Ketubim — die Schriften, die aus den poetischen Werken bestehen: Psalmen, Sprüche, Hiob, Hoheslied und Klagelieder. Außerdem gehören Ruth, Prediger, Esther, Daniel, Esra, Nehemia sowie 1.*und 2.*Chronika dazu.

Der Talmud

Vom nichtjüdischen Standpunkt aus ist „Tenach", d.*h. die jüdische Bibel, das wichtigste Werk der jüdischen Literatur. Der jüdische Standpunkt weicht jedoch davon ab. Viele Juden würden folgendem Kommentar des Rabbiners Adin Steinsaltz zustimmen: „Wenn die Bibel der Eckstein des Judentums ist, dann ist der Talmud die Mittelsäule, die sich vom Fundament aus erhebt und das ganze religiöse und intellektuelle Gebäude trägt.*.*. Kein anderes Werk hat die Denk- und Handlungsweise der Juden in gleichem Maße beeinflusst" (The Essential Talmud). Was ist denn der Talmud?

Orthodoxe Juden glauben, dass Gott Moses auf dem Berg Sinai nicht nur das geschriebene Gesetz, die Thora, gab, sondern ihm auch bestimmte Erklärungen über die Anwendung dieses Gesetzes enthüllte, die mündlich weitergegeben werden sollten. Diese Erklärungen nannte man das mündliche Gesetz. Der Talmud ist die schriftliche Zusammenfassung dieses mündlichen Gesetzes mit späteren Kommentaren und Erklärungen, von Rabbinern zwischen dem zweiten Jahrhundert u.*Z. und dem Mittelalter zusammengestellt.

Der Talmud wird allgemein in zwei Hauptabschnitte unterteilt:

Die Mischna: Eine Sammlung von ergänzenden Kommentaren zum biblischen Gesetz, denen die Erklärungen von Rabbinern, Tannaiten (Lehrer) genannt, zugrunde liegen. Sie wurde Ende des zweiten und Anfang des dritten Jahrhunderts u.*Z. schriftlich niedergelegt.

Die Gemara (ursprünglich Talmud genannt): Eine Sammlung von Kommentaren zur Mischna, die von Rabbinern einer späteren Zeit (zwischen dem dritten und sechsten Jahrhundert u.*Z.) zusammengestellt wurde.

Außer diesen beiden Hauptteilen kann der Talmud auch Kommentare zur Gemara enthalten, die von Rabbinern im Mittelalter verfasst wurden. Besonders bekannt waren Raschi (Salomo Ben Isaak, 1040—1105), der die schwierige Sprache des Talmuds verständlicher machte, und Rambam (Mose Ben Maimon, besser bekannt als Maimonides, 1135—1204), der den Talmud in eine übersichtlich und systematisch aufgebaute Wiedergabe („Mischne Tora") zusammenfasste und ihn so allen Juden zugänglich machte." Vielleicht konnte ich dir damit behilflich sein...

Das Buch ist übrigens für jeden kostenfrei erhältlich!

Die Tora ist ganz vereinfacht die fünf Bücher Moses, wo auch die zehn Gebote verfasst sind. Teil des Tenach.

Die Propheten und die Schriften sowie die poetischen Werke nennt sich Tenach und alles in allem ist, so wie es in unserem Sprachgebraucht beschrieben wird, das „Alte Testament", also die jüdischen Schriften, oder hebräische Bibel.

Talmud ist die Rabbinische Auslegung der Tora, Geschichten, Lehr- und Streitreden zum mosaischen Gesetz. Der Babylonische Talmud, der die gleiche Verbindlichkeit besitzt wie die Torah, zerfällt in Mischna und Gemara. Die Mischna führt die Gesetze auf, die Gemara diskutiert sie. Der Talmud besteht aus 63 Traktaten.

Der Missbrauch des Talmuds im Antijudaismus und Antisemitismus

Da der Talmud in der Wahrnehmung sehr mit dem Wesen des Judentums selbst identifiziert wurde, richteten sich Angriffe gegen das Judentum meist auch gegen diesen.

Antike

Bereits frühzeitig wurde Juden die Beschäftigung mit dem Religionsgesetz mehrfach untersagt. Solch ein Verbot wird von der rabbinischen Geschichtsschreibung als einer der Gründe des Bar-Kochba-Aufstands angegeben. Im Jahr 553 erließ Kaiser Justinian I. ein Gesetz, das Juden das Studium der deuterosis verbot, womit die Mischna oder Beschäftigung mit der Halacha allgemein gemeint war. Papst Leo VI. erneuerte später dieses Verbot. [5]

Palästinischer Talmud, mittelalterliche Handschrift aus der Kairoer Geniza

Im Mittelalter kam es zu stärkeren Anfeindungen gegenüber dem Talmud. Manche dieser Angriffe stammten von zum Christentum konvertierten Juden. So ging die Talmuddisputation von Paris 1240 von dem Konvertiten Nikolaus Donin aus, der 1224 von den Rabbinern in den Bann getan worden war und 1236 zum Christentum konvertiert war. 1238 forderte er in einer Schrift mit 35 Punkten gegen den Talmud dessen Verbot von Papst Gregor IX. Als Folge der Disputation zwischen Donin und Rabbi Jechiel ben Josef kam es 1242 zur ersten großen Talmudverbrennung.

1244 verfügte Papst Innozenz IV. zunächst die Vernichtung aller Ausgaben des Talmuds. Er revidierte dieses Urteil 1247 auf jüdische Bitte hin, veranlasste aber die Zensur des Talmud und beauftragte gleichzeitig eine Untersuchungskommission der Universität von Paris, der 40 Sachverständige angehörten, darunter Albertus Magnus. Die Kommission kam zu einer erneuten Verurteilung, die 1248 verkündet wurde. [6]

In einer weiteren Disputation über den Talmud zwischen dem vom Judentum abgefallenen und konvertierten Pablo Christiani und dem jüdischen Gelehrten Rabbi Moses ben Nachman 1263 in Barcelona erklärte der spanische König dagegen Rabbi Moses ben Nachman zum Sieger. Bis zum Ende des 16. Jahrhunderts gingen dann Disputationen, Konzile und Kirchenversammlungen mit Verboten, Beschlagnahmungen und Verbrennungen des Talmud einher. Papst Julius III. ließ im Jahr 1553 in Rom das Werk beschlagnahmen und die eingesammelten Exemplare am 9. September, dem jüdischen Neujahrstag, öffentlich verbrennen. Danach trat die Inquisition auf den Plan, die in einem Dekret Talmudverbrennungen den Herrschern in allen christlichen Ländern empfahl. Unter Androhen ihres Vermögensverlustes sollten Juden zur Ablieferung der Talmudexemplare binnen dreier Tage gezwungen werden. Christen sollten mit der Exkommunikation belangt werden, falls sie es wagen sollten, den Talmud zu lesen, aufzubewahren oder Juden in dieser Sache behilflich zu sein.[7]

In judenfeindlichen Publikationen wurden Stellen aus dem Talmud zitiert, um die jüdische Religion und Tradition in Misskredit zu bringen. [8][9] Teilweise handelt es sich bei den „Zitaten" um Fälschungen. Aber auch die echten Zitate sind in der Regel aus dem Zusammenhang gerissen und tragen der im Talmud vorherrschenden Form der dialogischen, oft kontroversen Annäherung an ein Thema nicht Rechnung. Im talmudischen Diskurs werden oft auch bewusst unhaltbare Thesen (etwa: „Nichtjuden sind keine Menschen") in die Diskussion geworfen, um sie daraufhin im Dialog zu widerlegen. Antijudaisten verwenden bis in die Gegenwart bevorzugt solche „Thesen", verschweigen jedoch die folgenden Antithesen, so dass ein verfälschter Gesamteindruck der religiösen Leitlinien des Talmuds und der jüdischen Religion insgesamt entsteht.

Eine seltene Ausnahme war der Humanist Johannes Reuchlin, der als erster deutscher und nichtjüdischer Hebraist gilt, welcher zum besseren Verständnis die hebräische Sprache und Schrift erlernte. Er veröffentlichte eine hebräische Grammatik, schrieb über die Kabbala und verteidigte den Talmud und die jüdischen Schriften im Streit mit Johannes Pfefferkorn. [10]

Neuzeit

Der Reformator Martin Luther forderte 1543 in seiner Schrift Von den Juden und ihren Lügen neben dem Verbrennen von Synagogen und jüdischen Häusern auch die Konfiszierung aller jüdischen Bücher einschließlich des Talmuds. Aber auch die katholische Kirche setzte in der Gegenreformation den Talmud 1559 auf den ersten Index verbotener Bücher.

Im 17. Jahrhundert gab es einige Humanisten und christliche Hebraisten, welche den Talmud gegen den damaligen Antijudaismus in Schutz nahmen und versuchten, mit Hilfe des Talmuds und der rabbinischen Literatur das Neue Testament und das Christentum besser zu verstehen. Der Basler Theologe Johann Buxtorf der Jüngere übersetzte 1629 das religionsphilosophische Werk Führer der Unschlüssigen des mittelalterlichen jüdischen Gelehrten Maimonides und vollendete 1639 das von seinem Vater Johann Buxtorf dem Älteren begonnene Lexicon chaldaicum, talmudicum et rabbinicum.[11] Der anglikanische Theologe John Lightfoot stellte in Horae Hebraicae Talmudicae von 1685 erstmals die talmudischen Parallelen zum Neuen Testament zusammen.

Der antijüdische Autor Johann Andreas Eisenmenger sammelte die Textstellen aus der ihm bekannten rabbinischen Literatur, besonders des Talmuds, die geeignet waren, das

Judentum zu diskreditieren und antijüdische Vorurteile zu bestärken, und veröffentlichte sie 1700 unter dem Titel Entdecktes Judenthum. Das Werk gilt als das populärste der zahlreichen von christlichen Autoren gegen die rabbinische Literatur verfassten Polemiken und diente beispielsweise auch für August Rohlings Hetzschrift Der Talmudjude und für viele Antisemiten des 19. und 20. Jahrhunderts als Quelle für ihre Diffamierungen.[12]

Die Praxis, den Talmud zur Verunglimpfung des Judentums und der Juden zu missbrauchen, ist auch heute verbreitet, sowohl im christlich religiösen Antijudaismus wie im islamisch-religiösen Antijudaismus und im säkularen Antisemitismus.[13]

Literatur

Adolf Lewin: Der Judenspiegel des Dr. Justus ins Licht der Wahrheit gerückt. Magdeburg, 1884

Abraham Berliner: Censur und Confiscation hebräischer Bücher im Kirchenstaate. Auf Grund der Inquisitions Akten in der Vaticana und Vallicellana. Verlag Itzkowski, Berlin 1891

Raphael Rabbinovicz: Diqduqe Soferim. Variae Lectiones in Mischnam et in Talmud Babylonicum. Mayana-Hokma 1959/60 (16 Bde.; Nachdruck der Ausgabe München 1868–1886).

Jacob Neusner: The Formation of the Babylonian Talmud (Studia post-biblica; 17). Brill, Leiden 1970

Moshe Carmilly-Weinberger: Censorship and freedom of expression in Jewish history. Sepher-Hermon-Press, New York 1977, ISBN 0-87203-070-9.

Marc-Alain Ouaknin: Das verbrannte Buch. Den Talmud lesen. Edition Quadriga, Berlin 1990, ISBN 3-88679-182-3.

Günter Stemberger: Einleitung in Talmud und Midrasch. 8. Aufl. Beck, München 1992, ISBN 3-406-36695-3.

Leo Prijis: Die Welt des Judentums. Religion, Geschichte, Lebensweise. 4. Aufl. Beck, München 1996, ISBN 3-406-36733-X, S. 55 ff.

Barbara Beuys: Heimat und Hölle. Jüdisches Leben in Europa durch zwei Jahrtausende. Rowohlt, Reinbek 1996, ISBN 3-498-00590-1, S. 114 ff.

Hannelore Noack: „Unbelehrbar?" Antijüdische Agitation mit entstellten Talmudzitaten; antisemitische Aufwiegelung durch Verteufelung der Juden. University Press, Paderborn 2001, ISBN 3-935023-99-5 (zugl. Dissertation, Universität Paderborn 1999).

Karl Heinrich Rengstorf, Siegfried von Kortzfleisch (Hrsg.): Kirche und Synagoge. Handbuch zur Geschichte von Christen und Juden. Darstellung mit Quellen, Band 1, dtv/Klett-Cotta München 1988, ISBN 3-423-04478-0, S. 227-233.

Yaacov Zinvirt: Tor zum Talmud, Berlin 2009

Weblinks

Wiktionary: Talmud – Bedeutungserklärungen, Wortherkunft, Synonyme, Übersetzungen

Commons: Babylonian Talmud – Sammlung von Bildern, Videos und Audiodateien

Wikiquote: Talmud – Zitate

Wikisource: Der babylonische Talmud – Quellen und Volltexte (hebräisch)

Soncino Babylonian Talmud, Englisch Online A Page from the Babylonian Talmud (englisch)

Inhaltsübersicht zum Talmud (Vergleich der Traktate von Mischna, Babylonischem und Palästinischem Talmud) Talmud.de

(Übersicht mit einer Liste der einzelnen Traktate)

Babylonischer Talmud, Pergamenthandschrift, Frankreich (?) 1342

Bayerische Staatsbibliothek, Signatur: Cod.hebr. 95 (Online-Dokumentation der Handschrift)

Dokumentation „Gefälschte Talmud-Zitate vor Gericht"

(Duisburger Institut für Sprach- und Sozialforschung, DISS)

Hermann Leberecht Strack: Einleitung in den Talmud

, J. C. Hinrichs, Leipzig, hier verschiedene ältere Auflagen faksimiliert 1887-1904. [Vorgänger der Einleitung Stembergers]

„Soncino Babylonian Talmud" - Volltext des Babylonischen Talmuds in der englischen Übersetzung von Rabbi Dr. I. Epstein, 1934

Der Babylonische Talmud - Volltext des Babylonischen Talmuds in der englischen Übersetzung von Michael L. Rodkinson, 1918

ENDE DER ZITATE

Hiermit möchte ich diese Buch beenden. Kein Buch war mir so unsympathisch zu schreiben wie dieses Buch hier. Das Pulverfass Religion und Nationalität und Glaube also Ignoranz also Unweisheit ist ja immer noch entflammt-siehe die momentanen Situationen auf der Erde im moslemisch jüdischen Dilemma. ***Ich bin froh dieses Buch zu beenden und Adieu zu schreiben.*** Ich werde spazieren gehen und nach Pilzen suchen hier in Nord Hessen in der Nähe des Luchswaldes. Beethoven spielt mit Pincas Zukerman Violine und Marc Neikrug Piano die Spring Sonata Violin Sonata Op.23 in A minor und

Violin Sonata Op.24 in F Major. Ich habe meine Arbeit gemacht. **I**ch bin für Menschen lebe aber als Einsiedler in einem 6 Familienhaus an einem Weizenfeld. Noch alles Gute und Schöne. Bis später Wolfgang Schorat

PS: der Kampf der Oberhoheit-also der Unter Hoheit in den Wissenschaften um die Realität und wie sie zu denken und zu beschreiben ist. Also die Deutungshoheit. Das ist ein bösartiger Kampf ums Geld und Einfluss und zeigt die Realität also die Wahrheit nicht in seiner richtigen Illusion. Ich habe mal vor einigen Jahren in der Zeitschrift raum&zeit Berichte zu Skalar Wellen gelesen und dementsprechende wissenschaftliche Tests mit russischen und deutschen Universitäten-und wenn ich mich richtig erinnere wurde da bewiesen, das auf dieser Skalar Welle die Kommunikation direkt ist ohne Zeitverzögerung. Das fiel mir ein als der Bericht von dem kleinen Roboter auf dem Meteoriten in den Medien war, der dann seinen Elektrogeist aufgab wegen Batterie oder Sonnenmangel. Und in den Medien stand wegen der Distanz werden die Daten etwa 5-7-9 Stunden oder länger brauchen um auf der Erde anzukommen, und da sagte ich mir, ja, das ist Deutungshoheit der Welt des Weltalls der Realität in den Wissenschaften und den Menschen die sich Wissenschaftler nennen und in den Geld Positionen sind von denen sie abhängig sind von den BanksterGanster nämlich. Und genau so ist es mit den Religionen-Deutungshoheit wegen Macht und also Ignoranz. Hier ist etwas zu Skalar Wellen und der Kampf der Menschen die meinen Wissenschaftler zu sein. Was ja nur schief gehen kann. Denn was für minderwertiges ist ein Wissenschaftler schon wenn er nicht mal ein Mensch ist sondern ein Beruf, so was armseliges dummes unweise hohoho **ZITAT ANFANG:**

Zitat aus : http://www.iddd.de/umtsno/odpsejm/Skalarwellen.pdf

Was sind Skalar Wellen?

Skalar Wellen sind gerichtete Wellen, die sich in Richtung eines Feldzeigers 1 ausbreiten (longitudinale Wellen). Obgleich sie z.B. auch als Gravitationswellen oder als Schallwellen auftreten, haben sie vor allem als elektrische und magnetische Feldphänomene überragende Bedeutung. Skalar Wellen sind im Rauschen, einem

Gemisch von Frequenzen und Wellenlängen, enthalten. Sie wechselwirken mit einem geeigneten Partner oder Medium, indem sie in Resonanz 2 gehen. Im Resonanzfall ziehen sich beide Quellen gegenseitig an, was mit der Veränderung des Feldes

(siehe Konstantin Meyl: Erweiterte Feldgleichungen) erklärt und berechnet werden kann.

Resonanz:

Dabei handelt es sich um eine Synchronisation zweier Quellen, die in gleicher

Taktfrequenz, aber mit entgegengesetzter Polarität schwingen, was interdependente Beeinflussung voraussetzt. Im Resonanzfall werden Informationen ausgetauscht und Energie übertragen, und zwar so lange, bis für beide Komponenten ein Gleichgewicht zwischen den Quellen hergestellt ist.

Skalarwellen in der Technik

Skalarwellen wurden bereits von Nikola Tesla (1856 – 1943)

3 entdeckt und technisch genutzt. In spektakulären Versuchen übertrug er drahtlos Energie, entwickelte die Eindraht-Übertragung und zog Energie aus dem Feld, indem er Resonanz herstellte und fand in seiner Zeit ein weltweites Interesse. Seine Erfindungen machten sich den Umstand zunutze, dass wir auf der Erde in einem riesigen Kondensator 4 leben, der sich zwischen Erdoberfläche und Ionosphäre5 aufspannt.

Im Wettlauf um den experimentellen Nachweis der von Maxwell6 postulierten und mathematisch hergeleiteten Wellen unterlag er Heinrich Hertz 7, dem Entdecker der transversalen Wellenanteile, obwohl sich Lord Kelvin 8 als „Schiedsrichter" nach einem persönlichen Besuch bei Tesla 1896 in New York davon überzeugt hatte, dass es beide

Wellenanteile, nämlich den longitudinalen und den transversalen, gibt. Im Nahfeld einer (abstrahlenden) Antenne überwiegt der erstere, mit der Entfernung verändert sich das Verhältnis beider Anteile. Eine technische Empfängerantenne nimmt den transversalen Anteil (Hertz'sche Wellen) auf, während biologische Systeme nur mit dem longitutinalen Anteil (Skalarwellenanteil) wechselwirken können (s.u.).

Messprobleme bei Skalarwellen Strahlenfühlige Personen können Skalarwellen mit einer Wünschelrute muten.

Damals wie heute konnten Skalarwellen qualitativ wie quantitativ nur indirekt erfasst werden, indem der dafür sensible und geübte Mensch als Biosensor dient und mit einer Wünschelrute oder einem Pendel den gesuchten Anteil im allgemeinen Rauschen ausmacht. In Ermanglung technischer Messvorrichtungen ist es heute üblich, in den Maxwell-Gleichungen der Einfachheit halber nur die transversalen

Wellenanteile zu berücksichtigen. Diese Vereinbarung, mangels Messmöglichkeit Rauschsignale in den Feldgleichungen einfach zu vernachlässigen, hat dazu geführt, dass die Hochfrequenztechniker glauben, das Rauschen [9] sei ein bedeutungsloses Randphänomen und enthalte keinerlei relevante Informationen. Das aber ist ein fataler Trugschluss!

Freie Energie

Prinzipiell ist jede Energieform frei, die Erde lässt sich schliesslich nicht für ihr Erdöl bezahlen. Der Begriff „Freie Energie" bezieht sich daher auf solche Energieformen, die noch nicht zum Eigentum von Energie-Monopolisten erklärt wurden. Dazu gehört die Energiegewinnung aus dem Feld, beispielsweise dem Neutrinofeld. Neutrinos[10] sind eine kosmische Energiequelle, die sich als Teilchenstrahlung ähnlich der Schallwelle longitudinal ausbreiten. Nach dem endgültigen Verbrauch aller fossilen und auch aller nuklearen Brennstoffe unseres Planeten in geschätzten 30 – 40 Jahren bleibt uns als Energiequelle nur noch Neutrinopower[11]. Daher ist es für die Zukunft unserer Erde und der Menschheit von entscheidender Bedeutung, wem und wie die Wechselwirkung mit der kosmischen Neutrinopower gelingt. Die ökonomisch-politische Zukunft unseres Planeten aber hängt davon ab, wie die Menschen diese Energie untereinander verteilen.

Die Erweiterung der Feldgleichungen

Der heute massgebliche Vertreter der Skalarwellen-Theorie Konstantin Meyl[12] hat bereits 1990 über die Wirbelberechnung die Grundlage für die theoretische Integration und Berechnung vieler bis dahin nur postulierter physikalischer Phänomene geschaffen. Er erweiterte die Feldgleichungen von Maxwell und leitete daraus eine Formel her, die die oben beschrieben Resonanzphänomene als Basis aller natürlichen und technischen Prozesse erklärt und berechnen lässt. Diese Formel enthält einen Term, der das Rauschen als Skalarwellenphänomen beschreibt, und aus pragmatischen Gründen (mangels Messmöglichkeiten) bisher zu Null gesetzt wird. Diese mathematische Formel ist universell, denn sie beschreibt zwei Regelkreise, die interagieren und die sich gegenseitig die Sollwerte vorgeben, weil sie kommunizieren und synchronisieren können. Sie beschreibt den Grundgedanken der Schöpfung, alles Existierende in den Zugseilen zweier gegensätzlicher Kräfte im instabilen Gleichgewicht zu halten.

Diese Formel integriert Vergangenheit, Gegenwart und Zukunft jedweden Regelsystems absolut folgerichtig und berechenbar:

„Gott würfelt nicht"

(Albert Einstein).

Skalar Wellen in der Biologie

Die organismische Kommunikation erfolgt durch Resonanzphänomene, d.h. durch Synchronisation bzw. Desynchronisation.

Lebende Zellen sind winzige Dipole, d.h. Schwingkreise, die eine elektromagnetische und zugleich eine Grössenschwingung

ausführen, so lange sie leben. Die Schwingungscharakteristika geben Auskunft über Bauart, Funktion und Vitalität der Zelle. Lebendes Gewebe ist begierig, sich zu synchronisieren, weil dies der physiologisch günstigste Zustand ist. Die Zellkommunikation erfolgt durch Resonanz, die Nervenleitung entspricht der Tesla-Eindrahtübertragung, d.h. die Information wird wellenlängespezifisch über das Dielektrikum der Ranvierschen Schnürringe übertragen – eine hochintelligente Lösung von Mutter Natur 13.

Die moderne wissenschaftliche Grundlage ist die Chronobiologie14. Sie befasst sich mit biologischen Rhythmen, die durch interne und externe Taktgeber bestimmt werden. Ein interner Taktgeber ist beispielsweise der Sinusknoten15 am Herz oder andere Schrittmacher-Zellstrukturen. Externe natürliche Taktgeber wären z.B. der Tag-Nacht-Rhythmus oder Erdschwingungen auf der einen, oder künstliche technische Signale, wie z.B. Herzschrittmacher oder die gepulste Mobilfunkbestrahlung auf der anderen Seite.

Skalarwellen in der Heilkunde

Heilkundlich genutzt werden Skalarwellen schon seit Jahrtausenden in der Naturheilkunde oder Volksmedizin. Stellvertretend für abertausende Heilkundler und Ärzte über die Jahrhunderte steht Paracelsus 16, der wegen seiner äusserst wirksamen „magischen Heilungsrituale" berühmt wurde, die heute allesamt mit der

Nutzung der Skalarwelleneigenschaften und –Energie Übertragung erklärbar sind.

Der Umstand, dass wir in einem riesigen Kondensator leben, quasi in einer Sosse gewaltiger Elektrostatik, in der Resonanzfäden wie Nudeln schwimmen, spielt bei vielen Befindlichkeitsstörungen eine entscheidende Rolle, was heute noch der Entdeckung harrt.

In der heutigen Zeit vertritt die Energie- und Informationsmedizin 17 neben anderen Ansätzen dieses kostbare Erbe, indem sie daran forschen und arbeiten, um die alte Weisheit und deren Heilungsmöglichkeiten mit den heutigen naturwissenschaftlichen Modellen und Erkenntnissen in Einklang zu bringen.

Der Skalarwellenkrieg

Bei der Bedeutung der Skalarwellen für die alternative Energieversorgung, für technische Innovationen und für die Heilkunde ist es nicht verwunderlich, dass ein regelrechter Skalarwellen-Krieg tobt. Aktuell trennen sich aber Spreu und Weizen, wie man auch bei Wikipedia gut nachvollziehen kann.

Ein wesentlicher Grund für den Skalarwellenkrieg ist der fatale Umstand, dass das Offenlegen der Skalarwellenproblematik in Nahfeld von Mobiltelefonen die Mobilfunkindustrie buchstäblich über Nacht von einer hochgelobten Branche zu einer kriminellen Vereinigung macht, die bewusst gefährliche Güter vertreibt, ohne dass die staatlichen Behörden diesen kriminellen Aktivitäten Einhalt gebieten. Das wird früher oder später zu einem mehr oder weniger geordneten Zusammenbruch der Mobilfunkindustrie führen, wenn der momentan geübte Schulterschluss von Politik und Mobilfunkindustrie von der Öffentlichkeit als Mobilfunk-Mafia[18] wahrgenommen werden sollte.

1www.kmeyl.de/de/Aufsatze/Fortschrittliche_Konzepte_zur_drahtlosen_Energieuebertragung.pdf
2 www.k-meyl.de/de/Aufsatze/Skalarwellen/body_skalarwellen.html
3 www.tesla-info.de
4 www.elektronik-kompendium.de/sites/bau/0205141.htm
5 www.darc.de/hf/wellen/funklex/ionosphaere.html
6 www-groups.dcs.st-and.ac.uk/~history/Mathematicians/Maxwell.html
7 www.weltchronik.de/ws/bio/h/hertzH/main.htm
8 www.geophys.tu-bs.de/geschichte/kelvin.htm
9 wwwex.physik.uni-ulm.de/lehre/physikalischeelektronik/phys_elektr/node70.html
10www.wissenschaft.de/wissen/news/149252.html
11 www.k-meyl.de/de/Bucher/Neutrinopower/neutrinopower.html
12 www.k-meyl.de/de/Meyl/meyl .html
13www.k-meyl.de/de/Aufsatze/Skalarwellenstrahlung-Welche-Bedeutung-haben-Skalarwellen.pdf
14 www.schwingung-und-gesundheit.de/Interview-mit-Prof-Moser.html
15 www.medizinfo.de/kardio/
herzrhythmus/erregungsleitung.shtml
16 www.wege.org/artikel/esoterik-und-spiritualitaet/alchimie---paracelsus-59.html
17 www.DGEIM.de
18 www.etzs.de/go/index. php?dir=25_Strafverfahren& page=1&sublevel=0
Ende ZITAT

Ach ja heute ist der 20.8.2015 Ich möchte noch sagen: Ich bin froh kein Jude mehr zu sein. Ich bin froh wieder Mensch sein zu können. Was ich ja auch seit 1967 mit der

Erfahrung da in Ottawa, einige Monate später auch wieder war. Ende.
Hier ist noch einiges zum Erinnern:

Wir sind alle dazu bestimmt , zu leuchten!

Unsere tiefgreifendste Angst ist nicht,
dass wir ungenügend sind.
Unsere tiefgreifendste Angst ist.
Über das Messbare hinaus kraftvoll zu sein.

Es ist unser Licht,
nicht unsere Dunkelheit,
die uns am meisten Angst macht.

Wir fragen uns, wer bin ich,
mich brilliant, großartig, talentiert
und phantastisch zu nennen?

Du bist ein Kind Gottes.

Dich selbst klein zu halten, dient nicht der Welt.
Es ist nichts Erleuchtetes daran sich, sich so klein
zu machen, dass andere um dich herum
sich nicht unsicher fühlen.

Wir sind alle bestimmt, zu leuchten,
wie es die Kinder tun.
Wir sind geboren worden,
um den Glanz Gottes,
der in uns ist, zu manifestieren.
Er ist nicht nur in einigen von uns.
Er ist in jedem einzelnen.

Und wenn wir unser Licht erscheinen lassen,
geben wir unbewusst anderen Menschen
die Erlaubnis, dasselbe zu tun.
Wenn wir von unserer eigenen Angst
Befreit sind, befreit unsere Gegenwart
automatisch auch andere.
von
Marianne Williamson
„Rückkehr zur Liebe"
Wird fälschlicherweise Nelson Mandela zugesprochen

Als ich mich selbst zu lieben begann,
habe ich verstanden, dass ich immer und bei jeder Gelegenheit,
zur richtigen Zeit am richtigen Ort bin und dass alles, was geschieht, richtig ist von da
an konnte ich ruhig sein.
Heute weiß ich: Das nennt man Vertrauen.
Als ich mich selbst zu lieben begann,
konnte ich erkennen, dass emotionaler Schmerz und Leid
nur Warnungen für mich sind, nicht gegen meine eigene Wahrheit zu leben. Heute
weiß ich: Das nennt man Authentisch-sein.
Als ich mich selbst zu lieben begann,
habe ich aufgehört, mich nach einem anderen Leben zu sehnen,
und konnte sehen, dass alles um mich herum eine Aufforderung zum Wachsen war.
Heute weiß ich: Das nennt man Reife.
Als ich mich selbst zu lieben begann,
habe ich aufgehört, mich meiner freien Zeit zu berauben,
und ich habe aufgehört, weiter grandiose Projekte für die Zukunft zu entwerfen. Heute
mache ich nur das, was mir Spaß und Freude macht,
was ich liebe und was mein Herz zum Lachen bringt,
auf meine eigene Art und Weise und in meinem Tempo.
Heute weiß ich: Das nennt man Ehrlichkeit.
Als ich mich selbst zu lieben begann,
habe ich mich von allem befreit, was nicht gesund für mich war, von Speisen, Menschen, Dingen, Situationen
und von Allem, das mich immer wieder hinunterzog, weg von mir selbst. Anfangs
nannte ich das „Gesunden Egoismus':
aber heute weiß ich: Das ist Selbstliebe.
Als ich mich selbst zu lieben begann,
habe ich aufgehört, immer recht haben zu wollen, so habe ich mich weniger geirrt.
Heute habe ich erkannt: Das nennt man Demut.
Als ich mich selbst zu lieben begann,
habe ich mich geweigert, weiter in der Vergangenheit zu leben und mich um meine
Zukunft zu sorgen.
Jetzt lebe ich nur noch in diesem Augenblick, wo alles stattfindet. So lebe ich heute
jeden Tag und nenne es Bewusstheit.
Als ich mich zu lieben begann,
da erkannte ich, dass mich mein Denken armselig und krank machen kann.
Als ich jedoch meine Herzenskräfte anforderte,
bekam der Verstand einen wichtigen Partner.
Diese Verbindung nenne ich heute Herzensweisheit.
dafür brauchen wir uns nicht weiter vor Auseinandersetzungen, Konflikten und

Problemen mit uns selbst und anderen fürchten, denn sogar Sterne knallen manchmal aufeinander
und es entstehen neue Welten.
Heute weiß ich: Das ist das Leben

Charlie Chaplin

1. Gott hat nie aufgehört, mit den Menschen direkt zu· kommunizieren. Gott hat von Anfang an mit und durch Menschen kommuniziert. Und das tut Gott auch heute.
2. Jedes menschliche Wesen ist ebenso außergewöhnlich, so besonders, wie jedes andere menschliche Wesen, das je lebte, gegenwärtig lebt oder je leben wird. Ihr seid alle Boten. Jeder und jede von euch. Jeden Tag tragt ihr dem Leben eine Botschaft über das Leben zu. Jede Stunde. Jeden Augenblick.
3. Kein Weg zu Gott ist direkter als ein anderer. Keine Religion ist die einzig wahre Religion«, kein Volk ist das »auserwählte Volk«, und kein Prophet ist der größte Prophet«. .
4. Gott hat nichts nötig. Gott braucht nichts, um glücklich zu sein. Gott ist die Glückseligkeit selbst. Deshalb verlangt Gott von nichts und niemandem im Universum irgendetwas.
5. Gott ist nicht ein einzigartiges Superwesen, das irgendwo im Universum oder außerhalb davon lebt, das die gleichen emotionalen Bedürfnisse hat und demselben emotionalen Aufruhr unterworfen ist wie die Menschen. Das, Was Gott Ist, kann in keiner Weise gekränkt oder verletzt oder beschädigt werden, und hat es deshalb auch nicht nötig, zu bestrafen oder sich zu rächen.
6. Alle Dinge sind Ein Ding. Es gibt nur Ein Ding, und alle Dinge sind Teil des Einen Dings Das Ist.
7. So etwas wie Richtig und Falsch gibt es nicht. Es gibt nur je nachdem, was zu sein, zu tun oder zu haben ihr bestrebt seid, das Was Funktioniert und Was Nicht Funktioniert.
8. Ihr seid nicht euer Körper. Wer Ihr Seid ist grenzenlos und ohne Ende.
9. Ihr könnt nicht sterben, und ihr werdet nie zu ewiger Verdammnis verurteilt werden

aus: Neale Donald Walsh „Gespräche mit Gott" 

Viel Glück Wolfgang Schorat denn: Warum heißt es Gebet wenn ich mit Gott rede aber Psychose wenn Gott mit mir redet. Ho Ho Ho.

Die Liebe

Pflicht ohne Liebe macht verdrießlich

Wahrheit ohne Liebe macht kritiksüchtig

Erziehung ohne Liebe macht widerspruchsvoll

Klugheit ohne Liebe macht gerissen

Verantwortung ohne Liebe macht rücksichtslos

Gerechtigkeit ohne Liebe macht hart

Freundlichkeit ohne Liebe macht heuchlerisch

Ordnung ohne Liebe macht kleinlich

Sachkenntnis ohne Liebe macht rechthaberisch

Macht ohne Liebe macht gewalttätig

Ehre ohne Liebe macht hochmütig

Besitz ohne Liebe macht geizig

Glaube ohne Liebe macht fanatisch

Die Kernaussagen von Ein Kurs in Wundern im Überblick

In Ein Kurs in Wundern werden existentielle Fragen behandelt wie: „Was bin ich?': „Was ist der Sinn meines Daseins?", „Wie finde ich zu GOTT?" und solch praktische Fragen wie die Mechanismen in zwischenmenschlichen Beziehungen und die Funktion der Vergebung. Wenn auch der Kurs auf den ersten Blick sehr intellektuell erscheinen mag, zielt er doch beim Leser auf einen inneren Erfah-rungs- und Wandlungsprozess ab: eine andere Art, sich selber, die Welt und das Leben zu betrachten. Wie eine Spirale umkreist er dabei seine zentralste und wichtigste Aussage: Nur Gott ist. Alles Übrige ist Illusion und daher nicht zu fürchten. Um diese Kernaussage herum entwirft er ein beeindruckendes System philosophischer und psychologischer Aussagen, die aufzeigen, welche Hindernisse der Erkenntnis Gottes und unseres wahren SELBST - das Liebe ist - im Wege stehen und wie sie durch Vergebung aufgehoben werden. Im Folgenden sollen einige der zentralen Aussagen des Kurses dargestellt werden.

1. GOTT ist reine Liebe und transzendiert unser Denken

Der Kurs nimmt eine streng nichtdualistische Position ein, was ihn von den meisten spirituellen Wegen und Religionen, darunter auch dem Christentum, deutlich unterscheidet. Demzufolge gibt es nur eine unveränderliche Wahrheit und Wirklichkeit. Diese Wahrheit ist Gott. Gott, so lehrt der Kurs, ist nicht der Schöpfer der Welt, sondern der Schöpfer einer rein geistigen und zeitlosen Schöpfung der liebe (CHRISTUS), die vollständig eins mit Ihm ist. Diese grenzenlose Fülle Form- und zeitloser Liebe, an der wir alle teilhaben (im Kurs auch die SOHNSCHAFT genannt!), lässt sich weder über das Denken noch über Worte erfassen, da beides bereits der Illusion der Dualität angehört. Gott zu erkennen, so die Lehre des Kurses, setzt voraus, die Dualität hinter sich zu lassen. Insofern ist die klassische Frage: „Glaubst du an GOTT?" hinfällig, denn sie beinhaltet, dass wir über etwas nachdenken oder sprechen. In der Wahrheit aber, so lehrt der Kurs, gibt es dieses denkende Ich nicht. Es ist in das stille Einssein der Liebe jenseits von Raum, Zeit und Materie entschwunden. Diesen Seinszustand („die Bedeutung der Liebe") kann man nicht lehren. Was jedoch gelehrt werden kann, ist die Bedingung für das Wiedererkennen dieses Seins - die Vergebung. Sie ist das Anliegen des Kurses. Mit ihrer Hilfe befreit sich unser Geist aus selbstgemachten Illusionen.

2. Das Ego ist reine Illusion und die Ursache aller Angst

Die große Illusion, die uns an der Erkenntnis hindert, ist das Ego. Schließlich zu begreifen, dass es gar nicht existiert, macht uns frei. Mit Ego wird im Kurs der Gedanke bezeichnet, dass sich die Schöpfung Gottes (wir) von Gott getrennt hat (ähnlich der Idee vom Sündenfall im Christentum). Damit entstehen zwei Alternativen, zwischen denen wir entscheiden müssen: die Trennung (den „Sündenfall") für wahr zu halten (Falschgesinntheit) oder sie als Illusion zu erkennen und über sie zu lachen (Rechtgesinntheit). Auf der Entscheidung für die Falschgesinntheit gründet ein getrenntes SELBST, das von Schuld und Angst beherrscht wird. Diese entstehen, weil mit dem Ego der Glaube einhergeht, Gott angegriffen zu haben. Die Erinnerung an den wirklichen Gott (das Einssein der Liebe) verschwindet und ein Zerrbild tritt an dessen Stelle: ein personaler Gott und Richter, der die Sünde gegen ihn unbarmherzig verfolgt. Von diesem selbstgemachten Gott verheißt das Ego Bestrafung, was ungeheure Angst zur Folge hat. Dieses gesamte Denksystem bezieht seine Kraft daraus, dass es vollständig verdrängt wird. Es ist das unbewusste Gepäck, mit dem wir bereits in die Welt kommen. Hier taucht es in verschiedenster Verkleidung wieder auf: in Gefühlen des Mangels, der Wertlosigkeit, des Nichtgeliebtwerdens, der Angst und ähnlichem.

3. Der Heilige Geist lehrt, dass es nichts zu fürchten gibt

Hinter der Falschgesinntheit steht jedoch in jedem Menschen die Vernunft oder Rechtgesinntheit, die darauf wartet, Gehör zu finden. Sie ist - wie schwach auch immer - die Erinnerung an die Unschuld der Liebe, die verschüttet sein, aber nie verlorengehen kann. Die Rechtgesinntheit ist eine Entscheidung für Jesus oder den HEILIGEN GEIST, die uns daran erinnern, dass wir nur einen Traum der Trennung träumen und unser unschuldiges SELBST nie beschädigt worden ist. Von daher gibt es nichts zu fürchten. In der Praxis hat das eine Haltung der Gelassenheit und der Angriffslosigkeit zur Folge. Damit die Erinnerung an das unschuldige Selbst aber überhaupt Raum gewinnen kann, muss die Bereitwilligkeit da sein, den Glauben an Schuld schrittweise in Frage zu stellen und schließlich aufzugeben. So befreit sich unser GEIST aus den Illusionen, die ihn an der Erkenntnis Gottes hindern. Diese Arbeit vollzieht sich in Beziehungen.

4. Vergebung ist die einzige Illusion, die aus Illusionen herausführt Die Macht des Egodenksystems liegt in seiner Unbewusstheit. Niemand ahnt zunächst, dass sich im eigenen Inneren ein Konflikt mit Gott und damit einhergehende Schuld-und Angstphantasien verstecken und die eigenen Wahrnehmungen und Reaktionen färben. Über dem Egodenksystem liegen ein dichter Schleier des Vergessens und das trügerische Gefühl, unschuldig zu sein. Doch tritt das Schulddenken in der Projektion zutage. Man erlebt andere als mangelhaft und schuldig und sich selber oder Dritte als besser oder als deren unschuldige Opfer. Das Bedürfnis nach Schuld und nach der Projektion von Schuld hält so lange an, wie der unbewusste Wunsch besteht, den Konflikt mit Gott aufrechtzuerhalten und sich die Illusion von einem getrennten und eigenständigen SELBST zu bewahren.

Der Weg zum Frieden und zur Wahrheit besteht darin, Führung von Seiten des HEILIGEN GEISTES zu akzeptieren und Schuld nicht real zu machen. Das ist der Prozess der Vergebung. Er beinhaltet laut Kurs mehrere Schritte: Erstens die ruhige Beobachtung der eigenen Gefühle, die zeigen, dass es ein inneres Bedürfnis gibt, anderen die Schuld am eigenen Unfrieden zuzuschieben - was darauf hindeutet, dass man an Schuld glaubt und sie will. Zweitens die Bereitwilligkeit, die innere Schuld und Verletzlichkeit als das eigene Wohl anzusehen - ahne Frustration, Selbstverurteilung, Widerstand oder Verändern wollen. Das gelingt nur an der Hand von Jesus oder des HEILIGEN GEISTES. In diesem stillen und angriffslosen Sehen, ohne auszuweichen und ohne zu urteilen, wird die Vergebung geboren. Vergebung, so lehrt der Kurs, geschieht, wenn wir mit unserem Urteil über das Egodenksystem in all seinen Aspekten beiseitetreten. Dann tritt das Urteil Jesu oder des HEILIGEN GEISTES an diese Stelle, das das Ego so mühelos zum Verschwinden bringt wie ein Licht eine dunkle Wolke wegstrahlt. Vergebung ist eine Illusion, weil es in der Wahrheit, der Liebe des reinen GEISTES, nichts zu vergeben gibt. Sobald wir aber auf die Illusion des Egos hereinfallen, brauchen wir die Vergebung, um frei zu werden.

5. Lehrer GOTTES sind Menschen, die sich dem inneren Prozess der Aufhebung des Ego stellen

Einer der Begriffe im Kurs, der häufig missverstanden wird, ist der des Lehrer Gottes. Manchmal interpretieren Menschen diesen Begriff dahingehend, dass sie im Kurs aufgerufen werden, andere zu lehren oder zu heilen. Das ist nicht der Fall. Nach dem Verständnis des Kurses versteckt jeder Mensch in anderen nur sein eigenes unbewusstes Schulddenken. Dieses Schulddenken ist die Brille, durch die er andere betrachtet und beurteilt. Demzufolge ist unsere Wahrnehmung von anderen „krank", und sie bedarf der Heilung. Lehrer Gottes sein heißt, die volle Verantwortung für die eigene Reaktion auf andere zu übernehmen und damit andere - ganz gleich, was sie tun - nicht mehr als Quelle des eigenen Unfriedens anzusehen, sondern sich an der Hand von Jesus dem langwierigen, oben beschriebenen Prozess im Inneren zu stellen, das eigene Ego aufheben zu lassen. Das bedeutet Heilung für alle Beteiligten.

Der Berufene hat kein eigenes Herz
Er macht das Herz der Leute zu seinem Herzen
Zu den Guten bin ich gut
Zu den Nichtguten bin ich auch gut
Denn das Leben ist die Güte
Zu den Treuen bin ich treu
Denn das Leben ist die Treue
Der Berufene lebt in der Welt ganz still
und macht sein Herz für die Welt weit.
Die Leute alle blicken und horchen nach ihm.
Und der Berufene nimmt sie alle an als seine Kinder.

Laotse

Wer andere kennt, ist klug.
Wer sich selbst kennt, ist weise.
Wer andere besiegt, hat Kraft.
Wer sich selbst besiegt, hat Wille.
Wer sich genügen lässt, ist reich.
Wer seinen Platz nicht verliert, hat Dauer.
Wer auch im Tode nicht untergeht, der lebt.

Laotse

Es gibt ein Ding, das ist unterschiedslos vollendet.
Bevor der Himmel und die Erde waren, ist es schon da, so still, so einsam.
Alleine steht es und ändert sich nicht.
Man kann es nennen die Mutter der Welt.
Ich weiß nicht seinen Namen.
Ich bezeichne es als Sinn.
Mühsam einen Namen ihm geben, nenne ich es: groß.
Groß, das heißt immer bewegt.
Immer bewegt, das heißt ferne.
Ferne, das heißt zurückkehrend.
So ist der Sinn groß, der Himmel groß, die Erde groß, und auch der Mensch ist groß.
Vier große gibt es im Raume, und der Mensch ist auch darunter.
Der Mensch richtet sich nach der Erde.
Die Erde richtet sich nach dem Sinn.
Der Sinn richtet sich nach sich selber.

Laotse

Tut ab die Helligkeit, werft weg das Wissen,
so wird das Volk hundertfach gewinnen.
Tut ab die Sittlichkeit, werft weg die Pflicht,
so wird das Volk zurückkehren zu Kindespflicht und Liebe.
Tut ab die Geschicklichkeit, werft weg den Gewinn,
so wird es Diebe und Räuber nicht mehr geben.
In diese drei Stücken ist der schöne Schein nicht ausreichend.
Darum sorgt, dass die Menschen sich an etwas halten können.
Zeigt Einfachheit, haltet fest die Lauterkeit!
Mindert Selbstsucht, verringert die Begierden!
Gebt auf die Gelehrsamkeit!
So werdet ihr frei von Sorgen!

Laotse

Der Wissende redet nicht.
Der Redende weiß nicht.
Man muss seinen Mund schließen und seine Pforten zu machen.
seinen Scharfsinn abstumpfen, seine wirren Gedanken auflösen,
sein Licht mäßigen, sein Irdisches gemein machen.
Das heißt verborgene Gemeinsamkeit mit dem Sinn.
Wer die hat, den kann man nicht beeinflussen durch Liebe.
Und kann ihn nicht beeinflussen durch Kälte.
Man kann ihn nicht beeinflussen durch Gewinn
Und kann ihn nicht beeinflussen durch Schaden.
Man kann ihn nicht beeinflussen durch Herrlichkeit
Und kann ihn nicht beeinflussen durch Niedrigkeit.
Darum ist er der Herrlichste auf Erden.

Laotse

Im Frühjahr 1968 in Ottawa als Küchenhilfe im Diamond Bar - B - Q
in der 114Bank Street. Kurz nach meiner „Als Ich noch Jude war" Erfahrung.
Links stehend mit zwei Arbeitskollegen aus Hull. Ich war damals auf 86 Pfund abgemagert,weil
ich pro Tag einen Hamburger aß und den Rest mit Wasser füllte, den Hunger. Der italienische
Koch, Roberto,der mich einstellte,machte mir zur verpflichtung jeden Tag zum Frühstück,dort
in der Küche mehrere Eier, Omeletts und Steaks zu essen,damit ich wieder Gewicht
bekomme,was auch gut funktionierte.

Am Düsseldorfer
Flughafen mit Freunden 1967
kurz vor Abflug nach Kanada
als Imigrant um dem Bund zu
entgehen.

348

Heute als 67 jähriger Mensch
während der Arbeit an diesem Buch 25.8.15

Jesus war kein Christ
Buddha war kein Buddhist
W.Schorat 

DAS MANTRA

MICH SELBST

ERKENNEN

von
Schorat

TonStrom
VERLAG

ISBN-978-3-932209-15-5
ISBN-978-3-932209-29-1 E-Book

webseiten von schorat

www.www.ararat-foto-ansichten.de
www.meditative-transformation-der-industrie.de
www.olhos-de-aguas-1974.de
www.nilgans-im-schwalm-eder-kreis.de
www.anleitung-zum-verhalten-in-finanzkrisen.de
www.shizzo-berlin1980.de

Erste Auflage 2015
TonStrom Verlag
Heinrich-Heine-Straße 17
34596 Bad Zwesten
Tel/Fax 05626 -1414
Herstellung: BoD GmbH
Umschlag: Schorat
Layout : Schorat
© by Wolfgang Schorat
Printed in Germany

ISBN 978 - 3 - 932209 - 54 - 3